Benjamin Ziemer
Abram – Abraham

Beihefte zur Zeitschrift für die alttestamentliche Wissenschaft

Herausgegeben von
John Barton · Reinhard G. Kratz
Choon-Leong Seow · Markus Witte

Band 350

Walter de Gruyter · Berlin · New York

Benjamin Ziemer

Abram – Abraham

Kompositionsgeschichtliche Untersuchungen
zu Genesis 14, 15 und 17

W
DE
G

Walter de Gruyter · Berlin · New York

G

♾ Gedruckt auf säurefreiem Papier,
das die US-ANSI-Norm über Haltbarkeit erfüllt.

ISBN 3-11-018294-7

Bibliografische Information Der Deutschen Bibliothek

Die Deutsche Bibliothek verzeichnet diese Publikation in der Deutschen Nationalbibliografie;
detaillierte bibliografische Daten sind im Internet über http://dnb.ddb.de abrufbar.

Einbandgestaltung: Christopher Schneider, Berlin

Meinen Großmüttern
Renate Fleischhack, geb. Hofmeister (*1912)
und Hanna Ziemer, geb. Weber (*1906)

und dem Andenken meiner Großväter
Heinz Fleischhack (1913–1988)
und Gotthold Ziemer (1907–1991)

Vorwort

Ein Versuch, die Diskussionsbeiträge allein der letzten drei Generationen zu Gen 14, 15 und 17 überblicken, geschweige denn würdigen zu wollen, wäre ebenso zum Scheitern verurteilt wie das Ansinnen, am hellichten Tage die Sterne des Himmels zu zählen. Während sich ansatzweise Übereinstimmung über das Vorhandensein von Verbindungslinien wie von Spannungen und Widersprüchen im Pentateuch herstellen lässt, bleibt, wie in der Musik, eine Vielzahl von Möglichkeiten für deren angemessene Interpretation bestehen. Die literargeschichtliche Fragestellung auf der einen Seite vermag eine Ahnung von der Jahrhunderte währenden spannenden Entstehungsgeschichte zu vermitteln. Die synchrone Strukturanalyse auf der anderen Seite lässt die kunstvolle Architektur des kanonischen Pentateuch in seinen verschiedenen Endgestalten deutlich hervortreten. Beide Herangehensweisen miteinander zu verbinden, ist der verheißungsvolle Weg, den die Pentateuchforschung gegenwärtig zu beschreiten beginnt.

Erst durch den Zusammenhang von Dissonanz *und* Harmonie entsteht eine Symphonie, erst durch den Wettstreit verschiedener Stimmen ein Konzert. Dies gilt im Detail für die verschiedenen Stilelemente, deren sich der Autor von Gen 14* bedient, für die verschiedenen Perspektiven auf die Erfüllung der Nachkommens- und Landverheißung, die in Gen 15* zu Wort kommen, oder für die verschiedenen Nuancierungen der ברית Gottes in Gen 17. Dies gilt aber ebenso für das große Ganze: Die, isoliert betrachtet, monoton wirkende Melodie derjenigen Textschicht, zu der Gen 17 gehört, erschließt sich in ihrer faszinierenden Virtuosität erst im Zusammenklang des kanonischen Pentateuch, für welchen sie komponiert worden ist.

Das Konzert der Pentateuchkritik wird nie den künstlerischen Rang ihres Gegenstandes erreichen können. Doch ist nicht ausgeschlossen, dass sich auch deren Dissonanzen und Harmonien zu einer Symphonie vereinen, im fruchtbaren Wettstreit der Interpreten. Dafür, dass diese Untersuchungen in der mittlerweile über 100 Jahre alten und, um in der musikalischen Metaphorik zu bleiben, oft tonangebenden Reihe der »Beihefte zur Zeitschrift für die alttestamentliche Wissenschaft« erscheinen können, bin ich den Herren Professoren Reinhard Gregor Kratz, John Barton, Choong-Leong Seow und Markus Witte zu Dank verpflichtet, um so mehr, als sich mein Verständnis von der Kompositionsgeschichte der Genesis nicht ohne weiteres mit den von ihnen selbst vertretenen Modellen der Entstehung der Endgestalt der Genesis bzw. des Pentateuch vereinbaren lässt. Prof. John Barton hat es durch seine freundliche Hilfe bei der Korrektur ermöglicht, die Diskussion der in diesem Buch vertretenen Thesen auch über den deutschen Sprachraum hinaus durch eine englische Zusammenfassung zu erleichtern (siehe unten S. 391–394).

Nicht nur für gelegentliches gemeinsames Musizieren zu danken habe ich an dieser Stelle meinem Doktorvater, der mir bereits vor Jahren zugetraut hatte, »ein Buch über Abraham« zu schreiben, und der mir als seinem Assistenten den nötigen akademischen Freiraum gewährte, so dass dieses Buch im Sommersemester 2004 von der Theologischen Fakultät der Martin-Luther-Universität Halle–Wittenberg als Dissertation angenommen werden konnte. Während Prof. Ernst-Joachim Waschke mir den Mut zum großen Entwurf gegeben hat, verdanke ich Herrn Prof. Arndt Meinhold, meinem zweiten hallischen Lehrer, die Liebe zum Detail. Ihm und der ganzen alttestamentlichen Sozietät in Halle, aber auch Herrn Prof. Rüdiger Lux, der das Drittgutachten geschrieben hat, danke ich dafür, sich mehrfach mit meinen Thesen auseinandergesetzt zu haben. Zahlreiche Freunde haben mich in den verschiedenen Phasen der Arbeit unterstützt; der wichtigste Gesprächspartner ist dabei mein hallischer Assistentenkollege Johannes Thon gewesen. Unter den vielen, die mir beim Korrekturlesen des nicht eben mageren Bandes beigestanden haben, verdient Marianne Schröter besonders hervorgehoben zu werden. Herr Dr. Albrecht Döhnert vom Verlag de Gruyter war während der Herstellung der Druckvorlage ein verlässlicher Ansprechpartner.

Nicht zuletzt waren meine Mutter und mein Vater, selbst Theologen, aufmerksame und kritische Begleiter.

Die Beschäftigung mit Abraham fordert, über den Tellerrand der eigenen Generation hinauszublicken, und dabei neben den Vätern nicht die Mütter zu vergessen. Meine beiden Großmütter können die Fertigstellung dieses Manuskripts im nahezu biblischen Alter von 91 bzw. 98 Jahren noch erleben. Ihnen sei der Band gewidmet, sowie dem Andenken meiner beiden Großväter, die selbst mit Leib und Seele Theologen waren.

Meine Kinder, die nach (väterlicherseits) drei Generationen Theologie etwas ganz Neues anfangen mögen, vor allem aber meine geliebte Frau verdienen eine andere Widmung: Ihnen, die allzuoft mit meiner physischen oder geistigen Abwesenheit zurechtkommen mussten, möchte ich gern wieder einen größeren Teil meiner Zeit widmen können. Ihnen verdanke ich die stete Erinnerung, dass das Leben weitergeht, und vor ihnen kann ich dieses Buch nur verantworten, weil ich die Hoffnung habe, dass wenigstens ein Teil meiner Thesen nicht nur als Füllmaterial theologischer Bibliotheken, sondern auch als bleibende Hilfe zum Verstehen dreier Kapitel der Genesis Generationen überdauern möge.

Halle (Saale), am 31. Oktober 2004   Benjamin Ziemer

Inhaltsverzeichnis

Schluss

Anhang

* * *

Verzeichnis der Tabellen und schematischen Darstellungen

Einleitung

אמר רבי יהושע בן קרחו בהבראם באברהם בזכותו של אברהם:

»Es sagt Rabbi Jehoschua ben Qarcho: [zu Gen 2,4a: Und dies sind die Hervor-bringungen von Himmel und Erde, als sie geschaffen wurden. Lies nicht:] Als sie geschaffen wurden [בהבראם, sondern:] – durch Abraham. [באברהם; das heißt:] Um Abrahams willen.«

BerR 12,9

Vorbemerkungen

Abram/Abraham wird im Buch Genesis vor Isaak und Jakob als der erste der »Patriarchen« vorgestellt: Als Erzvater der Israeliten, der als erster den Weg von Mesopotamien in das verheißene Land nimmt, den Weg Israels nach Ägypten und wieder heraus vorzeichnet und die Verheißungen von Land, Nachkommenschaft und Segen empfängt. Gleichzeitig wird er aber auch als Ahnherr einer Reihe von Nachbarvölkern Israels geschildert. In seiner Person treffen sich Welt- und Volksgeschichte, Urgeschichte der Menschheit und Erwählungsgeschichte Israels.

Doch fällt auf, dass Abraham – außerhalb der Genesis – in weiten Teilen der biblischen Literatur keine Rolle spielt, ja, in der vorexilischen Prophetie überhaupt nicht erwähnt wird. Die erste datierbare Erwähnung im *corpus propheticum* (Ez 33,24) nutzt die Berufung auf Abraham nicht etwa als positiven Anknüpfungspunkt der Verkündigung, sondern kritisiert sie als Ausdruck unbedarfter Selbstzufriedenheit des Volkes.[1]

Als Kontrast, wie er schärfer kaum hervortreten könnte, wird Abraham in der hellenistischen und römischen Zeit – als Vater des Glaubens, als Prototyp des Gerechten, als erster Proselyt – zur wichtigsten Identifikationsfigur des Judentums. Abraham ist im Neuen Testament neben Mose die am häufigsten erwähnte Gestalt aus der Hebräischen Bibel, das rabbinische Judentum gedenkt seiner gleich in der ersten Benediktion des dreimal täglich zu betenden Achtzehngebetes, und der Islam beruft sich auf Abraham als den ersten wahren Gott Ergebenen, den ersten Muslim.

Es ist nur folgerichtig anzunehmen, dass die biblische Abrahamgeschichte in der dazwischen liegenden, also der exilischen und nachexilischen Zeit, ihre kanonische Gestalt gefunden hat.

Ein neues Buch über Abraham, das exemplarisch anhand weniger Kapitel die Entwicklung der Abrahamgestalt zur wichtigsten Vaterfigur der Bibel nachzeichnen will, muss sich daher unweigerlich mit der Frage nach der Entstehungsgeschichte des Buches Genesis und des Pentateuch in der exilisch-nachexilischen Zeit auseinandersetzen.

Da hier die Meinungen weit divergieren, ist es ein Gebot der Vernunft, sich auf ein Minimum an entstehungsgeschichtlicher Hypothetik zu beschränken, um damit ein Optimum an exegetischer Erkenntnis zu erzielen. Anzusetzen ist genau dort, wo sich alle diachronen Analysen treffen müssen: Weder von einem Jahwisten

---

1 Römer, tensions, 109–111, macht deshalb Ez 33,24, mit dem *terminus post quem* 587 v.Chr., neben Jes 51,2 zum Ausgangspunkt der Rückfrage nach der ältesten Gestalt des Abrahamzyklus.

oder einer Priesterschrift, noch von einer K_D, einer K_P, einem JG oder EG[2] soll ausgegangen werden, sondern von dem letztlich kanonisierten Text, dessen kunstvolle, vielgestaltige und spannungsreiche Architektur zu allen Zeiten ihre Bewunderer gefunden hat. Dieser kanonisierte Pentateuch, im Wesentlichen identisch mit dem protomasoretischen Texttyp, der wiederum weitgehend zuverlässig vom mittelalterlichen Masoretischen Text repräsentiert wird, und von dem sowohl der Samaritanus als auch die LXX-Vorlage abhängig sind, und seine unmittelbare Entstehung sind gemeint, wenn im Folgenden von der »Endkomposition« die Rede ist.

Erich Zenger hat vorgeschlagen, den Begriff »Endkomposition des Pentateuch«[3] für die »›Pentateuchredaktion‹ *im weiteren Sinne*« zu verwenden.[4] Daran anknüpfend, sollen die Bezeichnungen »Endkomposition« und »Endkompositionsschicht« von Beginn an dem möglichen Missverständnis wehren, es ginge hier um eine marginale Endredaktion des Pentateuch[5] in der Nachgeschichte der »Hauptkompositionen«, wie sie etwa Blum sucht und nicht finden kann, weil es eine solche nicht gibt.[6] Blum, dessen »priesterliche Kompositionsschicht« die wichtigste Ausgangshypothese für die unten vorgelegte Interpretation von Gen 17 darstellte, ist vorzuhalten, dass er einen entscheidenden Fehler der Vertreter der Urkundenhypothese wiederholt: Er hält die selbst rekonstruierten Vorstufen für eine sicherere Grundlage der Rekonstruktion der Kompositionsgeschichte als den Endtext, und überlässt den letzten Redaktoren das, was den solcherart erhobenen kompositorischen Prinzipien zu widersprechen scheint.[7]

Ausgangspunkt einer jeden entstehungsgeschichtlichen Hypothese des Pentateuch ist die durchgehende Mehrstimmigkeit seiner Komposition. Es gibt Spannungen und Widersprüche, aber auch Verknüpfungen und Verbindungslinien. Konsens herrscht über den Zusammenhang einer einzigen durchgehenden Verbindungslinie, welche sprachlich und sachlich höchste Kohärenz aufweist: Der »priesterlichen« Schicht.[8]

Freilich ist die interne Differenzierung des »priesterlichen« Materials so umstritten, dass von einem Konsens bezüglich der Klassifizierung auch nur einzelner »priesterlicher« Texte als Teil zu postulierender schriftlicher Sonderquellen oder

---

2 So die Sigla für die beiden »Hauptkompositionen« des Pentateuch bei Blum, Pentateuch, *passim*, und für das »Jerusalemer« und das »Exilische Geschichtswerk« bei Zenger, [4]Einleitung, 120.

3 Zenger, [4]Einleitung, 74–79.117.

4 A.a.O., 123.

5 Von Zenger, a.a.O., 123, als »sog. Pentateuchredaktion«, »›Pentateuchredaktion‹ im engen Sinne«, »Pentateuchredaktion (im engeren Sinne)« sowie schließlich, a.a.O., 124, als »Pentateuchredaktion« bezeichnet.

6 Blum, Pentateuch, 380, sowie ders., Endgestalt.

7 Vgl. dazu die berechtigte Kritik bei Crüsemann, Tora, 63, Anm. 106, sowie bei Johnstone, Analogy, 21, Anm. 27.

8 Zur groben Orientierung über den Umfang der priesterlichen Textanteile kann immer noch auf die Abgrenzung durch Nöldeke, Grundschrift, 144, verwiesen werden.

als redaktionelle Neubildung auf bestimmten Ebenen der Kompositionsgeschichte nicht die Rede sein kann.

Hinter dem Dissens in der Frage der Sonderexistenz einer »Priesterschrift« als Pentateuchquelle kann aber der herrschende Konsens über die Unterscheidbarkeit der »priesterlichen« Schicht(en) als eines integralen Bestandteils, einer deutlich erkennbaren Stimme in der Endkomposition des Pentateuch nicht hoch genug gewürdigt werden.

Die »priesterliche« Schicht bildet den prägenden Rahmen der Genesis, aber auch des Pentateuch: An allen veritablen Eckpunkten des Pentateuch sind Texte »priesterlicher« Sprache zu finden – niemand wird Gen 1,1; Ex 1,1; Lev 1,1; Num 1,1 als »nichtpriesterlich« klassifizieren, kaum jemand auch die Tatsache »priesterlich« geprägter Redaktion in Dt 1,1–4 bestreiten wollen. Auch die drei literaturgeschichtlich sekundären Buchschlüsse sind ganz und gar »priesterlich« formuliert (Ex 40,38; Lev 27,34; Num 36,13), die beiden anderen, älteren Buchschlüsse enthalten wenigstens »priesterliche« Interpretamente (Gen 50,13 f.; Dt 34,7 f.). Ähnlich sprechen auch andere makrostrukturelle Nahtstellen, wie Gen 5; 9; 11,10–27; 25,7–20; 35,27–37,2; Ex 12,40–51; 19,1; Num 10,11–28; 25,9–26,65, um nur einige zu nennen, durchweg »priesterliche« Sprache, ganz zu schweigen vom Zentrum des Pentateuch, dem Buch Levitikus. Diese der Endkomposition eignende Makrostruktur, mit welcher in der Abrahamgeschichte das »priesterliche« Verheißungs-Kapitel Gen 17 untrennbar verbunden ist, wäre durch »nichtpriesterliche« Redaktoren merkwürdigerweise nicht gestört worden.

An einem vieldiskutierten Beispiel lässt sich verdeutlichen, welche Art Konsens über diese Texte, die Otto Eißfeldt in seiner Hexateuchsynopse alle in einer einzigen, der P-Spalte, versammelt hatte, auch über die Genesis hinaus hier angesprochen ist: Dass in Dt 34,7–9 »priesterliche« Prägung vorliegt, vereint die Formulierung Thomas Römers, »Dtn 34,7–9 sind von bereits dtr beeinflussten spätpriesterlichen Texten abhängig«[9], mit der Zuordnung von Dt 34,7a.8 zur »Priestergrundschrift«[10] durch Christian Frevel. Hinter beiden Auffassungen stehen wichtige Beobachtungen: Die erstere Charakterisierung könnte man m. E. nicht nur, mit Römer, auf Dt 34,7–9, sondern auch, gegen Römer, auf Gen 17,1–27 anzuwenden. Dagegen sieht Frevel ganz richtig, dass Gen 17,1–27 und Dt 34,7–9 ihre Prägung einem und demselben literarischen Vorgang verdanken, nur dass dieser Vorgang m. E. die Endkomposition des Pentateuch ist.

Die Leitfrage in der diachronen Analyse sollte deshalb auf das Verhältnis bestimmter Texte zur »priesterlich« geprägten Makrostruktur des Pentateuch zielen. Während theologische Entwicklungen oft gegensätzlich interpretiert werden können, wurden bisher die äußerlichen Elemente der Makrostruktur zu wenig berücksichtigt: Lassen Texte wie Gen 14 oder Gen 15,13–16 Bekanntschaft mit der chronologischen, geographischen, genealogischen, onomologischen und for-

---

9 Römer, Ende, 216.
10 Frevel, Blick, 380.

malen Systematik der »priesterlichen« Texte erkennen oder nicht? Und falls nicht: Lassen sie sich ungezwungener unter Einbeziehung oder unter Ausblendung der »priesterlichen« Texte verstehen? Falls letzteres der Fall ist, stellt sich abschließend nur noch die Frage, ob die »priesterlichen« Texte ihrerseits besser unter Ausblendung oder unter Einbeziehung der »nichtpriesterlichen« Texte verstanden werden können. Mit dieser Fragestellung dürfte eine sichere relative Chronologie der Schlussphasen der Pentateuchentstehung zu erzielen sein.

Exemplarisch werden hier drei Kapitel auf ihren jeweiligen kompositionsgeschichtlichen Horizont und die Funktion Abrahams untersucht: Gen 14, 15 und 17. Für keines der drei Kapitel ist eine mündliche Vorstufe wahrscheinlich; es handelt sich in allen drei Fällen um gelehrte Arbeit mit weit über die Abrahamgeschichte hinausreichendem Horizont. Die Erfassung dieses jeweils vorausgesetzten Horizonts ist für das Verständnis des Aussagewillens dieser Texte wesentlich. So wird Abraham im Falle von Gen 15 mit der langen Verzögerung der Landnahme der Israeliten in Beziehung gesetzt, im Falle von Gen 14 mit der altorientalischen Weltgeschichte und im Falle von Gen 17 darüber hinaus mit dem Schöpfungssegen und der gestuften Gottesoffenbarung im Pentateuch. Gleichzeitig sind die drei Kapitel stilistisch so unterschiedlich, dass sie auf verschiedene Verfasser zurückgeführt werden müssen. Über die Schichtzugehörigkeit besteht dabei insofern Konsens, als Gen 17 im Ganzen den »priesterlichen«, Gen 14 und 15 dagegen im Wesentlichen verschiedenen »nichtpriesterlichen« Schichten zuzurechnen sind.

Die drei Kapitel sind innerhalb der Endkomposition trotz ihrer Verschiedenartigkeit eng aufeinander bezogen: Gen 14 und Gen 15 sind redaktionell miteinander verzahnt; Gen 17 ist mit Gen 15,7–21 durch die ברית Gottes thematisch verbunden. Für die diachrone Einordnung von Gen 15 ist das Verhältnis von Gen 15 zu 14 und 17 fundamental; in einigen Arbeiten der letzten Jahre wurden weitreichende Konsequenzen für die Entstehung des Pentateuch aus einer angenommenen Posteriorität von Gen 15 gezogen.[11] Ebenso weitreichende Konsequenzen wären aus der Posteriorität von Gen 17 zu ziehen.

Alle drei Kapitel sind in jüngster Zeit als Kandidaten für die Zugehörigkeit zur jüngsten Schicht der Genesis gehandelt worden.[12] Da sie verschiedenen Schichten angehören, kann aber eine »endredaktionelle« Einordnung nur für maximal eines der drei Kapitel zutreffen. Eine jede »Endredaktionshypothese«[13] wird sich dabei an Folgendem messen lassen müssen:

---

11 Vgl. Ha, Genesis 15, 202–206; Römer, Dogma, 38–41; K. Schmid, Erzväter, 176f.181–186; Blum, Verbindung, 142–144.

12 Gen 14: Van Seters, Abraham, 308; Witte, Urgeschichte, 329. Gen 15: Ha, Genesis 15; Römer, tensions, 117; ders., Dogma, 47. Gen 17: Carr, Fractures, 40.332 (vgl. auch Ska, remarques, 124).

13 Diese zusammenfassende Bezeichnung verwendet Blum, Verbindung, 121, für die im einzelnen stark divergierenden Ansätze von Jan Christian Gertz, Eckart Otto, Konrad Schmid und Markus Witte.

Zum einen ist zu berücksichtigen, dass die Abrahamtradition keineswegs mit der Kanonisierung der Genesis abbricht, sondern vielmehr mitten in ihrer Blüte steht. Neben dem protomasoretischen Text stehen für den empirischen Vergleich am Schnittpunkt von Text- und Redaktionsgeschichte weitere auf Vorlagen der persisch-hellenistischen Zeit zurückgehende Zeugen der Abrahamgeschichte zur Verfügung. Vor allem das Genesis-Apokryphon (GA) wird in der vorliegenden Arbeit regelmäßig herangezogen werden, teilweise aber auch weitere Qumranfragmente, das Jubiläenbuch sowie die frühen Varianten, besonders des Samaritanischen Pentateuch, dazu Übersetzungs- und Auslegungstraditionen, wie sie LXX bzw. die Targume bieten. Unvoreingenommen muss die Möglichkeit geprüft werden, ob es Seitenreferenten gibt, welche Rückschlüsse auf eine vorkanonische Fassung der Abrahamgeschichte erlauben. Es ist zu erwarten, dass die Seitenreferenten und Zeugen der frühesten Wirkungsgeschichte sich mit vergleichbaren Themen und Problemen auseinandersetzen wie die mutmaßliche Endredaktionsschicht.

Zum anderen kann die Zuordnung eines Kapitels zu einer Endredaktionsschicht nur dann als bewiesen gelten, wenn sich zeigen lässt, dass im Zuge desselben kompositionellen Vorgangs auch den anderen, damit thematisch verbundenen Kapiteln eine bestimmte Funktion im neuen redaktionellen Zusammenhang zugewiesen bzw. belassen wird.

Der kompositionsgeschichtliche Zugang soll jedoch kein Selbstzweck bleiben, sondern helfen, die Antworten auf einige Fragen zu finden, die sich jedem Bibelleser aufdrängen, aber noch immer nicht befriedigend geklärt sind. Wieso treten mitten in der Erzelterngeschichte nacheinander zehn rätselhafte Könige auf, die bald darauf wieder völlig in Vergessenheit zu geraten scheinen? Weshalb zerteilt Abram ausgerechnet eine dreijährige Kalbin, eine dreijährige Ziege und einen dreijährigen Widder, aber nicht den Vogel? Warum werden keine anderen Namensänderungen im Pentateuch mit solcher Konsequenz durchgeführt wie die von Sarai zu Sara und von Abram zu Abraham?

1. Teil:
Abram und die Könige –
Genesis 14

I. Kedorlaʿomer von Elam und die Frage nach dem historischen Abra(ha)m[1]

1. Familiengeschichte und Weltgeschichte

Die Frage nach dem historischen Abraham ist weit über zweitausend Jahre alt. Dennoch ist diese Frage den meisten biblischen Erzählungen, ob sie nun von Abraham selbst oder von seinen Nachkommen handeln, fremd. Ihnen liegt an der paradigmatischen Bedeutung dieser Gestalt. Indem von Abraham erzählt wird, wird von einem Sohn erzählt, der seinem Vater folgt, ihn dann aber verlässt; von einem Ehemann, der seine Frau preisgibt, um sein nacktes Leben zu retten, aber dafür noch belohnt wird; von einem Onkel, der sich um das Wohl seines Neffen sorgt; vor allem aber von einem Vater, der um sein Erbe besorgt ist, der seinen ersten Sohn Ismael nicht im Stich lassen will, der seinen zweiten Sohn Isaak liebt, aber dennoch zu opfern bereit ist … Kurz: Die Abra(ha)merzählungen sind Familiengeschichten. Aber es sind nicht irgendwelche Familiengeschichten, sondern es ist die Geschichte des eigenen Stammvaters, die Israeliten und Judäer sich erzählen. Ja, ohne die Geschichten, die sich Abrahams Nachkommen über ihn erzählt haben, wüssten wir überhaupt nichts von ihm, da alle nicht-israelitischen Nachrichten über Abraham von den biblischen Berichten und den sich daneben breit entfaltenden jüdischen Traditionen abhängig sind.

Indem die Abra(ha)mgeschichte somit zugleich die Geschichte des Stammvaters ist, wird die Familiengeschichte gleichzeitig zur Stammesgeschichte: Abra(ha)ms Brüder, seine Kinder, Enkel und Urenkel sind sämtlich Stammväter von Völkern oder Stämmen. So spiegelt sich in dem Verhalten Abra(ha)ms gegenüber Lot das Verhältnis Judas und Israels zu Moab und Ammon, in der Beziehung Isaaks zu Ismael dasjenige Judas und Israels zu den arabischen Stämmen. Geschichtsschreibung im engeren Sinne, wie wir sie teilweise in den Samuelis- und Königebüchern finden, wollen die Erzählungen der Genesis nicht bieten. Faktisch aber sind die Erzelternerzählungen im biblischen Kanon, mit ihrem festen Platz in der linearen Abfolge zwischen menschheitlicher Urgeschichte und israelitischer Frühgeschichte, zu einem Abschnitt im »Prolog der Geschichte« geworden.[2]

---

1 Zu den beiden Namensformen in der Genesis s. u. S. 318–326; speziell für Gen 14 vgl. Anm. 631 (S. 123).

2 Vgl. den Buchtitel von Van Seters, »Prologue to History«, sowie K. Schmid, Erzväter, 365 [Lit.]: »Nahezu ein neuer ›Konsens‹ – jedenfalls unter den Bestreitern der Urkundenhypothese – scheint

Erst nach und nach entsteht auch das Bedürfnis, Abra(ha)m und mit ihm die übrigen Patriarchen in ein chronologisch und geographisch differenziertes Welt- und Geschichtsbild einzutragen. Zunächst, mit der Vorschaltung der Erzelterngeschichte vor den Exodus Israels aus Ägypten, verlangte diese Verknüpfung nach einer chronologischen Klammer mit der eigentlichen Vor- und Frühgeschichte Israels; es musste erklärt werden, wieso ganz Israel von Ägypten aus in das verheißene wie in ein unbekanntes Land zog, obwohl doch Abraham, Isaak und Jakob schon dort gewohnt und, alles in allem, nicht schlecht gelebt hatten.[3]

Mit der Voranstellung der Urgeschichte waren keine vergleichbaren logischen Widersprüche verbunden, sieht man von der doppelten Ableitung einzelner Völker ab. Da die Urgeschichte von Stammeltern der ganzen Menschheit, die Erzelterngeschichte von denen Israels handelt, legte sich als überzeugende Verbindung das Mittel der Genealogie nahe.

Auch über diese genealogische Verknüpfung hinaus gab es Ansätze, die biblische Vorgeschichte in einer Weise historisch einzuordnen, dass sie mit der nichtisraelitischen Weltgeschichte verknüpft werden kann. Zum einen handelt es sich dabei um diejenige Schicht im Rahmen der Entstehung des Pentateuch, die innerhalb der Genesis sozusagen »das letzte Wort hatte«. Diese Schicht hat den kanonischen Text der Genesis durch ihr chronologisches System entscheidend geprägt,[4] obwohl die Textüberlieferung zeigt, dass daran auch später weitergearbeitet werden konnte.[5] Zum anderen aber handelt es sich um das in Gen 14 berichtete Geschehen. Und eben dieses soll im ersten Hauptteil dieser Arbeit thematisiert werden.

2. Die Historisierung Abra(ha)ms

Alle bisher erwähnten Einordnungen Abra(ha)ms in den biblischen Geschichtskanon haben eines gemeinsam: Sie verorten Abra(ha)m am Ausgangspunkt der langen Kette von Vorfahren Israels. Abra(ha)m und Sara(i) können gegenüber Israel bezeichnet werden als »der Fels, aus dem ihr gehauen, und des Brunnens Schacht, aus dem ihr gegraben seid« (Jes 51,1 f.). Die Erzelterngeschichte folgt nicht den

---

sich in der Überzeugung auszubilden, daß die älteste durchlaufende Kompositionsschicht im Tetrateuch (›J‹ bei Rose und Van Seters, ›KD‹ bei Blum und ›D‹ bei Johnstone und Blenkinsopp) jünger als das deuteronomistische Geschichtswerk einzustufen und als dessen Vorbau zu beschreiben sei.«

3 Die geniale Verbindung, die Gen 15 innerhalb der Abra(ha)mgeschichte herstellt, wird unten ausführlich zur Sprache kommen: »2. Teil: Abra(ha)m, der Vertraute Gottes – Genesis 15«, S. 163–274.

4 Dass diese Schicht auch in anderer Hinsicht systematisierend das vorgegebene Material zusammenfasst, wird im letzten Hauptteil gezeigt werden: »3. Teil: Abraham, der Vater eines Gewimmels von Völkern – Genesis 17«, S. 275–384.

5 Dies ist am deutlichsten in den chronologischen Systemen von Masoretischem Text (MT), Samaritanus (SP) und LXX in Gen 5 und 11. Siehe dazu unten S. 347–359 *passim*.

Gesetzen der Historie, sondern denen der Erzählung: Es fehlen ja in den einzelnen Erzählungen nicht nur für Historiker unverzichtbare Informationen wie der Name des Pharao, mit dem Sarai und Abram nach Gen 12,15–20 zu tun bekommen, oder überhaupt eine Angabe über die Herrschaftsverhältnisse im Lande, sondern auch viele Informationen über die Figuren der Familiengeschichte: Wo ist Lot, während Abram und Sarai in Ägypten sind? Wo ist Sara, während Abraham und Isaak zum Land Morija gehen? Die Antwort lautet jeweils: Sie haben in diesen Erzählungen einfach nichts zu suchen.

Dennoch wurden schon in der frühen Wirkungsgeschichte auch solche Fragen gestellt und in der Form des Midrasch, in der Regel in Kombination verschiedener biblischer und legendarischer Traditionen, auch partiell Antworten darauf gegeben. Diese Midraschim stellen, anders als die erwähnte biblische Chronologie, kein neues Koordinatensystem auf; sie ordnen sich dem biblischen Kontext unter und stellen bewusste literarische Querbezüge zu anderen biblischen Berichten, nicht aber zu anderen Midraschim her. Derartige Midraschim finden sich zahlreich im Jubiläenbuch[6]; jedoch gibt es auch unter den biblischen Meisterwerken der Erzählkunst einige, die ehemals klaffende Leerstellen glänzend schließen: Die Josefsnovelle ist das umfangreichste Beispiel dafür in der Genesis; die Erzählung von der Brautwerbung Isaaks Gen 24 muss sich daneben nicht verstecken. Beides sind bewusst komponierte literarische Werke, die für ihre Einfügung in den jetzigen Kontext geschrieben wurden, deren Aussage aber weit darüber hinaus geht.

Sowohl Gen 24 als auch Gen 37–50 waren freilich bereits in diejenige Pentateuch-Komposition integriert, welche die Genesis genalogisch, geographisch und chronologisch systematisiert hat und deren theologischer Schlüsseltext für die Abra(ha)mgeschichte in Gen 17 zu finden ist. Für Gen 14 ist genau dieses umstritten. Es finden sich kaum Querverweise auf dieses Kapitel in der hebräischen Bibel[7], und es scheinen auch unter den (zumeist ebenfalls systematisierenden) Glossierungsschichten des Kapitels selbst sichere Hinweise auf die spezifischen Themen und Interessen der genannten systematisierenden Schicht der Pentateuch-Komposition zu fehlen.[8] Gen 14 unterscheidet sich darin von Gen 17, dass es keiner erkennbaren Schicht angehört und durch keine »Satelliten« im übrigen Pentateuch gestützt wird; es berührt sich aber mit Gen 17 in seiner übergreifenden Perspektive: Nur hier (innerhalb der kanonischen Genesis) werden wie in den »P«-Texten Ur- und Erzelterngeschichte und darüber hinaus auch Welt- und Volksgeschichte wirklich verbunden. Während aber in den endkompositionellen Texten

---

6 Siehe unten S.84f.

7 Von der Grundschicht von Gen 14 literarisch abhängig ist Ps 110 (Priestertum Melchisedeks), ebenso die Nachrichten der »archäologischen Notizen« von Dt 1–3 (Susiter/Samsumiter, Emiter und Choriter als Vorbewohner der Gebiete der Ammoniter, Moabiter und Edomiter; Refaïm als Oberbegriff), s. u. S.154ff.

8 Unter konsequenter Berücksichtigung auch der nichtkanonischen Rezeption des Textes wird im Rahmen dieser Arbeit dennoch eine methodisch abgesicherte Einordnung dieser Glossierungsschichten in den Zusammenhang der Pentateuchredaktionen erfolgen, siehe unten S.137ff.

der Blick von Gen 11 an allein auf die Nachkommen der Linie Sem–Arpach-schad–Terach fokussiert wird, dient hier ein gewisser Amrafel von Schinʿar zur historischen Einordnung Abra(ha)ms, zusammen mit Kedorlaʿomer von Elam, der die kriegführenden Könige in Gen 14 ebenso anführt wie Elam die Söhne Sems[9] in Gen 10,22[10], sowie zwei weiteren Königen, die nach dem damaligen wie nach dem heutigen Stand der historischen Wissenschaft alle ohne Probleme in der ersten Hälfte des zweiten Jahrtausends vor Christus unterzubringen wären – also genau in der Periode, wo Abra(ha)m auch nach der biblischen Chronologie[11] hingehören würde.

Ebenso frappierend wie die Affinität Amrafels von Schinʿar zu Hammurabi von Babylon[12] oder des Tidʿal der »Gojim« zu diversen Hethiterkönigen namens *Tudḫaliya*[13] ist aber die Übereinstimmung mit den sonstigen, durch die umliegenden biblischen Texte gegebenen Rahmenbedingungen. Die Vermutung legt sich nahe, dass dieses Kapitel in der Tat nicht nur die »vorpriesterlichen« Väter- und Landnahmetraditionen voraussetzt, sondern auch mit Teilen der »priesterlichen« Listenwissenschaft vertraut ist. Dass bereits die maßgebende (»priesterliche«[14]) Pentateuchredaktion vorausgesetzt wäre, lässt sich dagegen nicht erweisen; vielmehr scheint im Rahmen dieser Redaktion das Kapitel noch leicht glossiert worden zu sein.

Es gilt demnach, das Kapitel Gen 14 als Ansatz zur Geschichtsschreibung im Sinne biblischer »Archäologie« zu würdigen: Hier begegnet für den Bereich der Abra(ha)mgeschichte erstmals der Anspruch, aus nichtbiblischen, ja teilweise sogar nichtisraelitischen Quellen verfügbares Wissen mit den biblischen Nachrichten zu verknüpfen.

---

9 Ungeachtet seiner, nach unserer heutigen Terminologie, nichtsemitischen Sprache.

10 Eine tatsächliche Analogie stellt freilich erst die Musterung der Nachkommen Sems im Liber Antiquitatum Biblicarum (LibAnt 5,6f.) her, an deren Spitze wiederum Elam steht.

11 Gen 15,13; Ex 12,40.

12 Diese Identifizierung hat sogar in maßgebliche Lexika und Bibelausgaben Eingang gefunden, so Gesenius-Buhl[17] und BHK, und war forschungsgeschichtlich ein wichtiger Beweggrund, die gesamte Patriarchengeschichte in das frühe 2. Jahrtausend zu datieren (vgl. Schatz, Genesis 14, 17f.). Ebensogut kann sie aber für die Intention eines nachexilischen Verfassers stehen, die Abra(ha)mgeschichte historisch in ebenjene Zeit einzuordnen (J. Meinhold, 1. Mose 14,17f.43f.).

13 Siehe unten Anm. 420 (S. 96).

14 Siehe unten S. 275 ff.

II. Die Literargeschichte von Gen 14

Das Kapitel Gen 14 wird häufig als erratischer Block empfunden. In der Tat unterscheidet sich die Szenerie auffällig von der Motivik der übrigen kanonischen Erzelternerzählungen. Im Zeitalter der Quellenscheidung konnte immerhin weitgehende Übereinstimmung dahingehend erzielt werden, dass dieses Kapitel keiner der bekannten »durchgehenden Pentateuchquellen« angehört. Auch die relativ späte Einfügung in den jetzigen Zusammenhang ist in der alttestamentlichen Wissenschaft weitgehend Konsens; dagegen wird die Frage nach dem Alter des darin enthaltenen Überlieferungsgutes kontrovers beantwortet. Was bis heute fehlt, ist eine fundierte kompositionsgeschichtliche Einordnung dieses Kapitels. Deshalb sollen hier zunächst die Umstände der Einfügung in den jetzigen Kontext rekonstruiert werden und dann das Verhältnis von Gen 14 zur übrigen Abra(ha)müberlieferung der Genesis in den Blick genommen werden. Dadurch sollten sowohl einige Merkwürdigkeiten des Textes selbst besser verstanden als auch Konsequenzen für das Abra(ha)mbild eines Genesisbuches gezogen werden können, zu welchem das Kapitel als integraler Bestandteil gehört. In diesem Rahmen gilt es dann auch zu klären, welche Funktion Gen 14 im Zusammenhang der Endkomposition des Pentateuch besitzt.

1. Abgrenzung der Perikope

Bevor mit der Frage nach erkennbaren Brüchen und Spannungen auf die hypothetische Vorgeschichte einzelner Bestandteile und Traditionen des Kapitels eingegangen werden kann, muss zunächst die Abgrenzung des Kapitels in seinem textkritisch zu verifizierenden Bestand thematisiert werden. Dabei ist schon jetzt darauf hinzuweisen, dass das sogenannte Genesis-Apokryphon nicht nur text-, sondern auch literargeschichtlich von höchstem Interesse ist.[15]

Die Abgrenzung des Kapitels 14 vom Vorhergehenden und Nachfolgenden, wie sie durch die Kapitelzählung seit Stephan Langton in alle Bibelausgaben Eingang gefunden hat, ist exegetisch nicht zu beanstanden. Sie trifft sich hier mit der Einteilung der jüdischen Leseordnung nach dem dreijährigen palästinischen Zyklus (Gen 14 als 11. Seder). Dagegen steht die Episode im einjährigen babylonische Zyklus im Zentrum der ersten Abra(ha)m-Parascha לֶךְ לְךָ (=Gen 12–17).

---

15 Siehe unten S. 27 ff.

Nach der optischen Abschnittseinteilung, wie sie etwa im Codex L überliefert wird, bildet Gen 14,1–24 den ersten, in sich nicht weiter untergliederten Unterabschnitt eines Gen 14–17 umfassenden Zusammenhangs. Der vorhergehende Einschnitt (nach Gen 13,18) wird dabei als größer empfunden – und dementsprechend eine פרשה פתוחה vorgesehen – während vor 15,1 lediglich eine Lücke innerhalb der Zeile stehen soll (פרשה סתומה).

Auch das Genesis-Apokryphon (GA)[16] weist an beiden Stellen freie Zeilenenden auf; außerdem gibt es einen Absatz vor GA 21,31 (≈ vor Gen 14,8), und einen größeren Leerraum zu Beginn von 22,18 (≈ vor Gen 14,21),[17] so dass äußerlich eine Dreiteilung erkennbar wird: Auf eine historische Einleitung folgt der Bericht von der zweiten[18] Schlacht von Siddim und damit derjenige Teil der Erzählung, in dem zunächst Lot passiv und danach Abram aktiv in das Geschehen verwickelt werden. Dieser Teil endet mit der Entrichtung des zehnten Teils der Kriegsbeute durch Abram an Melchisedek. Im dritten Teil verhandeln der König von Sodom und Abram über die Nachkriegsordnung.

Der Abschnitt Gen 14 ist somit von Beginn der Textgeschichte an als nach außen deutlich abgegrenzte Perikope behandelt worden, während eine interne Gliederung nur im Genesis-Apokryphon deutlich gemacht wird. Dort ist zudem der deutliche Neueinschnitt, der mit Gen 14,1 MT einhergeht, nicht nur inhaltlich, sondern auch sprachlich erkennbar: Während in den vorhergehenden Abschnitten Noah bzw. Abram im Ich-Stil erzählen, die dem biblischen Bericht entsprechenden Begebenheiten sehr frei wiedergegeben und reich ausgeschmückt werden und diesen Passagen somit weniger Gewicht für die Rekonstruktion der Geschichte des biblischen Textes zukommt, ändert sich das Bild in Kolumne 21, Zeile 23 (≈ Gen 14,1). Hier wird wie im kanonischen Genesisbuch in der dritten Person von Abram gesprochen, der Text verzichtet weitgehend auf Ausschmückungen und trägt von da an bis zum Ende des erhaltenen Textes eher den Charakter einer um möglichst erschöpfende Wiedergabe bemühten Übersetzung als den einer freien Nacherzählung.[19] Während sich in GA 19,10–21,22 (≈ Gen 12,10–13,18) nur für etwa 20% der Wörter des Textes eine genaue wörtliche Entsprechung im Masoretischen Text der Genesis finden lässt und im Bereich GA 22,27–34 (≈ Gen 15,1–4) für ca. 35% der Wörter, liegt der entsprechende Wert für GA 21,23–22,26 (≈ Gen 14) bei über 50%. Mehr ist im Genesis-Apokryphon von der Abra(ha)mgeschichte leider nicht erhalten. In den Fragmenten zur Urgeschichte (in den vorhergehenden Kolumnen) ist die Übereinstimmung mit dem kanonischen Genesisbuch noch wesentlich geringer; der Erhaltungszustand ist allerdings so schlecht, dass sich keine Statistik erheben lässt.

---

16 Der Text für den Bereich GA 21,23–22,34 (≈ Gen 14,1–15,4) steht unten S. 50–55.

17 Zwei kleinere Leerräume stehen GA 22,20 und 22 (≈ vor Gen 14,22 sowie in V. 23) vor der Einführung der wörtlichen Rede Abrams und vor dem Zitat im Munde Abrams.

18 Dazu unten S. 73.

19 Vgl. Cornelius, Genesis XIV, 5; Osswald, Beobachtungen, 8; Schatz, Genesis 14, 7; Fitzmyer, Apocryphon, 157 f.; Wright, Genre, 426.

2. Zur Forschungsgeschichte

Es ist hier nicht der Raum, eine Forschungsgeschichte zu Gen 14 zu schreiben.[20] Zahlreiche Arbeiten beschäftigen sich nicht mit dem Kapitel als Ganzem, sondern mit den vermeintlich historisch auswertbaren Einzelinformationen: Die Namen der vier Könige und ihrer Reiche aus Gen 14,1.9 sind *das* Thema schlechthin, welches bereits in den Kommentaren überproportionalen Raum einnimmt,[21] vor allem aber in unzähligen Aufsätzen traktiert wurde[22] und wird.[23] Das zweite Thema ist die Melchisedek-Figur[24], die im Zusammenhang mit ihrer erstaunlich breiten frühen Wirkungsgeschichte insbesondere seit den Qumranfunden die erhöhte Aufmerksamkeit der Forscher auf sich gezogen hat.[25] Im Falle der Melchisedek-Szene ist es besonders schwierig, die Grenze zwischen Interpretation und Wirkungsgeschichte zu ziehen, was allein ein Bände füllendes Thema wäre.

In dieser Arbeit geht es aber weder um die historische Rekonstruktion von Begebenheiten des 2. Jahrtausends v. Chr. noch um die Melchisedek-Angelologie des 1. Jh. vor oder nach der Zeitenwende, sondern um die Redaktionsgeschichte sowie die kompositionelle Funktion von Gen 14 im vorliegenden Kontext. Angeknüpft werden kann dabei an die immer noch wichtigste Monographie der letzten Jahrzehnte zu Gen 14. Werner Schatz[26] gebührt das Verdienst, das Kapitel wieder in die Literar- und Traditionsgeschichte der Genesis hineingeholt zu haben: »Aus der Untersuchung geht hervor, dass das 14. Kapitel der Genesis trotz seiner Eigenarten als Werk alttestamentlicher Tradition verstanden werden kann.«[27] Da sich die Prämissen in der Pentateuchkritik seit 1970 fundamental gewandelt haben, liegt der Wert der entstehungsgeschichtlichen Schlussfolgerungen Schatz' weniger in den absoluten Datierungen[28] als in wichtigen traditionsgeschichtlichen Beobach-

---

20 Für die Jahre bis 1970 gibt Schatz, Genesis 14, 9–62, eine ausführliche Übersicht. Einen prägnanten Überblick, der die Literatur bis 1977 berücksichtigt, bietet auch Westermann, BK I/2, 219–223. Für die Diskussion der achtziger Jahre vgl. Emerton, Problems, sowie ders., Site. Zur Auseinandersetzung im Einzelnen siehe weiter unten.

21 Speiser widmet etwa ein Drittel seines »Comment« zu Gen 14 (Speiser, Genesis, 105–109) den im ersten Vers genannten Namen.

22 Vgl. Westermann, EdF, 41: »Hatte man einen Namen historisch gedeutet, war man gezwungen, Abraham zu dessen Zeit anzusetzen, wechselte die Deutung, mußte die Lebenszeit Abrahams verändert werden.«

23 Vgl. zuletzt Margalith, Riddle.

24 Im AT außer in Gen 14,18 nur noch in Ps 110,4 namentlich erwähnt.

25 Vgl. die TRE-Artikel zu Melchisedek, jeweils mit bibliographischem Überblick bis etwa 1990 (von Bernhardt, Willi und Balz). Zur neueren Diskussion vgl. Fitzmyer, Melchizedek.

26 Schatz, Genesis 14.

27 Schatz, Genesis 14, 7.

28 Schatz, Genesis 14, 322, veranschlagt für die »Bildung der Grundlage unseres Kapitels […] die Zeit des Königs David«. In seiner jetzigen Form hält Schatz, Genesis 14, 323, das Kapitel für das Werk eines Deuteronomisten, um 550 v. Chr. In vorliegender Arbeit wird, kaum weniger hypothetisch, eher an das 5. Jahrhundert als Entstehungszeit gedacht werden (siehe unten S. 88 f.; 135).

tungen[29] sowie der relativen Datierung[30]. Gen 14 erscheint als Zeugnis israelitischer Geschichtsschreibung, in zeitlicher Nähe zu den Büchern der Vorderen Propheten. Dabei werden, wie Schatz im Anschluss an Michael C. Astour[31] gezeigt hat, auch mesopotamische historiographische Traditionen nicht etwa ungeschickt kolportiert, sondern bewusst integriert.

Schatz steuert damit auf mittlerer Route zwischen den beiden extremen Alternativen der Auslegung von Gen 14, der Scylla der »uralten Quelle«[32] auf der einen Seite und der Charybdis der »späten Aggada«[33] auf der anderen Seite. Claus Westermann dagegen hat versucht, beide Extrempositionen gleichzeitig zu besetzen. Der Text sei einerseits »Schreibtischarbeit« »aus der spätnachexilischen Zeit, anderen spätjüdischen Schriften vergleichbar«.[34] Andererseits werden die verschiedenen, hinter Gen 14 stehenden *Traditionsbereiche* gleich auf mehrere uralte schriftliche *Quellen* verteilt. Laut Westermann[35] lassen sich ein »Feldzugsbericht« außerisraelitischer Herkunft und unbestimmten Alters (A, V.1–11)[36], eine »Heldenerzählung« aus der Richterzeit (B, V.12–17.21–24)[37] und eine »Szene« aus der Zeit Davids (C, V.18–20)[38] unterscheiden. »Den Grundstock bildet B, in den nachträglich C gefügt wurde. Dem Gebilde B+C wurde dann A vorgefügt, womit das Ganze von A bestimmt wurde.«[39] Ähnliche Modelle vertreten Emerton,[40] Ruppert[41] und Seebass[42]. Doch kann man derartige Quellen wahrscheinlich machen?

29 Dies gilt etwa für die Berührungen mit Jos 10, Ri 7 oder 1 Sam 14 (Schatz, Genesis 14, 277–279).

30 Für Schatz ist das Kapitel jünger als »J« und »E«, aber älter als »P«. Die ältere »Grundlage«, die hinter Gen 14,13–24 stehe, könne aber »vielleicht« mit Gen 15 »zusammen gesehen werden«, das Schatz in das 10. Jahrhundert datiert (a.a.O., 322, vgl. ders., 280). Auch Ruppert denkt für Gen 14 und 15 an eine längere Vorgeschichte, aber mit einer prägenden Redaktion in der Zeit Josias (ders., Genesis II, 191.255). Soggin, Genesis, 222, fasst die beiden Kapitel unter der Überschrift »Zwei Texte aus Sonderüberlieferungen« zusammen, wobei er das eine als »eine Art von später 'aggadāh« (236), das andere zumindest als nachexilisch (einerseits »nicht vor der Endredaktion des Pentateuch«, anderseits »vielleicht… noch vor ›P‹«[!], 256) ansieht.
    Die im Folgenden vertretene Einordnung von Gen 14 vor der (»priesterlichen«) Endkomposition des Pentateuch, aber nach Gen 15, bleibt daher im Rahmen bisheriger Vorschläge, wird aber durch eine methodisch völlig neue Herangehensweise untermauert werden.

31 Astour, Symbolism.

32 Vgl. zuletzt Frumkin–Elitzur, Rise, welche die Handlung von Gen 14 um 2000 v.Chr., den Bericht inklusive sämtlicher Glossierungen um 1500–1200 v.Chr. ansetzen.

33 Vgl. Soggin, Kings, 291, der vorschlägt, das Ganze in hasmonäische Zeit zu datieren. Zurückhaltender ders., Genesis, 235.

34 Westermann, BK I/2, 227.

35 Westermann, BK I/2, 223–227, im Anschluss an Emerton, Riddle.

36 Innerhalb von A rechnet Westermann mit V.5b–7 als »Zwischenstück«, das mit dem Kontext »nur locker verbunden« sei, »aus einer anderen Quelle« (a.a.O., 230).

37 Nicht zur Quelle gehöre V.12, der eine »ungeschickte Überleitung« bildet (a.a.O., 234).

38 Davon abhängig ist nach allgemeinem Konsens die Gottesbezeichnung in V.22 (vgl. Westermann, a.a.O., 238).

39 Westermann, BK I/2, 223.

40 Emerton (Problems, bes. 73f.101f.; im Bereich von V.1–11 etwas anders noch ders., Riddle, vgl. die Zusammenfassung 437f.) geht von denselben drei Hauptbestandteilen des Kapitels aus wie

A) Der Bericht vom Krieg der Vier gegen die Fünf (14,1–11) animiert mit seiner Fülle von recht ausgefallener Namen immer wieder zur Suche nach einer wie auch immer gearteten schriftlichen Vorlage. Formal erinnert er an altorientalische Königsinschriften: Aufzählung der Kriegsgegner, Erwähnung von Tributpflicht und Abfall, Datierung der Strafexpedition und Aufzählung der verwüsteten Städte und Länder, auch die Notiz von der Flucht der unterlegenen Könige begegnen regelmäßig in neuassyrischen Feldzugsberichten.[43] Auch für die Umformung solcher Ich-Berichte in die dritte Person ließen sich altorientalische Vorbilder finden.[44] Doch geht V.1–11 nicht auf historische Tatsachen zurück.[45] Als fiktionaler Text macht er aber nur als Einleitung zum Folgenden einen Sinn:[46] Ohne einen Bezug auf Israel oder seinen Erzvater hätte der Bericht in der israelitischen Literatur nichts verloren.[47]

Westermann, nimmt aber an, dass C (V.18–20) nicht selbständig existiert habe und bereits in der Zeit Davids in B (V.13a.*14–16.21.*22.23) eingearbeitet, A (V.1–9) dann frühestens im 7. Jahrhundert davorgesetzt worden sei, was wiederum zur Ergänzung von V.10f. geführt habe. Außerdem identifiziert er drei redaktionelle Schichten, D (V.13b.24 »Aner, Eshcol und Mamre«), E (V.12.*14.*16 die Erwähnungen Lots) und F (die identifizierenden Glossen in V.2.3.7.8.17).

41 Ruppert, Genesis II, 186–188, unterscheidet fünf verschiedene Schichten, von denen nur die erste für sich allein existiert habe. Seine Grundschicht (»Feldzugsbericht«) findet er ausschließlich in V.1–11 (ähnlich A bei Westermann und Emerton [vgl. die vorige Anm.], zur genauen Abgrenzung s. u. Anm. 47). Die »Heldenerzählung« in V.13–17.21–24 (=B) ist seine erste, die *ad hoc* geschaffene Szene V.18–20.*22b (=C) seine dritte »Erweiterungsschicht«. Der zweiten »Erweiterungsschicht« schreibt Ruppert, über Emertons D und E hinaus, auch V.3.5b–7 und die meisten Namen von V.1f. zu. Ganz zum Schluss rechnet er mit Glossen, ähnlich Emertons F.

42 Seebass, Genesis II/1, 59 vermutet zwei verschiedene Vorlagen hinter V.1–9 und V.12–24, sieht wie Emerton und Ruppert in V.18–20 gegen Westermann eine unselbständige Erweiterung, findet aber, im Gegensatz zu Emerton und Ruppert, gerade in der »Bruderschaft‹ Lot – Abram« den »roten Faden« des Ganzen (a.a.O., 45).

43 Zu finden sind all diese Elemente etwa in den verschiedenen Versionen der Berichte Salmanassars III. über seine Feldzüge gegen Damaskus (in deutscher Übersetzung AOT², 340–344 sowie TUAT I/4, 360–365), anders als Gen 14 im Ich-Stil der jeweiligen Herrscher; vgl. grundsätzlich Van Seters, Abraham, 299f.

44 Etwa die babylonische Chronik zum Fall Ninives, AOT², 362–365; TUAT I/4, 401–405.

45 Klassisch begründet von Nöldeke, Ungeschichtlichkeit; nach einem Jahrhundert Keilschriftforschung und ostjordanischer Archäologie bestätigt von Thompson, Historicity, 187–195. Den weitgehenden Konsens darüber bringt Donner, Geschichte I, 95–97, zum Ausdruck.
Die *particula veri* derjenigen Stimmen, welche das Kapitel zur historischen Einordnung der Patriarchenzeit verwerten wollten, einflussreich etwa de Vaux, Patriarchen, 34–41 (ca. 1850 v.Chr.), in jüngster Zeit etwa Kitchen, World, 71–74 (ca. 2000–1700 v.Chr.) oder Frumkin–Elitzur, Rise, 50 (ca. 2000 v.Chr.), liegt in einem anderen Bereich: Der/die Verfasser von Gen 14 wollte(n) in der Tat eine Abram-Geschichte erzählen, die rund tausend Jahre vor der judäischen und israelitischen Königszeit gespielt hat.

46 Zu Recht verweist bereits Gunkel, Genesis, 289, auf die Analogie zum Judithbuch, siehe dazu unten S.79f.

47 So der allgemeine Konsens. Anders die phantasievolle Lösung von Ruppert: Nach ihm (Genesis II, 186.188–191) ist die Grundschicht von Gen 14 nichts anderes als ein fingierter und verschlüsselter Feldzugsbericht der Züge Tiglat-Pilesers III. (alias Kedorla'omer) *und* Salmanassars V. (alias Kedorla'omer) gegen Israel (alias Sodom) und Aram-Damaskus (alias Gomorrha) 738 und 725–722 v.Chr. Dessen Sinn habe darin bestanden, Hiskia von Juda zu warnen. Nun gibt es sicher »Decknamen« (a.a.O., 187) in diesem Kapitel. Aber deren Entschlüsselung sollte sich an den ein-

B) V.11–17.21–24 erinnern stärker an alttestamentliche Rettererzählungen, wie sie von Josua[48], Gideon[49] oder dem aufstrebenden David[50] erzählt wurden.[51] Das Eingreifen Abrams, des Retters, setzt aber, so wie es berichtet wird, unbedingt einen vorhergehenden Kriegsbericht mit Beteiligung Sodoms voraus, kann also nicht ohne weiteres an das friedliche Bild von Gen 13 anschließen, wo der einzige nennenswerte Konflikt sich ausgerechnet zwischen Abram und Lot abspielt.[52] Ohnehin bliebe es die einzige Rettererzählung von Abram.[53]

C) Die Melchisedek-Szene (14,18–20) lässt an eine ätiologische Heiligtumslegende denken, setzt aber explizit einen vorausgehenden siegreichen Kriegszug Abrams (in der Gottesprädikation אשר מגן צריך בידך V.20), und implizit einen Aufenthalts- oder Durchzugsort Abrams in der Nähe von Schalem voraus. Ohne V.18–20 würde dem Kapitel die kultische Komponente fehlen, die zu einem alttestamentlichen wie altorientalischen Kriegsbericht notwendig dazugehört.[54] Auch diese Szene kann weder für sich existiert haben noch unmittelbar an den Altarbau in Hebron Gen 13,18 angeschlossen worden sein.[55]

Die verschiedenen Elemente dieses Kapitels müssen somit nicht nur gemeinsam in die Erzelterngeschichte gekommen sein,[56] sondern auch von Anfang an zusam-

---

deutigen Namen Abram und Lot orientieren und nicht an der 13jährigen Spanne zwischen Unterwerfung und Rebellion (a.a.O., 188), vgl. bereits die Kritik von Nöldeke, Ungeschichtlichkeit, 172, an einer ganz ähnlich lautenden These Hitzigs. Jedweder methodischen Kontrollierbarkeit entzieht sich bereits die Abgrenzung der Grundschicht (Ruppert, a.a.O., 186): V.1*aα(nur ויהי בימי)bα. *2a (ohne ברע und ברשע). 4. 5aα. 8aα.bα. 9aα. 10*aγ (ohne ויפלו־שמה).11.

48 Jos 10, vgl. Schatz, Genesis 14, 278, sowie unten S.101f.

49 Ri 7f., vgl. Emerton, Riddle, 432f.; Schatz, Genesis 14, 295f.

50 1 Sam 30, vgl. Jacob, Genesis, 388; Westermann, BK I/2, 224f.; Dietrich, Typologie, 49.

51 Zu Recht weist aber McConville, Horizons, 101, darauf hin, dass »such comparisons […] cannot in themselves pinpoint specific dates or settings«.

52 Van Seters, Abraham, 301; vgl. auch Ruppert, Genesis II, 187.

53 Deshalb meint Westermann, BK I/2, 225, die Erzählung B könne ursprünglich nicht von Abraham gehandelt haben, sondern sei erst sekundär, aber noch in vordavidischer Zeit, im »früheste[n] Stadium der Nachgeschichte von Gen 12–25«(!), auf Abraham übertragen worden.

54 Die Klimax ist »religious, because it was always so in the biblical Near East«, Kitchen, World, 71f. (a.a.O. 71, Anm. 14, nennt als Beispiele Kriegsreliefs aus dem ägyptischen Neuen Reich, neuassyrische Königsinschriften und die Zakkur-Stele). Ähnliches gilt für biblische Heldenerzählungen, die etwa in einen Altarbau (Ex 17,15; vgl. Jos 8,30f.) einen Lobpsalm (Ri 5,1–31, bes. V.24; vgl. Ex 15), Votivgaben für ein Heiligtum (Num 31,50–52; Ri 8,24–27), die Erfüllung eines Gelübdes (Ri 11,34–40; vgl. 1 Sam 14,38–45), abgezählte Abgaben an das Kultpersonal (Num 31,28–47) oder auch die Verteilung von ברכה münden können (1 Sam 30,26–31).

55 So übereinstimmend die neueren Kommentare (Ruppert, Genesis II, 188; Seebass, Genesis II/1, 59; Soggin, Genesis, 233).

56 Darin ist sich Westermann im Wesentlichen sowohl mit Vertretern einer generellen Spätdatierung von Gen 14 (Blum, Vätergeschichte, 462–464, Anm.5; Van Seters, Abraham, 296–308; Soggin, Genesis, 222–236) als auch mit den Verfechtern historischer Zuverlässigkeit (Speiser, Wenham) einig: Speiser, Genesis, 106, betrachtet zwar Kriegsbericht und Melchisedek-Episode als »two loosely connected parts«, plädiert aber für deren ursprünglichen literarischen (und historischen!) Zusammenhang. Wenham, Genesis I, 306f., plädiert ebenfalls für Einheitlichkeit, weist aber das Kapitel im Ganzen »J« zu. Ebenso plaziert Emerton (Problems, 74) die Einfügung des ganzen Ka-

mengehört haben. Der zusammengesetzte Eindruck erklärt sich daraus, dass das Kapitel die Merkmale verschiedener Gattungen in sich vereint.

Da sich das Kapitel nicht im literarkritischen Querschnitt zerlegen lässt, muss auch die Gattung einheitlich bestimmt werden können: Insgesamt handelt es sich um eine historisierende Erzählung, die sich aus biblischen wie außerbiblischen Traditionen speist. Sie gebraucht formale Merkmale altorientalischer Kriegsberichte und Chroniken sowie israelitischer Rettererzählungen und Heiligtumsätiologien als Stilmittel, um den Erzvater Abra(ha)m in die Weltgeschichte einzuordnen.[57]

Eine nicht traditions-, sondern literargeschichtliche Analyse des Textes kann daher nur nach möglichen Vorstufen der ganzen Erzählung fragen. Nach zahlreichen älteren Versuchen[58] hatte es E. A. Speiser, als die Genesis kommentierender Altorientalist, noch einmal unternommen, das Kapitel als Ganzes auf eine akkadische Quelle zurückzuführen. Freilich vermengt er unnötigerweise die literargeschichtliche mit der historischen Frage[59] und behauptet die Historizität des ganzen Kapitels.[60] So muss auch seine literarhistorische These nach der detaillierten Kritik durch Emerton[61] als widerlegt gelten.

---

57 Die Bedeutung der einzelnen Elemente für das ganze Kapitel wird sehr unterschiedlich gesehen. Van Seters, Abraham, 296–308, sieht das ganze Kapitel als konstruierten Feldzugsbericht an; Schatz, Genesis 14, 320–324, macht als Kern die Erzählung von der Rettungstat Abrams aus; Soggin, Kings, 290; ders., Genesis, 233 und Seebass, Genesis II/1, 46 (vgl. auch Doré, unité) sehen in der ätiologisch ausgerichteten Melchisedek-Szene den Skopus des Kapitels in seiner Endgestalt.

Kapitels »in the rest of Genesis in the Pentateuch« erst zum Schluss, nach den letzten Glossierungen.

58 Vgl. Emerton, Clues, 30–37.

59 Mit dem Nachweis einer schriftlichen Quelle ist für ihn der Nachweis der Historizität gegeben, und zwar unabhängig von dem Alter dieser Quelle. Dabei wäre, wenn diese Quelle in nachexilischer Zeit eingearbeitet worden ist, auch deren Entstehung in nachexilischer Zeit denkbar, vgl. die Spartoli-Texte aus dem 2. Jh. v. Chr., die Ereignisse aus etwa einem Jahrtausend babylonischer Geschichte zusammenstellen wollen, literarisch aber höchstens auf das 7.–6. Jh. zurückgehen (Emerton, Clues, 38).
Wenn Speiser feststellt, dass sogar »the casual listing of the Cities of the plain« für »the essential credibility of the narrative« spreche (Speiser, Genesis, 108), spricht das für seine Hochschätzung der biblischen Bücher als historische Quellen, da gerade die Namen der Pentapolis in außerisraelitischen Quellen, abgesehen selbstverständlich von der von Speiser u. a. postulierten Vorlage von Gen 14, bisher nicht nachgewiesen werden konnten.
Vor der logischen Konsequenz, die keilschriftliche Vorlage von Gen 14 beziehe sich für die Städtenamen der Pentapolis und die Angaben über Abram und Lot auf diese hervorragenden altisraelitischen Quellen, schreckt Speiser denn doch zurück – denn dann könnte man sich den Umweg über die keilschriftliche Vorlage auch sparen, und der gesuchte unabhängige Zeuge für die Historizität der biblischen Überlieferung fiele dahin.

60 Speiser, Genesis, 109, datiert die Ereignisse ins 18. Jh. v. Chr. und schließt mit den Worten: »The narrative itself has all the ingredients of historicity.«

61 Emerton, Clues, 34–37.

3. Die Glossierungen als Schlüssel zur Redaktionsgeschichte von Gen 14

Wenn man von dem klar abgegrenzten Kapitel im Ganzen ausgeht, legt es sich nahe, den formalen Eigenheiten nachzugehen, welche das Kapitel, ungeachtet der traditionsgeschichtlichen Disparatheit des Stoffes, als Ganzes aufweist: Es handelt sich zum einen um die für einen Erzähltext ungewöhnlich hohe Zahl von neu eingeführten Eigennamen,[62] zum anderen um die starke Glossierung des Textes.[63]

Bereits bei einer ersten Lektüre fällt die hohe Anzahl von Appositionen und Relativsätzen ins Auge. Diese Häufung steht im Pentateuch beispiellos da; sie findet im Josuabuch ihre nächsten Parallelen. Die Form der asyndetisch durch das Personalpronomen angeschlossenen Apposition[64] etwa findet sich lediglich in der Beschreibung der Grenzen Judas in Jos 15 ähnlich dicht wie hier.[65] Gerade bei diesen scheinbar marginalen Appositionen einzusetzen, empfiehlt sich nicht zuletzt deshalb, da sie nahezu einhellig als Glossen aufgefasst werden.[66]

In den Erzählungen der Genesis werden sonst möglichst wenige Eigennamen eingeführt: So bekommen es Abram und Sarai (Gen 12,10–20) in Ägypten mit dem Pharao, seinen Großen und anderen Ägyptern zu tun; der einzige außer »Abram« und »Sarai« vorkommende Eigenname ist die Landesbezeichnung »Ägypten«. Ganz anders Gen 14: Hier werden allein zwölf Personennamen neu eingeführt, dazu zahlreiche bis dahin ungenannte Völkerschaften, Städte, Länder und Landschaften. Doch nicht nur das; jedem in Gen 14 eingeführten Namen wird auch eine Erläuterung beigefügt: Wer ist Amrafel? Der König von Schinʿar. Wer ist Bera? Der König von Sodom. Wer ist Lot? Der Brudersohn Abrams. Wer ist Abram? Der Hebräer. Wer ist Mamre? Der Amoriter, Bruder von Eschkol und Aner. Wer sind diese? Die Bundesgenossen Abrams. Wer ist Melchisedek? Der König von Schalem. Dasselbe gilt für die Völkerschaften, Städte und Landschaften, sofern sie nicht selbst zur Erläuterung eines gerade eingeführten Namens gehören. Die beeindruckende Konsequenz dieser Erläuterungen soll unten in einer Tabelle veranschaulicht werden.[67]

---

62 90 von 288 Wörtern sind Eigennamen (Westermann, EdF, 41).

63 Schatz, Genesis 14, 291f.; F.Andersen, Enigma, 506; Dillmann, Genesis, 231; Jacob, Genesis, 383; von Rad, 1. Mose, 147; Ruppert, Genesis II, 180; van Uchelen, Abraham, 55; Wenham, Genesis I, 304; u.a.

64 Paradigma Gen 14,2: צער היא als Apposition zu בלע. Siehe hierzu unten S. 149.

65 Schatz, Genesis 14, 296f.; Jacob, Genesis, 388.

66 F.Andersen, Enigma, 507f.; Dillmann, Genesis, 230; Emerton, Riddle, 404.437f.; ders., Problems, 74; Ruppert, Genesis II, 188; Schatz, Genesis 14, 292; Wenham, Genesis I, 306 und andere sehen in den Identifizierungen in V.2.3.7.8.17 Glossen, die einer Schicht angehören. Allerdings ist es »bei der seltsamen Traditionsweise von Gen 14 zu riskant«, von vornherein anzunehmen, dass »alle Identifikationen, von Bela bis Zoar, Glossen seien« (Seebass, Genesis II/1, 50).

67 Auch für die Gottesbezeichnungen trifft das zu, wenn man sie als Eigennamen versteht: אל wird als אל עליון; אל עליון als קנה שמים וארץ appositionell bestimmt (V.19). יהוה wird dann (nur im MT;

Tabelle 1: Namenserklärungen in Gen 14MT

		in Gen 14 eingeführter Name[c]	unmittelbar folgende Erläuterung
Personennamen	V.1	Amrafel	der König von Schinʿar
		Arjoch	der König von Ellasar
		Kedorlaʿomer	der König von Elam
		Tidʿal	der König von Völkern/Gojim
	V.2	Bera	der König von Sodom
		Birscha	der König von Gomorrha
		Schinab	der König von Adma
		Schemeber[b]	der König von Zebojim
	V.12	Lot	der Brudersohn Abrams; … und er wohnte in Sodom
	V.13	Abram	der Hebräer; und er lagerte im Hain Mamres
		Mamre	der Amoriter, Bruder von Eschkol und Bruder von Aner
		(Mamre,) Eschkol, Aner[c]	und sie sind die Bundesgenossen Abrams
	V.18	Melchisedek	der König von Schalem; und er ist Priester des höchsten Gottes
Völkernamen[d]	V.5	Refaïm[e]	in Aschterot-Karnajim
		die Susiter	in Ham[f]
		die Emiter	in Schawe-Kirjatajim
	V.6	der Choriter	in ihrem Gebirge, Seïr
	V.7	der Amoriter	in Chazezon Tamar
weitere Städtenamen[g]	V.2	Bela	das ist Zoar
	V.6	El-Paran	welches oberhalb der Wüste ist
	V.7	En-Mischpat	das ist Kadesch
	V.14	Dan	---
	V.15	Choba	welches nördlich von Damaskus ist
weitere Landschaftsnamen[h]	V.3	Tal Siddim	das ist das Salzmeer (dazu V.10: voll Erdharzgruben)
	V.7	Feld des Amalekiters	---
	V.17	Tal Schawe	das ist das Königstal

---

der SP hat האלהים) mit אל עליון קנה שמים וארץ identifiziert (V.22). Es ist allerdings im Text nicht klar, ob El und Eljon als Eigennamen oder nicht vielmehr als Appellativa des einen Gottes verstanden werden; zudem ist das Tetragramm wahrscheinlich erst textkritisch sekundär eingefügt worden. Aufgrund dieser Unsicherheiten sind die Gottesbezeichnungen nicht mit in die folgende Tabelle aufgenommen worden.

a Außer den eigens zur Erläuterung eingeführten Namen, die bereits in der rechten Spalte auftauchen, sowie den Gottesbezeichnungen, s. oben Anm. 67 (S. 22 f.).
b So MT. SP und GA bieten die ursprüngliche Lesart Schem[i]abad.
c Der Name so nur im MT.
d Außer העברי, was als Erläuterung zu Abram dient.
e So (indeterminiert) nur MT.
f So die masoretische Vokalisation, die hier einen Ortsnamen liest. Alle alten Übersetzungen sowie die Targume lesen dieselben Konsonanten בָּהֶם, also »unter/mit ihnen«. Zur Lesart des GA בעמן siehe unten Anm. 227 (S. 57).
g Die Zuordnung von El-Paran und En-Mischpat als Städtenamen entspricht ihrer Identifizierung im vorliegenden Text.
   Die meisten Städte (Sodom, Gomorrha, Adma, Zebojim und Schalem) gehören zur Angabe des Herrschaftsbereiches eines namentlich genannten Königs und tauchen deshalb hier nicht auf.
   Außerdem sind Aschterot-Karnajim und Chazezon-Tamar Wohnorte von Refaïm und Amoritern, Damaskus ist Anhaltspunkt für die Lokalisierung von Choba, Zoar dient der Identifizierung von Bela, und Kadesch derjenigen von En-Mischpat.
h Die Länderbezeichnungen Schinʿar, Ellasar und Elam (sowie Gojim, wenn es denn als Eigenname zu verstehen ist) fehlen hier, weil sie als Herrschaftsgebiete eingeführt wurden.
   Ebenso fehlen die jeweils als Erklärung eingeführten Landschaftsnamen Schawe-Kirjatajim (»Zwei-Städte-Ebene«), ihr Gebirge Seïr, Salzmeer, Wüste und Königstal, die alle in der rechten Spalte auftauchen.

Keinesfalls können all diese Erläuterungen erst einer einzigen letzten Bearbeitungsschicht angehören. Dafür mag zunächst ein Beispiel genügen: Die Bestimmung von Bera, Birscha, Schinab und Schemeber als Könige von Sodom, Gomorrha, Adma und Zebojim wird in V. 8 notwendig vorausgesetzt, wo der Kürze halber die Namen der Könige weggelassen werden. Doch ebenso unwahrscheinlich ist, dass alle Erklärungen von Anfang an mit dem Text verbunden waren. Dies ist am deutlichsten bei den seltsam nachklappenden, teilweise gar an den verkehrten Ort gerutschten Glossen zu Abram und Lot, sowie bei den asyndetisch angeschlossenen geographischen Identifizierungen. Als wahrscheinlichste Annahme hat demnach zu gelten, dass der Text nach und nach immer stärker glossiert worden ist.

Angesichts des sichtbaren Bemühens um vollständige Erklärung der in die Handlung involvierten Namen fällt aber auch die Ausnahme ins Auge, welche die Regel zu bestätigen pflegt: Es gibt zwei Namen, die unerklärt bleiben, nämlich das »Feld der Amalekiter« (V. 7) und die Stadt »Dan« (V. 14). Zwar sind »Dan« und die »Amalekiter« als bekannte Größen der israelitischen Überlieferung auch ohne Erläuterung verständlich – aber dann hätten auch Abram und Lot nicht eigens vorgestellt werden müssen. Der Grund ist vielmehr darin zu suchen, dass jene die einzigen offensichtlichen Anachronismen im Vergleich zur sonstigen biblischen Überlieferung darstellen: Die Stadt Dan hieß nach Ri 18[68] zunächst Lajisch und wurde erst nach der Eroberung durch den Stamm Dan nach diesem benannt[69];

---

68 Ri 18,7.14.27.29.
69 Ri 18,29. Vgl. Jos 19,47, wonach die Daniten sich nicht in ihrem Gebiet behaupten konnten, eine Stadt namens Leschem eroberten und diese nach ihrem Stammvater »Dan« nannten. »Ana-

dessen Stammvater Dan, ein Sohn Jakobs[70] und damit Urenkel Abrahams, war aber »in den Tagen Amrafels« noch gar nicht geboren.[71] Die Amalekiter, die als Volk im biblischen Bericht erst von der Wüstenperikope an begegnen[72], werden sogar erst auf einen Ururenkel Abrahams zurückgeführt[73].

Diese Anachronismen, die den weiteren Bearbeitern des Textes sicher nicht verborgen geblieben waren, durften als allgemeinverständliche geographische Bezeichnungen, auch wider besseres Wissen[74], stehen bleiben,[75] und wurden wohl gerade deshalb, als »moderne« Äquivalente der bereits »verdrängten« historischen Benennungen, nicht weiter glossiert.[76] Sämtliche übrigen handlungsrelevanten Namen aber, einschließlich Lots und Abrams, werden historisch, genealogisch oder geographisch erläutert.

Für eine redaktionsgeschichtliche Einordnung der verschiedenen Glossierungen bleibt allerdings das Problem, dass die Zielrichtung der meisten Erläuterungen und mutmaßlichen sekundären Zusätze von demselben Interesse geleitet ist wie die ganze Perikope: *Erstens* soll Abram als historische Persönlichkeit in die Geschichte seiner Zeit eingeordnet werden. Und *zweitens* soll diese historische Einordnung möglichst harmonisch in den vorgegebenen Textzusammenhang der Erzelterngeschichte, des Genesisbuches bzw. des Pentateuch eingebettet werden.

Allein aufgrund textimmanenter inhaltlicher Kriterien zu einer Chronologie dieser Glossierungen zu kommen, ist deshalb schwierig, wenn nicht unmöglich. Viele Exegeten begnügen sich darum mit der Feststellung, *dass* der Text stark glossiert worden sei.[77] Immerhin sind bereits anhand der obigen Tabelle unschwer verschiedene sprachliche Typen von Erklärungen zu erkennen:

---

chronistisch« steht Dan auch Dt 34,1 für den äußersten Norden des israelitischen Siedlungsgebietes, siehe unten Anm. 849 (S. 158).

70 Dan ist integraler Bestandteil aller Listen der Stämme Israels wie der Söhne Jakobs.

71 Die Geburt Dans wird Gen 30,5f. erwähnt.

72 Erstmals Ex 17,8–16.

73 Gen 36,12 sowie 1 Chr 1,36 Amalek als Sohn des Elifas, des Sohnes Esaus; vgl. noch Gen 36,16. Eine Verwandtschaft der Amalekiter mit Esau bzw. den Edomitern scheint allerdings außerhalb der genannten Stellen ebenso unbekannt zu sein wie ihre Abstammung von Abraham. Man vergleiche paradigmatisch die völlig konträren Aussagen Dt 23,8 (zu den Edomitern) und Dt 25,17–19 (zu den Amalekitern) Auch die Bezeichnung Amaleks als ראשית גוים Num 24,20 lässt sich schwer mit Gen 36 harmonisieren.

74 Ganz ähnlich wie heute, mit entwickeltem historischen Bewusstsein, vom frühbronzezeitlichen *Palästina* oder von der Schlacht im *Teutoburger* Wald geredet werden kann.

75 »Feld der Amalekiter« dient in Gen 14,7 MT und SP als Landschaftsbezeichnung. Der LXX-Text der mit ר-ד-Verwechslung ואת כל שרי העמלקי (»alle Oberen der Amalekiter«) gelesen zu haben scheint, schafft erst einen echten Anachronismus – Kedorla'omer erscheint nun als Erfüller des Dt 25,19 gegebenen Gebotes, die Erinnerung an die Amalekiter auszulöschen.

76 Nicht unerwähnt bleiben soll, dass in späteren Paraphrasen der Perikope auch die Stadt Dan erklärt werden muss: Bei Josephus, der sonst viele Namen weglässt, als »eine der Quellen des Jordan« (Ant 1,177), in TFrag und TNeof z. St. (Gen 14,14) als קיסריון, also Caesarea (Philippi).

77 Etwa F. Andersen, Enigma 506; Jacob, Genesis, 383; von Rad, 1. Mose, 147.

1.Einfache Appositionen zu Personennamen (z. B. V. 1 zu Kedorlaʿomer: מלך עילם).
2.Mit אשר angeschlossene Lokalbestimmungen (z. B. V. 6 zu El-Paran: אשר על המדבר).
3.Syndetisch angeschlossene Nominalsätze (ו+Personalpronomen+erklärender Ausdruck, z. B. V. 12 zu Lot: והוא ישב בסדם).
4.Asyndetisch angeschlossene Nominalsätze (Identifikationen, bestehend aus Personalpronomen+Name, z. B. V. 2 zu Bela: היא צער).

Außer den erwähnten Erläuterungen zu neu eingeführten Namen stehen selbstverständlich auch andere Elemente schon aus strukturellen Gründen im Verdacht, sekundär hinzugefügt zu sein: Hier wären etwa die mit וגם eingeleiteten Sätze bzw. Satzteile in V. 7 und V. 16 zu nennen.

Naheliegend wäre, die verschiedenen Typen von Erklärungen nicht nur in Gruppen zu ordnen,[78] sondern auch verschiedenen Schichten zuzuschreiben.[79] Dies müsste textintern in höchstem Grade hypothetisch bleiben. Dass das Wachstum des Textes durch die sukzessive Glossierung aber tatsächlich methodisch abgesichert über mehrere Stufen zurückverfolgt werden kann, ist erst den Qumranfunden zu verdanken.

---

78 Wenham, Genesis I, 306, etwa unterscheidet zwischen den an 3. und 4. Stelle genannten Gruppen, ordnet sie aber derselben Schicht zu.
79 Das erwägt u. a. Emerton, Riddle, 437, mit Bezug auf die 3. Gruppe.

III. Ein synoptischer Vergleich mit dem aramäischen Genesis-Apokryphon

Zwei sehr unterschiedliche »Bücher« sollen im Folgenden nebeneinander gestellt werden: Auf der einen Seite die kanonische Genesis, hervorragend repräsentiert durch Tausende von Handschriften und Millionen von gedruckten Exemplaren allein für den hebräischen Masoretischen Text (MT), und auf der anderen Seite das sogenannte Genesis-Apokryphon (1QGenApocr, in dieser Arbeit als GA abgekürzt), eine in hellenistischer Zeit redigierte Sammlung von aramäischen Erzählungen zu Noah und Abram,[80] von der in Höhle 1 in Qumran ein einziges, leider unvollständiges und zudem nur teilweise entzifferbares Exemplar gefunden wurde.

1. Das Genesis-Apokryphon

Das aramäische Genesis-Apokryphon gehörte zu den ersten in Qumran gefundenen Rollen, wurde aber aufgrund seines schlechten Erhaltungszustandes zunächst nicht aufgerollt und daher erst 1956 erstmals veröffentlicht.[81]

Das vorliegende Exemplar ist eine recht sorgfältig erhaltene Kopie in herodianischer Buchschrift, lässt sich also paläographisch in die Zeit um Christi Geburt einordnen. Dazu passt auch die sprachliche Form des vorliegenden Textes.[82] Für das Alter der eigentlichen Komposition des Genesis-Apokryphon steht damit freilich nur der *terminus quo ante* fest. Da eindeutige zeitgeschichtliche Indizien fehlen,[83] muss der *terminus post quem* durch die Datierung der einbezogenen älteren Quellen bestimmt werden.[84] Auch nach der sukzessiven Veröffentlichung weiterer Kolumnen[85] bleiben die Kolumnen 19–22 die am besten erhaltenen, so dass eine

---

80 Womöglich war der ursprüngliche Umfang aber wesentlich größer, vgl. Morgenstern, Clue.

81 Erstausgabe Avigad–Yadin. Apocryphon. Weitere Textausgaben: Fitzmyer, Apocryphon; Jongeling–Labuschagne–van der Woude, Texts, 75–119; Beyer, Texte I, 165–186 sowie Texte II, 68–70.

82 Vgl. zur Entwicklung des Aramäischen vor allem Beyer, Texte I, 77–153; Texte II, 37–56; speziell zum GA ausführlich Muraoka, Notes, sowie Fitzmyer, Apocryphon, 19–29 (dort jeweils weitere Literatur).

83 Die von Fitzmyer, Apocryphon, 18f., zu Recht mit Zurückhaltung referierten Versuche hantieren ebenso wie zahllose Arbeiten zu Gen 14 mit weithergeholten zeitgeschichtlichen Parallelen, die in keiner Weise zu überzeugen vermögen.

84 Dazu unten S. 39ff.

85 Vgl. Greenfield–Qimron, Col. XII; Morgenstern–Qimron–Sivan, Columns.

literarhistorische Einordnung der Abramgeschichte des Genesis-Apokryphon schon jetzt möglich ist.[86] Da bislang wirkliche Parallelen für die Form des Genesis-Apokryphon fehlen, sollte auch die von den Erstherausgebern gewählte Verlegenheitsbezeichnung mangels einer treffenderen Alternative beibehalten werden.[87]

Sicher ist, dass das Genesis-Apokryphon aus verschiedenen Quellen geschöpft hat. Analog der Forschung zur kanonischen Genesis ist es auch hier zum besseren Verständnis notwendig, nach den Quellen zurückzufragen. Da das Genesis-Apokryphon oft sehr breit paraphrasiert und ausschmückt, außerdem eklektisch mit seinen Quellen verfährt und zudem nur fragmentarisch erhalten ist, wird die Frage nach seinen *Quellen* in der Forschung oft nicht von der Frage nach den *verarbeiteten Stoffen* getrennt; ebensowenig die *Redaktion des Genesis-Apokryphon* von der *Abfassung der in Qumran gefunden Handschrift*. Konsens besteht darüber, dass das Genesis-Apokryphon über die mit der Genesis gemeinsamen Stoffe hinaus auch Traditionen verarbeitet, die sonst nur aus der Henochliteratur sowie dem Jubiläenbuch, teilweise aber auch aus haggadischen Midraschim oder der palästinischen Targumtradition bekannt sind. Häufig wird, allein aufgrund der Datierung der in Qumran gefundenen Handschrift in die herodianische Zeit, direkte Abhängigkeit von der kanonischen Genesis, vom Jubiläenbuch und vom »äthiopischen« Henoch angenommen,[88] während eine Abhängigkeit etwa von Bereschit Rabba oder dem Targum Pseudo-Jonathan aus chronologischen Gründen selbstverständlich nicht in Betracht kommt. Vorsichtiger formuliert Johann Maier: »Inhaltlich handelt es sich um die aramäische Fassung von Stoffen, die in sparsamer Weise im Buch Genesis (…), z.T. umfangreicher auf Aramäisch in Henochbüchern (Buch der Wächter, Noah-Buch) und recht ausführlich auf Hebräisch im Jubiläenbuch sowie in bestimmten Qumrantexten (sog. ›Pentateuch-Paraphrasen‹), bearbeitet worden sind.«[89]

Im Vergleich zum Jubiläenbuch, das selbst bis zum 2. Jh. v. Chr. bereits eine komplexe Redaktionsgeschichte durchlaufen hat,[90] fällt auf, dass gerade das entscheidende Anliegen und Thema des Jubiläenbuches, nämlich die Einteilung der

---

86 Für einen vorurteilsfreien synoptischen Vergleich der Noahgeschichte in Genesis und GA, der noch nicht unternommen worden ist, aber ebenfalls hinter den kanonischen Text zurück führen könnte, verbessern sich mit der weiteren Entzifferung die Aussichten. Problematisch ist jedoch, dass schon die Entzifferung oft auf die Ergänzung durch Parallelstellen in Genesis, Jubiläenbuch und Henochliteratur angewiesen ist.

87 Der von Avigad–Yadin zur Charakterisierung benutzte Begriff »apocryphal« (bzw. »חיצוני«) darf nicht als Angabe eines literarischen Abhängigkeitsverhältnisses missverstanden werden, wie es die Begründung von Avigad–Yadin, Apocryphon, 8 (bzw. י), für die Wahl dieser Bezeichnung nahelegt: »… it retells stories from Genesis in the manner of a number of apocryphal books«; (»עסקן בספורי בראשית בסגנון הספרים החיצונים«). »Genesis-Apokryphon« bleibt dennoch eine annähernde Beschreibung von Inhalt (ähnlich der Genesis) und Stil (ähnlich einigen Apokryphen).

88 Beyer, Texte I, 165. Jongeling–Labuschagne–van der Woude, Texts, 78, sehen das GA parallel zu Jub und 1 Hen.

89 Maier, Texte I, 212.

90 VanderKam, Origins, 20, datiert die Entstehung des Jubiläenbuches auf 160–150 v. Chr.

Zeit nach einer Weltära mit Jubiläen von 49 Jahren, im Genesis-Apokryphon fehlt.[91] Analoges gilt für die endkompositionellen Texte am Beginn der Abra(ha)mgeschichte sowie einige Charakteristika der Endkomposition der Genesis: Eine Datierung von Ereignissen nach den Lebensjahren der Protagonisten sucht man im Genesis-Apokryphon ebenso vergeblich wie »Land Kanaans« als Bezeichnung für Palästina. Vorerst wird man daher daran festhalten müssen, dass das Jubiläenbuch und das Genesis-Apokryphon jenseits des kanonischen Textes gemeinsame Quellen verwendeten, und zwar nicht nur für den Bereich der Noah-, sondern auch den der Abra(ha)mgeschichte.[92] Gegenüber einigen dieser Quellen kann sich auch der kanonische Genesis-Text selbst als sekundär erweisen.[93]

Hier soll deshalb zunächst, an Hand der Namenserklärungen in dem Gen 14 entsprechenden Abschnitt des Genesis-Apokryphon, die Hypothese einer literarischen Abhängigkeit vom kanonischen Text einer kritischen Prüfung unterzogen werden, um dann in einem eigenen Abschnitt[94] nach den literarischen Abhängigkeitsverhältnissen des Genesis-Apokryphon insgesamt zurückzufragen.

Da das vorliegende Exemplar in herodianischer Zeit angefertigt worden ist, muss, auch bei Benutzung ältester Quellen, die Wahrscheinlichkeit einer sekundären Beeinflussung des Schreibers durch andere zu seiner Zeit zugängliche Quellen berücksichtigt werden, namentlich durch das Jubiläenbuch, durch die protomasoretische, die präsamaritanische oder eine andere Textform von Gen 14, aber auch durch frühe Targumtraditionen. Natürlich ist auch ein umgekehrter Einfluss nicht auszuschließen: Es ist durchaus denkbar, dass das Genesis-Apokryphon die Auslegungstraditionen zur Ur- und Erzelterngeschichte beeinflusst hat. Besonders im Falle der Identifizierung der Namen wird eine Nähe zu den Targumen zu beobachten sein: Ein Grundproblem jeder Übersetzung besteht ja in der Frage, was als Eigenname unübersetzt bleibt und was übertragen oder mit einer bekannteren Namensform wiedergegeben wird. In zwangloser Reihenfolge seien einige Beispiele aus dem reichen Namensschatz von Gen 14 angeführt: »En-Mischpat« oder »Gerichtsquelle«; »Gojim« oder »Völker«; »Schinʿar« oder »Babel«, »Amrafel« oder »Hammurabi«, »Birscha« oder »Durch Frevel«, »Gommorrha« oder »Qumran«.

---

91 Dass das GA nicht vom Jub abhängig sein kann, erweist sich gerade an der Frage der Chronologie, aber nicht nur daran, s. u. S. 41 f.

92 Martinez, Studies, 40–42. Er weist zunächst nach, dass das GA auf aramäische Quellen zurückgehen muss, und schließt von daher auf eine Jub, GA und 1 Hen 106 gemeinsame aramäische Vorlage, welche die Geschichte Noahs von der Vorgeschichte seiner wunderbaren Geburt bis zur Verteilung seiner Nachkommen über die Erde enthalten haben muss (»Book of Noah«). Für die Abramgeschichte ist ebenfalls eine aramäische Vorstufe zu postulieren. Beyer fasst die Meinung der Forschermehrheit zum GA zusammen, wenn er einschätzt, das Werk sei insgesamt »aller Wahrscheinlichkeit nach keine Übersetzung eines hebräischen Originals« (Beyer, Texte I, 165).

93 Maier, Texte I, 212, zum GA: »Die geläufige Annahme, es handle sich nur um Nacherzählung und Ausschmückung des biblischen Genesis-Textes, beruht wohl auf einer allzu ›biblizistisch‹ bestimmten Voraussetzung.«

94 Unten S. 39 ff.

1.1. Die synchrone Struktur im Genesis-Apokryphon

Bevor mit dem Ziel einer Rekonstruktion der Redaktionsgeschichte von Gen 14 ein synoptischer Vergleich durchgeführt werden wird, soll das Augenmerk auf die synchrone Struktur des betreffenden Abschnittes im Genesis-Apokryphon gelenkt werden.

Geographisches System

Auch im Genesis-Apokryphon fällt die starke geographisch orientierte Glossierung im Abschnitt vom Krieg der Könige auf. Bereits in der »Urgeschichte« des Genesis-Apokryphon gibt es wesentlich umfangreichere geographische Zuordnungen als in den entsprechenden Kapiteln der Genesis, so die Aufteilung der Erde an die Nachkommen Noahs in GA 16f. (nur fragmentarisch erhalten)[95], die weitgehend parallel mit derjenigen des Jubiläenbuches (Jub 8,11–9,15) geht[96] und wie diese von der Aufzählung der Nachkommen Noahs (GA 12,9–12 bzw. Jub 7,13.18f.) getrennt ist. Auch hier wird man nicht ohne weiteres davon ausgehen dürfen, dass die Anordnung des Stoffes in Jubiläenbuch und Genesis-Apokryphon sekundär gegenüber derjenigen in Gen 9–11 ist.[97]

Vielmehr repräsentiert die Völkertafel Gen 10[98] selbst nur eine Variante der Auswahl und Anordnung des Stoffes.[99] Dabei werden genau so viele Völkernamen als Nachkommen Noahs aufgezählt, dass insgesamt 70 Völker zusammenkommen,[100] ohne dass diese Summe eigens genannt würde – in Entsprechung[101] zu der Zahl der Nachkommen Jakobs, die an ihrem Ort eigens angegeben wird.[102] Eine Grenzbeschreibung gibt es nur für die Kanaaniter[103], denen das palästinische Westjordanland zugesprochen wird, während in der Logik der Aufzählung der Söhne Chams[104] unter »Kanaan« eher die phönizischen (= »kanaanäischen«) Kolo-

---

95 Morgenstern–Qimron–Sivan, Columns, 50–53.

96 Morgenstern–Qimron–Sivan, Columns, 32; Scott, Division, 297.300.

97 Nach Martinez, Studies, 39f. ist das »book of Noah«, dessen Traditionen hinter die Endkomposition der Genesis zurückreichen, die gemeinsame Quelle für GA und Jub; nach der Lesung von Morgenstern–Qimron–Sivan, Columns, 40f., handelt es sich bei GA 6–17 selbst wegen GA 5,29 כתב מלי נוח [פרשגן] um eine »[Abschrift des] Buches der Worte Noahs«.

98 Dass die Völkertafel größtenteils aus »non-P«-Material besteht, welches durch »P« redaktionell überarbeitet worden ist, hat Carr, Fractures, 99f., deutlich gemacht.

99 Einen Überblick über die Literatur zur Völkerverteilung in der Zeit des Zweiten Tempels und des frühen Christentums bietet Scott, Division.

100 Zur Zählung vgl. Jacob, Genesis, 295f.

101 Dt 32,8 MT.

102 Gen 46,27; Ex 1,5 (vgl. Dt 10,22). Auch dort werden die Angehörigen unterschiedlicher Generationen zusammengezählt. Mit etwas gutem Willen können auch auf Terach 70 Völker zurückgeführt werden, vgl. unten S. 362.

103 Gen 10,19. Diese sieht im Masoretischen Text (siehe unten S. 100.158) völlig anders aus als im Samaritanus (siehe unten S. 226).

nien in Nordafrika, im äußersten Westen der damals bekannten Erde, zu verstehen wären (so explizit Jub 9,1 und 8,22–24).[105]

Doch nicht nur die Urgeschichte wird stark mit geographischen Details angereichert, auch innerhalb der Abra(ha)mgeschichte, soweit sie erhalten ist, werden geographische Informationen nachgereicht: So erklärt Abram seiner Frau Sarai, während sie wegen der Hungersnot nach Ägypten ziehen, als sie den letzten Mündungsarm des Nils übertreten haben: »Jetzt haben wir unser Land überschritten und sind hineingegangen in das Land der Söhne Chams, das Land Ägyptens.«[106] Leider konnte der Inhalt von Kolumne 18 des Genesis-Apokryphon, die den Übergang von der Noah- zur Abramgeschichte enthalten haben muss, bisher nicht rekonstruiert werden; es scheint jedoch, dass der Zug Abrams von Mesopotamien nach Palästina noch in den Zusammenhang der Verteilung der Menschheit über die Erde gehört. Denn an dieser Stelle erklärt Abram seiner Frau die Systematik der Landverteilung an die Völker: Die Grenze zwischen »Semiten« und »Chamiten« ist der Nil; das heißt implizit für die Kanaaniter: Das ihnen rechtmäßig (als בני חם) zustehende Land befindet sich ebenfalls westlich des Nils.

Auch das Abra(ha)m und seinen Nachkommen verheißene Land wird nirgends so genau beschrieben wie im Genesis-Apokryphon, wo die Leerstellen von Gen 13,14 und 13,17 bereitwillig gefüllt werden, indem Abram zunächst den höchsten Punkt der Umgebung Bethels besteigen soll (רמת חצור[107]), und dann beschreibt, *was* er von dort gesehen hat, und *welches Land* er hernach durchmessen hat (GA 21,8–22):

> »[21,8]Und es erschien mir Gott in einem Nachtgesicht und sagte zu mir: ›Steig nach Ramat-Chazor hinauf, das ist nördlich von [9]Bethel, wo du wohnst, und erhebe deine Augen und sieh nach Osten und nach Westen und nach Süden und nach Norden und sieh dieses ganze [10]Land, das ich dir und deiner Nachkommenschaft für alle Ewigkeiten geben werde.‹ Und am übernächsten Tag stieg ich nach Ramat-Chazor hinauf und erblickte von [11]dieser Anhöhe aus das Land, vom Strom Ägyptens bis zum Libanon und Sanir und vom großen Meer bis zum Hauran, und das ganze Land Gebal bis nach Kadesch, und die ganze große Wüste, [12]nämlich östlich des Hauran und des

---

104 In bemerkenswerter Übereinstimmung von Gen 10,6; 1 Chr 1,8 (wohl von Gen 10 direkt abhängig); Jub 7,13; 9,1 und GA 12,11 (soweit lesbar) heißen die Söhne Chams Kusch, Mizrajim, Put und Kanaan.

105 Auch im Jubiläenbuch besitzen die Grenzen Kanaans eine Sonderstellung (vgl. Frey, Weltbild, 279–285 [Lit.]): Kanaan nahm als einziger (neben Madai, vgl. Jub 10,35f.) nicht das ihm im äußersten Westen Afrikas zugewiesene Land ein, sondern eines, das eigentlich dem Sem gehört, zwischen Libanon und dem Strom Ägyptens, zwischen Jordan und Mittelmeer (Jub 10,29–33). Deshalb kann zwar das Land der Verheißung auch »Land Kanaans« genannt werden (Jub 10,34), was im Jubiläenbuch sogar an einigen Stellen steht, wo es nicht im kanonischen Text auftaucht (z.B. Jub 14,7 vs. Gen 15,7), doch entspricht diese Bezeichnung nicht dem zugeteilten Los Kanaans (vgl. auch Halpern-Amaru, Rewriting, 42f.).

106 GA 19,13.

107 Dies ist sicher mit בפל חצור 2 Sam 13,23 (vgl. Neh 11,33) und dem über 1000 m hohen *Tell ʿAṣûr* identisch; Alexander, Retelling, 105; Beyer, Texte I, 179.

Sanir bis zum Euphrat hin. Und er sagte zu mir: ›Deiner Nachkommenschaft werde ich dieses ganze Land geben und sie werden es für alle Ewigkeiten in Besitz nehmen. [13]Und ich werde deine Nachkommenschaft zahlreich machen wie den Staub des Landes/der Erde, den kein Mensch zählen kann, so dass auch deine Nachkommenschaft nicht gezählt werden wird. Auf, mache dich auf den Weg und geh [14]und sieh, wie groß die Länge dieses Landes ist und wie groß seine Breite, denn dir und deiner Nachkommenschaft nach dir werde ich es geben für alle Ewigkeiten.‹

[15]Und ich, Abram, ging weg, um das Land abzuschreiten und zu besichtigen. Und ich begann das Abschreiten vom Gichon-Strom aus und zog am Meer entlang, bis [16]ich den Taurusberg erreichte. Und ich schritt von diesem großen Salzmeer weg und ging am Taurusberg entlang nach Osten entsprechend der Breite[108] des Landes, [17]bis ich den Euphrat-Strom erreichte. Und ich schritt am Euphrat entlang, bis ich im Osten das Rote Meer erreichte. Und ich ging immer weiter entlang des [18]Roten Meeres, bis ich die Schilfmeerzunge erreichte, die vom Roten Meer ausgeht. Und ich zog auf meiner Rundreise im Süden weiter, bis ich wieder den Gichon-[19]Strom erreichte. Und ich kehrte nach Hause zurück in Frieden (בשלם) und fand alle meine Leute wohlbehalten (שלם) und ging und wohnte in Elone-Mamre, das ist in Hebron, [20]etwa im Nordosten Hebrons. Und ich baute dort einen Altar und opferte darauf Brandopfer und Speiseopfer dem El Eljon. Und ich aß und trank dort, [21]ich und jeder Angehörige meines Hauses, und ich ließ rufen den Mamre und den Arnam und den Eschkol, die drei amoritischen Brüder, meine Freunde, und sie aßen zusammen [22]mit mir und sie tranken mit mir.«

Dies entspricht inhaltlich der Landbeschreibung von Gen 15,18–21[109], die ebenfalls mehr als das unter Josua eroberte Land umfasst. Das Gebiet ist wesentlich größer als das, was man sinnvoll mit »Land Kanaans« oder auch »Land Israels« umschreiben kann: Es umfasst neben dem Westjordanland nicht nur das ganze Ostjordanland unter Einschluss von Moab, Ammon und Edom, sondern auch im Osten und Süden die ganze, von arabischen Stämmen bewohnte Wüste, und zwar im Osten bis zum Euphrat, also bis an die Grenze Babyloniens, und im Westen, unter Einschluss der ganzen Sinaihalbinsel, bis zum Nil. Dass dieses nicht die Grenzen der Diaspora sein können,[110] liegt auf der Hand, da die babylonische Diaspora ja am Euphrat erst beginnt; vielmehr soll dies das rechtmäßige Land aller Nachkommen Abra(ha)ms[111] sein, zu denen ja vor allem die auf Ismael oder die

---

108 Vgl. Beyer, Texte I, 673.
109 Siehe unten S. 221 ff.
110 Gegen Beyer, Texte I, 179.
111 Sowie der Nachkommen Lots, der aber keine eigene Verheißung erhält, sondern sich sein Land selbst ausgesucht hat: Das Jordantal bis Sodom (GA 21,5 f.).
     Die Zuordnung aramäischer Gebiete südwestlich des Euphrat wird ebenso vermieden wie in der Genesis, wenn auch GA 22,5 von der Provinz Damaskus die Rede ist.
     Die Aramäer werden genealogisch auf Aram, den Sohn Sems, zurückgeführt (GA 12,11, in Übereinstimmung mit Jub 7,18 und Gen 10,22). Dessen Gebiet wird in GA 17,9 beschrieben (nur teilweise lesbar: »zwischen den zwei Strömen bis zur Spitze des Gebirges Assurs...«) und dürfte ähnlich wie Jub 9,5 nördlich an den Anteil Arpachschads angrenzen, der neben Babylonien das ganze nachmalige Land der Abra(ha)miden umfasst (Jub 9,4).

Keturasöhne zurückgeführten arabischen Stämme gehören.[112] Diese »euphrati-
sche« Konzeption des Abra(ha)midenlandes wird auch in die Kedorla'omer-Peri-
kope eingetragen: Während zur Zeit des ersten Kedorla'omer-Zuges gemäß der
Chronologie des Genesis-Apokryphon Abram selbst noch in Mesopotamien gewesen sein müsste, wurde ihm in der Zwischenzeit sein Land als bis zum Euphrat rei-
chend gezeigt. Bei der Beschreibung des zweiten Feldzugs Kedorla'omers wird
dann mit wenigen Worten klargestellt, dass nicht nur Kedorla'omer, sondern seine
ganze Koalition bereits mit der Überschreitung des Euphrats fremdes Land betritt:
Vor seinem Zug sammelt er seine Bundesgenossen, »und sie zogen die Wüstenstraße entlang und schlugen und plünderten vom Euphratstrom an«.[113]

Da der Anmarschweg Kedorla'omers so genau beschrieben wird, muss Abram
von dem Entronnenen auch über den Rückweg informiert werden, da er sonst
annehmen könnte, er müsste jetzt die Wüstenstraße entlang jagen. Aber sie ziehen,
wie Abram nun (GA 22,4f.) erfährt, auf dem Rückweg in ihre Provinzen jetzt den
Weg des großen Tals, also des Jordantals, und zwar in Richtung auf die Provinz
Damaskus.

Das im Vergleich zur kanonischen Genesis weitaus stärkere Interesse an geographischer Präzision ist deutlich zu erkennen. Hiervon ausgehend, soll unten
auch der Umgang des Genesis-Apokryphon mit neu eingeführten Namen in dem
Gen 14 entsprechenden Abschnitt anhand einer Tabelle dargestellt werden, die
genauso wie diejenige zu Gen 14 (oben S. 23) aufgebaut ist.

Bis auf die »Amoriter« (von Chazezon-Tamar) und das »Amalekiterfeld« werden alle *neu eingeführten Namen* von Gen 14 (*linke Spalte in der Tabelle* oben S. 23)
auch im Genesis-Apokryphon angegeben. Überschüssig im Vergleich zu Gen 14
sind die Wüstenstraße und der Euphratstrom[114] sowie die Straße der großen
Senke[115] und das Land von Damaskus[116], alle in der gegenüber Gen 14 ausführlicheren Beschreibung des verheerenden Kriegszugs des Königs von Elam.

Ansonsten variieren einige Namensformen leicht, wohl teilweise durch eine
präsamaritanische oder der Septuagintavorlage entsprechende Lesetradition beein-

---

112 Gen 21,21; 25,6.18. Vgl. Jub 20,12f. (Übersetzung Berger, Jubiläen, 428): »[12] Und Ismael und
seine Söhne und die Söhne der Ketura und deren Kinder gingen gemeinsam und wohnten von
Pharmon bis zum Zugang von Babylon in dem ganzen Land, welches in Richtung Osten, der
Wüste gegenüber (liegt). [13] Und sie vermischten sich, diese mit jenen, und ihr Name wurde
genannt Araber und Ismaeliten.« Vgl. zu Jub 20 Naumann, Ismael, 271–276.

113 וסלקו ארחא די מדברא והוא מחין ובזין מן פורת נהרא (GA 21,28).
Ebenfalls in diesem Sinne kann die Glosse zu Gojim, dem Königreich von Tid'al, verstanden werden, das als »zwischen den Strömen« liegend charakterisiert wird (GA 21,23f.), vielleicht zur
Unterscheidung von dem גוים מלך Jos 12,23, den Inselvölkern von Gen 10,4 oder noch anderen.
Von den Herrschern des Hethiterreichs als Königen über eine namenlose Vielzahl von Völkern
weiß der Glossator ohnehin nichts, weshalb ihm (oder einem späteren Abschreiber) hier auch die
ר-ר-Verwechslung unterlaufen konnte.

114 GA 21,29.

115 GA 22,4.

116 GA 22,5.

Tabelle 2: Namenserklärungen im Genesis-Apokryphon

	in GA 21,23–22,26 eingeführter Name[a]		unmittelbar folgende Erläuterung
Personennamen	bereits 21,21	Mamre, Arnam und Eschkol	die drei amoritischen Brüder, meine Freunde
	21,23	Kedorlaʿomer	der König von Elam
		Amrafel	der König von Babel
		Arjoch	der König von Kappadokien
	21,23f.	Terʿal	der König von Gojim, das ist zwischen den Strömen
	21,24	Bera	der König von Sodom
		Birscha	der König von Gomorram
		Schinab	der König von Adma
	21,25	Schemiabad	der König von Zebojin
	21,34–22,1	Lot	der Brudersohn Abrams, der in Sodom wohnte
	22,2f.	Abram	und Abram wohnte damals in Hebron
	22,14	Melchisedek	der König von Schalem … und er ist Priester des höchsten Gottes
Völkernamen	21,28f.	die Refaïter	in Aschtera von Karnen
	21,29	die Suᵐsamiter	in Amman
		die Emiter	in Schawe-Hakirjot
		der Choriter	im Gebirge Gebal
weitere Städtenamen	21,24	Bela	---
	21,29	El-Paran	in der Wüste
	21,30	Chazezon-Tamar[b]	---
	22,7	Dan	---
	22,10	Chelbon	das nördlich von Damaskus ist
	22,13	Schalem[c]	das ist Jerusalem
weitere geographische Bezeichnungen	21,25	Tal der Siddayya	---
	21,28	Wüstenstraße	---
		Euphratstrom	---
	21,30	[Gerichtsquelle?][b]	---
	22,4	Straße der großen Senke	---
	22,5	Land von Damaskus	---
	22,13f.	Tal Schawe	und das ist das Tal des Königs, die Senke von Beth Karma

a Auch hier außer den eigens zur Erläuterung eingeführten Namen, die bereits in der rechten Spalte auftauchen, sowie ohne Gottesbezeichnungen, vgl. oben Anm. 67 (S. 22 f.).

b Zeile 30 ist sehr schlecht erhalten; Fitzmyer, Apocryphon, 71.166, vermag עין דינא noch nicht zu entziffern und vermutet an dieser Stelle »the Amorites who dwelt« (also etwa: לאמוראא די יתב). Jongeling–Labuschagne–van der Woude, Texts, 110, sowie Beyer, Texte I, 181 lesen übereinstimmend לעין דינא, wobei wenigstens das Schluss-ן dank seiner Unterlänge mit Sicherheit gelesen werden kann (vgl. schon die Transkription bei Avigad–Yadin, Apocryphon). Der Platz zwischen לעין דינא und בחצצי־תמר würde keinesfalls für »das ist Kadesch, und sie schlugen das ganze Feld der Amalekiter und den Amoriter, der wohnt« (entsprechend dem biblischen Text Gen 14,7) reichen; aber auch nicht für analog zu Z. 28 f. rekonstruiertes די ולאמוראא. Beyers Rekonstruktionsversuch (ולאנשא די) passt zwar gut in die Lücke; gegen seine Lesart ebenso wie gegen die Lesart »und die Amoriter« (ולאמד־אא) spricht aber, dass die Oberlänge des ל sichtbar sein müsste. Deutlich ist allein, dass in der Lücke *kein* ל gestanden hat, und demnach auch kein weiteres determiniertes Akkusativobjekt. Es könnte ja auch ותבו ושרו (sie kehrten zurück und lagerten) oder ähnliches gestanden haben. Oder stand ein indeterminiertes Objekt, etwa »viel Volk«, ועמא רבא די? Sicher festzuhalten ist demnach lediglich, dass nach den vier Objekten zu ומחו in Z. 28 f. ein fünftes Objekt der Verwüstung bei dem erneuten ומחו in Z. 30 (ומחו) lesen, über Avigad–Yadin hinaus, Fitzmyer, Apocryphon, 70, Jongeling–Labuschagne–van der Woude, Texts, 110, und Beyer, Texte I, 181, übereinstimmend) gestanden haben muss, höchstwahrscheinlich als עין דינא zu lesen.

c »Schalem« wird im GA zunächst zur Angabe des Ortes eingeführt, wo der König von Sodom hinkommt.

flusst: [117] ערנם statt ענר, תרעל statt תדעל[118], שמיאבד statt שמאבר[119] sind als Schreibvarianten aufzufassen;[120] auch חלבון für חובה könnte auf eine Verschreibung zurückgehen, meint aber wohl doch eine andere Lokalisierung.[121] ממרה statt ממרא[122] soll wohl die Aussprache des letzten Vokals als »e« sicherstellen. Eine aramaisierte Form liegt vor bei עמקא די סדיא für עמק השדים, eine Übersetzung im Falle von עין דינא (allerdings schwer lesbar) für עין משפט. Nicht rekonstruierbar ist die Entsprechung für אמרי Gen 14,7 in GA 21,30.[123] Insgesamt ist die Übereinstimmung bei den neu eingeführten Namen erstaunlich hoch; kein einziger wird durch einen völlig anderen ersetzt. Die Varianten zu den Namen der ersten Spalte bewe-

---

117 Es ist in jedem Einzelfall äußerst schwierig zu entscheiden, welches jeweils die ursprüngliche Lesart gewesen sein sollte. Wo MT mit den anderen Zeugen des Bibeltextes übereinstimmt, dürfte er den Vorzug verdienen. Siehe auch unten S. 39.

118 Vgl. Θαργαλ in Gen 14,9 als möglicherweise ursprüngliche Lesart der LXX (Codex D). Der Alexandrinus hat allerdings Θαλγα (V. 1) neben Θαλγαλ (V. 9); Sinaiticus und Vaticanus sind zu diesem Textbereich nicht erhalten.

119 SP: שמאבד. Hier ist übrigens auch der von-Gall-Ausgabe der ד-ר-Fehler unterlaufen, vgl. den Apparat z. St. Die Lesart des Samaritanus könnte durchaus die ursprüngliche sein.

120 Es wimmelt in der Textüberlieferung von Verwechslungen zwischen ד und ר, was mitunter zu einschneidenden inhaltlichen Veränderungen führt, so V. 7, wo LXX (ἄρχοντας Αμαληκ) offensichtlich שרי statt שדה gelesen hat, also nicht das nachmals so genannte Gefilde Amaleks, sondern die »Obersten Amaleks« geschlagen werden.

121 Fitzmyer, Apocryphon, 152; Alexander, Retelling, 106.

122 In den obigen Tabellen mit den deutschen Namensformen nicht sichtbar; s. aber die Zusammenstellung der Texte selbst in der Synopse unten S. 50 ff.

123 Siehe oben Tabellenanmerkung b auf S. 35.

gen sich etwa in demselben Rahmen wie diejenigen des Samaritanus oder der Septuaginta: Für ענר etwa bieten die samaritanischen Handschriften in der Mehrzahl ענרם, von Gall verzeichnet aber auch die Varianten הנירם (zu Gen 14,13), הנרם, ענרים und ענירם (alle zu Gen 14,24); die LXX-Handschriften schreiben regelmäßig Αυναν[124]; dieselbe Namensform steht andernorts[125] regelmäßig für אונן, also einen Namen, der im Masoretischen Text nur noch einen einzigen Buchstaben mit ענר gemeinsam hat.

Textkritisch von besonderem Interesse ist die Entsprechung zu den זוזים von Gen 14,5 in GA 21,29: Die erste Hand schreibt זוזמיא, während ein Korrektor über das zweite ז ein מ schreibt[126], so dass wahrscheinlich זומזמיא gelesen werden soll. Während die Erstlesung nahe am Masoretischen Text liegt, scheint der Korrektor die Form זמזמים (Dt 2,20) im Ohr gehabt zu haben, die dasselbe Volk bezeichnen will wie Gen 14,5, nämlich die Vorbevölkerung des Ammonitergebietes.[127]

Man kann von daher nicht behaupten, dass im Genesis-Apokryphon willkürlich mit den vorgegebenen Daten verfahren worden wäre. Gerade die neu eingeführten Namen werden mit großer Sorgfalt wiedergegeben; dies gilt auch dort, wo sie (wie Mamre, Eschkol und Aner/Arnam) an anderem Ort auftauchen als im biblischen Text.

Um so größer sind aber die Differenzen bei den *geographischen Erläuterungen* (jeweils *in der rechten Spalte der Tabellen*), die zur Einordnung bzw. Identifizierung der neu eingeführten Namen dienen.

Hier finden sich orthographische Varianten neben freien Ersetzungen; einige Erklärungen fehlen, andere sind überschüssig. Die volle Übereinstimmung einer Namenserläuterung in syntaktischer Struktur und Schreibung der Eigennamen ist die absolute Ausnahme und findet sich hundertprozentig nur bei der Bestimmung

---

124 In Gen 14,24 LXX steht Αυναν zudem nicht wie ענר im MT am Anfang, sondern in der Mitte der Aufzählung der drei Männer, die mit Abram mitgegangen waren. Auf griechisches Αυναν geht eventuell äthiopisches 'wnān Jub 13,29 zurück. Wenn beides für aus ערנם verschriebenes hebr. עונם zeugte (so VanderKam, Affinities, 49), läge es (gegen VanderKam) sogar nahe, die Lesart des GA (ערנם) für ursprünglich zu halten, da sich daraus die weiteren Lesarten erklären ließen: Der SP durch Metathese von ר und נ, der MT durch Angleichung des Namens, in Analogie zu den Personen-Orts-Namen Eschkol und Mamre, an einen sonst nur 1 Chr 6,55 belegten Ortsnamen. Die LXX- (und Jub-) Vorlage hätte dagegen, in Analogie zu anderen Namen in Gen 14, einen sprechenden Namen kreiert, der den האמרי עון von Gen 15,16 antizipiert: עונם »ihre Sünde« wäre der für einen Amoriter passende Name. Aber auch dieses wäre, wie bereits VanderKam (ebd.) für seine Rekonstruktion zugibt, »highly conjectural«.

125 Gen 38,4.8f.; 46,12; Num 26,19; 1 Chr 2,3.

126 Prinzipiell ist auch denkbar, dass es sich im Manuskript um eine textkritische Anmerkung, sozusagen ein Qere handelte. Dann entspräche nicht nur der in der Zeile geschriebene Text genau der Vorlage, sondern auch die als Lese- und Verständnishilfe darüber geschriebenen Buchstaben. Dies wäre an sich auch im Falle der anderen darübergeschriebenen Buchstaben denkbar, die GA 2,19; 19,15; 20,15; 21,21 und 22,17.22 zu finden sind und jeweils eine orthographische, syntaktische oder inhaltliche Vereinfachung bieten. Das Gegenstück, nämlich Tilgungspunkte oben und unten, findet sich GA 22,27 (jeweils deutlich sichtbar bei Avigad–Yadin, Apocryphon).

127 Vgl. Fitzmyer, Apocryphon, 164 f.

Kedorlaʿomers als מלך עילם, der Hauptperson des ersten Teils der Perikope. Schon die drei anderen Großkönigreiche werden in aktuelle geographische Termini übersetzt bzw. mit solchen erklärt: Für »Schinʿar« steht Babel,[128] für »Ellasar« steht Kappadozien,[129] und »Gojim« wird in einer Glosse als ein Land in Mesopotamien identifiziert.[130] Die Städtenamen der Pentapolis sind mit orthographischen Varianten vertreten, die auf die zeitgenössische Aussprache schließen lassen: אדמא steht für אדמה,[131] צבוין[132] neben צבואין[133] für צביים[134] im Masoretischen Text; סודם[135] steht neben סודום[136] (niemals סדם oder סדום[137]) für סדם, und עומרם für עמרה[138].

Insgesamt ist zu beobachten, dass die gegenüber Gen 14 überschüssigen (d. h., erst redaktionell eingetragenen) Namen sämtlich ohne Erklärungen bleiben, ähnlich wie umgekehrt im Genesistext das gegenüber dem Genesis-Apokryphon überschüssige »Amalekiterfeld«.

---

128 Ebenso im TO z. St.

129 Vgl. die Vulgata Gen 14,1.9, die Ellasar durch Pontus ersetzt.

130 Dazu oben in Anm. 113 (S. 33) sowie unten S. 57. Dagegen lesen LXX, Vg und Targume übereinstimmend »Völker«.

131 Das entspricht der allgemein zu beobachtenden Entwicklung im Aramäischen, dass ה, wenn es auslautendes langes »a« anzeigt, zunehmend durch א verdrängt wird (Beyer, Texte I, 412).

132 GA 21,25.

133 GA 21,31.

134 So das Ketib Gen 14,2.8 und Dt 29,22. Aber bereits in der Überlieferung des Bibeltextes ist die Variationsbreite groß: Laut Qere ist Gen 14,2.8 und Dt 29,22 צבוים zu lesen; Gen 10,19 steht צבים; die samaritanischen Handschriften haben jeweils צבאים bzw. צבואים., auch Hos 11,8 bietet צבאים (Zeboim).

135 Insgesamt 11mal in GA 21–22. Dass dies nicht nur aramäischer, sondern ebenso hebräischer Aussprachetradition entspricht, wird nicht nur durch das Σοδομα bzw. Sodoma der LXX und Vg belegt, sondern auch durch die Jesajarolle 1QJesᵃ bestätigt: Sie bietet ausnahmslos סודם für סדם im MT (Jes 1,9.10; 3,9 und 13,19). Vgl. Mulder, Art. סדם, 759f. (Lit.).

136 GA 21,32.

137 Vgl. aber daneben das aramäische Textfragment »די סדום« 3Q14, Fragment 8, Zeile 2, welches die masoretische Vokalisation bestätigen könnte.

138 Die Pleneschreibung der ersten Silbe stimmt wiederum mit hebräischen Qumranhandschriften, LXX und Vg überein; 1QJesᵃ bietet für עמרה jeweils עומרה (Jes 1,9.10 und 13,19). Die Mimation am Schluss, wie sie sich im GA findet, ist sonst nicht belegt. Womöglich kennt das GA eine lokale aramäische Aussprachetradition: Dem arabischen Namen der Überreste der Siedlung am Nordwesten des Toten Meeres, Ḫirbet Qumran, in der lokalen Aussprache »Kharbet Ghoumran« (vgl. das Referat bei Bardtke, Handschriftenfunde, 23) könnte dann eine ältere aramäische Lokalbezeichnung חרבת עומרם (was evt. עומרן gesprochen worden ist, vgl. Mulder, Art. סדם, 759f.; Fitzmyer, Apocryphon, 162 [Lit.]) zugrunde liegen, welche den Ort als »Trümmerstätte Gomorrhas« identifiziert hätte. Wahrscheinlich zu machen ist eine solche Bezeichnung aber erst lange nach dem Ende der Besiedlung von Ḫirbet Qumran im Zuge der Bemühungen, christlichen Pilgern die biblischen Stätten zeigen zu können (im selben Rahmen ist die Identifizierung in der Neuzeit wiederbelebt worden, vgl. Bardtke, Handschriftenfunde, 22). Zu Recht weist deshalb Fitzmyer, Apocryphon, 162, der auch sprachliche Bedenken geltend macht, darauf hin, dass »Gomorrha« keinesfalls Selbstbezeichnung der Bewohner von Qumran gewesen sein kann.

Die entscheidende Frage ist: Lässt sich das Fehlen der identifizierenden Glossen zu »Bela« (*bis*), zum »Tal Siddim« und zur »Gerichtsquelle« sowie weiterer erläuternder Textteile als bewusste Redaktion verständlich machen, während andererseits die im kanonischen Text ganz ähnlich formulierte Identifizierung des »Schawe-Tals« mit dem »Königstal«[139] nicht gestrichen, sondern durch eine weitere Identifizierung mit dem »Tal des Weinberghauses« ergänzt, und etwa auch Schalem, in derselben sprachlichen Form, eigens mit Jerusalem identifiziert wird?[140]

Das Genesis-Apokryphon ist seiner Tendenz nach, wie gezeigt werden konnte, bestrebt, die Informationen der verschiedenen Überlieferungen miteinander zu harmonisieren und ist vor allem an einer möglichst genauen Lokalisierung der Ereignisse interessiert.[141] Das Fehlen von »Salzmeer«[142], »Zoar«[143], »Kadesch«[144], dem »Amalekiterfeld«[145], aber auch der *summa* der kriegführenden Könige[146] lässt

---

139 Gen 14,17.

140 GA 22,13. Diese Gleichsetzung ist inhaltlich nicht außergewöhnlich. Durch die appositionelle Stellung wird sie aber als nachträgliche Identifizierung kenntlich gemacht, während etwa die Targume zu Gen 14,18 sämtlich ירושלם *an Stelle* von שלם bieten.

141 Jongeling–Labuschagne–van der Woude, Texts, 78; Alexander, Retelling, 105.

142 Fitzmyer, Apocryphon, 163: »Either it is a gloss added later to the MT, after the composition of this scroll, or else the author has deliberately omitted it (because of 21.16?).« Fitzmyer spielt darauf an, dass GA 21,16 (s. o. S. 31 f.) eindeutig das Mittelmeer als »dieses große Salzmeer« bezeichnet wird. Der Schreiber verwendet neben dem für das Mittelmeer einschlägigen Ausdruck »das große Meer« (ימא רבא), so GA 16,11 [alte Zählung: 16,12]; 21,11; Dan 7,2, vgl. hebr. הים הגדול Num 34,6 f.; Jos 15,12.47) zweimal den Ausdruck »großes *Salz*meer« (neben GA 21,16 auch 16,17), um das Mittelmeer vom »Roten Meer« (d. h. dem indischen Ozean) zu unterscheiden. Die Bezeichnung als *großes* Salzmeer macht dagegen nur Sinn, um es von einem kleinen, nämlich dem Toten Meer zu unterscheiden.
Damit gilt die erste von Fitzmyer in Betracht gezogene Variante, nur mit der Klarstellung, dass die Glosse sich nicht nur im »MT«, sondern in sämtlichen Zeugen der kanonischen Genesis übereinstimmend findet.

143 Auch hier erwägt Fitzmyer, dass die Identifikation »by the gloss in the MT [...] perhaps is of a later date than the *Genesis Apocryphon*« (Fitzmyer, Apocryphon, 163). Im Genesistext dient die Identifikation Belas mit Zoar einerseits der Erläuterung eines ansonsten unerklärten Namens, andererseits der Verknüpfung mit der Fortsetzung der Lotgeschichte in Gen 19. Auch das GA verknüpft sekundär die verschiedenen Abram-Lot-Traditionen, vgl. nur die Identifizierung des Entronnenen von Gen 14,13 mit einem von Abram dem Lot übergebenen Hirten, GA 22,1 f. mit Bezug auf GA 21,6.
Auch hier gilt aber ebenso wie für die weiteren hier erwähnten Überschüsse des kanonischen Textes: Nicht nur der MT, wie Fitzmyer suggeriert, sondern alle Varianten des Bibeltextes haben »das ist Zoar«.

144 Das Fehlen von »Kadesch« ist besonders schwer erklärlich, da Kadesch GA 21,11 eigens in der Beschreibung des Gebietes der Abramiden erwähnt wird, und zwar in unmittelbarem Zusammenhang mit dem Gebirge Gebal (Negeb bzw. Seïr). Unabhängig davon, ob der Schreiber dieses Kadesch in Ein-Qudeirat (so die gängige Identifizierung von Kadesch-Barnea) oder in Petra (»Reqam«, womit die Targumim Kadesch wiedergeben) gesehen hat, ist nicht einzusehen, warum er diese Information den Lesern vorenthalten wollte.

145 Siehe oben S. 35, Tabellenanmerkung b.

146 Gen 14,9: »Vier Könige gegen die Fünf.« Auch die nochmalige Aufzählung der vier Großkönige fehlt im GA.

sich daher nur erklären, wenn die Vorlage diese Textteile noch nicht enthalten hat. Angesichts der Tatsache, dass es sich bei eben diesen Textteilen nicht um textkritisch sekundäre,[147] sondern um redaktionsgeschichtlich entstandene Glossen handelt, die allen Zeugen des kanonischen Genesistextes gemeinsam sind, kommt man hier punktuell hinter den kanonischen Genesistext zurück. Was belanglos klingen mag, hat weitreichende Konsequenzen: Durch einen systematisch angelegten synoptischen Vergleich lässt sich ein *konkreter Ausschnitt der Redaktionsgeschichte der Genesis* als *äußerlich bezeugt* rekonstruieren.

1.2. Die im Genesis-Apokryphon verarbeiteten Traditionen

Welches sind nun die Quellen des Genesis-Apokryphon, wenn die Genesis in ihrer kanonisierten Fassung nicht dazugehört? Keinesfalls geht es auf ein Targum zurück, auch wenn es neben sprachlichen auch inhaltliche Berührungen gibt.[148] Denn man findet zwar auch in den Targumen harmonisierende Ergänzungen und zusätzliche Erläuterungen – aber nicht die Auslassung einer kanonischen Glossierungsschicht. Eine ähnlich lautende These muss dennoch ausführlicher problematisiert werden, da sie von Klaus Beyer in seiner gewichtigen Textausgabe als Fakt hingestellt wird[149].

Verwandtschaft mit der präsamaritanischen Texttradition

Der ausgewiesene Kenner der Qumranschriften James C. VanderKam hat in einem 1978 erschienenen Aufsatz[150] die Textgestalt derjenigen Textteile des Genesis-Apokryphon, die er als biblische Zitate klassifiziert, mit den verschiedenen Texttypen des biblischen Textes verglichen und im Resultat des Vergleichs eine Abhängigkeit des Genesis-Apokryphon vom (prä)samaritanischen Genesistext postuliert. Sein Spitzensatz lautet folgendermaßen:

---

147 Zu den diesbezüglichen Mutmaßungen Fitzmyers siehe oben die Anm. 142 und 143 (S. 38).

148 Kuiper hatte, nach Vermutungen von Kahle und Black (vgl. Kuiper, Study, 149), das Verhältnis von GA und Pentateuchtargumen ausführlich untersucht und kommt zu dem Ergebnis (160): »It is clear that GA is a targumic text.« Gleichzeitig betont er die Unabhängigkeit des GA, welche dieses mit anderen palästinischen Targumen teile.
Unabhängig von Kuiper wies Fitzmyer, Apocryphon, 30–39, die größere Texttreue des GA an Hand eines Vergleichs mit den Pentateuch-Targumen nach. Seine wichtigste Schlussfolgerung, der uneingeschränkt zuzustimmen ist, lautet, »that the Aramaic version of the *Genesis Apocryphon*, especially in those places where it tends to be literal and lends itself to comparison with the targums, is earlier than any of them« (A.a.O., 39). Beide gehen aber selbstverständlich davon aus, dass dem GA der kanonische Text vorlag.

149 »Die entzifferten Teile der stark zerstörten Rolle [...] bieten [...] teils wörtliche Übersetzung [...] teils freie Nacherzählung von Gen 5,28–15,4 ›protosamaritanischer‹ Textform, erweitert durch außerbiblisches Material« (Beyer, Texte I, 165).

150 VanderKam, Affinities.

»The SP, as is well known, almost always agrees with the MT in Genesis, but in the section of the biblical text with which the GA overlaps they disagree in these nine instances, and the SP agrees with the GA in all of them.«[151]

Diese Behauptung ist jedoch teilweise übertrieben, teilweise falsch. Zunächst sind sechs der von VanderKam angeführten neun »übereinstimmenden« Lesarten in Genesis-Apokryphon und Samaritanus nur einander ähnlich, deren Entstehung deshalb unabhängig voneinander zu erklären.[152] Gerade dort, wo der Masoretische Text die schwierigere Lesart bietet, ist parallele Entstehung denkbar.[153] Eindeutig sekundär ist in V. 23 MT das ו vor dem zweiten אם[154]. Lediglich in einem Fall stimmen LXX, Samaritanus und Genesis-Apokryphon in einer gegenüber dem Masoretischen Text sekundären, weil längeren Lesart überein, nämlich in der Angabe des Objekts des Segnens in Gen 14,19//GA 22,16, wo jeweils Abram namentlich genannt wird, anstelle des Objektsuffixes im Masoretischen Text. Aber dies lässt sich als unabhängig voneinander vorgenommene Glättung verstehen.[155] Einen Sonderfall stellt schließlich das Fehlen der Präposition ב vor der Angabe der 13 Jahre in V. 4 dar.[156]

Gravierender als diese oft schwierig zu entscheidenden Einzelfälle ist für die These VanderKams freilich, dass er diejenigen Lesarten, die seiner Theorie widersprechen, einfach übergeht. Es gibt nämlich weitere Differenzen zwischen Samaritanus und Masoretischem Text in dem relevanten Textbereich,[157] die hier besonders wichtig sind, weil die Lesart des Samaritanus jeweils unumstritten als sekundär gilt: Dort aber stimmt das Genesis-Apokryphon jeweils eindeutig *gegen den Samaritanus* mit dem Masoretischen Text überein: GA 21,23.32//Gen 14,1.9 כדרלעמר vs. לעמר כדר; GA 22,13f.//Gen 14,17 עמק שוה vs. עמק השוה; GA 22,20f.// Gen 14,22 ידי ohne vorhergehende *nota accusativi*. Auch GA 22,6 (//Gen 14,14)

---

151 VanderKam, Affinities, 53.

152 Das betrifft die VanderKam, Affinities, 48f., angeführten Beispiele I, 1–4 sowie II,1–2. Dabei ist für Beispiel II,1 – ענר/ערנם/ענרם, siehe oben Anm. 124 (S. 36) – und II,2 – שמאבר/שמיאבר/שמאבד, siehe oben Anm. 119 (S. 35) – ernsthaft in Erwägung zu ziehen, dass MT sekundär sein könnte. Nicht auszuschließen ist aber auch, dass der Vorleser oder der Schreiber des in Qumran gefundenen Exemplars des GA selbst einen präsamaritanischen Text der Genesis »im Ohr« bzw. »in der Feder« hatte, und von diesem bei der Lesung einiger sonst unbekannter Namen beeinflusst war. Dies gilt nicht zuletzt für die im GA durchgängig verwendeten Namensformen Abram und Sarai.

153 Hierher gehört, von VanderKam, Affinities, übersehen, die Determination der Refaïter GA 21,28 = Gen 14,5 SP vs. MT, in Angleichung an die weiteren Völker, s. u. S. 233.

154 In diesem Falle steht MT allein gegen das GA, den Samaritanus, die Septuaginta und die Peschitta und auch gegen Jub 13,29 (Beispiel I,6 bei VanderKam, Affinities).

155 So wird verhindert, dass etwa das zuletzt genannte Subjekt, der König von Sodom, als Objekt des Segnens verstanden würde. Vgl. ganz ähnlich die Einfügung von »Abram« unmittelbar vorher GA 22,15 oder etwa in Gen 15,6 LXX (Beispiel I,5 bei VanderKam, Affinities).

156 Dies ist durch die spezifische Chronologie des MT bedingt, siehe unten S. 159f.; in diesem Fall stellen LXX und SP den vorendkompositionellen Text wieder her (Beispiel II,3 bei VanderKam, Affinities).

157 Es sollen lediglich die Varianten zu Gen 14,1–15,4 ergänzt werden, da dort die Vergleichbarkeit am ehesten gegeben ist.

בחר kann kaum, wie die LXX-Lesart ἠρίθμησεν, als Wiedergabe des »Aramaismus« וידק (SP) gelten, sondern eher als ein Versuch, וירק (MT) wiederzugeben. Und GA 22,32 (//Gen 15,1) ישגון לחדא, hat keinesfalls das Verb in der ersten Person gelesen (ארבה מאד, SP), sondern eher den adverbial gebrauchten Infinitiv (הרבה מאד, MT).

Der intensive Textvergleich widerlegt somit die These VanderKams, das Genesis-Apokryphon setze bereits die Differenzierung der Textfamilien des Pentateuch voraus. Eine literarische Abhängigkeit vom präsamaritanischen Genesistext (oder auch vom protomasoretischen, wie Fitzmyer unausgesprochen annimmt) kann ohnehin ausgeschlossen werden, weil einige Lücken nicht als Auslassungen erklärbar sind. Gegen bewusste Auslassungen im Genesis-Apokryphon spricht dessen Detailverliebtheit bis zur Redundanz,[158] das starke geographische Interesse sowie die Tendenz zum Ausgleich mit dem Kontext. Die Glossen zu Bela, zum Siddimtal und zur Rechtsquelle im kanonischen Text von Gen 14,2.3.7.8 (MT, SP und LXX) können noch nicht in der Vorlage des Genesis-Apokryphon gestanden haben.[159]

Textkritisch bleiben die Beobachtungen VanderKams wertvoll. Denn dort, wo das Genesis-Apokryphon mit alten Zeugen[160] zusammengeht, hat der Text ggf. als ursprüngliche Lesart, auch gegenüber dem Masoretischen Text, zu gelten. Die Thesen VanderKams zur Textgeschichte gingen noch von der Voraussetzung einer Endredaktion des Pentateuch im 6. Jahrhundert in Babylonien aus,[161] weshalb er die Verzweigung der verschiedenen »palästinischen« Texttypen ins 5. bis 4. Jahrhundert[162] datieren kann. Während VanderKam das Genesis-Apokryphon als Zeugen für einen älteren, der Verzweigung in LXX-Vorlage und Prä-Samaritanus vorausgehenden palästinschen Texttyp des kanonischen Genesisbuches ansehen wollte, soll es hier, vor dem Hintergrund der gewandelten Forschungslage zum Pentateuch insgesamt, als Zeuge für einen dem kanonischen Text vorausgehenden, »vorpriesterlichen« Proto-Genesis-Text aus dem 5. Jh. v. Chr. angesprochen werden. Dabei werden die subtilen textkritischen Affinitäten der »biblical citations« im Genesis-Apokryphon, wie sie VanderKam (leider unvollständig) untersucht hat, gegenüber den mit den Mitteln des synoptischen Vergleichs herauszuarbeitenden redaktionsgeschichtlichen Differenzen in den Hintergrund treten.

Verwandtschaft mit dem Jubiläenbuch

Diskutiert werden muss an dieser Stelle ebenfalls die Verwandtschaft mit dem Jubiläenbuch, welche die Redaktion des Genesis-Apokryphon erkennen lässt. Das Jubiläenbuch verändert die Perikope einschneidend:

---

158 Man lese die beschwörende Rede Lamechs zu seiner Frau Batenosch (GA 2,3–7) oder die Schilderung der Schönheit Sarais (GA 20,2–8).
159 Ebenso die am geographischen Detail interessierte Erläuterung zum Siddimtal in V. 10.
160 MT, SP oder LXX. Im Falle der LXX ist allerdings größere methodische Vorsicht geboten.
161 VanderKam, Affinities, 46.
162 VanderKam, Affinities, 54.

Die Verse 1–12 werden Jub 13,22 f. radikal gekürzt;[163] deren für den Fortgang der Handlung wichtigste Mitteilung, die Gefangennahme Lots, wurde bereits Jub 13,19 vorweggenommen. Aufschlussreich für die Tendenz des Jubiläenbuches ist das Fehlen Melchisedeks;[164] stattdessen wird die Einführung des Zehnten um so ausführlicher behandelt.

Innerhalb des mit Genesis und Genesis-Apokryphon gemeinsamen Stoffes referiert das Jubiläenbuch auch solche Glossen, die in der GA-Vorlage fehlten: Während Bela' oder die Rechtsquelle mitsamt ihren nachträglichen Identifizierungen übergangen werden, wird die Erklärung des Siddim-Tales durch das Tote Meer nicht zu erwähnen vergessen,[165] ebensowenig die Identifizierung Eliezers mit Damaskus.[166] Wäre das Genesis-Apokryphon von Genesis *und* Jubiläenbuch abhängig, wie Fitzmyer vermutet,[167] bliebe gerade das Fehlen dieser beiden Glossen, zum Siddim-Tal und zu Eliezer, im Genesis-Apokryphon unerklärlich.

Als Konsens in der Forschung bleibt mit Fitzmyer festzuhalten, dass »this scroll belongs to the same sort of literature as Enoch and Jubilees and therefore probably dates from the same general period«[168]. Da eine literarische Abhängigkeit vom Jubiläenbuch ausgeschlossen werden kann, ist angesichts einiger dennoch übereinstimmender Details[169] das bereits von den Erstherausgebern angenommene umgekehrte Abhängigkeitsverhältnis anzunehmen: Das Genesis-Apokryphon (genauer eine Vorlage davon) gehört, neben der kanonischen Genesis, zu den Quellen des Jubiläenbuches.[170]

Chronologie

Ben-Zion Wacholder hat überzeugend nachgewiesen, dass gerade die im Genesis-Apokryphon verwendete *Chronologie* älter ist als die des Jubiläenbuches: »On the

---

163 V.2–7 haben keine Entsprechung im Jubiläenbuch; dagegen kann Jub 13,22 zur Rekonstruktion der ursprünglichen Fassung von V.10aβb helfen, siehe unten Anm.801 (S.150).

164 Dies ist aus einer antihasmonäischen Frontstellung zu erklären, welche die Selbstbezeichnung der Hasmonäer als »Priester des höchsten Gottes« voraussetzt (Caquot, dîmes, 263; Delcor, Melchizedek, 123f.). Siehe auch unten S.117f.

165 Jub 13,22.

166 Jub 14,2.

167 Fitzmyer, Apocryphon, 16–19 und *passim*. Vgl. auch die a.a.O., 16, Anm. 43 aufgezählten Autoren. Auch Beyer, Texte I, 165, meint, dass das Jubiläenbuch »direkt benutzt« würde.

168 Fitzmyer, Apocryphon, 16. Die Entstehungszeit des Jubiläenbuches ist freilich umstritten: Sowohl Jongeling–Labuschagne–van der Woude, Texts, 78, als auch Maier, Texte I, 212, sehen beide Werke in zeitlicher Parallele, erstere aber im 1., letzterer eher im 3. Jahrhundert vor Christus.

169 So stimmt Jub 13,22 mit GA 21,23 gegen Gen 14,1 in der Reihenfolge der Könige überein, Jub 13,18 übernimmt die Trauer Abrams nach der Trennung von Lot aus GA 21,7 (ohne Entsprechung in Gen 13,11) und gibt ihr eine sekundäre Begründung, etc.

170 Avigad–Yadin, Apocryphon, 38/לא. Ebenso votiert Wacholder, Stay, 53: »The evidence thus far indicates that Genesis Apocryphon was written before the Book of Jubilees.« Vgl. auch Kuiper, Study, 159.

basis of available works, the chronology of Genesis Apocryphon is either directly or indirectly the source of Jubilees.«[171]

Außer Frage steht, dass das Jubiläenbuch wesentlich an Fragen der Chronologie interessiert ist, und alle verfügbaren Daten in seine Weltära integriert.[172] Im Genesis-Apokryphon wird dagegen weder das »kanonische« noch das Jubiläen-Schema vorausgesetzt; wahrscheinlich haben die schriftlichen Quellen des Genesis-Apokryphon keine solche Weltära enthalten.[173] Dennoch bietet es Jahreszahlangaben, welche die erzählten Geschichten strukturieren und sich an epochalen Ereignissen orientieren: »Nach der Sintflut« oder »Nach dem Auszug (Abrams) aus Charran«. Während sich in der Genesis nur zwei derartige Jahreszahlen finden, Gen 11,10[174] und 16,3,[175] die beide auch im Genesis-Apokryphon begegnen, sind es im Genesis-Apokryphon nicht weniger als zehn Jahreszahlangaben, die sämtlich auch im Jubiläenbuch referiert und teilweise in die Jubiläen-Weltära integriert werden. Nach der Flut datiert wird GA 12,10 (vgl. Gen 11,10 und Jub 7,18) sowie, mit kultischem Interesse, GA 12,13–15 (vgl. Jub 7,1–3). Nach dem Auszug Abrams aus Charran wird gerechnet GA 19,10.23; 20,18 sowie in dem Summarium GA 22,27–29[176] – Jub 13,8.11.16.19; 14,1 werden alle diese Daten an Ort und Stelle eingetragen, während in der Genesis lediglich die Summe von zehn Jah-

---

171 Wacholder, Stay, 53. Es ist mir unverständlich, wie Berger, Jubiläen, 398, ausgerechnet Wacholder (*op. cit.*) zum Kronzeugen seiner Behauptung machen kann, dass »die Chronologie des GA direkt oder indirekt von Jub abhängig« sei.

172 Zu den diversen chronologischen Systemen siehe auch unten S. 346f. im Zusammenhang der Endkomposition des Pentateuch.

173 Ansätze zu einer Periodisierung größerer Zeiträume lässt GA 6,9f. erkennen. Als *Zeitperioden* ohne erkennbaren Ausgangspunkt, sind Jubiläum und (Jahr-?)Woche (GA 6,10.18) belegt (Morgenstern–Qimron–Sivan, Columns, 40–43), wobei die 10 Jubiläen von GA 6,10, ähnlich der 400 Jahren von Gen 15,13 wohl für eine nach menschlichem Ermessen sehr lange Zeit stehen.

174 Die Geburt Arpachschads 2 Jahre nach der Sintflut. Dazu kommt Gen 9,28, wo die weitere Lebenszeit Noahs nicht nach der Geburt seiner Söhne, sondern nach der Sintflut datiert wird. Da keine Parallelstelle im GA erhalten ist, bleibt dies hier außer Betracht.

175 10 Jahre nach der Einwanderung Abrams. In LXX und SP wurde Ex 12,40 zu einer Datierung nach der Einwanderung Abrams nach Kanaan. Im Bereich Ex–Dt überwiegen dagegen Datierungen »nach dem Auszug« im Vergleich zu denen nach den Lebensjahren Moses bzw. Aarons, weil das chronologische System die Geburt Moses und Aarons gar nicht datiert. Vgl. zum Ganzen unten S. 259 ff.

176 Die 7 Jahre, die sich nach GA 19,10 und 23 zwischen der ersten Erwähnung Hebrons und der Entführung Sarais durch den Pharao von Zoan ergeben, werden Num 13,22 und Jub 13,12 in dem Sinne interpretiert, dass Hebron sieben Jahre vor Zoan (Tanis) erbaut worden sei. Nach Beyer, Texte I, 172, wird Abram dadurch mit der Hyksos-Zeit verbunden.
Die 7 Jahre, die sich nach GA 19,23; 20,18; 22,28 (vgl. Jub 13,11.16) für den Ägyptenaufenthalt ergeben, parallelisieren die Hungersnot, die ja Anlass für das Hinabsteigen nach Ägypten war, mit derjenigen zur Zeit Josefs (Gen 41,27.54, vgl. Jub 40,3; 42,1). Letztere wird nur Jub 42,1; 45,5–11 in die Weltära eingeordnet, während Gen 41,46 in der Endkomposition des Pentateuch mangels einer Datierung der Geburt Josefs gewissermaßen in der Luft hängt, und Gen 47,9 nicht explizit zu den Jahren der Hungersnot in Beziehung gesetzt ist; vgl. zu den in der Auslegungsgeschichte entstandenen Differenzen Andrei, Years, *passim*.

ren (Gen 16,3)[177] steht.[178] Das wichtigste Indiz für die relative Ursprünglichkeit des im Genesis-Apokryphon überlieferten Datierungsprinzips bildet die Tatsache, dass sich die beiden einzigen Genesis und Genesis-Apokryphon gemeinsamen Datierungen in der Genesis formal von den zahlreichen übrigen dort gegebenen Datierungen unterscheiden. Angesichts des konservativen Charakters der Endkomposition des Pentateuch bedeutet dies nichts anderes, als dass die Zahlenangaben von Gen 11,10b und 16,3aβ (ähnlich 15,13) bereits zur »vorpriesterlichen« Tradition gehörten, von welcher auch das Genesis-Apokryphon abhängig ist, und mit dieser zusammen in die Endkomposition integriert wurden.[179]

Das Jubiläenbuch ist abhängig von den chronologischen Daten beider Systeme, der Genesis und des Genesis-Apokryphon, und integriert sie in sein eigenes System. Dies ist um so auffälliger dort, wo die eigentlichen Erzählungen, weil der Intention des Jubiläenbuches unwichtig, beinahe vollständig weggefallen sind.[180]

Die »Religion der Väter« im Genesis-Apokryphon und in der Genesis[181]

Generell mit der »nichtpriesterlichen« Literatur verbunden ist das Genesis-Apokryphon durch die unbefangene Schilderung vorsinaitischer Opfer, was besonders zur kanonischen Abra(ha)m-Geschichte in Widerspruch steht. Auf jeden Altarbau Abrams, sei es in Bethel (GA 21,1 f.), sei es in Hebron (GA 21,20 f.), folgt ein Opfer.

---

177 Diese zehn Jahre des »Wohnens Abrams im Land Kanaans« (dazu Wacholder, Stay, 54; Fitzmyer, Apocryphon, 180 f.) bis zur Zeugung Ismaels werden durch Gen 12,4 (Abram ist beim Einzug im Land Kanaans 75 Jahre alt) und 16,16 (Abram ist bei der Geburt Ismaels 86 Jahre alt) auch in das spezifische Datierungssystem der Endkomposition des Pentateuch integriert.

178 Daneben stehen, ebenso unverbunden wie in Gen 14,4 f., die chronologischen Angaben zum Kriegszug Kedorlaʻomers, GA 21,26 f. Ausdrücklich in ein übergeordnetes chronologisches Gerüst eingeordnet werden diese dagegen Jub 13,19.22, vgl. unten Anm. 371 (S. 89).

179 Nach der Mehrheitsmeinung im Rahmen der Urkundenhypothese, von Nöldeke, Grundschrift, 143, bis Pola, Priesterschrift, 343, Anm. 144, gehörte Gen 11,10 zur Priesterschrift. Gegen eine »nachpriesterliche« Einfügung spricht für 11,10 und 16,3 bereits der synoptische Vergleich mit dem GA, das durch Jub 7,18 bestätigt wird. Zur Schlüsselfunktion von Gen 11,10 für das Verständnis des chronologischen Systems der Endkomposition siehe unten den Exkurs S. 349–351. Gen 9,28 (350 Jahre Noahs nach der Flut) setzt wohl keine »vorpriesterliche« Zahlenangabe voraus, verbindet aber an dieser Stelle die vorendkompositionelle Systematik der Datierung nach der Sintflut (vgl. auch die Epochenangabe in der Rahmung der Völkertafel Gen 10,1.32) über Gen 5,32; 7,6 mit der endkompositionellen Systematik der Datierung nach Lebensjahren (Gen 9,29).

180 Die Ägyptenperikope umfasst im Genesis-Text 12 Verse (Gen 12,10–13,1), im GA zwei ganze Kolumnen (entspricht etwa 50 Versen). Dagegen fasst Jub 13,10–16 in sieben Versen das Geschehen von Gen 12,9–13,5 sowie von GA 19,10–21,4 zusammen – bringt dabei aber nicht weniger als 5 Jahreszahlangaben unter.

181 Für eine synchron orientierte Darstellung der in den Erzelternerzählungen beschriebenen Religion vgl. Pagolu, Religion.

Es ist als wahrscheinlich anzunehmen, dass die Berichte über kultische Handlungen in der kanonischen Abra(ha)mgeschichte im Rahmen systematisierender Redaktion »zensiert« worden sind. Im Falle Kains und Abels blieb das Opfer (Gen 4,3–5) stehen – dem steht ja unter den Kindern Adams das »Anrufen des Namens JHWHs« in den Tagen Enoschs (Gen 4,26) entgegen, dessen Linie die Menschheitsgeschichte weiterführt. Auch die Opfer Noahs (Gen 8,20, vgl. GA 10,13–17), Jakobs (Gen 31,54; 46,1) oder Jitros (Ex 18,12) bleiben stehen, ebenso das Opfern in der Wüste als Ziel des Exodus (*passim* Ex 3–10), das im Nachhinein als זבח־פסח legitimiert wird. Von Abra(ha)m jedoch, der ebenfalls Altäre baut (Gen 12,7.8; 13,18; 22,9) und einen heiligen Baum pflanzt (Gen 21,33), wird jeweils nur gesagt, dass er den Namen JHWHs anruft (Gen 12,8 und 13,4 jeweils in Bethel; 21,33 in Beerscheba, vgl. Isaak Gen 26,25).

Historisch ist es ausgeschlossen, dass die Ahnen Israels Altäre (מזבחות) errichtet hätten, ohne darauf zu opfern (זבח). Wenn die Opfer aber im Endtext nicht ausdrücklich erwähnt werden, ist das Verständnis als Zeichen oder Denkmal für eine spätere Zeit, vgl. Jos 22,26–29, wohl intendiert.[182] Das »Anrufen des Namens« kann zwar, als summarische Bezeichnung des Gottesdienstes, neben dem Gebet auch das Opfer umfassen.[183] Doch notwendig ist dies keineswegs – Gen 21,33 folgt dieselbe Wendung auf das Pflanzen eines Baumes.[184]

Allein Gen 22,13 opfert Abraham einen Widder an Stelle seines Sohnes auf einem eigens errichteten Altar. Aber dieser Altar zeigt die Stelle des späteren Tempels zu Jerusalem an,[185] womit die besondere Rolle Abra(ha)ms wiederum unterstrichen wird. Er ist derjenige, der alles zu Haltende, Gebote, Satzungen und Weisungen bewahrt hat (Gen 26,5), was etwa von dem Mazzeben-Errichter[186] Jakob nirgendwo gesagt wird; im kanonischen Kontext schließt solcher Gehorsam jedes Opfer außerhalb des auserwählten Ortes aus. Jakob gelobt den Zehnten dem Heiligtum von Bethel – Abram spendet den Zehnten dem Priester und König von Schalem.[187] Jakob opfert in Gilead und in Beerscheba – Abraham allein auf dem Berg JHWHs.[188]

---

182 So Jacob, Genesis, 345–347; Westermann, BK I/2, 180f. u.a.

183 Pagolu, Religion, 61f.

184 Jacob, Genesis, 346.

185 Der »Berg JHWHs« Gen 22,14 deutet auf den Zion, vgl. Jes 2,3; 30,29; Mi 4,2; Sach 8,3; Ps 24,3; wahrscheinlich auch das »Land Moria« Gen 22,2, vgl. 2Chr 3,1, vgl. Blum, Vätergeschichte, 324–326 (ebd. 325f., Anm. 87, zur Diskussion eines möglichen inschriftlichen Belegs für »המוריה« aus dem 7. bzw. 6. Jh.v.Chr.); Veijola, Opfer, 153f.; Baltzer, Jerusalem, 8–12.

186 Gen 28,18.22; 31,45; 35,14.20. Vgl. Pagolu, Religion, 157–170.

187 Zum Zehnten in der Genesis vgl. Pagolu, Religion, 183–191.

188 Gen 22. Die Zeremonie von Gen 15,9f. ist zwar kultische Handlung (»sacrifice«), aber kein Gottesdienst (»worship«) oder Opfer (»offering«), vgl. Pagolu, 65. Dass diese Zeremonie in den Targumim als Opfer verstanden wird (siehe unten S.197f.), widerspricht dennoch nicht der »Orthopraxie« Abrams, da der Ort des Geschehens von Gen 15, synchron mit Gen 14 gelesen, ebenfalls Jerusalem sein muss.

Ganz anders im Jubiläenbuch:[189] Dort bringt Abra(ha)m nicht nur, wie schon seine Vorfahren Adam, Henoch und Noah,[190] regelmäßig auf verschiedenen Altären Opfer dar,[191] sondern es werden auch die in Deuteronomium und Priestergesetz auf Jerusalem beschränkten Wallfahrtsfeste bereits von Abra(ha)m an verschiedenen Orten begangen: Das Wochenfest Jub 15,1f. in Hebron; das Laubhüttenfest 16,20–31 in Beerscheba; ein Vorbild des Passafestes Jub 18,17–19 ebenfalls in Beerscheba – aufgrund der am 15. des ersten Monats (Jub 17,15; 18,3) auf dem Berg Zion (Jub 18,13) erfolgten Rettung Isaaks. Da das Feiern dieser Feste ausdrücklich als auf den himmlischen Tafeln geboten bezeichnet wird, entspricht das Verhalten Abra(ha)ms auch hier dem Gebot Gottes.[192] Das Wesen der Tora, die Abraham allen seinen Kindern (Jub 20,7–9), besonders aber seinem Sohn Isaak (Jub 21,3–25)[193] und seinem Enkel Jakob (Jub 22,16–22) weitergibt, besteht nicht in der Zentralisierung des Kultes,[194] sondern in der Abwehr des Götzendienstes.[195] Opfer außerhalb von Jerusalem sind gemäß dem Jubiläenbuch legitim, wenn sie dem einzig wahren Gott zum einzig richtigen Zeitpunkt dargebracht werden.

Im Jubiläenbuch liegt der Sachverhalt also wiederum ganz ähnlich dem Genesis-Apokryphon, was sich auch hier mit der literarischen Abhängigkeit des ersteren von einer Vorlage des letzteren erklären lässt.[196]

2. Synopse von Gen 14,1–15,4 MT und GA 21,23–22,34

2.1. Chancen und Grenzen des synoptischen Vergleichs

Das Ziel des synoptischen Vergleichs kann nur die Rekonstruktion des beiden Referenten *mit Sicherheit* gemeinsamen Quellenmaterials sein, das heißt, desjenigen Materials, das von beiden Referenten bezeugt wird. *Dass* es auch Streichungen in einem der beiden Referenten gegeben haben mag, ist zwar wahrscheinlich; mit

---

189 Zur Abrahamgeschichte in Jub vgl. M.Müller, Abraham-Gestalt.

190 Jub 3,27 (Adam); Jub 4,25 (Henoch); Jub 6,1–3; 7,3–5 (Noah).

191 Jub 13,4 in Sichem, Jub 13,9.16 in Bethel, Jub 14,19; 15,2 in Hebron; Jub 17,12 auf dem Zion.

192 Der hohe Stellenwert der Feste hat mit dem für Jub wesentlichen Ideal der »mit Gott und den oberen Engelklassen synchronen Feier« zu tun (Frey, Weltbild, 288).

193 An Isaak werden dabei sogar Einzelheiten zur korrekten Opferdarbringung weitergegeben (Jub 21,6–20), mit der Betonung der Heiligkeit des Blutes, die wohl schon in der »vorpriesterlichen« Urgeschichte zu den Noachitischen Geboten gerechnet wird, vgl. GA 11,17.

194 Auch wenn der Zion die Mitte des Nabels der Erde bildet (Jub 8,19), gibt es im Land Sems mehrere legitime Heiligtümer und Opferstätten (Frey, Weltbild, 279).

195 M.Müller, Abraham-Gestalt, 246–248. Die Gefahr des Götzendienstes spielt in der endkompositionellen Abrahamgeschichte keinerlei Rolle, vgl. Pagolu, Religion, 189. Zakovitch, Exodus, 435 hält es für möglich, dass »P« entsprechende Hinweise in seiner Vorlage bewusst ausgeschieden hätte.

196 Siehe oben S.41f., sowie die schematische Darstellung unten S.161.

methodischer Sicherheit zu rekonstruieren sind diese aber nicht. Prinzipiell ist auch die Möglichkeit nicht von vornherein auszuschließen, dass in dem einen oder anderen Fall das Genesis-Apokryphon nach dem kanonischen Text ergänzt worden ist. Allerdings fehlen dafür sichere Indizien.

Wenn der »größte gemeinsame Text« rekonstruiert ist, soll zunächst dieser nach Form und Inhalt untersucht und auf seine Kohärenz geprüft werden. Darauf aufbauend kann dann die Redaktionsgeschichte bis zu den zwei vorliegenden »Endtexten« weiterverfolgt werden.

Ausdrücklich zu erinnern ist daran, dass ein solcher synoptischer Vergleich mit einiger Aussicht auf zuverlässige Ergebnisse nur für Gen 14 vorgenommen werden kann;[197] dennoch wird der Befund in den umgebenden, Gen 13* und 15* entsprechenden Passagen mit zur Kenntnis genommen werden können.

Im Ergebnis des synoptischen Vergleichs werden im Idealfall mehrere Redaktionsschichten zu beobachten sein: Zunächst wird der durch beide Referenten übereinstimmend bezeugte Textumfang als sicherer Umfang der beiden gemeinsam vorausliegenden Textfassung festgestellt und von allen weiteren Redaktionsschichten abgehoben werden können. Innerhalb dieses gemeinsam vorausgesetzten Textbestandes ist weiterhin zu differenzieren zwischen solchen Textteilen, die in identischer Reihenfolge referiert werden, und solchen, deren Plazierung in der letzten gemeinsamen Vorlage noch variabel gewesen ist. Da auch letztere Unterscheidung einen signifikanten Befund ergeben wird, ist eine noch vor der Verzweigung der Textgeschichte liegende Bearbeitungsschicht nach rein formalen Kriterien abgrenzbar.

Die Methodik des synoptischen Vergleichs hat sich in der neutestamentlichen Wissenschaft bewährt. Die dortige Diskussion zur Zweiquellentheorie zeigt gleichermaßen Chancen und Grenzen des synoptischen Vergleichs auf: Die »Logienquelle« kann nur dank des zwischen Matthäus und Lukas möglichen synoptischen Vergleichs weitgehend rekonstruiert werden; ihre Rekonstruktion erschließt einen wichtigen Ausschnitt frühchristlicher Theologiegeschichte. Dass aber auch aus zwei Referenten der Wortlaut einer beiden vorliegenden schriftlichen Quelle nicht vollständig erschlossen werden kann, zeigen die zahlreichen *minor agreements* von Lk und Mt, mit welchen sie von ihrer gemeinsamen Quelle, dem Markusevangelium, abweichen. Der Wortlaut einer Quelle kann zu 100% erst dann erschlossen werden, wenn die Quelle selbst verfügbar ist.

Innerhalb der alttestamentlichen Wissenschaft knüpft die im Folgenden dargestellte Synopse ausdrücklich nicht an das Projekt Otto Eißfeldts an, mehrere hypothetisch rekonstruierte Quellen synoptisch nebeneinander zu stellen. Deshalb wird im folgenden für die Genesis der Masoretische Text des Codex L zugrundegelegt sowie bei umstrittenen Lesarten im Genesis-Apokryphon Zurückhaltung

---

197 Siehe oben S.16 zur Wortlautübereinstimmung. Eine Sonderstellung des Gen 14 entsprechenden Abschnitts im GA sehen auch Cornelius, Genesis XIV, 5; Osswald, Beobachtungen, 8; Schatz, Genesis 14, 7.

geübt. Die hier gegebene Synopse steht im Rahmen einer beginnenden methodischen Rückbesinnung auf die Wurzeln der Literarkritik im empirischen Textvergleich.[198] Im Grenzbereich zwischen Textkritik und Redaktionsgeschichte steht der synoptische Vergleich bei der Erforschung der Chronik,[199] des Esra–Nehemia-,[200] des Jeremia-,[201] aber auch des Danielbuches[202] bereits in einer längeren Tradition.

Im Pentateuch bietet das spannungsvolle Verhältnis von Tetrateuch und Deuteronomium hervorragende Möglichkeiten: Die Einleitungskapitel des Deuteronomiums können helfen, eine vorendkompositionelle Fassung der Exodus- und Wüstengeschichte herzustellen, die wesentlich größere Wahrscheinlichkeit für sich beanspruchen darf als eine Rekonstruktion allein aus den beobachteten Spannungen und Widersprüchen in Ex–Num.[203] Der Vergleich von Masoretischem Text und Samaritanus ermöglicht dagegen, die literarische Wechselbeziehung zwischen Dekalog, Bundesbuch und deuteronomischem Gesetz sogar über die Kanonisierung hinaus zu verfolgen.[204]

Die als Seitenreferenten biblischer Stoffe immer stärker interessierenden Qumranschriften kommen zum größten Teil aufgrund ihres fragmentarischen Charakters nicht für einen synoptischen Vergleich in Frage. Das Genesis-Apokryphon bietet sich dagegen förmlich dafür an: Bereits 1960 hat Eva Osswald eine Synopse der deutschen Übersetzungen von Gen 12 und 20 mit den Parallelen in Jubiläenbuch und Genesis-Apokryphon zusammengestellt,[205] und beispielsweise festgestellt, dass die in allen Vergleichstexten zu beobachtende Tendenz, »Bedenkliches zu mindern«, in letzterem fehle.[206] Aber vor dem Hintergrund der damaligen Forschungslage hielt sie sich mit Äußerungen zur relativen Chronologie zurück.[207] Geza Vermes hat 1961 die Kolumnen 19–22 und die entsprechenden Partien der

---

198 Grundlegend sind hier die bei Tigay [Hg.], Models, zusammengestellten Arbeiten.

199 Im Vergleich mit Samuel- und Königebuch. Vgl. nur Kegler–Augustin, Synopse. Für das Verständnis der Endkomposition des Pentateuch ist das Verhältnis der Chronik zu ihren Quellen als Analogie interessant. Johnstone, Analogy, 19: »what the Chronicler is to Samuel–Kings – certainly editor, even midrashist, but not merely independent editor of other sources or passive redactor – the final editor of Exodus, P, is to the underlying account, D«.

200 Im Vergleich zu 3 Esr (Esdr α'), vgl. z. B. Böhler, Konzeptionen.

201 Vergleich von MT und LXX, vgl. z. B. Goldmann, Prophetie; Tov, Literary History; K. Schmid, Buchgestalten.

202 Vgl. etwa Koch–Rösel, Polyglottensynopse.

203 Eine wichtige Schneise schlägt hier William Johnstone mit seinen Arbeiten zum Exodus- (ders., Chronicles; ders., Passover sowie ders., Analogy, 9–48 [Introduction]) und Numeribuch (ders., Reminiscences). Prinzipiell in ähnlicher Richtung arbeiten Frankel, Murmuring; Otto, Hexateuch. Das dtr. Deuteronomium ist auch als Zeuge für die vorendkompositionelle Gestalt von Gen 14 auswertbar, siehe unten S. 154.

204 Tigay, Conflation, 61–95.

205 Osswald, Beobachtungen, 10–19.

206 Osswald, Beobachtungen, 25.

207 Osswald, Beobachtungen, 23 f. Für die Noahgeschichte rechnet sie aber damit, dass Traditionen des GA in die Zeit vor der Kanonisierung der Genesis zurückreichen, a.a.O., 8.

Genesis, jeweils in englischer Übersetzung, synoptisch zusammengestellt,[208] um das Genesis-Apokryphon als »the most ancient midrash of all«[209] zu würdigen, dessen Intention darin bestehe, den biblischen Text zu erklären. Für die Auslassungen hat auch Vermes keine Erklärungen parat. Auch in der Folge ist das Genesis-Apokryphon im Bereich der Abra(ha)mgeschichte lediglich unter dem Blickwinkel der Textkritik[210] sowie der Wirkungsgeschichte des kanonischen Textes[211] betrachtet worden.[212] Ein redaktionsgeschichtlich orientierter synoptischer Vergleich bedeutet völliges Neuland.

2.2. Tabellarische Synopse

Im folgenden Textvergleich sind Textteile, die in Gen 14 und im Genesis-Apokryphon begegnen, normal groß (גָּדוֹל), in der deutschen Übersetzung des Genesis-Apokryphon aufrecht gesetzt. Textteile in Gen 14 und im Genesis-Apokryphon, die keine Entsprechung im Seitenreferenten besitzen, sind petit (קָטָן), in der Übersetzung *kursiv* gesetzt. Textteile, die unterschiedlich eingeordnet sind, werden durch < > hervorgehoben. Bloße Ausdrucksvarianten oder abweichende Lesarten bei Namen sind nicht eigens hervorgehoben.

Zum Text: Der Hebräische Text ist der des Codex Leningradensis (Ketib) nach BHS. Für das Genesis-Apokryphon wird die Transliteration des aramäischen Textes von Klaus Beyer zugrundegelegt;[213] auch die Übersetzung lehnt sich an die von Beyer an.[214] Nur teilweise erkennbare Buchstaben und freie Ergänzungen werden jeweils durch eckige Klammer[n] gekennzeichnet (vor allem im schlechter erhaltenen unteren Teil der Rolle, also 21,30–34; 22,34). Über Beyer hinaus werden auch die im Original über den Text geschriebenen Buchstaben (wohl Korrekturen erster Hand, in 21,29; 22,17.22) und die Tilgungspunkte (22,27) kenntlich gemacht.[215]

---

208 Vermes, Scripture, 97–110. Eine tabellarische Übersicht über die in GA 19–22 und Gen 12–14 gemeinsamen Textbestandteile gibt auch Fitzmyer, Apocryphon, 31 f.

209 Vermes, Scripture, 124.

210 Vgl. VanderKam, Affinities, sowie die Kommentare.

211 Fischer, Erzeltern, 247–249, ordnet das GA in eine Tendenz der Verharmlosung der Preisgabe Sarais ein (gegen Osswald, Beobachtungen, 55); Kuiper, Study, 160, hält es für »a targumic text« und somit für einen Beweis des hohen Alters der palästinischen Targumtradition; Cornelius, Genesis XIV, 5, dagegen sieht es als Zeuge für eine »bei einem Abstand von anderthalb Jahrtausenden […] fast unwahrscheinlich geringe Verschiebung« in der mündlichen Überlieferung von Gen 14.

212 Auch Klaus Beyer rechnet das GA zur Wirkungsgeschichte der kanonischen Genesis, siehe oben Anm. 149 (S. 39). Er hebt aber die Übereinstimmungen mit dem biblischen Text in seiner deutschen Übersetzung typographisch hervor, so dass man die jeweilige Nähe zum biblischen Text bereits optisch erfassen kann.

213 Beyer, Texte I, 180–186. Abweichungen im Einzelnen sind vermerkt, wobei B. für Beyer steht.

214 Ebd.

215 Vgl. die Fotografien und die Transliteration in Avigad–Yadin, Apocryphon.

Tabelle 3: Tabellarische Synopse von Gen 14,1–15,4MT und GA 21,23–22,34 (aramäischer Text und deutsche Übersetzung)

Gen 14,1-5: Masoretischer Text		GA 21,23-29: aramäischer Text und deutsche Übersetzung		
וַיְהִי בִּימֵי אַמְרָפֶל מֶלֶךְ־שִׁנְעָר אַרְיוֹךְ מֶלֶךְ אֶלָּסָר כְּדָרְלָעֹמֶר מֶלֶךְ עֵילָם וְתִדְעָל מֶלֶךְ גּוֹיִם׃	14,1		21,23	Vor diesen Tagen kam <Kedorlaʿomer, der König von Elam,> Amrafel, der König von Babel, Arjoch, der König von Kaftoch, Tirʾal, der König von [G]ojim – *das ist zwischen den Strömen.*
עָשׂוּ מִלְחָמָה אֶת־בֶּרַע מֶלֶךְ סְדֹם וְאֶת־בִּרְשַׁע מֶלֶךְ עֲמֹרָה שִׁנְאָב מֶלֶךְ אַדְמָה וְשֶׁמְאֵבֶר מֶלֶךְ צְבֹיִים וּמֶלֶךְ בֶּלַע הִיא־צֹעַר׃	14,2		21,24	Und sie führten Krieg mit Bera, dem König von Sodom, und mit Birscha, dem König von Gomorram, *und mit* Schinab, dem König von Adma, und *mit* Schemiabad, dem König von Zebojin, und *mit* dem König von Bela.
כָּל־אֵלֶּה חָבְרוּ אֶל־עֵמֶק הַשִּׂדִּים הוּא יָם הַמֶּלַח׃	14,3		21,25	Alle diese trafen zusammen zur Schlacht im Tal der Fußangeln. Und es siegte der König von
			21,26	*Elam und die Könige, die mit ihm waren, über den König von Sodom und alle seine Genossen. Und sie legten ihnen einen Tribut auf.* Zwölf Jahre
שְׁתֵּים עֶשְׂרֵה שָׁנָה עָבְדוּ אֶת־כְּדָרְלָעֹמֶר וּשְׁלֹשׁ־עֶשְׂרֵה שָׁנָה מָרָדוּ׃	14,4		21,27	gaben sie ihren Tribut dem König von Elam. Und im Jahr dreizehn empörten sie sich gegen ihn.
וּבְאַרְבַּע עֶשְׂרֵה שָׁנָה בָּא כְדָרְלָעֹמֶר וְהַמְּלָכִים אֲשֶׁר אִתּוֹ וַיַּכּוּ אֶת־רְפָאִים בְּעַשְׁתְּרֹת קַרְנַיִם וְאֶת־הַזּוּזִים בְּהָם וְאֵת הָאֵימִים בְּשָׁוֵה קִרְיָתָיִם׃	14,5		21,28	Und im Jahr vierzehn nahm der König von Elam alle seine Genossen. *Und sie zogen den Weg der Wüste. Und sie schlugen nieder und plünderten vom Strom Euphrat an. Und sie schlugen die* Refaïter, *die in* Aschtera
			21,29	von Karnen und die Suᵐsamiter, *die in* Amman und die Emiter [, *die in* Schawe-]Hakirjot

GA 21,29–22,1: aramäischer Text und deutsche Übersetzung	Z.		Gen 14,6–13: Masoretischer Text	
und die Choriter, *die* auf den Bergen von Gebal sind, bis *sie erreichten* El-Paran, das in der Wüste ist.	Z.29	אל־פרן אשר על־המדבר	את־החרי בהררם שעיר עד איל פארן אשר על־המדבר	14,6
Und sie kehrten um. Und sie schlugen [die Rechtsquel]le[] und die Leute (?), die] in Chazezon-Tamar [*sind*]. [Absatz]	21,30	Beyer: תמרא (ב)... תמרא – *spatium* – בחצצן [(ב)]	וישבו ויבאו אל־עין משפט הוא קדש ויכו את־כל־שדה העמלקי וגם את־האמרי הישב בחצצן תמר	14,7
Da zog heraus der König von Sodom [*ihnen ent*]*gegen* und der König von [Gomorram und der Kö]nig von Adma und de[n König von Zeboin und der König von Bela. Und sie [be]gannen die Schlacht	21,31	ונפק מלך סדם לקד[מ]ות[הן] ומלך [עמרם] ומלך אדמה ומלך[צב]אים ומלך[ב]לע	ויצא מלך־סדם ומלך עמרה ומלך אדמה ומלך צביים ומלך בלע הוא־צער ויערכו אתם מלחמה	14,8
in dem Tal [*der Fußangeln*]	21,32	בע[מק][ ]שדי[א]	בעמק השדים	14,9
gegen [K]edorla[ʿomer und die Könige], die mit ihm waren. *Und* zerschlagen wurde		לקבל כד[ר]ל[עמר]ומלכ[יא]די עמה ואתברו	את כדרלעמר מלך עילם ותדעל מלך גוים ואמרפל מלך שנער ואריוך מלך אלסר ארבעה מלכים את־החמשה	
der König von Sodom *und* floh und der König von Gomorram	21,33	מלך סדם וערק ומלך עמרם	ועמק השדים בארת בארת חמר וינסו מלך־סדם ועמרה ויפלו־שמה והנשארים הרה נסו	14,10
fiel *und* [v]iele [*mit ihm* ...]		נפל וס[ג]יאן [...]	ויקחו את־כל־רכש סדם ועמרה ואת־כל־אכלם וילכו	14,11
und er plünderte[*, der König von Elam*], alle Besitzungen von Sodom und von	21,34	[וב]ז יקני סדם ועמרם	ויקחו את־לוט ואת־רכשו בן־אחי אברם וילכו	14,12
[Gomorram ... wa]s sie [dort fan]den		[עמרם ...] אשכ[חו ...]		
(B. fügt ein: ווסבו <אמה> סדם (B.:.) וסבו לוט				
und sie nahmen gefangen Lot, <den Brudersohn		ולקחו ית לוט		
des Abram,> <der in Sodom mit jenen zusammengewohnt hatte,> und *all* seine Besitztümer.		<בר אחוי> די אברם> <די יתב בסדם עמהן> וכל קניניה	ויבא הפליט ויגד לאברם העברי <אחי ענר> ובעל בן־אחי	
Da kam *einer von den Hirten*	22,1	אתא חד מן רעיא	ויבא	14,13

Gen 14,13–15: Masoretischer Text		GA 22,2–9: aramäischer Text und deutsche Übersetzung
14,13	22,2	der Herde, die Abram dem Lot gegeben hatte und der entronnen war aus der Gefangenschaft, zu Abram, <und Abram wohnte damals in Hebron>. Und er erzählte,
		*Vgl. GA21,21f.: <Und ich ließ rufen Mamre, Arnam und Eschkol, die drei amoritischen Brüder, meine Freunde, und sie aßen zusammen mit mir und tranken mit mir.>
	22,3	dass fortgeführt wurde Lot, sein Brudersohn, und all sein Besitz, er aber nicht getötet wurde, und dass
14,14	22,4	die Könige auf dem Weg der großen Senke nach ihrem Land hin weggezogen seien, dabei Gefangene machend, plündernd und schlagend und tötend, auf dem Marsch
	22,5	zum Land von Damaskus. Da weinte Abram über Lot, den Sohn seines Bruders. Und Abram ermannte sich. Und er stand auf.
	22,6	Und er wählte von seinen Knechten erlesene Männer aus zur Schlacht, dreihundert und achtzehn. <Und Arnam,
	22,7	Eschkol und Mamre zogen mit ihm.> Er verfolgte sie, bis er Dan erreichte, und fand sie
	22,8	lagernd im Tale von Dan
14,15	22,9	Und er überfiel sie in der Nacht von den vier Windrichtungen aus. Und er tötete einige von ihnen in der Nacht. Und er zerschlug sie. Und er verfolgte sie. Und sie alle flohen vor ihm,

Gen 14,15–20: Masoretischer Text		GA 22,10–17: aramäischer Text und deutsche Übersetzung		
14,15	וַיֵּחָלֵק עֲלֵיהֶם לַיְלָה הוּא וַעֲבָדָיו וַיַּכֵּם וַיִּרְדְּפֵם עַד־חוֹבָה אֲשֶׁר מִשְּׂמֹאל לְדַמָּשֶׂק׃	עד חלבון די על שמאל דרמשק	22,10	bis sie Chelbon erreichten, das im Norden von Damaskus liegt.
14,16	וַיָּשֶׁב אֵת כָּל־הָרְכֻשׁ {וְגַם אֶת־לוֹט …} וּרְכֻשׁוֹ הֵשִׁיב וְגַם	ואתיב מנהון כל די שבו	22,11	Und er rettete von ihnen alle, die gefangen worden waren / und alles, was sie geplündert hatten, und all ihr Gut. Auch Lot, seinen Brudersohn, errettete er, und dessen ganze Habe. Und alle
	אֶת־הַנָּשִׁים וְאֶת־הָעָם׃	וכל שביא די הוו שבין ית לוט בר אחוהי פצי וכל קנינה		
		אתיב (Beyer korr.: שבו) די הוו שבין	22,12	Gefangenen, die sie weggeführt hatten, brachte er zurück.
		ושמע מלך סדום די אתיב אברם כל שביא		Und der König von Sodom hörte, dass Abram alle Gefangenen
14,17	וַיֵּצֵא מֶלֶךְ־סְדֹם לִקְרָאתוֹ אַחֲרֵי שׁוּבוֹ מֵהַכּוֹת אֶת־כְּדָרְלָעֹמֶר וְאֶת־הַמְּלָכִים אֲשֶׁר אִתּוֹ אֶל־עֵמֶק שָׁוֵה הוּא עֵמֶק הַמֶּלֶךְ׃	וכל בזתא וסלק לקדמותה ואתא לשלם די היא ירושלם ואברם שרא בעמק	22,13	und die ganze Beute zurückbringt. Und er zog ihm entgegen und kam nach Salem, das ist Jerusalem, und Abram lagerte im Tal
		שוה והוא עמק מלכא בקעת בית כרמא	22,14	von Schaweh. Und das ist das Tal des Königs, die Senke von Beth-Karma.
14,18	וּמַלְכִּי־צֶדֶק מֶלֶךְ שָׁלֵם הוֹצִיא לֶחֶם וָיָיִן וְהוּא כֹהֵן לְאֵל עֶלְיוֹן׃	ומלכיצדק מלך שלם אנפק	22,15	Und Melchizedek, der König von Salem, brachte Speise und Trank heraus für Abram und all die Männer, die mit ihm waren. Und er war Priester des Höchsten Gottes.
		מאכל ומשתה לאברם ולכל גבריא די עמה והוא הוה כהן לאל עליון		
		וברך	22,16	Und er segnete
14,19	וַיְבָרְכֵהוּ וַיֹּאמַר בָּרוּךְ אַבְרָם לְאֵל עֶלְיוֹן קֹנֵה שָׁמַיִם וָאָרֶץ׃	לאברם ואמר בריך אברם לאל עליון מרה שמיא וארעא		Abram und sprach: Gebenedeit ist Abram dem Höchsten Gott, dem Herrn von Himmel und Erde,
14,20	וּבָרוּךְ אֵל עֶלְיוֹן אֲשֶׁר־מִגֵּן צָרֶיךָ בְּיָדֶךָ וַיִּתֶּן־לוֹ מַעֲשֵׂר מִכֹּל׃	ובריך אל עליון די מגן	22,17	und gebenedeit ist der Höchste Gott, der deine Feinde dir ausgeliefert! Dann gab er ihm den Zehnten von allen Besitztümern des Königs von Elam und seiner Verbündeten.
		שנאיך בידך ויהב לה מעשר מן כל נכסיא די מלך עילם וחברוהי		

Gen 14,21–24: Masoretischer Text	GA 22,18–26: aramäischer Text und deutsche Übersetzung	
	22,18	[größerer Leerraum] *Danach näherte sich der König von Sodom und sagte zu Abram: Abram, mein Herr!*
	22,19	Gib mir die Leute, die mir gehören, die als Gefangene bei dir sind, die du errettet hast vor dem König von Elam, ihr ganzer Besitz
	22,20	aber soll dir verbleiben. [kleiner Leerraum]
14,21	22,21	*Darauf* sprach Abram zum König von Sodom: Ich erhebe
	22,22	meine Hand *an diesem Tag* zum Höchsten Gott, dem Herrn des Himmels und der Erde,
14,22		dass ich vom Faden bis zum Sandalenriemen
	22,23	nichts nehmen werde von alledem, was dir gehört, auf dass du nicht sagen kannst: [kleiner Leerraum] Aus meinem Besitz stammt all der Reichtum Abrams.
14,23		Ausgenommen ist, was die jungen Männer – *die mit mir* – schon verzehrt haben, und abgesehen vom Anteil der *drei* Männer, die
	22,24	mit mir gezogen sind; sie verfügen selber über ihren Anteil, *um ihn dir zu geben. Dann gab* Abram allen Besitz und alle
14,24	22,25	Gefangenen zurück und übergab sie dem König von Sodom, und alle Gefangenen, die aus diesem Land waren, entließ er
	22,26	– spatium – *und schickte sie alle fort.* [Absatz]

Gen 15,1–4: Masoretischer Text	15	GA 22,27–34: aramäischer Text und deutsche Übersetzung	22
אַחַר הַדְּבָרִים הָאֵלֶּה הָיָה דְבַר־יְהוָה אֶל־אַבְרָם בַּמַּחֲזֶה לֵאמֹר אַל־תִּירָא אַבְרָם אָנֹכִי מָגֵן לָךְ שְׂכָרְךָ הַרְבֵּה מְאֹד *Vgl. Gen 16,3: <וּלְמִקֵּץ עֶשֶׂר שָׁנִים לְשֶׁבֶת אַבְרָם> [בְּאֶרֶץ כְּנַעַן]	15,1	באתר פתגמיא אלן אתחזי אלהא לאברם בחזוא ואמר לה *את> כען שנין <עשר	22,27 — Nach diesen Begebenheiten erschien Gott dem Abram in einer Vision und sagte zu ihm: *Jetzt sind <zehn Jahre
		להוין מן יומא די נפקתה מן חרן תרתין עבדת הכא ושבע במצרין וחדא	22,28 — vollendet seit dem Tage, an dem du *aus Harran herausgegangen bist.> Zwei hast du hier verbracht und sieben in Ägypten und eines
		כדי תבת מן מצרין וכען סכ ומני כל די אית לך וחזי כמא הוא כען יתיר וסגי	22,29 — seit du aus Ägypten zurückgekehrt bist. Und nun prüfe und zähle alles, was dir gehört, und siehe [es], wieviel[mal] sie zahlreicher geworden sind als
		– spatium – כל די נפקו עמך ביום מפקך מן חרן וכען אל תדחל אנה עמך והוה לך	22,30 — alle, die mit dir ausgezogen sind am Tage deines Auszie- hens aus Harran! [kl. Leerraum] Und jetzt fürchte dich nicht! Ich bin bei dir und werde dir
		סעד ותקף ואנה מגן עליך ותרס לך מן תקף בלעדיך עתרך ונכסך	22,31 — Hilfe und Kraft sein; und ich bin ein Schild über dir und werde einen Gewalttätigen von dir abwehren ohne dein Zutun. Dein Reichtum und dein Besitz
		– spatium – ישגה לחדא	werden sehr zunehmen. [kleiner Leerraum]
וַיֹּאמֶר אַבְרָם אֲדֹנָי יֱהוִה מַה־תִּתֶּן־לִי וְאָנֹכִי הוֹלֵךְ עֲרִירִי	15,2	ואמר אברם מרי אלהא שגי לי עתר ונכסין ולמא לי	22,32 — Und Abram sagte: Mein Herr Gott, viel habe ich Reichtum und Besitz. Aber was sollen mir
וּבֶן־מֶשֶׁק בֵּיתִי הוּא <דַּמֶּשֶׂק> אֱלִיעֶזֶר׃	15,2b	כל אלן די אנה ערטל [א]זל ומית ולא <בר לי> ובר בית[י] ירתנני>	22,33 — [d]iese alle, da ich doch nackt sterben werde, ohne Söhne dahingehen werde. <Und einer von meinen Hausangehörigen wird mich beerben.>
וַיֹּאמֶר אַבְרָם הֵן לִי לֹא נָתַתָּה זָרַע וְהִנֵּה בֶן־בֵּיתִי יוֹרֵשׁ אֹתִי׃	15,3	אליעזר	Eliezer.
וְהִנֵּה דְבַר־יְהוָה אֵלָיו לֵאמֹר לֹא יִירָשְׁךָ <זֶה כִּי־אִם> בֶּן	15,3b	<(Beyer liest: [ב]ר [מוש]ה> הוא ירתנני	<der Sohn [des Mose.> er will] mich beerben.
... אֲשֶׁר יֵצֵא מִמֵּעֶיךָ הוּא יִירָשֶׁךָ׃	15,4	ואמר לה לא ירתנך דן להן ד[י] יפוק [	22,34 — Und er sagte zu ihm: Nicht dieser wird dich beerben, sondern derjenige, welcher hervorgehen wird [Kolum- nenende, Ende des erhaltenen Textes] …

In chronologischer Reihenfolge ergeben sich aus dieser Synopse folgende Texte:

1. Die »Grundschicht«.[216] Sie enthält bereits geographische Erläuterungen, die sich aufgrund der äußeren Bezeugung nicht mehr von ihrem Kontext trennen lassen, z. B. die אשר-Sätze Gen 14,6.15//GA 21,30; 22,10.[217]

2. Eine erste harmonisierende Bearbeitung[218] passt die Perikope in den Kontext der Abra(ha)mgeschichte, zwischen Gen 13,18//GA 21,22 und 15,1//GA 22,27, ein. Dies geschieht durch Randglossen, die in Genesis und Genesis-Apokryphon je unterschiedlich integriert worden und daher als Glossen äußerlich erkennbar sind, z. B. einige nähere Erläuterungen zu Lot sowie zu Abram und dessen Begleitern, besonders in Gen 14,12–14//GA 21,34–22,7.[219]

3. Von da an verzweigt sich die Redaktionsgeschichte, denn in den weiteren Abschriften wurden die Glossen von 2. unterschiedlich integriert. Wahrscheinlich war bereits die »Abschrift«, die dann in das Genesis-Apokryphon eingearbeitet wurde, eine den Text sehr treu wiedergebende aramäische Fassung. Die beiden Abschriften wurden in unterschiedlicher Weise weiter glossiert.[220]

4.a Die hebräische Fassung wurde im Zusammenhang mit der übrigen Abra(ha)mgeschichte zu einem festen Bestandteil des Pentateuch. Dabei wurde der Text, mit Blick auf die Pentateucherzählung, behutsam weiter glossiert, u. a. durch die identifizierenden Glossen (Paradigma היא צער) in Gen 14,2.3.7.8 (sowie 15,2). Diese Bearbeitungsschichten gehören zu den letzten Redaktionen der Genesis und damit in das unmittelbare Vor- und Umfeld der »priesterlichen« Endkomposition des Pentateuch.

4.b Die aramäische Fassung wurde gemeinsam mit weiteren, ebenfalls aramäisch, aber teilweise in der Ich-Form überlieferten Erzählstoffen, zu einer Sammlung, dem Genesis-Apokryphon, zusammengefasst und unter geographischen Gesichtspunkten systematisiert, u. a. in GA 21,28; 22,4f. Diese Sammlung hat dem Jubiläenbuch, neben der kanonischen Genesis, als Vorlage gedient, und ist heute nur dank der 1947 in Höhle 1 in Qumran entdeckten Abschrift aus herodianischer Zeit bekannt.

5.a Auch der kanonische Text wurde weiter glossiert. Dies lässt sich in der antiken Text-,[221] vor allem aber in der Auslegungsgeschichte[222] verfolgen. Die Ten-

---

216 Sie entspricht den in der Synopse ohne besondere Hervorhebung normal groß gesetzten Textteilen. Siehe unten »Der größte gemeinsame Text – die Grundschicht«, S. 57–59 sowie »Und es geschah in den Tagen Amrafels – eine Vorgeschichte des Ostjordanlandes«, S. 70–136.

217 Vgl., ähnlich konstruiert, Gen 13,3 f.14.18//GA 21,1.9.19.

218 Sie entspricht den <durch spitze Klammern> in der Synopse bezeichneten Textteilen. Zur Interpretation siehe unten »Die gemeinsame Glossierungsschicht«, S. 137–144.

219 Mehrfach in der Form wie V. 12 zu Lot: והוא ישב בסדם.

220 Die weiteren Glossierungen entsprechen den in der Synopse petit bzw. kursiv gesetzten Textteilen. Zur Interpretation siehe unten S. 144–160.

221 Vgl. die Identifizierung des höchsten Gottes mit יהוה im MT Gen 14,22.

222 Vor allem in Targum und Midrasch: Amrafel ist Nimrod (TPsJ Gen 14,1); Eliezer sein Sohn (TPsJ Gen 14,14); der Entronnene ist Og (TPsJ Gen 14,13), Melchisedek ist Sem, der Sohn Noahs (TPsJ Gen 14,18).

denz, zu Gen 14 Identifizierungen vorzunehmen, setzt sich in der Wirkungsgeschichte bis hin zu modernen Bibelausgaben[223] fort – und nicht zuletzt ist es ein Hauptanliegen bibelwissenschaftlicher Kommentare und Nachschlagewerke, die uns nicht mehr bekannten Orte und Personen der biblischen Geschichte zu identifizieren.

3. Der größte gemeinsame Text – die Grundschicht[224]

Die Redaktionsgeschichte streng mit den Mitteln der Textkritik zu rekonstruieren, ist deshalb möglich, weil beide Zeugen der »Grundschicht« von Gen 14 zwar den Text durch weitere Hinzufügungen zu erklären und behutsam an den Kontext der Abra(ha)mgeschichte anzugleichen suchen, dabei aber bemüht sind, möglichst keine Information des Textes verloren gehen zu lassen.[225]

Die Sprache der Vorlage, auf welche sich beide Zeugen gemeinsam zurückführen lassen, ist Hebräisch. Allerdings ist das Genesis-Apokryphon keine direkte Übersetzung aus dem Hebräischen,[226] sondern verwendet für diesen Abschnitt als Vorlage bereits einen aramäischen Text, der seinerseits einen hebräischen Text (die »gemeinsame Vorlage«) nahezu wörtlich wiedergibt. Dass etwa גוים eigens erklärt wird als די היא בין נהרין, lässt sich am einfachsten erklären, wenn der Glossator גיים bereits in seiner aramäischen Vorlage gefunden und deshalb als Eigenname verstanden hat.[227] Dass die gemeinsame Vorlage nicht einer dritten Sprache entstammt, ist durch die zu große sprachliche und syntaktische Nähe im beiden Zeugen gemeinsamen Gut zu erkennen. In der Diskussion spielte insbesondere die Möglichkeit einer keilschriftlichen Vorlage für das Kapitel als Ganzes eine Rolle;[228] eine solche ist jedoch selbst als Vorlage des gemeinsamen Grundtextes nicht denkbar, wie aus der weiteren Untersuchung hervorgehen wird.[229]

---

223 Vgl. die Vorschläge von BHK zu Gen 14,1: Amrafel ist Hammurabi und von BHS zu Gen 10,19 Lescha ist Bela.

224 Der größte gemeinsame Text ist die älteste mit methodischer Sicherheit im Wortlaut rekonstruierbare Fassung der Perikope. Deshalb wird er im Folgenden Grundschicht genannt, auch wenn es möglich ist, dass diese Fassung gegenüber der Erstverschriftlichung bereits sekundär ist. Ein * bei Stellenangaben innerhalb von Gen 14 bezieht sich im Folgenden immer auf diese Grundschicht.

225 In der Literarkritik an biblischen Texten gilt ein derartiger Konservatismus in der Regel als Voraussetzung für den Nachweis, dass überhaupt schriftliche Vorlagen verwendet worden sind, vgl. Steck, ¹⁴Exegese, 56, Punkt d). Für das Genesis-Apokryphon ist »Texttreue« in diesem Sinne wenigstens von GA 21,23 an zu konstatieren (vgl. Cornelius, Genesis XIV, 5; Osswald, Beobachtungen, 8; Schatz, Genesis 14, 7; Fitzmyer, Apocryphon, 157f.).

226 Vgl. Beyer, Texte I, 165.

227 Ebenso lässt sich gut vorstellen, dass בהם (Gen 14,5) mit עמהן übersetzt worden ist, woraus dann in Angleichung an den Kontext בעבך wurde.

228 Dazu oben S. 21f.

229 Dagegen sprechen vor allem die nach dem phönizisch-aramäisch-hebräischen Alphabet geordnet erfundenen Königsnamen von V. 2 (s. u. S. 104).

Der größte gemeinsame Text lautet demnach folgendermaßen, wobei die unterschiedlich eingeordneten Glossierungen jeweils am Rand stehen:[230]

Tabelle 4: Gemeinsame Vorlage Gen 14 und GA 21,23–22,26

Übersetzung Gen 14 Grundschicht	Gen 14 Grundschicht
gemeinsame Glossierungsschicht[a]	
[1]Es geschah in den Tagen Amrafels, des Königs von Schinʿar, Arjochs, des Königs von Ellasar, Kedorlaʿomers, des Königs von Elam, Tidʿals, des Königs von Gojim: [2]Sie führten Krieg mit Bera, dem König von Sodom, und mit Birscha, dem König von Gomorrha, Schenaab, dem König von Adma und Schemiabad, dem König von Zebojim, und dem König von Bela. [3]Alle diese kamen zusammen zum Tal der Siddim. [4]Zwölf Jahre dienten sie dem Kedorlaʿomer, und im dreizehnten Jahr fielen sie von ihm ab. [5]Aber im vierzehnten Jahr kam Kedorlaʿomer, und die Könige mit ihm; sie[b] schlugen Refaïm in Aschterot-Karnajim und die Susiter in Ham und die Emiter in Schawe-Kirjatajim [6]und den Choriter in ihrem Gebirge, Seïr, bis El-Paran, das oberhalb der Wüste ist. [7]Sie kehrten zurück und kamen zur Quelle des Gerichts und schlugen […] in Chazezon-Tamar. [8]Der König von Sodom aber kam heraus und der König von Gomorrha und der König von Adma und der König von Zebojim und der König von Bela, und sie stellten sich zum Krieg im Tal der Siddim [9]mit Kedorlaʿomer. Die Könige mit ihm wurden zerschlagen. [10]Der König von Sodom floh, und der König von Gomorrha fiel. [11]Sie[b] nahmen aber den ganzen Besitz Sodoms und Gomorrhas und ihr ganzes Essen, *Brudersohn Abrams* [12]und sie nahmen Lot und seinen Besitz. *Und er wohnte in Sodom.* [13]Aber der Entronnene kam und berichtete [14]dem *Und er weilte unter den Terebinthen* Abram, dass sein Bruder gefangengenommen worden *des Amoriters Mamre, des Bruders von Eschkol* ist. Daraufhin holte er[c] seine Geweihten, 318, *und Bruders von Aner, und sie waren* jagte ihnen[b] nach bis Dan [15]und umzingelte *die Bundesgenossen Abrams.* sie in der Nacht. Er schlug sie und verfolgte sie	[1]ויהי בימי אמרפל מלך שנער אריוך מלך אלסר °כדרלעמר מלך עילם° תדעל מלך גוים [2]עשו מלחמה את ברע מלך סדם ואת ברשע מלך עמרה שנאב מלך אדמה ושמאבד מלך צביים ומלך בלע [3]כל אלה חברו אל עמק השדים [4]שתים עשרה שנה עבדו את כדרלעמר ובשלש עשרה שנה מרדו [5]ובארבע עשרה שנה בא כדרלעמר והמלכים אשר אתו ויכו את רפאים בעשתרת קרנים ואת הזוזים בהם ואת האימים בשוה קריתים [6]ואת החרי בהררם שעיר עד איל פארן אשר על המדבר [7]וישבו ויבאו אל עין משפט ויכו […] בחצצן תמר [8]ויצא מלך סדם ומלך עמרה ומלך אדמה ומלך צביי ומלך בלע ויערכו מלחמה בעמק השדים [9]את כדרלעמר °המלכים אתו נשברו° [10]וינס מלך סדם ויפל מלך עמרה° [11]ויקחו את כל רכש סדם ועמרה ואת בן אחי אברם כל אכלם [12]ויקחו את לוט ואת רכשו והוא ישב בסדם [13]ויבא הפליט ויגד [14]לאברם כי והוא שכן באלני נשבה אחיו וירק את חניכיו שמנה ממרא האמרי אחי אשכל ואחי ענר עשר ושלש מאות וירדף עד דן והם בעלי ברית אברם [15]ויחלק עליהם לילה ויכם וירדפם

---

230 Die Genesis und GA vorausgehendende Vorlage hat Randbemerkungen enthalten, die *von beiden Referenten gemeinsam, aber an je unterschiedlicher Stelle bezeugt* werden. Diese sind hier als die letzten beiden Referenten gemeinsamen Glossierungsschicht dargestellt.
   Dabei wird zur Veranschaulichung der Versuch unternommen, die Textanordnung einer möglichen Gestalt dieser Vorlage anzunähern, wofür willkürlich Zeilenlängen von 25–30 Zeichen gewählt werden. Die Orthographie richtet sich nach dem masoretischen Konsonantentext.

Tabelle 4: Gemeinsame Vorlage Gen 14 und GA 21,23–22,26

Übersetzung Gen 14 Grundschicht	Gen 14 Grundschicht
gemeinsame Glossierungsschicht[a]	
bis Choba, das nördlich von Damaskus ist. [16]Er brachte den ganzen Besitz zurück; und auch seinen Bruder Lot und dessen Besitz hat er zurückgebracht. [17]Der König von Sodom aber kam heraus ihm entgegen zu einem ebenen Tal, und das ist das Tal des Königs. [18]Und Melchisedek, der König von Schalem, brachte Brot und Wein heraus, und er ist Priester des höchsten Gottes. [19]Er segnete ihn und sprach: »Gesegnet ist Abram dem höchsten Gott, Schöpfer von Himmel und Erde. [20]Und gepriesen sei der höchste Gott, der deine Feinde in deine Hand gegeben hat.« Daraufhin gab er ihm[d] den Zehnten von allem. [21]Der König von Sodom aber sprach zu Abram: Gib mir das Leben, der Besitz aber gehöre dir. [22]Aber Abram sprach zum König von Sodom: »Ich erhebe meine Hand zum höchsten Gott, Schöpfer von Himmel und Erde: [23]Ich nehme nichts, weder vom Faden bis zum Schuhriemen, noch von irgend etwas, was dir gehört, damit du nicht sagen sollst: ›Ich habe Abram reich gemacht.‹ [24]Außer mir: Nur was die Jungen gegessen haben, und der Anteil der Leute, die mit mir gegangen waren; *Aner, Eschkol und Mamre* sie sollen ihren Anteil nehmen.‹	עד חובה אשר משמאל לדמשק [16]וישב את כל הרכש וגם את לוט אחיו ורכשו השיב[17]ויצא מלך סדם לקראתו אל עמק שוה [הוא עמק המלך][18]ומלכי צדק מלך שלם הוציא לחם ויין והוא כהן לאל עליון[19]ויברכהו ויאמר ברוך אברם לאל עליון קנה שמים וארץ [20]וברוך אל עליון אשר מגן צריך בידך ויתן לו מעשר מכל[21]ויאמר מלך סדם אל אברם תן לי הנפש והרכש קח לך[22]ויאמר אברם אל מלך סדם הרימתי ידי אל אל עליון קנה שמים וארץ[23]אם מחוט עד שרוך נעל אם אקח מכל אשר לך ולא תאמר אני העשרתי את אברם [24]בלעדי רק אשר אכלו הנערים וחלק האנשים אשר הלכו אתי *ענר אשכל וממרא* הם יקחו חלקם

a Siehe Anm. 230 (S. 58).   b Kedorla'omer & Co.   c Abram.

d Abram dem Melchisedek. Der Subjektwechsel ergibt sich aus dem Zusammenhang, vgl. zuletzt Elgavish, Encounter, 500 f.

א–א Im GA 21,23 ist Kedorla'omer im Zuge der Umformung der Einleitung an die erste Stelle gerückt.

ב–ב Rekonstruktion des ursprünglichen Textes unter Berücksichtigung von Jub 13,22, s. u. Anm. 759 (S. 146) und Anm. 801 (S. 150).

ג–ג Der ursprüngliche syndetische Anschluss wird nur GA 22,14 angezeigt; im kanonischen Text wurde die Form sekundär den anderen identifizierenden Glossen angepasst.

Die Interpretation dieses Textbestandes wird in einem eigenen Abschnitt vorgenommen werden.[231] Zunächst soll jedoch der umliegende Textbereich in gleicher Weise untersucht und interpretiert werden.

---

231 Siehe unten »Und es geschah in den Tagen Amrafels – eine Vorgeschichte des Ostjordanlandes«, S. 70–136.

4. Der Befund zu Gen 13 und 15,1–4

4.1. Der gemeinsame Textbestand

Ein analoger Überblick für Gen 13 und Gen 15,1–4 sähe folgendermaßen aus, kann aber nicht den Anspruch erheben, in gleicher Weise wie oben eine Grundschicht wiederzugeben:

Tabelle 5: Möglicher Grundtext im Bereich von Gen 13 und 15,1–4

Gemeinsamer Text Gen 13; 15,1–4 und GA 20,33–21,22; 22,27–34[a]
gemeinsame Glossierungsschicht[b]

^{Gen 13,1}Und [Abram]^c zog herauf aus Ägypten, und Lot mit ihm. ³Und [er] zog seines Wegs *[Er] hatte viel Besitz, Silber und Gold.* bis Bethel, bis an den Ort, [wo er gewesen war,] ⁴an den Ort, wo [er das erstemal] den Altar gebaut hatte. Und [Abram] rief dort den Namen [Jhwhs] an. ⁷[Es gab *Auch Lot hatte Kleinvieh* aber Streit zwischen] den Hirten der Herden [Abrams] *und Großvieh* [und den Hirten der Herden Lots]; ¹¹und Lot [wählte sich] den [ganzen] Jordan[kreis]. *bis Sodom* So trennten [sie sich, ein jeder] von [s]einem Bruder.	ולוט ממצרים]אברם[ל]ע[ו]ת[^{Gen 13,1} במקנה מאד כבד]ואברם[עד בית־אל למסעיו ל]ל[ך]ת[³]עמון[וכסף וזהב מקום אל⁴ שם היה]אשר[המקום]בראשנה[שם עש]ה[ר אשר המזבח]יהוה[בשם]אברם[שם]קר[וי]ת[היה לוט]ל[גם]אברם[־מקנה רעי בין]רי[ב־]וי[הי⁷ ובקר[ ]צאן ל]ו[ ]ויבחר[¹¹לוט[־מקנה רעי ובין עד סדם הירדן ככר]כל[את לוט]ון[אחי מעל]איש[ ]ון[ויפרד
¹⁴Und [Jhwh sagte zu Abram]: Erhebe deine Augen und sieh nach Norden und Süden, nach Osten und Westen, ¹⁵denn das ganze Land will ich dir und deiner Nachkommenschaft für immer geben. ¹⁶Ich werde deine Nachkommenschaft zahlreich machen wie den Staub der Landes; kann jemand diesen zählen, so wird auch deine Nachkommenschaft gezählt werden. ¹⁷Mach dich auf, durchzieh das Land in seiner Länge und Breite; denn dir werde ich es geben. ¹⁸Da ging/zeltete [Abram] und wohnte in Elone-Mamre, das in Hebron ist. Dort baute [er] einen Altar.	שא אברם אל אמר]וי[הוה¹⁴ וקדמה ונגבה צפנה וראה עיניך נא אתננה לך הארץ־כל־את כי¹⁵וימה עולם עד ולזרעך אשר הארץ כעפר זרעך־את ושמתי¹⁶ הארץ עפר־את למנות איש יוכל אם ימנה זרעך גם לארכה בארץ התהלך קום¹⁷ אתננה לך כי ולרחבה אשר ממרא באלוני]וי[שב]וי[בא¹⁸ ליהוה[מזבח שם]וי[בן בחברון
^{15,1}Nach diesen Angelegenheiten [erging das Wort Jhwhs] in einer Vision zu Abram: Fürchte dich nicht; ich bin dein Schild und dein sehr großer [Lohn]. ²Und Abram sprach: Mein Herr [Jhwh], was gibst du mir, während ich kinderlos dahingehe, und Eliezer der Sohn des Mescheq mich beerbt? *der Sohn meines Hauses* ⁴Und [es geschah das Wort des Herrn] zu ihm: Nicht dieser wird dich beerben, sondern der hervorgehen wird …	דבר[היה]האלה[הדברים אחר^{15,1} אל]לאמר[במחזה אל־אברם]יהוה[מאד הרבה שכרך[ ]לך מגן אנכי תירא תתן מה]יהוה[אדני אברם]וי[אמר² אליעזר ואנכי ערירי הולך ואנכי לי בן־ביתי אתי יורש משק־בן לא]לאמר[אליו]יהוה[דבר]וה[נה⁴ יצא אשר אם כי זה ירשך …

a In eckigen Klammern stehen diejenigen Textteile, die im Genesis-Apokryphon zwar eine sinngemäße, aber keine wörtliche Entsprechung besitzen.

b Siehe Anm. 230 (S. 58).
c Im Genesis-Apokryphon spricht Abram bis 21,22 in der ersten Person.

4.2. Synoptischer Vergleich zu Gen 13

Die Trennung von Abram und Lot, V. 1–13

Während Gen 13,1–5 und GA 20,33–21,4 weitgehend übereinstimmen, sind die Entsprechungen zwischen GA 21,5–7 und Gen 13,6–13 wesentlich geringer. Die knappe Begründung für die Trennung von Lot (מן עובד רעותנא »wegen des Verhaltens unserer Hirten«) scheint auf eine bewusste Kürzung im Genesis-Apokryphon hinzudeuten. So ist auch schwer zu entscheiden, ob das völlige Fehlen von Entsprechungen zu Gen 13,6, zu V.7b (»Kanaaniter und Perisiter waren damals im Lande«) sowie zu V. 9–10.11aβ.12abα.13 im Genesis-Apokryphon bewusste Auslassung ist[232] oder ein Hinweis darauf, dass einige dieser Textteile noch nicht in der Vorlage enthalten waren.[233] Die hier vorgelegte Untersuchung wird letzteres wahrscheinlich machen, angesichts des harmonisierenden Charakters der *Überschüsse im Masoretischen Text*:

Der Hinweis auf die Fruchtbarkeit des Landes von Sodom und Gomorrha vor ihrer Zerstörung durch JHWH (V. 10) macht nicht nur die Wahl Lots verständlicher, sondern leitet auch zum Hauptschauplatz des folgenden Kapitels 14 über. Der Hinweis auf die Bosheit und Sündhaftigkeit der Sodomiter (V. 13)[234] antizipiert einerseits Gen 18f., andererseits aber auch Gen 14, indem es die Leute von Sodom nicht nur als Sünder (חטאים[235]) bezeichnet, sondern auch als Böse (רעים): Damit ist das Stichwort eingeführt, welches dem König von Sodom in Gen 14,2 seinen Namen geben wird[236].

Die Verwendung des JHWH-Namens[237] könnte in beiden Fällen für »vorpriesterliche« Einordnung sprechen; allerdings hat die Endkompositions-Schicht auch in Gen 17,1 mit Bedacht den Gottesnamen gesetzt. Darüber hinaus weisen diese Verse keine schichtspezifischen Eigentümlichkeiten auf. Dass sie zum Teil einer der letzten »vorpriesterlichen« Redaktionsschichten angehören, ist aufgrund der

---

232 Vgl. Fitzmyer, Apocryphon, 145: »The scroll abbreviates the biblical account at this point«.

233 Wright, Genre, 425f. mit Anm. 137, stellt fest, dass das Genesis-Apokryphon (wie ein Targum) bestrebt sei, den ganzen biblischen Text wiederzugeben, »Save for 13,6.8–10.13«. Letztere Ausnahme vermag er nicht zu begründen.
Ebenfalls mit Unsicherheiten behaftet bleibt die Einordnung der in der tabellarischen Übersicht, oben S. 60, deutlich gemachten gemeinsamen, aber unterschiedlich eingearbeiteten Textteile. Zu עד סדום vgl. unten Anm. 705 (S. 138).

234 Traditionell »J« zugeschrieben, z. B. Westermann, BK I/2, 208.

235 Vgl. חטאת Gen 18,20. In Gen 18 steht, als Gegensatz zu צדיק, auch der Terminus רשע (18,23.25).

236 Siehe unten S. 106.

237 LXX hat Gen 13,10–14 für יהוה jeweils θεός, womit aber noch nicht entschieden ist, was in ihrer hebräischen Vorlage stand.

Anknüpfung an die Urgeschichte zu vermuten: Der גן יהוה (Gen 13,10) erinnert an Gen 2,8; die Formulierung des Aufbruchs Lots durch נסע מקדם (Gen 13,11aβ) entspricht exakt dem Aufbruch der Menschheit in der »nichtpriesterlichen« Urgeschichte (Gen 11,2; מקדם dient darüber hinaus auch der »Lokalisierung« Edens in Gen 2,8; 3,24), wobei קדם in unübersetzbarer Weise die geographische Einordnung mit einer zeitlichen verbindet, indem »vorn« für die Vorzeit und den Osten gleichermaßen steht. Zur Systematik der Völkerverteilung in der »nichtpriesterlichen« Literatur[238] gehört auch, dass Palästina rechtmäßig den Kindern Sems gehört: Die Kanaaniter sind nicht die Eigentümer[239] des Landes; sie sind es aber, die bereits dort wohnen. Und genau dies besagen die beiden »Kanaaniternotizen« in Gen 12,6 und 13,7[240], für welche wiederum die Parallelen im Genesis-Apokryphon fehlen.

In der Forschung schon länger gesehen wurde die makrostrukturelle Funktion der Verse 6 und 12: V.6 dürfte aufgrund der sprachlichen Parallelität mit Gen 36,7 ebenso von der Endkompositions-Schicht formuliert worden sein[241] wie V.12 mit der Klassifizierung des von Abram erwählten Teils als Land Kanaans.[242]

Die *Überschüsse im Genesis-Apokryphon* sind ebenso wie diejenigen des Masoretischen Textes teilweise mit redaktionellen Besonderheiten zu erklären, teilweise mit der Einfügung von Gen 14. Redaktionelle Besonderheit nicht nur des Genesis-Apokryphon, sondern weiter Teile der »nichtpriesterlichen Literatur« ist das eigentlich Selbstverständliche, dass auf einen Altarbau (wie hier in Bethel) ein Opfer folgt (GA 21,1 f.).[243]

---

238 Das heißt für die Genesis: In der »vorpriesterlichen« Ur- und Erzelterngeschichte, im GA und im Jubiläenbuch.

239 Als wahren Eigentümer des Landes nennt Melchisedek in Gen 14,19 keinen anderen als den höchsten Gott, worin er sich mit Abram einig ist (14,22). Ob Melchisedek als Kanaaniter gesehen werden darf oder soll, lässt der Text offen.

240 Hier sollen offensichtlich die 6 Völker der deuteronomistischen »Standardliste« in zwei Gruppen zusammengefasst werden, was der Stellung der Kanaaniter an erster und der Perisiter an vierter Stelle in Ex 3,8.17; 33,2 entspricht; es ist jedoch auch möglich, dass die Bevölkerung der ummauerten und der offenen Städte gemeint ist (vgl. Dt 3,5).
      In der »priesterlich« redigierten (vgl. Carr, Fractures, 99 f.) Völkertafel steht »Kanaan« für die Gesamtheit der Vorbewohner, während die »Perisiter« nicht auftauchen, was entschieden gegen eine Zuordnung der ganannten Notizen zur Endkompositions-Schicht spricht. Zu den Völkerlisten siehe auch unten S. 227 ff.

241 So die Position der klassischen Quellenscheidung, vgl. Westermann, BK I/2, 201 f. Denkbar ist freilich auch eine redaktionelle Anknüpfung an die Formulierung von Gen 13,6 in Gen 36,7, wo der Terminus ארץ מגוריהם eindeutig auf die Endkompositions-Schicht hinweist. Dann könnte Gen 13,6 auch einer »vorpriesterlichen« Redaktionsschicht angehört haben (das erwägt Blum, Vätergeschichte, 285).

242 Siehe unten S.157 f.

243 Auf den Altarbau folgt das Opfer GA 10,15; 21,1 f.20 f., in vorendkompositionellen Texten des Pentateuch Gen 8,20; 22,9.13; 31,54; 46,1; Ex 18,12, sowie regelmäßig im Jubiläenbuch, siehe oben S.44 f.

Eine redaktionelle Brücke zur späteren Rettung Lots bildet die Notiz von dem Vielen, das Abram Lot zu dem Seinigen hinzugefügt habe, und die darauf Bezug nehmende Identifizierung des פלים, der Abram die Nachricht bringt (GA 21,6; 22,1 f.), mit »einem der Kleinviehhirten, die Abram dem Lot gegeben hatte«. Der Harmonisierung mit der im Genesis-Apokryphon nicht erhaltenen weiteren Lotgeschichte dient die Erwähnung der Frau Lots (GA 20,34) sowie seines Hauserwerbs in Sodom (GA 21,6 f.).

GA 21,7 äußert Abram sein Missfallen darüber (ובאש עלי), dass sein Neffe Lot sich von ihm getrennt habe.[244] Es zeigt sich eine Akzentverlagerung: Während in der kanonischen Genesis Abram den Vorschlag zur Trennung macht, geht im Genesis-Apokryphon, wo ein Äquivalent zu Gen 13,8 f. fehlt, die Initiative allein von Lot aus. Die Tendenz, Abram zu entlasten, die besonders deutlich GA 19,14–23 gegenüber Gen 12,2 f. zeigt[245], wird hier auch in der Abram-Lot-Geschichte manifest: Abram trägt keinerlei Verantwortung dafür, dass Lot sich in Sodom niedergelassen hat; auch die Konsequenzen muss allein Lot tragen.[246]

Land- und Nachkommensverheißung, V. 14–18

Der Textbestand von Gen 13,14–18 findet sich so gut wie vollständig im Genesis-Apokryphon wieder: Die einzigen »überschüssigen« Textbestandteile des kanonischen Textes sind in 13,14 »אחרי הפרד-לוט מעמו« sowie in 13,18 »ויאהל«. Letzteres bezeichnet immerhin eine inhaltliche Differenz: Während im Masoretischen Text Lot und Abram nach ihrer Trennung zunächst zelten (Gen 13,12.18), wohnen sie nach dem Genesis-Apokryphon in festen Häusern: Abram hat Hebron erbaut (GA 19,9)[247], Lot erwirbt sich in Sodom ein Haus (GA 21,6 f., vgl. aber auch Gen 19,2–11). Ersteres dagegen – die Erinnerung an die vorausgegangene Trennung von Lot – bringt zwar inhaltlich nichts Neues, betont aber die zeitliche Reihenfolge der Ereignisse: Die nachfolgenden Verheißungen beziehen Lot unter der Nachkommenschaft Abrams nicht mehr mit ein, während er bis dato noch zum Hausstand Abrams gehört zu haben schien und aufgrund der Unfruchtbarkeit Sarais der logische Erbe gewesen wäre.

Für Lots Nachkommenschaft bedeutet der Ausschluss von der Verheißung, dass deren Geschichte, und insbesondere deren zukünftige Landnahme, von derjenigen der Abra(ha)miden zu trennen ist. Die Trennung Abrams und Lots wird zu

---

244 Vgl. Jub 13,18; Gen 21,11 f.
245 Fischer, Erzeltern, 248, spricht von einer »Tendenz der Verharmlosung«.
246 Die Frage, wieviel von der Abra(ha)mgeschichte das GA ursprünglich enthalten haben mag, ist rein spekulativ. Die erhaltenen Fragmente gehören fast alle zum Abram-Lot-Kreis; GA 20,11.22–24 integriert Lot ausdrücklich auch in die Handlung der wesentlich erweiterten Ägypten-Episode, womit wiederum eine bereits in der Glosse ולוט עמו Gen 13,1 angelegte Tendenz konsequent weitergeführt wird.
247 Vgl. Beyer, Texte I, 171, Anm. 2 zur Stelle: »Hebron wird hier offensichtlich als Gründung Abrams betrachtet«.

einem epochalen Einschnitt, der die Voraussetzung für beide folgenden Kapitel darstellt, indem Gen 14 ebenso exemplarisch für die weitere Geschichte der Nachkommenschaft Lots steht wie Gen 15 für die weitere Geschichte der Nachkommenschaft Abrams. Während Lot seine kümmerliche Existenz nur dem großmütigen Einsatz Abra(ha)ms zu verdanken hat[248] und sich darin kaum von den Bewohnern Sodoms[249] oder ihrem König[250] unterscheidet, stehen Abram und seine Nachkommenschaft unmittelbar unter dem Schutz Jhwhs, und ihnen wird die Landgabe durch Gott selbst mittels einer feierlichen Zeremonie zugesichert werden. Den Boden für die Landnahme der Moabiter und Ammoniter bereitet dagegen die Kedorlaʿomer-Koalition, welche die lose mit Sodom und Gomorrha, Adma, Zebojim und Bela assoziierte mythische Riesenbevölkerung des Ostjordanlandes ausrottet, so dass nach der Vernichtung Sodoms und Gomorrhas verbrannte und unbewohnte Erde übrig bleibt. Die Könige Schinab von Adma und Schemiabad von Zebojim, deren weiteres Schicksal bewusst im Ungewissen verbleibt, dürfen dann getrost in den Namensätiologien der Väter von Ammon und Moab in Gen 19,37f. wiedererkannt werden.[251]

Die Überschüsse des *kanonischen Textes* lassen sich demnach auch in diesem Bereich als redaktionelle Harmonisierungen verständlich machen.

Das *Genesis-Apokryphon* bietet in dem Gen 13,14–17 entsprechenden Abschnitt umfangreichere Erweiterungen: Die Ausführung der beiden göttlichen Anordnungen von Gen 13,14 (Erhebe deine Augen und sieh…!) sowie von Gen 13,17 (Steh auf und geh umher…!) wird bereitwillig ergänzt, und Abram soll dazu eigens auf die höchste Erhebung der Gegend, רמת חצור, nördlich von Bethel, steigen (GA 21,8). Von dort kann Abram das Land bis zum Strom Ägyptens (נהר מצרין, GA 21,11) und bis zum Euphrat (פורת, GA 21,12) sehen, und auch die darauf folgende Begehung dieses Landes, für damalige Verhältnisse eine halbe Weltreise, wird eingehend beschrieben (GA 21,15–19).[252]

Danach richtet Abram auf dem in Elone-Mamre errichteten Altar ein Opfermahl aus (GA 21,20). Dies entspricht wiederum der Logik des Altarbaues, wie sie in Genesis-Apokryphon und Jubiläenbuch im Unterschied zur kanonischen Genesis durchgehalten wird.[253] Bemerkenswert sind aber auch, ebenso wie im kanonischen Text, sekundäre Verklammerungen mit der folgenden Erzählung: Die Kombattanten Abrams werden als seine Tischgäste eingeführt.[254]

---

248 Gen 14,14 sowie Gen 19,29 unter Bezug auf Gen 18,16–33.

249 Für sie, und nicht nur für Lot, setzt sich Abra(ha)m Gen 14,16 und 18,22–33 ein, auch wenn der Einsatz für Lot zunächst jeweils das Eingreifen motiviert. Lot tritt aus freien Stücken in eine Schicksalsgemeinschaft mit Sodom und Gomorrha.

250 Vgl. die Großzügigkeit Abrams gegenüber Lot (Gen 13,8f.) mit derjenigen gegenüber dem König von Sodom (Gen 14,22f.).

251 Siehe unten 105ff.

252 Siehe oben S.31f. sowie unten S.224–226.

253 Siehe oben S.44f.

254 GA 21,21f. Die Szenerie erinnert stark an die Hiob-Erzählung, Hi 1,4f.; 42,7–17.

Fazit

Generell ist der synoptische Vergleich zu Gen 13 nicht mit derselben Präzision durchführbar wie zu Gen 14. Die größere Freiheit gegenüber der Vorlage äußert sich deutlich in der veränderten Erzählperspektive, da Abram in GA 20,33–21,22 noch in der Ich-Form berichtet. Mindestens im Bereich von Gen 13,7–13 sind bewusste Auslassungen seitens des Genesis-Apokryphon wahrscheinlich.

4.3. Synoptischer Vergleich zu Gen 15,1–4

Im ersten nun zu behandelnden Teilabschnitt (GA 22,27–32) bietet das Genesis-Apokryphon eine ausführliche Paraphrase von Gen 15,1; der darauffolgende Teilabschnitt, leider nur bis zum Kolumnenende erhalten (GA 22,32–34), ist dagegen kürzer als die Parallele im Masoretischen Text Gen 15,2–4. Die Erzählperspektive der dritten Person wird beibehalten. Die Überschüsse des Masoretischen Textes sollen für diesen Abschnitt aufgelistet und diskutiert werden:

15,1 ‏היה דבר‎;
V. 2 ‏הוא דמשק‎;
V. 3 ‏ויאמר אברם הן לי לא נתתה זרע‎;
V. 3 ‏והנה‎;
V. 4 ‏הנה דבר־יהוה‎.

Das Fehlen der Wortereignisformel in GA 22,27 (//Gen 15,1) ist auf die fast vollständige Assimilation mit GA 21,8(//Gen 13,14) zurückzuführen. Es ist deutlich zu erkennen, dass die Redaktoren sowohl der Genesis als auch des Genesis-Apokryphon sich gerade bei Abschnitts- und Redeeinleitungen größere Eingriffe erlaubten.[255] Da aber sekundäre Angleichungen wahrscheinlicher sind als sekundäre Diversifizierungen, kann die Wortereignisformel in Gen 15,1 für ursprünglich gelten.[256]

Zwanglos erklärt sich die Einfügung von ‏(ו)הנה דבר יהוה‎ in Gen 15,4: In Folge der verdeutlichenden Erweiterungen in V. 3 war die V. 4f. folgende Verheißungsszene von der Bezeichnung als ‏דבר יהוה‎ in V. 1 so weit getrennt, dass eine Wiederaufnahme geboten erschien.

Die Situation in V. 2f. ist leider nicht ganz so deutlich, wie sie die oben erwähnten Textüberschüsse erscheinen lassen. Da die letzte Zeile von Kol. 22 nicht vollständig lesbar ist, bleibt ein Rest von Spekulation. Der schwer verständliche Masoretische Text mit der teilweisen Dopplung von V. 2 in V. 3 hat bereits die ver-

---

255 Gen 12,7; 17,1 und 18,1, deren Entsprechungen im GA fehlen, sind offensichtlich ihrerseits im Masoretischen Text bewusst redaktionell (jeweils Einleitung mit ‏וירא יהוה‎) einander angeglichen worden.

256 Ohnehin ist eine aramäische Entsprechung zur Wortereignisformel vortargumisch nicht belegt; man kann daher nicht mit Sicherheit sagen, wie eine wörtliche aramäische Übersetzung von Gen 15,1 hätte lauten sollen.

schiedensten redaktionsgeschichtlichen Erklärungen hervorgerufen, ohne dass im Einzelnen ein Konsens erzielt worden wäre. Der synoptische Vergleich mit dem Genesis-Apokryphon verspricht hier ebenso wie im Falle von Gen 14 einen bislang unerreichten Grad an methodischer Überprüfbarkeit. Der Text der Vorlage von Gen 15,2f. dürfte vor der Einfügung von Gen 14* etwa so gelautet haben:[257]

ויאמר אברם אדני יהוה מה תתן לי ואנכי הולך ערירי ואליעזר בן משׁ[ק]‏[258] יורשׁ אתי

Der Text ist, bis auf das erklärungsbedürftige בן משׁ[ק],[259] ohne weiteres verständlich. Als eine beiden Referenten gemeinsam vorliegende und an unterschiedlichen Stellen eingefügte Glosse, welche den בן משׁ[ק] näher charakterisiert, muss »בן ביתי« verstanden werden. Diese gehört zu der für Gen 14 festgestellten gemeinsamen Glossierungsschicht, die besonders an den handelnden Personen interessiert ist. Bereits Gen 14,14* hatte mit der Zahl 318 eine Beziehung zu Eliezer[260] hergestellt:[261] Nicht Lot, auch keiner der drei amoritischen Freunde, sondern Eliezer, dessen Zahl 318 ist, wäre an der Reihe, Abram zu beerben. Wie die »Geweihten Abrams« in Gen 14,14* kaum seine leiblichen Söhne sind, so wird auch Eliezer nun ausdrücklich als »Hausangehöriger«[262] qualifiziert.

---

257 Vgl. auch 4 Q 225, Fragm. 2, Kol. 1, Z.3: ‏[עזר]‏ואלי עררי בא הגני אדני אלהים אל ‏[ברהם א]‏ויאמר

 Z.4:   *vacat*   וירשני הואה ‏[בן ביתי]‏

258 Im GA ist von dem Wort, das von den LXX als Name (Μασεκ) gelesen wurde, immerhin das מ lesbar, weswegen die Lesung Fitzmyers, בר ביתי, nicht befriedigt. Beyer rekonstruiert משׁק, ignoriert aber die Beobachtung von Fitzmyer, Apocryphon, 183, dass man dann noch etwas von der Unterlänge des ק erkennen müsste.

In Erwägung zu ziehen wäre, dass mit dem Vatersnamen auf Eliezer, den Sohn des Mose (משׁה), angespielt werden sollte. Dies entspräche der Transparenz des gesamten Kapitels Gen 15 hin auf die Exodus- und Wüstengeschichte, wo ebenfalls die Frage auftaucht, ob Gott sich nicht etwa aus Mose ein neues Volk erstehen lassen wird, welches an Stelle der Israeliten das verheißene Land einnehmen wird. Das ק könnte dann, wenn es nicht doch ursprünglich ist (als Hinweis auf die uneigentlichen Landnahmen der ersten drei Zeitalter, siehe unten S.228ff. zu Gen 15,19?), im Rahmen einer weiteren Redaktionsschicht an die Stelle des ה getreten sein, um den Anachronismus zu beseitigen. Der Fall läge dann ähnlich wie in der Textgeschichte von Ri 18,30, wo ebenfalls die Tendenz zur Verdrängung der Mosaiden (aus Ansprüchen auf ein legitimes Priestertum) zu beobachten ist, da aus גרשם בן משׁה ein גרשם בן מנשׁה wurde.

259 Ebenso denkbar ist natürlich, dass auch בן משׁ[ק] selbst eine frühe redaktionelle Erweiterung darstellt; dafür könnte wiederum die unterschiedliche Position in Gen 15,2 und GA 22,34, vor bzw. nach dem Namen Eliezer, sprechen.

260 א = 1; ל = 30; י = 10; ע = 70; ז = 7; ר = 200. Diese Verbindung wird herausgestellt bNed 32a und TPsJ zu Gen 14,14: »318, und Eliezer wiegt sie alle auf.« Bis heute ist diese Gematria die plausibelste Erklärung der sonst unerfindlichen Zahl. Die einzig nennenswerte alternative Erklärung, mit der Zahl der Tage, an welchen der Mond zu sehen sei, hat bereits Gunkel, Genesis, 283f. überzeugend zurückgewiesen, vgl. selbst Astour, Symbolism, 105f., der ansonsten vielfältige astrale Beziehungen in Gen 14 zu finden geneigt ist. Aus der Wirkungsgeschichte verweist Jeremias, Licht, 667, auf den Barnabasbrief 9,8f., der die griechische Zahl 318 (TIH) als Hinweis auf das Kreuz (T) und Jesus (IH) versteht, sowie auf die 318 Bischöfe in Nizäa (a.a.O., 289).

261 Die Abhängigkeit liegt eindeutig auf Seiten von Gen 14, mit Blum, Vätergeschichte, 462–464 gegen Blum, Verbindung, 142f.

Anlass für die Meinungsänderung Blums ist allein »ein gewisser Forschungstrend« (Blum, Verbindung,142), Gen 15 im Ganzen nicht mehr als vorpriesterlichen »*Basistext* [...] *im Kontext der D-*

Während das Genesis-Apokryphon diese Erklärung vor der Nennung Eliezers in den Text einfügt, dient sie im kanonischen Text dazu, anschließend an die Nennung Eliezers die Rede Abrams noch einmal verdeutlichend zu wiederholen. In dieser Wiederholung wird dann auch die ungewöhnliche Formulierung ואנכי הולך ערירי durch das verständlichere הן לי לא נתתה זרע erklärt. Um eine Dopplung zu vermeiden,[263] wird aus der ursprünglichen Namensnennung ואליעזר בן מש[ק] ein Nominalsatz gemacht, und aus der Angabe des Vatersnamens בן מש[ק] (durch die Übernahme des regierenden Nomens aus der Glosse) die Funktionsbezeichnung בן משק ביתי[264].

Ganz klar in den Zusammenhang einer späteren, auch in Gen 14 begegnenden Glossierungsschicht gehört die Glosse הוא דמשק in V.2, die deshalb über das Alter des Grundbestands von Gen 15 nichts aussagen kann.[265] Sie entspricht den geographischen Identifizierungen in Gen 14,2.3.7.8[266], die allesamt noch in der Vorlage des Genesis-Apokryphon fehlten. Ebenso wie jene dient sie der geographischen Einbettung von Gen 14 in den biblischen Kontext: Das Damaskus-Erlebnis Abrams, auf das mit dieser Glosse[267] angespielt wird, ist kein anderes als das Aben-

---

Überlieferungen« (Blum, Vätergeschichte, 382) und Gen 17 als »offenbar in mehrfacher Hinsicht von Gen 15 abhängig« (a.a.O., 452) anzusehen, sondern das Abhängigkeitsverhältnis umzukehren und Gen 15 als »nachpriesterlich« anzusehen (Blum, Verbindung, 142–145).

Ohne den bereits *vorausgesetzten* Namen Eliezer in 15,2 bleibt gerade die erklärungsbedürftige Zahl 318 sinnlos, gegen Schmid, Erzväter, 177, der sich mit Donner, Geschichte I, 96, auf die längst widerlegte lunare Erklärung (vgl. oben Anm.260) beruft. Auch Römer, tensions, 118, überzeugt nicht, wenn er den Zahlenwert Eliezers als Argument dafür anführt, »que Gn 15 présuppose le *midrash* postexilique de Gn 14«. Gen 14 wäre dann Midrasch zu einem Text, der erst noch geschrieben werden musste.

262　Der terminus ילידי ביתו »hausgeborene Knechte« in der Glosse zu Gen 14,14 ist im GA noch nicht vorausgesetzt; er dient der halachischen Klassifizierung im Zuge der Endkomposition, s.u. S. 147f. mit Anm.772–774.

263　Eine solche Dopplung entsteht sekundär in der Peschitta, wo בן משק ביתי genauso wie V.3b übersetzt wird: »Mein Hausgeborener *wird mich beerben*«.
Bemerkenswert sind hier die Berührungen zwischen den verschiedenen aramäischen Traditionen: Am Ende von V.2 steht jeweils über den Masoretischen Text hinaus: בגרמי סבר; TNeof: ירת יתי, ebd. marg.: הוא סבר בגרמיה למירת יתי; TFrag: מזכי למירת יתי; TPsJ: מזכי למירת יתי; Syr: *br byty hw yrt ly.* Beyer Texte I, 185, ließ sich davon offensichtlich in der Rekonstruktion von GA 22,34 leiten, und liest: הוא בעה למורתני.
Angesichts weiterer Parallelen im palästinischen Targum zu redaktionellem Gut im GA (vgl. z.B. GA 22,32: »Ich habe viel Reichtum und Besitz, aber…« mit Gen 15,2b in den palästinischen Targumim: »Du hast mir vieles gegeben und hast noch viel, was du mir geben kannst, aber…«) ist ein Einfluss des GA auf die Targumtradition nicht auszuschließen.

264　Die LXX bietet ὁ δὲ υἱὸς Μασεκ τῆς οἰκογενοῦς μου, scheint בן משק בת ביתי gelesen zu haben, wodurch משק wiederum zum Eigennamen, nun allerdings einer Frau wird. MT bietet jedoch die *lectio brevior,* die hier vorzuziehen ist. Ansonsten bestätigt LXX den Masoretischen Text; lediglich das הנה in V 3b bleibt, wohl aus stilistischen Gründen, unübersetzt.

265　Gegen Römer, Dogma, 45f.; ders., tensions, 118 und K.Schmid, Erzväter, 177.

266　Siehe unten S.149f.

267　Deshalb keine »stupid gloss on מֶשֶׁק« (so Skinner, Genesis, 279).

teuer von Gen 14,14–16.[268] Es ist »Eliezer, durch dessen Hände mir in Damaskus Wunder geschehen sind«, lässt die Targumtradition Abram sagen.[269] Das immer noch etwas enigmatische משק in Gen 15,2 wird durch die Assoziation mit דמשק zufriedenstellend und kontextgerecht erklärt, wobei die ursprüngliche Transparenz hin auf den Sohn Moses völlig aus dem Blick gerät.

In der Wirkungsgeschichte ist fortan Eliezer als Hausältester Abra(ha)ms fest etabliert: Der namenlose Knecht Abrahams, der bei der Brautwerbung für Isaak (Gen 24) eine so prominente Rolle spielt, wird in jüdischer wie christlicher hagga-discher Tradition, vom Targum Pseudo-Jonathan[270] an bis auf diesen Tag, Eliezer genannt. Auch die Verbindung Abrams mit Damaskus hat eine umfangreiche Wir-kungsgeschichte gehabt: Josephus weiß ein Dorf namens »Abramsheim«[271] bei Damaskus zu nennen und zitiert Nikolaus von Damaskus mit der Nachricht, Abram habe, nachdem er mit einem Heer von jenseits von Babylon, nämlich aus Chaldäa, gekommen sei, eine Zeit in Damaskus geherrscht, bevor er in das damals Kanaan, heute aber Judäa heißende Land weitergezogen sei.[272]

Die umfangreichsten Überschüsse von GA 22,27–30 gehören in den Zusam-menhang des chronologischen Systems des Genesis-Apokryphon.[273] Hier wird der vier Perioden umfassenden Geschichtsschau von Gen 15,13–16 (im GA leider nicht mehr erhalten), in der auf drei Perioden der Verzögerung der Verheißung eine vierte der endgültigen Erfüllung folgt, ein Rückblick auf die Zeit Abrahams vorangestellt: Die mit Abstand längste Periode sei die in Ägypten gewesen (sieben Jahre), danach sei nur ein Jahr vergangen, vorher sei er schon immerhin zwei Jahre im Lande gewesen,[274] und in der ganzen Zeit wuchs sein Besitz immer mehr – nur der verheißene Nachkomme ist noch nicht da.[275]

Durch die mehrfache Hervorhebung des großen Besitzes Abrams wird die Verheißung großen Lohns von Gen 15,1//GA 21,31f. eng mit der vorheri-gen Abra(ha)mgeschichte verknüpft: GA 22,29f. erinnert an den Zuwachs des Besitzes Abrams während des Ägyptenaufenthaltes; das Begriffspaar עתר ונכסין in

---

268 Als historischen Hintergedanken der Redaktion kann man übrigens ebensogut den syrisch-ephrai-mitischen Krieg (vgl. Jes 7) wie die Statthalterresidenz des Tattenai unter Darius I. annehmen (vgl. Anbar, Conflation, 42, Anm. 21). Zur Stellung von Tattenai und der Provinz Syrien mit der Hauptstadt Damaskus im persischen Satrapiensystem vgl. A. Meinhold, Maleachi, 114f. (Lit.).

269 TPsJ Gen 15,2.

270 TPsJ Gen 24,2.

271 Ἀβράμου οἴκησις. Ant 1,160.

272 Ant 1,159f. Vgl. zu diesen und weiteren damaszenischen Abrahamtraditionen Stern, Authors I, 234 (Lit.). Siehe auch unten Anm. 357 (S. 85).

273 Siehe oben S. 42f.

274 Die zeitliche Relation entspricht etwa den ersten drei Perioden in Gen 15,13–15: Die Ägyptenzeit ist mit Abstand die längste (400 Jahre), die nachfolgende (40 Jahre Exodus und Wüstenwande-rung) wesentlich kürzer, die vorhergehende wohl ebenfalls, aber immerhin durch gutes Alter gekennzeichnet.

275 Umgekehrt Gen 15,7–21: Dort wird die Erfüllung der Nachkommensverheißung schon voraus-gesetzt, aber die endgültige Landgabe verzögert sich.

GA 22,31.32 stellt darüber hinaus auch die Verbindung zum unmittelbar vorausgehenden Kriegszug und dem Gespräch mit dem König von Sodom her
(GA 22,22//Gen 14,24). Vom großen Besitz Abrams (נכסין bzw. מקנה), der auch
Silber und Gold umfasst, worauf wohl mit »Reichtum« rekurriert werden kann,
war ausdrücklich bereits GA 20,33//Gen 13,2[276] die Rede. Die Anspielung auf das
spätere Geschick der Israeliten, für welche der »Auszug mit großem Besitz« noch
lange nicht die Erfüllung der Landverheißung bedeutet (Gen 15,14.16), liegt auf
der Hand.

---

276 Dort der mutmaßlichen gemeinsamen Glossierungsschicht zugehörig.

IV. Und es geschah in den Tagen Amrafels – eine Vorgeschichte des Ostjordanlandes[277]

1. Gen 14 (Grundschicht) als eigenständiges Dokument

1.1. Ein Buchanfang

Wie bereits oben bemerkt, wird sowohl mit 14,1 als auch mit 15,1 jeweils ein erzählerischer Neueinsatz bezeichnet. Allerdings setzt 15,1aα durch seine Formulierung (»Nach diesen Ereignissen…«) etwas Vorhergehendes voraus, das sowohl in Gen 12f. als auch in Gen 14 zu finden sein könnte. 14,1 (»Und es geschah in den Tagen Amrafels…«) setzt dagegen völlig unvermittelt neu ein. Der Vergleich mit anderen einleitenden Formulierungen im Alten Testament zeigt, dass es sich um einen *typischen Buchanfang* handelt:

Im gesamten Alten Testament finden sich außer Gen 14,1 MT lediglich vier Belege für … ויהי בימי: Jes 7,1; Jer 1,3; Rut 1,1; Est 1,1. Der Beleg in Jer 1,3 gehört zwar auch zu einer Buchüberschrift, muss hier außer Betracht bleiben, da das Syntagma hier nicht als Formel gebraucht wird. Jer 1,3 ist syntaktisch als Fortsetzung von 1,2 (היה in den Tagen von… ויהי in den Tagen von…) konstruiert, das Subjekt von היה ist hier דבר יהוה und steht voran. In den vier übrigen Fällen dagegen wird ויהי unbestimmt, ohne Subjekt, gebraucht, als einleitende »erstarrte Formel, die dazu dient, das Folgende als präterital auszuweisen«[278]. Jes 7,1, der einzige Beleg der Formel außer Gen 14,1, der keinen kanonischen Buchanfang bezeichnet, leitet wie Gen 14,1 mit der Formel und einem Königsnamen einen Kriegsbericht ein, der wiederum am Beginn eines größeren Zusammenhanges steht. Im Unterschied zu Gen 14,1 ist aber der Name Ahas im Kontext kein Unbekannter, sondern knüpft an das Datierungsschema des ersten Jesajabuches an, wie es Jes 1,1 eingeleitet und etwa Jes 6,1 und Jes 36,1 fortgesetzt wird. Die Zeitangabe entpricht mithin genau dem nach der Inhaltsangabe von Jes 1,1 zu Erwartenden, wobei durch die Filiation »Ahas, Sohn des Jotham, Sohn des Usia«, auch an die Datierung des vorhergehenden Kapitels (Tod Usias) explizit angeknüpft wird. Die uneingeführte Nennung Jesajas in Jes 7,3 setzt zudem eine vorangegangene Vorstellung voraus,

---

277 Gegenstand dieses Abschnitts ist die oben (S. 57 ff.) herausgearbeitete Grundschicht.
278 R. Meyer, Grammatik III, 45 [= 387].

während in Gen 14 mit Lot und Abram erst V.12 bekannte Personen auftauchen, und diese auch dort noch näher eingeführt werden müssen.[279]

Unmittelbar am Buchanfang steht die Formel dagegen Rut 1,1 und Est 1,1: Sowohl die Ruth- als auch die Estherrolle werden mit der Formel ... ויהי בימי eingeleitet, um das Folgende zeitlich grob einzuordnen, ohne dass ein vorhergehender narrativer Kontext vorausgesetzt wird.[280]

Das heißt, die Formel »... ויהי בימי« kann als typische Einleitung einer kleinen Buchrolle gelten, die keine Aneinanderreihung vieler Geschichten oder die Geschichte mehrerer Generationen enthält, wie die kanonischen Bücher von Genesis bis 2.Könige, sondern um eine oder wenige Hauptpersonen in einem begrenzten Zeitrahmen kreist, was auch als »Novelle« oder »short story«[281] bezeichnet werden könnte. Ebenso wie bei Ruth und Esther ist es nicht die Hauptperson, welche in der Einleitungformel den zeitlichen Rahmen absteckt, sondern der jeweils regierende Herrscher: Bei Esther ist es König Xerxes, in der redaktionellen Ruth-Einleitung sind es die »Richter«, die entsprechend der Konstruktion im Richter- und 1.Samuelbuch das Vakuum der königslosen Zeit zu füllen hatten.

Für eine vergleichbare *short story* über Abra(ha)m musste also eine Angabe über die Herrschaftsverhältnisse der Erzelternzeit gegeben werden, und die gefundene Einleitung in Gen 14,1 darf als beachtenswerter historiographischer Lösungsversuch gewürdigt werden, der zu Recht bis in unsere Tage beeindruckt, unabhängig davon, ob die Verbindung zu Hammurabi philologisch wahrscheinlich zu machen ist oder nicht.[282] Von der Frage nach der Historizität des berichteten *Geschehens* ist die spannende Frage nach den Namen ohnehin strikt zu trennen und lakonisch daran zu erinnern, »daß historisch beglaubigte Namen auch in unhistorischen Darstellungen begegnen können«[283]. Fest steht, dass eine Datie-

---

279 Hiervon zu unterscheiden ist die gängige Erzähleinleitung durch Datierung nach Regierungsjahren, wie sie z.B. 1Kön 14,25 // 2Chr 12,2; 2Kön 18,9 und Jes 36,1 zur Einleitung eines Feldzuges dient: »Und es geschah im [...] Jahr des Königs [...], da zog [...] herauf gegen [...]«. Hier wird das zu Berichtende durch die Datierung in den größeren Kontext eingebettet, da regelmäßig nach einem König datiert wird, der vorher bereits genannt wurde.
In der Zeit des persischen Großreiches war dagegen die Einleitung aktueller Dokumente durch die unvermittelte Nennung des jeweils regierenden Großkönigs gang und gäbe – vgl. etwa die Datierungen der Elephantine-Papyri oder auch Esr 1,1; Neh 1,1; 2,1. Dagegen kann auf weiter zurückliegende Zeiträume mit »in den Tagen des...« verwiesen werden: So ist ohne genaue Datierung von der Zeit dieses oder jenes Königs in Esr 4,2.5.7 die Rede, ohne dass die Könige vorher genannt sein mussten, vgl. Est 1,1 – und AP 30,13; AP 32,5.

280 Zu Ruth und Esther als kanongeschichtlichen Parallelen siehe unten S.77f.

281 Zur Problematik dieser Gattungsbezeichnungen vgl. Westermann, BK I/3, 12f.

282 Auf Spekulationen dieser Art soll hier gänzlich verzichtet werden. Der Verweis auf die einschlägigen Forschungsüberblicke bei Schatz, Genesis 14, 9–62; Westermann, BK I/2, 219-223 und Emerton, Clues, muss an dieser Stelle genügen.

283 So Westermann, BK I/2, 220, der dennoch diese Mahnung vergisst, wenn er einerseits übertrieben große Scheu zeigt, einen einzelnen Namen (wie Amrafel) für deutbar zu erklären, andererseits hinter den Aufzählungen von Königen, Völkern und Städten in Gen 14,1–9 doch möglichst historische »Listen« finden möchte.

rung nach Amrafel von Schinʿar sich ebensowenig allein im Kontext der Genesis erklärt wie eine solche nach Kedorlaʿomer von Elam oder, wenn es denn dastünde, nach *Tudḫalia* von *Ḫatti.*

Die Formulierung des Anfangs stellt somit – als nach Gen 13,18 unvermittelt einsetzender Buchanfang – eine Härte dar, die geradezu dazu zwingt, nach der Möglichkeit einer zuvor getrennten schriftlichen Überlieferung zu fragen. Da die oben herausgearbeiteten Glossierungsschichten bereits die Einfügung zwischen Gen 13 und 15 voraussetzen, kann nur der von Genesis-Apokryphon und Genesis gemeinsam vorausgesetzte Text getrennt von seinem jetzigen Kontext existiert haben.

Nachträgliche Glättungen

Die Einfügung dieser Perikope in die Abra(ha)mgeschichte ist in den überlieferten Textfassungen auf verschiedene Weise nachträglich geglättet worden, wie die auffallenden Differenzen der Textüberlieferung erkennen lassen: Im Masoretischen Text und den alten Bibelübersetzungen steht Amrafel V.1 in alphabetischer Ordnung vor Kedorlaʿomer. Somit erfolgt die zeitliche Einordnung nach dem Königtum von Schinʿar, aus Stadt- und Turmbaugeschichte Gen 11 bekannt als Ort menschlicher Machtentfaltung und der Völkerzerstreuung.[284] GA 21,23 nennt im Gegensatz zum kanonischen Text Kedorlaʿomer an erster Stelle vor Amrafel, was als nachträgliche Vereinfachung zu werten ist, zumal das Genesis-Apokryphon nur hier alle vier Könige aufzählt.[285] Kedorlaʿomer gilt schließlich als der Anführer der Viererkoalition und wird deshalb V.4.5[286] jeweils als einziger namentlich genannt,[287] ebenso GA 21,32, also in der Parallele zu Gen 14,9, wo zu Kedorlaʿomer noch die anderen drei Großkönige ergänzt werden.[288]

Eindeutig glättend ist die Einleitungsformel in GA 21,23: »Vor diesen Tagen kam ...« ... קדמת יומיא אלן אתה, welche die scheinbare chronologische Spannung ausgleicht: Abram ist nach GA 22,27–29 zur Zeit seines Kriegszuges zur Rettung Lots – 14 Jahre nach dem ersten Zug Kedorlaʿomers – erst 1 Jahr wieder aus Ägypten zurück; während des zuerst berichteten Zuges Kedorlaʿomers dagegen müsste

---

284 Dass das GA die Turmbaugeschichte einschloss, erscheint nach den erhaltenen Fragmenten unwahrscheinlich. Die Identifikation von Schinʿar GA 21,23 mit Babel war in jüdischen Kreisen Gemeingut – vgl. neben der Lokalisierung von Babylon im »Land Schinʿar« Gen 10,10; 11,2.9; Sach 5,11; Dan 1,2 auch TO Gen 14,1.9.

285 Dasselbe gilt für Jub 13,33 (von der Vorlage des GA abhängig).

286 Außerdem, sekundär, in V.17.

287 In der Parallele GA 21,27 (*bis*), ebenso sekundär 21,25f.33, heißt er jeweils nur »König von Elam«.

288 Wäre die Reihenfolge der Vier in GA 21,23 ursprünglich, hätte sie bei der Verdopplung der Aufzählung in Gen 14,9 stehenbleiben können. Dort steht aber wie in V.1 Tidʿal neben Kedorlaʿomer, was sich nur durch die paarweise Umstellung der Könige im Vergleich zur ursprünglichen Anordnung, nun mit Kedorlaʿomer an der Spitze, erklärt.

er (auch nach der biblischen Chronologie gemäß Gen 16,3 bzw. 12,4; 16,16) noch in Charran gewesen sein.

Für ein *neben* der Genesis vorhandenes Dokument war all das kein Problem, sondern eine vorzügliche Empfehlung: Wo sich Abram oder Lot während des ersten Feldzugs Kedorlaʿomers aufhalten, ob in Mesopotamien, im Land Kanaans oder Ägypten, spielt für den »historischen« Feldzugsbericht keine Rolle. Erst im vierzehnten Jahr, nach dem zweiten, strafenden Feldzug, kommt Abram als *deus ex machina* ins Spiel und lehrt die Großkönige das Fürchten. An sich ist er den kriegführenden Parteien gegenüber neutral; die Rechtmäßigkeit der Strafaktion Kedorlaʿomers wird nicht in Zweifel gestellt. Der Anlass seines Eingreifens ist die brüderliche Hilfe für den Kriegsgefangenen Lot.

Die Textänderung, wie sie die Vulgata (und ähnlich die Einheitsübersetzung) bietet, macht aus dem Buchanfang, ähnlich dem Vorgehen im Genesis-Apokryphon, ebenfalls einen normalen Erzählungsanschluss: »factum est autem in illo tempore«.[289]

V. 1–4: Zwei Feldzüge oder einer?

Obgleich für das Textverständnis nicht unwesentlich, wird von den Kommentatoren in der Regel übersehen, dass gerade die ersten drei Verse dank kleiner Differenzen im Wortlaut der verschiedenen Fassungen jeweils ein völlig anderes Geschehen beschreiben.

Inhaltlich gemeinsam ist allen Fassungen, dass es (entsprechend V.4f.) eine zwölfjährige Abhängigkeit der fünf Städte von Kedorlaʿomer, dem König von Elam, gegeben hat, dass sie sich im dreizehnten Jahr / dreizehn Jahre (MT) empörten[290] und im vierzehnten Jahr Kedorlaʿomer mit seinen Verbündeten den verheerenden Feldzug beginnt, in dessen Verlauf dann schließlich Lot gefangengenommen wird, was wiederum Abram auf den Plan ruft.

Die Verse 1–3 beschreiben aber *entweder* den ersten Feldzug der Großen Vier, in dessen Verlauf diese in einer ersten Schlacht im Siddimtal die Fünf Könige unterwarfen, woraufhin der Tribut eingerichtet worden war, aufgrund dessen sich nun, im dreizehnten Jahr, die Fünf empörten. So versteht es GA 21,25f. Die Schlacht, von der in den Versen 8–10 (GA 21,31–33) berichtet wird, wäre dann die zweite im Siddim(?)[291]-Tal.[292]

---

289 Identisch mit der Übersetzung von ויהי בעת ההיא in 1 Kön 11,29.

290 12 Jahre / 13 Jahre sind nach Thiele, Numbers, 136–152 (»pattern twelve-thirteen«), ein gängiges Muster biblischer Geschichtsschreiber.

291 An der ersten Stelle (GA 21,25) steht eindeutig עמקא די סדיא, an der zweiten Stelle (21,32) ist der Name im Text nicht sicher lesbar und wird deshalb gemeinhin nach Zeile 25 und Gen 14,8 MT ergänzt. Da es sich aber in Gen 14,3.8 nach der Mehrzahl der Ausleger um ein und dieselbe Schlacht handelt, im GA aber um zwei verschiedene Schlachten, kann die Möglichkeit nicht von vornherein ausgeschlossen werden, dass GA 21,32 der Name eines anderen Tales gestanden hat.

292 Alexander, Retelling, 106.

Oder die Verse 1–3 schließen zeitlich an das Geschehen von Gen 13 an, beschreiben gleichsam als Überschrift den selben Feldzug wie die Verse 5–12, und allein Vers 4 bietet, durch das Plusquamperfekt verdeutlicht, einen Rückblick in die Vorgeschichte des aktuellen Konflikts.[293]

Die Grundschicht ließ sprachlich zunächst offen, ob die Handlung von V. 4 eine Vorvergangenheit oder die Fortsetzung des Geschehens beschreibt, und ob es sich um eine oder zwei Schlachten im Siddim-Tal handelt. Die Lesung im Genesis-Apokryphon legt aber nahe, dass die gemeinsame Vorlage als Beschreibung zweier Feldzüge konzipiert war. Das Genesis-Apokryphon (bzw. dessen aramäische Vorlage) hat deshalb den Text von ותקף (GA 21,25) bis מדא‎ (21,26) ergänzt, um den unvollständigen Bericht vom ersten Feldzug zu komplettieren.

Im kanonischen Text macht dagegen die Ergänzung der vier mit V. 1 identischen Königsnamen in V. 9 deutlich, dass die V. 1–3 als Überschrift die Konstellation des Revanchefeldzugs beschreiben, während V. 4 als Rückblende im Plusquamperfekt verstanden werden soll. An der »historischen« Information ändert sich dadurch nichts Wesentliches; so oder so müsste der 12jährigen Abhängigkeit (so der hebräische Text) bzw. Tributzahlung (so GA) irgendein Akt der Unterwerfung vorausgegangen sein. Doch ist der zeitliche Anschluss an Gen 13 nun stimmiger: Die in Gen 14,1–3 eingeleitete Schlacht findet nach der Trennung Abrams und Lots statt – V. 4 führt dagegen in die Zeit zurück, da Abram noch gar nicht im Lande war.[294]

Fazit

Die Formulierung der Einleitung ist in V. 1 des Masoretischen Textes sehr gut erhalten, obwohl die ursprüngliche »Bucheinleitung« dort mitten im Text steht: »Und es geschah in den Tagen Amrafels des Königs von Schin'ar…«[295] Allerdings lässt das Genesis-Apokryphon noch erkennen, dass die Unterwerfung und die Abhängigkeit, der Aufstand und die nochmalige Unterwerfung in der Grundschicht in chronologischer Reihenfolge erzählt wurden. Dabei blieb, abgesehen von Kedorla'omer von Elam, offen, ob angesichts der inzwischen verflossenen Zeit die beteiligten Kriegsparteien noch von den selben Herrschern regiert wurden wie zur Zeit der ersten Unterwerfung.

---

293 So eindeutig das Verständnis der Vg.; vgl. auch EÜ.

294 Zur genaueren Einordnung in die Chronologie der Endkomposition s. u. S. 159 f.

295 Ebenso LXX, Peschitta und die Targume: Der syntaktische Anschluss von V. 2 (עשו ohne wiederholte Nennung des Subjekts) stellt demnach sprachlich kein unlösbares Problem dar.

1.2. Formale Analogien in der außerkanonischen Literatur

Das Ende des ehemals selbständigen Textes ist schwieriger zu bestimmen als sein
Anfang. Entweder bestand es in der Antwort Abrams an den König von Sodom
oder in einem Zitat des Anfangs von Gen 15*; in jedem Fall wird die Bekanntschaft mit der vorendkompositionellen Abra(ha)mgeschichte vorausgesetzt. Belege
für ein solches offenes Ende, das zugleich eine bekannte Geschichte in einen neuen
Zusammenhang einordnen soll, finden sich sowohl im Bereich der pseudepigraphen Noah- und Abra(ha)mliteratur als auch im Alten Testament selbst.

Apokalypse Abrahams

Die »Abraham-Apokalypse«[296] lässt sich, ebenso wie die Grundschicht von
Gen 14, durch Gen 15 inspirieren. Hier ist es nicht der Ausblick auf die westjorda-
nische Landnahme, dem eine Erzählung zur Vorgeschichte des Ostjordanlandes
gegenübergestellt wird, sondern die ganze Szenerie und die Geschichtsschau von
Gen 15,13–16. Die ersten acht Kapitel hindurch erzählt Abraham, wie es zu der
Herausführung aus Ur-Kasdim[297] kam; das 9.–32. Kapitel enthält die eigentliche
Apokalypse, die im unmittelbaren Anschluss an die Rettung vor dem Feuer durch
die Kombination von Gen 22,1 sowie 15,1.9[298] eingeleitet wird. Der Ort der Zeremonie ist weder Jerusalem noch Hebron, sondern der Horeb; die Wanderung dort-
hin wird ApcAbr 12 in Anlehnung an 1 Kön 19 beschrieben. Durch diese
Lokalisierung ändert sich aber auch das Ziel der Rückkehr (הנה Gen 15,16a): Als
Rückkehr zum Gottesberg verstanden, folgt diese unmittelbar auf den Ägyptenaufenthalt und ist identisch mit dem Exodus.[299] Durch diesen Kunstgriff können die
400 Jahre von Gen 15,13 in ApcAbr 27,3; 28,4f. auf vier Generationen in Ägypten aufgeteilt werden, wodurch sich im Übrigen für die Zeit von Abraham bis zum
Exodus nicht vier, sondern 7 Generationen ergeben.[300] In den für die (als Opfer
verstandene)[301] Zeremonie benötigten Tieren werden Abraham die »Weltenalter«
vorgelegt,[302] wobei selbstverständlich auch die anderen Elemente von Gen 15 zu
ihrem Recht kommen.[303]

---

296 Deutsche Übersetzungen bei Rießler, Schriften, 3–39 und Philonenko-Sayar–Philonenko, Apoka-
    lypse; zu Einleitungsfragen vgl. a.a.O., 415–420, und Denis u.a., Introduction I, 201–225 (Lit.).
297 Vgl. Gen 15,7.
298 ApcAbr 9,1–5.
299 Dagegen wird in der ursprünglichen Intention von Gen 15,16 das Zeitalter der Landnahme aus-
    drücklich vom Exodusgeschlecht geschieden, s.u. S. 213–215.
300 ApcAbr 32,1.
301 So durchgängig in der Abraham-Apokalypse. Siehe auch unten Anm. 164 (S. 194).
302 ApcAbr 9,6.
303 Etwa die Sternenschau ApcAbr 20,2f. (vgl. Gen 15,5), die, im Rahmen der durch Ofenrauch
    (ApcAbr 15,1, vgl. Gen 15,17) eingeleiteten und mit Hilfe der eigens nicht geschlachteten Vögel
    (ApcAbr 15,3, vgl. Gen 15 9f.) verwirklichten Himmelsreise, aus ungewohnter Perspektive
    erfolgt, nämlich von oben.

Diese Abraham-Apokalypse nun endet abrupt mit dem Zitat von Gen 15,13 f. (ApcAbr 32,2 f.):[304] »Sie gehen in ein fremdes Land; dort wird man sie zu Sklaven machen und ihnen Übles tun, wie wenn's nur eine Stunde wär[305] im bösen Weltenalter. Ich aber richte jenes Volk, dem sie als Sklaven dienen.« Eine Ausleitung fehlt; das Buch endet mit dem zitierten Gotteswort.

Als wirkliche Parallele kann die Abraham-Apokalypse aber nicht nur ihrer jüngeren Abfassung, sondern auch ihres größeren Umfanges wegen nicht gelten. Kleinere ursprüngliche literarische Einheiten sind aber in der Regel nicht getrennt, sondern – wie Gen 14 – nur dank ihrer Integration in größere literarische Werke überliefert worden. Dass auch solch kleinere Einheiten in schriftlicher Form existiert haben, darauf weisen die als Pentateuch-Paraphrasen oder *rewritten bible* bezeichneten Qumranfragmente hin. Da gerade diese nicht vollständig erhalten, und vor allem Anfang und Schluss meist verloren sind, helfen sie hier nicht weiter.

Geburtsgeschichte Noahs

Eine vom Umfang mit Gen 14 Grundschicht vergleichbare Einheit stellt die Erzählung von der wunderbaren Geburt Noahs dar, die sich dank ihrer Integration in zwei unterschiedliche Literaturwerke, nämlich im GA[306] und im Anhang zum ersten Henochbuch[307], rekonstruieren lässt.[308] Auch dort bieten die verschiedenen Referenten, wie im Fall der Entsprechungen zu Gen 12 f. im Genesis-Apokryphon, unterschiedliche Erzählperspektiven: Im Genesis-Apokryphon erzählt Lamech, in 1 Hen 106–107 dagegen Henoch. Die Lamech-Perspektive im Genesis-Apokryphon erscheint dem Stoff angemessener; die kürzere, weniger ausschmückende Henoch-Fassung dürfte aber näher an der gemeinsamen Vorlage liegen.[309]

Die ganze Geschichte kann als haggadische Ausschmückung der Geburt Noahs verstanden werden, die in der Genesis keine wirkliche Parallele hat.[310]

---

304 Übersetzung nach Rießler, Schriften, 39.

305 Eine Stunde als schnell vergehende kurze Zeit steht den 400 Jahren (Gen 15,13) als runde Zahl für eine unvorstellbar lange Zeit gegenüber. ApcAbr 28,5 werden freilich ein »Tor«, eine Weltenstunde und die Dauer von hundert Jahren gleichgesetzt.

306 Erhaltene Fragmente in den Kolumnen 2, 3 und 5.

307 1 Hen 106–107. Zum ersten (»äthiopischen«) Henoch vgl. Uhlig, Henochbuch, sowie Denis u. a., Introduction I, 59–144.

308 Die Qumranfragmente 1 Q 19; 4 Q 534; 6 Q 8 könnten auf die separate Überlieferung der Geburtsgeschichte Noahs verweisen. Das GA selbst erhebt den Anspruch, von GA 5,29 an ein Buch der Worte Noahs zu enthalten (Steiner, Heading).

309 Auch 4 QMess.aram (= 4 Q 534) enthält die Schilderung der wunderbaren Geburt des Noah – dabei bleibt aber unklar, wer zu wem spricht. Nach Martinez, Studies, 44, wird damit eine Lücke zwischen 1 Henoch 106 f.//GA 1–5 und GA 6–17 geschlossen. Vgl. zu Noah in Qumran Bernstein, Noah sowie Orlov, Brother (a. a. O., 207, Anm. 1 weitere Literatur).

310 Wohl aber in der Henochliteratur: Im Anhang der christlich überarbeiteten Langfassung des 2. (slawischen) Henochbuchs wird die wunderbare Geburt *Melchisedeks* als des Sohnes der Frau des Nir, des Bruders Noahs, in »anti-Noachic« Polemik geschildert, um der priesterlichen Linie Noah–

Bemerkenswert in diesem Zusammenhang ist, dass in der Henoch-Fassung auch der ursprüngliche Buchschluss erhalten ist. Während der Anfang in 1 Hen 106,1 durch eine redaktionelle Überleitungsformel (»nach einiger Zeit«) sowie durch die identische Ich-Perspektive Henochs an die vorherigen, eigentlich mit dem »Amen« in 1 Hen 105,2 bereits abgeschlossenen Bücher anschließt, wechselt die Perspektive von 1 Hen 107,2 zu 107,3 in die 3. Person.[311] Die Geschichte endet, nachdem Metuschelach die von Henoch erfragte Deutung der Zeichen bei der Geburt seines Enkels, des Sohnes Lamechs und Urenkels Henochs, dem Lamech übermittelt hat, mit folgender Reaktion Lamechs: »… Den Namen jenes Sohnes aber nannte er Noah, denn er wird die Erde [zum Ersatze] für alles Verderben erfreuen.«[312] Dieses entspricht nahezu wörtlich Gen 5,29.[313] Dadurch wird die Geschichte zufriedenstellend abgeschlossen, da das Vorwissen um die mit der Geburt Noahs eingeleitete Geschichte, also die Rettung der Menschheit durch die selbstverschuldete Sintflut hindurch, vorausgesetzt werden kann. Sachgemäß könnte die Episode also vor Gen 5,29 in den Bibeltext eingefügt werden. Im Genesis-Apokryphon ist sie denn auch tatsächlich als Exposition der Noahgeschichte vorangestellt worden; in die kanonische Genesis hat sie dagegen, anders als Gen 14, keinen Eingang mehr gefunden.

1.3. Formale Analogien in der kanonischen und der deuterokanonischen Literatur

Für den Umfang der Parallelen in der kanonischen und deuterokanonischen Literatur gilt das oben zur pseudepigraphen Literatur Gesagte entsprechend: Getrennt überliefert wurden nur wesentlich umfangreichere Werke, während vom Umfang her mit Gen 14 vergleichbare Stücke nur durch die Integration in größere Bücher die Zeiten überdauert haben.

Abraham–Levi die alternative priesterliche Linie Henoch–Nir–Melchisedek entgegenzusetzen (Orlov, Brother, 221 f.; deutsche Übersetzungen der Langfassung des slawischen Henoch bieten Böttrich, Henochbuch und Bonwetsch, Geheimnisse; zu Einleitungsfragen und Literatur vgl. Böttrich, Henochbuch, 785–828 sowie Denis u. a., Introduction I, 145–171).

311 Dass dies ursprünglich ist, erhellt aus der Parallelüberlieferung, die in GA 5,25 ebenfalls einen Perspektivwechsel zur dritten Person hin erkennen lässt, obwohl hier kein Buchende mehr vorliegt. Vielmehr fährt GA 5,26 Lamech fort, in der ersten Person zu erzählen.

312 1 Hen 107,3.

313 Zu beachten ist, dass Gen 5,29 seinerseits von der »priesterlichen« Redaktion integriertes »vorpriesterliches« Material darstellt. Vom durch das spezifische chronologische System der Endkomposition geprägten Kontext also den Angaben der Lebensjahre, ist dagegen weder in 1 Hen 106–107 noch im GA Notiz genommen, so dass auch hier wieder, ähnlich wie im Falle der Abramgeschichte, eine vorendkompositionelle Vorlage angenommen werden muss.
Die jetzige, von der Endkomposition geprägte Sethitengenealogie von Gen 5 entspricht der in der Henochliteratur vorausgesetzte Generationenfolge Jared–Henoch–Metuschelach–Lamech (auch ApcAbr 1,1 nennt unter den vorsintflutlichen Stammvätern nur diese vier), während der Kainitenstammbaum in seiner Fassung von Gen 4,18 die Reihenfolge (Kain–) Henoch–Irad–Mehujael–Metuschael–Lamech bietet.

Ruth- und Estherbuch

Die Einleitungsformel von Gen 14 ist, wie oben gezeigt werden konnte, die eines selbständigen Stückes und entspricht genau derjenigen von Ruth- und Estherbuch. In der Tat ist das Verhältnis von Gen 14 zur vorgegebenen Hexateucherzählung zu vergleichen mit Ruth im Verhältnis zum Richterbuch[314] und Esther im Vergleich zu Esra–Nehemia.[315] Das Kolorit ist auch dort jeweils anders als in der vorgegebenen Literatur, die handelnden Personen (zum großen Teil) neu. Die Schilderung der fiktionalen historischen Situation ist in beiden Fällen ähnlich überzeugend wie in Gen 14 – in deutlichem Gegensatz zur historischen Situation, wie sie in dem bereits von Hermann Gunkel[316] als Parallele zu Gen 14 herangezogenen deutero-kanonischen Buch Judith geschildert wird.[317]

Jedoch unterscheidet sich der Fall in mehrerer Hinsicht. In Gen 14 wird eine vorhistorische Gestalt, Abram, (pseudo-)historisiert: Abram, der prä-israelitische Held, ist eine breit bezeugte Figur; dank seiner hervorgehobenen Bedeutung in der Ursprungsgeschichte Israels wird Gen 14 für Israel bedeutend. Die Handlung des Estherbuches ist der Gegenwart der Leser wesentlich näher; erst infolge der brisanten, hochaktuellen Handlung verdient die Person der Esther überhaupt Interesse. Im Buch Ruth steht die wichtigste historische Bezugsfigur, David, außerhalb der Zeit der Handlung und befindet sich auch nicht im Mittelpunkt des Interesses. Allein die Erwähnung der Richterzeit Rut 1,1aα und der Stammbaum am Schluss des Buches,[318] wo David erstmals genannt wird, ordnen das Erzählte zeitlich ein – und eröffnen gleichzeitig einen möglichen Platz im Kanon.[319] Die Figuren der

---

314 Siehe unten, mit Anm. 318 und 319.

315 Mit Xerxes (vgl. Esr 4,6) und evt. Mardochai, (wegen Esr 2,2; 7,7) ist die Verortung in der »kanonisierten« Zeit, vor Esra, gesichert. Dafür ist Esther die Festrolle schlechthin geworden (המגלה), da die Festlegende hier (sekundär, vgl. Meinhold, Gattung II, 93) in das Buch selbst eingetragen ist. Die ursprüngliche Gattung war dagegen die einer Diasporanovelle, in welcher sich bereits die »kritische Auseinandersetzung« mit der Josephsgeschichte widerspiegelt (Meinhold, Gattung II, 75). Durch die Verbindung des Mardochaiostages (2 Makk 15,36) mit der Esthertradition (vgl. Lebram, Art. Esther, 393 f.) war dann der Platz des Estherbuches im Kanon gesichert. Selbstverständlich wird das Estherbuch nicht erst 1246 n. Chr. mit den anderen Megillot zusammengestellt, wie Lebram, Art. Esther, 391, behauptet, sondern ebenso in den masoretischen Musterhandschriften wie dem Codex Leningradensis vom Beginn des 11. Jahrhunderts. Auch die Tatsache, dass es zu Esther einen palästinischen Midrasch aus dem sechsten Jahrhundert gibt (Stemberger, Einleitung, 312), während etwa zu Esra–Nehemia, Daniel oder den Büchern des Prophetenkanons kein Midrasch bekannt ist, bestätigt das Alter der liturgischen Verwendung des Estherbuches und verbindet dieses mit den anderen Megillot, zu denen ebenfalls alte Midraschim existieren.

316 Gunkel, Genesis, 289.

317 Dass auch diese Parallelisierung ihre *particula veri* besitzt, dazu s. u. S. 79.

318 Beides nach A. Meinhold, Art. Ruth, 508, literarisch sekundär.

319 Wenn Rut 1,1aα; 4,17b–22 sekundär sind (A. Meinhold, Art. Ruth, 508), ist dies eine zusätzliche Stütze dafür, dass ein Bezug auf eine kanonische Geschichtsperiode und eine kanonische Zeit Voraussetzungen für die Einordnung in den Kanon sind. Einleitung und Schluss des kanonischen

Weltgeschichte, welche die historische Staffage von Gen 14 ausmachen, also die Könige der vier Weltreiche, kommen nur hier vor – genau umgekehrt zu Judith- und Estherbuch, wo mit Nebukadnezar und Xerxes wohlbekannte Herrscher gewählt werden. Freilich sind Esther- und Judithbuch genau deswegen historisch falsifizierbar: Xerxes hatte keine Frau Vashti und keine Frau Esther; Nebukadnezar war nicht der König Assurs. Dagegen ließ sich Gen 14, ähnlich wie das Buch Ruth, zwar nicht verifizieren – aber auch nicht falsifizieren.

Judith[320]

Im Unterschied zum Buch Ruth scheint Gen 14 historische Namen und Zahlen zu bieten – mit einem Kriegsbericht, wie er auf den ersten Blick in der Tat die gängigste Form altorientalischer Geschichtsschreibung bildet. Auf den zweiten Blick freilich fallen die Unterschiede zu den Siegesberichten altorientalischer Herrscher ins Auge: Hier berichtet eben nicht Kedorla'omer (oder Abram) von seinen Großtaten, sondern ein Erzähler in der dritten Person[321] – genau wie auch sonst in der biblischen Literatur.

Claus Westermann konnte nur deshalb behaupten, dass es wegen der unterschiedlichen Thematik von V. 1–11 und 12–17.18–24 »verständlicherweise ausgeschlossen war, für das noch als einheitlich verstandene Kapitel 14 Parallelen zu finden«[322], weil er einerseits vom Alter der Traditionen in Gen 14 überzeugt ist, andererseits aber der »spätjüdischen« Zeit prinzipiell keinen souveränen Umgang mit historischen Informationen und historischen Stilmitteln zutraut. Denn die Zusammenfügung von Gen 14 ist für Westermann »›Schreibtischarbeit‹ aus der spätnachexilischen Zeit, anderen spätjüdischen Schriften vergleichbar«.[323] Damit nun wird die Argumentation zirkulär: Um das Alter der Traditionen abzusichern, muss Westermann, da er für das *Ganze* keine »alten« Parallelen findet, einerseits alte Einzelquellen rekonstruieren und andererseits die Möglichkeit ausschließen, die späten Redaktoren wären mit ihren Quellen frei umgegangen. Nur weil die »Schreibtischarbeiter« nicht verstanden, worum es eigentlich ging, aber dennoch nicht wagten, selbst zu formulieren, hätten sie so verschiedene Quellen ineinandergefügt. Dabei wird letzten Endes der vermeintliche Mangel an Originalität zum entscheidenden Datierungskriterium. Dass es, nach aller historischen Analogie, zur

---

Buches Ruth wären dann wo möglich für die Einfügung an genau der Stelle (nach Ri 17f.;19–21 und vor 1 Sam 1ff.) geschrieben worden, wo dieses Buch in der LXX steht.
Der Davidbezug ist nicht zuletzt für die Plazierung im hebräischen Kanon wichtig, da sich auch die anderen Festrollen auf eine »kanonisierte« Persönlichkeit beziehen lassen, indem Hoheslied und Kohelet auf Salomo, die Klagelieder auf Jeremia zurückgeführt werden. Nur Esther fehlt ein solcher Bezug auf eine »kanonisierte« Persönlichkeit, siehe aber oben Anm. 315 (S. 78).
320 Literatur bei Zenger, Art. Judith, 407f., und Engel, Judit, 256f.
321 Vgl. Van Seters, Abraham, 239f.; Westermann, BK I/2, 223f.
322 Westermann, BK I/2, 222.
323 Westermann, BK I/2, 227.

selben Zeit und am selben Ort nicht nur recht unterschiedliche Ausprägungen von Frömmigkeit und Theologie, sondern auch von literarischer Begabung und historiographischer Kompetenz geben kann, konnte wohl nur in einer einseitigen Fixierung auf ein forschungsgeschichtlich bedingtes Verfallsmodell[324] übersehen werden: Da wird schon einmal die Unfähigkeit eines ganzen Zeitalters konstatiert[325], die »*gelehrte* Arbeit« in V.1–11 ist »vor allem in der *ungeschickten* Einarbeitung der Listen« erkennbar.[326]

Das Judithbuch ist vor allem von der Länge her keine Parallele zu Gen 14; über die literarische Qualität ließe sich trefflich streiten. Die Integration verschiedenster Traditionen verbindet es dagegen, wie auch von Westermann nicht bestritten wird, mit Gen 14. Nur weil das Judithbuch als Ganzes kein historischer Tatsachenbericht sein kann (und soll[327]), wie schon aus der Bezeichnung Nebukadnezars als in Ninive residierender König Assurs[328] hervorgeht, verfolgt – zu Recht – niemand ernsthaft die Frage, welcher historische medische Baubericht hinter Jdt 1,2–4, welcher assyrische oder babylonische Feldzugsbericht hinter Jdt 1,5–15 steht.[329] Vor allem bestreitet niemand, dass die ersten sieben Kapitel des

---

324 Deutlich wird dieses Verfallsmodell vor allem bei Wellhausen: »sowol mit dem Maße der Poesie als mit dem Maße der Historie gemessen steht der Priesterkodex nach Wert und nach Zeit beträchtlich unter dem Jehovisten« (Prolegomena, 358). Die »Sage« beim »Jehovisten« vergleicht er mit der »Jugendfrische« eines grünen Baumes – im »Priesterkodex« sei sie »dürres Holz, das mit Zirkel und Winkelmaß regelrecht zubehauen wird«, was nur erklärbar sei, »nachdem dieselbe aus dem Gedächtnis und dem Herzen des Volks herausgerissen und in ihren Wurzeln abgestorben war« (Prolegomena, 359f.). Gegen die relative Frühdatierung (ca. 800 v.Chr.) *und* die Wertschätzung von Gen 14 durch Nöldeke argumentiert Wellhausen (Composition, 313): »Abraham konnte nicht zu gleicher Zeit so verschieden aufgefasst werden«, vielmehr liege »zwischen Sage und künstlicher Geschichte […] ein großer Zwischenraum.« Mit der Erkenntnis relativ später Entstehung von Gen 14 kann die Erzählung nach Wellhausen aber nicht »vortrefflich erzählt« sein, denn »mit dem Uralter fällt auch der Zauber der Erzählung« (ebd.).

325 Westermann, BK I/2, 226: »Die bizarre Zusammenfügung […] ist nur zu verstehen aus einer *Zeit, die kein Gespür mehr* für solche Differenzierungen *hatte* (so mit Recht HGunkel, auch JvSeters).« Hervorhebungen von mir.

326 Westermann, BK I/2, 226, Hervorhebungen von mir. Ähnliche Argumentationsmuster finden sich bei Wellhausen und Gunkel und wurden z.B. von Jacob, Genesis, 388f., treffend ironisiert. Während ich in vier Jahren Schreibtischarbeit zu drei Kapiteln Bibeltext vierhundert Druckseiten geschrieben habe, sind die biblischen »Schreibtischarbeiter« in meiner Bewunderung ständig gewachsen. Das höchste Ziel meiner Arbeit besteht für mich darin, dem nachzuspüren, was die gelehrten biblischen Schriftsteller mit ihren Texten, und sei es zwischen den Zeilen, sagen wollten. (Mit ihren Quellen gingen sie dabei im Übrigen erstaunlich souverän um.)

327 Vgl. Engel, Judit, 262. Zenger, Art. Judith, 405, spricht von einer »programmatischen Fiktionalität«.

328 Jdt 1,1 u.ö. Dagegen wird trotz der Bezeichnung des persischen Königs (als Name ist Esr 6,15 Darius genannt) als »König von Assur« (Esr 6,22) der Bericht von der Tempeleinweihung in Esr 6,16–22 historisch ausgewertet. Assur steht hier wie dort als Variable für die, von Israel aus gesehen, nördliche/östliche Weltmacht. Diese kann mit dem babylonischen, dem Achämeniden- oder dem Seleukidenreich identifiziert werden.

329 Nicht zuletzt steht wohl die kanonisierte Fassung von Gen 14 selbst im Hintergrund, siehe unten Anm.422 (S.96).

Buches ursprünglich zum Buch Judith gehören, obwohl die Hauptperson, nämlich Judith, erst Jdt 8,1, also nach 145 Versen[330], in den Blick gerät – während das Nicht-Auftreten Abrams in den ersten 11 Versen von Gen 14 ein literarkritisches Kriterium darstellen soll.[331]

1.4. Verhältnis zur vorgegebenen Abra(ha)mgeschichte

Bedingungen der Einfügung

Bedingung für die Einfügung in die nachmals kanonisierte Erzelterngeschichte war für diesen Einzeltext zweierlei: Einerseits die prinzipielle Übereinstimmung mit den Grunddaten der Abram-Lot-Tradition und dem bekannten historischen Wissen, andererseits aber das Empfinden, dass durch die Einfügung erzählerische Leerstellen geschlossen werden.

Dass die Verknüpfung biblischer und historiographischer Traditionen in Gen 14* die judäischen Zeitgenossen beeindruckt hat, kann man sich lebhaft vorstellen. Ein scheinbar uralter Kriegsbericht taucht auf, den jemand, dem man den Zugang zu altbabylonischen oder elamischen Archiven zutraut, aus Susa oder Babylon mitgebracht haben könnte. In diesem Kriegsbericht erscheinen nicht nur Abram und dessen Bruder Lot in zeitlicher Korrelation mit Größen der altorientalischen Geschichte, sondern es treten neben einigen sagenhaften Urvölkern sogar die Könige von Sodom, Gomorrha, Adma und Zebojim ins Licht der Geschichte, was schon allein deshalb als Beweis hohen Alters verstanden werden konnte, da deren Städte ja bereits in ferner Vorzeit zerstört worden waren. Irgendwo unter diesen lebt Lot, während die Herkunft Abrams in Gen 14* ungenannt bleibt.[332]

Zur tatsächlichen Einfügung in die nachmals kanonische Abra(ha)mgeschichte bedurfte es aber noch einer inhaltlichen Ergänzungsfunktion, über die fiktive historiographische Einordnung Abrams hinaus. In der »vorpriesterlichen« Genesis fehlte erstens eine Vorgeschichte des Ostjordanlandes, in Entsprechung zu Dt 1–3; zweitens werden neben den namentlich genannten Orten Sichem, Bethel, Mamre und Beerscheba Bezüge auf Jerusalem vermisst, und drittens kann sich gerade für Gen 15,1 die Frage stellen, für welche Verdienste Abra(ha)m eigentlich belohnt werden und weshalb er auf einen Schild angewiesen sein soll. Alle drei

---

330 Verszählung in der Rahlfs-LXX.

331 So Westermann, BK I/2, 222. A.a.O., 224, wendet er dieses Argument gegen Gunkel, obwohl der das Fehlen Abrams in V. 1–11 sehr wohl wahrgenommen hat. Ebensogut, wie man, um die Historizität von Gen 14,1–11 zu retten, die folgende Abram-Lot-Geschichte wegstreichen kann, könnte man auch, um die Historizität von Jdt 1 zu retten, dieses von Jdt 2–16 trennen.

332 Dass die Fülle historiographischer Informationen Ergebnis bewusster literarischer Konstruktion ist, erweist etwa die bewusste Auswahl und Anordnung der Kriegsparteien, s.u. S. 92–109.

»Leerstellen«[333] werden mit Gen 14 gefüllt. Erstens wird in einer kurzgefassten Vorgeschichte des Ostjordanlandes dessen spätere Bevölkerung, die ihr Leben überhaupt nur Abram zu verdanken hat, zu Erben der Totengeister Sodoms und Gomorrhas gemacht; zweitens wird die beispiellose Beziehung Abrams zu Jerusalem, seinem Königtum und Priestertum herausgestellt, und drittens ergibt sich aus dem Verhalten Abrams gegenüber dem König von Sodom ein hervorragender Anknüpfungspunkt für Gen 15,1.[334]

»Midraschartige« Füllung von Leerstellen

Inhaltlich kann das Kapitel somit als eine Art »Midrasch« gelten, der eigens für seine jetzige Stellung vor Gen 15 komponiert wurde. Denn durch die Voranstellung von Gen 14 fällt auch auf Gen 15 neues Licht: Die Selbstvorstellung JHWHs als Schild (מגן) Abrams, in Gen 15,1 Vorverweis auf die spätere Geschichte der Israeliten, wird durch den Segen Melchisedeks zu einer historisch beglaubigten Tatsachenfeststellung: Gerade hat der höchste Gott die Feinde in Abrams Hand gegeben (מגן, Gen 14,20). Der Verheißung vielen Lohns (sehr viel שכר, Gen 15,1), die sich erst nach dem Exodus erfüllen wird (großer רכש, Gen 15,14), wird unmittelbar der umfassende Beuteverzicht Abrams[335] vorangestellt, der nacheinander die Ansprüche seiner kleinen Streitmacht (das Essen), Melchisedeks (der Zehnte), des Königs von Sodom (alles, was ihm gehört), und derer, die mit ihm gegangen waren (ihr Anteil), befriedigt hatte. So wird gezielt die Spannung aufgebaut, wann denn nun Abram seinen רכש – und seine Anteile – bekommen würde.[336] Damit wird die in Gen 15 vielleicht als fehlend empfundene Abgrenzung vom Ostjordanland überdeutlich nachgeholt. Ja, *en passant* wird das ganze Visionskapitel Gen 15 in Jerusalem lokalisiert.[337] Zudem ist erst mit der Einfügung von Gen 14* in die »vorpriesterliche« Abra(ha)mgeschichte das geographische Bild abgerundet:

---

333 Zum Begriff der Leer- bzw. Unbestimmtheitsstellen vgl. Utzschneider–Nitsche, Arbeitsbuch, 156.182; zu einem Beispiel aus der Abrahamgeschichte a.a.O., 170.179f.

334 Im Einzelnen siehe dazu unten S.92ff.

335 Der Verzicht auf persönliche Bereicherung im Krieg unterscheidet den Abram dieser Erzählung von dem David aus 1Sam 30, verbindet ihn aber mit den Juden des Estherbuches (Est 9,10.15f.).

336 Von V.11 an ging es um den רכש Sodoms, Gomorrhas und Lots. Kedorlaʿomer nimmt ihn weg (V.11f.), Abram bringt ihn zurück (V.16), der König von Sodom bietet großzügig Beuteteilung an (V.21), doch Abram verzichtet noch großzügiger (V.22–24). Zur Hintergründigkeit dieser Verhandlung siehe unten S.127ff.

337 Caquot, alliance, 65. Das lokale הנה Gen 15,16a kann sich nun nicht nur, im weiteren Sinne, auf »dieses Land« (Gen 15,7) beziehen, sondern auch, im engeren Sinne, auf Jerusalem. Die Logik von Gen 15,13–16 zielt aber ursprünglich weder auf David noch auf Jerusalem, sondern auf die Landnahme unter Josua, wie unten gezeigt werden wird. Auch lenken »Keniter« und »Kenisiter« (siehe unten S.228ff.) den Blick speziell in die Gegend von Hebron, wo Abram zuvor einen Altar gebaut hatte.

Abra(ha)ms Beziehungen umfassen nun sowohl alle denkbaren Großmächte[338] als auch, mit der Erwähnung Dans Gen 14,14, die in den biblischen Geschichtsbüchern wichtigsten Nord- und Südgrenzen des späteren Siedlungsgebietes der Israeliten.[339] Mit Refaïm, Susitern, Emitern und Choritern wird die Völkeraufzählung von Gen 15,19–21 um die Urbevölkerung des Ostjordanlandes erweitert.

Eine Beschreibung der Gattung von Gen 14 als »Midrasch« knüpft in der Terminologie an Thesen an, die bereits im 19. Jh. vertreten worden sind.[340] Innerhalb der Tora von einem »Midrasch« zu sprechen, impliziert allerdings einen logischen Widerspruch, da der Midrasch als Auslegung, Erweiterung etc. immer notwendig ein dem Midrasch Vorgegebenes Auszulegendes, zu Erweiterndes etc., eben ein Objekt des דרש voraussetzt, dem ein höherer Grad von Autorität zukommt als dem Midrasch selbst.[341] Die Bezeichnung darf deshalb für Gen 14* nur so lange gelten, wie es literarisch selbständig neben dem Kontext von *Gen 12f.15f.18–25 existiert hat.

Dass haggadische Sondertraditionen, die sich dem Bedürfnis nach Füllung von Leerstellen verdanken, in den fortlaufenden Bibeltext eingefügt werden können, lässt sich für den Bereich der Abra(ha)mgeschichte der Genesis etwa durch

---

338 Von denen sonst nur Ägypten (Gen 12,10–20; 15,18, vgl. *passim* die Bezeichnung Hagars als Ägypterin und die ägyptische Frau Ismaels Gen 21,21) ausdrücklich genannt ist. Das Heimatland Abra(ha)ms (Gen 11,28; 12,1; 24,4f.7; vgl. noch Gen 20,13), aus dem er auszieht, und in das er nicht zurückkehren soll, bleibt in der Genesis unbestimmt (ebenso Jos 24,2f.), da »Chaldäa« ausschließlich in der Verbindung mit Ur, Gen 11.28.31; 15,7, belegt ist, so dass das Verständnis als Landesname nicht über jeden Zweifel erhaben ist.

339 »Von Dan bis Beerscheba« Ri 20,1; 1Sam 3,20; 2Sam 3,10; 17,11; 24,2.15; 1Kön 5,5 (vgl. in umgekehrter Reihenfolge 1Chr 21,1; 2Chr 30,5; vgl. noch Am 8,14). Beerscheba ist neben dem Umkreis von Hebron einer der wichtigsten lokalen Haftpunkte der Abrahamüberlieferungen (Gen 21,14.31–33; 22,19). Ansonsten wurde Abram bereits Gen 12,6–8;13,3f. mit den in der Jakobsgeschichte wichtigen späteren Heiligtümern von Sichem und Bethel in Verbindung gebracht, während sich Dan (oder Lajisch, Leschem o.ä.) in der gesamten Vätergeschichte nur an dieser Stelle findet.
Die Formel scheint insbesondere mit der Gen 13,16; 15,5; 22,17 entsprechenden Tradition von der unzählbaren Zahl der Israeliten verbunden zu sein (2Sam 17,11 sowie 24,2.15//1Chr 21,1), was ein Fehlen Dans in der Abra(ha)mgeschichte in der Tat als Mangel empfinden lässt.

340 Die Reihe derer, die in Gen 14 eine relativ späte gelehrte Konstruktion sehen, oft als »Midrasch« bezeichnet (was mit sehr unterschiedlichen Werturteilen einhergeht), reicht von Nöldeke über Wellhausen und Gunkel bis zu Noth, wobei auch Jacob im Grunde in diese Reihe gehört, vgl. den Überblick bei Schatz, Genesis 14, 46f. Dass diese Ansicht »in neuerer Zeit keine namhaften Vertreter mehr gefunden« hätte, wie Schatz, a.a.O., 46, behauptet, ist heute nicht mehr aufrechtzuerhalten: Van Seters, Abraham 296–308, und Blum, Vätergeschichte, 462–464, haben mit starken Argumenten erneut begründet, was Soggin, Genesis, 236, mit den Worten zusammenfasst, es handle sich bei Gen 14 »um eine Art von später 'aggadāh«. Es versteht sich von selbst, dass »relativ spät« bei jedem der genannten Autoren etwas anderes bedeutet.

341 Teugels, Midrash, plädiert deshalb für Zurückhaltung in der Verwendung des Terminus, der weder für alttestamentliche Texte noch etwa für Jub oder GA angemessen sei.

den Vergleich von Targum PseudoJonathan[342], Jubiläenbuch[343] oder Genesis-Apokryphon[344] mit der kanonischen Genesis[345] belegen, obgleich all diese faktisch nie
an die Stelle des kanonischen Genesistextes getreten sind.[346]

In der Jakobgeschichte des Jubiläenbuches finden sich auch die bemerkens-
wertesten Analogien zur Verwicklung eines Erzvaters in kriegerische Ereignisse,
wahrscheinlich als bewusste Parallelbildungen zu Gen 14. Anders als Abram in
Gen 14 ist allerdings Jakob, wenn auch widerstrebend, jeweils von Beginn an
Kriegspartei; auch sind die Rollen anders verteilt als in Gen 14, da Jakob nicht nur
die Rolle Abrams übernimmt, sondern auch diejenige Melchisedeks. Der Bericht
vom Kampf der sieben Amoriterkönige gegen Jakob und seine Söhne in
Jub 34,1–9[347] verwendet als Gen 14 entsprechende Motive die Sammlung einer
Koalition, das Spiel mit Königs- und Städtenamen[348] inklusive des mysteriösen
Verschwindens eines Königs, den Überbringer einer Nachricht, diverse Zahlenan-
gaben[349], Geschlagenwerden und Flucht der Gegner, weitere Verfolgung, Unterwerfung und Tribut. Die Erzählung vom Krieg Jakobs und seiner Söhne mit Esau
und dessen Söhnen, inklusive angeworbener Aramäer, Moabiter, Ammoniter, Philister und Choriter in Jub 37,1–38,14,[350] verwendet als Gen 14 entsprechende
Motive die Sammlung einer Koalition, den Überbringer einer Nachricht, diverse
Zahlenangaben[351], Verteilung der Jakobsschar, Geschlagenwerden und Flucht der
Gegner, weitere Verfolgung, Unterwerfung und Tribut. Beide Berichte füllen de
facto die in Gen 48,22b bestehende Leerstelle, ohne dass der Vers selbst im Jubiläo-
enbuch zitiert werden müsste: Der Leser weiß nun, was Jakobs Schwert (Jub 34,7)

---

342 Vgl. die hier am nächsten liegenden Beispiele TPsJ Gen 14,13; 15,1, jeweils im Dienste der Verknüpfung von Gen 14 und 15.

343 Vgl. den eingeschobenen Midrasch zum Tod Harans in Jub 12,1–14 (vgl. Gen 11,28) oder die
Jugendgeschichte Abrams mit der Rabenlegende Jub 11,14–24 (vgl. Gen 11,26; 15,11).

344 Vgl. nur in der Erzählung vom Ägyptenaufenthalt Abrams GA 19,14–23 den Traum Abrams mit
anschließender Deutung, 19,23–20,8 die Schilderung der Schönheit Sarais, 20,12–15 das Gebet
Abrams und 20,21–29 die Heilung des Pharao.

345 Mit hoher Wahrscheinlichkeit kann dies auch für einen Großteil der Perikopen der Abra(ha)mge-
schichte selbst gelten, z. B. Gen 22; 23 oder 24. Diese Beispiele müssen hier aber außer Betracht
bleiben, da sie nur in einen methodischen Zirkel führen: Eine Abra(ha)mgeschichte ohne Gen 22;
23 oder 24, in welche je eines dieser Kapitel eingefügt worden wäre, bleibt, ohne äußere Bezeugung, mindestens so hypothetisch wie eine Abrahamgeschichte ohne Gen 14 und kann daher
nicht als begründende Analogie bemüht werden.

346 Die quasi kanonische Geltung des Jubiläenbuches in Qumran sowie später in der äthiopischen
Kirche bestätigt als Ausnahme die Regel.

347 Biblischer Anknüpfungspunkt ist Gen 48,22; daneben finden sich Anspielungen auf Gen 33,19;
34,30; 37,12; Jos 24,12.32 und Ri 2,9.

348 Die Traktate zur Verbindung von Saragan mit Sargon, von Aresa mit Assur etc. sind noch nicht
geschrieben.

349 Jakob kämpft mit 3 Söhnen und allen Knechten, insgesamt 6000 Mann.

350 Es wird auf Gen 25,23; 33,1; 38,1; 48,22 und Num 2,3–31 angespielt; zum traditionsgeschichtlichen Hintergrund vgl. aber vor allem die edomfeindlichen Texte und Traditionen außerhalb des
Pentateuch.

351 Jakob kämpft, mit Söhnen und Sklaven, *summa summarum* mit 212 gegen 4000 Mann.

und Bogen (Jub 38,1–3) ausgerichtet haben. Und Jakob ist, wie Abram in Gen 14//Jub 13, zu einer außenpolitisch agierenden Figur geworden.

Exkurs: Füllung von Leerstellen am Beispiel des »Abrahamschweigens«

Im Bereich der biblischen Literatur gibt es, im Grenzbereich von Textkritik und Redaktionsgeschichte, zahlreiche vergleichbare Befunde, wo ganze Perikopen eigens für die Einfügung in einen vorgegebenen Zusammenhang geschrieben und später mit diesem gemeinsam kanonisiert wurden.[352] Eine Leerstelle, die offenbar immer schmerzlicher empfunden wurde, war dabei *das Fehlen Abrahams*. Das weitgehende »Abrahamschweigen« der Propheten war auch den Fortschreibern der biblischen Literatur nicht verborgen geblieben. Während im Jesaja-[353] und im Ezechielbuch[354] der Erzvater Abraham und die damit verbundenen Verheißungen bereits an prominenter Stelle thematisiert worden waren, fehlten in den Samuelis- und Königebüchern, im Jeremiabuch sowie im Dodekapropheton jegliche Erwähnungen Abrahams oder der an ihn ergangenen Verheißungen.[355] In den Samuelis- und Königebüchern sowie im Dodekapropheton wurde Abraham deshalb an makrostrukturell bedeutsamen Punkten nachgetragen:[356] In den »vorderen Propheten« wird das Gedenken Gottes an die Verheißung (ברית) gegenüber den drei Erzvätern auch für das Nordreich konstatiert, und zwar im Zusammenhang der Abwendung der aramäischen Gefahr.[357]

---

352 So ergänzen etwa die zusätzlichen Stücke der LXX zu Esther, in der Vg textkritisch korrekt im Anhang wiedergegeben, in LXX aber einen ebenso integralen Bestandteil des Buches bildend wie Gen 14 im Buch Genesis, wichtige kanonische *topoi*, die dem Buch sonst fehlten: Dazu gehört, neben der Erwähnung Gottes (außer den zahlreichen Belegen in den zusätzlichen Stücken zu Est 1,1; 4,17; 5,1 f.; 8,12; 10,3 steht θεός auch Est 2,20; 6,13; κύριος auch Est 4,8; 6,1) und neben Bezügen auf Schöpfung (Est 4,17c) und Exodus (Est 4,17g) auch die Gottesprädikation als *Gott Abrahams* (Est 4,17f.y).

353 Jes 29,22; 41,8; 51,2; 63,16, alles frühestens exilisch.

354 Ez 33,24, die älteste Erwähnung Abrahams außerhalb des Pentateuch (Römer, tensions, 110).

355 Es handelt sich dabei wohl nicht ganz zufällig um diejenigen Prophetenbücher, die am stärksten vom »Deuteronomismus« geprägt worden sind.
Wenn man den Bereich Josua–Richter hinzuzählen möchte, so ist auch dort zwar Abraham als Stammvater erwähnt (Jos 24,2f.), nicht aber die an ihn ergangenen Verheißungen. Die Eintragung der Patriarchennamen in die Landschwurtexte im Deuteronomium selbst führt Römer, Väter, 266–271, erst auf die veritable Endredaktion des Pentateuch zurück; in unserem Modell wäre das dieselbe Endkompositionsschicht, die auch in Gen 17 Väterverheißungen, deuteronomistische Gebots- und priesterliche Offenbarungstheologie miteinander verbunden hat.

356 Zum jeweils sekundären Charakter siehe unten die Anmerkungen 357–359.

357 2 Kön 13,23, von Würthwein, Könige II, 369, als nachdeuteronomistische Geschichtsdeutung angesehen. Im Kontext geht es um die Abwendung der Aramäergefahr durch das von Elischa mittels einer Aufforderung zu einer Zeichenhandlung angekündigte dreimalige Schlagen des aramäischen Königs Benhadad durch Joasch von Israel.
Die Plazierung der Referenz auf Abraham gerade hier, am Ende der um die Aramäer und Damaskus kreisenden Geschichte des streitbaren Propheten Elischa, erklärt sich ungezwungen als Reak-

Und keinem geringeren als Elia wird in der entscheidenden Szene auf dem Karmel die Anrufung des Gottes Abrahams, Isaaks und Israels in den Mund gelegt.[358] Durch den hymnischen Schluss des Michabuches[359] wird die überzeitliche Gültigkeit der Abraham zugeschworenen Güte festgehalten,[360] und zwar, mit dem letzten Vers des Michabuches, an überragender Stelle: Im hebräischen Kanon am Schluss des sechsten der zwölf Propheten, im LXX-Kanon am Schluss der hervorgehobenen drei Großen unter den Kleinen, Hosea, Amos und Micha.[361]

---

tion auf Gen 14,15: Die einzige kriegerische Handlung der Erzväter überhaupt kreist genau um Damaskus. Da die mit Abram ziehenden 318 »Geweihten« der Zahl Eliezers entsprechen (was durch die sekundäre Glosse Gen 15,2b, siehe oben S. 67 f., die Eliezer als den von Abram befürchteten Erben des Landes mit Damaskus identifiziert, bestätigt wird), konnte und musste sich die Treue Gottes zu seiner den Patriarchen gegebenen ברית gerade angesichts der Aramäerbedrohung bestätigen. (Siehe auch unten S. 271.)

Der Name Eliezer harmoniert, davon abgesehen, gut mit aramäischen Königsnamen wie Hasael oder Hadadezer. Spätere Geschichtsschreiber ordnen dann auch Abraham harmonisch in diese Linie ein: Justin, Epitome XXXVI, 2, 3, zitiert Pompeius Trogus (1. Jh. v./n. Chr.) mit einer Ahnenreihe der damaszenischen Herrscher, in der auf »Damascus« »Azelus« (Hasael) und dann »Adores« (Hadad?), »Abrahames« (*varia lectionis* »Abramas«) und »Israhel« folgen (Text bei Stern, Authors I, 335.339).

358 1 Kön 18,36, von Würthwein, Könige II, 209.216, zu einer nachdeuteronomistischen Redaktion der Elijageschichte gerechnet. Die Erkenntnis, dass JHWH Gott Israels ist, wird bereits in der Namensoffenbarung an Mose mit Abraham, Isaak und Jakob verknüpft (Ex 3,6.15 f.; 4,5; 6,3–8). Die Gottesprädikation in 1 Kön 18,36 unterstreicht damit die Verbindung von Mose und Elia, die in der biblischen Tradition in je einzigartiger Weise als Gottesmänner verstanden werden, deren Wirkungskraft weit über ihre Lebenszeit hinaus reicht (vgl. A. Meinhold, Mose, 27–34), mit Abraham, vgl. auch unten Anm. 361.

359 Nach Wolff, Micha, 192–195, ist für die vorliegende Gestalt von Mi 7,8–20 »an die nachexilische Zeit zu denken«; Zenger, ⁴Einleitung, 508 f., datiert Mi 6 f. insgesamt in das 5. Jahrhundert.

360 Mi 7,20.

361 Noch prominenter als Jakob und Abraham in Mi 7,20 sind im Dodekapropheton nur Mose und Elia in den beiden Anhängen zum Maleachibuch Mal 3,22.23 f. plaziert, die zu den »programmatischen Schlusstexten der drei Kanonteile« gehören (A. Meinhold, Mose, 33). Im allerletzten Vers des Maleachibuches (Mal 3,24) geht es wie in Dt 34 (und in 2 Chr 36,22 f., das allerdings erst sekundär eine kanonische Schluss-Stellung gewonnen hat, vgl. A. Meinhold, a. a. O., 33) um die trotz Gefährdung ermöglichte Existenz Israels im Land. In Dt 34,4 wird die Landgabe mit der Erfüllung des Landschwurs an Abraham, Isaak und Jakob begründet, während Mose ebenso wie die ganze Exodusgeneration das Land nicht betreten darf. In Mal 3,24 ist es die Aufgabe Elias, das Herz von Vätern zu Söhnen und das Herz von Söhnen zu ihren Vätern zurückzuwenden (שוב *hif'il*), und damit zu verhindern, dass das Land dem Bann verfällt. Vom Zurückwenden der Herzen ist auch in der Eliageschichte selbst die Rede. In 1 Kön 18,37 ruft Elia zu JHWH, damit das Volk erkenne, dass er Gott sei und dass er ihr Herz letztlich umkehre (סבב *hif'il*) – nachdem er unmittelbar zuvor, als einziger im ganzen Kanonteil der Vorderen und Hinteren Propheten, JHWH als den »Gott Abrahams, Isaaks und Israels« angesprochen hat. (Auch über Mal 2,10 oder 3,7 ließe sich ein Rückbezug auf Mose und Abraham herstellen; zu weiteren Deutungsmöglichkeiten vgl. Biberger, Väter, 495–498.)

Auch die Prädikation Moses als »Knecht JHWHs« im ersten Anhang (Mal 3,22; vgl. Dt 34,5; Jos 1,1 u. ö.) verbindet diesen in kanonischer Perspektive mit Elia (1 Kön 18,36; 2 Kön 9,36; 10,10) und Abraham (Gen 26,24; Ex 32,13; Dt 9,27; Ps 105,6.42).

Im *Jeremiabuch* nun ist die literarisch späte Einfügung des Abrahambezuges sogar textkritisch zu verifizieren: Im masoretischen Jeremiabuch wird Abraham im Zusammenhang der Heilsweissagungen von Jer 30–33 genannt, und zwar an deren Schluss, in dem in der LXX fehlenden Abschnitt zur Restauration der Davids- und Levi-Dynastie Jer 33,14–26,[362] als Mi 7,20[363] vergleichbarer eschatologischer Ausblick. In der auf eine ältere Vorlage zurückgehenden LXX-Fassung des Jeremia-Buches fehlt noch jede Erwähnung Abrahams, doch auch hier wird sie nachgetragen: Durch die Anfügung des Baruch-Buches an das Jeremiabuch im LXX-Kanon bildet nun das große Bußgebet Bar 1,15–3,8 nebst diversen weiteren Anhängen den Abschluss des Jeremiabuches. In diesem Bußgebet wird Mose zitiert,[364] um an die Zusage einer διαθήκη αἰώνιον[365] zu erinnern, die mit der doppelten Bundesformel und mit dem Landschwur an *Abraham*, Isaak und Jakob[366] verbunden ist.

Da in der LXX auch das Danielbuch zu den großen Propheten gerechnet wird, dürfte es kein Zufall sein, dass auch dort, nämlich in Dan 3,35 LXX,[367] ein Bezug auf Abraham, den Freund Gottes, eingefügt wird.

* * *

Im Unterschied zu vielen anderen legendären Erweiterungen der Abra(ha)m- und Jakob-Traditionen, die vielleicht in ähnlicher Zeit entstanden sind, hat dieses

---

362 Jer 33,26 MT. Auch hier steht die Erinnerung an Abraham für die Hoffnung auf das »Erbarmen« (רחם) Jhwhs. In der Perikope wird nicht nur auf die Mehrungsverheißungen von Gen 13; 15 angespielt, sondern auch, wie sonst in der Hebräischen Bibel nur in Ps 104 f. und Neh 9, die Entsprechung von Schöpfung und Väterverheißung als miteinander verbundener Manifestationen des Gotteswillens selbstverständlich vorausgesetzt. Der Abschnitt wird von K. Schmid, Buchgestalten, 326, in das 3. Jh. datiert.

363 Dort ist im Kontext bereits die Verbindung von Erzeltern und Exodus gemäß Gen 15 vorausgesetzt, vgl. Mi 7,15 mit Gen 15,7 und Mi 7,12 mit Gen 15,18; daneben, aber nicht erkennbar verbunden, sind vielleicht auch »nichtpriesterliche« Traditionen der Urgeschichte vorausgesetzt, wenn man etwa Mi 7,17 mit Gen 3,14 assoziieren will.

364 Bar 2,29–35. Dabei wird am ehesten auf Lev 26, speziell die V. 40–45 angespielt.

365 Bar 2,35. Doppelte Bundesformel und ברית עולם sind im Pentateuch nur innerhalb der Endkompositions-Schicht belegt.

366 Baruch 2,34.

367 Die Interpolation von Dan 3,24–90 in LXX belegt im Übrigen, wie durchaus heterogene Elemente (das Gebet 3,26–45 LXX und der Lobgesang 3,52–88 LXX, beide in LXX auch als Oden 7 und 8) gemeinsam mit einer narrativen Verknüpfung, die eine Leerstelle füllt, in ein Buch eingefügt werden, vgl. Kottsieper, Zusätze, 223. Die Frage, was es mit dem einem Göttersohn Ähnlichen auf sich habe, den Nebukadnezzar Dan 3,25 MT beobachtet und dann Dan 3,28 MT als von Gott gesandten Engel bezeichnet, wird Dan 3,49 f. LXX zufriedenstellend beantwortet. Bereits Rothstein, Zusätze, 175, spricht von einer im kanonischen Text klaffenden Lücke, postuliert deswegen allerdings, dass die Verse 49 f. ursprünglich im hebräisch-aramäischen Danielbuch gestanden haben sollten, und später im Zuge einer »Säuberung« versehentlich gemeinsam mit dem sekundär eingefügten Gebet und dem Lobgesang »fortgerissen« worden seien (a.a.O., 176); vgl. dagegen Kottsieper, Zusätze, 221.

Kapitel, das an seiner jetzigen Stelle als Midrasch zu Gen 15,1–2 gelten könnte, aus mehreren Gründen noch Eingang in den Kanon gefunden. Einerseits füllt es einige Leerstellen in Gen 15, indem die offen gebliebene Beziehung zum Ostjordanland geklärt, die Privilegierung Jerusalems begründet und ein konkreter Anlass für die Gottesrede von Gen 15,1 gegeben wird. Und andererseits stellt es in einer, gerade im Vergleich zu anderen, »apokryph« gebliebenen Traditionen, nahezu perfekten historischen Fiktion die israelitische Vorgeschichte in den Kontext der Weltgeschichte, was die Forscher bis weit in das 20. Jahrhundert hinein veranlasst hat, gerade anhand dieses Kapitels das »Zeitalter der Patriarchen« zu bestimmen.

Die Einfügung vollzieht sich noch vor der Endkomposition des Pentateuch. Doch hat das Kapitel selbst keine kompositionsprägende Kraft entwickelt, was sich darin zeigt, dass die redaktionelle Angleichung an den Kontext stärker innerhalb von Gen 14 stattfindet als außerhalb.[368]

1.5. Formale Anhaltspunkte für die Frage der Datierung

Relative Chronologie der Genesis-Erzählungen

Die Verortung in der Redaktionsgeschichte der Genesis ergibt bereits eine relative chronologische Einordnung: Einen *terminus post quem* bilden die bereits vorausgesetzten Erzählungen von *Gen 12f.; 15; 18f.; einen *terminus quo ante* stellt die Endkomposition dar mit der Konstitution des legitimen Priestertums und Kults erst am Sinai,[369] der Verallgemeinerung des Fremdlingsstatus der Erzeltern[370], aber

---

368 Siehe dazu unten S.145ff.

369 Die Melchisedek-Szene blieb zwar in der Endkomposition stehen, wohl wegen ihres Jerusalem-Bezuges. Ein denkbarer genealogischer Bezug Melchisedeks zu Zadok ist aber durch die in der Endkomposition festgeklopfte Linie Abra(ha)m–Isaak–Jakob–Levi–Kehat–Amram–Aaron–Eleasar–Pinchas, welche exklusiv die Zusage des ewigen Priestertums erhält (Num 25,11–13, vgl. auch Num 18,19), eindeutig abgeschnitten.
Auch die ewige Ordnung des Zehnten (vgl. חקת עולם Num 18,23) ist gemäß der Endkomposition nicht zu Abra(ha)ms oder Jakobs Zeiten ergangen, sondern erst in der Zeit Moses (vgl. Dt 12,6.11.17 im Zusammenhang mit der Kultzentralisation). Der Zehnte in Gen 14,20 bleibt zunächst eine okkasionelle Abgabe.
Das Jubiläenbuch muss, um einerseits die ewige Ordnung des kultischen Zehnten bereits bei Abram zu verankern (Jub 13,25f.), aber andererseits die Fokussierung auf die levitischen Priester (vgl. Levi als Priester Jub 30,18, vor allem aber 32,1–10) nicht zu verlieren, Melchisedek gänzlich herausstreichen.
Die völlig verschiedene Behandlung des in Gen 14,20 erwähnten Zehnten in GA 22,17 (als einmaliger Zehnter der Besitztümer der vier Großkönige) und Jub 13,25f. (als ständiger Zehnter der Erstlinge) belegt die diesbezügliche Offenheit von Gen 14*.

370 Das Bundesverhältnis mit den drei Amoritern (erste Glossierungsschicht) scheint, im Unterschied zu dem in Gen 20, ein gleichberechtigtes zu sein; das heißt, Abram ist im nachmaligen Lande Israels kein Fremdling (das wird er erst im Zusammenhang der Endkomposition, siehe unten S.333ff.). In der Grundschicht ist über die Rechtsverhältnisse nichts zu erkennen; sein Auftreten

auch mit der Einarbeitung des Ur- und Abra(ha)mgeschichte umfassenden chronologischen Systems[371]. Eine »endredaktionelle« oder gar »postendredaktionelle«
Einordnung der Grundschicht von Gen 14 kann ohnehin aus kanongeschichtlichen Erwägungen heraus ausgeschlossen werden, wie Astour den »partisans of the
midrash school« entgegen hält:[372] Es gibt klare Anzeichen von Hinzufügungen,
Glossierungen und redaktioneller Arbeit in dem Kapitel, die ebensowenig auf eine
einzige literarische Ebene zu reduzieren sind wie in den vorausgehenden und folgenden Passagen der Abra(ha)mgeschichte.

Die absolute chronologische Einordnung erweist sich demgegenüber als
wesentlich problematischer.

Sprache

Die Sprache von Gen 14 ist im Vergleich zu anderen Erzählungen ungewöhnlich
dicht, was sich nicht zuletzt in den vielen *hapax legomena* ausdrückt. Dies ist nach
wie vor einer der Hauptgründe dafür, die Entstehung von Gen 14 keiner umfangreicheren Pentateuchschicht zuzuordnen.[373] Da sich zu den seltenen Wörtern und
Wendungen Entsprechungen in verschiedensten Sprachen und Sprachperioden
finden lassen, helfen die sprachlichen Eigentümlichkeiten in der Frage der Datierung nicht weiter. Es könnte aber, wie sich im Falle der Gottesbezeichnungen in
Gen 14,18–22 zeigen lässt,[374] bewusst mit fremden, und darum archaisch wirkenden Wörtern gearbeitet worden sein. So erklärt sich am besten die Häufung der
Archaismen gerade in Gen 14,12–24: Während der antiquarische Charakter der
V. 1–11 bereits durch die in V. 1.5f. genannten Namen gewährleistet ist,[375] erhält
die folgende, um Abram und Lot kreisende Rettererzählung ihr altertümliches
Kolorit vor allem durch ihre eigenartig dichte, teilweise rätselhafte Sprache.[376]

---

gegenüber Melchisedek ist zumindest das eines Vollbürgers, gegenüber dem König von Sodom
das eines Ebenbürtigen oder sogar Überlegenen. Die ehrfürchtige Anrede Abrahams »נשׂיא
אלהים אתה בתוכינו« durch die Bürger von Hebron (Gen 23,6) kann sich gut auf die Schilderungen
von Gen 14 beziehen, steht aber dort, im Zuge der Endkomposition, neben der Selbstbezeichnung Abrahams als גר־ותושב אנכי עמכם (Gen 23,4).

371 Die Jahreszahlenangaben von Gen 14,4f.//GA 21,26f. entsprechen ebensowenig dem Schema der
endkompositionellen Datierungen wie die traditionelle Zehn-Jahres-Angabe Gen 16,3 (vgl.
GA 22,27f.). Zur Integration in die endkompositionelle Chronologie siehe aber unten S. 159f.

372 Astour, Symbolism, 67.

373 Den Wortschatz hat Schatz Genesis 14, 241–262, ausführlich untersucht. Schatz sucht und findet sprachliche Affinitäten zu P, zu E und zu J, erkennt aber die Besonderheit von Gen 14 in der
großen Häufung von Namen sowie von alttestamentlich seltenen und einzigartigen Wörtern und
Ausdrücken; deren Zahl ist nach seiner Einschätzung »höher als irgendwo anders« (a.a.O., 258).

374 Siehe unten S. 119.

375 Selbst für die syntaktisch ungewöhnliche Verbindung von V. 1 und 2 werden altorientalische Parallelen angeführt, vgl. Schatz, Genesis 14, 292.

376 Vgl. Schatz, Genesis 14, 248–253, zu den ungewöhnlichen Wörtern und Wendungen.

Sujet

Gen 14 nimmt unterschiedliche stilistische Elemente auf. Während in V. 1–10 Anleihen bei historischen Texten vorherrschen,[377] überwiegen in V. 11–24 die Analogien zu israelitischen Heldenerzählungen wie Ri 7 oder 1 Sam 30: Anlass zum Eingreifen des Helden ist jeweils nicht Machtwille, sondern die Rettung von Familienangehörigen.[378] Die 318 »Geweihten« Abrams V. 14 und die Art seiner Kriegführung passen kaum zu Feldzugsberichten altorientalischer Könige, aber sehr gut zur sorgfältigen Auswahl der 300 Mann Gideons gegen die Midianiter[379] und der 400 Mann Davids gegen die Amalekiter.[380] Auch Gideon und David erhalten Informationen aus dem feindlichen Lager;[381] beide überrumpeln die Gegner mit einem Überraschungsangriff,[382] im Nachgang haben beide diverse Beuteansprüche zu regeln,[383] die nicht zuletzt um kultische Konsequenzen,[384] Segen[385] und Königtum[386] kreisen. Nicht zuletzt ist auch in beiden Erzählungen von Personen mit sprechenden Namen die Rede.[387] Die Berührungen zu beiden Erzählungen sind so stark, dass man anzunehmen geneigt ist, diese hätten dem Verfasser von Gen 14* vorgelegen.[388] Die vorgeschlagenen Datierungen für die Erzählungen des Richter- und Samuelbuches divergieren allerdings stark, so dass sie für die Datierung von Gen 14 keinerlei Hilfe zu leisten vermögen. Dass die Glossatoren diese Verbin-

---

377   Vgl. aber auch die Affinitäten zu Jos 10 oder Ri 3,8–10.

378   Abram zieht wegen seines Verwandten Lot in den Krieg (Gen 14,14), David rettet nicht zuletzt seine beiden Frauen (1 Sam 30,5.18); Gideon soll nicht nur Vaterhaus, Sippe und Stamm, sondern ganz Israel retten (Ri 6,14–16).

379   Ri 7,3–8.

380   1 Sam 30,9 f.

381   Ri 7,9–15; 1 Sam 30,11–15, vgl. Gen 14,13 f.

382   David 1 Sam 30,17 bei Tage; Gideon Ri 7,16–22 bei Nacht; vgl. Gen 14,15.

383   Ri 7,23 f. geht es um Landanteile, 8,5 um Mundvorrat. 1 Sam 30,17 geht es zuerst um das Essen, V. 18–20 wird die triumphale Rückkehr Davids geschildert, V. 21–31 geht es um Gefangene und die Beute der geraubten Viehherden, wobei David dem Vorschlag gewisser boshafter Leute (V. 21) entgegentritt, vgl. Gen 14,16–24.

384   Ri 8,24–27, vgl. Gen 14,20b. Kultische Konsequenzen nach einem Sieg gehören regulär zu einem Kriegsbericht, sei es die Errichtung eines Altars (Ex 17,15), die Erfüllung eines Gelübdes (vgl. Ri 11,30–40) oder die Vollstreckung des Banns (חרם, vgl. Num 21,2 f.; Jos 6,17–21 u. ö.).

385   1 Sam 30,26 verwendet David die Beute zum »Segen«, und zwar, *last not least*, für die Leute in Hebron (V. 31), vgl. Gen 14,20b.

386   Gideon lehnt die Königswürde Ri 8,22–27 ab; David nimmt sie nach dem 1 Sam 30; 2 Sam 1 erzählten Tod Sauls an; seine erste Amtshandlung ist ein Segensspruch (2 Sam 2,4–7), vgl. Gen 14,19.20a.

387   עורב, »Rabe« und זאב, »Wolf« heißen die beiden Midianiterfürsten Ri 7,25. Der Amalekiter-Feldzug Davids dient nicht zuletzt der Befreiung seiner beiden Frauen, darunter Abigajls (1 Sam 30,5.18) – nur von letzterer wird, weil er so sprechend ist, V. 5 noch der Name ihres gewesenen Mannes Nabal in Erinnerung gerufen: »denn wie sein Name, so ist er: er heißt Tor, und Torheit ist mit ihm« (1 Sam 25,25).

388   Grundsätzlich gilt ja, dass die Kombination mehrerer Gattungen, also hier des königlichen Feldzugberichts und der Heldenerzählung, jünger sein muss als die einzelnen Gattungen.

dung noch verstärkt haben, zeigt die sekundär in V. 7 eingetragene Notiz vom »Schlagen des ganzen Feldes der Amalekiter«: Auch das Gebiet jenes Volkes, mit dem sich später sowohl Gideon[389] als auch David[390] auseinandersetzen mussten,[391] war bereits zu Abrams Zeiten Schlachtfeld.

Zum Vergleich herangezogene Parallelen

Ebenso schwierig wie die soeben genannten Heldenerzählungen sind die zuvor erwähnten Bücher Ruth und Esther absolut sicher zu datieren.[392] Eine Einordnung in die klassische Periode der althebräischen Literatur kann für die einen das 7., für die anderen das 4. Jh. v. Chr. bedeuten. Die in der Forschung diskutierten anderssprachigen Parallelen stammen gar aus dem Bereich vom Beginn des zweiten Jahrtausends vor[393] bis zum Ende des zweiten Jahrtausends nach Christus.[394] Die nächsten Parallelen für die Gattung des ganzen Kapitels als einer typischen Kriegsschilderung, wie man sie sich für die Vorzeit vorstellt, lassen sich selbst schwer datieren, wie etwa die Spartoli-Texte.[395] Diese belegen einerseits die Verfügbarkeit bruchstückhaften historischen Wissens über die altbabylonische Geschichte noch weit über die achämenidische Zeit hinaus,[396] und andererseits, durch ihre Abschrift im 2. Jh., die Wertschätzung, die auch Erzeugnissen des 7.–6. Jahrhunderts, also selbst schon einer »Spätzeit« für Mesopotamien, zuteil wurde. Unter gebildeten Juden, zumal wenn sie ihren Hintergrund im babylonischen Exil haben, dürften die babylonischen Geschichtstraditionen, die hinter den Namen von Gen 14,1 aufscheinen, bekannt gewesen sein,[397] ähnlich den mesopotamischen Schöpfungs- und Flutmythen, die offensichtlich in der biblischen Urgeschichte

---

389 Ri 6,3.33; 7,12. Da die Amalekiter hier nur in Aufzählungen neben den »Söhnen des Ostens« bzw. den Midianitern begegnen, wäre hier natürlich auch umgekehrt eine sekundäre Assimilation an die Kriegszüge (Kedorla'omers in Gen 14,7,) Josuas in Ex 17 und Davids in 1 Sam 30 denkbar.

390 1 Sam 30,1.13.18.

391 Der erste Nachkomme Abrams, der Amalek besiegt, war bekanntlich Josua (Ex 17,9–14), also der Held der dritten mitunter zum Vergleich mit Gen 14 herangezogenen Rettergeschichte.

392 Beide gehören derselben Gattung der »weisheitlich geprägten Novelle« an, sind aber nur schwer zu datieren (A. Meinhold, Art. Ruth, 508).

393 Altbabylonische historische Texte sowie die in Mari, Boghazköi, Ugarit und Amarna gefundenen Texte, vgl. die Zusammenfassung der Diskussion bei Schatz, Genesis 14, 18–37.

394 Die von Milman Parry gesammelten »Serbocroatian Heroic Songs«, vgl. Thompson, Historicity, 188f.; Soggin, Genesis, 235f. Und auch zu Beginn des 3. Jt. n. Chr. ist die Gattung der durch einen historisierenden Kriegsbericht eingeleiteten Heldenerzählung lebendig, namentlich im Bereich des Films, vgl. etwa zuletzt Zhang Yimou, Ying Xiong (englischsprachiger Titel: Hero), China 2003.

395 Die Spartoli-Texte, bisweilen auch wegen der irrtümlichen Identifizierung eines dort genannten elamitischen Königs »Kedorla'omer-Texte« genannt, stammen aus dem 2. Jh. v. Chr., der Text dürfte aber etwa auf das 7. Jh. zurückgehen. Vgl. die Diskussion zusammenfassend Emerton, Clues, 38–46.

396 Vgl. die Babyloniaca des Berossos.

397 Astour, Symbolism.

verarbeitet worden sind. Die biblischen Geschichtsbücher benennen mit Nehemia oder Esra Persönlichkeiten, die in Elam (Nehemia) oder Babylon (Esra) in besten Beziehungen zum persischen Königshaus gestanden und über entsprechende Bildung verfügt haben dürften.

Insgesamt legt sich aufgrund der äußeren Bezeugung und literarischer Parallelentwicklungen eine Datierung in die Achämenidenzeit, näherhin vielleicht die Zeit Nehemias, nahe, was auch mit der relativen Einordnung noch vor der Endkomposition des Pentateuch gut zusammenstimmte.[398] Die inhaltliche Analyse wird zeigen, inwieweit sich diese Hypothese noch erhärten lässt.

2. Kompositionsstruktur: Völker und Könige in Gen 14 (Grundschicht)

Der synoptische Vergleich hat ergeben, dass bereits in der Grundschicht vier Großkönige, fünf Kleinkönige, vier Völkerschaften, Lot, Abram und Melchisedek nebeneinander auftreten. Der entscheidende Anstoß, einen literarkritischen Querschnitt in Gen 14 zu betreiben, ist dennoch ausgeräumt, da sich gerade im Bereich von V. 8–14 ein schlüssigerer Übergang ergibt. Die Existenz der Grundschicht muss nicht mehr bewiesen werden, da sie durch die äußere Bezeugung bestätigt ist. Dennoch soll die jetzt rekonstruierte Grundschicht, da sie ebenso wie der »Endtext« »gut Beglaubigtes neben ganz Unmöglichem«[399] enthält, auf ihre Kohärenz befragt werden. Und dabei wird sich herausstellen, dass der Text, trotz der auf den ersten Blick marginalen Unterschiede zur kanonisierten Fassung, in der Tat an Kontur gewinnt.

Zu den Ergebnissen des synoptischen Vergleichs gehörte u. a., dass die Identifikation von Bela mit Zoar in V. 2.8 sowie das »Amalekiterfeld« und האמרי הישב in V. 7 sekundär eingefügt sind. Es lohnt sich nun, die in die Kriegshandlungen gemäß der Aufzählungen in V. 1–9* verwickelten Parteien in einer Übersicht zusammenzustellen. Während die Aufzählung der Großkönige in der Grundschicht keine formale Binnenstrukturierung aufweist, sind in der Aufzählung der Kleinkönige *drei Gruppen* zu erkennen: Die Könige von Sodom und Gomorrha werden als ein Paar ebenso durch ו verbunden wie diejenigen von Adma, Zebojim und Bela. Da der König von Bela als einzig namenloser König aus der Reihe fällt, entsteht ein zweites Paar mit den Königen von Adma und Zebojim. Die Liste der

---

398 Dies stimmt mit der Einordnung von Gen 14 in die Entstehungsgeschichte der Genesis bei Carr, Fractures überein: Er rechnet die Einarbeitung der Perikope zum Bereich der »Late Revision of the Non-P Materials« (a. a. O., 152–176), »any time from the exile onwards«, aber vor Einarbeitung der »P«-Schicht (166, Anm. 37).

399 Gunkel, Genesis, 288.

Tabelle 6: Aufzählungen von Königen und Völkern in Gen 14,1–6

Großkönige (V. 1)	Kleinkönige (V. 2)	Völkerschaften (V. 5 f.)
Amrafel von Schinʿar, Arjoch von Ellasar,	Bera von Sodom und Birscha von Gomorrha,	Refaïm
Kedorlaʿomer von Elam, Tidʿal von Völkern	Schinab von Adma und Schemiabad von Zebojim	und die Susiter/Samsumiter und die Emiter
	und der von Bela	und der Choriter
		[und viel Volk]?

vier Völkerschaften mitsamt ihren Lokalisierungen liest sich wie ein Endreim.[400] Auch diese lässt aber formal eine *Dreiteilung* erkennen: Die Form der Völker-namen ist nur bei den beiden mittleren Namen identisch (ים-ה-את), während Refaïm (ים-את) und Choriter (י-ה-את) anders konstruiert werden.[401]

Eine Parallele zwischen allen drei Aufzählungen betrifft den Abschluss der Listen: Der vierte der Großkönige, der die Liste abschließt, heißt summarisch »*König von (anonymen) Völkern*«.[402] Der fünfte der Kleinkönige, der ebenfalls die Aufzählung abschließt, ist sogar selbst *anonym*; der Name seiner Stadt, »Verschlin-gung«, steht zeichenhaft für das Schicksal der ganzen Koalition. Doch nicht nur das; in Entsprechung zu den fünf Lokalkönigtümern als Kriegsgegnern werden fünf Objekte des »Schlagens« genannt, wobei das fünfte allem Anschein nach *kei-nen Volksnamen enthalten* hat.[403]

Damit bestätigt sich die Annahme, dass die verschiedenen Aufzählungen von einer Hand planvoll zusammengestellt wurden. Auch dass im ursprünglichen Text gerade keine Lokalisierung der fünf Städte vorgenommen wird, ist kaum deutlich genug herauszustreichen. Die Bemühungen, diese im Ganzen am Nord- oder Südende des Toten Meeres zu lokalisieren, verschleiern eher die Zielrichtung des Textes. Es geht hier nicht wie in Gen 19 um eine Ätiologie der Naturphänomene

---

400　Die vier Ortsangaben enden auf -nájim, -hám, -tájim, -rám; allerdings folgen auf die vierte Orts-angabe in allen überlieferten Fassungen noch zwei geographische Näherbestimmungen: »Seïr« und »bis El-Paran, das oberhalb der Wüste ist«.

401　Die Sonderstellung der Refaïm besteht so allerdings nur im Masoretischen Text, vgl. unten S. 233. Zu den textlich unsicheren »Leuten« s. weiter unten.

402　Vergleichbare Schlussglieder, welche mit ihrem Namen die vorhergehenden Glieder zusammen-fassen, finden sich auch andernorts: So die הגוים איי am Ende der Aufzählung der Jafetiten Gen 10,5, die לאמים am Ende der Aufzählung der Nachkommen Dedans Gen 25,3 sowie קדמה als letzten Ismaelsohn Gen 25,15 (vgl. קדמני Gen 15,19 und קדמה Gen 25,6, siehe unten S. 230).

403　Geradezu verblüffende Analogien bestehen zur Absenderangabe des aramäischen, an Artaxerxes gerichteten Schreibens Esr 4,9 f.: Zunächst werden zwei Amtspersonen namentlich benannt und alle übrigen anonym zusammengefasst (כנותהון ושאר), wobei nur noch die Ämter aufgezählt wer-den. Daran schließt sich eine Aufzählung der Herkunftsorte an, nämlich »die Erechiter(?), Baby-lonier und Susaniter (das sind Elamiter) und die anderen Völker« (אמיא ושאר), wobei letztere wiederum namenlos bleiben. Auch die Wohnorte der Absender enden mit einer unbestimmten Angabe: »in den Städten Samariens und des übrigen Transeuphrat« (נהרא-עבר ושאר).

des Toten Meeres, sondern um die Vorgeschichte des Ostjordanlandes. In der Grundschicht taucht das »Salzmeer« noch nicht auf und ebensowenig »Zoar« oder die »Erdharzgruben« – aber auch nicht »Kadesch« oder die »Amalekiter«. Dass man bei der Erwähnung von Sodom etc. an die unwirtlichen Gegenden des südlichen Toten Meeres denken konnte, lag wegen Gen 19 nahe. Die nachträgliche Identifizierung des Siddim-Tals mit dem Salzmeer dürfte der Intention des Stückes also durchaus gerecht werden, zumal auch die letzte Station des Vernichtungszuges, Chazezon-Tamar, ob wegen 2 Chr 20,2 mit En-Gedi westlich oder mit Tamar südlich des Toten Meeres identifiziert, an das (nachmalige) Tote Meer als vorgestellten Schlachtort denken lässt – aber über die Lokalisierung der fünf Städte ist damit noch nichts gesagt.

Anstelle einer Lokalisierung wird, ohne direkte Zuordnung im Einzelnen, hier und nur hier eine vage »ethnische« Zuordnung der Pentapolis geboten: Während für die geschichtliche Zeit Sodom und Gomorrha mit den Gebieten Moabs und Ammons assoziiert werden können (Zef 2,9),[404] stehen sie hier, in der vorgeschichtlichen Zeit, in Schicksalsgemeinschaft mit den auch in den »antiquarischen Glossen« von Dt 2f. begegnenden sagenhaften »Geisterern, Höhlern, Summern und Schreckiten«[405], die womöglich noch aus vorsintflutlicher Zeit übrig geblieben sind; ja sie sind mit diesen womöglich identisch. Die Liste jener Völkerschaften[406] ihrerseits ergibt, wenn die Informationen aus Dt 2f. hinzugezogen werden, eine klare Nord-Süd-Reihenfolge, die auch der Erzähllogik entspricht.

Eine geographische Systematik steht dagegen bei den beiden Königslisten nicht im Mittelpunkt: Für die Liste der Kleinkönige ist die traditionsgeschichtliche Anordnung entscheidend, wie unten im Einzelnen gezeigt werden soll[407] – die Namen der Großkönige aber sind ganz einfach nach dem Alphabet geordnet.[408] Davon ausgehend, wurden den vier Kleinkönigen sprechende Namen gegeben, die mit ihren Initialen auf die alphabetische Reihenfolge der Großkönige abgestimmt sind, mit der Zahl der Buchstaben auf die Namen ihrer Städte, während ihre Wortbedeutung nicht nur Sodom und Gomorrha zu charakterisieren, sondern sogar das Zustandekommen der Nachkommen Lots karikierend vorwegzunehmen vermag.[409]

---

404 »Moab wird wie Sodom werden, die Kinder Ammons wie Gomorrha.« Auch nach der Genesis beerben die Kinder Lots letzten Endes Sodom und Gomorrha. Häufiger freilich bilden letztere ein unheilvolles Vorbild für Israel und Juda, Samaria und Jerusalem, siehe unten »Sodom und die Pentapolis in der biblischen Tradition und in Gen 14«, S. 98–100.

405 Radday, Zwielicht, 42. Auch nach Schatz, Genesis 14, 298, mögen diese Völkernamen »redende Namen« sein.

406 Siehe unten S. 109 ff.

407 Siehe unten S. 98 ff.

408 Siehe den unmittelbar folgenden Abschnitt.

409 Siehe unten S. 104–109.

2.1. Amrafel & Co. – Die Großkönige

Die historische Zuordnung der erstgenannten vier Könige hat die Wissenschaft überproportional beschäftigt.[410] Die bisweilen ausufernde Diskussion braucht nicht aufgenommen zu werden, da an dieser Stelle die erzählerische Funktion der vier Könige im Kontext interessiert. Zunächst sind es *vier* Könige, die aufgezählt werden: Vier ist die Zahl der Himmelsrichtungen, davon abgeleitet auch die Zahl der Weltreiche.[411] Die Vierzahl spielt nicht nur in der frühnachexilischen Prophetie[412] eine große Rolle; auch in der von Gen 14 vorausgesetzten Abra(ha)mgeschichte wird eine Vierzahl der Geschichtsperioden entfaltet,[413] und die vier Himmelsrichtungen werden im Kontext der Trennung von Abram und Lot[414] vollständig aufgezählt.

Die Lokalisierung ist nur im Falle Elams unumstritten.[415] Dies trifft sich mit der elamitischen Ableitung des Namens כדרלעמר.[416] Der Schreiber des Textes verfügte demnach über genügend historische oder philologische Kenntnisse, einen Namen als elamitisch zu identifizieren, oder sogar einen elamitischen Namen zu bilden.[417] Es soll sich um einen mächtigen elamitischen König des 2. Jahrtausends gehandelt haben, der bis nach Palästina hinein die Hegemonie innehatte. Ebenso soll »Amrafel, König von Schin'ar« sicher einen mesopotamischen Großkönig derselben Zeit darstellen.[418] Die intendierte Lokalisierung von »Ellasar« sowie von

---

410 1869 von Nöldeke, Ungeschichtlichkeit, 160, mit den Worten angekündigt: »Es sollte mich übrigens gar nicht wundern, wenn beherzte Keilschriftforscher [...] auch einmal Genaueres über Kedorlaomer und seine Verbündeten in ihre Inschriften hineinlesen würden.«

411 Astour, Symbolism, 78f. verweist auf die Einteilung der Erde in entsprechend den Himmelsrichtungen vier Teile (Akkad, Subartu, Elam, Amurru) in babylonischen und assyrischen Quellen als Hintergrund für Gen 14.

412 Sach 2,1–4; 6,1–8.

413 Gen 15,7–21.

414 Gen 13,14//GA 21,9.

415 Zu Elam vgl. Herrmann, Art. Elam (Lit.).

416 Beide Bestandteile sind jeweils in anderen Zusammenhängen belegt: Kudur (häufig Bestandteil von Königsnamen) = Schützer, Lagamar = eine Gottheit (Schatz, Genesis 14, 311; Westermann, BK I/2, 228; vgl. bereits Dillmann, Genesis, 233). Die (sekundäre) Getrenntschreibung im Samaritanus, vgl. auch Gen 14,17 im Codex L, ist also durchaus sachgemäß.

417 Vgl. Görg, Art. Kedor-Laomer, 458f.: »Vielleicht darf man mit einer künstlich geschaffenen Figur rechnen, deren Namenbildung und Funktionsangabe in dem als ›junge, midraschartige Kompilation‹ (Weippert) wirkenden Kontext auf das Konto eines gebildeten und sprachkundigen Literaten aus dem Kreis der Heimkehrer aus dem Exil nach Jerusalem gehen könnte.«

418 Kritische Exegese mit wissenschaftlichem Anspruch sollte aber vom Sicheren ausgehen und von da zum Unsicheren fortschreiten. Sicher ist für Gen 14 als Bestandteil israelitischer Literatur, dass mit Schin'ar Babylon oder wenigstens eine Landschaft in Mesopotamien gemeint ist. Die Gleichsetzung mit Hammurabi von Babylon dürfte deshalb eher intendiert sein als eine mit einem ugaritischen König namens Hammurabi, wie zuletzt durch Margalith, Riddle, 502 (mit Verweis auf weitere Literatur). Das vieldiskutierte sprachliche Problem des auslautenden ל bei Amrafel besteht in beiden Fällen. Übrigens hat man auch vor der Entzifferung der Keilschrift schon Erklärungen für diesen Namen gefunden: Schatz, Genesis 14, 13f., zitiert P. von Bohlen mit der Ableitung Am-

»Gojim« ist dagegen nicht ganz deutlich; »Arjoch« scheint ein semitischer[419], »Tid'al« ein hethitischer Name zu sein[420]. Wenn dem Schreiber bewusst war, dass Tid'al der Name eines kleinasiatischen Großkönigs gewesen ist, dann ist die Beschreibung seines Herrschaftsbereiches mit »Völker« treffender als diejenige mit »Chet«, das im biblischen Hebräisch bekanntlich für einen Teil der mittel- bzw. südpalästinischen Vorbevölkerung Israels steht.

Indem die vier Könige für mehrere Großreiche stehen, repräsentieren sie, mit ihren historisch anmutenden Namen, die Weltgeschichte. Dabei werden die aus der jüngeren Vergangenheit bekannten Namen von Großmächten, wie etwa Assur,[421] Medien,[422] Babel,[423] Persien,[424] vermieden,[425] die allesamt auch in der achämenidischen Zeit unter ihren alten Namen aktuell-politische Bedeutung als Satrapien besaßen. Da die vier Könige der Datierung dienen, und diese Datierung die Überschrift für das kleine »Buch« bildet, werden sie so neutral wie möglich angeordnet: Nach dem Alphabet.[426]

---

rafels aus dem Sanskrit als »Amarapala«, »Beschützer der Götter« (so auch Delitzsch, Genesis, 357); von da ist es nur ein Schritt zur Ableitung »Abrahams« von »Brahman« bei Ferdinand Hitzig (Schatz, Genesis 14, 14). Weitere Identifizierungsvorschläge wird es auch in Zukunft geben.

419 Zu den verschiedenen bei Schatz, Genesis 14, 86 f., referierten Identifikationsmöglichkeiten für Arjoch (der Name ist bereits bei einem Sohn Zimrilims von Mari belegt) ist hinzuzufügen, dass auch im östlichen Kleinasien im 4. bis 3. Jh. v. Chr. der Name mehrfach belegt ist (Mulzer, Art. Ellasar, 525). Dies könnte die Lokalisierung seines Königtums in Kleinasien durch das GA (Kappadozien), Vg und Symmachus (Pontus) erklären.

420 Dass Tid'al kein semitischer Name ist, hat, laut Bereschit Rabba, bereits Rabbi Jochanan gesehen, der ihn allerdings im Zuge der Vier-Reiche-Systematik, s. u. Anm. 429 (S. 97) zusammen mit dem ו copulativum als lateinischen Namen, also etwa »Vitellius«, las (Ber R 42,4).
Seit der Entdeckung der Bogazköy-Texte ist die sprachliche Identifikation Tid'als mit hethitisch *tudḫalia(š)*, dem Namen mehrerer hethitischer Könige vom 17. bis 13. Jh. v. Chr. unbestritten, vgl. Astour, Symbolism, 78. Zuletzt identifiziert ihn Margalith, Riddle, 501, mit »Tudkhaliash III (1265–1240 B.C.)« (nach anderer Zählung wäre er der IV.), ältere Vorschläge bei Schatz, Genesis 14, 88 f. 95 f. 311. Zu Recht weist aber Mulzer (Art. Tidal, 849) aufgrund des langen zeitlichen Abstandes grundsätzlich jede Identifizierung mit einem *bestimmten* hethitischen König zurück; er erinnert stattdessen an den ebenso schwer historisch einzuordnenden *mtu-ud-ḫul-a* der Spartoli-Texte (vgl. Astour, Symbolism, 86–90).

421 Josephus, Ant 1,179, subsumiert alle vier Könige unter Assur.

422 Die Exposition des Buches Judith, Jdt 1,1–6, welche deutlich den Stil von Gen 14,1–4 imitiert (inklusive Glossierungen: »in dem Großen Tal, das ist das Tal im Ragau-Gebirge« Jdt 1,5 [vgl. Gen 14,3], und Zeitangaben: »Im 12. Jahr« Jdt 1,1 [Gen 14,4]), nennt neben Nebukadnezar von Assur und Arfachsad (dieselbe Namensform wie der Sohn Sems, Gen 10 f.) von Medien auch einen Arjoch als früheren König der Elamiter (LXX; Vg: Erioch re[x] Elicorum, Luther '84: Arjoch, König von Ellasar[!], Jdt 1,6), während Dan 2,14–25 ein Arjoch als hoher Beamter des Königs von Babel begegnet. Zur Datierung von Gen 14 taugen diese Parallelen nicht – der womöglich hurritische Name Arjoch taucht in keilschriftlichen Texten von Mari und Nuzi bis zu den Spartoli-Texten auf, vgl. Schatz, Genesis 14, 86 f.

423 Vgl. GA 21,23 sowie durchgängig die Targume zu Gen 14,1.9.

424 Vgl. unten S. 135 mit Anm. 690.

425 Mit der durchgängigen Verwendung von Decknamen rechnet Astour, Symbolism.

Herbert Donner hat den Eindruck des Lesers zu den Namen der vier Großkönige ironisierend mit den Worten zusammengefasst: »Sie lesen sich, als ob ein später Autor auf der Suche nach fremden, altertümlichen Namen ein historisches
Lexikon aufgeschlagen, darin aber nur die Stichworte, nicht die Artikel gelesen
hätte.«[427] Nun zählt das »historische Lexikon« nicht zu den bisher nachgewiesenen
Gattungen altorientalischer Literatur, so dass es auch die Lexikonartikel nicht
gegeben hat, die der Autor hätte ignorieren können. Aber die alphabetische Anordnung könnte in der Tat als Vorbild derjenigen eines Lexikons gelten: Auch dort
steht Amrafel vor Arjoch vor Kedorla'omer vor Tid'al.

Während die Namen durchaus dem zweiten Jahrtausend entstammen könnten, fehlt zur vollständigen Darstellung der Großmächte dieser Zeit die Erwähnung Ägyptens. Dies spricht dafür, dass die tatsächliche Dominanz Ägyptens in
Palästina über weite Strecken des zweiten Jahrtausends dem Autor ebensowenig
bewusst war wie den übrigen Erzählwerken des Alten Testaments, unter Einschluss
der Josefs-Novelle.[428]

Das Bemühen um Historizität ist bei der Auswahl der vier Königreiche wie
der Königsnamen entscheidend. Es soll sich um vier bedeutende Könige bedeutender Mächte der Zeit Abrams handeln. Erst die von den Danielvisionen geprägte
Wirkungsgeschichte hat hier auch die vier aufeinanderfolgenden Weltreiche finden
wollen.[429]

Ein geographisches System wird nicht deutlich.[430] Auch wenn bei der Vierzahl
an die vier Himmelsrichtungen gedacht werden dürfte, bleibt die Zuordnung
unklar. Biblisch belegt sind die unterschiedlichsten Reihenfolgen in der Aufzählung, vgl. allein in den Beschreibungen des verheißenen Landes Gen 13,14 (N-S-
O-W); 28,14 (W-O-N-S); Num 34,1–12 (S-W-N-O); Dt 3,27 (W-N-S-O), oder
des Lagers Israels Num 2,3.10.18.25 (O-S-W-N). Denkbar wäre allerdings, dass
die Reihenfolge im kanonischen Text von Gen 13,14[431] an Gen 14,1 assimiliert ist:
Dann müssten von einem der Pentateuchredaktoren Elam als im Osten, die »Völker« als im Westen liegend, Schin'ar als im Norden,[432] und Ellasar als im Süden[433]

---

426 Zu weiteren alphabetischen Anordnungen von Personen- bzw. Städtenamen siehe vor allem
     S. 104f., aber auch Anm. 452 (S. 101) und Anm. 725 (S. 141).

427 Donner, Geschichte I, 97.

428 Handy, Memories, 47.

429 Vgl. BerR 42,4: Babel, Antiochus, Medien, Edom (Chiffre für Rom) sowie, in loser Zuordnung,
     BerR 42,2 Babel, Medien, Griechenland, Edom.

430 Anders Astour, Symbolism 79.

431 N-S-O-W übereinstimmend in den alten Versionen des Bibeltextes. Dass die Reihenfolge der
     Himmelsrichtungen auch hier (ebenso wie die Reihenfolge der Großkönige in Gen 14,1.9) varia-
     bel war, belegen die außerkanonischen Paralleltexte zu Gen 13,14, GA 21,9 (O-W-S-N) und
     Jub 13,19 (N-S-W-O [äth. bzw. W-S-O-N [lat.]).

432 Vgl. zu den verschiedenen Identifizierungsmöglichkeiten Schatz, Genesis 14, 86.92f.

433 Da »Ellasar« abgesehen von Gen 14,1.9 weder im Alten Testament noch außerhalb vorkommt, ist
     die Frage, was sich der Autor darunter vorgestellt hat, nach wie vor völlig offen. Gegen die in der
     älteren Forschung diskutierten Assoziation mit dem südlich Babylons liegenden Larsa hat Astour,

liegend verstanden worden sein. *Eindeutig beabsichtigt* ist und bleibt in Gen 14,1 aber allein *die alphabetische Anordnung nach den Königsnamen.*[434]

Erst im Verlauf der Erzählung stellt sich heraus, dass die vier Großkönige nicht ganz gleichberechtigt sind. Offensichtlich führt Kedorlaʿomer nicht nur die Koalition an,[435] sondern übt hegemoniale Macht im syrisch-palästinischen Raum aus. 150 Jahre altorientalistischer Forschung haben keinen außerbiblischen Beleg für elamitische Vorherrschaft im Palästina des 2. Jt. v. Chr. liefern können.[436] Im 5. Jh. v. Chr. dagegen war die Tributpflicht Palästinas an den u. a. im elamischen Susa[437] residierenden persischen Großkönig politische Realität. Dies wird vorsichtige Schlüsse für die Datierung dieses Schriftstückes nahelegen.[438]

2.2. Sodom und die Pentapolis in der biblischen Tradition und in Gen 14[439]

Die »Pentapolis«, wie sie hier im Kriegsbericht auftaucht (Gen 14,2.8),[440] findet ihre einzige, wahrscheinlich von Gen 14 abhängige Parallele in Gen 10,19 (dort lediglich לשע anstelle von Bela/Zoar, wenn nicht der u. a. in BHS vorgeschlagenen

---

Symbolism, 77 f. den Vorschlag erneuert, »Ellasar«, mit Assur gleichzusetzen, mit Zurückhaltung aufgenommen von Schatz, Genesis 14, 277, distanziert Emerton, Clues, 33 f. 42.
Die jüdische Tradition hat Ellasar mehrheitlich im Norden gesucht, vgl. schon die Übersetzung mit »Kappadozien« im GA, die Übersetzung mit »Pontus« in der Vg, sowie evt. die Wiedergabe mit תלסר (vgl. תלאשׂר 2 Kön 19,12//Jes 37,12) bei Pseudo-Jonathan. Dies hat vielleicht auch damit zu tun, dass bei der Identifikation von Schinʿar mit Babylonien ein nördliches Königreich in der Aufzählung fehlte (vgl. die Zuordnung verschiedener nördlicher Reiche bei Symmachus s. Apparat der BHS zu Gen 14,1).

434 Vgl. bereits Gunkel, Genesis, 280.

435 Gen 14,5.9.17. Dass Gen 14,9 im Vergleich zu V. 1 neben Kedorlaʿomer von Elam auch Tidʿal, König von Völkern, umgestellt wird, könnte in dem Verständnis von Elam und den Völkern sowie Schinʿar und Ellasar als geographischen Gegensatz-Paaren für O-W und N-S bzw. S-N, vgl. Anm. 433 (S. 97), begründet sein, so Astour, Symbolism, 79.

436 Schatz, Gen 14, 88.

437 Vgl. zu Susa – »seit Xerxes I. (478) Winterresidenz der Perserkönige« (Becker, Esra, 63) – Neh 1,1 sowie das in Susa handelnde Estherbuch. Nach Herodot ist Susa sowohl unter Darius als auch unter Xerxes Hauptstadt (vgl. Historien, III, 70,3 u. ö. für Darius; V, 52–54 die Wegbeschreibung; VII, 3,1 u. ö. für Xerxes). Siehe auch unten Anm. 692 (S. 135).

438 Deshalb darf die Erzählung aber nicht als Maskenspiel von Personen aus der Gegenwart des Erzählers verstanden werden. Bereits Nöldeke, Ungeschichtlichkeit, 172, mahnte nicht ohne Grund, dass kein Beispiel bekannt sei, »dass die altisraelitischen Schriftsteller in den Berichten über das Altherthum E r e i g n i s s e der Gegenwart oder jüngsten Vergangenheit abspiegeln«; dazu ebd. Anm. 2: »Wohl aber thun sie das allerdings mit Z u s t ä n d e n ihrer Zeit.« In der Tat sollen die geschilderten Ereignisse der Vergangenheit die Gegenwart nicht *abbilden*, sondern helfen, diese *besser zu verstehen.*

439 Eine historische Deutung sollte sich für Sodom etc. verbieten. Die ägyptischen Ächtungstexte und die Amarnakorrespondenz, welche recht eindeutig die im zweiten vorchristlichen Jahrtausend bedeutenden Städte der Gegend benennen, schweigen. Auch die Heranziehung weiterer, erheblich schwerer deutbarer Quellen hat bisher keinen Nachweis erbracht, vgl. zur angeblichen Identi-

Konjektur gefolgt wird[441]). Eine Vorstufe dazu bot Dt 29,22, wo die beiden Städtepaare erstmals zusammengefasst wurden: Sodom, Gomorrha, Adma, Zebojim. Bereits in der Grundschicht von Gen 14 findet sich aber, ebenso wie in der übrigen biblischen Literatur, neben der Fünfzahl[442] auch die Zweiheit von »Sodom und Gomorrha« (Gen 14,10f.),[443] sowie Sodom allein (Gen 14,17.21f.).[444] Traditionell werden ähnliche Differenzen im Rahmen der Urkundenhypothese mit verschiedenen Quellenfäden erklärt – analog der Unterscheidung der Pentateuchquellen nach den diversen Gottesbezeichnungen oder etwa der Aufgliederung der Josefsgeschichte in eine Jakob-(Ruben-)Rezension und eine Israel-(Juda-)Rezension. In der Tat wurde der Wechsel zwischen einer und mehreren Städten, wenn nicht literarkritisch, so doch traditionsgeschichtlich in Bezug auf Gen 18f. fruchtbar gemacht.[445] Dennoch wird »J« in der Regel zugetraut, sowohl exemplarisch von Sodom allein, als auch von Sodom und Gomorrha oder von dem »Kikkar« zu reden.[446]

Das Nächstliegende sollte jedoch dort wie hier die Erklärung im vorliegenden narrativen und theologischen Kontext sein: Die Tradition, wie sie sich vielfältig in den Prophetenbüchern spiegelt,[447] weiß von der Katastrophe unter verschiedenen Namen zu berichten, wobei Adma und Zeboim ursprünglich eine Variante zu Sodom und Gomorrha darstellten (Hos 11,8).[448] *Allein* steht Sodom dort, wo es

---

fizierung der Pentapolisstädte in den Ebla-Texten Mulder, Art. סדם, 760f. Zur Geschichte der mit Sodom und Gomorrha verbundenen Traditionen vgl. auch Loader, Tale.

440 Die Bezeichnung »Pentapolis« steht, allerdings ohne Nennung der einzelnen Städte, Wsh 10,6. Die Zahl »fünf« wird durch die endkompositionelle Glossierung auch in Gen 14,9 eingetragen.

441 Otto Eißfeldt schlägt in BHS vor, auch Gen 10,19 בלע zu lesen, allerdings ohne Anhalt an den alten Versionen – vgl. aber unten Anm. 475 (S. 103). Unabhängig davon, ob diese Gleichsetzung zulässig ist, bestätigt Gen 10,19 die lose geographische Verknüpfung der vier Städte mit den Völkerschaften des Ostjordanlandes in Gen 14. Syntaktisch steht in Gen 10,19 Lescha, parallel zu Gaza im Südwesten, als äußerster Grenzpunkt des Siedlungsgebietes der Kanaaniter im Südosten, nämlich am Ende des Weges, »wo man nach Sodom, Gomorrha, Adma und Zebojim geht«.

442 Neben dieser sind die unbestimmten Formeln, die im Zerstörungsbericht »das ganze Gebiet« mit einbeziehen, zu erwähnen wie etwa Gen 19,25 ואת כל הככר, sowie 19,28.29, vgl. den ככר Gen 13,10–12 sowie die »Tochterstädte« Sodoms Ez 16,46 u.ö.

443 Vgl. Gen 13,10; 18,20; 19 24.28 sowie Dt 32,32; Jes 1,7.9.10; 13,19; Jer 23,14; 49,18; 50,40; Am 4,11 und Zef 2,9, daneben Hosea 11,8 mit der Zweiheit von Adma und Zeboim.

444 Vgl. Gen 13,12.13; 18,16 22.26; 19,1.4 sowie, exemplarisch, Jes 3,9; Thr 4,6; Ez 16,46.48. 49.53–56.

445 Westermann, BK I/2, 365: »man kann nur sagen, daß es einmal eine Nachricht von der Stadt Sodom gab und eine von Sodom und Gomorrha«. Seebass, Genesis II/1, 150, unterscheidet immerhin vier verschiedene Traditionselemente in Gen 19, die jeweils hinter V.1–16; V.17–22; V.24 sowie V.25 stünden; auch diese unterscheiden sich unter anderem durch die verschiedenen Städtenamen und Gebietsbezeichnungen.

446 Seebass, Art. Jahwist, 444, rechnet dem Jahwisten sowohl 13,11a.12bβ.13 als auch 19,28 zu. In seinem Kommentar geht er mit den alten Quellennamen allerdings zurückhaltender um.

447 »In der ganzen Genesis gibt es nicht ein Ereignis, das im übrigen AT so häufig erwähnt wird wie der Untergang Sodoms« (Westermann, BK I/2, 363).

448 So Gunkel, Genesis, 216.289; Westermann, BK I/2, 229.

um einen Vergleich mit der (personifizierten) Stadt Jerusalem geht, nämlich
Thr 4,6, Ez 16,46.48 f. 53–56 sowie Jes 3,9.[449] Im Ezechielbuch ist regelmäßig von
Sodom und seinen »Töchtern« die Rede, die das Schicksal Sodoms teilen, was der
Vorrangstellung Sodoms vor Gomorrha an allen Stellen, wo diese beiden Städte
erwähnt werden, entspricht. Sodom und Gomorrha stehen als Aufzählung nebeneinander[450] oder im synonymen Parallelismus,[451] werden aber niemals inhaltlich
differenziert. Dt 29,22 sowie Gen 10,19 versuchen dann, wie Gen 14,2.8, die
zugehörigen Städte möglichst vollständig aufzuzählen.

Auch im Abra(ha)m-Lot-Zyklus steht Sodom *pars pro toto*: Sodom ist die
Stadt, wo die Erzählung 19,1–22 spielt; Sodom dient auch in der Verhandlung
zwischen Gott und Abraham in 18,22–33 als alleiniges Exempel. Andererseits ist
von Anfang an klar, dass Sodom mit dem ככר zusammengehört, der auch als Ganzes als Lots Aufenthaltsort gelten kann[452], und dass Sodom sein Schicksal mit den
anderen Städten des ככר teilt.

Fünf Städte: Historiographische Systematisierung

Gen 14 übernimmt, wie gezeigt werden konnte, sowohl die Vorrangstellung
Sodoms als auch die Mehrzahl der Städte und die Paarbildungen aus der Tradition
von den untergegangenen Städten. Eine Fünfzahl der Städte des Jordankreises findet sich aber in der hebräischen Bibel[453] nur Gen 10,19 und hier.[454] Gerade
Gen 10,19 weist allerdings auf eine sicher nicht zufällige Entsprechung hin: Das
Gebiet der Kanaaniter wird, ausgehend von Sidon, im Westen durch die Philisterstädte Gaza und Gerar, im Osten durch die Fünf Städte der Sodom-Pentapolis
bestimmt. Das Gebiet der Philister, Erzfeinde Israels, die, anders als die Sodomiter,
auch als historische Größen fassbar sind, wird biblisch regelmäßig als Pentapolis
bezeichnet[455]. Die Parallelität zu den Philistern impliziert im Übrigen, dass die
Bewohner der Sodom-Pentapolis von dem Autor von Gen 10,19 MT ebenso wie
die Philister »ethnisch« und »geographisch« nicht selbst zu »Kanaan« gezählt werden, sondern in urgeschichtlicher Zeit, da Moab, Ammon und Edom noch nicht
genannt werden können, die (süd-)östlichen Nachbarn Kanaans darstellen sollen.

---

449 Der Vollständigkeit halber sei noch auf die verschiedentlich vorgeschlagene Konjektur in Jes 1,7
hingewiesen (Duhm, Jesaja, 5; BHK; BHS), die für das zweite זרים סדום liest und u.a. in die revidierte Lutherbibel und die Einheitsübersetzung Eingang gefunden hat.

450 Am 4,11, sowie Jes 13,19; Jer 49,18; 50,40 jeweils »samt ihren Nachbarn«.

451 Dt 32,32; Zef 2,9; Jes 1,9.10; Jer 23,14.

452 Gen 13,11.12; vgl. noch Gen 19,29 »die Städte, in denen Lot gewohnt hatte«.

453 Wsh 10,6 bezeugt dann, von Gen 14 ausgehend, erstmals den Ausdruck »Pentapolis«.

454 Eine Fünfzahl von untergegangenen Städten findet aber Worschech, Land, 81–83, in den frühbronzezeitlichen Städten an der Südseite des Toten Meeres, »die alle etwa zur selben Zeit existierten und zerstört worden sind«, d.h., ca. 2100 v.Chr., und referiert mit Sympathie die Auffassung,
»daß es sich um jene fünf Städte handelt, die von den vier mesopotamischen Invasoren geplündert
und zerstört worden sind« (a.a.O., 83).

455 Jos 13,3; Ri 3,3; 1 Sam 6,4.16.18.

Eine Gen 14 vergleichbare literarisch konstruierte Fünfer*koalition* findet sich Jos 10:[456] Neben einigen gemeinsamen gattungstypischen Elementen (vgl. die Beschreibung des verheerenden Siegeszuges Josuas Jos 10,28–41 mit dem Zug Kedorla'omers Gen 14,5–7) finden sich durchaus bemerkenswerte Parallelen:[457] Josua wie Abram greifen erst auf einen Hilferuf hin in das Kriegsgeschehen ein (Jos 10,6f.; Gen 14,13f.), beide erreichen die Gegner in der Nacht, schlagen sie überraschend, und verfolgen sie weiter (Jos 10,9f.; Gen 14,15).[458] Die fünf Klein-könige werden von Unbilden der Natur bedrängt[459]; sie fliehen und versuchen sich zu verbergen… Am Ende (Jos 10,16–27) sind die fünf Könige der Amoriter der Gnade Josuas ausgeliefert wie Gen 14,17–24 der König von Sodom der Gnade Abrams,[460] nur dass dieser, wenigstens vorläufig, besser davonkommt als jene. Noch eine letzte Entsprechung sollte nicht unerwähnt bleiben: Die Namen der fünf Könige werden jeweils nur einmal, bei ihrer ersten Erwähnung, genannt,[461] während bei der zweiten Erwähnung nur noch die Königtümer aufgezählt wer-den.[462]

Die Zahl Fünf steht hier wie dort für den Versuch einer historiographischen Systematisierung. Eine Fünfzahl von überwundenen Gegnern Israels findet sich außer bei den Philistern[463] und den Kanaanitern in der Schlacht bei Gibeon[464] auch bei den Midianitern.[465] Die Fünf steht nicht in demselben Maße für eine Vollkommenheit wie etwa die Zwölf oder die Zehn.[466] Zur Rettung Sodoms und

---

456 Vgl. Schatz, Genesis 14, 278.

457 Bedauern kann man freilich, dass ein glossierender Literaturverweis analog Jos 10,13aβ MT (nicht in LXX) für Gen 14 fehlt.

458 Nicht zu übersehen sind freilich auch die Unterschiede: Die Viererkoalition von Gen 14 fehlt völ-lig in Jos 10; während Abram die fünf Kleinkönige bzw. was von ihnen übrig ist, befreit, sind die fünf Könige in Jos 10 von Anfang an die Kriegsgegner Josuas. Und das Eingreifen Gottes, das Jos 10,8.10–14 so eindrücklich geschildert wird, lässt sich für den Kriegszug Abrams lediglich aus Gen 14,20a erschließen. Die Grenzen der Parallelität werden vielleicht am deutlichsten, wenn man sich bewusst macht, dass sich unter den von Josua schmählich hingerichteten Königen mit Adoni-Zedek, dem König von Jerusalem, auch ein Amtsnachfolger des Malki-Zedek befindet.

459 Die Hagelkörner wie das Stillstehen von Sonne und Mond werden Jos 10,11.12–13, im Unter-schied zu den Asphaltgruben von Gen 14,10 (nicht in GA), theologisch interpretiert.

460 Der König von Sodom war freilich auch nicht Kriegsgegner Abrams.

461 Jos 10,3, vgl. Gen 14,2. Lediglich der »Anstifter« Adoni-Zedek von Jerusalem wird bereits vorher ein weiteres Mal beim Namen genannt (Jos 10,1).

462 Gen 14,8 und Jos 10,23, vgl. Schatz, Genesis 14, 178. Zudem werden sowohl Jos 10,3 als auch 10,23 die vier vom König von Jerusalem angeführten Königtümer jeweils in ihrer alphabetischen Reihenfolge aufgezählt: Hebron (ח), Jarmut (י), Lachisch (ל), Eglon (ע), was sicher beabsichtigt ist, da es von der später mitgeteilten »historischen« Reihenfolge abweicht (Jos 10,31–37: Lachisch – Eglon – Hebron).

463 S.o. Anm.455 (S.100). Die Fünf steht auch für die Befreiung von den Philistern, vgl. die fünf glatten Steine, die David wählt, um den Philister Goliath zu besiegen (1 Sam 17,40).

464 Die Zahl Fünf steht ausdrücklich Jos 10,5.16f.22–24.26.

465 In Num 31,8 »fünf Könige«, vgl. Jos 13,2; Gen 25,4.

466 Jeremias, Licht, 287–289 nennt die Fünf eine »Unterweltzahl« – eine Vorstellung, die allerdings auf endkompositioneller Ebene keine Rolle mehr gespielt haben dürfte.

Gomorrhas hätten sich *zehn* Gerechte finden müssen.[467] Und es ist erst der *zehnte König* unter den in Gen 14 aufgezählten, dem Abram *zehntet*, und dessen Name heißt: *Mein König ist Gerechtigkeit.*[468] Daher spricht Abram zum König von Sodom in einem bereits im Aramäischen nicht mehr nachzuahmendem Wortspiel (Gen 14,23):[469]

לא תאמר אני העשרתי את אברם:

Zwei Städte: Die Tradition vom Untergang

Zwei Paare von Städten waren bereits in der Liste erkennbar; das bis heute sprich-wörtlich für Frevel und Sünde stehende Paar »Sodom und Gomorrha« begegnet dann 14,10f. Wo von dem Ergehen von vier geschlagenen Völkern und fünf geschlagenen Städten gehandelt werden sollte, ist plötzlich nur noch von zweien die Rede, von Sodom und Gomorrha. Während bis zu V.9 alle erwähnten Könige scheinbar gleichberechtigt neben einander aufgezählt werden, wird hier nun an das Vorwissen angeknüpft, dass das schimpflichste Schicksal mit den Namen Sodom und Gomorrha verbunden ist. Textintern ist dieses Schicksal aus der Prolepse in Gen 13,10, die in 19,24f.29 ihre Erfüllung finden wird, bereits bekannt; textextern handelt es sich ohnehin, wie oben bemerkt, um einen bekannten Topos. Wer mit der biblischen Tradition vertraut ist, dürfte bereits nach den ersten beiden Versen der Geschichte vor allem nach dem weiteren Geschick von Sodom und Gomorrha fragen. Diese Erwartung wird V.10f. bedient: Die Koalition wird zer-schlagen, der König von Sodom flieht, der von Gomorrha fällt. Die Rede ist dann noch von den Besitztümern Sodoms und Gomorrhas – und von den Ansprüchen des einzig übriggebliebenen Königs.

Paare von frevelhaften Gegnern Israels finden sich in der biblischen Literatur häufiger. Das wirkungsgeschichtlich bedeutsamste in der Hexateuchtradition bil-den sicher Sichon von Cheschbon und Og von Baschan, deren Namen übrigens mit den Initialen von Sodom (ס) und Gomorrha (ע) beginnen. Auf Og, den letzten übrig gebliebenen der Refaïm, verweist in Gen 14 die Lokalisierung der Refaïter in עשתרת (Gen 14,5)[470]. Im palästinischen Targum wird sogar der leibhaftige Og, der schon die Sintflut überlebt hat, in die Handlung von Gen 14 integriert, indem הפליט Gen 14,13 mit Og von Baschan identifiziert wird.[471]

---

467 Gen 18,32.

468 Siehe unten S.112.

469 Dass es um das Bereichern (עשר pi.) und nicht um das Zehnten (עשר pi.) geht, darin sind sich alle Übersetzungen und Textzeugen einig. Da aber im klassischen Hebräisch Sin und Schin in der Aussprache nicht differenziert wurden (vgl. Diem, Problem, 243–247), waren עשר und עשר voll-kommene Homonyme, und der Anklang an den מעשר von Gen 14,20 unüberhörbar. Vgl. zu die-sem Wortspiel zuletzt McConville, Horizons, 113.115, sowie Elgavish, Encounter, 505.

470 Aschtarot ist nach Dt 1,4; Jos 9,10; 12,4; 13,12 eine Residenz Ogs. Zu den Refaïm siehe auch unten S.233.

471 TPsJ Gen 14,13.

Sodom allein: Das Exempel

Das Wissen darum, dass Lot als Stammvater der Moabiter und Ammoniter in der vom Kriegszug betroffenen Gegend ansässig ist, wird von der Grundschicht bereits vorausgesetzt. Lot selbst und sein Besitz wurden nicht gemeinsam mit Refaïm, Emitern, Susitern und Choritern von Kedorlaʿomer & Co. geschlagen und vernichtet. Er konnte andererseits auch nicht fliehen wie der König von Sodom, sondern teilte das Schicksal der Besitztümer des sodomitischen Königs und wurde, samt seiner beträchtlichen Habe, als Beute abgeführt. Dass Lot in Sodom selbst wohnt, ist aus der Erzählung von Gen 19 bekannt, was die erste Glossierungsschicht in 14,12, in sinngemäßer Entsprechung zu 13,12f. und 19, ausdrücklich festhält[472]. Den Hörer/Leser interessiert Lots Schicksal mehr als das aller neun vorher erwähnten Könige, und dieses ist wiederum in besonderer Weise mit dem Schicksal Sodoms verbunden.[473]

Sodom steht von nun an, ebenso wie in Gen 18f., exemplarisch für ein größeres Gebiet. Indem ab V. 12 von den Städten der Pentapolis nur noch Sodom bzw. sein König erwähnt wird, kommt nach einem langen Umweg durch die »Weltgeschichte« die Erzählung bei dem einzigen der kriegführenden Könige an, der auch noch selbst zu Wort kommen wird: Bei eben dem König von Sodom, der in den Versen 17–24 Abram gegenübertritt.

Im Kontext von Gen 14 (Grundschicht) steht der König von Sodom aber nicht nur für den Gen 14 nicht erwähnten Jordankreis, sondern als letzter Repräsentant für das ganze Ostjordanland, vom Baschan bis zum Golf von Aqaba.

Bela

Die fünfte Stadt, die sich keinem Paar zuordnen lässt, fällt aus der Ordnung heraus, indem der Name des Königs dieser Stadt unerwähnt bleibt. Die Sonderstellung der Stadt Bela lässt sich durch den negativen traditionsgeschichtlichen Befund erhärten;[474] der Name der Stadt soll wohl ebenso wie die Personennamen der vier anderen Kleinkönige ein sprechender Name sein: »Verschlingung«.[475] Dieser Name spielt nun auf das Schicksal aller fünf Stadte an,[476] weshalb seine

---

472 והוא ישב בסדם, siehe unten S. 138.

473 Durch die Glosse כדרא עבדהון in GA 22,1 wird diese Schicksalsgemeinschaft noch besonders betont.

474 Sie ist, anders als Sodom–Gomorrha und Adma–Zebo(j)im, allein in Gen 14 erwähnt.

475 Vgl. das Nomen בלע Jer 51,44 (in einem Wortspiel mit Bel und Babel) sowie Ps 52,6. Die Interpretation als »sprechender Name« belegen TPsJ z. St. sowie BerR 42,5; sie ist auch in der neuzeitlichen Exegese weithin anerkannt (Schatz, Genesis 14, 297).

476 Vielleicht erklärt sich mit der Bildung eines sprechenden Namens auch die Spannung zwischen בלע und dem an vergleichbarer Stelle auftauchenden לשע in Gen 10,19. Wenn letzteres als historischer Ortsname vorgegeben wäre, könnte die Vorliebe des Autors von Gen 14* für אתב"ש und sprechende Namen diesen veranlasst haben, das ש in לשע durch seinen Komplementärbuchstaben

Namenlosigkeit auch keinen Beweis für die Historizität oder wenigstens Anciennität der genannten vier Königsnamen,[477] sondern eher einen Hinweis darauf darstellt, dass auch diese erfundene, sprechende Namen sind. Erwähnt werden muss an dieser Stelle aber, dass בלע auch als Eigenname bezeugt ist, und zwar unter anderem als Name des ersten Königs der Edomiter: בלע בן בעור.[478]

2.3. Bera & Co. – Die Namen der Kleinkönige

Die alphabetische Ordnung

Im Unterschied zur Liste der Großkönige kann die Ordnung der Kleinkönige nicht erst durch sekundäre alphabetische Sortierung gewonnen sein, da sie durch die traditionsgeschichtlich festgelegte Reihenfolge der Städte bestimmt ist. Sowohl die Koordination von Sodom und Gomorrha als auch diejenige von Adma und Zebo(j)im waren, wie gezeigt werden konnte, vorgegeben, ebenso der Vorrang Sodoms. Die dennoch gegebene Korrelation der Initialen der Namen der Könige von Sodom, Gomorrha, Adma und Zebojim (ב, ב, ש, ש), mit denen der Namen der Könige von Schinʿar, Ellasar und der Völker (א, א, ה, dazu aus der Reihe fallend der Anführer כדרלעמר)[479] lässt nur einen Schluss zu: Die Namen wurden *ad hoc*, mit ihren Initialen nach dem phönizisch-aramäisch-hebräischen Alphabet[480] geordnet und auch noch den komplementären Buchstaben[481] gegenübergestellt,[482] erfunden. Doch geht die formale Systematik noch darüber hinaus:

ב zu ersetzen und nach vorn zu stellen, um so den treffenden Namen »Verschlingung« zu bilden. Es versteht sich von selbst, dass eine solche Identifizierung mit לשע zur Lokalisierung von בלע nichts beitrüge, vgl. die Kommentare zu Gen 10,19.

477 So Westermann, BK I/2, 229; vorsichtiger Seebass, Genesis II/1, 50.

478 Gen 36,32f. Dieser klingt wiederum an den Moabiterkönig בלק (LXX bietet Gen 14,2.8; 36,32f.; Num 22,2.4 jeweils den selben Namen, Βαλακ) und den von ihm gedungenen Seher בלעם בן בעור (nach Num 22,5 SP selbst ein Ammoniter, vgl. auch Dt 23,4f.) an. Außerdem hat es in Benjamin eine Sippe namens בלע gegeben (Gen 46,21; Num 26,38–40; 1 Chr 7,6f.; 8,1.3), und 1 Chr 5,8 weiß von einem Rubeniter dieses Namens. Während letzterer in das Ostjordanland verweist, wobei der Aktionsradius recht beachtlich gewesen sein soll (vgl. 1 Chr 5,8–10), berühren sich die Namen der benjaminitischen Listen stark mit denen der Edomiter von Gen 36.

479 Vgl. Jacob, Genesis, 387.

480 Dies ist auch ein sicheres Indiz gegen eine angebliche Vorlage in syllabischer Keilschrift.

481 Der erste Buchstabe (א) korreliert dem letzten (ה), der zweite (ב) dem Vorletzten (ש) usw. Das bekannteste biblische Beispiel für die Verwendung der nach dem »אתב"ש« komplementären Buchstaben ist das für Babel (בבל) stehende Kunstwort »Scheschach« (ששך) Jer 25,26; 51,41, sowie 51,1 לב קמי für כשדים.

482 Man vergleiche die drei Freunde Hiobs, Eliphas, Bildad und Zofar, die immer in alphabetischer Reihenfolge auftreten (sowohl im Rahmen: Hi 2,11 und 42,7.9, als auch in den Reden: 4,1; 8,1; 11,1; 15,1; 18,1; 20,1; 22,1; 25,1); zudem sind die Initialen der Namen und der Herkunftsorte bei den beiden ersten nach dem אתב"ש gebildet: Eliphas (א) von Teiman (ה) und Bildad (ב) von Schuach (ש). Auch die Namen der drei Töchter Hi 42,14 sind alphabetisch angeordnet.

Die Buchstabenzahl

Sogar die Anzahl der Buchstaben der Königsnamen wurde den Städtenamen angepasst. Während die Namen der vier Großkönigreiche jeweils mit vier Buchstaben geschrieben werden, hat die traditionsgeschichtliche Anordnung der vier Kleinkönigreiche, bei klassischer Orthographie,[483] eine wachsende Zahl von Buchstaben ergeben: Sodom wird mit drei, Gomorrha und Adma jeweils mit vier, Zebojim mit fünf Buchstaben geschrieben. Dem entsprechen die Namen der Könige: Bera mit drei, Birscha und Schenaab mit vier, sowie Schemiabad mit fünf Buchstaben.[484]

Die Wortbedeutungen

Es hat nicht an Versuchen gefehlt, die Namen als reale Personennamen zu deuten. Allerdings unterstellen diese Versuche in der Regel entweder arabische[485] oder aber akkadische[486] Namensbildungen, was bereits das Zugeständnis beinhaltet, dass die Namen kaum ursprünglich mit Sodom etc. verbunden sein können. Der Schreiber hätte also ihm zufällig vorliegende Namen aufs Geratewohl mit den Städten der Pentapolis verbunden. Das widerspricht der wohldurchdachten Zuordnung etwa von Amrafel zu Schin'ar und Kedorla'omer zu Elam. Die *particula veri* dieser Beobachtungen besteht hingegen darin, dass es sich immerhin um *mögliche* altorientalische Namen handelt. Welche Sprache die Sodomiter gesprochen haben sollen, darüber schweigen die biblischen Erzählungen. Wenn aber die historische oder sprachliche Zuordnung nicht maßgebend für die Namenswahl war, dann liegt es nahe, dass außer den Initialen und der Buchstabenzahl auch die Bedeutung der Namen eine Rolle gespielt hat. Und dazu ist generell zu bemerken, dass Namens-Bedeutungen nur dann darauf hoffen dürfen, verstanden zu werden, wenn sie in der Sprache des Textes, also im Hebräischen herauszuhören sind.[487]

Sprechende Namen sind kein singuläres Phänomen. Gerade im Buch Ruth, das bereits unter anderen formalen Gesichtspunkten gewisse Parallelen zu Gen 14

---

483 Sodom und Gomorrha defektiv geschrieben. Die Zahl der Buchstaben stimmt trotz textlicher Differenzen im Masoretischen Text und den besten samaritanischen Handschriften überein, im GA dagegen nicht mehr.

484 Vgl. Jacob, Genesis, 387; Skinner, Genesis, 259. Siehe auch unten Tabelle 7 (S.130).

485 Vgl. zu den ersten beiden Namen die von Schatz, Genesis 14, 97.99 referierten Vorschläge, sowie Soggin, Genesis, 232.

486 Besonders die Namenselemente שׂר und שׁמר haben dazu verleitet. Doch müsste ein akkadischer Name »(Der Mondgott) Sin ist (sein) Vater« (vgl. Seebass, Genesis II/1, 50; Ruppert, Genesis II, 199; Salm, Art. Schinab, 475 sowie Schatz, Genesis 14, 97.99) nach aller Analogie mit ס geschrieben werden (wie z.B. מנחריב; vgl. Astour, Symbolism, 75). Stattdessen verweist Astour, Symbolism, 75 (vgl. Schatz, Genesis 14, 297 f.) auf Analogien für pejorative sprechende Namen wie »Sein-Herz-plante-Böses« oder »Er-hasste-den-Vater-aller-Götter« in Keilschrifttexten.

487 Dass dies selbst für nichtsemitische Namen gilt, beweist nicht zuletzt die hebräische Etymologie für Mose Ex 2,10 im Munde einer Ägypterin.

gezeigt hat, findet man deutliche Beispiele: Die Namen der beiden Söhne Elimelechs, deren einzige erzählerische Funktion darin besteht, alsbald zu sterben und ihre moabitischen Frauen als Witwen zu hinterlassen, erhalten die ihnen zukommenden, parallel gebildeten Namen: Kiljon (vgl. √כלה »sich erschöpfen, schmachten«, wovon כליון Dt 28,65; Jes 10,22), und Machlon (vgl. √חלה »krank sein« bzw. מחלה »Krankheit«).[488] In der Chronik ist in den Genealogien der negativ beurteilten Nordstämme 1 Chr 7 eine »Häufung absonderlicher Personennamen« auffällig.[489]

Charakteristisch für erfundene, sprechende Namen ist im übrigen, dass ihnen keine Etymologie beigegeben wird, da der Name für sich selbst sprechen soll.[490] Ein Paradebeispiel hierfür findet sich Gen 4,1 f.: Die Namensgebung für den als historische Größe bekannten Kain wird mit einer Volksetymologie gestützt,[491] die Namensgebung für Abel[492] dagegen nicht. Denn dass die sofort mitklingende Bedeutung dieses Namens (»Hauch«, »Nichts«) die Person tatsächlich charakterisiert, ergibt sich erst aus der weiteren Geschichte: Der Brudermord Kains hat Konsequenzen für die Kainiten (Gen 4,15 f.), während von Abel nichts bleibt als sein vom Erdboden schreiendes Blut (Gen 4,10).

Analoges darf der Hörer für die Namen der Kleinkönige vermuten. Dass deren Bedeutung tatsächlich die Namensträger charakterisiert, stellt sich aber wie bei Abel, Machlon oder Kiljon erst im weiteren Verlauf der Geschichte heraus.

Sodom und Gomorrha stehen bis heute sprichwörtlich für Sünde und Frevel. Dass diese Konnotation auch in der biblischen Literatur untrennbar mit ihnen verbunden ist, zeigen sämtliche weiteren Erwähnungen dieser Städte im Alten Testament nach Gen 14.[493] Der Hörer, wenn er versucht, sich die Könige dieser Städte vorzustellen, wird nichts anderes als Bösewichter und Frevler erwarten. Und genau dieser Erwartung werden die Namen Bera (ברע) und Birscha (ברשע) vollauf gerecht: Böse (רע)[494] und frevlerisch (רשע)[495] sind die Könige von Sodom und

---

488 Kiljon heißt der Mann Orpas, Rut 1,2.5, Machlon der Mann Ruths, Rut 1,2.5; 4,9 f.
489 Oeming, Israel, 169.
490 Es gibt freilich auch Ausnahmen, welche die Regel bestätigen, vgl. Oeming, Israel, 167–169 zum Namen בריעה und seiner 1 Chr 7,23 gegebenen Etymologie.
491 Gen 4,1, durch Assoziation mit √קנה (erwerben, schaffen). Eine andere Assoziation findet sich Num 24,21 f.: das Nest (קן).
492 Gen 4,2.
493 Die Stellen im Einzelnen siehe oben S. 98–100.
494 Vgl. die auf Sodom bezogenen Aussagen Gen 13,13 (רעים) sowie 19,7(תרעו).9 (נרע). vgl. auch die Volksetymologie für בריעה 1 Chr 7,23.
495 Vgl. Gen 18,23.25 (רשע), was sich auf Sodom (V. 23) oder auf Sodom und Gomorrha (V. 20) bezieht. Ein weiterer mit √רשע gebildeter sprechender Name ist der Ri 3,8.10 genannte mesopotamische König Kuschan-Risch'atajim: Geradezu ein Name »doppelter Bosheit«, vgl. Schatz, Genesis 14, 298; Donner, Geschichte I, 181.
In die Wirkungsgeschichte der sprechenden Namen von Gen 14 gehört der Antipode Melchisedeks in der Qumran-Literatur, dessen Name ebenfalls mit רשע gebildet wird: מלכירשע (4Q280, 2,2; 4Q544, 2,3).

Gomorrha. Die erfundenen, sprechenden Namen widersprechen im Übrigen nicht der Intention des Erzählers, wahre Geschichte zu erzählen. Da er von der vorzeitlichen Existenz der Städte Sodom, Gomorrha, Adma, Zebojim und Bela überzeugt ist, aber nicht die Namen ihrer Könige kennt, bezeichnet er diese durch Charakternamen, wie sie sonst auch zu einem historischen Namen hinzutreten oder ihn ersetzen können.[496]

Während Bera und Birscha nicht nur von der rabbinischen Tradition,[497] sondern auch von der Mehrzahl der neuzeitlichen Bibelwissenschaftler[498] einhellig als sprechende Namen angesehen und mit Bosheit und Frevel Sodoms und Gomorrhas in Verbindung gebracht werden, sieht das bei den beiden folgenden anders aus.[499] Das hat vor allem damit zu tun, dass die Bedeutung von Adma und Zebo(j)im nicht so klar auf der Hand liegt wie diejenige von Sodom und Gomorrha. Hier muss an die oben[500] gemachten Beobachtungen über die Beziehungen zwischen den Listen angeknüpft werden, wo sich eine Parallelität von Adma und Zebojim zu Emitern und Susitern ergeben hatte. Diese wiederum gelten als die Vorbevölkerung der Moabiter und Ammoniter, der Nachkommen Lots. In der Tat steht Jes 15,9, in der »Last über Moab«, der Rest von Adma[501] im Parallelismus zu den Entronnenen Moabs. Es ist demnach zu prüfen, inwieweit nicht nur die Namen der Städte und der Völkerschaften, sondern auch die Namen dieser beiden Könige auf Moab und Ammon hin transparent sind:

Immerhin werden nicht nur die beiden Könige, sondern auch die beiden Städte nach Gen 14,8 in der Genesis nicht mehr erwähnt. Ihr Schicksal wird, synchron gelesen, erst Dt 29,23 ausdrücklich mit demjenigen Sodoms und Gomorrhas parallelisiert. Wenn aber Schinab, König von Adma, und Schemiabad, König von Zebojim, in der Grundschicht von Gen 14 als »Vorbilder« Moabs und Ammons gelten, sind die Anspielungen auf die Namensätiologien von Gen 19 nicht mehr zu übersehen. Ein Bezug von »Schenaab« zu »Moab« ist naheliegend: »Schlaf des Vaters«[502] ist eine noch derbere Anspielung auf das Gen 19,33

---

496   Etwa 2 Sam 2,8 – 4,12 Isch-Boschet für Eschbaal 1 Chr 8,33; 9,39.

497   Dabei variiert allerdings die syntaktische Zuordnung von רע, רשע und ב vielfältig: So finden sich zu ברע als Erklärungen דעובדוי בביש (ב als Präposition, TPsJ; vgl. auch 1 Chr 7,23) neben שהיה בן רע (ב als Abkürzung für »Sohn«, BerR 42,5) und רע לשמים ורע לבריות (ב als Zahlwort, Raschi im Anschluss an Tanchuma [Warschau], Lekh Lekha 8).

498   Vgl. die Kommentare.

499   Siehe oben Anm. 486 (S. 105).

500   S. 92 ff.

501   So die durch die LXX bestätigte Lesung von אדמה.

502   Dies (šenā-ab) läge der durch die LXX (Vokalisierung: Σεvvααρ bzw. Σεvvααβ) sowie die masoretische Punktation (שׁ) bezeugten Aussprache von שנאב näher als die im palästinischen Targum bezeugte und auch von modernen Kommentatoren häufig aufgenommene Interpretation als »Vaterhasser« (śônē-ab, so Raschi zur Stelle, vgl. bereits TPsJ u. a.; anders BerR 42,5), die Salm, Art. Schinab, 479, der eine babylonische Ableitung vorzieht, als »unwahrscheinlich« ablehnt. Übrigens ist im von Manfred Görg und Bernhard Lang herausgegebenen Neuen Bibel-Lexikon (NBL) unter den Königen von Gen 14,2 allein Schinab, als dem König der am ehesten historisch

beschriebene Zustandekommen Moabs als das »vom Vater« Gen 19,37. Der
Stammvater der Ammoniter hat laut Gen 19,38 gar keinen richtigen Namen: Er
wird nicht etwa »Ammon« genannt, wie man vermuten dürfte, sondern »Ben-
Ammi«, »der Sohn meines Verwandten«. Darauf nun spielt שמאבד[503] »der/mein[504]
Name ist verloren« an. Aber auch die durch den Masoretischen Text repräsentierte
Namensvariante שמאבר[505] lässt sich auf die Gen 19,34–36.38 geschilderte Zeugung und Geburt Ammons beziehen.[506] Im kanonischen Kontext wird der Blick
auf diesen Zusammenhang vor allem durch die Identifikation Belas mit Zoar, aber
auch durch die Einfügung der Amoriter in Gen 14,7.13(.24) behindert: Dadurch
erscheint einerseits Lot als Nachfolger lediglich der fünften Stadt, andererseits die
Amoriter als vorherrschende Bevölkerung der ganzen Gegend.[507]

Durch die Assoziation von Moab und Ammon mit Adma und Zebojim
erweist sich die Grundschicht von Gen 14 als extrem moab- und ammonfeindlich
und gehört in dieser Frage in die Nähe des Deuteronomismus sowie von Esra und
Nehemia.[508] Das Jubiläenbuch erweist sich hier als die konsequenteste Ausprägung
von im Deuteronomismus angelegten Tendenzen: Hier werden die vergangene
Ausrottung Sodoms wie die künftige Ausrottung der Nachkommen Lots als Konsequenzen der jeweils beispiellosen sexuellen Vergehen der Sodomiter wie Lots und
seiner Töchter dargestellt;[509] die Gastfreundlichkeit Lots[510] wird völlig übergangen. Eine Moab-freundliche Haltung nimmt dagegen das Buch Ruth ein; die
kanonische Genesis entschärft, wie gesehen, ebenfalls den Gegensatz Israels zu
Moab und Ammon, was dem Charakter der Völkerverteilung als Teil des göttlichen Schöpfungsplans innerhalb der Endkomposition entspricht.[511]

Für die Aussageintention von Gen 14 im Kontext der Abram-Lot-Geschichte
ist demnach Folgendes festzuhalten: Während der König von Sodom (und
Gomorrha) fortan die Gesamtheit der Sodomiter repräsentiert, und Bosheit und
Frevel Sodoms und Gomorrhas in Gen 18,16–19,30 ihre Früchte tragen, werden

---

greifbaren dort genannten Stadt, nämlich Adma, ein Artikel gewidmet worden, während die
Könige und Königtümer von V. 1 vollständig vertreten sind.

503 Auch Schatz, Genesis 14, 297, erwägt die Priorität dieser durch Samaritanus und GA bezeugten
Namensform.

504 So nach der Pleneschreibung GA 21,25.

505 Sowie LXX: Συμοβορ.

506 Wahrscheinlich durch ד-ר-Verwechslung entstanden. Als Deutungen der Zusammensetzung aus
שם und אבר, nach denen אבר das männliche Glied bezeichnet, vgl. TPsJ: דמחבל אבריה ליונה oder
Radday, Zwielicht, 42: »Spitzglied«; anders BerR 42,5 sowie Raschi z. St.

507 Vgl. dazu weiter unten.

508 Vgl. Dt 23,4–7; Esr 9,1; Neh 13,23–27.

509 Jub 16,5–9.

510 Gen 19,1–14. Auch die angebotene, aber nicht vollzogene Preisgabe seiner Töchter, die nach
modernen Moralvorstellungen eines der schlimmsten Vergehen darstellen würde, wird hier,
ebenso wie Ri 19,24, als extremer Ausdruck der Gastfreundlichkeit positiv gewertet.

511 Ähnlich kontroverse Beurteilungen innerhalb der biblischen Literatur finden sich wohl nicht
zufällig zu dem vom *moabitischen* König beauftragten Seher Bileam, dessen Verankerung in ostjordanischer Tradition durch die *Tell-Deir-ʿAllā*-Inschrift sogar archäologisch belegt ist.

die Namensbedeutungen der beiden anderen Könige erst Gen 19,31–38 eingelöst. Dafür müssen die Könige von Adma und Zebojim nach Gen 14,8 zunächst spurlos verschwinden. Derjenige, der ihr Erbteil[512] angetreten hat, ist Lot, von dem allein bekannt ist, dass er mit Abram gezogen war.[513] Der namenlose König von Bela dagegen spricht mit dem Namen seiner Stadt für das Schicksal der ganzen Koalition: »Verschlingung«.[514] Im schärfsten Kontrast zu den durch ihre und ihrer Städte Namen charakterisierten Königen von Gen 14,2 tritt dann der »gerechte König« auf, מלכי־צדק, König von »Vollkommenheit« – שלם.

2.4. Refaïm & Co. – Die geschlagenen Völkerschaften

Bereits in den vorangegangenen Abschnitten wurde die Zuordnung der laut Gen 14,5 f. (Grundschicht) von der Kedorlaʿomer-Koalition geschlagenen Völkerschaften impliziert thematisiert; dies soll hier noch einmal zusammengefasst werden. Die Refaïter zu Aschterot-Karnajim[515] weisen auf Og von Baschan, der Dt 1,4; Jos 9,10; 12,4; 13,12 als König zu Aschtarot bezeichnet wird und erst von den Israeliten unter Mose bzw. Josua beerbt wird.[516] Die auffälligerweise[517] fehlende Determination von רפאים (Gen 14,5 MT) erklärt sich damit, dass im Unterschied zu den weiteren in V.5 f. genannten Völkerschaften die Refaïter noch nicht vollständig ausgerottet werden. Während in der Perspektive von Dt 2 f. die Vorbewohner der nachmaligen Gebiete Moabs, Ammons und Edoms bereits in der Vorzeit (sc. in den Tagen Abrams und Amrafels) verdrängt worden waren, blieben Sichon und Og übrig, um von Israel beerbt zu werden.

Gleichzeitig gelten die Refaïm als Oberbegriff auch über die folgenden Völkerschaften. Damit ergibt sich eine vage Zuordnung der Refaïter zu Sodom und Gomorrha, die ihrerseits pars pro toto für die Pentapolis stehen können. Die folgenden beiden Völker sind eng mit den Refaïm verbunden: Die »Susiter in Ham[518]/unter ihnen[519]« sind zweifellos mit den Samsumitern, der Vorbevölkerung

---

512　Gen 14,24.
513　Gen 12,4a; 13,5. Siehe unten S.127f.
514　Siehe oben S.103.
515　Aschtarot ist als Stadt im nördlichen Ostjordanland für das 2. und 1. Jahrtausend v.Chr. vielfach in biblischen und außerbiblischen Quellen belegt und »wird wohl zu Recht auf dem Tell Astara (ca. 35 km ö vom See Genesaret) lokalisiert« (Görg, Art. Aschtarot, 188; Elliger, Art. Astaroth, 142, nennt weitere Vorschläge). Karnajim, im Alten Testament sonst nur Am 6,13, war in neuassyrischer Zeit der Name der Provinz und dient hier wohl zur Näherbestimmung. Vgl. Elliger, ebd. und Görg, ebd. (Lit.).
516　Nach Dt 3,13; Jos 13,31 wurde sein Gebiet zum Erbteil von Machir/Manasse.
517　Jacob, Genesis, 370.
518　Evt. als Ortsname in der Städteliste Thutmoses' III. belegt, vielleicht mit *tell hām* im *ʿağlūn* zu identifizieren, vgl. Seebass, Genesis II/1, 52.
519　Diese Lesart rechnet sie ausdrücklich unter die Refaïm.

Ammons[520] nach Dt 2,20f., zu identifizieren;[521] die »Emiter«[522] bildeten nach Dt 2,10f. die Vorbevölkerung Moabs. Die »Ebene von Kirjatajim« als Ortsangabe zu den Emitern weist ebenfalls auf die Moabiter hin – Kirjatajim ist mehrfach als moabitische Stadt bezeugt.[523] Die »Choriter[524] auf ihrem Gebirge« werden zwar nirgends als Refaïter bezeichnet, stehen aber in Dt 2,12.22 parallel zu Samsumitern und Emitern als Vorbevölkerung von Esau/Edom. Die Assoziation von Choritern und Kindern Esaus auf dem Gebirge Seïr spiegelt sich auch in Gen 36,20–30 und wird durch die Identifizierung von »ihrem Gebirge« mit »Seïr« bestätigt.[525]

Alle Völkerschaften zusammen repräsentieren somit die gesamte »urzeitliche« Bevölkerung des Ostjordanlandes. Es empfiehlt sich aus methodischen Gründen, vom Erklärten auszugehen und von da aus auf das Ungeklärte zu schließen. Eine Lokalisierung der Pentapolis bzw. der fünf Kleinkönigreiche ist unmöglich – sicher ist nur, dass Sodom und Gomorrha in der Unheilsprophetie als Metapher sowohl für das Schicksal Judas bzw. Israels,[526] als auch für dasjenige Edoms,[527] Moabs und Ammons,[528] ja sogar Babylons[529] stehen können. Mit Aschterot-Karnajim und Kirjatajim gibt es dagegen zwei geographisch sichere Anhaltspunkte in der Grundschicht von Gen 14, eventuell auch Ham,[530] während El-Paran nicht mit der gleichen Sicherheit zu lokalisieren ist.[531] Nach diesen war das Ziel des Kriegszuges Kedorlaʿomers das Ostjordanland vom später israelitischen Baschan und Gilead über das später ammonitische und moabitische Gebiet bis zum »choritischen« Gebirge, dem ostjordanischen Stammland der Edomiter.

Indem die Ureinwohner des Ostjordanlandes bis auf einen Rest der Refaïm, und die fünf Könige bis auf den König von Sodom geschlagen werden, herrscht dort *tabula rasa*. Damit ist der Landnahme der Nachkommen Lots und der Nachkommen Esaus der Weg bereitet. Abram selbst aber will mit diesem Land nichts, und zwar absolut nichts, zu tun haben.[532] Die aufgezählten Kriegsparteien bieten

---

520 Bestätigt durch die Lesart »in Amman« GA 21,29.

521 Vgl. Schatz, Genesis 14, 103f.

522 Vgl. Schatz, Genesis 14, 104f.

523 Jer 48,1.23; Ez 25,9. Nach Num 32,37; Jos 13,19 soll Kirjatajim zum Erbteil Rubens gehören, nach der Meschastele, Z.10, hat Mescha die Stadt den Israeliten abgenommen (KAI 181).

524 Vgl. Schatz, Genesis 14, 110–115.

525 Es ist nicht sicher zu entscheiden, ob diese Identifikation (in Gen 14,6) auf die Grundschicht oder auf die gemeinsame Glossierungsschicht zurückgeht.

526 Jes 1,9; Am 4,11.

527 Jer 49,18.

528 Zef 2,9.

529 Jes 13,19; Jer 50,40.

530 Siehe oben Anm. 518 (S. 109).

531 Wenn man auch im Falle von El-Paran vom Sicheren auf das Unsichere schließt, liegt die TAVO BIV6 vorgenommene Identifikation mit Ayyil (vgl. Zwickel, Ortslagen, 30), einem Kreuzungspunkt am Ostrand des Gebirges Seïr, oberhalb der Wüste, näher als die gängige Identifikation mit Elat, die durch einen Hinweis auf den Zugang zum Meer hätte eindeutig gemacht werden können (G. Schmitt, Sinai).

den historischen Rahmen, der gleichzeitig den Versuch einer Historisierung Abra(ha)ms darstellt. Während sich also die kriegerischen Vorgänge von Gen 14,1–16 (Grundschicht) ausschließlich östlich des Jordans abspielen, kommt in V.17–24 ein neuer Schauplatz ins Spiel: Jerusalem.

2.5. Melchisedek

Ohne das Auftreten Melchisedeks[533] könnte das ganze Kapitel eine »lotitische« Landnahmegeschichte darstellen. Dass es sich nicht um eine solche handeln kann, ist an der durchweg Moab-, Ammon- und Edom-feindlichen Tendenz zu erkennen, die sich allein aus einer judäisch-israelitischen Perspektive zu erklären vermag. Wie in Gen 19,29 hat Lot auch in Gen 14 seine Existenz allein Abra(ha)m zu verdanken. Aber die judäisch-israelitische Perspektive verlangt gerade in der nachexilischen Zeit nach weiteren Verhältnisbestimmungen, namentlich in der Frage des Kultes.

Das Westjordanland wurde von den Kriegshandlungen nicht tangiert. Dass auch dieses zum Herrschaftsbereich Kedorla'omers gehört habe, ist gut denkbar, wird aber nicht ausdrücklich gesagt. Jedenfalls hat es sich nicht an der Revolte der Sodomiter beteiligt. Wie hat es nach Gen 14 (Grundschicht) im Westjordanland ausgesehen? Darüber erfährt man erstaunlich wenig, da in der Grundschicht (ohne die drei Amoriter) nur genau ein Bewohner und ein Herrscher aufgezählt werden. Dass es nur einen Bewohner, wenngleich mit beträchtlichem Gefolge, nämlich Abram, gegeben habe, entspricht dem אחד in Ez 33,24 sowie der auch sonst in Gen 12–19, vor der redaktionellen Eintragung der »Kanaaniter« sowie der »priesterlichen« Schicht, vorausgesetzten Situation. Dennoch gibt es auch im Westjordanland kein politisches Vakuum, selbst wenn dort nicht fünf Königreiche erwähnt werden, sondern nur eines. Dessen Name aber ist ebenso wie der des letzten Kleinkönigreiches bereits an sich aussagekräftig: Schalem (שלם), das heißt »vollständig«, aber auch »friedlich«. Und der Name מלכי־צדק selbst spricht ebenfalls für sich: »Mein König ist Gerechtigkeit« bzw. »der gerechte König«.[534]

Die Zehn

Der Herrscher dieses Königreiches ist in der Grundschicht von Gen 14 (aber auch in der kanonischen Genesis von Gen 1 an) der zehntgenannte König – wohl nicht

---

532 Dies ist bedeutsam für die Wertung der Landnahme von Ruben, Gad und Halb-Manasse, die nach der Grundschicht von Gen 14 sich nicht auf Abram berufen kann. Redaktionell wird die faktische Überschneidung von israelitischer und ostjordanischer Landnahme durch die kreuzweise Eintragung der Amoriter und Refaïter in Gen 14 und 15 deutlich gemacht, siehe dazu unten S.233f.

533 Literatur zu Melchisedek s. o. Anm.25 (S.17).

534 So übersetzen bereits Heb 7,2; Josephus Ant 1,180.

zufällig. Die vier Großkönige, welche die fünf Kleinkönige vernichtend geschlagen hatten, waren ihrerseits von Abram verfolgt worden, so dass sich Abram den bisher genannten neun Königen[535] weit überlegen gezeigt hat[536]. Die Zehn ist Melchisedek vorbehalten, der den Abram segnet und daraufhin auch den Zehnten empfängt.[537] Wer seinerseits Abram reich (עשר) macht, ist nicht Kedorla'omer, und schon gar nicht der König von Sodom, sondern allein der höchste Gott, der Himmel und Erde geschaffen hat. Dies spricht Melchisedek als Priester dieses höchsten Gottes in seiner Benediktion Gen 14,20 aus, analog etwa zu 2 Sam 18,28[538], aber in Anspielung auf Gen 15,1 (מגן) formuliert: »Gelobt sei der höchste Gott, der deine Feinde in deine Hand gegeben hat.« Daraufhin übergibt Abram dem höchsten Gott bzw. seinem Repräsentanten Melchisedek den Zehnten. Vielleicht soll durch die knappe Formulierung »und er gab ihm« Gen 14,20b der sachliche Anschluss an die Lobpreisung Gottes betont werden: Der Zehnte gebührt in der Tat dem höchsten Gott, Melchisedek nimmt ihn in Empfang.[539]

Der Zehnte, dessen Darbringung beinahe nebenbei erwähnt wird, hängt, ebenso wie die Segenssprüche, mit der priesterlichen Funktion Melchisedeks zusammen. Aber Segen und Zehnter haben auch noch eine für die Abra(ha)mgeschichte spezifische Verbindung: Das V.19a eingeführte »Segnen« stellt nicht nur eine terminologische Verbindung zur sonstigen Abra(ha)mgeschichte her.[540] Es besitzt vielmehr einige Konsequenzen für Melchisedek: Er ist in der kanonischen Genesis der erste, dem der Segen Gottes aufgrund der Verheißung von Gen 12,3 zukommt: ואברכה מברכיך – Ich werde segnen, die dich segnen.

Der Segen

Demnach ist zu erwarten, dass auch einiges vom Segen[541] auf Melchisedek zurückfällt, mehr als auf jeden anderen, da nur von ihm eine formelle Segnung Abra(ha)ms berichtet wird. Und in der Tat muss der Segnende nicht lange auf den Segen warten; die Gabe des Zehnten durch Abram folgt auf dem Fuße.

Diese Segnung Abrams steht in der Genesis einzigartig da:[542] Zwar wird die Erfüllung der Segensverheißung von Gen 12,2, die Abra(ha)m als paradigmatisch

---

535 Dass die Zahlen neun und zehn tatsächlich intendiert sind, wird nicht zuletzt durch die Glosse »vier Könige gegen fünf« in Gen 14,9 bestätigt, siehe dazu unten S. 146.

536 Nach Radday, Zwielicht, 42, ist Abram als der »einzige wahre, ungekrönte, aber auch landlose König in dieser Episode« auch dem Melchisedek überlegen.

537 Zur Verbindung von צדקה, der Zahl zehn, dem Zehnten und dem Wortspiel Abrams in Gen 14,23b siehe oben S. 102. Vgl. im Übrigen Neh 11,1, wonach genau jeder zehnte Rückkehrer sich in Jerusalem niedergelassen hätte, im unmittelbaren Kontext der Bestimmungen zum Zehnten und zum Zehnten des Zehnten, Neh 10,38–40.

538 Achimaaz, Sohn des Priesters Zadok, zu David nach dem Tod Absaloms.

539 Zum Zehnten siehe unten, S. 121 f.

540 Gen 12,2 f.; 18,18; 22,17 f.; 24,1.35. Vgl. Zimmerli, Melchisedek, 257–260.

541 Zum Segen in der Abrahamgeschichte vgl. zuletzt Grüneberg, Abraham.

542 Vgl. Grüneberg, Abraham, 113 f., zu ברוך ליהוה.

Gesegneten, ja als personifizierten Segen bezeichnet, auch an Abraham selbst konstatiert.[543] Dass Abra(ha)m persönlich sonst nicht gesegnet würde, kann man also nicht sagen, selbst wenn die Beobachtung Westermanns, dass ihm und seinem Geschlecht erst für die Zukunft Segen verheißen wird,[544] für Gen 12,1–3 und 22,17f. zutrifft. Doch im Dialog mit anderen Menschen werden sonst nur Isaak[545] sowie in Gen 24 der Knecht Abrahams[546] jeweils als Gesegnete JHWHs bezeichnet. Ein Segensspruch über Abram, wie er in Anspielung auf Gen 14,20 die erste Bitte des jüdischen Achtzehngebetes beschließt (ברוך אתה י"י מגן אברהם), würde aber ohne Gen 14,20 fehlen; dieser Segensspruch allein würde genügend Anlass geben, das ganze Kedorlaʿomer-Kapitel in die Tora aufzunehmen. Frühjüdischem Brauch entspricht im Übrigen auch der Segensspruch im Zusammenhang einer Mahlzeit. So versteht Josephus die Benediktionen Melchisedeks in der Tat als übliches Tischgebet, wenn er berichtet: »Dieser Melchisedek bewirtete die Krieger Abrams gebührend und gewährte ihnen alle Lebensbedürfnisse reichlich, und beim Mahl begann er den Abram zu loben und Gott zu danken, weil die Feinde in seine Hand gegeben.«[547] Indem Melchisedek nicht nur Abram segnet, sondern auch Gott lobpreist,[548] wird das bis dahin profane Geschehen theologisch interpretiert.[549]

Die Bewirtung

Nun kann dem Schreiber nicht gleichgültig gewesen sein, *wer* es ist, der den Abram segnet. Melchisedek wird zunächst, wie die anderen neun Könige, mit dem Namen seines Königreiches, Schalem, vorgestellt, der aber nicht einfach dem Abram mit leeren Händen entgegenzieht wie der König von Sodom[550], sondern der ihm Brot und Wein herausbringt[551]. Die Bewirtung selbst gehört noch zu seiner königlichen Funktion[552]; sie unterstreicht den Friedenswillen des Königs von שלם im Kontrast zu den anderen Königen. Diese Bewirtung hebt zudem die Überlegenheit Melchisedeks gegenüber den ostjordanischen Völkern hervor: Während

---

543 Gen 24,1.35 ויהוה ברך את־אברהם בכל.
544 So Westermann, BK I/2, 243.
545 Gen 26,29 durch Abimelech.
546 Gen 24,31 durch Laban.
547 Ant 1,181.
548 Zur Differenzierung vgl. Grüneberg, Abraham, 116.
549 Dass Melchisedek zuerst den Abram und erst danach Gott lobpreist, ist für die Rabbinen die Begründung dafür, dass das Priestertum Melchisedeks an Abram, den Stammvater Levis, übergeht (bNed 32b in der Deutung von Ps 110,4 auf Abraham, vgl. auch BerR 46,5).
550 יצא Qal Gen 14,17.
551 יצא Hif. Gen 14,18.
552 Die christliche Deutung von Brot und Wein in Gen 14,18 als Vorbild der Eucharistie kann hier, wie die gesamte Wirkungsgeschichte Melchisedeks außerhalb des Alten Testaments, nicht gewürdigt werden. Im frühjüdischen Kontext sind es eher die tierischen Opfer, die eine Kultmahlzeit charakterisieren, und zu deren Vollzug ein Priester unabdingbar ist.

Lot ebenso gastfreundlich geschildert wird wie Abraham,[553] wird Ammonitern und Moabitern nach Dt 23,5 vorgeworfen, dass sie den Israeliten nicht mit Brot und Wasser entgegengekommen seien,[554] von Wein gar nicht zu reden, der nach Gen 19,32–35 schon der Geburtshelfer von Moab und Ammon war,[555] und den die Israeliten 40 Jahre lang entbehren mussten.[556]

Aber bereits in der Grundschicht wird, an die Nachricht von der königlichen Bewirtung unmittelbar anschließend, eine weitere Funktion Melchisedeks mitgeteilt: Er ist Priester des höchsten Gottes. In der Person Melchisedeks sind demnach priesterliche mit königlichen Funktionen vereint, Palast und Tempel untrennbar miteinander verbunden. Hier stellt sich unmittelbar die Frage nach dem vorgestellten historischen Hintergrund.

Die Verbindung von Priestertum und Königtum

Die enge Verbindung von Priestertum und Königtum ist der gesamten Antike gemeinsam.[557] Auch für das Israel und Juda der Königszeit kann sie als selbstverständlich gelten.[558] In der nachexilischen Zeit dagegen war der Königstitel in Israel dem persischen Großkönig vorbehalten, wodurch nicht zuletzt das Jerusalemer Priestertum entschieden an Bedeutung gewinnen konnte. Im Pentateuch, dessen Formung in der Achämenidenära stattgefunden hat, spielt das judäische oder israelitische Königtum konsequenterweise eine eher marginale Rolle[559], ganz im Gegensatz zum Priestertum, mit dem sich ein Großteil der Bücher Exodus, Levitikus und Numeri befasst. Gemeingut der verschiedenen »priesterlichen« Schichten ist die Intention, das legitime Priestertum über Pinchas und Eleasar auf Aaron zurückzuführen, und diesen wiederum auf den Jakobssohn Levi. Während diese Systematisierung deutlich von theologischen Interessen geleitet ist und wohl erst mit der Kanonisierung der Tora nach und nach allgemeine Anerkennung gefunden hat, gibt es für die Ableitung der Jerusalemer Priester von Zadok, dem Priester zur Zeit Davids, eher historische Anhaltspunkte.[560]

---

553 Vgl. Gen 19,3 mit 18,2–8. Zu weit geht die Gastfreundschaft Lots allerdings 19,6–8, woraufhin die beiden Besucher einschreiten.

554 Vgl. das Zitat in Neh 13,2.

555 Der Wein müsste vom Weinstock Sodoms und den שדמות Gomorrhas (Dt 32,32f.) stammen.

556 Dt 29,5.

557 Klein, Art. Priestertum, 381, spricht von der »ursprünglichen Verbundenheit von Priestertum und Königtum«.

558 Vgl. nur die priesterlichen Funktionen Davids 2 Sam 6,1–23; Salomos 1 Kön 8,22.54.62f.; Jerobeams 1 Kön 12,33 oder Jehus 2 Kön 10,18–25. (Reventlow, Art. Priestertum, 384).

559 Neben den Verheißungen an die Erzeltern Gen 17,6.16; 35,11 vor allem im deuteronomischen »Königsgesetz« Dt 17,14–20.

560 Die in der Konsequenz des »priesterlich« redigierten Pentateuch liegende genealogische Rückführung der Zadokiden auf Aaron ist biblisch erst in dessen Wirkungsgeschichte, nämlich Esr 7,1–3 und *passim* in den Chronikbüchern (1 Chr 5,34; 24,3 u.ö.), belegt.

Die Melchisedek-Episode hat ebenfalls mit der Jerusalemer Priesterschaft zu tun. Nun könnte, so wie שלם als archaisierende Namensvariante für ירושלם steht,[551] das Namenselement צדק den Melchisedek als einen Vorgänger, wenn nicht sogar Vorfahren Zadoks[562] kennzeichnen. Auch hier lässt sich, wie schon im Falle der Namen der Großkönige, Gen 14 nicht einfach falsifizieren: Während die Annahme, der vorisraelitische Name Jerusalems habe Jebus geheißen, durch die ägyptischen Ächtungstexte sowie die Amarnakorrespondenz eindeutig widerlegt ist, könnte eine Namensvariante שלם durchaus neben dem epigraphisch bezeugten *u-ru-sa-li-mu* in Gebrauch gewesen sein. Auch dass der König zugleich Priester ist, hat einige historische Wahrscheinlichkeit für sich, ebenso auch die Verwurzelung Zadoks im vordavidischen Jerusalem.[563] Dagegen steht die Rekonstruktion eines vordavidischen Jerusalemer Pantheons mit Zedek, Schalem und El-Eljon auf äußerst schwachen Füßen.[564]

Eine phönizische bzw. kanaanäische[565] Tradition des Jerusalemer Priestertums stellt für den Erzähler kein Manko dar, sondern unterstreicht die Ehrwürdigkeit des Jerusalemer Kultes.[566] Hierher gehört auch die bewusst archaisierende Gottes-

---

561 Vgl. Ps 76,3, wo Schalem im Parallelismus zum Zion steht. Allein diese, von den meisten antiken und modernen Auslegern vertretene, Gleichsetzung mit Jerusalem dürfte dem Stück gerecht werden (vgl. abschließend Emerton, Site). Dass die ausdrückliche Gleichsetzung mit Jerusalem, wie sie unabhängig voneinander GA 22,13 sowie TO Gen 14,18, vgl. Josephus, Ant 1,180, in den Text eintragen, in der kanonischen Genesis vermieden wird, entspricht dem Kompromisscharakter des Pentateuch, der für Juden und Samaritaner gleichermaßen akzeptabel sein sollte. Daneben hat es aber immer die (ursprünglich samaritanische) Tendenz gegeben, Melchisedek in Nord-Israel anzusiedeln, von Ps-Eupolemos, der die Melchisedek-Szene mit dem Berg Garizim verbindet (Eusebius, Praep Ev 17,5, s. Walter, Fragmente, 142) über Jeremias, Licht, 291 (»Sichem«), bis zu Thomas Manns Bezeichnung Melchisedeks als »Priesterkönig« bzw. »Hohenpriester von Sichem« (Die Geschichten Jaakobs, 71.157 u.ö.).

562 Neben Zadok, dem Priester zur Zeit Davids (1 Sam 8,17; 15,24 etc.), tauchen in den Listen der Chronik weitere Priester dieses Namens auf (1 Chr 6,8.12.53; 9,11), die nicht alle miteinander identisch sein können.

563 Rowley, Zadok, 118–132; vgl. Albertz, Religionsgeschichte I, 194f. (Lit.).

564 Für die vordavidische Zeit Jerusalems ist weder אל עליון noch ein צדק-haltiger Name noch isoliertes שלם epigraphisch belegt. Folgerichtig argumentiert Preuß, Theologie II, 44f. (Lit.) mit Gen 14,18–20, womit wir uns im Zirkel bewegen. Zur Kritik an der These der »Jerusalemer Kulttradition« vgl. Niehr, Gott, 167–183.

565 Einen anderen zusammenfassenden Ausdruck als diesen gibt es für »Phönizien« und »Phönizier« im alttestamentlichen Hebräisch nicht.

566 Auch die phönizische Beteiligung am Tempelbau unter Salomo scheint ja keinen oder nur geringen Anstoß (weshalb der Werkmeister Hiram wenigstens eine israelitische Mutter bekommt 1 Kön 7,13; 2 Chr 2,13f.) zu erregen; im »priesterlich« redigierten Pentateuch (Ex 31,2 u.ö.; darauf bezugnehmend 2 Chr 1,5) tritt allerdings ein Judäer namens בצלאל, (wohl Anspielung auf בצלם אלהים Gen 1,27; 9,6) an seine Stelle. Zur Stilisierung Melchisedeks als Kanaaniter fügt sich die Beschreibung Abrams als Bundesgenosse von Amoritern in der ersten Glossierungsschicht, s. u. S. 139. Eine Gleichsetzung Melchisedeks mit Sem, dem Sohn Noahs, die Abraham und Aaron und Zadok zu Nachkommen Melchisedeks macht, ist erst in der rabbinischen Tradition belegt, vgl. die palästinischen Targume zu Gen 14,18 sowie PRE 6; Seder Olam 21; Seder Olam Rabba 21,6 (vgl. auch Orlov, Brother, 218f.).

bezeichnung im Munde Melchisedeks, die an verschiedene epigraphisch belegte Gottesbezeichnungen aus phönizischer und aramäischer Religion, aber auch aus dem Jerusalem des 7. Jh. v. Chr., anklingt.[567] Die »kanaanäische Grundlage der israelitischen Religion kommt«, wie Herbert Niehr in religionsgeschichtlicher Perspektive formuliert, »in exilisch-nachexilischer Zeit wieder zum Tragen«[568]. Die Bezeichnung »Kanaaniter« wird jedoch für Melchisedek ebenso vermieden wie eine mögliche Bezeichnung als »Amoriter«[569], »Hethiter«[570], »Jebusiter«[571] – oder als »Hebräer«. Jedenfalls kann er kein Israelit gewesen sein.

Doch gibt es צדק-haltige Namen nicht nur für Priester, sondern auch für Jerusalemer Könige, und zwar nicht nur in angeblich alter Zeit,[572] sondern bis in das sechste Jahrhundert.[573] Im 6.–5. Jahrhundert sind messianische Erwartungen mit dem Namen »צדקינו יהוה«[574] bzw. »יהוצדק«[575] verbunden worden. Wenn nun Abram ein idealer König der Vorzeit gegenübergestellt werden sollte, hätte es gerade in dieser Zeit nahegelegen, diesen מלכי־צדק zu nennen.

Die fehlende »ethnische« und genealogische Einordnung Melchisedeks[576] gehört in Gen 14 zum Stil: Er wird, genau wie die anderen Könige, nur durch die Bezeichnung seines Herrschaftsgebietes näher charakterisiert.[577]

---

567 Niehr, Gott, 120–124, vgl. Bétoudji, El. Siehe auch unten S. 119.

568 Niehr, Gott, 225.

569 Vgl. Jos 10,5.

570 Vgl. 2 Sam 11,3; Ez 16,3.45 sowie 1 Sam 26,6.

571 Vgl. Ri 1,21; 2 Sam 5,6.8.

572 Für die vordavidische Zeit nennt Jos 10,1.3 »Adoni-Zedek« als König von Jerusalem, was allerdings kaum historisch auswertbar ist. Der Bericht über die Eroberung Jerusalems durch David, 2 Sam 5,6–9, der durchaus geschichtliche Erinnerungen zu bewahren scheint, teilt keinen Herrschernamen mit. So bleibt auch »Adoni-Zedek« lediglich ein Zeuge für die Assoziation des Jerusalemer Königtums mit צדק im 7.–5. Jahrhundert, wenn nicht gar die Lesart der LXX (Αδωνιβεζεκ) ursprünglich ist.
     Vgl. die ansprechende Auslegung der Namen Adoni-Zedek und Malki-Zedek als Könige von Jerusalem BerR 43,6, die hier nicht verschwiegen werden soll: המקום הזה מצדיק את יושביו – dieser Ort macht seine Bewohner gerecht.

573 Der Priester zur Zeit der Wegführung nach Babel hieß nach 1 Chr 5,40f. J(eh)ozadak (außerdem 11mal im AT bezeugt als Vater Je[ho]schuas). Der König zur Zeit der ersten Wegführung war bekanntlich Zedekia.

574 Nach Jer 23,5f. MT der Name des verheißenen צדיק צמח, der als König herrschen (מלך מלך) soll; nach Jer 33,16 MT der künftige Name Jerusalems.

575 Nach Jer 23,6 LXX wird der Herr den erwarteten Gerechten und König Ιωσεδεκ nennen; vgl. Sach 6,11f. die mit der Verheißung des צמח verbundene zeichenhafte Krönung Josuas, des Sohnes des יהוצדק.

576 Klassisch zusammengefasst Heb 7,3: ἀπάτωρ ἀμήτωρ ἀγενεαλόγητος.

577 Dies entspricht dem auch sonst in der Genesis oder im Josuabuch Üblichen, während in altorientalischen Inschriften, aber auch in den Königebüchern, die Nennung des Vatersnamens von zentraler Bedeutung ist, um die Legitimität des Königs zu unterstreichen.

Wirkungsgeschichte

In der Wirkungsgeschichte eröffnet diese Leerstelle gewaltigen Interpretationsspielraum, da das Priesterkönigtum Melchisedeks in der »priesterlichen« Pentateuch-Komposition seltsam unverbunden *neben* dem Aaronidischen Priestertum zu stehen scheint.

Ps 110 gehört wahrscheinlich bereits zur Wirkungsgeschichte von Gen 14.[578] Wem dort was zugesprochen wird, ist umstritten.[579] Wichtig an dieser Stelle ist, dass mit dem Namen Melchisedeks in V.4 ein ewiges Priestertum verbunden wird, von dem sonst nur in wenigen »priesterlichen« Texten des Pentateuch gesprochen wird (Ex 29,9; 40,15; Num 25,13). Dass der Zuspruch, Priester für immer zu sein, על דברתי מלכי־צדק erfolgt, erklärt sich wohl gerade daraus, dass das Priestertum Melchisedeks ein höheres Alter für sich reklamieren kann als das im Exodus begründete Priestertum Levis, Aarons oder Pinchas'.

Gegenstand von religionspolitischen Kontroversen wurde Melchisedek dann im 2.Jh.v.Chr. Die Hasmonäer praktizierten, obwohl nicht selbst hohepriesterlicher Abstammung, ein Priesterkönigtum und führten ähnlich Melchisedek in Gen 14,18 den Titel »Hohepriester des höchsten Gottes«.[580] Dagegen ist, wenn man nicht Ps 110 oder wenigstens dessen V.4 selbst in die hasmonäische Zeit[581] datiert, eine Selbstbezeichnung als »Priester על־דברתי Melchisedeks« nicht direkt belegt.[582]

Als indirekter Zeuge für die hasmonäische Vereinnahmung Melchisedeks kann die Endfassung des Jubiläenbuches herangezogen werden,[583] wo die Melchisedek-

---

578 Datierungsvorschläge der letzten Jahre reichen, abhängig von dem jeweiligen Vorurteil über Gen 14,18–20, von der Zeit Davids, wenn der Begegnung von Abra(ha)m und Melchisedek »haute vraisemblance historique« zugebilligt wird (Doré, évocation, 53) über die fortgeschrittene persische Zeit, wenn auch Gen 14,18–20 in die achämenidische Periode datiert wird (Tilly, Psalm 110, 157f., mit weiterer Literatur), bis zur hasmonäischen Periode, wenn auch Gen 14 im Ganzen für hasmonäisch gehalten wird (Soggin, Genesis, 235). Der jüngste Beitrag datiert den Psalm »in the light of Assyrian Prophecies« in das 7.Jh.v.Chr. (Hilber, Psalm cx, 366). Zur Interpretation der intertextuellen Beziehung zwischen beiden Texten vgl. auch Bail, Lektüre, 112f. 116–121.

579 Vgl. Delcor, Melchizedek, 120–123.

580 So nach bRosch-HaSchana 18b (וכך היו כותבים: בשנת כך וכך ליוחנן כהן גדול לאל עליון) und Josephus, Ant 16,162; ähnlich AssMos 6,1, vgl. Delcor, Melchizedek, 123f., sowie Caquot, dîmes, 263.

581 Die zuletzt von Donner, Prophet, sowie Soggin, Genesis, 235, Anm. 24, vorgeschlagene Verbindung von Ps 110 mit dem Hohenpriester Simon (142–135/4 v.Chr.) ist zirkulär, vgl. die folgende Anmerkung.

582 Die terminologische Übereinstimmung zwischen Ps 110,4 und der oben Anm. 580 genannten hasmonäischen Titulatur beschränkt sich im Übrigen auf das Wort כהן; von אל עליון ist im gesamten Psalter nur Ps 78,35 die Rede, stattdessen zahllose Male etwa im Jubiläenbuch. Die eigentliche Karriere Melchisedeks scheint erst danach zu beginnen.

583 Insbesondere Jub 23,21, wahrscheinlich einer späten Redaktionsschicht angehörend, verrät antihasmonäische Tendenz, vgl. Berger, Jubiläen, 300.

Szene gewaltsam herausgeschnitten,[584] dafür aber Levi zum Priester des höchsten Gottes gemacht wird.[585] Da die Darbringung des kultischen Zehnten im Anschluss an Abrams Kriegszug im Jubiläenbuch ausführlich behandelt wird, aber weder Heiligtum noch Priester erwähnt werden, muss die Melchisedek-Szene auf jeden Fall noch zur Vorlage des Jubiläenbuches gehört haben.[586]

In den eigentlichen Qumranschriften, wo Priestertum und Königtum strikt getrennt ist, wird der genealogielose Melchisedek zu einer himmlischen Gestalt, die in Gottes Hofstaat richterliche Funktionen innehat.[587]

Der Hebräerbrief sieht in ihm einen Christus-Typos, wobei er sowohl durch die frühjüdische Melchisedek-Angelologie als auch durch die messianische Deutung von Ps 110 beeinflusst ist.[588]

Eine eigenartige, wahrscheinlich frühchristliche Weiterentwicklung hat die Melchisedek-Figur im Rahmen des nur in slawischer Übersetzung erhaltenen 2. Henochbuches erfahren.[589]

Das rabbinische Judentum verschaffte Melchisedek, in Abgrenzung von seiner apokalyptischen Überhöhung, durch die Identifikation mit Sem eine Genealogie, die ihn in die legitime Ahnenreihe des Priestertums integriert: Er ist es dann, der Abra(ha)m, dem Urgroßvater Levis, das Priestertum übergeben hat, wofür wiederum Ps 110,4 herangezogen wird, nun aber als Wort an Abra(ha)m verstanden.[590]

Das Genesis-Apokryphon dagegen ist ebenso wie die kanonische Genesis von der atemberaubenden Karriere der Melchisedekgestalt noch unbeeinflusst; GA 22,14–17 gibt ebenso wie Gen 14,18–20 die gemeinsame Vorlage vollständig und treu wieder. Die Funktion Melchisedeks in der Struktur von Gen 14* ist nüchtern festgehalten: Er ist nach neun kriegführenden Königen der nicht am Krieg beteiligte Zehnte, der aber durch seinen Namen und sein Verhalten über die anderen Könige herausragt. Seine Genealogielosigkeit[591] unterscheidet ihn nicht von Amrafel von Schinʿar oder Bera von Sodom. Anders als etwa der Targum

---

584   Zur Lakune in Jub 13,25 vgl. M. Müller, Abraham-Gestalt, 249 sowie Berger, Jubiläen, 287 (Lit.) und 400 f., der versucht, diese mit Hilfe der syrischen Überlieferung zu schließen.

585   Jub 32,1, vgl. VanderKam, Origins, 19.

586   Zur Rekonstruktion der Textgeschichte von Jub 13,24 f. mit Hilfe des äthiopischen Ms. Gunda-Gunde 74 und der von Tisserant entdeckten syrischen Fragmente vgl. Caquot, Dîmes, 259–262.

587   11 Q 13.

588   Vgl. Delcor, Melchizedek, 125–127; Balz, Art. Melchisedek (Lit.).

589   Vgl. Delcor, Melchizedek, 127–130, siehe auch oben Anm. 310 (S. 76).

590   Nach bNed 32b hat Melchisedek selbst sein Priestertum verwirkt, weil er zuerst Abram, und dann erst Gott gesegnet habe. Vgl. Delcor, Melchizedek, 131 f.

591   Deren Betonung verbindet merkwürdigerweise den Melchisedek von Heb 7,3 mit dem Understatement des Abdiḫepa von Jerusalem aus der Amarnazeit (EA 286,9–11 u. ö.): »Siehe, mich hat nicht mein Vater und nicht meine Mutter eingesetzt an diesen Ort.« (Übrigens führt dennoch niemand den Hebräerbrief auf Traditionen aus dem zweiten Jahrtausend zurück.)

Onkelos[592] nimmt das Genesis-Apokryphon keinerlei Anstoß an der Bezeichnung als כהן.[593] Auch die einzige Hinzufügung bleibt völlig im Rahmen des Erzählten: Der Zehnte, den Abram darbringt, wird nicht als regelmäßige kultische Abgabe verstanden,[594] sondern als Abgabe von der Kriegsbeute.[595] Wenn man von dieser Wirkungsgeschichte sowie den »priesterlichen« Anteilen am Pentateuch einmal absieht, steht Melchisedek in der »vorpriesterlichen« Pentateucherzählung in einer Reihe neben anderen legitimen außerisraelitischen Vorgängern des Priestertums: Vor allem ist hier der Priester Midians als Schwiegervater des Mose zu nennen; auch der heliopolitanische Priester als Schwiegervater Josefs[596] scheint keinen Anstoß zu erregen. Entsprechend der religionsgeschichtlichen Konstruktion der Offenbarung des JHWH-Namens in Ägypten[597] gebraucht Melchisedek den Gottesnamen noch nicht, sondern wird als Priester des »höchsten Gottes« bezeichnet. Endkompositionell erscheint das Priestertum Melchisedeks als der wichtigste Hinweis im Pentateuch auf die kultische Dignität Jerusalems.[598]

Die Gottesprädikationen

Die Gottesbezeichnung »El Eljon«[599] in Gen 14,18.19.20.22, die in der traditionellen religionsgeschichtlichen Sicht zur Rekonstruktion eines präisraelitischen El-Eljon-Kults in Jerusalem dienen musste, erscheint im Kontext der spätnachexilischen Zeit überhaupt nicht ungewöhnlich: Sowohl im Jubiläenbuch[600] als auch im Genesis-Apokryphon[601] kann von einem stetigen Gebrauch von »El Eljon« gesprochen werden.[602] Als *Beweis* für ein hohes Alter ist diese Gottesbezeichnung also denkbar ungeeignet.

Vielmehr darf die Gottesbezeichnung אל עליון קנה שמים וארץ als hervorragende Verbindung von biblischer Tradition und historischer Rekonstruktion gelten: Aus der biblischen Tradition sind die verschiedenen mit »El« gebildeten Gottesbezeich-

---

592 Melchisedek wird Gen 14,18 als משמש, Potifera Gen 41,45.50; 46,20 und Moses Schwiegervater Ex 2,16; 3,1; 18,1 jeweils als רבא, die ägyptischen Priester Gen 47,22.26 als כומריא bezeichnet, während nur Aaron und seine Söhne כהן/כהנא heißen.

593 Nach Fitzmyer, Apocryphon, 39, Indiz für eine Frühdatierung des GA.

594 So wohl die Vorlage von Jub 13,25, vgl. auch PRE 27.

595 So auch Josephus, Ant 1,181, sowie Heb 7,4.

596 Gen 41,45.50; 46,20.

597 Ex 3,13–15, davon abhängig Ex 6,2f.

598 S.u. S. 343.

599 Vgl. zur Vorstellung des höchsten Gottes Niehr, Gott, sowie Bétoudji, El.

600 Böttrich, Gottesprädikationen, 231, zählt im äthiopischen Text 19 Belegstellen für »der höchste Gott«, von denen für 2 durch Qumranfunde nachgewiesen ist, dass sie auf hebräisches אל עליון zurückgehen (Jub 21,23 durch 4Q221; 25,11 durch 4Q222 bestätigt), und 4 Belege für »der höchste Herr«.

601 GA 12,17; 20,12.16; 21,2.20; 22,15.16.21.

602 Für Böttrich, Gottesprädikationen, 233, ist diese Prädikation »eine für das Jub besonders typische Redeweise«; Berger, Jubiläer, 299, Anm. 3, spricht in Bezug auf Jubiläenbuch und GA von einer »Renaissance dieses Namens im 2. Jahrh. v.Chr.«.

nungen der Erzeltern[603] aufgenommen; dazu kommt das historische Wissen um die phönizische, auch in Jerusalem belegte Gottesprädikation als קנארץ.[604] Eljon begegnet mehrfach im Psalter,[605] ist aber Gen 14,18–22, analog zu עולם Gen 21,33 sowie zu שדי in der Endkomposition,[606] als Epitheton zu אל hinzugetreten, um ihn als den einzigen, und darum auch höchsten Gott zu bezeichnen. Dass er Himmel und Erde geschaffen hat bzw. diese ihm gehören, wird durch die weitere Prädikation als קנה שמים וארץ ausgesagt. Dabei dürfte die Vokabel קנה für Schaffen bewusst weniger an die biblischen Traditionen[607] als an außerbiblischen Sprachgebrauch[608] anknüpfen. Die Verbindung der Motivkomplexe vom höchsten Gott, dem Herrn des Himmels[609] und dem Herrn der Erde setzt jedenfalls ein fortgeschrittenes religionsgeschichtliches Stadium voraus.[610] Sachlich ergibt sich eine große Nähe zur Prädikation Ahuramazdas in den achämenidischen Königsinschriften: Dieser wird regelmäßig als »großer Gott, der jenen Himmel schuf, der diese Erde schuf, der die Segensfülle schuf für den Menschen, der den Darius zum König machte...«[611] bezeichnet.[612]

Zusammenfassend ist festzustellen, dass in Gen 14,18–20.22 die für die nachexilische Zeit völlig unanstößigen, weil nicht mehr als Eigennamen verstandenen Gottesbezeichnungen אל und עליון mit der archaisierend an das Phönizische angelehnten Prädikation Els als Herr/Schöpfer[613] der Erde sowie, die für die Achämeni-

---

603 Gen 16,13; 21,33; 31,13; 35,7 dürften allesamt älter sein als 14,18–22. Sie bezeichnen aber nicht die verschiedenen »Elim der Heiligtümer Palästinas« (so Alt, Gott, 13 f.19.29), auch keine lokalen Manifestationen des kanaanäischen Hochgottes El (so Eißfeldt, El), sondern verwenden »El« in der Regel als Appellativum (Köckert, Vätergott, 67–91).

604 Niehr, Gott, 123 f. (Lit.).

605 עליון kommt häufig bereits in den Psalmen vor, oft in Parallele zu אל, aber nur einmal, Ps 78,35, die Kombination אל עליון. Ähnliches gilt für den hebräischen Jesus Sirach; hier ist, im Unterschied zur LXX-Fassung, der »höchste Gott« bislang nicht belegt.

606 Siehe unten S. 326 ff.

607 Einschlägige Schöpfungstermini sind dort ברא, עשה sowie יצר. Die hymnische Prädikation Gottes als dessen, »der Himmel und Erde gemacht hat« (Ps 115,15; 121,2; 134,3; 146,6; sowie 2 Chr 2,11 im Munde eines kanaanäischen Königs), wird immer mit עשה formuliert, vgl. noch 2 Kön 19,15 // Jes 37,16; Jer 32,17. Auch Gen 2,4; Ex 20,11; 31,17 steht עשה mit den Objekten »Himmel« und »Erde«; Gen 1,1 sowie Jes 65,17 ברא und Jer 10,11 (in negativer Aussage) aram. עבד; קנה nur Gen 14,19.22. Dazu kommen noch die komplementären Bilder vom »Gründen der Erde« und »Aufspannen des Himmels«, vgl. Niehr, Gott, 27 f.

608 Niehr, Gott, 121–124.

609 אלהי השמים bzw. אלה שמיא im Alten Testament nur Gen 24,3.7 (meist nachexilisch datiert); 2 Chr 36,23; Jona 1,9 sowie regelmäßig in den Büchern Esra–Nehemia und Daniel.

610 Niehr, Gott, 124.

611 So die wiederkehrende Titulatur, hier nach einer der Inschriften Darius' I. am Suezkanal (Text und Übersetzung: KA 102 f. [Dar.Sz.c.§1]) zitiert, um deutlich zu machen, dass die Titulatur auch im Westen bekannt gewesen sein dürfte. Die Reihenfolge von Himmel und Erde variiert von Inschrift zu Inschrift (vgl. dazu Gen 2,4a und b); ebenso tritt selbstverständlich an die Stelle von Darius der jeweils aktuelle Königsname.

612 Hinter dem biblisch belegten Titel »Gott des Himmels« (s. o. Anm. 609) steht allerdings keine Titulatur Ahuramazdas, sondern Ba'alschamem, Niehr, Gott, 49–60.

denzeit charakteristische Identifikation des einen höchsten Gottes mit dem Schöpfer von Himmel *und* Erde aufnehmend, des Himmels verbunden wurden.[514] Diese Prädikation, die sich in ihrer Aussage mit der Appellation Ahuramazdas in den persischen Königsinschriften deckt, steht zudem wie jene im unmittelbaren Kontext von Kriegsberichten, Königtum und Segen.

Die hier verwendete Gottesbezeichnung hat auch für den Makrokontext der Genesis ihre Funktion: Jerusalem steht damit (ähnlich wie in Ps 47,10) nicht für die Exklusivität, sondern für die Inklusivität, die Integrationskraft des Monotheismus. So wie Jerusalem für den Frieden, sein König für die Gerechtigkeit steht, so steht der Gott, als dessen Priester Melchisedek bezeichnet wird, für den Himmel und Erde umgreifenden *Segen*.

An dieser Stelle muss noch eine Gottesprädikation Erwähnung finden, die in die Wirkungsgeschichte von Gen 14 mit seiner intendierten Relation zu Gen 15 gehört: Die Anrufung Gottes als »Schild Abrahams«[615] beschließt die ברכה der ersten Bitte des Achtzehngebetes, in der Gott auf seine Liebe zu den paradigmatisch gesegneten Erzvätern angesprochen wird: »Gesegnet seist du Gott, unser Gott und Gott unserer Väter, Gott Awrahams, Gott Jizchaks und Gott Jaakows, grosser, starker und furchtbarer Gott, höchster Gott (אל עליון), der doch wohltuende Liebeswirkungen (חסדים) erzeigt, allem Eigner ist (קונה הכל), und der Liebeshingebungen (חסדים) der Väter gedenkt und einen Erlöser ihren Kindeskindern um seines Namens willen in Liebe (אהבה) bringt. [...][616] König, Beistand, Helfer und Schild: gesegnet seist du, Gott, Schild Awrahams – ברוך אתה יי מגן אברהם.«[617]

Der Zehnte

Es ist deutlich geworden, dass in Gen 14 El Eljon für den Gott Abrahams, Isaaks und Jakobs steht und Salem für Jerusalem, während Melchisedek als Priester El Eljons und als zehntgenannter König als Vorbild für Königtum und Priestertum erscheint. Nun könnte auch der Zehnte,[618] dessen Übergabe das handfeste Ergeb-

---

613 Zur strittigen Semantik des Verbs קנה vgl. Niehr, Gott, 121.

614 Die nächste von Gen 14 unabhängige Parallele zur Gottesbezeichnung von Gen 14,19.22 findet sich erst in einer allerdings stark beschädigten palmyrenischen Inschrift, die zu ל] אל קונא [ל] א[ע]ר[א ו שמ[י]א ergänzt werden kann (Niehr, Gott, 122).

615 Zu der inzwischen nur noch forschungsgeschichtlich interessanten Mutmaßung Albrecht Alts, genau dies könne eine dem »Starken Jakobs« und dem »Schrecken Isaaks« entsprechende Bezeichnung des Abraham zugehörenden Väternumens sein (Alt, Gott, 67, Anm. 4), vgl. abschließend Köckert, Vätergott, 62.

616 Einschub an dieser Stelle in den zehn Teschuwa-Tagen: »Gedenke unser zum Leben, König, der du Freude am Leben hast, und schreibe uns in das Buch des Lebens ein um Deinetwillen, lebendiger Gott!«

617 Zitiert aus Hirsch, Siddur, 131.

618 Zum Zehnten in Gen 14 vgl. Pagolu, Religion, 183–189; zum Zehnten im Alten Orient sowie in Israel allgemein vgl. a.a.O., 171–183. Vgl. für den Tempelzehnten in neu- und spätbabylonischer

nis der Begegnung Abrams und Melchisedeks ist, sowohl mit dem Priestertum[619] als auch mit dem Königtum Melchisedeks zusammenhängen.[620] Da Melchisedek jedoch am Krieg nicht beteiligt ist, weder als Befehlshaber noch als Gegner Abrams, kann er keine königlichen Ansprüche auf Anteile oder Tribut geltend machen. Berechtigte Ansprüche kann aber derjenige geltend machen, der dem Abram die Feinde in die Hand gegeben hat – der höchste Gott, dessen Priester wiederum Melchisedek ist.[621] Der Thematik des ganzen Kapitels als der Schilderung eines einmaligen Kriegsgeschehens entspricht deshalb am besten das Verständnis des Zehnten als einmalige Votivgabe.[622]

Dieser einmalige Zehnte wird freiwillig gegeben und ist gerade darin Vorbild für spätere Zeiten. Die Problematik des kultischen Zehnten scheint in der frühnachexilischen Zeit besonders virulent gewesen zu sein, wie sich Mal 3,8–10 und Neh 10–12 entnehmen lässt. Man kann Gen 14,17–24 sehr gut vor dem Hintergrund der im Nehemiabuch[623] geschilderten Umstände lesen: Der König von Sodom ähnelt dem schlechten Statthalter,[624] der sofort zur Stelle ist, wenn er meint, seinen Anteil eintreiben zu können – Melchisedek dagegen bietet, wie Nehemia,[625] unentgeltlich Brot und Wein an. Doch derselbe Nehemia, der so um eine Verringerung der Lasten bemüht war,[626] kümmert sich andererseits um die Verwaltung des Zehnten und der nicht unbeträchtlichen weiteren Abgaben für das Heiligtum,[627] zu denen sich das Volk zuvor verpflichtet hat.[628] Man könnte die Analogien sogar noch weiter führen: Die Beute, von welcher allein der Zehnte Abrams stammen kann, besteht genau aus denjenigen Gütern, die sich zuvor der König von Elam, der für die persische Vorherrschaft steht,[629] angeeignet hatte. Spätestens von Melchisedek erfährt Abram, dass er nur dank des göttlichen Beistandes all diese Güter dem König von Elam abgenommen hat. Es ist nur recht

Zeit in Mesopotamien Jursa, Tempelzehnt; einen Überblick bietet auch North, Art. עשׂר (dort, 432 f., weitere Literatur).

619 Vgl. die kultische Konnotation des Zehnten in Gen 28,22; Lev 27,30–32; Num 18,21–32; Dt 12,6.11.17; 14,22 f. 28; 26,12; Am 4,4; Mal 3,8.10; Neh 10,38 f.; 12,44; 13,5.12; 2 Chr 31,5 f. 12.

620 Vgl. 1 Sam 8,15.17.

621 Vgl. die Verknüpfung des Zehnten an das Heiligtum mit dem Ausschütten des göttlichen Segens in Mal 3,8–12.

622 Seebass, Genesis II/1, 57. Siehe bereits oben Anm. 54 (S. 20).

623 Erzählte Zeit im Nehemiabuch ist die Zeit Artaxerxes' I. (465–424 v. Chr.); für die Entstehungszeit der verschiedenen Bestandteile des Buches ist damit lediglich ein *terminus post quem* gegeben.

624 Vgl. Neh 5,15.

625 Vgl. Neh 5,14.17 f.

626 Neh 5,1–13.

627 Neh 12,44–47

628 Neh 10,33–40. Auch in Mal 1,8 werden für die Forderung nach angemessener Versorgung des Heiligtums als Vergleichsgröße Naturalienabgaben an staatliche Autoritäten erwähnt, vgl. ausführlich A. Meinhold, Maleachi, 108–118.

629 Zum Zehnten in Persien vgl. H. Koch, Dareios, 66 f.

und billig, dass er nun von sich aus, in der Hoffnung auf dauerhaften Segen, dem Priester des höchsten Gottes, Melchisedek, den Zehnten gibt.[630]

3. Der Abram[631] von Gen 14 (Grundschicht)

3.1. Das Verhältnis von Abram zu Lot

Die deuteronomistische Geschichtsrekapitulation, wie sie in Dt 1-3 gegeben ist, kennt mehrere Völker, die vergleichbar den Israeliten ihr Land in Besitz nahmen und dabei die alteingesessene Bevölkerung verdrängten: Die Edomiter Dt 2,5, die Moabiter Dt 2,9 und die Ammoniter Dt 2,19[632]. Die ersteren werden als Brüder (Dt 2,8) der Israeliten, die beiden letzteren als Nachkommen Lots bezeichnet. Ihre Ansiedlung im Ostjordanland bedeutet die Inbesitznahme der ihnen von Jhwh gegebenen ירשה (Dt 2,9.19), weshalb die Israeliten das Land der Moabiter und Ammoniter nicht antasten sollen. Dies entspricht dem Bericht der Genesis, wonach sich Abram und Lot friedlich das ihnen zugewiesene Land geteilt haben.

Doch außer der Parallelität des Einzugs in das Land ist eine nähere Beziehung zwischen Abraham und Lot nicht notwendig vorausgesetzt. Vielmehr kennt das deuteronomische Gesetz nur ein Volk, das als Bruder mit Israel so eng verwandt ist, dass dies halachische Konsequenzen hat: Edom/Esau (Dt 23,8).[633] Ammoniter

---

630 Zum Zehnten in Mal 3 und in der frühnachexilischen Zeit vgl. demnächst A. Meinhold, Maleachi, zu Mal 3,8.10 (Lit.).

631 Abraham heißt in Gen 14 durchgehend Abram, ebenso in der Genesis bis zu Gen 17,5. Da diese Namensform durchgehend auch in der Parallele im GA steht, dürfte sie für Gen 14, vielleicht auch für die ganze Abram-Lot-Geschichte, ursprünglich sein. Das passt insofern mit der historisierenden Tendenz von Gen 14 zusammen, als die Namensform אברם für verschiedene Personen außerhalb Israels häufiger belegt ist als die für den Erzvater Israels geläufigere Form אברהם. Siehe zur Umbenennung in Gen 17,5 und der damit einhergehenden Systematisierung unten S. 318 ff., zur kompositionellen Funktion des Namens Abram in Gen 14 unten S. 134.

632 Dazu kommen noch die Kaftoriter (Dt 2,23, vgl. Am 9,7), in den sogenannten »antiquarischen Glossen«. Nur innerhalb dieser sekundären Schicht werden auch die Völker der Vorbewohner mit Namen genannt, wohl in Abhängigkeit von Gen 14. Vgl. dazu unten S. 154 f.

633 Die Nachkommen der Edomiter und der Ägypter dürfen vom dritten Geschlecht (דור שלישי) an in die Gemeinde (קהל יהוה) aufgenommen werden (Dt 23,8 f.). Da kein bestimmter Status genannt ist, den etwa die Großväter der Aufzunehmenden hätten besitzen müssen, kann mit דור hier nicht die Generation (jeder Ägypter kann sich als Ägypter in der dritten, vierten oder zehnten Generation betrachten), sondern nur das Zeitalter gemeint sein. Wenn Dt 23,2–9 einer nachexilischen Redaktion angehört, die Gen 15 bereits voraussetzt (so Otto, Hexateuch, 203 f., mit Verweis auf weitere Literatur) denkbar ist auch ein bewusster Bezug auf die Geschlechtersystematik von Gen 15 (s. u., S. 193–248) denkbar: Esau gehört zum ersten, Ägypten zum zweiten Geschlecht, die im Deuteronomium Angeredeten sind die während des dritten Geschlechts Geborenen. Im vierten Geschlecht, dem mit der Landnahme beginnenden Zeitalter, für welches das Deuteronomium gelten soll, gibt es demnach für die Edomiter und Ägypter keine Einschränkungen mehr.

und Moabiter sollen dagegen auch im zehnten Geschlecht[634] nicht in die Gemeinde aufgenommen werden können (Dt 23,4), sie würden mithin unter die Kategorie נכרי fallen (vgl. Dt 15,3; 17,15; 23,21 die Antonyme נכרי und אחיך). Das gilt auch noch in späterer Zeit; so bezeichnet sich die Moabiterin Ruth ebenso als Fremde (Rut 2,10: נכריה) wie Neh 13,23 die Ammoniterinnen und Moabiterinnen als Fremde aus der Gemeinschaft ausgestoßen werden sollen.

Ebenso deutlich ist aber, zumindest im Pentateuch,[635] dass Moab und Ammon einer anderen Kategorie angehören als die sechs oder sieben zu vertreibenden Völker. Trotz der sowohl politisch als auch religiös[636] begründbaren Klassifizierung als »Fremde« stehen jene Israel näher als etwa die Amoriter.

Das exakte Verwandtschaftsverhältnis von Lot und Abram wird innerhalb der hebräischen Bibel kaum thematisiert; narrativ wird es überhaupt nicht entfaltet. Wie anders sieht das für Ismael und Isaak in Gen 21, für Jakob und Esau Gen 25; 27–35, für Lea und Rahel Gen 29f., oder dann für die Söhne Jakobs aus! Dass Lot der Neffe Abrams sein soll, wird außer Gen 11,27 nur noch Gen 11,31; 12,5 und 14,12 (Glossierungsschicht) ausdrücklich erwähnt. Dass Lot mit Abram mitzieht, wird ohne große Erklärungen mitgeteilt. Bereits vorendkompositionell wird Haran, Vater Lots und Bruder Abrams, als genealogisches Bindeglied zwischen Israel, Moab und Ammon eingeführt, verschwindet aber sofort wieder von der Bildfläche.[637] Die so entstandene »Leerstelle« wird von verschiedenen Midraschim phantastisch ausgefüllt,[638] doch hat die Erwähnung des Todes Harans *vor* seinem Vater Terach einen erzählerischen Sinn: Mit dem Tod seines Vaters ist Lot verwaist; der älteste Bruder des Vaters, nämlich Abram, übernimmt die Verantwortung für ihn. Durch diese Konstruktion ist sowohl der offenbar unleugbaren verwandtschaftlichen Nähe Israels zu Moabitern und Ammonitern Rechnung getragen, als auch die nachgeordnete Stellung Lots gegenüber Abra(ha)m charakterisiert. Moab und Ammon, die Söhne Lots, gelangen durch Haran nur auf die Ebene des Aramäers Laban, nicht auf diejenige der Abra(ha)miden. Zudem kann die ausdrückliche Bezeichnung Lots und Abrams als »Brüder« nun vermieden werden. Da Lot

---

634 Auch mit dem »zehnten Geschlecht« (vgl. auch Dt 23,3 MT) ist offensichtlich keine lineare Generationenfolge bezeichnet, da einerseits kaum jemand genau seine Vorfahren in zehn Generationen benennen kann, andererseits aber eine Familie nach ca. 300 Jahren, also 10 biologischen Generationen, einen Anspruch auf Zugehörigkeit zur Gemeinde erheben könnte. »Zehn Generationen« stehen hier für zehn Zeitalter, das heißt, in der Negation, für den »St.-Nimmerleinstag« (Dt 23,4 עד עולם ... לא).

635 Anders nur Esr 9,1.

636 Unter den als נכר charakterisierten Göttern (Gen 35,2; Dt 31,16; Jos 24,20 u.ö.) sind für die Deuteronomisten »moabitische«, »ammonitische« und »kanaanäische« Gottheiten vereint, vgl. insbesondere 1 Kön 11,5–8.

637 Im Unterschied zu Nahor, der auch außerhalb von Gen 11 noch achtmal in der Genesis sowie Jos 24,2 erwähnt wird.

638 In der ältesten bekannten Fassung, Jub 12,14, bemüht sich Haran, die Götzen aus dem Feuer zu retten, das Abram gelegt hat, und verbrennt selbst im Feuer.

sich bereits in Gen 13 aus freien Stücken von Abra(ha)m unabhängig macht, gehört er in Gen 14 ff. auch nicht mehr zum Haus Abra(ha)ms.

Im alten Abra(ha)m-Lot-Zyklus wurde demgegenüber lediglich vorausgesetzt, dass Abra(ha)m und Lot als »brüderliche Männer« (אנשים אחים[639]) einander nahe stehen (Gen 13,8; vgl. Gen 13,11 die Formel איש...אחיו[640]). Dass dies weniger eine Aussage über die Verwandtschaft als vielmehr eine über die erhoffte geschwisterliche Umgangsweise bedeutet, macht nicht zuletzt Gen 19,7 deutlich: Dort appelliert Lot verzweifelt an das Gewissen der mit ihm nicht verwandten, freilich so gut wie verschwägerten Sodomiter, indem er sie als »meine Brüder« anredet.

In der Grundschicht von Gen 14 (Gen 14,14.16) wird Lot ausdrücklich als Bruder Abrams bezeichnet. Dennoch kann hier kaum von einer faktischen Gleichstellung beider gesprochen werden. Die »natürliche« Gleichstellung, wie sie Gen 13 erzählerisch gegeben ist, wird zwar vorausgesetzt, aber im Verlauf der Erzählung überwunden: Damit besteht eine Analogie zu anderen in der Genesis geschilderten Bruderkonflikten, wo die »natürliche« Rangfolge von der Geschichte *ad absurdum* geführt wird. Die Unterordnung Lots ist, wie später diejenige Ismaels oder Esaus, eine indirekte Folge des Segens, der auf Abra(ha)m ruht.[641] Dem Segen Gottes verdankt Abram seine Bewahrung,[642] seinem »Bruder« Abram verdankt Lot seine Rettung vor Kedorla'omer.[643] Am Ende steht die klare Unterordnung Lots unter Abram. Lot ist keine Gefahr für Abram, sondern vom Wohlwollen Abrams abhängig, der wiederum privilegierte Beziehungen zum Jerusalemer Heiligtum besitzt, welchen Lot nichts entgegenzusetzen hat.[644]

Es bleibt, jenseits der Frage von Gleich- oder Unterordnung, die Verwandtschaft Israels mit Moab und Ammon für die biblischen Schriftsteller eine unleugbare Tatsache. Dem entspricht die Schwierigkeit, die vom Deuteronomium

---

639 In dieser Form ein hap. leg.; vgl. aber die Entsprechung im Singular Gen 9,5 im Kontext des noachidischen Verbots des Blutvergießens. Im dort vorausgesetzten kompositionellen Zusammenhang steht fest, dass alle Menschen miteinander verwandt sind; das erste Blutvergießen und damit (innerhalb der Endkomposition) die erste Infragestellung der Gottebenbildlichkeit wird, damit übereinstimmend, als Brudermord im wörtlichen Sinne geschildert (Gen 4,8).

640 Dieselbe sprachliche Wendung bezeichnet Gen 26,31 Isaak, Abimelech, Ahussat und Pichol nach ihrem Bundesschluss. Philister und Ägypter – so wären die Partner Isaaks biblisch-genealogisch einzuordnen – werden im übrigen nirgends im Alten Testament ausdrücklich als *Bundespartner* ausgeschlossen. Die Philister allerdings als die Unbeschnittenen *par excellence* dürfen sich nach Gen 34,14 niemals einer Israelitin nähern, was die Gefährdung von Sara und Rebekka ausgerechnet durch den Philisterkönig Abimelech bzw. seine Untertanen (Gen 20; 26) in um so bedenklicheres Licht rückt.
Bereits den frühen Abschreibern des Pentateuch war die Bezeichnung der Philister als »Brüder«, wodurch die friedliche Beilegung (»בשלום« Gen 26,31) der Streitigkeiten unterstrichen wird, dennoch zu viel. Samaritanus und wohl auch die LXX-Vorlage ersetzen deshalb אחיו in Gen 26,31 durch das in Verbindung mit איש geläufigere רעהו.

641 Gen 12,2f.; 14,19; 18,18.

642 Gen 14,18.

643 Sowie später vor dem Untergang Sodoms.

644 Parallelen zu Neh 13,4–19 drängen sich förmlich auf, dazu im Folgenden.

geforderte Abgrenzung von den Moabitern und Ammonitern zu begründen und mit dem ostjordanischen Israel zu verbinden: In Esr-Neh etwa herrscht völliges Schweigen über Letzteres. Gilead, das doch Nachbarprovinz von Jehud und Samerina gewesen sein muss,[645] wird nicht erwähnt. Dafür wird Tobia Neh 2,10.19 als העבד העמני verunglimpft[646] und einmal[647] direkt als העמני bezeichnet. Haben die Tobiaden als Israeliten,[648] als Leviten[649] oder aber als Ammoniter zu gelten? Selbst Nehemia, der nach Neh 13 heftigst gegen die Verbindungen mit Ammoniterinnen und Moabiterinnen polemisiert, die als illegitim geschieden werden sollen, kann deren Dialekt (anders als im Falle des »Aschdodischen«) nicht benennen.[650] Im Falle der Tobiaden wagt im übrigen nicht einmal Nehemia, die Tatsache ihrer JHWH-Verehrung in Frage zu stellen. Das Buch Ruth kennt zwar die religiöse Trennlinie,[651] die mit der politischen[652] identisch verläuft, hat aber an dem Konnubium nichts auszusetzen, sondern zeichnet Ruth bewusst als die moabitische Stammmutter Davids.[653]

Die unleugbare Verwandtschaft Israels mit Ammon und Moab verlangt vor dem Hintergrund der axiomatisch postulierten Fremdheit gegenüber den Vorbewohnern des Landes im Deuteronomium, dass Moabiter und Ammoniter auch die Allochthonie Israels teilen müssen. Konsequenterweise wird also in Dt 1–3 auch eine parallele Vorgeschichte Moabs, Ammons und Israels postuliert, in der alle genannten Völker gleichermaßen als allochthon im Land bezeichnet werden, entsprechend den Aussagen in Gen 11–13 über die gemeinsame Einwanderung Abrams und Lots. Historiographisch ausgeführt wird diese Vorgeschichte des Ostjordanlandes allein in Gen 14.[654]

---

645 Bereits seit 733 v.Chr. war Gilead eine eigene Provinz, vgl. Görg, Art. Gilead (Lit.).

646 Dies dürfte der Tendenz des Nehemiabuches eher gerecht werden, als עבד hier als Ehrentitel zu verstehen, vgl. J. Becker, Esra, 65 f.

647 Neh 3,35.

648 So das Buch Tobit. Tob 1,1 werden sie auf den Stamm Naftali zurückgeführt.

649 Die Ansprüche auf das Hohepriesteramt in Jerusalem ließen das erwarten. Vgl. immerhin die Leviten Tobijahu und Tob-Adonija 2 Chr 17,8.

650 Neh 13,23 f.

651 Rut 1,15 f. Vgl. zu Kemosch als Gott Moabs Num 21,29; Ri 11,24; Jer 48,46.

652 Vgl. die Verwendung von ארץ Rut 1,7; 2,11; dem dürfte wohl in der achämenidischen Zeit die Provinz, מדינה, entsprechen. Zu Ruth als נכריה siehe oben S. 124.

653 In der syrischen Schatzhöhle wird die Rolle Ruths (sowie Naëmas, der ammonitischen Mutter Rehabeams, vgl. 1 Kön 14,21.31; 2 Chr 12,13) sogar ausdrücklich darin gesehen, den Messias aus Abraham und Lot hervorgehen zu lassen, Schatzhöhle 33,8–14.

654 Die in Num 21,26–30 geschilderten Begebenheiten werden durch Gen 14 zu einer Episode herabgestuft, die sich zwischen den vom König von Sodom ausgezahlten Mitstreitern Abrams, nämlich den Amoritern und Lot bzw. seinen Nachkommen, abspielt. Zu Dt 1–3 und den »antiquarischen Glossen« siehe auch unten S. 154 f.

3.2. Die Klimax: Die Verhandlung des Königs von Sodom mit Abram um Lot

Was ist nun das Ergebnis dieser Vorgeschichte des Ostjordanlandes? Der König von Sodom als einzig übriggebliebener Potentat der ganzen verheerten Region will mit Abram über die Beute verhandeln. Nach V. 11* hatte Kedorlaʿomer »den ganzen Besitz von Sodom und Gomorrha, ihr ganzes Essen, dazu Lot und seinen Besitz« mitgenommen. Das heißt, die Beute ist dreifacher Art: Besitz (רכש), Mundvorrat (אכל) und Lot. Von dieser dreifachen Beute bringt Abram nach V. 16* den »Besitz« sowie Lot mit seinem »Besitz« wieder zurück;[655] vom Mundvorrat ist keine Rede mehr. Nachdem Abram gesegnet worden ist und dem Melchisedek gezehntet hat, bietet der König von Sodom für die verbleibende doppelte Beute, d.h., Lot und den »Besitz«, eine vermeintlich großzügige Übereinkunft an: Er will nur הנפש, dafür bekommt Abram den »Besitz« (V. 21). Die einzige נפש, von der hier (in der Grundschicht) die Rede sein kann, ist aber Lot.[656] Unklar bleibt dagegen, ob der König von Sodom dem Abram nur Lots Besitz anbieten will, oder auch seinen eigenen. In sodomitischer Logik läge wohl ersteres: Ihm fällt es nicht im Traum ein, Abram seinen eigenen Besitz anzubieten. Nur Lot und seinen Besitz will er sich mit Abram teilen: Er erhielte Lot, und Abram dessen Besitz.

Abram, für sein Verhandlungsgeschick auch sonst bekannt,[657] unterstellt die zweite Variante, der König von Sodom hätte ihm seinen ganzen Besitz angeboten, und verzichtet nun seinerseits großzügig und feierlich, eine bekannte Redewendung aufnehmend,[658] auf irgendetwas, was dem letzteren gehört, sei es Faden oder Schuhriemen (V. 23). Er will nicht den Besitz Sodoms haben, er will nicht von ihm reich gemacht werden oder den Zehnten empfangen, er will überhaupt nichts von ihm. Er lässt es sich nicht nehmen, diesen Verzicht zu beschwören bei dem höchsten Gott, dessen Segen er empfangen und dessen Priester er daraufhin den Zehnten übergeben hat (V. 22). Doch mit dieser rhetorischen Finesse ist der Handel ebensowenig beendet wie die Verhandlung um die Höhle Machpela mit dem Globalverzicht des Hethiters Ephron.[659] Der Kriegszug, dem der König von Sodom seine Existenz zu verdanken hat, kann nicht gänzlich folgenlos bleiben.

Denn aus dem Folgenden geht hervor, dass Abram den König von Sodom absichtlich missversteht: Abram lehnt mit dem persönlichen Besitz des Königs von Sodom etwas ab, was dieser ihm gar nicht angeboten hatte. Er bestreitet ihm aber das Recht auf den Teil der Beute, die dieser ausdrücklich für sich behalten wollte, die נפש, Lot. Ein Besitzrecht an Lot ist nach Abram nicht verhandelbar, weil Lot, von Abram aus gesehen, keinesfalls dem König von Sodom gehört. Lot ist von

---

655 Im kanonischen Text führt Abram außerdem »die Frauen und das Volk« zurück, die für die Handlung von Gen 19 gebraucht werden.

656 McConville, Horizons, 114, mit Anm. 67.

657 Gerade im Zusammenhang mit Lot und Sodom, Gen 13,8–12 sowie 18,22–33.

658 Vgl. die Formel מן חם עד חוט [מן] in den Elephantinetexten (AP 15,25.28), vgl. Gunkel, Genesis, 288; Fitzmyer, Apocryphon, 179.

659 Gen 23,11.

Anbeginn der Abra(ha)mgeschichte derjenige, der mit Abram zog (Gen 12,4a: וילך אתו לוט); er folgte ihm auf allen seinen Wanderungen: Von Ur nach Charran (11,31), von Charran in das Land der Verheißung (12,4f.) und von da nach Ägypten und wieder zurück (13,1)[660] folgt er Abram. Gen 13,5 wird Lot resümierend charakterisiert als ההולך את אברם: Lot, der mit Abram Ziehende. Seit Abram und Lot sich getrennt haben, kann freilich nur noch in der Vergangenheit von seinem Mitziehen geredet werden; die Trennung von Lot war zudem darin begründet, dass auch dieser nicht nur über Vieh und Besitz, sondern auch über eigene Hirten verfügte.[661] Vor dem Hintergrund dieser dem Hörer bekannten Vorgeschichte liegt es auf der Hand, dass Abram nicht von »הנפש«, sondern von »den Leuten, die mit mir gezogen waren« (האנשים אשר הלכו אתי) spricht. Dass er diese preisgäbe, kommt für Abram aber nicht in Frage.

Nach dem rhetorischen Globalverzicht (V.22f.) kommt Abram nun zur Sache (V.24*): Abram als dem siegreich Zurückkehrenden allein steht es nun zu, nachdem der erste Weg ihn zum Heiligtum geführt und er einen Votivzehnten abgeliefert hatte, zu bestimmen, was mit dem Rest der Beute geschieht. Für sich selbst will er zwar nichts. Doch es gab da seine »Jungen«, mit denen er den Kedorlaʿomer umzingelt und ihm die Beute abgejagt hat, und es gibt Lot und seine Leute, um derentwillen er sich überhaupt auf den Weg gemacht hat. Es ging nach V.11 um dreigestaltige Beute – Besitz (רכש), Mundvorrat (אכל) und Lot, wovon Abram nach V.16 nur den Besitz und Lot zurückgebracht hatte. Wo der Mundvorrat abgeblieben ist, erklärt Abram jetzt: Den haben seine Jungen gegessen. Lot ist in der Perspektive Abrams ein freier Mann. Der Besitz wird deshalb denen gegeben, denen er zusteht: Lot und seine Leute, »die mit mir gezogen waren«, dürfen sich ihren Anteil nehmen.

Von »Anteil« (חלק) ist allerdings erst hier die Rede. חלק steht aber nicht nur für die Beute, sondern häufig spezifisch für einen Anteil am Landbesitz.[662] Lot und seine Leute sollen sich ihren Anteil selbst nehmen. Nach den Gen 14,1–10 geschilderten Ereignissen sind Gomorrha, Adma, Zebojim und Bela verwaist, Susiter, Emiter und Choriter ausgerottet. Abram gibt Lot also noch einmal Gelegenheit, seinen Anteil zu wählen. Den Lesern ist bekannt, welche Anteile Lot, nach der Vernichtung von Sodom und Gomorrha, letztlich nahm: Das Land Schenaabs von Adma und das Land Schemiabads von Zebojim, wo vormals Susiter und Emiter wohnten. An Jhwh aber hatten Ammon und Moab, die Kinder Lots, keinen Anteil.[663] Ja selbst die Frage, ob die ostjordanischen Stämme Ruben und Gad, nach Gen 14* letztlich die Erben Sodoms, einen solchen Anteil an Jhwh bean-

---

660 Vgl. GA 20,11.22–24.33f., wo Lot in Ägypten eine wichtige Rolle spielt.
661 Gen 13,7. Nach GA 22,1f. war auch der »Entronnene« einer von Lots Leuten.
662 Vgl. Tsewat, M., Art. חלק II, 1017.
663 Nach Dt 32,9 ist Israel sein Anteil. Vgl. auch die Geschichtsrekapitulation Jiftachs Ri 11,15–27, bes. V.24.

spruchen dürften, blieb über Generationen hinweg umstritten. Die Aussage von Gen 14* hieße wohl: »Ihr habt keinen Anteil an Jhwh«.[664]

Wer wohnt im Westjordanland?

Zur Abram-Lot-Geschichte gehört, dass das Land leer ist.[665] Während von Abra(ha)m in Gen 11–13; 15–19 überhaupt keine Begegnung mit etwaigen Vorbewohnern des Landes berichtet wird, ist mit Lot und seinen Töchtern nach der Katastrophe Sodoms gar ein völliger Neuanfang menschlicher Besiedlung verbunden, so dass die eine Tochter Lots zur anderen sagt: ואיש אין בארץ לבוא עלינו כדרך כל־הארץ (Gen 19,31). Zu dieser Not und zu der Einsamkeit Abra(ha)ms scheint die dicht bevölkerte Welt von Gen 14, mit ihren Kriegsheeren und Völkerscharen, auf den ersten Blick in schreiendem Widerspruch zu stehen. Bei näherer Betrachtung fällt allerdings auf, dass von den meisten Völkern und Städten der Region nichts als ihre Niederlage ausgesagt wird.

Da die ausgerotteten Völkerschaften sich im wesentlichen auf das Ostjordanland beschränken, bleibt die Frage, wie das Westjordanland nach Gen 14 besiedelt gewesen sein sollte. Genau davon schweigt aber die Grundschicht, in der noch nicht einmal der Aufenthaltsort Abrams erwähnt wird.[666] Das Westjordanland erscheint als Reich eines gerechten Friedenskönigs, welchem Abram den Zehnten übergibt. Abram seinerseits verfügt über einen beachtlichen Hausstand; von Fremdlingschaft oder irgendwie minderem Rechtsstatus ist nichts zu hören, abgesehen davon, dass er in Gen 14 zu der kleinen Minderheit unter den namentlich eingeführten Personen gehört, die keinen Königstitel tragen.

Kurz, die geschilderte Situation im Westjordanland entspricht der von Ez 33,24, wonach Abraham allein im Lande war, ebenso wie der von Gen 13, wo Abram und Lot das Land unter sich aufteilen. Die Annahme einer als »amoritisch« oder »kanaanäisch« bezeichneten Vorbevölkerung, wesentliches Element der »exodischen« Landnahmedarstellung, wird in der Grundschicht *für die Zeit Abra(ha)ms* noch nicht vorausgesetzt, aber bereits in der ersten Glossierungsschicht durch »Aner, Eschkol und Mamre« eingetragen.

Ganz leer war das Land dennoch nicht: Denn mit dem Priesterkönig Melchisedek, und gegen die Exodustradition, wird der legitime Kult in Jerusalem als uralt dargestellt. Dass die Aussage über die Ehrwürdigkeit der Jerusalemer Priesterschaft sowie der Übergabe des Zehnten an diese mit handfesten realpolitischen Erwägun-

---

664 So Jos 22,25.27 das von den ostjordanischen Stämmen befürchtete Vorurteil der Westjordanier.

665 Die Kanaaniternotizen Gen 12,6 und 13,7 sind, wie der Vergleich mit dem GA zeigt, erst in einem späteren Stadium eingetragen worden. Gen 12,6 ist ohnehin seit dem Mittelalter *locus classicus* der Redaktionsgeschichte; zum Kommentar von Ibn Esra zur Stelle und seiner Auslegungsgeschichte vgl. Rottzoll, Verständige, 79–86.94 f.

666 Erst die Eintragung der Amoriter, die *pars pro toto* für die Vorbevölkerung des Westjordanlandes stehen können, durch die verschiedenen Glossierungen (V.7.13) versucht dieses Vakuum zu füllen.

gen zu tun hat, dürfte kaum zu bestreiten sein an Hand der Bedeutung des *status quo* in Fragen der Religionspolitik von den Tagen der achämenidischen Großkönige[667] bis hinein in das 21. Jahrhundert[668].

3.3. Die Charakterisierung Abrams in Gen 14 (Grundschicht)

Die Grundschicht von Gen 14 hat eine stringente Komposition erkennen lassen. Die Handlung wird von Beginn an zunehmend fokussiert auf das Beziehungsgeflecht von Lot und Sodom auf der einen und Abram und Melchisedek auf der anderen Seite. Eine beeindruckende Phalanx vierer Großkönige dient der historiographischen Einleitung; von ihnen wird nach V.1 nur noch der König von Elam ausdrücklich erwähnt. Der Blick verengt sich nun geographisch auf das Ostjordanland. Fünf boshafte, frevelhafte Kleinkönige und vier gelegentlich ihrer kriegerischen Ausmerzung erwähnte sagenhafte Völker geraten in den Blick. Die Kleinkönigreiche werden V.8 noch einmal vollständig aufgezählt, nur um hervorzuheben, dass von diesen nur ein König überhaupt übrigbleibt. Im Wesentlichen herrscht nun *tabula rasa* im Ostjordanland, vom Baschan bis zum Gebirge Seïr. An dieser Stelle ist deshalb Gelegenheit, die Tabelle von oben (S.93) mit dem »Hintergrundwissen« aus Gen 19; 36 und Dt 2f. entsprechend zu ergänzen:

Tabelle 7: Könige und Völker des Ostjordanlandes

Kleinkönige in Gen 14 ([a])	Urvölker	späterer Erbe des Landes ([a])
»durch Bosheit« (3) von Sodom (3) und »durch Frevel« (4) von Gomorrha (4)	Refaïm	Sichon (4)[b], König der Amoriter (4) und Og (3), König von Baschan (3)
»Vaterschlaf« (4) von Adma (4) und »Name verloren« (5) von Zebojim (5)	Susim und Emim	Moab (4) und Ben-Ammi (5)
der König der »Verschlingung« (3)	Chori	Esau (3)

a In Klammern jeweils die Zahl der Buchstaben im Hebräischen, s.o. S.105.

b Im Pentateuch 16mal mit 4 (סיחן) und 4mal mit 5 Buchstaben (סיחון), außerhalb des Pentateuch 1mal mit 4 und 16mal mit 5 Buchstaben. In der Verbindung »Sichon, der König der Amoriter« steht im Pentateuch immer (7mal) סיחן, außerhalb des Pentateuch immer (7mal) סיחון, so dass eine Tendenz zur orthographischen Vereinheitlichung vorzuliegen scheint.

Dem ersten Städtepaar entsprechen die beiden Könige im Gebiet des nachmals israelitischen Ostjordanlandes, dem zweiten die beiden auf Lot zurückgeführten Völker, dem fünften König entsprechen die Nachkommen Esaus.

---

667 Sowohl das Kyrusedikt als auch die Elephantine-Papyri belegen dies am Beispiel der Genehmigung eines Tempelbaus an früherer Stätte, vgl. A. Meinhold, Unvergleichbarkeit, 48.52.

668 Dies gilt bis heute für die heiligen Stätten Jerusalems in besonderem Maße. Auch dabei spielt es keine Rolle, welcher politischen Macht man die Bestätigung eines uralten Vorrechtes verdankt.

Mit dem ganzen Besitz Sodoms und Gomorrhas wird, wie sich V. 12 herausstellt, auch Lot in die Geschichte verwickelt – alles Vorhergehende erscheint nun
nur noch als Einleitung, die Namen der Kleinkönige als deutliche Vorausverweise.
Lots Gefangennahme veranlasst Abram, seinen Verwandten, zum Eingreifen. Nach
seinem wundersamem Sieg schlägt er zunächst den Weg zum Heiligtum ein, wo
ihn der dortige gerechte Friedenskönig segnend begrüßt. Dadurch, dass Melchisedek den höchsten Gott für den Sieg Abrams lobpreist und letzterer ihm eine
ansehnliche Votivgabe überreicht, wird die bis dahin profane Geschichte theologisch interpretiert. Der im Krieg unterlegene König von Sodom nun will mit
Abram über die Beute verhandeln, was letzterer kategorisch ablehnt. Vom König
von Sodom will er nichts geschenkt haben – auch für seine eigenen Jungen verlangt er nichts: Seine kleine, aber feine Streitmacht sei mit der Marschverpflegung
bereits abgefunden. Doch die Leute, die mit ihm gezogen waren, werden sich den
ihnen zustehenden Anteil nehmen. Dabei bleibt offen, ob es juristische Differenzen
in der Frage gegeben hat, ob z. B. Lot selbst dem König von Sodom gehört. Jedenfalls kann es sich bei den Leuten, die mit Abram gezogen waren, und die ihren
Anteil bekommen sollen, in der Grundschicht nur um Lot und die Seinen gehandelt haben.

Was sagt diese Vorgeschichte des Ostjordanlandes über Abra(ha)m?

Zunächst geht sie von dem traditionellen Abra(ha)mbild aus: Er ist offenbar
kein Stadtmensch, aber als wohlhabend zu bezeichnen. Er ist mitsamt seinem
beträchtlichen Hausstand ohne weiteres zu weiträumigen Bewegungen in der Lage.
Er ist großzügig und freigebig, respektiert bestehende Rechtsverhältnisse, steht
aber zu Unrecht Benachteiligten bei. Zudem ist er der paradigmatisch Gesegnete.

Das, was Abra(ha)m in den sonstigen Abra(ha)merzählungen als Persönlichkeit auszeichnet, wird also auch in Gen 14 aufgenommen; sogar das friedliche Verhältnis zu seinen Nachbarn stimmt mit den anderen Abra(ha)müberlieferungen
überein.

Dennoch ist die bei der Lektüre spürbare Andersartigkeit nicht aus der Luft
gegriffen. Der entscheidende Unterschied liegt aber nicht etwa darin, dass Abram
Gewalt anwendet, während er sonst als friedlicher Hirt einherzieht. Dass Abra-
(ha)m zur Gewaltanwendung fähig ist, zeigt er auch gegenüber Hagar, Ismael und
Isaak,[669] zudem ist er durch sein zwielichtiges Verhalten für großes Leid in Ägypten
und im philistäischen Gerar verantwortlich,[670] und auch seine Leute sind dem
Streit nicht grundsätzlich abgeneigt.[671] Was den Abram von Gen 14 in der Tat
mehr mit Josua, den Richtern oder David, anderen Königen oder auch Mose, also
mit Herrschern bzw. Führern des Volkes verbindet als mit der Zeichnung der Erzväter in den anderen Erzählungen, ist die völlige Abwesenheit seiner *Vaterrolle* in
der Erzählung. Aber genau dies ist unumgänglich für eine um glaubwürdige histo-

---

669 Gen 16; 21,8–21; 22.
670 Gen 12,10–20; 20.
671 Gen 13,7.

rische Fiktion bemühte Darstellung: Eine historische Einordnung des Erzvaters darf ihn gerade nicht als Erzvater von später Lebenden schildern, was *per se* ahistorisch ist, sondern als Zeitgenossen seiner Zeitgenossen.

In völligem Einklang mit dem Stil des Kapitels klingt die Vaterrolle Abrams allein in seinem Namen an: Dessen Etymologie ist unstrittig und bedeutet »der Vater ist erhaben«[672]. Hätten wir nur dieses eine Kapitel von Abram, könnten wir nur an seinem sprechenden Namen erkennen, dass die Ehrwürdigkeit der Vaterschaft Abram von den Vätern des Ostjordanlandes unterscheidet, denn Gen 14 ist das einzige Kapitel der kanonischen Abra(ha)mgeschichte, in dem nicht explizit seine Nachkommenschaft zum Thema wird.[673] Letztere steht selbstverständlich im Mittelpunkt derjenigen Kapitel, in denen Ismael bzw. Isaak auftreten (Gen 16f.; 21f.; 24f.), aber auch von Kap. 11–13; 15; 17f.; 20, die alle um die verheißene[674], aber noch nicht eingetroffene[675] Nachkommenschaft kreisen. Selbst in der Grabkaufperikope Gen 23 will Abraham ausdrücklich nicht nur eine einmalige Grabstätte für Sara, sondern mit einem dauerhaft gültigen Kaufvertrag ein Erbbegräbnis erwerben.

Schließlich zeigt sich auch in Gen 14, obgleich von seiner Nachkommenschaft keine Rede ist, Abrams »Familiensinn«, indem er sich für seinen Verwandten[676] Lot einsetzt.

Ebenfalls zurückhaltend ist Gen 14 in seinen theologischen Aussagen. Das Eingreifen Gottes wird aus der Erzählung herausgehalten.[677] Theologische Aussagen begegnen ausschließlich in wörtlicher Rede: Melchisedek und Abram sind es, die in Segens- und Schwurformel El Eljon als den Schöpfer des Himmels und der Erde bezeichnen; Melchisedek ist es, der den militärischen Erfolg Abrams, in hymnisch geprägter Sprache, durch Gottes Eingreifen *interpretiert*. Auch dies dient der historischen Fiktion eines uralten historischen Dokuments; nicht weil in antiken Feldzugsberichten oder Chroniken vom Eingreifen der Gottheit geschwiegen wor-

---

672 Dabei ist אב nach Analogie ähnlicher Namensbildungen wahrscheinlich als theophores Element zu verstehen, vgl. Thompson, Historicity, 23 (Lit.).

673 Als Ausnahme könnte man Gen 19 ansehen, wo es überhaupt nicht um das Ergehen Abrahams geht, dafür aber ausdrücklich, und nicht nur in verborgenen Anspielungen wie in Gen 14, um die Nachkommenschaft Lots.

674 Sohnes- bzw. Nachkommensverheißungen an Abra(ha)m in Gen 12,2; 13,16; 15,4f.; 16,10f.; 17,2–6.16–19; 18,10.14; Verheißungen für seine verheißenen, aber noch nicht geborenen Nachkommen Gen 12,7; 13,15; 15,18–21; 16,12; 17,7f. 21; 18,18f. Nicht mitgezählt sind die auf Isaak bzw. Ismael besogenen Verheißungen nach deren Geburt.

675 Hierher gehört das Thema der (Un-)Fruchtbarkeit, Gen 11,30; 15,2f.; 16,1; 17,17; 18,11f.; 21,6f. Die zweimal erzählte Gefährdung Sara(i)s, in den Harem eines fremden Herrschers eingegliedert zu werden, Gen 12,10–20 sowie Gen 20, bedeutet ebenfalls faktisch keine Gefährdung Abra(ha)ms, dagegen eine grundsätzliche Infragestellung seiner Nachkommenschaft, daher die Plage der Unfruchtbarkeit im Hause Abimelechs (Gen 20,18), vgl. Fischer, Erzeltern, 119–174.

676 Vgl. unten S. 137 ff.

677 In diametralem Gegensatz etwa zur Erzählung Jos 10, die in anderer Hinsicht als Vergleichstext für Gen 14 dienen konnte, s. o. S. 101 f.

den, sondern weil dann allenfalls eine »heidnische« Gottheit zu erwarten gewesen wäre.

In der Konsequenz der »Historisierung« Abra(ha)ms liegt nun aber auch seine Politisierung. Da er nicht als einsamer Sagenheld, sondern als Führungsfigur geschildert wird, gehört zu deren realistischer Füllung auch die Aufgabe der Kriegführung[678]. Abram reißt sich sowenig wie Melchisedek um die Beteiligung am Krieg; Anlass seines Eingreifens sind denn auch weder territoriale noch sonstige strategisch-politische Ziele, sondern ausschließlich, um einen neuzeitlichen Ausdruck zu gebrauchen, »humanitäre« Gründe: Die Befreiung von unrechtmäßig in Haftung genommenen Zivilisten.

Abra(ha)m wird also durchaus nicht zu einem »reisigen Kriegsherrn«[679] oder, wie man neudeutsch sagen müsste, *war lord*. Er bleibt der fromme, großmütige, auf gerechten Ausgleich bedachte, in Verhandlungen geschickte, von seinen Mitmenschen mit Respekt behandelte Landesbewohner, als den ihn auch gerade die umliegenden Kapitel 13; 15ff. bezeichnen.[680] Er setzt sich für seine Verwandtschaft ein, ohne die Rechtsansprüche anderer geringzuschätzen, und kann daher zu Recht als von Gott Gesegneter bezeichnet werden. Als von Gott Gesegneten erkennt ihn Melchisedek jedoch nicht aufgrund seines Glaubens, sondern aufgrund seiner »handgreiflichen« (בידך) Erfolge.

Dass, nachdem ihm Melchisedek Brot und Wein herausbringt, Abram diesem zehntet, passt sowohl zur historischen Stilisierung in Gen 14[681] als auch zur deuteronomistischen Tradition von der vorauseilenden Gesetzesobservanz Abrahams (Gen 18,19; 26,5).[682] Dagegen ist weder eine Unterordnung des levitischen Priestertums unter das des Melchisedek[683] noch eine *translatio sacerdotii* von Melchisedek zu Abram[684] im Blick.

Eine stammesgeschichtliche Auslegung drängt sich für den Abram von Gen 14 nicht vordergründig auf. Dennoch ergeben sich durch die Einfügung in die als Ätiologie bestehender Verhältnisse verstandene Erzelterngeschichte einige nicht unbedeutende Implikationen: Angespielt wird im Besonderen auf das Verhältnis von West- und Ostjordanland. Abram, und damit Israel/Juda, hat privilegierte Beziehungen zum Jerusalemer Heiligtum, während die Moabiter und Ammoniter mit Adma und Zebojim in einen Topf geworfen werden, und das

---

678 Vgl. nicht zuletzt die Führungsgestalten in den biblischen Geschichtsbüchern von Mose über Josua und die »Richter« bis hin zu den Königen.

679 J. Meinhold, 1. Mose 14, 41; vgl. den »reisigen Kriegsfürsten« bei von Rad, 1. Mose, 147.

680 Ganz anders der Gen 12,10–20 zu Tage tretende Egoismus Abrams. In der Traditionsgeschichte lässt sich aber generell eine zunehmende Idealisierung Abra(ha)ms feststellen. Auch hier bewährt sich wieder die Einordnung von Gen 14 in ein fortgeschrittenes Stadium der Abra(ha)mtradition.

681 Der erfolgreiche Heimkehrer bringt eine Votivgabe.

682 Abraham ist gewissermaßen der erste, der das wahre Heiligtum anerkennt.

683 So die christliche Tradition, weil in Abram auch Levi dem Melchisedek gezehntet hätte (vgl. Heb 7,4–10), der das Vorbild für das Amt Christi darstellt (Heb 5,5–10).

684 So die rabbinische Tradition, s.o. Anm. 549 (S. 113). Vgl. aber auch Ps-Eupolemos 17,6, der einfach Melchisedek als Subjekt von Gen 14,20b liest.

nachmalig israelitische Ostjordanland mit Sodom und Gomorrha. Das in nachexilischer Zeit ebenfalls spannungsvolle Verhältnis Samaria–Juda wird dagegen nicht thematisiert; die samaritanische Interpretation hat Melchisedek genauso für sich vereinnahmen können wie die judäische.[685]

Abram und die Kompositionsstruktur von Gen 14

Abschließend sollen noch einmal in einer graphischen Übersicht die Namen der Könige und Völker Revue passieren, welche in diesem Kapitel um Abram und Lot[686] herum gruppiert werden. Es handelt sich um die Namen der Großkönige (V.1), der Kleinkönige[687] (V.2), der Völkerschaften[688] (V.5f.) und des Königs von Schalem und Priesters des höchsten Gottes (V.18).

All diese Namen und das, was sich darunter einmal verborgen haben mag, haben bereits Generationen von Forschern beschäftigt und werden weitere beschäftigen. In diesem Kapitel aber sind sie allein

Abb. 1: Abram als Akronym der Personennamen von Gen 14

תדעל	כדרלעמר	אריוך	אֱמרפל
שמאבד	שנאב	ברשע	בֶרע
החרי	האימים	הזוזים	רֶפאים
			מֶלכי-צדק

zu einem Zweck zusammengestellt: Damit *Abram*, der erhabene Vater, hoch über jene hinaus erhoben werde.

---

685 Siehe oben Anm.561 (S.115).

686 Wer angesichts der Abram-Zentrierung in den vielen Namen einen Hinweis auf den Namen Lots vermisst, der sei auf den einzigen »Systemfehler« in den nach dem אתב"ש der Anfangsbuchstaben des Namens Abram geordneten Listen von Königsnamen verwiesen. Der Anführer und Mächtigste der genannten Könige, Kedorlaʿomer, der letztlich Lot entführt und dadurch Abram auf den Plan gerufen hat, beginnt mit einem כ. Der nach dem אתב"ש komplementäre Buchstabe zum כ aber ist das ל, die Initiale Lots.

687 Es sind nur vier Namen, da der fünfte namenlos ist.

688 Die fünfte ist in der Grundschicht namenlos.

4. Erzählte Zeit und die Zeit des Erzählers[689]

Die Zeit des Erzählers aufgrund inhaltlicher Erwägungen zu rekonstruieren, ist immer sehr spekulativ und soll hier nur annäherungsweise versucht werden, wobei aber deutliche Konvergenzen zu den oben aufgrund formaler Beobachtungen erwogenen Näherungen zu konstatieren sind.

Die Vorrangstellung Elams[690] dürfte eine Anspielung auf das Achämenidenreich beinhalten. Elam steht für Persien[691] wie Schinʿar für Babylonien. Die frühere elamitische Hauptstadt Susa war von Darius I. als Winterresidenz der persischen Großkönige ausgebaut worden;[692] die achämenidische Verwaltung bediente sich im persischen Stammland der elamischen Schriftsprache.[693] In einer Zeit, wo Juda und Israel faktisch von »Elam« aus regiert wurden, mag man sich auch für die Vorzeit eine analoge Situation vorgestellt haben, zumal bekannt gewesen sein dürfte, dass Elam in der vorachämenidischen Zeit wesentlich bedeutender war als Persien.[694] Da die israelitischen Traditionen offenbar keine zuverlässigen Erinnerungen an die politische Großwetterlage im Palästina des zweiten Jahrtausends bewahrt haben, wird unter Verwendung außerisraelitischer Traditionen eine Koalition von vier Großreichen konstruiert, an deren Spitze, für damaliges Empfinden logisch, Elam steht.

Gute Gründe ließen sich näherhin für das 5. Jahrhundert als Entstehungszeit anführen.[695] Die offiziell neutrale Rolle Abrams und Melchisedeks in der Revolte, andererseits aber das bestimmte Auftreten Abrams sowohl gegenüber den Großmächten als auch gegenüber den benachbarten Duodezfürsten könnten gut vor dem Hintergrund ähnlicher realpolitischer Konstellationen im 5. Jahrhundert gezeichnet worden sein.[696]

---

689 Eine Übersicht über verschiedene in der Literatur gegebene Datierungsvorschläge zu Gen 14 zu geben, erscheint an dieser Stelle nicht sinnvoll, da diese logischerweise nicht die hier herausgearbeitete Grundschrift zum Gegenstand haben.

690 Elam wird im Pentateuch außer Gen 14,1.9 nur Gen 10,22 erwähnt, und zwar jedesmal in herausgehobener Stellung: Als erstgenannter Sohn Sems in der Völkertafel – als Anführer der mächtigen Viererkoalition in Gen 14.

691 Van Seters, Abraham, 305; Soggin, Genesis, 230; Handy, Memories, 50.

692 H. Koch, Dareios, 74–78. Die dreisprachige Burgbauinschrift von Susa (altpersisch, elamisch, akkadisch) ist u.a. wiedergegeben bei KA 114f. [Xerx.Susa]. Siehe auch oben Anm.437 (S.98).

693 H. Koch, Dareios, 25–28.

694 Für Babylonien, teilweise auch für Assur stellte Elam immer wieder, vom Ende der Ur-III-Periode bis in die Zeit Assurbanipals, eine akute Bedrohung dar, vgl. Veenhof, Geschichte, 77f.124–126.179.206.257f.273. Doch war es niemals Vormacht in Palästina.

695 Im biblischen Geschichtsbild steht für diese Periode, mit ihren politischen und wirtschaftlichen Schwierigkeiten, vor allem der Name und das Wirken Nehemias.

696 Man denke an die Aufstände unter Artaxerxes I., welche nach Herbert Donner den weltpolitischen Hintergrund der Mission Nehemias bilden (Donner, Geschichte II, 451). Dabei gilt es aber, das oben, Anm.438 (S.98), Gesagte zu beachten.

In einer Zeit, wo uralte Geschichten aktuellpolitische Konsequenzen haben können, leuchtet die Tendenz von Gen 14* ein: Im wohltuenden Gegensatz zu den Ergebnissen der historischen Forschungen, die Artaxerxes I. laut Esr 4,19f. auf Anfrage von Rehum, Schimschai & Co. (Esr 4,7–16) anstellen ließ, saßen die Aufrührer nicht in Jerusalem, sondern im Ostjordanland. Der Herrscher von Schalem war hingegen kein Kriegsherr, sondern Priester des höchsten Gottes; er verlangte keinen Tribut, empfing dafür den freiwilligen Zehnten.[697] Abram schließlich, der judäische Stammvater, setzte sich aufopferungsvoll für seine Nachbarn ein und verzichtete auf jedweden materiellen Vorteil.

Ebensogut wäre freilich an das ausgehende 6. Jahrhundert zu denken: Aufstandsbewegungen im persischen Reich hatte es schon beim Thronwechsel von Kambyses zu Darius I. (522/21 v. Chr.) gegeben; die verunglimpfenden Namen der Kleinkönige könnten mit den in der Behistun-Inschrift[698] als »Lügenkönige« apostrophierten Gegnern Darius' assoziiert werden, denen gegenüber sich das Jerusalem Melchisedeks als Hort der Stabilität erweist; und auch das Eingreifen Abrams gilt ja zunächst nur dem zu Unrecht in Haftung genommenen Lot.

Hinter den Kriegszügen ein konkretes politisches Ereignis der Zeit des Erzählers finden zu wollen, wäre in jedem Falle verfehlt: Es geht hier nicht um eine maskierte Darstellung der Gegenwart des Verfassers, sondern um den Versuch, die eigene Ursprungsgeschichte als Ätiologie der Gegenwart, aber dennoch möglichst »realistisch« darzustellen. Zum »Realismus« der Schilderung gehören nicht nur die altertümlichen Namen sowie das Nebeneinander von Großmachtdominanz und Kleinstaaterei, sondern auch die Treue zur biblischen Tradition.

Während die Frage, wer zu welchem Zeitpunkt der Geschichte Israels diese wahrhaft phantastische Vorgeschichte des Ostjordanlandes entworfen haben könnte, dem Ermessen überlassen bleibt, ist die Einordnung in die Traditions- und Literaturgeschichte klar: Die Abram-Lot-Geschichte wird ebenso vorausgesetzt wie die Tradition von den frevelhaften Sodomitern. Auch auf das Verheißungskapitel von Gen 15 wird bereits angespielt. Im Umkreis der Endkomposition und der Kanonisierung der Genesis befinden wir uns allerdings noch nicht – denn die Grundschicht von Gen 14 wurde bis dahin noch mehreren Bearbeitungen unterworfen.

---

697 Delcor, Melchizedek, 120, möchte das Kapitel schon allein wegen des Zehnten in die Zeit Nehemias datieren (er weist auf Neh 10,38f. und Mal 3,10 hin), da der Priesterkönig von Salem den »theocratic chief of the holy city« repräsentiere.

698 Dass diese im ganzen persischen Reich bekannt gewesen und in die verschiedensten Sprachen übersetzt worden ist, belegt nicht zuletzt die in Elephantine gefundene aramäische Kopie der Inschrift (Cowley, Papyri, 248–271).

V. Die redaktionellen Bearbeitungen

Zur Bestätigung der Ergebnisse des oben gemachten synoptischen Vergleichs (S.46ff.) müssen die mittels rein formaler Kriterien ermittelten redaktionellen Erweiterungen auf ihre Plausibilität als bewusste redaktionelle Erweiterungen geprüft und daraufhin interpretiert werden. Teilweise ist dies aus Gründen der Darstellung bereits in den vorigen Abschnitten geschehen, worauf jeweils verwiesen wird. Daher kann dieser Teil knapper gehalten werden.

1. Die gemeinsame Glossierungsschicht

Die von beiden Referenten gemeinsam vorausgesetzte, aber in unterschiedlicher Weise eingearbeitete Glossierungsschicht beschäftigt sich mit der Einordnung der *personae dramatis* in die Erzelterngeschichte. Dazu werden die Wohnorte von Lot und Abram bestimmt, beider Verwandtschaftsverhältnis exakt geklärt, und die in dem Kapitel erwähnten Begleiter Abrams identifiziert.

בן אחי אברם *(V. 12)*

Während Lot in der Grundschicht als »Bruder Abrams«[699] angesprochen wird, nennt ihn die gemeinsame Glossierungsschicht in Gen 14,12, in Entsprechung zu Gen 11,27, den »Sohn des Bruders Abrams«. Diese Glosse wurde in beiden Referenten unterschiedlich eingearbeitet: In Gen 14,12 steht sie nach ורכש, in GA 21,34 dagegen vor וכול נכסוהי (GA 22,1), der Entsprechung von ורכש.

Anhand dieser Glosse lassen sich exemplarisch die verschiedenen Redaktionsprinzipien des Genesis-Apokryphon und der Endkomposition verfolgen:

Die konservative Endkomposition verwendet nur in den redaktionell formulierten Versen Gen 11,31 und 12,5[700] die exakte Verwandtschaftsbezeichnung »Brudersohn«, entsprechend 11,27. Die Abram, Nahor und Haran-Lot umfassende Terach-Familie bekommt redaktionell sogar ihre eigene »Toledot«-Überschrift,[701] obwohl im Unterschied zur Ismael-, Ketura- oder Edomiter- (und Seïriten-) Linie für die Moabiter und Ammoniter keine Spuren von traditionell

---

699 Siehe oben S.123.
700 Über deren Zuweisung an die »priesterliche« Schicht herrscht Einigkeit.
701 Gen 11,27aα.

vorgegebenem Listenmaterial im »priesterlichen« Sondergut vorhanden gewesen zu sein scheinen. Die vorgegebenen traditionellen Benennungen in Gen 13,8.11; 14,14.16 bleiben dagegen stehen. Da die Bezeichnung Lots als »Bruder« Abrams auch in weiterem Sinne als »Verwandter« verstanden werden kann, besteht kein logischer Widerspruch zu der exakteren Bezeichnung als »Brudersohn«; der traditionelle Wortlaut kann bewahrt werden. Insgesamt ergibt sich ein friedliches Bild der Trennung von Abram und Lot; die Initiative zur Trennung geht von Abram aus.

Das Genesis-Apokryphon dagegen geht freier mit seiner Vorlage um: Hier wird durchgängig die Bezeichnung Lots als »Bruder« Abrams vermieden und stattdessen »Brudersohn« eingeführt: GA 21,7//Gen 13,11; GA 22,5//Gen 14,14; GA 22,11//Gen 14,16, außerdem GA 21,7//Gen 13,1 sowie, ohne Parallele in der Genesis, GA 22,5.[702] Die versöhnliche Rede Abrams Gen 13,8 besitzt keine Parallele im Genesis-Apokryphon; wahrscheinlich wurde sie bewusst weggelassen, um die im Unterschied zur Genesis negativ bewertete Initiative zur Trennung (GA 20,7) allein von Lot ausgehen zu lassen. Die bereits im Deuteronomium zu beobachtende Tendenz, das Prädikat »Bruder« für Lot zu vermeiden, wird im Genesis-Apokryphon, das sich hierin mit dem Jubiläenbuch berührt[703], wesentlich konsequenter realisiert als in der kanonischen Genesis.

(V.12) והוא ישב בסדם

Die zweite Glosse zu Lot wird wiederum unterschiedlich eingefügt: In Gen 14,12 bildet sie einen selbständigen Satz, der mit ו an das Ende des Abschnittes angehängt wird; in GA 22,1 dagegen steht sie als durch די eingeleiteter Relativsatz, unmittelbar an die erste Glosse angeschlossen, noch vor der Erwähnung von Lots Besitz.

Zur Festlegung von Sodom als Wohnort Lots wurde oben[704] bereits einiges gesagt. Diese Glosse dient der Harmonisierung mit Gen 19, bedeutet aber eine gewisse Einengung, da die Transparenz von Susitern, Emitern, Adma und Zebojim hin auf die Nachkommen Lots durch die engere Verknüpfung Lots mit Sodom in den Hintergrund gerät. Das Genesis-Apokryphon verschärft die Lot-kritischere Tendenz der Grundschicht noch bei der Einarbeitung der Glosse: Dort wird die Gemeinsamkeit Lots und Sodoms ausdrücklich hervorgehoben (כחדא עמהון).[705]

Dadurch ergibt sich die Konsequenz, dass auch die »Leute, die mit Abram gezogen waren« (Gen 14,24), die sich in der Grundschicht noch auf Lot beziehen

---

702 Vgl. noch GA 20,22, wo Lot Abram seinen Onkel nennt (דדי).

703 Vgl. Jub 13,14.18.24.

704 S. 103 f.

705 Auch die Worte »bis Sodom«, welche den Wohnort Lots im Abschnitt von der Trennung Abrams und Lots näher bestimmen, dürften derselben Glossierungsschicht angehören (siehe oben S. 60). Sie werden GA 21,6 und Gen 13,12 f. je unterschiedlich eingeordnet und weiter redaktionell überformt.

konnten, neu zugeordnet werden müssen, was tatsächlich innerhalb derselben Glossierungsschicht passiert.

(V. 13) והוא שכן באלני ממרא האמרי אחי אשכל ואחי ענר והם בעלי ברית אברם

Zur ersten Glossierungsschicht gehört auch die Angabe des Wohnorts Abrams sowie die Einführung der drei Bundesgenossen Abrams. Diese Glosse enthält eine Fülle von Informationen und ist so lang, dass sie den syntaktischen Rahmen der Grundschicht sprengt. Im Genesis-Text hat dies zu einer Trennung von V. 13–14a in zwei Sätze geführt,[706] wodurch ויגד nun ohne direktes Objekt dasteht. Der syntaktische Zusammenhang der Grundschicht ist an dieser Stelle im Genesis-Apokryphon besser erhalten, da dort nur der Wohnort[707] Abrams in V. 13 f. (Grundschicht) eingetragen, die Informationen zu den drei Bundesgenossen[708] Abrams aber dem ganzen Kriegsbericht vorangestellt und durch ein gemeinsames Mahl illustriert wurden (GA 21,21 f.). In den selben Zusammenhang gehört auch die folgende Einfügung.

(V. 24) ענר אשכל וממרא

Dieser Einschub[709] bezeichnet die Männer, mit denen Abram nach Gen 14,13/ GA 21,21 f. zusammen wohnt, als diejenigen, die ihn auf seinem Kriegszug begleitet haben. Auch diese Glosse wurde an je unterschiedlicher Stelle eingefügt: Im kanonischen Text wird sie in die Rede Abrams an den König von Sodom integriert, als Apposition zu »den Leuten, die mit mir gegangen sind«. Im Genesis-Apokryphon dient sie zur Bildung eines eigenen Hauptsatzes gleich im Anschluss an den Bericht von Abrams Aufbruch: Dadurch wird von Beginn an deutlich, dass die Amoriter am Kriegszug Abrams mitbeteiligt sind, auch wenn die folgenden Verbformen, wie im Masoretischen Text, entsprechend der Vorlage im Singular stehen.

Im ursprünglichen Text wählte Abram lediglich seine, mit der Zahl Eliezers beschriebenen, חניכים aus, bevor er den Königen nachjagte. Bei den mit ihm Ziehenden, die vom König von Sodom ihre Anteile bekommen, sollte darüber hinaus lediglich an den soeben geretteten Lot und seine Leute gedacht werden.

Während in der Grundschicht von Gen 14 das Westjordanland abgesehen von »Schalem« überhaupt keine Rolle gespielt hatte, wird nun der Ausgangspunkt Abrams, entsprechend Gen 13; 18; 23, mit Hebron angegeben. Die nähere

---

706 Durch die Einfügung von וישמע אב־ם in V. 14.

707 Ob das Wohnen Lots und Abrams in dieser Glossierungsschicht ursprünglich mit demselben Partizip (so יתב im GA) oder mit zwei verschiedenen (so ישב und שכן im MT), ausgedrückt war, lässt sich schwer entscheiden, da sowohl eine sekundäre Angleichung im GA als auch eine sekundäre Differenzierung im MT plausibel erscheint; in diesem Zweifelsfall wird der Überlieferung in der Ursprache gefolgt.

708 GA 21,21 רחמי, eigtl. »Freunde«.

709 Gen 14,24//GA 22,6.

Bezeichnung (באלוני ממרא) stimmt mit Gen 13,18 (und 18,1) überein, wird aber unmittelbar mit einer Erklärung verbunden: Bei den אלוני ממרא handelt es sich nach dem Glossator nicht etwa, analog dem אלון מורה von Sichem, um heilige Orakel-Bäume,[710] sondern um einen privaten Terebinthenhain,[711] der einem Amoriter namens Mamre gehört. Mit dieser Uminterpretation von »Mamre« wird klargestellt, dass der Ort des von Abra(ha)m gebauten Altars (Gen 13,18) vor seiner Zeit noch kein Heiligtum gewesen ist: Die »Terebinthen des Amoriters Mamre« reihen sich dann ein neben die »Tenne des Jebusiters Arauna«, an deren Stelle David einen Altar (und später Salomo den Jerusalemer Tempel) baut,[712] den »Feldanteil des Hiwiters Chamor«, den Jakob erwirbt[713] und das »Feld des Hethiters Ephron«, wo Abraham sein Erbbegräbnis errichtet.[714] Damit vollzieht sich, in einem fortgeschrittenen traditionsgeschichtlichen Stadium, welches die Antinomie von Israel und »Kanaan« bereits für die Vätergeschichte voraussetzt, gerade die Abgrenzung der Erzeltern und des von ihnen begründeten Kultes von der Urbevölkerung.[715]

Mamre nun scheint zusammen mit seinen »Brüdern« Eschkol und Aner ein hebronitisches Triumvirat von *heroes eponymoi*[716] zu bilden.

Die Sitte, Völker-, Landes- oder Ortsnamen als Personennamen zu verwenden, ist unter den zahlreichen Namen in der Grundschicht von Gen 14 gerade nicht belegt. Dagegen ist es ein häufig verwendetes Stilmittel von der Ur- und Erzelterngeschichte bis hin zum Richterbuch: Während in der Endkomposition die *heroes eponymoi* von Völkern für das genealogische System wichtig sind, spielen Volksetymologien von Städtenamen allein in der »nichtpriesterlichen« Literatur eine Rolle. Dabei gibt es sowohl den Fall einer ausdrücklichen Benennung der Stadt nach jemandem (wie Henoch[717] oder »Arba«[718]) als auch die unausgespro-

---

710 Angesichts der ursprünglichen Kontexte von Gen 13,18; 18,1 ist eher an Visions-Bäume, also eine Anspielung an die Wurzel ראה zu denken: Um »Sehen« bzw. »Erscheinen« (jeweils mit der Wurzel ראה) geht es schließlich Gen 13,15 und 18,1 (vgl. »Vision« und »schauen« Gen 15,1.5 im ursprünglichen Anschluss an Gen 13,18).

711 Dass das Verständnis als Kultort ausgeschlossen werden soll, ergibt sich aus der Tatsache, dass Abram *darin* wohnt. (Die LXX dagegen hat Gen 13,18; 14,13; 18,1 jeweils nur einen Baum, *neben* dem Abram wohnt, in sekundärer Angleichung an אלון מורה Gen 12,6; umgekehrt hat Dt 11,30 MT אלוני מורה in Angleichung an Elone Mamre).

712 2 Sam 24,16–25.

713 Gen 33,19. Ob für ein späteres Heiligtum (so vielleicht Gen 48,22?) oder für ein Grab (so Jos 24,32), bleibt offen.

714 Gen 23.

715 Im kanonischen Text wird, um die Abgrenzung auch verbal deutlich zu machen und ein Missverständnis Abrams als »Amoriter« (Ez 16,3.45) auszuschließen, dieser Gen 14,13 ausdrücklich als »der Hebräer« bezeichnet.

716 Gunkel, Genesis, 238; Schatz, Genesis 14, 298. Bei Mamre ist die Nähe zu Hebron offenkundig; Eschkol ist nach Num 13,23f. Name eines Tals bei Hebron. Zur Textunsicherheit bei dem bislang unerklärten Aner/Aneram/Arnam siehe oben S. 36 mit Anm. 124.

717 Gen 4,17.

718 Kirjat-Arba für Hebron als »Stadt des Arba, des Vaters von ענק« Jos 15,13; 21,11.

chene Identität wie im Falle Nimrods,[719] Sichems[720] oder der unmittelbaren Vorfahren Abrams selbst, Serug, Nachor und Terach.[721]

Hebronitische Triumvirate sind anderen Orts ebenfalls belegt: Mehrfach wird Hebron als die Stadt der drei[722] riesenhaften[723] Söhne des ענק[724] angesehen. Diese bekommen für die Zeit der Landnahme sogar Namen: Achiman, Scheschai und Talmai.[725] Die Ureinwohner Hebrons werden mit den verschiedensten Namen verbunden: Neben den »Enakitern«[726] bzw. »Nefilim«[727], »Kanaanitern«[728] und »Hethitern«[729] stehen hier die »Amoriter«[730]. Alles sind Allgemeinbezeichnungen für die Vorbevölkerung ohne erkennbaren lokalhistorischen Bezug.[731]

Wichtig ist hier aber ein naheliegender Bezug auf die israelitischen Landnahmetraditionen. Dass der Ausgangspunkt Abrams, und damit der Wohnort seiner Bundesgenossen, mit Hebron angegeben wird, impliziert nämlich, dass die Ureinwohner Hebrons, anders als die ostjordanische Bevölkerung, unbehelligt bleiben. Sie bekommen als Partner Abrams sogar rechtmäßige Anteile (חלקים), da sie Lot (und Abram) beigestanden haben; sie bekommen diese aber (wie Lot) vom König von Sodom, was zumindest einen schalen Beigeschmack besitzt. Denn gerade vom König von Sodom nimmt Abram nichts an – Abrams Nachkommen werden ihre Anteile durch Gott erhalten.

Exkurs: Gen 14 und die »Amoriterschuld« Gen 15,16

Dass die drei Partner der ברית Abrams, denen er rechtmäßige Anteile zugesteht, ausgerechnet Amoriter sind, bedarf der Erklärung. Diese muss an dieser Stelle wei-

---

719 Als Person Gen 10,8–12.
720 Als Person Gen 33,18–34,2C; vgl. Ri 9,28.
721 Sie lassen sich mit Ortsnamen im nördlichen Mesopotamien verbinden, vgl. Van Seters, Abraham, 58 f.; vorsichtiger Westermann, Genesis, I, 748–750.
722 Ri 1,20.
723 Num 13,28.33; Dt 9,2.
724 Nicht zu verwechseln mit dem enigmatischen ענר.
725 Num 13,28; Jos 15,14, jeweils älter als die Glossen hier. Die alphabetische Anordnung in Num 13,28 nach den Anfangsbuchstaben א, ש und ת erinnert ebenso wie die Tatsache, dass es sich um reine Personennamen handelt, eher an den Autor von Gen 14,1 f. (Grundschicht) als an den Glossator von Gen 14,13.
726 Siehe die in den Anmerkungen 718 und 722–725 angeführten Stellen.
727 Num 13,33.
728 Ri 1,10.
729 Gen 23.
730 Gen 14,13; Jos 10,5. Beides entspricht der Zuordnung der Amoriter zum Gebirgsland Num 13,29; Jos 11,3.
731 Mit historischen Erinnerungen dürften dagegen wenigstens einige der nicht minder vielfältigen Bezeichnungen für die Bewohner Hebrons nach der Landnahme verbunden sein: Kenisiter, Kalibbiter, Othnieliter, Keniter, Gerschoniter etc. Nicht zuletzt gibt es sowohl einen Kalibbiter als auch einen Leviten namens Hebron (1 Chr 2,42 f.; 5,28; 6,3).

ter ausholen und auch die Ergebnisse des zweiten Hauptteils bereits voraussetzen. Dennoch gehört der Exkurs hierher, weil sich erwiesen hat, dass die behandelten Glossen in V.13 und 24 in den unmittelbaren Zusammenhang der Einfügung von Gen 14 vor Gen 15 gehören.

Die beiden Einfügungen können deshalb nicht losgelöst von Gen 15,16b betrachtet werden. Grundsätzlich kann die »Schuld der Amoriter« (עון האמרי) als *genitivus subjectivus* (die Amoriter haben sich schuldig gemacht)[732] oder als *genitivus objectivus* (die »Amoriter« bezeichnen das Delikt)[733] verstanden werden. Von einer *Verschuldung der Amoriter* kann zu Abrams Zeiten nicht die Rede sein; sie haben vielmehr an seiner Seite gekämpft. Wenn Gott Abram »dieses Land« in einer dauerhaft gültigen ברית verheißt (Gen 15,7.18), kann diese Verheißung, wenn denn Gott Gerechtigkeit zuzurechnen ist, erst dann erfüllt werden, wenn auch die Amoriter entsprechende Schuld auf sich geladen haben. Für die Zeit der ersten drei[734] Geschichtsperioden[735] aber gehört Hebron, das ja nicht nur zur Zeit Abra(ha)ms und später Davids, sondern auch im Rahmen der versuchten Landnahme von Süden her eine prominente Rolle spielt, nach Gen 14,13.24 rechtmäßig den Amoritern als den Bundesgenossen, den בעלי ברית Abrams.

Ein Bündnis (ברית) mit den Amoritern (14,13.24) erscheint wegen des Bundesschlussverbots in Ex 23,23.32; 34,11f.15; Dt 7,1f. aber hochproblematisch – während etwa ein Bündnis mit den Philistern[736] an den genannten Stellen nicht ausdrücklich ausgeschlossen wird.[737] Dass dieses privilegrechtliche Verbot des Bundesschlusses mit anderen Völkern dem Glossator bekannt war, ist als wahrscheinlich[738] anzunehmen. Die Motivation dieses Bundesschlussverbots besteht in der Abwehr fremden Gottesdienstes. *Diese* Gefahr scheint hier nicht zu bestehen:[739] Wer unter den Terebinthen Mamres einen Altar gebaut hat, ist Abram selbst;

---

732   Das ist die geläufigere Bildung, vgl. nur עון אבות Ex 20,5; 34,7; Num 14,18; Dt 5,9 u.ö. Für einen Überblick über den עון אבות und dessen Auswirkung auf die jüngeren Generationen im Alten Testament vgl. Biberger, Väter, 405–500.

733   Vgl. den עון פעור Jos 22,17 sowie den עון האשה 2 Sam 3,8.

734   Die Dreizahl der Bundesgenossen Abrams wird GA 21,21; 22,23 ausdrücklich hervorgehoben.

735   Siehe unten S. 234 ff.

736   Gen 21; 26.

737   Eine »deuteronomistische« Einordnung von Gen 14 (Astour, Symbolism, 68–74; zurückhaltender Schatz, Genesis 14, 303.323) ist daher kaum haltbar, vgl. McConville, Horizons, 107f. In der Sprache der Quellenscheidung liegt hier vielmehr ein klarer Fall von »nachdeuteronomistischer«, zugleich aber »vorpriesterlicher« Redaktion vor, vgl. die diachrone Einordnung durch Carr, Fractures, 165, der allenfalls mögliche »semi-Deuteronomistic elements« in Gen 14 einräumt.

738   Dt 7 in seiner jetzigen Form kann natürlich auch jünger sein als unsere Glosse. Der Formel von der Vergeltung über mehrere Generationen hinweg (Ex 20,5/Dt 5,9; Ex 34,7; Num 14,18) wird die sofortige Vergeltung entgegengesetzt (Dt 7,10), welche das Exodusgeschlecht und auch die Amoriter getroffen hat.

739   Für Handy, Memories, 51–53, ist die Abwesenheit der Fremdgötterproblematik ein Hinweis darauf, dass die gesamte Abrahamgeschichte in die Achämenidenzeit zu datieren ist. Man vergleiche aber die Nennung der »Götter der Amoriter« neben den »Göttern, denen eure Väter jenseits des Stroms gedient haben« in Jos 24,15.

geweiht ist der Altar keinem anderen als Jhwh;[740] wer dort zum Mahle einlädt,[741] ist wiederum Abram. Gen 23,6 wird dieser von den Bewohnern Hebrons als Fürst Gottes bezeichnet, auch Abimelech von Gerar weiß, dass Abraham ein einzigartiges Gottesverhältnis besitzt (Gen 20,7; 21,22). Von einer Gefahr, dass Abra(ha)m von den Landesbewohnern negativ beeinflusst werden könnte,[742] ist in den Erzählungen der Genesis also nicht die Rede; vorstellbar ist dagegen das Umgekehrte: Dass die Nachbarn Abrams an dem ihm zukommenden Segen Anteil erhalten. Selbst wenn das ברית-Verhältnis Abrams mit den drei Amoritern illegitim gewesen sein sollte, hat es für diese positive Folgen.[743] Erst viel später, in den Tagen Moses und Josuas, wird Sichon, der König der Amoriter, sich selbst zum Gegner Israels erklären (Num 21,21–23). Bei Sichon, Og und den Jos 10 genannten, ebenfalls als Amoritern bezeichneten Königen, darunter ein König von Hebron namens הוהם,[744] würde die Rede von einer Verschuldung der Amoriter nicht verwundern.

Geht es in Gen 15,16b also doch, wenn den Amoritern noch nichts vorgeworfen werden kann, um eine abzuzahlende »Amoriterschuld« Abrams oder seiner Nachkommenschaft? Dafür spricht, dass in Ex–Dt ein עון nur von Israeliten und ihren Vätern, niemals aber von irgendeinem anderen Volk ausgesagt wird.[745] Dass Abram eine ברית mit Amoritern geschlossen hat, kann ihm nicht zum Vorwurf gemacht werden. Abram selbst darf ja nach Gen 15,15 noch ein gutes Ende erleben. Das gemäß Gen 15,7–21 drohende Unheil tritt erst mit der Knechtschaft der Israeliten in Ägypten ein (Gen 15,13). Wenn irgendetwas, dann müsste also der Einzug nach Ägypten mit dem עון האמרי erklärt werden, auf der immer noch vorendkompositionellen Ebene, welcher diese Glosse angehört. Da zwischen der Abraham- und der Mosegeschichte עון und האמרי nur je einmal belegt sind, lohnt es sich, die beiden Stellen anzusehen: Als עון עבדיך (Gen 44,16) bezeichnet Juda in seiner großen Rede (44,16–34) die Schuld gegenüber Josef, mit welcher Juda und seine Brüder die Knechtschaft[746] in Ägypten verdient hätten, woraufhin Josef sich zu erkennen gibt. Der Einzug nach Ägypten wird also in der Josefsgeschichte an durchaus hervorgehobener Stelle mit einem עון in Verbindung gebracht. Der אמרי dagegen taucht nur an einer einzigen, enigmatischen Stelle auf. Jakob erklärt auf dem Totenbett seinem Sohn Josef, dass er ihm ein besonderes Stück Land übergeben werde, wovon er sagt: »Mit meinem Schwert und meinem Bogen habe ich es aus der Hand der Amoriter genommen« (Gen 48,22).

---

740 Gen 13,18.
741 Gen 18, aber auch GA 21,21–22.
742 Eine solche Gefahr sieht Abraham nach Gen 24 allerdings für seinen Sohn Isaak.
743 Man vergleiche das Bündnis der Ältesten Israels mit den Gibeoniten, Jos 9,2–27.
744 Jos 10,3LXX bietet Αιλαμ, also »Elam«, vgl. noch Jos 10,33LXX und 12,12LXX.
745 Dagegen ist Gen 19,15 vom עון Sodoms die Rede, der unmittelbar bestraft wird; sonst von Nichtisraeliten nur noch Gen 4,13.
746 Knecht (עבד) ist das Leitwort in Gen 44 und kommt dort insgesamt 20mal vor, häufiger als in irgendeinem anderen Kapitel des Alten Testaments.

Eine Erzählung dazu fehlt in der kanonischen Genesis; dafür kann man im Jubiläenbuch etwas Vergleichbares nachlesen.[747] Synchron mit Gen 14,13 könnte man tatsächlich ein Vergehen Jakobs darin sehen, dass er den »Bundesschluss« Abrams mit den Amoritern nicht beachtet hat. Dies mag zunächst absurd klingen. Doch im letzten Kapitel des »Hexateuch«, bevor mit der ברית in Sichem und der Bestattung der Gebeine Josefs die Landnahme abgeschlossen wird, spielt Josua in seiner Rede genau darauf an: Das von Gott geschickte Entsetzen vertrieb »die beiden Könige der Amoriter« vor den Israeliten, aber »nicht mit deinem Schwert und nicht mit deinem Bogen« (Jos 24,12).[748] Das im Vier-Geschlechter-Schema von Gen 15 angekündigte Unheil lässt sich so mit der Eigenmächtigkeit Jakobs und Judas verbinden, während die Amoriter rechtmäßig im Lande wohnten. Erst im vierten Geschlecht, unter Josua, war diese »Amoriterschuld« abgezahlt.

Fazit

Insgesamt ist die erste Glossierungsschicht in zeitlicher Nähe zur Grundschicht, noch vor der »priesterlichen« Endkomposition des Pentateuch anzusetzen. Wichtige Indizien für eine vorendkompositionelle Einordnung sind die Bezeichnung der Vorbewohner Hebrons als Amoriter[749] sowie die Verwendung von Ortsnamen als Personennamen. Die Bezeichnung Lots als Brudersohn Abrams passt in das Umfeld einer zunehmenden genealogischen Systematisierung der Erzeltern-geschichte, wie sie sich auch in den vorendkompositionellen Expositionen der Abra(ha)m- sowie der Jakobgeschichte (*Gen 11,27–31; Gen 22,20–24) manifestiert.

2. Die weitere Glossierung im Genesis-Apokryphon

Die wichtigsten redaktionellen Eigenheiten des Genesis-Apokryphon wurden bereits thematisiert, worauf hier rückverwiesen werden kann. Das starke geographische Interesse wurde eingangs herausgestellt.[750] Auf Harmonisierungen

---

747 Jub 34,1–9, siehe oben S. 84 f.

748 Angesichts der scharfen kanongeschichtlichen Trennlinie zwischen Pentateuch und Vorderen Propheten kann Jos 24, das als Abschlusskapitel des Hexateuch komponiert ist, noch nicht den abgeschlossenen Pentateuch voraussetzen, der durch die Einteilung in fünf Bücher und die Ausgliederung der westjordanischen Landnahme gekennzeichnet ist (vgl. Römer, fin, 279 f.; Zenger, ⁴Einleitung, 66–86.123.170; zur Abgrenzung des Pentateuch vgl. auch Ska, structure).

749 In den endkompositionell wichtigen Referenzen auf den Kauf des Patriarchengrabes Gen 23 wird regelmäßig daran erinnert, dass Abraham dieses von dem *Hethiter* Ephron erworben habe (Gen 25,9 f.; 49,29–32; 50,13). Entscheidend für die Einordnung der Hethiter in das geographisch-genealogische System der Endkomposition ist aber ihre Abstammung – neben den Amoritern – von *Kanaan*, vgl. Gen 10,15–18; 28,8 als Referenz auf 26,34; 27,46 sowie 36,2.

zwischen der Kedorlaʿomer-Perikope und ihrem Kontext[751] sowie auf Gemeinsamkeiten in chronologischen[752] und »religionsgeschichtlichen«[753] Fragen mit dem Jubiläenbuch wurde ebenso bereits eingegangen wie auf für das Verständnis der Grundschicht interessante Füllungen von Leerstellen[754] und syntaktische Glätturgen im Zusammenhang der Einarbeitung der ersten Glossierungsschicht[755].

Theologiegeschichtlich werden im Genesis-Apokryphon verschiedene Tendenzen, die bereits in der »vorpriesterlichen« Ur- und Vätergeschichte angelegt sind, deren Wirkungsgeschichte sich bis in das Jubiläenbuch, aber auch in die biblische Textüberlieferung hinein verfolgen lässt, fortgesetzt.

Zusammenfassend ist festzustellen, dass, abgesehen von den oben S.30–33 behandelten geographischen Präzisierungen, auf die noch einmal zurückzukommen sein wird[756], die Redaktoren offenbar weder haggadisches[757] noch halachisches[758] Sondergut in die Kedorlaʿomer-Abram-Lot-Sodom-Melchisedek-Perikope einzubringen hatten, ganz anders als im Falle der Ägypten-Perikope. Dies spricht, ebenso wie das Ignorieren der diversen Feldzüge Kedorlaʿomers und Abrams im traditionell vorgegebenen chronologischen Summarium von GA 22,27–30, dafür, dass diese Perikope noch nicht lange ihren festen Ort an dieser Stelle hatte.

3. Die weitere Glossierung im Masoretischen Text

Abgesehen von Minimaldifferenzen, wie etwa dem ו in V.1 vor תדעל, handelt es sich um folgende Textteile:

a) 14,2   היא צער
b) V.3   הוא ים המלח
c) V.5   והמלכים אשר אתו
d) V.7   היא קדש
e) V.7   את־כל־שדה העמלקי
f) V.7   וגם את־האמרי הישב
g) V.8   הוא צער
h) V.9   ותדעל מלך גוים ואמרפל מלך שנער ואריוך מלך אלסר
i) V.9   ארבעה מלכים את־החמשה

---

750 Oben S.30–33.
751 Oben S.62f.64f.68.
752 S.42–44.
753 S.44f.
754 Im Abschnitt »Und es geschah in den Tagen Amrafels – eine Vorgeschichte des Ostjordanlandes«, S.70–136 *passim*.
755 Im unmittelbar vorangegangenen Abschnitt (S.137–144) *passim*.
756 Unten S.221f.
757 So die palästinischen Targume zu Gen 14,13f.
758 So Jub 13,25–27 zu Gen 14 20b.

j) V. 10 ועמק השדים בארת בארת חמר

k) wahrscheinlich weitere Teile von V. 10[759]

l) V. 11 וילכו

m) V. 12 וילכו

n) V. 13 העברי

o) V. 13 וישמע אברם

p) V. 14 ילידי ביתו

q) V. 15 הוא ועבדיו

r) V. 16 וגם את הנשים ואת העם

s) V. 17 אחרי שובו מהכות את כדר־לעמר ואת־המלכים אשר אתו

t) V. 22 יהוה (MT) bzw. האלהים (SP)

Diese Zusätze, die wahrscheinlich mehreren Schichten angehören, können nur zu einem kleinen Teil weiter chronologisch differenziert werden. Die Behandlung erfolgt deshalb in thematischen Gruppen.

3.1. Harmonisierungen und Glättungen

Ein großer Teil der Zusätze bringt nichts inhaltlich Neues: Dazu zählen die oben unter c), h), i), l), m), n), o), p), q), r), s) und t) angeführten Stellen, die die Aussageintention der Grundschicht inklusive seiner ersten Glossierung unterstützen und teilweise zur Einarbeitung der Glossen dienen.

Die satirische Komponente der Grundschicht etwa wird durch die unter i) aufgeführte Apposition unterstrichen: Durch die Zusammenfassung der (bewusst gewählten) Zahl der vorher auftretenden Könige als »vier Könige gegen fünf« (V. 9b) wird kaum die vorgestellte »historische« Situation beschrieben, was Hermann Gunkel zu dem Ausruf veranlasst hat: »[W]ie kann man die kleinen Stadtkönige des Siddimtales mit den Welteroberern vergleichen!«[760] Nein, diese Aufzählung, die das *tertium comparationis* herausstellt, nämlich die jeweilige Bezeichnung als מלך, bringt die verschiedenen Unvollkommenheiten dieser Könige, wie sie sich in den vorhergehenden und folgenden Versen manifestiert, auf eine Ebene: Zuerst die Unvollkommenheit der fünf Klein-Könige, die in ihren sprechenden Namen und ihrer schmählichen Niederlage zum Ausdruck kommt, dann die der vier Groß-Könige, die in ihrer Niederlage gegen Abram kulminiert,

---

759 Das Textstück והנשארים הרה נסו (V. 10) könnte eventuell im GA so oder ähnlich ergänzt werden, da GA 21,33 f. nur sehr schlecht erhalten ist. Vielleicht geht es aber auch auf ein נשברים bzw. נשברו in der Grundschicht zurück, vgl. das ואתבר GA 21,32. Dieses wurde oben mit zur Grundschicht gezählt. Vgl. zum Ganzen unten S. 150 f. mit Anm. 801–804.

760 Gunkel, Genesis, 282. Gunkel schließt daraus, »wie wenig der Verfasser eine Anschauung von den wirklichen Verhältnissen hat«. Dem Text angemessener ist wohl die Annahme, er wolle »das Unternehmen der kleinen Potentaten als lächerlichen Größenwahn brandmarken und verspotten« (Jacob, Genesis, 372).

in V. 17 rekapituliert mit dem Schlagwort »schlagen«[761]. Die Erwähnung der neun Könige verdeutlicht, dass ein zehnter König erwartet wird, erst recht, da die Szenerie V. 17 in das »Tal des Königs« schwenkt: Und in der Tat, es tritt Melchisedek auf, der als König der Gerechtigkeit und, im Doppelsinn von מלך שלם, als ein vollständiger, vollkommener, König des Friedens,[762] verstanden werden soll.[763] Auf der endkompositionellen Ebene entspricht nun die Herausstellung Melchisedeks als des zehnten Königs der Stellung Noahs als des zehnten Urvaters von Adam an[764] sowie derjenigen Abrams als des zehnten Vaters seit Sem[765], denen ebenfalls in besonderer Weise Vollkommenheit[766] und צדקה[767] zukommt.[768]

Durch die Ergänzungen i) bildet h) bilden V. 1 f. und V. 8 f. eine Inklusion für die Verse 1–9. Ebenso wie h), aber knapper, vervollständigt auch c) die Aufzählung der kriegführenden Könige[769]. Auch s) bringt inhaltlich nichts Neues; nach der Einführung von V. 9 als Abschluss des ersten Teils empfahl sich hier die nochmalige Nennung Kedorlaʿomers; dadurch wird zudem die zeitliche Aufeinanderfolge vom Befreiungsfeldzug Abrams, der Begegnung mit Melchisedek und dem König von Sodom sowie der folgenden Gotteserscheinung betont. Ähnlich bilden l) und m) jeweils die logische Voraussetzung des späteren Nachjagens Abrams (vgl. GA 22,4).

o)[770] dient unmittelbar zur sprachlichen Glättung nach der Einfügung der Glossen zu Abram und Mamre. Ebenfalls an den handelnden Personen interessiert sind p) und q), die jeweils Identifikationen für die חניכים von Gen 14,14 anbieten: q) bezeichnet, wohl noch auf der »vorpriesterlichen« Ebene, die Mannschaft Abrams mit einem allgemeinen Begriff als »Knechte«[771]; p) dagegen, wohl im Zuge der Endkomposition, nennt die Mitstreiter Abrams mit einem *terminus technicus* von Gen 17 »Hausgeborene«: יליד dient in der biblischen Literatur als archaisierende Bezeichnung riesenhafter Helden[772] und passte schon daher in den Kontext von Gen 14. Die Konstruktion יליד בית[773] aber gehört in die Beschneidungstora von Gen 17 (neben מקנת כסף) in die Aufzählung der unbedingt zu beschneiden-

---

761 Oben s), S. 146.
762 Vgl. Heb 7,2.
763 Siehe bereits oben S. 111 f.
764 Gen 5,1–32.
765 Gen 11,10–26 MT und SP. In der LXX-Version ist Abram der Elfte seit Sem, dafür der Zehnte der nach der Flut geborenen Väter.
766 Noah bzw. Abram sind תמים, Gen 6,19; 17,1.
767 Noah wird Gen 6,9; 7,1 as צדיק bezeichnet; Abra(ha)m lehrt seine Kinder צדקה zu tun Gen 18,19, Wsh 10,4 f. erscheinen Noah und Abraham jeweils als »der Gerechte«; die Wirkungsgeschichte von Gen 15,6 schließlich ist unermesslich.
768 Vgl. auch die nachbiblische Tradition von den 10 Versuchungen Abrahams (Jub 19,8).
769 Vgl. ähnlich q).
770 Siehe oben Anm. 706 (S. 139).
771 Nach Gen 12,16 brachte Abram bereits עבדים aus Ägypten mit. Vgl. die Abraham gehörenden Knechte Gen 20,14 sowie, im Singular, den Knecht Gen 24,2 u. ö., der von der Tradition ebenso wie »die 318« Gen 14,14, vgl. Anm. 260 (S. 66), mit Eliezer (Gen 15,2) identifiziert worden ist.
772 Num 13,22.28; Jos 15,14 die Söhne Anaks, 2 Sam 21,16.18; 1 Chr 20,4 die Söhne Rafas.
773 Als juristischer Fachbegriff außerhalb der Genesis lediglich Jer 2,14 und Lev 22,11 belegt.

den, die mehrfach wiederholt wird (Gen 17,12.13.23.27)[774]. Durch die Einfügung dieses Terminus in Gen 14,14 werden die יְלִידֵי בֵיתוֹ des Abraham von Gen 17,23 eine vorstellbare Größe.

In Gen 19 ist bekanntlich von Lots Frau (V.16.26), seinen Töchtern (V.8.12.14.16.30–38) und dem »ganzen Volk« (V.4) die Rede. Der Eintragung dieser Personnage in Gen 14 dient Zusatz r). Schließlich bildet, wenn es nicht doch zum ursprünglichen Text gehört, t) eine sekundäre Erweiterung, die durch eine auch sonst im Pentateuch verwendete Gottesbezeichnung die Identifikation El Eljons mit dem Gott Israels sicherstellt.

Eine ganzes Buch wurde schon zu n), der Bezeichnung Abrams als הָעִבְרִי in Gen 14,13 geschrieben: Nico Adriaan van Uchelen[775] untersucht die ethnische, die geographische und die soziologische Deutung und kommt zu dem Schluss, dass die Bezeichnung hier, in Analogie zu den עִבְרִים des 1. Samuelbuches (bes. 1 Sam 14,11.21),[776] soziologisch als »een krijgskundige term«[777] gedeutet werden müsse. Doch steht im jetzigen Kontext die Glosse[778] n) nicht isoliert: Die Bezeichnung entspricht funktional, wie bereits oben bei der Beobachtung der Textoberfläche gesehen,[779] genau derjenigen von Mamre als Amoriter. So wie durch die Bezeichnung Mamres als Amoriter auch seine Brüder Aner und Eschkol als Amoriter erkennbar sind, so ist Abram und mit ihm sein Verwandter Lot als Hebräer bezeichnet. Damit sind diejenigen Personen des Kapitels, die nicht ohnehin als König einem bestimmten Königreich politisch zugeordnet sind, sämtlich ethnisch *und* geographisch eingeordnet. Demnach steht »Hebräer« hier für die ethnische Zugehörigkeit,[780] dass niemand denken möge, Abram sei ein Amoriter.[781] Da der

---

774 יְלִיד בַּיִת steht hier also im narrativen Zusammenhang mit dem Haus Abrahams. Es geht darum, dass alle Hausgeborenen in das Gebot (בְּרִית) der Beschneidung einbezogen sind. *Nach* Gen 17 würde übrigens die Bezeichnung בַּעֲלֵי בְרִית אַבְרָם die drei Amoriter als beschnittene Proselyten erscheinen lassen. *Vor* Gen 15 und 17 muss die בְרִית אַבְרָם aber ausschließlich profan verstanden werden.

775 Van Uchelen, Abraham.

776 Van Uchelen, Abraham, 91–105.

777 Van Uchelen, Abraham, 69. Vgl. den Schlusssatz der englischen Zusammenfassung, a.a.O., 114: »By this addition Abraham is typified as a warrior.«

778 Van Uchelen, Abraham, 67f., Anm. 2, bemerkt als einer der Wenigen, dass diese Bemerkung im GA fehlt, obwohl dort Gen 14,13 breit paraphrasiert wird. Er möchte dies mit der Lakune in Jub 13,25, vgl. oben S.118 mit Anm.584, verbinden und auf die Rechnung nicht näher bestimmter Auffassungen der Qumrangemeinschaft schreiben, in deren Texten, wozu er ausdrücklich Jub und GA rechnet, das Wort הָעִבְרִי nicht vorkomme. Er übersieht dabei nicht nur die Vorkommen Jub 39,10(//Gen 39,17) und Jub 47,5.7(//Ex 2,6f.), sondern auch die Hochschätzung der »hebräischen« Sprache Jub 12,26f.; 43,15. Selbst wenn man van Uchelen die kriegerische Konnotation des Ausdrucks הָעִבְרִי zugestehen wollte, bliebe eine sekundäre Auslassung unverständlich: Die Kriegstaten Abrams werden in GA 22,7–10 detaillierter beschrieben als in der Genesis.

779 S.22f.

780 Loretz, Habiru, 179.

781 Ez 16,3.45. Siehe bereits oben Anm.715 (S.140).

Ort Elone-Mamre aber nach einem Amoriter heißt und dieser damit als Ureinwohner angesehen wird, impliziert die Bezeichnung als Hebräer auch eine gewisse
Fremdheit gegenüber dem Land, was von denjenigen Auslegern gesehen wurde,
die עברי auf die Abstammung von Eber,[782] oder auf die Herkunft Abrams aus dem
Zweistromland deuten.[783] Innerhalb der Endkomposition des Pentateuch steht der
Aufenthalt Abra(ha)ms im Land Kanaans durch die Bezeichnung עברי in Kontinuität zum Aufenthalt der Israeliten in Ägypten.[784] Das sonst im Alten Testament
gern als Fremdbezeichnung für die Israeliten verwendete עברי passt insgesamt zum
distanzierten historiographischen Stil von Gen 14; allerdings wäre, da Abram noch
kein Israelit sein kann, eine andere ethnische Klassifikation[785] gar nicht möglich.

3.2. Geographisches Sondergut

Im Gegensatz zu den bisher behandelten redaktionellen Textteilen bringen die
übrigen, nämlich a), b), d), e), f), g), j) und k), zusätzliche Informationen, und
zwar zu geographischen Details. Sie konzentrieren sich in dem bis heute historiographisch besonders interessierenden Teil Gen 14,1–10, und bringen unter anderem Identifizierungen zu einigen biblisch sonst nicht belegten Ortsnamen.

Bereits eingangs dieser Untersuchung[786] wurde die ungewöhnliche Häufung
der asyndetisch durch das Personalpronomen angeschlossenen Appositionen[787]
festgestellt, deren Fehlen im Genesis-Apokryphon wesentliches *movens* des durch-
geführten synoptischen Vergleichs war: Dazu zählen die Stellen a), b), d) und g) in
V.2.3.7.8.[788] In der Genesis findet sich diese Konstruktion sonst nur in der End-

---

782 Eber steht Gen 10,21 ebenso für die Nachkommen Sems wie Kanaan Gen 9,22 für die Nachkommen Chams. Vgl. BerR 42,8 die Meinung Rabbi Nechemjas.

783 So Raschi z.St., vgl. die Meinung der Rabbanan BerR 42,8, bezugnehmend auf Jos 24: Als
עבר הנהר (Jenseits des [Euphrat-]Stroms) wird dort (Jos 24,2.14.15) die Heimat Abrahams
bezeichnet, im Gegensatz zu den im Lande wohnenden »Amoritern« (Jos 24,8.12.15.18). Vgl.
auch die von der Wurzelbedeutung von עבר abgeleitete Übersetzung περάτης (LXX), die aber
van Uchelen, 27–47, soziologisch deutet.

784 Mehr als die Hälfte aller biblischen Belege von עברי finden sich zwischen Gen 38,14 und Ex 10,3
als Bezeichnung der Israeliten in Ägypten.

785 »Semiten« kennt das biblische Hebräisch nicht.

786 Oben S. 26.

787 Die Form an sich ist verschieden übersetzbar: »Das ist jetzt/später«; »Das heißt jetzt/später«; »Da
ist jetzt/später«; »Das heißt«; »Das ist«.

788 Dazu kommt הוא דמשק Gen 15,2 sowie die sekundär dieser Form angeglichene Bemerkung zum
Königstal Gen 14,17 (Vgl. oben S.59, Anm. כ–כ, sowie unten Anm.796). Eine ähnliche Häufung derartiger Identifizierungen findet sich sonst nur in den Listen des Josuabuches: Jos 15,8–
10.13.25.49.54.[59aLXX]; 18,13f.28; 20,7; 21,11, vgl. noch Ri 19,10, wobei in der Regel eigens
altertümliche Bezeichnungen für bekannte Städte, namentlich Hebron (»Kirjat-Arba«) oder
Jerusalem, (»Jebus«) eingeführt werden. Die Identifizierung von Chazezon-Tamar mit Engedi, in
2 Chr 20,2, setzt wohl Gen 14,7 voraus.

kompositions-Schicht: Gen 23,2.19; 35,6.19.27; 48,7.[789] Durch die Doppel-
bezeichnungen bleiben die Namen Hebron, Bethel oder Bethlehem, dabei
der Onomatologie der »vorpriesterlichen« Genesis[790] bzw. des Josuabuches[791] folgend, in ihrem exklusiven Gebrauch der israelitischen Periode ihrer Geschichte
vorbehalten.

Es liegt nahe, auch diese Glossen in Gen 14 der »priesterlichen« Endkompositions-Schicht zuzuweisen:[792] Die sonst unlokalisierten Bezeichnungen »Bela«,
»Siddimtal« und »Rechtsquell« werden nun mit aus der biblischen Tradition
bekannten Orten verbunden:

Der sprechende Name der Stadt Bela sowie seine Transparenz hin auf Edom
wird verdunkelt durch die zweimalige Erklärung, welche sich im Bibeltext, in den
Glossen a) und g), findet: »הוא/היא צער«[793]. Dass Bela mit Zoar identifiziert wird,
scheint im Blick auf Gen 19,20–23 folgerichtig; wegen der erst Gen 19,22 erfolgten Namensnennung[794] ist es sogar guter historischer Stil, diese Stadt mit einem
älteren Namen zu nennen,[795] weshalb diese Glosse auch, ähnlich anderen Identifizierungen in der Endkompositions-Schicht, wiederholt wird.[796]

Zum rätselhaften Siddim-Tal,[797] das in der Grundschicht nicht lokalisiert ist,
gibt es zwei Informationen: Zunächst wird es mit dem (späteren?) Toten Meer
identifiziert,[798] weiterhin wird als Kuriosität dieses Tals eine Fülle von Asphalt-
oder Schlammgruben[799] erwähnt. Diese geben nun Anlass, den V. 10 vollständig
umzuformen:[800] Während in der Grundschicht[801] die Streitmacht der Fünf zer-

---

789 Im Pentateuch vgl. noch Num 33,36; Dt 4,48, also relativ junge Texte.
790 Im Falle Bethels.
791 Im Falle Hebrons und Bethlehems.
792 So van Selms, Genesis I, 211.
793 Durch die Schreibung היא in V.2 an Stelle des *qere perpetuum* הוא (so V.8) wird das mögliche
     Missverständnis ausgeschlossen, die Identifizierung beziehe sich auf den König.
794 Zur Grenzbeschreibung des Jordankreises dient Zoar im kanonischen Text unmittelbar vorher,
     Gen 13,10: כארץ מצרים באכה צער.
795 Vgl. Westermann, BK I/2, 229.
796 Die für die Glossen a), b), d) und g) vom Glossator vorausgesetzte spätere Umbenennung ist cha-
     rakteristisch für diese Art der Anmerkung; deshalb gehört die formal gleiche Anmerkung in V.17,
     wo עמק שוה mit עמק המלך übersetzt wird, nicht in diese Reihe (Fishbane, Exegesis, 36).
797 V.3.8.10. Die Versionen übersetzen mit »Felder-« (Onkelos), »Wald-« (Vg), »Gartental« (pal. Tar-
     gume) oder »Tal der Sodomiter« (Syr); die Kommentatoren denken eher an »Dämonental« (שדים,
     vgl. [17]Gesenius–Buhl); die LXX spricht wegen der V.3 folgenden Glosse vom Salztal. Etymolo-
     gisch am überzeugendsten ist die Ableitung von der Wurzel שדד, weshalb עמק השדים »Tal der Fur-
     chen« (Beyer, Texte I, 181, daher »Tal der Fußangeln« GA 21,25) oder »soviel wie ›Feldfläche‹«
     (Ruppert, Genesis II, 202f.) bedeutet.
798 b). Ruppert, Genesis II, 202, bemerkt, dass der »Nachsatz« הוא ים המלח in GA 21,25 fehlt »und
     sich dadurch wohl als Glosse erweist«, verbindet dies aber nicht mit dem Fehlen anderer Textteile
     im GA.
799 j).
800 k).
801 Da von den entsprechenden Textzeilen im GA fast nichts erhalten ist, lässt sich nicht mehr genau
     sagen, was dort stand. Die Erstherausgeber lasen den Anfang von GA 21,33 mit נפל]בע[גיאין; an

schlagen wurde, der König von Sodom floh und überlebte, der von Gomorrha aber im Kampf fiel und starb,[802] wird nun vom König von Sodom und dem von Gomorrha[803] beides zugleich ausgesagt: Sie flohen und sie fielen, nämlich in diese Gruben hinein – und überlebten dennoch.[804] Amos Frumkin und Yoel Elitzur wissen dazu neuzeitliche Parallelen zu erzählen, wonach wir dem Glossator erstaunliche Ortskundigkeit zugestehen müssen.[805] Beides bestätigt die Assoziation der Pentapolis mit der Region um das Tote Meer; die Erwähnung von Asphalt- oder Schlammgruben lässt auf dieser redaktionellen Ebene eher an den südlichen Teil denken.[806]

Die »Gerichtsquelle«, die in der Grundschicht, verbunden mit Chazezon-Tamar, direkt zum Schlachtort führt,[807] wird in Glosse d) mit Kadesch gleichgesetzt, und zwar sprachlich identisch mit der Identifizierung des Lagers der Israeliten in der Wüste Zin in Num 33,36: קדש הוא. Dadurch wird die »Gerichtsquelle«, ursprünglich Zielpunkt des Kriegszuges (durch עד angezeigt), nun zu einer Durchgangsstation, da Kadesch, unabhängig davon, ob man es im West-[808] oder

---

ihre aus der Parallele Gen 14,10 geschöpften Übersetzung des – sonst nicht belegten – Wortes עניאין mit »pits«/»גומות« (Gruben) schlossen sich die meisten weiteren Übersetzer an; Fitzmyer, Apocryphon, 70 f. 167, ergänzt sogar noch, nach dem Targum Onkelos(!), די חימרא (Onkelos hat freilich בירין מסקא חימרא מסקא בירן). Selbst Beyer, der liest: [...ונשןניאין]עמה] נפל] (= ... fiel, und viele mit ihm...), ergänzt in seiner deutschen Übersetzung, nunmehr ohne jeglichen Anhalt am Text, gemäß Gen 14,10 »in Erdpechgruben« (Beyer, Texte I, 182).
Deshalb kommt hier das Jubiläenbuch als Zeuge für die Vorlage des GA der Grundschicht näher als die genannten Rekonstruktionen: »... töteten den König von Gomorra, und es floh der König von Sodom, und viele fielen...« (Jub 13,22).

802 So das ungezwungendste Verständnis von נפל, in einem Kriegsbericht. Vgl. 1 Sam 4,10; 2 Sam 1,4 u.ö., wo נפל ebenfalls neben נוס begegnet.

803 Die pluralischen Verbformen zeigen auch im MT an, dass (mindestens) zwei Könige gemeint sind.

804 ויפלו שמה (Gen 14,10). Vgl. das ähnlich unrühmliche Fallen des fünfjährigen Mefi-Boschet auf der Flucht, 2 Sam 4,4.

805 Frumkin–Elitzur, Rise, 50: »For example, on January 3, 1998, at the 'En Gedi camping site, the ground abruptly gave way under the feet of a 21-year-old woman, who fell into a pit 25 feet deep. She found herself sitting in the bottom of the pit, still smoking a cigarette. Fortunately, she was rescued unhurt. The camping site was later closed due to further extensive collapse of many new pits that consumed roads and even a building.«

806 Ähnlich die Salzsäule Gen 19,26. Dagegen würde die Erwähnung des Jordans Gen 13,10 f., und die vielleicht damit fest verbundene Bezeichnung als ככר eher auf das Nordende weisen. Zur fruchtlosen Debatte über Nord- oder Südende vgl. zuletzt Seebass, Genesis II/1, 35 f. Die Diskussion erübrigt sich für das Siddimtal, wenn sich der Glossator, wie anzunehmen, keine Schlacht *am* Toten Meer, sondern vielmehr eine *im* – dann erst später entstandenen – Toten Meer vorgestellt hat. Frumkin–Elitzur, Rise, vertreten freilich wieder die Auffassung, der Bericht von der Schlacht inklusive der erwähnten Glossen sei historisch auswertbar, weil in der Mittleren Bronzezeit große Teile des südlichen Beckens des Toten Meeres trockengelegen hätten...

807 Vgl. עמק יהושפט, Jl 4,2.12, als Ort der entscheidenden Völkerschlacht.

808 Zu Kadesch-Barnea vgl. Keel–Küchler, Orte, 177–185.

im Ostjordanland[809] suchen möchte, nun von Chazezon-Tamar[810] als einem anderen Ortsnamen eindeutig getrennt ist.

Durch die weiteren Einfügungen in Gen 14,7 wird daher der Kriegszug Kedorlaʻomers noch ausgedehnt, und zwar nun wohl auch in das Westjordanland hinein: Dort, im Negeb, ist e) das ganze Feld der Amalekiter zu suchen, das nun ebenfalls geschlagen wurde, zusammen mit f) den Amoritern von Chazezon-Tamar. Der streng fiktionale Rahmen der Grundschicht, in welcher nur von mythischen Urbevölkerungen des Landes die Rede war, wird damit gesprengt:[811] Mit Amalekitern und Amoritern geraten zwei Volksnamen in die Liste der besiegten Völker, mit denen sich nach den biblischen Angaben Israel auch noch unter Mose, Josua und den Richtern herumschlagen musste. Auch wurden Amalekiter und Amoriter im Unterschied zu Refaïm & Co. nicht restlos ausgelöscht, wie bereits aus der synchronen Lektüre von Gen 14 im kanonischen Text hervorgeht: Es wurde nur das Feld (bzw. die Oberen, LXX) der Amalekiter geschlagen; und auch wenn von den Amoritern in Chazezon-Tamar niemand übrig geblieben sein sollte, gab es mit Mamre und seinen Brüdern noch Amoriter in Hebron. Vielleicht ist die Einfügung der Amoriter als Kriegspartei auch dem Unbehagen über die positive Darstellung der Mamre-Brüder in der ersten Glossierungsschicht geschuldet.[812] Es soll damit jedenfalls unterstrichen werden, dass das Land durchaus nicht leer war; die Amoriter stehen ja in den geographisch gegliederten Völkeraufzählungen gerade für das Gebirgsland, also den eigentlichen Kern des späteren israelitischen Siedlungsgebietes.[813]

Das Interesse wird durch die verschiedenen Gliederungsschichten insgesamt weiter in das südliche Westjordanland verlagert. Es ist nun nicht mehr nur von der Wegbereitung der ostjordanischen Landnahme durch Moab, Ammon, Edom sowie Ruben, Gad und halb Manasse die Rede, sondern auch von Vorgeplänkeln auf den Schlachtfeldern der Ex 17 und Num 14 geschilderten grausamen Kriege im Negeb. Damit ist die transparente Struktur der Aufzählung von Königen und Völkern, wie sie die Grundschicht kennzeichnete, verlorengegangen. Dafür wird ein anderes, in der Grundschicht bereits angedeutetes Moment weiterverfolgt: Der Zug Kedorlaʻomers, der nun nicht mehr nur das Ostjordanland, sondern auch das südliche Westjordanland umfasst, entspricht, in entgegengesetzter Richtung, dem

---

809 Nach G. Schmitt, Sinai, ist mit Kadesch in Gen 14,7 Petra gemeint. Die Targumim übersetzen Kadesch hier mit Reqam (Petra).

810 Nach 2 Chr 20,2 mit En-Gedi zu identifizieren; wahrscheinlicher mit einer der Städte, denen die Palmen den Namen gaben: Jericho, עיר התמרים (Dt 34,3; Ri 3,13; 2 Chr 28,15), oder auch das südlich des Toten Meers gelegene Tamar (1 Kön 9,18; Ez 47,19; 48,28; vgl. evt. Ex 15,27; Num 33,9; Ri 1,16), das von den meisten Auslegern favorisiert wird (vgl. Keel–Küchler, Orte, 267–270); lediglich Tadmor/Palmyra ist wohl auszuschließen.

811 Siehe bereits oben S. 25 zu den anachronistischen Amalekitern.

812 Vgl. Gen 15,16b.

813 Num 13,29; Jos 10,6; 11,3; Ri 1,35. Dt 1,43–45 entsprechen die Amoriter den Kanaanitern und Amalekitern von Num 14,39–45.

Zug der Israeliten durch die Wüste in das verheißene Land.[814] Die Viererkoalition unter Kedorlaʿomer marschiert ebenso wie später die Israeliten unter Mose um das gelobte Land herum;[815] nur Abram mit seinen Leuten zieht *innerhalb* des nachmaligen Landes Israels bis an dessen Nordgrenze, nach Dan, um die Koalition von dort aus zu schlagen und dann noch bis über die Grenzen des Landes hinaus zu verfolgen. Damit bleibt auch das Reich des »Friedenskönigs« Melchisedek weiter vom Krieg verschont.

Gen 14 ordnet sich nun in eine Reihe von Texten ein, welche die Grenzen des nachmaligen Landes Israels beschreiben, wie ein Vergleich mit Ez 47 f. deutlich machen kann. Bereits die Grundschicht von Gen 14 enthält die Äquivalente sowohl für die Ez 48 genannte inklusive[816] als auch für die Ez 47 f. genannte exklusive[817] Nordgrenze, nämlich Dan und Damaskus. Dass der (ungenannte) Jordan[818] in Gen 14 eine wichtige Grenze darstellt, nämlich die zwischen Kriegs- und Friedensland, wurde bereits ausführlich begründet. Die sukzessive Glossierung stellt nun auch die Parallelen zur Südost- und zur Südgrenze her. Den südöstlichen Grenzpunkt bildet Ez 47,18 das Tote Meer[819]; die Südgrenze wird durch »Tamar«, die »Haderwasser von Kadesch« sowie den Weg zum Wadi an das Mittelmeer bestimmt. Während das schwer zu lokalisierende »Tamar« ebenfalls bereits in der Grundschicht von Gen 14 zu lesen ist, werden durch die Glossierung jetzt ein Fixpunkt der Ostgrenze, nämlich das Tote Meer, und ein Fixpunkt der Südgrenze, nämlich Kadesch, einbezogen. Damit ist Gen 14 endgültig in das geographische System der Endkomposition des Pentateuch integriert.[820]

---

814 Astour, Symbolism, 73; Schatz, Genesis 14, 296.

815 Dass Kedorlaʿomer jedenfalls nicht quer durch das nachmalige Judäa gezogen sein kann, um von Kadesch und Tamar vielleicht an das nördliche Tote Meer zu gelangen, ergibt sich logisch daraus, dass Hebron nicht tangiert worden ist.

816 Das Gebiet von Dan, Ez 48,1, vgl. Gen 14,14//GA 22,8 sowie sekundär GA 22,7.

817 Das Gebiet von Damaskus, Ez 47,16–18; 48,1; vgl. Gen 14,15//GA 22,10 sowie sekundär GA 22,5; Gen 15,2.

818 Ez 47,18. Im Kontext von Gen 14 wird der Jordankreis bzw. das Jordantal als Land Lots genannt Gen 13,10 f. sowie GA 21,5. In der Endkomposition des Pentateuch wird dagegen die Bedeutung des Jordans als Grenzfluss nur noch auf das Gebiet von Jericho beschränkt.

819 Ebenso in den meisten biblischen Landesbeschreibungen. Hier heißt es das »östliche Meer«; da es als südliches Ende des Jordans eingeführt wird, ist die Identifizierung mit dem Toten Meer eindeutig. Vgl. Gen 14,3, davor abhängig Jub 13,22, nicht im GA.

820 Siehe unten S. 157 ff.

4. Intratextuelle Bezüge im Pentateuch

4.1. Bearbeitungsspuren an den Rändern von Gen 14

Die redaktionellen Anpassungen innerhalb von Gen 13 und Gen 15,1–4 an Gen 14 wurden oben bereits beschrieben: In Gen 13 war zunächst der Wohnort Lots auf Sodom hin präzisiert[821] und weiterhin die Bosheit der Sodomiter mit dem Stichwort רעים namhaft gemacht worden.[822]

In Gen 15,1–4 ist zuerst das Erbe allgemein mit Hausangehörigen Abrams assoziiert[823], dann sogar Eliezer persönlich mit den Ereignissen von Damaskus in Verbindung gebracht worden.[824] Gen 15,20 werden um der Harmonisierung mit Gen 14 willen die Refaïm nachgetragen.[825]

Diese Beispiele lassen das Verhältnis von Gen 14 zur übrigen Abra(ha)müberlieferung paradigmatisch deutlich werden: Da das Kapitel selbst keine kompositionsprägende Kraft entwickelt hat,[826] findet die behutsame redaktionelle Kontextangleichung in erster Linie innerhalb der Perikope sowie an ihren Rändern statt.

4.2. Dt 1–3 und die »antiquarischen Glossen«[827] in Dt 2,10–12.20–23

Der einzige Text im Pentateuch,[828] der neben Gen 14 so etwas wie eine Vorgeschichte des Ostjordanlandes bietet, ist der Rückblick in Dt 1–3. Wie Gen 14 zwischen zwei Landverheißungsreden an Abram plaziert ist, steht auch dort die Vorgeschichte des Ostjordanlandes im Kontext der bevorstehenden israelitischen Landnahme.

Die Kapitel Dt 1–3 sind in den letzten Jahren wieder stärker in den Mittelpunkt des Interesses gerückt.[829] Der dort mögliche synoptische Vergleich mit Erzählungen des Numeri-Buches[830] zeigt eine ähnliche relativ-chronologische

---

821 Durch die Glosse עד סדם Gen 13,12, die zur gemeinsamen Glossierungsschicht gehört. Siehe oben S.60 sowie Anm.705 (S.138).

822 Gen 13,13. Siehe zu den Überschüssen des Masoretischen Textes in Gen 13,1–13 oben S.61f., in Gen 13,14–18 oben S.63f.

823 Gen 15,3 und GA22,33.

824 Gen 15,2. Siehe oben S.67f.

825 Dazu siehe unten S.233f.

826 Prägend wird das Kapitel allerdings für die Suche nach spezifischem historischen Kolorit der Zeit Abra(ha)ms – vgl. z.B. de Vaux, Patriarchen, 34–43.

827 So die Bezeichnung bei Perlitt, Deuteronomium, 150.

828 Zu Num 21,26–30 vgl. oben Anm.654 (S.126).

829 Vgl. zuletzt Heckl, Vermächtnis. Zur Forschungsgeschichte vgl. a.a.O., 1–7.

830 Für die Murrgeschichten exemplarisch durchgeführt von Frankel, Murmuring. Vgl. auch Otto, Hexateuch (Lit.).

Einordnung wie Gen 14: Der Grundtext gehört bereits in ein fortgeschrittenes traditions- und konmpositionsgeschichtliches Stadium, aber noch vor die Endkomposition des Pentateuch. Während im Kern des Deuteronomiums die Erzelterngeschichte ignoriert wird, knüpft Dt 1,8–11 inhaltlich an die Verheißungsreden Gen 12,1–3; 15 und 22,15–18 an. Die charakteristische deuteronomistische Distanz gegenüber der Erzelterntradition bleibt gewahrt,[831] da die Väter*geschichte*, im Gegensatz zu Exodus, Wüste und Sinai, nicht rekapituliert wird. Doch wird eine Kenntnis der Erzelterngeschichte vorausgesetzt,[832] und zwar wohl unter Einschluss von Gen 15[833]: Die Verheißung reicher Nachkommenschaft an Abra(ha)m hat sich erfüllt,[834] die Erfüllung der Landverheißung[835] steht unmittelbar bevor. Während des Zuges durch das Ostjordanland stellt sich allerdings dieselbe Frage, die in Gen 14 Thema ist, und die durch Gen 15 offen gelassen worden war: In welcher Beziehung stehen Moab, Ammon und Edom zur Abra(ha)mverheißung? Diese Leerstelle in der den Deuteronomisten vorliegenden Erzelterngeschichte wird gefüllt, indem inhaltlich an die Ätiologie Moabs und Ammons Gen 19,37 f.[836] und die Esaus in Seïr Gen 27,11[837] angeknüpft wird: Deren eigentliche Landnahme wurde in der »vorpriesterlichen« Genesis nicht thematisiert;[838] eine theologische Interpretation fehlt demzufolge.[839] In der paränetischen Perspektive der Deuteronomiumseinleitung wird jetzt hervorgehoben, dass auch die Nachbarn ihren Sitz im Land allein JHWH zu verdanken haben, der sie ihnen zum Erbe[840] gibt. Da genau dieses aus der Genesis nicht hervorgeht und Mose diese auch nicht selbst erlebt hat, muss sich Mose auf JHWH selbst berufen, der ihm die

---

831 Erst recht, wenn die Erwähnung der Patriarchennamen Dt 1,8 wie insgesamt im Deuteronomium erst auf die Endredaktion des Pentateuch zurückgeht, vgl. Römer, Väter, 266–271.

832 Vgl. das wichtige Plädoyer von Blum, Verbindung, 122, für die Unterscheidung von »konzeptioneller« und »literarischer« Verbindung verschiedener Traditionen. Die absolute Dominanz der Exodustradition im Deuteronomium schließt die »kognitive Geltung« der Erzelterntradition keineswegs aus, wie nicht zuletzt Hos 12 beweist.

833 Dt 1,10 berührt sich stark mit Gen 15,1–6; Dt 1,8 mit Gen 15,7–21.

834 Dt 1,10.

835 Die Aufzählung der Völkerschaften verbindet Gen 15,20 f. und Dt 7,1; der Euphrat als Grenze verbindet Dt 1,7 und Gen 15,18.

836 Dt 2,9.19 sind, neben Ps 83,9, die beiden einzigen Stellen in der hebräischen Bibel außerhalb der Genesis, wo überhaupt Ammoniter und Moabiter als Kinder Lots apostrophiert werden.

837 Wortspiel mit שעיר (vgl. Gen 25,25) und חלק. Zur Verbindung Esaus mit Edom und Seïr vgl. Gen 32,4; 33,14.16. Erst endkompositionell eingefügt wird Gen 36.

838 Wohl aber in der Endkompositions-Schicht, und zwar in paralleler Weise durch redaktionelle Überformung von Gen 13,6–12 und redaktionelle Neubildung 36,6–8, vgl. Blum, Vätergeschichte, 440 f., mit Anm. 35, der die diesbezügliche Systematisierung seiner Toldotbearbeitung zuweist, mit dem Ziel, »Kanaan als das für die Väter Israels bestimmte Land herauszustellen« (a.a.O., 441).

839 Esau allerdings wird Jos 24,4 in die Landgabe an Abraham einbezogen, parallel zu Dt 2,5. Allein Ismael, der im Deuteronomium als Abrahams Nachkomme keine Rolle spielt, ist auch in der Genesis Gegenstand von Verheißungen, Gen 16,10–12; 17,20; 21,18.

840 Ganz bewusst steht ירש, das Leitwort von Gen 15.

Vorgeschichte des Ostjordanlandes samt ihrer theologischen Interpretation in drei Reden, jeweils vor der Begegnung mit den Edomitern, Moabitern und Ammonitern, offenbart hat: Dt 2,3–7; 2,9.13 und 2,18f.24f.

Die Konzeption, die hinter diesen Gottesreden steht, befindet sich in einem entscheidenden Punkt in Spannung zu Gen 14: Während hier Kedorlaʿomer mit seinen Genossen das Land leerfegt, ist dort Jhwh der Autor der Landzuteilung. Diese Spannung wird sekundär in den »antiquarischen Glossen« zum Thema:[841] Während man sich nach Dt 2,5.9.19 die Landnahme Edoms, Moabs und Ammons auch als friedliche Inbesitznahme eines vormals leeren Landes vorstellen kann,[842] kann das nach der Einfügung von Gen 14 in die Abra(ha)mgeschichte nicht mehr so stehen bleiben.

Die »historischen« Nachrichten von Gen 14 werden nun mit der paränetischen Intention von Dt 1–3 verbunden, wobei die Hinzufügungen in Dt 2,10–12 und 20–23 sich auch sprachlich als Kommentar zu erkennen geben:[843] Ja, es gab früher die Refaïter im Land, von denen in den Tagen Moses nur Og noch übrig war (Dt 3,11); die Moabiter nannten ihre Refaïter »Emiter« (Dt 2,10f.), die Ammoniter nannten sie »Samsumiter« (Dt 2,20f.), und im Gebirge Seïr wohnten die Choriter (Dt 2,12.22). Deren Beerbung erfolgte nun nicht allein friedlich, sondern durch kriegerische Vertreibung, analog der Landnahme Israels (Dt 2,12). Welcher Werkzeuge sich Jhwh bediente, bleibt dabei bewusst unklar: An der Vertreibung der Choriter sind die Söhne Esaus, Israel auch hierin näher verwandt als Ammon und Moab, selbst beteiligt (Dt 2,12, anders V.22). Während über die Art und Weise der Vertilgung der Emiter nichts mitgeteilt wird, wurden die Samsumiter allein durch Jhwh vertilgt (Dt 2,21). Noch über die Gen 14 genannten Völker hinaus wird Dt 2,23 auch noch der Vertilgung der »Awiter«, der Vorbevölkerung der Philister, gedacht, wobei folgende theologische Abstufung erkennbar wird:

Der »Kooperation« Jhwhs mit Israel entspricht am ehesten die Landnahme Esaus. Völlig eigenmächtig nehmen die Philister ihr Land. Moab und Ammon aber kommen ohne jedes eigene Zutun zum Land der Emiter und Samsumiter.

Synchron im Pentateuch gelesen, bedeutet dies, dass *kein anderer als* Jhwh *der Initiator des Kriegszuges* von Gen 14,5f. war. Ganz ähnlich lautete die theologische Interpretation der Taten Abrams durch Melchisedek (Gen 14,20); für den voraufgegangenen Kriegszug Kedorlaʿomers fehlte aber jede theologische Deutung. Das Gewicht dieser Aussagen, die doch von der Genesis so weit entfernt zu sein scheinen, wird durch die Autorität ihrer Verkündigung noch unterstrichen: Abgesehen

---

841 Zum Charakter dieser Notizen vgl. Perlitt, Deuteronomium, 174f. 189f. Perlitt zählt sie bereits zu den »spätesten Nachträgen«, hält aber Gen 14 für noch später (a.a.O., 181). Mit Heckl, Vermächtnis, 451f., erscheint es plausibler, wenn »Gen 14 der Glossierung zugrunde gelegen hat«.

842 Vgl. Jos 24,4, aber auch Dt 32,8. Auch hinter Gen 13* und 33* steht die Tradition der Teilung eines ansonsten unbewohnten Landes unter den autochthonen (Römer, tensions, 113) Vätern.

843 Dt 2,10–12.20–23 nennen jeweils, inmitten der zitierten Rede Gottes, Gott in der dritten Person. D.h., nicht Gott rühmt sich seiner Taten, sondern »Mose« flicht für das Volk archäologische Erklärungen ein.

vom Landschwur an die Väter[844] ist die Landzuteilung an Edom, Moab und Ammon neben der Land- und Nachkommensverheißung an die Erzvätertrias das einzige Element der Vätergeschichte, das ausdrücklich durch die Abschiedsrede des Mose autorisiert ist.

Während also mit den »antiquarischen Glossen« von Dt 1–3 die Kriegszüge der Zeit Abra(ha)ms in den Geschichtsplan JHWHs eingeordnet sind, wird durch eine Reihe weiterer Texte Gen 14 in das geographische System der Endkomposition des Pentateuch integriert:

4.3. Das geographische System der Endkomposition und Gen 14

Sowohl im Mikrokontext der Abra(ha)mgeschichte als auch im Makrokontext des Pentateuch wird Gen 14 in das spezifische geographische Schema der Endkomposition integriert.[845]

Innerhalb der Abra(ha)mgeschichte wird durch einige redaktionell eingetragene Verse Gen 13 gleichsam zur Exposition der beiden folgenden Kapitel Gen 14 und 15. Das Land vermag nicht Abram und Lot gleichermaßen zu tragen, da ihr Besitz[846] zu groß geworden ist (Gen 13,6). Nachdem die Trennung der beiden voneinander berichtet wird, heißt es (Gen 13,12):

»Abram wohnte im Land Kanaans, und Lot wohnte in den Städten des Kikkar, und er zeltete bis Sodom.«

Die Trennung Lots von Abram hat damit zur Folge, dass Lot dauerhaft das Gen 11,31; 12,5 als Ziel Abrams bezeichnete Land Kanaans verlässt. Was dies bedeutet, wird im Folgenden deutlich: Der Charakterisierung des nachmaligen Landes Lots Gen 13,13 steht die Sichtung des Landes Abrams Gen 13,14–18 gegenüber. Der satirischen Zeichnung des Lot-Landes Gen 14 folgt der Ausblick auf die weitere Geschichte Israels Gen 15; und schließlich wird das Zustandekommen der Nachkommenschaft Lots (Gen 19) eingerahmt von den ausführlichen Erzählungen rund um die Geburt Ismaels und Isaaks. Zum Haus Abrahams (Gen 17,23) gehört Lot dann, im Unterschied zu Ismael, schon nicht mehr.

Inhaltlich neu ist in Gen 13,12 aber nur die Bezeichnung אֶרֶץ כְּנַעַן. Was damit im Makrokontext des Pentateuch gemeint ist, wird deutlich durch die erste und letzte Beschreibung der Grenzen dieses Landes, in Gen 10,(15–)19 und in Dt (32,48–52;) 34,1–4.

---

844 Im Endtext mit den Namen der Patriarchentrias Dt 1,8; 6,10; 9,5; 29,12; 30,20; 34,4. Dt 9,27 bezeichnet die Patriarchen als »Knechte« JHWHs, vgl. Ex 32,13; für Abraham vgl. noch Gen 26,24 und Ps 105,6.42. Damit dürfte auf ihren Gehorsam, aber auch ihre rechte Gottesverehrung angespielt sein.

845 Vgl. zur Funktion von Gen 14 in der biblischen Geographie Kallai, Campaign.

846 רכש bezeichnet den Besitz Lots Gen 14, und den Besitz der Nachkommenschaft Abrams Gen 15,14; Gen 13,6 den Besitz beider. (Zuerst war das Stichwort wohl in Gen 15,14 gegeben. Rückwärts gelesen, entspricht רכש dem Abram Gen 15,1 verheißenen Lohn, שכר.)

(Gen 10,19) Und es war die Grenze der Kanaaniter von Sidon, wenn du Richtung Gerar gehst, bis nach Gaza; wenn du Richtung *Sodom, Gomorrha, Adma und Zebojim* gehst, bis nach Lescha.
(Dt 34,1) Und Mose stieg aus den Steppen Moabs auf den Berg Nebo, den Gipfel des Gebirges Pisga, gegenüber Jericho. Und JHWH zeigte ihm das ganze Land: Gilead bis nach Dan, (2) und das ganze Naftali und das ganze Land Ephraims und Manasses und das ganze Land Judas bis an das Meer im Westen, (3) und den Kikkar, nämlich die Ebene der Palmenstadt Jericho, bis nach *Zoar*.(4) Und JHWH sprach zu ihm: Dies ist das Land, von dem ich Abraham, Isaak und Jakob geschworen habe: Ich will es deinen Nachkommen geben. Du hast es mit deinen Augen gesehen, aber du sollst nicht hinübergehen.

Auch in diesen beiden Beschreibungen gibt es inklusive und exklusive Grenzpunkte. Dreh- und Angelpunkt der ersten Beschreibung ist Sidon, der Gen 10,15 als Kanaans Erstgeborener bezeichnet wurde und damit den Anknüpfungspunkt für diese Grenzbeschreibung in der Völkertafel bildet. Gleichzeitig ist Sidon der einzige genannte inklusive Grenzpunkt; alle anderen bilden die Außengrenzen: für Gaza und Gerar, die als Philisterstädte bekannt sind, geht dies aus der Zuordnung der Philister zu Mizrajim anstelle von Kanaan in Gen 10,14 hervor.[847] Für Sodom, Gomorrha, Adma und Zebojim[848] dagegen geht lediglich aus Gen 13,12 in Verbindung mit Gen 14,2.8 hervor, dass sie nicht zu Kanaan zählen. Doch nicht nur das; auch die fünfte in Gen 14,2.8 genannte Stadt der Pentapolis, die nach Gen 13,12 ebenfalls außerhalb des Landes Kanaans liegt, wird als exklusiver Grenzpunkt genannt: Als der letztgenannte Grenzpunkt in Dt 34,3.

Dass Sodom, Gomorrha, Adma und Zebojim nach Gen 14; 19; Dt 29,23 für Mose *nicht mehr* als Grenzpunkte zur Verfügung stehen, versteht sich für den Endredaktor, den wir hier wohl vor uns haben, von selbst. Da die fünfte Stadt, Bela, in Gen 14,2.8 sekundär mit der kleinen Stadt von Gen 19,20, Zoar, identifiziert worden ist, ist andererseits verständlich, weshalb diese Gen 10 *noch nicht* als Orientierungspunkt dient.[849]

Die *Städte der Pentapolis von Gen 14*, in ihrer sekundär glossierten Form, *dienen damit zur Beschreibung der Grenzen Kanaans resp. Israels im Pentateuch.* Es werden auch nicht einfach die Grenzen von Gen 14* übernommen. Während dort – wie Ez 47f. – das gesamte Ostjordanland, unter Einschluss des Baschan[850], letz-

---

847 Gaza dürfte als Hauptort der Philister genannt sein, Gerar als die einzige in der Genesis erwähnte Philisterstadt (Gen 20f.; 26).

848 Trotz der Identifizierung von Bela mit Zoar in Gen 14,2.8 wird in Gen 10,19 weder Bela (weil eigentlich gar kein Städtename) noch Zoar (weil anachronistisch) als fünftes Rad am Wagen der Sodomiter aufgezählt, sondern Lescha, das womöglich in einer der Vorlagen von Gen 10,19 der einzige genannte südöstliche Grenzpunkt war (Westermann, BK I/1, 699).

849 Dass auch die (inklusive) Nordgrenze, nämlich Dan, Gen 14,14 und Dt 34,1 verbindet, ist weniger signifikant, siehe oben S. 83 mit Anm. 339 zu Dan und Beerscheba. Auch in der Wüste steht der Stamm Dan exponiert im Norden des Heerlagers (Num 2,25); Dt 33,22 wird er mit dem Baschan in Verbindung gebracht.

850 Aschterot-Karnajim Gen 14,5.

ten Endes zur Seite Sodoms gerechnet und damit abgewertet wird, gehört nach Dt 34,1–3 nicht nur ein Teil des Kikkar, nämlich Jericho, zum verheißenen Land, sondern auch ein großer Teil des Ostjordanlandes, nämlich Gilead. Der Jordan bildet also nur bei Jericho tatsächlich die Grenze zwischen dem Land der Israeliten und dem Land Lots: Da Mose *gegenüber von Jericho* steht (Dt 32,49; 34,1), befindet er sich im *Lande Moabs* (Dt 32,49; 34,5) und noch nicht im Israel eigentlich verheißenen *Land Kanaans*.

4.4. Das chronologische System der Endkomposition und Gen 14

Durch einen winzigen, bisher nicht thematisierten Eingriff, nämlich die Unterdrückung der Präposition ב in V.4b, hat die Endkompositionsschicht die Ereignisse von Gen 14 auch ihrer durchgehenden Chronologie eingepasst. Das Folgende gilt nur für den Masoretischen Text, ihm folgend der Targum Onkelos, nicht aber für die alten Versionen,[851] sonstige Auslegungstraditionen[852] und Seitenreferenten.[853] Im Masoretischen Text ist nach 12 Jahren Knechtschaft von darauffolgenden 13 Jahren Empörung,[854] also insgesamt von 25 Jahren die Rede, welche der Strafexpedition Kedorlaʻomers vorausgehen. 25 Jahre sind in der endkompositionellen Chronologie die Grundzahl der Lebensjahre Abra(ha)ms.[855] Und genau 25 Jahre liegen zwischen dem Tod Noahs, 350 Jahre nach der Flut (Gen 9,28f.), und dem Auszug Abrams aus Charran.[856] Die endkompositionelle Datierung des Todes Noahs erfolgt ihrerseits im unmittelbaren Anschluss an Fluch und Segen Noahs über Kanaan, Sem und Japhet, mit der mehrfachen Bekräftigung der Knechtschaft Kanaans (Gen 9,25–27). Nach Gen 14,4 MT erfüllen sich Fluch und Segen Noahs bereits unmittelbar nach seinem Tod mit der 12jährigen Knecht-

---

851 LXX und SP »korrigieren« wieder zum traditionellen Verständnis (»im dreizehnten Jahr«); in deren chronologischen Systemen sind ohnehin sowohl Noah als auch Peleg schon weit über hundert Jahre tot, als Abram von Charran in das verheißene Land aufbricht.

852 Der Seder Olam, der die Zeugungsjahre in Gen 11 nicht einberechnet, kommt selbstverständlich zu anderen Ergebnissen: Die Unterwerfung der Sodomiter unter Kedorlaʻomer folgt demnach (Seder Olam 1) unmittelbar auf die Völkerzerteilung »in den Tagen Pelegs (Gen 10,25), das heißt am Ende seiner Tage«; seine Strafexpedition (12+14=)26 Jahre später, im 27. Jahr nach dem Tod Pelegs. In demselben Jahr findet nach dem Seder Olam der Auszug aus Charran, die ganze Ägyptenepisode und das Geschehen von Gen 14,5–24 statt.

853 Nach Jubiläenbuch und GA würden freilich Entführung und Rettung Lots in das *zehnte* Jahr seit dem Auszug aus Charran gehören (und, *last not least*, nach Schatzhöhle 28,6 in das *fünfte* Jahr). Auch hier zeigt sich im Jubiläenbuch die Freiheit der chronologischen Systematik: Der zweite Kedorlaʻomer-Zug mit der Gefangennahme Lots wird Jub 13,19.22 auf das Jahr genau in der Abra(ha)mgeschichte plaziert, während die Jahresangaben von Gen 14,4f. unter den Tisch fallen.

854 Den vorendkompositionellen Text, mit Empörung »im 13. Jahr«, bezeugt GA 21,27.

855 Auszug aus Charran mit 3x25=75 Jahren (Gen 12,4), Geburt Isaaks mit 4x25=100 Jahren (Gen 17,17; 21,5), insgesamt 7x25=175 Lebensjahre (Gen 25,7).

856 Siehe unten »Das Leben Abrahams in Zahlen nach der Chronologie der Endkomposition des Pentateuch«, S.347ff.

schaft der Sodomiter[857] unter dem König von Elam[858] und seinen Bundesgenossen[859]. Darauf folgen 13 Jahre Empörung, die also bis zu der Zeit andauern, da Abram in das Land Kanaans und weiter nach Ägypten zieht. Im 14. Jahr, inzwischen ist Abram aus Ägypten zurück und hat sich von Lot getrennt, kommt dann die Strafaktion Kedorla'omers. Nur weil Abram zugunsten seines Neffen Lot eingreift, erhalten die Sodomiter noch einmal eine Galgenfrist. An die Stelle des Segens Noahs über Sem ist inwischen der Segen Melchisedeks über Abram getreten. Doch keine 25 Jahre später, Isaaks Geburt ist gerade angekündigt, werden Sodom und Gomorrha, ja der ganze Kikkar, endgültig ausgelöscht. Diesmal werden, wiederum dank Abraham, nur noch Lot selbst und seine Töchter gerettet.

---

857 Sodom etc. ist mit dem urgeschichtlichen »Kanaan« nicht nur durch die Grenzbeschreibung Gen 10,19, sondern auch durch die Missachtung sexueller Tabus assoziiert.

858 Elam ist in der Völkertafel der Erste unter den Söhnen Sems.

859 Bei Tid'al, König von Völkern, könnte man an Japhet denken, ob wegen der Inseln der »Völker« Gen 10,5 oder der vermeintlich nordwestlichen Herkunft Tid'als. Als »König von Völkern« hat er sicher weiten Raum, als Bundesgenosse Kedorla'omers sitzt er in den Zelten Sems, und Kanaan, wenn man die Pentapolis dazurechnen will, ist auch sein Knecht (Gen 9,27).

VI. Ausblick

Durch den synoptischen Vergleich von Gen 14,1–24 und GA 21,23–22,26 konnte eine beiden gemeinsam vorausgehende Fassung (Grundschicht) rekonstruiert werden, die vor ihrer Einfügung als eigenständiger Text *neben* dem vorliegenden Zusammenhang, der mindestens Gen 12f.; 15f.; 18f. umfassenden »vorpriesterlichen« Abra(ha)mgeschichte, bestanden hat.

Die weitgehende Übereinstimmung bereits der ältesten erreichbaren Fassung mit den kontextuellen Rahmenbedingungen machte deutlich, dass das Stück auch genau für seinen jetzigen Kontext nach der Trennung von Abram und Lot in Gen 13 und vor den Verheißungsreden von Gen 15 konzipiert worden ist. In nebenstehender Übersicht wird der Versuch unternommen, die literargeschichtlichen Vorgänge in vereinfach-

»Vorpriesterliche« Abra(ha)mgeschichte:
Gen 12f.*; 15f.*; 18ff.*

Gen 14* (Grundschicht)

ca. 6.Jh. v.Chr.

»Vorpriesterliche« Abra(ha)mgeschichte inklusive Gen 14*, mit harmonisierenden Randglossen

ca. 5.Jh. v.Chr.

(Vorlage des Genesis-Apokryphon)

Endkomposition der Genesis (protomasoretischer Text)

ca. 400 v.Chr.

Jubiläenbuch

Genesis-Apokryphon

verschiedene Texttypen der Genesis: MT, SP, LXX

Texttypen des Jubiläenbuches

3.–1. Jh.v. Chr.

Abb. 2: Schematische Darstellung *der literarischen Abhängigkeiten für den untersuchten Ausschnitt der Abra(ha)mgeschichte (Gen 13,1–15,4)*

ter Form schematisch darzustellen, wobei einfache Pfeile für eklektische Auswahl aus der jeweiligen Vorlage, doppelte Pfeile für annähernd vollständige Integration derselben und dreifache Pfeile für den erfolgten Übergang von der Redaktions- zur Textgeschichte stehen.

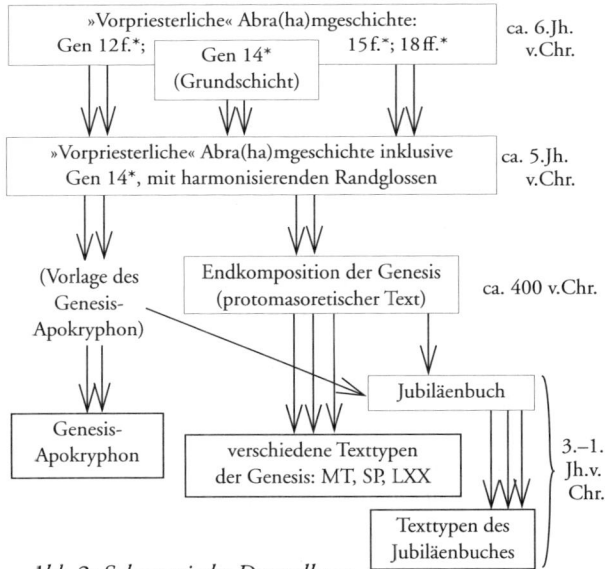

Gegenstand der Perikope ist die Vorgeschichte des Ostjordanlandes, für welche verfügbare biblische und außerbiblische Traditionen in eine überlegte Struktur eingebracht werden. Dabei werden nicht nur das Ostjordanland und seine Bewohner, sondern auch vier Großkönige durch Abram mit seiner einmaligen Gottesbeziehung in den Schatten gestellt. Die einzige Abram ebenbürtige Persönlichkeit ist Melchisedek, der die Anciennität der Jerusalemer Kult- und Herrschaftstradition garantiert. Diese Vorgeschichte des Ostjordanlandes vermag die Gen 15 exponierte Geschichte der Nachkommenschaft Abrams komplementär zu ergänzen[860] und begründet typologisch eine spätere Überordnung von Abram–Israel–Juda über Lot–Moab–Ammon in politischer und religiöser Hinsicht. Auswirkungen der in nachexilischer Zeit virulenten Kontroverse über das Verhältnis zwischen den zu Israel gerechneten ostjordanischen Stämmen auf der einen und Juda und Jerusalem auf der anderen Seite lassen sich anhand der Spuren, welche die Verankerung des Kapitels in der Endkomposition der Genesis hinterlassen hat, erkennen.

Die durch den synoptischen Vergleich mit dem Genesis-Apokryphon in der kanonischen Genesis erkennbaren Glossierungsschichten ändern die Aussage nicht wesentlich. Die erste Glossierungsschicht trägt Informationen aus dem Kontext ein, die im ursprünglichen Text, entsprechend der stilistisch gewollten Distanz zu Abram, noch fehlten – etwa den genauen Wohnort Abrams oder sein genaues Verwandtschaftsverhältnis zu Lot. Durch die weiteren Bearbeitungen werden erzählerische Verknüpfungen mit dem näheren und weiteren Kontext hergestellt; vor allem aber bekommt Gen 14 einen festen Platz im geographischen System der Endkomposition der Genesis.

Der Abram von Gen 14 steht nicht nur am Anfang der Volksgeschichte, sondern hoch über den Niederungen der Geschichte. Er kommt noch ohne geordneten Kult aus, wird aber von Melchisedek, dem universalen Vorbild des gerechten Priesters und Königs, als von Gott Gesegneter anerkannt und erwidert diese Anerkennung durch die Leistung des Zehnten. Dass Gott selbst in die Geschichte eingegriffen hat, geht nur aus der Interpretation des Geschehens im Munde Melchisedeks hervor. Durch die Schalem-Episode wird die Abra(ha)m-ברית von Kap. 15 andeutungsweise in den Umkreis Jerusalems verlegt.

Es entsteht das Idealbild einer Vorzeit, da die Erzeltern, durchaus wohlhabend, aber ohne formelle politische Macht, im Einvernehmen mit fremden Bewohnern im Lande gelebt hatten. Wenn außer der Herrschaft über das Land noch etwas fehlte, dann die leibliche Nachkommenschaft, wie Abram im unmittelbar folgenden Kontext beklagt.

Warum der Persönlichkeit und Geschichte Abrams ein derartiges Interesse zukommt, wie es das hier behandelte Kapitel zeigt, lässt sich nur anhand der bereits vorgegebenen Abra(ha)müberlieferungen verständlich machen. Diese sollen im zweiten Hauptteil der Arbeit thematisiert werden, exemplarisch durch die Analyse des auch im kanonischen Kontext auf die historiographische Einordnung Abrams folgenden Kapitels, in dem die einzigartige Gottesbeziehung Abra(ha)ms und die vierfache Landverheißung an seine Nachkommenschaft entfaltet werden.

---

860 Carr, Fractures, 166, sieht Genesis 14 und 15 zusammen »in the process of redirecting the Abraham story to fulfill the primeval history and anticipate the exodus and conquest«.

2. Teil:
Abra(ha)m, der Vertraute Gottes –
Genesis 15

I. Die Literargeschichte von Gen 15

1. Ein Edelstein der Abra(ha)müberlieferung

Am Ende des ersten Hauptteils stellte sich die Frage, welches traditionelle Abra(ha)m-Bild den »Historikern«, auf die Gen 14 zurückgeht, bereits vorgegeben war. Welches ist das »Urgestein« der Erzelterntradition? So könnte man, in Anlehnung an die geologische Metaphorik von Jes 51,1 f., fragen.

Der Pentateuch gleicht jedoch eher einem kunstvoll komponierten Bauwerk als einem Steinbruch, so dass die Funktion der Steine im Kontext des Gesamtbauwerks für die Aussage wichtiger ist als ihre Herkunft. In Anlehnung an die architektonische Metaphorik, die bekanntlich bereits Jes 28,16 im Zusammenhang mit Themen von Gen 15 – dem Vertrauen und der Gerechtigkeit – bemüht wird,[1] soll die Frage im Zentrum stehen, auf welche architektonische Funktion ein besonders kunstvoll und beziehungsreich gearbeitetes Detail des Gesamtkunstwerks, nämlich Gen 15, von sich aus schließen lässt. Der leider nicht mehr erhaltene Vorgängerbau wird sich so nicht rekonstruieren, wohl aber ein Begriff von seiner »Architektur« gewinnen lassen.

Die redaktionsgeschichtliche Arbeit zu Gen 14 hat, um einmal in der gewählten Metaphorik zu bleiben, bereits einige Erkenntnisse zur Architektur des Vorgängerbaus der kanonischen Genesis, wie sie vom Masoretischen Text repräsentiert wird, beigetragen:

Positiv war nachgewiesen worden, dass das Kapitel Gen 15 im wesentlichen bereits zu diesem Vorgänger-Bauwerk gehörte, ja wahrscheinlich sogar eine entscheidende Funktion innehatte.

Negativ war festgestellt worden, dass einige strukturbestimmende Elemente diesem Bauwerk noch fehlten: Etwa die Benennung des den Vätern verheißenen Landes als »Land Kanaans« und die rechtliche Klassifizierung des Aufenthalts der Väter daselbst als »Fremdlingschaft«. Ebenso waren chronologische und genealogische Systematisierung noch in Entwicklung begriffen.

---

1 Auch in Ps 118,22 geht es um die aktuelle Funktion des Steins, nicht um seine Herkunft. Im Übrigen bekommt dieser Stein in einem neuen Bauwerk eine ähnlich gewichtige Funktion, vgl. Mt 21,42; Mk 12,10; Lk 20,17; Apg 4,11; Eph 2,20 und 1 Pet 2,6f.

2. Gen 15 – kein »nachpriesterlicher« Text

Für die »nichtpriesterliche« Einordnung von Gen 15 kann man an den immer noch weitgehenden Konsens in der Scheidung von »P«- und »nicht-P«-Schichten anknüpfen.[2] Davon ausgehend, stellt sich die Frage, wieviel vom »nichtpriesterlichen« Text »vorpriesterlich« einzuordnen ist.

Was »vorpriesterlich« bedeutet, hängt natürlich vom Verständnis des literarischen Charakters der Gen-17-Schicht[3] ab. Wenn die Gen-17-Schicht innerhalb der Abra(ha)mgeschichte als eigens für den jetzigen Zusammenhang geschriebene Kompositionsschicht verstanden wird, wie es hier der Fall ist, heißt »vorpriesterlich«: Der Text gehörte zu jenen Textzusammenhängen, welche dem Verfasser[4] der Endkomposition des Buches Genesis als des ersten Buches der Tora bereits in fester Zusammenstellung vorgelegen haben. Diejenige Fassung, die als Bestandteil des Buches Genesis als des ersten Buches der Tora zu kanonischer Geltung gelangte, bekam die »vorpriesterliche« Abra(ha)mgeschichte erst durch redaktionelle Systematisierung in genealogischer, geographischer und chronologischer Hinsicht in

---

2 Repräsentiert durch die immer wieder (z.B. Zenger, [4]Einleitung, 149; Pola, Priesterschrift, 49) zitierte Abgrenzung der priesterlichen Textanteile durch Elliger, Sinn, 174. Nach Elliger sind in der Abra(ha)mgeschichte Gen 11,27.31f.; 12,4b.5; 13,6.11b.12abaβ; 16,1.3.15f.; 17,1–27; 19,29; 21,1b–5; 23,1–20; 25,7–11a priesterlich, d.h. für Elliger Bestandteile der priesterlichen Grundschrift, der Rest ist »nichtpriesterlich«. Pola, Priesterschrift, 343, macht sich diese Abgrenzung zu eigen; lediglich 13,12bβ und 16,1b spricht er P[g] ab. Man vergleiche die minimalen Differenzen in der Abgrenzung der priesterlichen Redaktionsschicht durch Van Seters, Abraham, 313: Gen 11,27–32; 12,4b–5; 13,6; 16,3b.15f.; 17; 21,3–5; 23; 25,7–10. (Die Zuweisung etwa von 16,1, von 19,29 oder 25,11a, für die es keine sprachlichen oder sachlichen Indikatoren gibt, erübrigt sich, wenn der Zwang zur Rekonstruktion einer durchgehenden Quelle entfällt.) Im Wesentlichen ist diese Abgrenzung bereits seit Nöldeke, Grundschrift, 143, unverändert, der Gen 11,27–32; 12,4b.5; 13,6.11b.12(teilweise); 16,1.3.15f.; 17; 19,29; 21,2–5; 22,20–24; 23; 25,1–11 zur »s.g. Grundschrift des Pentateuchs« rechnete; zu den Differenzen siehe unten S.363 mit Anm.450.

3 Ein neutralerer Ausdruck für die »priesterliche« Schicht.

4 Man könnte ihn auch einen »Komponisten« (composer, compositeur) nennen, ein Begriff, der allerdings im Deutschen bislang dem Musiker vorbehalten ist. Die Bezeichnung »Autor« bringt dagegen nicht genügend zur Geltung, dass umfangreiche Vorlagen in das Werk integriert worden sind (vgl. den problematischen »Pentateuch author« bei Whybray, Making). Begriffe wie »Redaktor« oder auch der Russizismus »Kompositor« (vgl. ‏קומפוזיטור‎« im modernen Hebräisch, aber auch »compositor« im Spanischen) sind im Deutschen nicht in gleichem Maße mit kreativer Gestaltung verbunden wie der Begriff »Komposition«. Zur Unmöglichkeit der Trennung von »redactor«, »author« und »composer« im Bereich der Genesis siehe Carr, Fractures, 21f. Der Singular »Verfasser«, »Komponist« o.ä. ist eine sprachliche Vereinfachung, welche zum Ausdruck bringen soll, dass es sich um *einen* zusammenhängenden kompositionellen Vorgang handelt, der freilich nicht in einem einzigen Arbeitsgang und nicht von einer »Hand« allein bewerkstelligt worden sein muss (vgl. sinngemäß Blum, Pentateuch, 224). Im Übrigen dürfte die Arbeit an der Endkomposition des Pentateuch durchaus einige Jahre in Anspruch genommen haben, bis das Ergebnis, wohl zuerst in Jerusalem, öffentlich vorgetragen worden ist.

einzelnen Versen,[5] durch weitgehende redaktionelle Überformung an entscheidenden Schnittstellen,[6] sowie durch die Einfügung eines theologischen Schlüsselkapitels (Gen 17)[7] und die damit u.a. einhergehende onomatologische Systematisierung[8] der Genesis, also durch die »Hand« des »priesterlichen« Komponisten.[9] »Nachpriesterlichen« Texten müsste man ansehen können, dass sie diese Systematisierungen bereits voraussetzen.

Wenn, anders als in der hier vorliegenden Untersuchung, von einer »Priesterschrift« als Quelle ausgegangen wird, werden die Begriffe »vor-« oder »nachpriesterlich« unscharf, da es dann Texte geben kann, die jünger als »P« sind, aber trotzdem schon vor »P« oder gleichzeitig mit »P« an ihren jetzigen Ort im Pentateuch gelangten.[10] Andererseits kann es Texte geben, die älter als »P« sind, aber erst gleichzeitig mit oder nach »P« an ihren jetzigen Ort im Pentateuch zu stehen kamen.[11] Insbesondere führt es zu heilloser Verwirrung, wenn sowohl »priesterli-

---

5 Gen 11,27.31; 12,4f.; 13,5.11f.; 16,1.3.15f.; 19,29; 23,1f.4.19. In allen genannten Versen bzw. Teilen davon findet Elliger Sinn, 174, Charakteristika von »Pg«, weshalb er diese Verse bzw. Versteile davon Pg zuordnet.

6 Der Übergang von der Ur- zur Erzelterngeschichte, Gen 11,10–26 und die Überschrift 11,27; die Geburt Isaaks 21,1–5; der Übergang von der Abraham- zur Isaakgeschichte 25,7–20. Nach Elliger, Sinn, 174, ist all dies bis auf 21,1a; 25,11b ebenfalls der Hand von »Pg« zuzurechnen.

7 Von Elliger, Sinn, 174 vollständig »Pg« zugeschrieben.

8 Die Systematisierung der Namensformen Abram–Abraham gemäß Gen 17,5 und Saraj–Sara gemäß Gen 17,15 erfolgt durchgängig bei allen Erwähnungen der beiden Personen im Pentateuch, also in Gen 11,26.27.29.30.31; 12,1.4.5.6.7.9.10.11.14.16.17.18; 13,1.2.4.5.7.8.12.14. 18; 14,12.13.14.19.21.22.23; 15,1.2.3.11.12.13.18; 16,1.2.3.5.6.8.15.16; 17,1.3.5.9.15. 17.18.19.21.22.23.24.26; 18,6.7.9.10.11.12.13.14.15.16.17.18.19.22.23.27.33; 19,27.29; 20,1.2.9.10.11.14.16.17.18; 21,1.2.3.4.5.6.7.8.9.10.11.12.14.22.24.25.27.28.29.34; 22,1.3.4. 5.6.7.8.9.10.11.13.14.15.19.20.23; 23,1.2.3.5.7.10.12.14.16.18.19.20; 24,1.2.6.9.12.15.27. 34.36.42.48.52.59.67; 25,1.5.6.7.8.10.11.12.19; 26,1.3.5.15.18.24; 28,4.9.13; 31,42.53; 32,10.29; 35,12.27; 48,15.16; 49,30.31; 50,13.24; Ex 2,24; 3,6.15.16; 4,5; 6,3.8; 32,13; 33,1; Lev 26,42; Num 32,11; Dt 1,8; 6,10; 9,5.27; 29,12; 30,20; 34,4.
Zu rekonstruieren, welche Namensform jeweils vor der Systematisierung gestanden haben könnte, ist angesichts dessen hochgradig hypothetisch.

9 Die Systematisierung der Namensformen wird bei Annahme der Hypothese einer »Priesterschrift« als »Quelle« einhellig »Rp« zugeschrieben, also derselben »Hand«, die auch die »Pg«-Texte mit dem »vorpriesterlichen« Text zusammengearbeitet hat.

10 Vgl. K. Schmid, Erzväter, 253, der »Gen 15; Ex *3f, Jos 24 sowie Ex 1« so einordnet, »[i]m Sinne gebotener Hypothesenökonomie«.

11 Dies gälte etwa für die von Westermann u.a. postulierten Vorstufen von Gen 14. Eckart Otto nimmt dies für den Großteil des nichtpriesterlichen Materials in der Genesis an (vgl. das Schema bei Otto, Hexateuch, 264). De facto ist bei Otto u.a. die aus P^G und P^S zusammengesetzte Priesterschrift wieder, wie vor Wellhausen, zur Grundschrift des Tetrateuch geworden und somit Ausgangsbasis für die »nachpriesterschriftlichen« (passim) Redaktionen des »parallel und konkurrierend tradierten Hexateuch und Pentateuch« (a.a.O., 262). Nach Otto »wuchert der Pentateuch noch nach der Pentateuchredaktion […] aus« (a.a.O., 263). Wer Otto nicht zugesteht, den Pentateuch erst durch chirurgische Operationen von seinen postredaktionellen Wucherungen zu befreien, wird wohl auch seine Thesen nicht nachvollziehen können. Zur Renaissance der Grundschrift-Hypothese vgl. auch Jan Christian Gertz, Konrad Schmid und Markus Witte im

che« als auch »nichtpriesterliche« Texte unter dem Etikett »nachpriesterlich«[12] oder
»nachpriesterschriftlich«[13] subsumiert und daraus weitreichende Schlüsse gezogen
werden.

2.1. Zur Forschungsgeschichte

Das 15. Kapitel der Genesis hat in der alttestamentlichen Wissenschaft eine atem-
beraubende Karriere durchlaufen. Einigkeit bestand und besteht darüber, dass dieses Schlüsselkapitel von der Landgabe-ברית Gottes mit Abra(ha)m zu den
theologisch spannendsten der Genesis gehört, sozusagen als ein besonders schön
geschliffener Edelstein, von dem eine ungebrochene Faszination ausgeht. Zeugnis
von dieser Faszination geben allein in den letzten Jahren mehrere Monographien,
um von den ungezählten Aufsätzen nicht zu reden. Für eine ausführliche Forschungsgeschichte kann daher auf die einschlägigen Überblicksdarstellungen von
Mölle[14] und Ha[15] verwiesen werden.[16]

Gen 15 als Urgestein: »vorpriesterlich«, aber literarisch uneinheitlich

In der Zeit der klassischen Literarkritik, welche die Grundbausteine israelitischer
Religion und Literatur in den ältesten, vormosaischen Überlieferungen der Genesis
suchte, wurde der in Gen 15 geschilderten ברית-Zeremonie ein archaischer Charakter bescheinigt, der authentische Erinnerung aus der Zeit Abra(ha)ms bewahren
muss. Wenn irgendwo, dann konnte man in Gen 15 »ein Stück Urgestein aus der
ältesten Väterüberlieferung«[17] entdecken – mit der Beschreibung einer Zeremonie
aus so »unvordenklicher Vorzeit«, dass ihr Sinn »der späteren historischen Zeit

---

Vorwort des von ihnen herausgegebenen Bandes »Abschied vom Jahwisten« (Gertz u.a. [Hg.],
Abschied, VI): »Allein die Priesterschrift, die alte ›Grundschrift‹ des Pentateuchs, hat sich als plausibel erarbeitete und gut begründete Theoriegrundlage erwiesen«. Allein für wenigstens zwei
Beiträge in dem solcherart eingeleiteten Band hat die »Priesterschrift« nie existiert (Blum, Verbindung; Johnstone, Reminiscences).

12 So z.B. K.Schmid, Erzväter, 298, wenn er Landschwurtexte wie Gen 50,23 und Lev 26,42 in
gleicher Weise als »nachpriesterlich« ansieht.

13 Vgl. das Material, das Otto, Hexateuch, jeweils zu seinen »nachpriesterschriftlichen« »Hexa-« und
»Pentateuchredaktionen« rechnet. Der Begriff »priesterlich« wird dagegen bei Otto im eigentlichen Sinne gebraucht, also für sämtliche Texte, die seiner Meinung nach auf priesterliche Verfasser
zurückgehen.

14 Mölle, Genesis 15, 14–44.

15 Ha, Genesis 15, 30–38.

16 Die dritte in jüngerer Zeit erschienene Monographie, die sich ausschließlich Gen 15 widmet, verzichtet zugunsten eines knappen Überblicks auf eine eigene Forschungsgeschichte (Hagelia,
Numbering, 1–3). Literaturübersichten bieten auch die Kommentare von Westermann, BK I/2,
247–250 (bis ca. 1980), Seebass, Genesis II/1, 61–63 (bis ca. 1997) sowie Ruppert, Genesis II,
235–238 (bis ca. 1998).

17 v. Rad, 1. Mose, 159.

nicht mehr bekannt und nicht mehr verständlich«[18] ist. Unter solchen Prämissen konnten natürlich die verschiedensten Hypothesen über die Literargeschichte von Gen 15 aufgestellt werden, die oft mit Vorlagen aus frühester Zeit rechneten.[19]

Gen 15 im Umfeld des Deuteronomismus

Diese Sichtweise ist zu Recht kritisiert worden. Seit der Habilitationsschrift von Lothar Perlitt zur Bundestheologie im Alten Testament ist an Stelle der oft »gefühlsmäßigen« Frühdatierung[20] eine theologiegeschichtlich fundierte maßvolle Spätdatierung getreten, welche das Kapitel insgesamt im Umfeld von Deuteronomium und Deuteronomismus und damit im 7.–6. Jh. verortet.[21] Dass in Gen 15 deuteronomistische Einflüsse verarbeitet sind, steht heute außer Frage.[22] Doch darf dies nicht in dem Sinne missverstanden werden, Gen 15 habe einer »deuteronomistischen« Erzelterngeschichte angehört, welche als Vorbau einer deuteronomistischen Exodusgeschichte fungiert habe.[23] Zu Recht hat John Van Seters, dessen Yahwist bereits nachdeuteronomistisch ist, die Existenz einer »deuteronomistischen Redaktion« des Pentateuch insgesamt angezweifelt.[24] Und nach Thomas Römer ist es erst die Endredaktion des Pentateuch, welche die Landschwurtexte des Deuteronomiums mit Abraham und dadurch mit Gen 15 und 17 in Verbindung bringt.[25] Die Bezeichnung »deuteronomistisch« soll für Gen 15 deshalb vermieden werden. Um nicht zu suggerieren, die Idee des Deuteronomismus sei mit Gen 15 bereits erledigt gewesen, soll aber auch die Bezeichnung »nachdeuteronomistisch« vermieden werden.

---

18 Gunkel, Genesis, 183.

19 Bereits Lohfink, Landverheißung, 24, Anm. 1, zählte »39 verschiedene Lösungsversuche seit Wellhausen«.

20 Kritisiert von Perlitt, Bundestheologie, 73.

21 Perlitt, Bundestheologie, 76f., ordnet den Text, und zwar ausdrücklich unter Einschluss von V. 13–16, (proto-)deuteronomisch ein, d.h. im beginnenden 7. Jh. v. Chr.

22 Vgl. außer Perlitt, Bundestheologie etwa Kaiser, Untersuchung, sowie Anbar, Conflation. Umstritten ist allenfalls, ob das Kapitel eher als »deuteronomistisch« oder als »nachdeuteronomistisch« bezeichnet werden soll.

23 So schreibt Blum zunächst (Vätergeschichte, 362–419) gemeinsam mit umfangreichem heterogenen Material auch Gen 15 der/den »D-Bearbeitung(en) in der Vätergeschichte« zu, wobei das Siglum »D« »Überlieferungen aus dem deuteronomisch-deuteronomistischen Traditionskreis« bezeichnet (ebd., 362, Anm. 1). Später hat Blum »mit Fleiß vermieden, ungeschützt von ›deuteronomistischen‹ Texten zu reden, und statt dessen das (noch) weniger bestimmte Siglum ›D‹ verwendet«, weil die »D-Komposition das sog. ›deuteronomistische Geschichtswerk‹ bereits voraus[setzt]« (ders., Pentateuch, 164). Zuletzt hat Blum seine »KD-Hypothese« für Gen 12ff. zunächst auf bloß »punktuelle Bearbeitungen« reduziert (ders., Verbindung, 120) und schließlich dahingehend revidiert, dass »KD« überhaupt erst mit dem Exodus beginnt (ders., Verbindung, 151–156).

24 Van Seters, Redaction; ders., So-Called.

25 Römer, Väter, 266–271.

Gen 15 als Schluss-Stein: literarisch einheitlich – aber »nachpriesterlich«

Nachdem Perlitt die Steine einmal ins Rollen gebracht hatte,[26] gab es kein Halten mehr, und es kam zu einer völligen Trendumkehr in der Einordnung von Gen 15. In der gegenwärtigen Debatte, welche nach dem Zusammenbruch der Urkundenhypothese zu Recht die Ecksteine israelitisch-jüdischer Religion und Literatur in der theologischen Geschichtsdeutung nach der Katastrophe des babylonischen Exils sucht, wurde Gen 15, das einstige Urgestein, zum veritablen Schluss-Stein der Brücke zwischen Genesis und Ex–2 Kön.[27] Dieser sei selbstredend jünger als die jüngste Pentateuchquelle,[28] ja Teil der »Endredaktion«.[29]

Diese grundlegende Trendwende in der literarhistorischen Beurteilung von Gen 15 hat sich seit dem Ende der 80-er Jahre des 20. Jahrhunderts vollzogen, insbesondere durch die Arbeiten von John Ha, Thomas Römer und Konrad Schmid.[30] Die ausführlichste dieser Arbeiten ist diejenige von Ha; die in der gegenwärtigen Diskussion einflussreichste diejenige von Schmid, beide sind hier zu würdigen.

John Ha hat in seiner Dissertation »Genesis 15. A Theological Compendium of Pentateuchal History« den Horizont von Gen 15 in seiner jetzigen gewachsenen Einheit untersucht. Im ersten Teil seiner Arbeit widmet er sich der Frage der Einheitlichkeit und dem Aufbau des Kapitels. Er stellt das Scheitern der klassischen Quellenscheidung an Gen 15 fest und dokumentiert dies, ähnlich wie zeitgleich Matthias Köckert, durch eine Synopse verschiedener Versuche der Quellenscheidung aus den vergangenen Jahrzehnten.[31] Demgegenüber weist er die thematische Kohärenz und strukturelle Einheitlichkeit nach, indem er die vorhandenen Dopplungen als Wiederaufnahmen mit dem Ziel der Steigerung bzw. Zuspitzung erklärt und scheinbar vorhandene Widersprüche als bewusste Gegenüberstellungen deutet. Insbesondere verweist er auf die parallele Gestaltung der zwei um V.6 angeordneten Szenen des Kapitels, wozu er u.a. auf folgende, in 1–5 und 7–21 parallele Elemente verweist: »Abraham's vision« (V.1.12), »YHWH's promise« und »Self-

---

26 Perlitt, Bundestheologie, 72, Anm. 3, zu Gen 15 gegen Lohfink, Landverheißung: »So leistet er die Sisyphusarbeit, den Text […] ins 10. Jh. hinaufzuwälzen, aber die lockeren Steine rollen immer wieder herunter«.

27 K. Schmid, Erzväter, 63 f., spricht in seiner eigenen architektonischen Metaphorik von Gen 15 als dem »herausragendsten Brückentext in Gen, der der Verbindung von Gen und Ex(ff) dient«.

28 K. Schmid, Erzväter, 186, resümiert: Gen 15 »ist jünger als ›P‹«, wobei »P« die letzte verbliebene, damit zugleich älteste und jüngste »Pentateuchquelle« bezeichnet.

29 Römer, Dogma, 47; ders., tensions, 117. Der Diskutierbarkeit völlig entziehen sich Modelle wie das von Christoph Levin, der nicht nur Gen 15 im Ganzen unter »nachendredaktionelle Ergänzungen« einordnet, sondern auch noch in mindestens 4 Redaktionsschichten aufteilt, so dass die einzelnen Elemente von Gen 15,13–16 erst im Rahmen einer 3., 4. oder 5. »nachendredaktionellen« (!) Erweiterung an ihren Ort zu stehen kommen (Levin, Jahwist, 151).

30 Ha, Genesis 15; Römer, Dogma; ders., tensions; Schmid, Erzväter.

31 Ha, Genesis 15, referiert zwischen S. 30 und 31 insgesamt 21 Entwürfe. Köckert, Vätergott, 325–327, referiert über Ha hinaus u.a. das Modell von Lux, Väterverheißungen.

identification« (V. 1.7), »Abraham's request for a sign« (V. 2 f. 8), »Dispelling of Foreign Element« (V. 4a. 11), »YHWH's verbal confirmation of promise« (V. 4b. 13–16), »YHWH's action serving as visual sign« (V. 5bα. 17) und schließlich »YHWH's Promise specifying the ›great reward‹« (V. 5ab. 18–21).[32]

An der strukturellen Einheitlichkeit von Gen 15,1–21 besteht nach der Arbeit von Ha kein Zweifel mehr, wenn auch die Auffassung, das Kapitel sei im Ganzen das Werk eines einzigen Autors,[33] etwas zu weit gehen dürfte.[34] Im zweiten, eigentlichen Hauptteil untersucht Ha den literarischen Horizont, den das Kapitel Gen 15 als Ganzes überblickt. Diesen fasst er in einer Überschrift wie folgt zusammen: »Gen. 15 knew the Pentateuch almost in its final form«.[35] »Beinahe die Endgestalt« heißt bei ihm zweierlei: Der Pentateuch in allen seinen Themen, und in allen seinen Schichten.[36] »Beinahe die Endgestalt« schließt nach Ha ausdrücklich auch die »Priesterschrift« mit ein, es schließt nach Ha lediglich einzelne, noch jüngere Traditionen aus, wozu etwa Gen 14 gehöre.[37] Dagegen wird hier gezeigt werden, dass weder Gen 17 (konventionell: »P«) noch dessen spezifisch geprägtes Vokabular oder dessen spezifische Thematik in Gen 15 oder in einem seiner Teile verarbeitet oder auch nur vorausgesetzt wird. Umgekehrt lässt sich jedoch zeigen, dass Gen 15 in Gen 17 sowohl vorausgesetzt als auch verarbeitet wird.

Der festzuhaltende Erkenntnisgewinn der Studie von John Ha betrifft demnach negativ das Konstatieren des Scheiterns der traditionellen Urkundenhypothese an diesem Kapitel, und positiv den Nachweis der strukturellen Einheitlichkeit, unter Einschluss der Verse 13–16, und des kompendienartigen

---

32 Ha, Genesis 15, 61. Parallelen im Aufbau der beiden Szenen sind auch schon vorher gesehen worden, und etwa von Kaiser, Untersuchung, 118, diachron im Sinne der Abhängigkeit der ersten Szene (V. 1–6) von V. 7–21* gedeutet worden.

33 Ha, Genesis 15, 215: »the work of one single author«.

34 Dass es unabweisbare Bearbeitungsspuren, namentlich am Anfang und am Schluss des Kapitels, in V. 1–3 und 20, gibt, die auf die Einfügung von Gen 14 bzw. die Endkomposition der Genesis zurückgehen, und diese durchaus auch eine längere literarische Vorgeschichte des Kapitels annehmen lassen, ist teilweise bereits oben, S. 65 ff., gezeigt worden. Ähnliches gilt für die in Gen 15 kaum ursprüngliche Namensform »Abram«.

35 Ha, Genesis 15, 93.

36 Die grundsätzliche Problematik der Studie von John Ha, aber auch zahlreicher vergleichbarer Arbeiten, besteht darin, dass sie diachrone und synchrone Fragestellungen vermischt:
1. Zunächst wird das Scheitern der klassischen Quellenscheidung konstatiert.
2. Daraufhin soll die literarkritische Ausgrenzung »problematischer« Verse und Versteile möglichst vermieden werden. Es besteht gleichzeitig, unter Einfluss der synchronen Fragestellung, eine neue Offenheit für Querbezüge, die über die traditionellen »Urkunden« hinausgehen.
3. Wenn dennoch die diachrone Fragestellung beibehalten wird, muss das ganze untersuchte Kapitel, um die Bezüge als in diesem Kapitel bewusst intendiert fruchtbar machen zu können, »sehr spät« eingeordnet werden, und zwar um so später, je jünger die eruierten Bezugstexte angesetzt werden.
In ähnlicher Weise problematisch erscheint etwa die Arbeit von Steins, Bindung. Vgl. dazu jetzt die methodisch fundierte Kritik von Bernd Willmes, Wissenschaft.

37 Ha, Genesis 15, 202–204. Diese Einschätzung konnte im ersten Teil der vorliegenden Arbeit bestätigt werden.

Charakters des ganzen Kapitels, zu dem die Verse 13–16 als elementarer Bestandteil gehören.

Doch hat Ha den Horizont dieses Geschichtskompendiums einerseits zu weit, andererseits zu eng gespannt: Zu weit deshalb, da der Text von Gen 15 nicht erkennen lässt, dass die sog. »priesterlichen« Bestandteile des Pentateuch bereits vorausgesetzt wären.[38] Zu eng, weil der in Gen 15 gespannte Horizont gegen Ha nicht an der Grenze des kanonischen Pentateuch, der »Schwelle Kanaans[39]« endet,[40] sondern darüber hinaus bis zur Landnahme weist, und man dann eher von einem »hexateuchischen« Horizont reden müsste.

Konrad Schmid schließt sich Ha in der Frage der literarischen Integrität von Gen 15 sowie der »nachpriesterlichen« Einordnung an.[41] Er gibt seinerseits die »fundamentale Unterscheidung« zu bedenken, »daß zwischen Gen und Ex(ff) keine ursprüngliche Erzählabfolge vorliegt, sondern daß Gen und Ex(ff) zwei vormals selbständige Ursprungstraditionen Israels gewesen sind, die erst in der frühen Perserzeit zu dem bekannten hexateuchischen Geschichtsentwurf des Ablaufs von den Erzvätern über den Exodus und die Wüstenwanderung bis zur Landnahme und der daran anschließenden Richter- und Königszeit zusammengeschlossen worden sind«.[42]

Der festzuhaltende Erkenntnisgewinn seiner Studie besteht deshalb in dem traditionsgeschichtlichen Nachweis, dass Erzväter- und Exodusgeschichte bis in die nachexilische Zeit hinein literarisch unverbunden nebeneinander existierten, ja noch in der Wirkungsgeschichte weithin als konkurrierende Ursprungstraditionen empfunden worden sind, und dass Gen 15 einen entscheidenden Meilenstein in den komplexen Vorgängen im Zusammenhang der literarischen Vereinigung von Erzväter- und Mose-Exodus-Geschichte darstellt, ja die Funktion eines »Brückentextes« innehat.

Die grundsätzliche Problematik der Arbeit von Konrad Schmid besteht jedoch im konventionellen Festhalten an »P«[43] als Quelle.[44] Mit dem Satz, »›P‹ hat also als die ›Erfinderin‹ der Abfolge von Erzvätern und Exodus zu gelten«,[45] und der Zusammenfassung der Einfügung von Gen 15 etc. und »P« in einem einzigen

---

38 So fragt zu Recht Soggin, Genesis, 256. Unten, S. 175 ff., wird darauf noch ausführlich einzugehen sein.

39 Mit der Bezeichnung des Landes Israels als »Kanaan« wählt Ha, wahrscheinlich unbewusst, die im kanonischen Pentateuch wichtigste Landesbezeichnung, die als Globalbezeichnung gerade mit Gen 15 in Spannung steht, wo die »Kanaaniter« lediglich eines der vielen Völker der Vorbewohner darstellen.

40 Ha, Genesis 15, 169–184 (»On the Threshold of Canaan«).

41 Anders als Ha nimmt K. Schmid aber an, dass Gen 15 auch Gen 14, das beide für »nachpriesterlich« halten, bereits im Kontext voraussetze (Erzväter, 176 f.).

42 K. Schmid, Erzväter, 373. Blum, Verbindung, 122, Anm. 16, nennt einige frühere Vertreter dieser These.

43 Auch bei Schmid in Anführungszeichen.

44 K. Schmid, Erzväter, 54.372.

45 K. Schmid, Erzväter, 255.

redaktionellen Vorgang beraubt Schmid Gen 15 seiner von ihm selbst herausgearbeiteten Funktion als »Brückentext« und »tragende literarische Verbindung«[46] zwischen Erzvätern und Exodus. Hätte er es unternommen, die Funktion solcher »P«-Stücke wie Gen 17 oder Ex 6 für den endkompositionellen Zusammenhang von Genesis und Exodus, mithin in ihrem einzig empirisch gegebenen Kontext zu untersuchen, wäre er zu differenzierteren Resultaten gekommen.[47] Überdies weist Blum zu Recht darauf hin, dass die »konzeptionelle (›geschichtliche‹) Zuordnung« von Erzeltern- und Exodusüberlieferung schon lange vor ihrer literarischen Verbindung festgestanden hat.[48] Von einer »Erfindung« dieser Abfolge kann somit auch in Gen 15 nicht die Rede sein.

Gen 15 als Edelstein: »vorpriesterlich« und strukturell einheitlich

In der vorliegenden Arbeit wird nun die These vertreten, dass Gen 15 strukturell einheitlich,[49] und dennoch »vorpriesterlich« einzuordnen ist.[50] Gen 15 lässt sich, weil von Anfang an bewusst literarisch konzipiert, nicht als »Urgestein« der Überlieferung verstehen. Ohne Zweifel ist das Kapitel ein zentraler, vielleicht der wich-

---

46 K. Schmid, Erzväter, 171 u. ö.

47 Thomas Römer etwa, auf den sich Konrad Schmid wesentlich stützt, sieht die enge Bezogenheit von Gen 17, das Römer im Gegensatz zu Schmid als redaktionelle Bildung versteht, auf seinen »nichtpriesterlichen« Kontext in Gen 16 und 18 gerade als einen entscheidenden Unterschied zu Gen 15 an (Römer, Dogma, 39).

48 Blum, Verbindung, 122.

49 Die Bezeichnung »strukturelle Einheitlichkeit« wird gewählt, um die sich ausschließenden Alternativen literarischer Einheitlichkeit oder Uneinheitlichkeit zu vermeiden. Bereits die Hypothese, dass »Gen 15« einer Vorstufe des Pentateuch angehört hat, impliziert, dass es mehreren redaktionellen Vorgängen unterworfen war, etwa im Zusammenhang der Einpassung von Gen 14 in den Kontext sowie der endkompositionellen Systematisierung der Genesis. »Strukturelle Einheitlichkeit« soll besagen, dass die Struktur des Kapitels einheitlich konzipiert und im kanonischen Text unverändert erhalten ist. Wortlaut und Umfang der Urfassung, also der Grundschicht von Gen 15, könnten bis zum Endtext aber noch in ähnlichem Maße verändert worden sein wie im Falle von Gen 14.

50 Auch wenn im vorigen Abschnitt von einem starken Trend zur »nachpriesterlichen« Einordnung die Rede war, vertritt immer noch eine große Zahl von Exegeten die »vorpriesterliche« Einordnung wenigstens des Großteils von Gen 15. Trotz Bekanntschaft mit den Thesen von Ha bzw. Römer ordnen etwa Carr, Fractures, 163–167.339 (»Revisions of Non-P«) und Van Seters, Pentateuch, 125 (»Yahwist«) das ganze Kapitel »nachdeuteronomistisch«, aber »vorpriesterlich« ein. Noort, »Land«, Gertz, Abraham; Blum, Verbindung; Seebass, Genesis II/1 sowie Ruppert, Genesis II, vertreten in Auseinandersetzung mit den Thesen von Ha, Römer und Schmid eine ähnliche relativchronologische Einordnung für den Großteil des Kapitels (in der Regel ohne V. 13–16). Zenger, der die These K. Schmids referiert (⁴Einleitung, 118) und selbst Elemente der Fragmentenhypothese in sein Modell aufnimmt, rechnet dennoch Gen 15,1–18* seinem vorexilischen »Jerusalemer Geschichtswerk« zu (a. a. O., 169 f.).
Last not least sollte auch auf das 1997 (!) geäußerte Statement von Hans Joachim Stoebe hingewiesen werden, der von der ganzen Diskussion kein Wort erwähnt, aber mit einem berechtigten Hinweis auf die Grenzen der Literarkritik (Gegenwart, 140 mit Anm. 45), zu Gen 15 feststellt: »Einmütigkeit besteht in der Zuweisung dieses Kapitels an den Jahwisten.« (A. a. O. 138.)

tigste Landverheißungstext im Pentateuch. Doch als endredaktioneller Schluss-Stein des kanonischen Pentateuch oder der Abra(ha)mgeschichte kann Gen 15 nicht gesehen werden, wenn nicht nachgewiesen ist, dass Gen 15 dasjenige Drittel des Pentateuch voraussetzt, welches die »priesterlichen« Schichten ausmachen.

Die Frage nach »vor-« oder »nachpriesterlicher« Einordnung ist im Falle von Gen 15 dadurch belastet, dass Thomas Römer die vorpriesterliche Einordnung von Gen 15, bis in die 80-er Jahre des vergangenen Jahrhunderts noch weitgehend Konsens,[51] als »Dogma der ›neueren‹ und ›neuesten‹ Pentateuchkritik« angeprangert hat.[52] Eine derartige Qualifikation der vielfach und gut begründeten Auffassung, dass Gen 17 gegenüber Gen 15 sekundär sei,[53] macht es unmöglich, einfach auf die alten Argumente zu verweisen, die auf den inzwischen weggebrochenen Boden der Urkundenhypothese aufbauten.[54]

Wie der obige Überblick angedeutet hat, hängt die nun mehrfach prominent vorgetragene Infragestellung[55] dieses »Dogmas« mit der Erkenntnis der strukturellen Einheitlichkeit von Gen 15 zusammen. Der »springende Punkt« liegt darum, wie Römer ganz richtig sieht, in den Versen 13–16.[56] Ha, Schmid und andere haben gezeigt, dass diese Verse literarkritisch nicht vom Rest des Kapitels zu trennen sind. Römer kritisiert zu Recht Erhard Blum[57], stellvertretend für viele andere, der diese Verse letztlich deshalb für sekundär halte, um das »Axiom einer ›vorpriesterlichen‹ Datierung dieses Kapitels«[58] zu retten. Römer fasst zusammen: »Das störende Element an den Versen 13–16 ist, daß sie augenscheinlich später als die ›P‹-Texte des Pentateuch anzusetzen sind«.[59] Das störende Element in der Argumentation von Thomas Römer ist allerdings die Diagnose »augenscheinlich später«. Hier scheinen einige axiomatische Behauptungen, welche den Untergang der »Dogmen« der »neueren« und »neuesten« Urkundenhypothese überlebt haben, auf Grund bloßen Augenscheins übernommen worden zu sein, um darauf allzu weit-

---

51 An der »vorpriesterlichen« Einordnung des größten Teils von Gen 15 und der literarischen Uneinheitlichkeit des Kapitels, hält nach wie vor eine große Zahl von Exegeten fest, so W.H.Schmidt, Einführung, 88f. (»E«); Kaiser, Grundriß I, 63 (»J«, deuteronomistisch überarbeitet); Blenkinsopp, Pentateuch, 122–124 (»D«). Vgl. vor allem auch die oben, Anm.50 (S.173) aufgeführten Arbeiten.

52 Römer, Dogma.

53 Es erübrigt sich ein Einzelnachweis, da faktisch alle Kommentare des 20. Jahrhunderts, die überhaupt eine diachrone Schichtung anerkennen, in dieser Frage übereinstimmen.

54 Dennoch steht die hier vertretene Auffassung nicht allein. Paradigmatisch kann auf die soeben erschienene Arbeit von Raik Heckl zu den Einleitungskapiteln des Deuteronomiums verwiesen werden. Danach setzt »der vorpriesterliche Text Dtn 1–3 eine literarische Verbindung von Genesis, Exodus und Numeri voraus«, die deshalb »vor-endredaktionell und vorpriester(schrift)lich« sein müsse (Heckl, Vermächtnis, 461), und zu der nicht zuletzt Gen 15 gehört habe (a.a.O., 385).

55 Ha, Genesis 15; Römer, Dogma; ders., Tensions; Schmid, Erzväter. Unentschieden sind u.a. Kaiser, Grundriß I, 63; Soggin, Genesis und neuerdings auch Blum, Verbindung.

56 Römer, Dogma, 37.

57 Blum, Vätergeschichte. Anders jetzt ders., Verbindung, 143.

58 So Römer, Dogma, 38.

59 Römer, Dogma, 37.

reichende Folgerungen zu stützen. Mit diesen regelmäßig wiederholten Axiomen,[60] welche nicht nur die Abhängigkeit von Gen 15,13–16 oder des ganzen Kapitels von »P«, sondern nicht weniger als die Existenz einer »nachpriesterlichen« Endredaktion überhaupt belegen sollen,[61] muss nun die Auseinandersetzung geführt werden.

2.2. Sprachliche Argumente für die Abhängigkeit von »P«?

Es werden sowohl inhaltliche als auch sprachliche Argumente für die angebliche Abhängigkeit von »P« ins Spiel gebracht. Bei näherer Betrachtung zeigt sich, dass einige dieser Argumente angesichts einer relativen Spätdatierung der »vorpriesterlichen« Vätergeschichte überhaupt hinfällig sind. Wenn die fraglichen Schichten nicht 400–500 Jahre auseinanderliegen, sondern 50–100 Jahre, kann man aus dem bloßen Vorkommen der gleichen Vokabel in einem vergleichbaren Zusammenhang keine literarische Abhängigkeit erschließen; und selbst wenn eine solche vorliegt, gibt es prinzipiell immer zwei mögliche Richtungen derselben. Zudem darf nicht in Vergessenheit geraten, dass »P« keine seiner Lieblingsvokabeln erst erfunden, sondern diese vielmehr aus der Tradition übernommen, dann aber oft spezifisch geprägt hat.

רְכֻשׁ (V. 14)

Eine der in diesem Zusammenhang angeführten Vokabeln ist רְכֻשׁ (V. 14), von Konrad Schmid als einer der »typische[n] ›P‹-Ausdrücke« bezeichnet.[62] Die spezifische Prägung von רכושׁ in der Gen-17-Schicht ist die figura etymologica mit dem Verb רכשׁ (Gen 12,5; 31,18; 36,6f., vgl. 13,6[63]; 46,6). Das *Verb* רכשׁ findet sich im ganzen Alten Testament nur 5x, und zwar ausschließlich in den genannten Texten

---

60 Römer, Dogma, 37, nennt in Anm. 43 folgende Axiome: V. 13 setze Ex 12,40 voraus, V. 15 Gen 25,8, V. 16 Ex 6,16ff.; auch V. 14b müsse diverse nachpriesterliche Texte kennen. A. a. O., 37, Anm. 44 nennt er die Erwähnung von »Ur Kasdim« in V. 7. Last not least begegnet a. a. O., 42f. das folgenschwere Dogma, V. 9 setze die »priesterliche (Opfer-)Gesetzgebung« voraus.

61 In der aktuellen Diskussion spielen bei fast allen Modellen einer »nachpriesterlichen« Endredaktion (Gertz, Otto, Römer, K. Schmid, H.-Chr. Schmitt) Gen 15 oder Teile davon eine tragende Rolle, so dass der Eindruck eines sich abzeichnenden Konsenses entstehen könnte. Doch stünde dieser schon deshalb auf brüchigem Boden, da über das literarische Verhältnis etwa von Gen 15 zu Ex 3 und 4, die ebenfalls eine große Rolle in der Debatte spielen, keinerlei Einhelligkeit herrscht. Da jeder unter seiner »nachpriesterlichen« Endredaktion etwas anderes versteht, sollten auch die zirkulären Argumentationen unterbleiben, der oder jener hätte diesen oder jenen Text als »nachpriesterlich« erwiesen. Verfolgt man dann die Argumentationskette, gelangt man nicht selten wieder zu Gen 15 zurück

62 K. Schmid, Erzväter, 181.

63 Nur hier ohne das Verb, dafür in exakter Parallele zu Gen 36,7.

der Gen-17-Schicht: Gen 12,5; 31,18 (*bis*); 36,6 und 46,6.[64] Dieses Verb, das in der Tat typisch endkompositionell ist, steht aber nicht in Gen 15,14.

Hier steht das *Nomen* רְכֻשׁ, welches 28x in der hebräischen Bibel vorkommt,[65] vorwiegend in jüngeren Texten.[66] In den spätesten Texten (Dan 11) kann רכוש im Zusammenhang eines Kriegszuges synonym für רֶכֶשׁ (»Kavallerie«, 1 Kön 5,8) stehen.[67] In Gen 15,14 bezeichnet רְכֻשׁ dagegen, wie an den übrigen Stellen im Pentateuch, in erster Linie die Kleinviehherden, in zweiter Linie, davon abgeleitet, die ganze bewegliche Habe. In dieser Bedeutung ist der Begriff schichtübergreifend typisch für die Abra(ha)mgeschichte, auf die mehr als ein Viertel aller biblischen Belege dieser Vokabel entfällt. Die Endkompositionsschicht hat also das Nomen zur Bezeichnung des Besitzes der Väter[68] aus dem traditionellen Kontext (Gen 14f.) übernommen und durch die Neuprägung der *figura etymologica* zur Grundlage der die endkompositionelle Erzelterngeschichte gliedernden Aufbruchsnotizen[69] gemacht.[70] Dass auch das Motiv der Bereicherung im Exodus, worauf Gen 15,14b anspielt,[71] mitnichten erst »nachpriesterlich«[72] ist, sondern »zum ältesten Bestand der nichtpriesterschriftlichen Exoduserzählung gehört«, hat kürzlich erst wieder Jan Christian Gertz deutlich gemacht.[73]

Darauf, welche Belege innerhalb der Abra(ha)mgeschichte die älteren sind, weist im Übrigen die im Masoretischen Text konservierte Orthographie: In sämtlichen Belegen außerhalb des Pentateuch, d.h. in 1–2Chr, Esr und Dan, wird das Nomen, in allen Formen, *plene* geschrieben. Dasselbe gilt aber auch für die endkompositionellen Belege Gen 12,5; 13,6; 36,7 und 46,6 (sowie Num 16,32). Dagegen wird in allen Belegen in Gen 14 und 15 רְכֻשׁ defektiv geschrieben.[74] Während die LXX die defektive Schreibweise in Gen 14 indirekt bestätigt,[75]

---

64 Vgl. zur kompositorischen Funktion dieser »Aufbruchsnotizen« Blum, Vätergeschichte, 332 (tabellarische Übersicht) und 441.

65 Gen 12,5; 13,6; 14,11.12.16(bis).21; 15,14; 31,18; 36,7; 46,6; Num 16,32; 35,3; 1Chr 27,31; 28,1; 2Chr 20,25; 21,14.17; 31,3; 32,29; 35,7; Esr 1,4.6; 8,21; 10,8; Dan 11,13.24.28.

66 Die nächste sprachliche Parallele zu Gen 15,14 findet sich gar erst Dan 11,28 – nur dort findet sich noch die Verbindung ברכוש גדול (im Unterschied zu Gen 15,14 plene), weswegen nach Hagelia, Numbering, 129, Dan 11,28 speziell auf Gen 15,14 anspielt.

67 Vgl. die LXX in Gen 14, s.u. Anm.75 (S.176).

68 Sowohl Abrams (Gen 14) als auch der Väter des Exodus (Gen 15).

69 Gen 12,5; (13,6;) 31,18; 36,6f.; 46,6.

70 So auch die Argumentation von Carr, Fractures, 164, Anm. 32.

71 Ex 3,21f.; 11,2f.; 12,35f.

72 So Römer, Dogma, 37, Anm. 43.

73 Gertz, Abraham, 68, Anm. 20. Vgl. ders., Tradition, 303f. Dennoch hält Gertz, Abraham, 67f., im Gegensatz zu Römer, Dogma, 37, Anm. 43, die Verwendung der Vokabel »רכוש« (bei Gertz plene) in V.14 für ein sicheres Indiz »nachpriesterschriftlicher« Herkunft.

74 Ebenso Gen 31,18; Num 35,3.

75 Durch die Übersetzung in Gen 14,11.16.21 mit ἵππος, was nur durch eine Verwechslung mit רֶכֶשׁ erklärbar ist. Auch die Vorlage von Esdr α 2,4.6LXX (ἵπποι) dürfte noch defektiv (רכש) gewesen sein, während Esdr β 1,4.6LXX (ἀποσκευή) bereits, wie im MT Esr 1,4.6, eindeutiges ברכוש(י) vorgefunden hat.

schreiben die samaritanischen Handschriften auch Gen 14,11.12. 16.20 und 15,14 רכוש durchgängig[76] *plene*. Deutlicher kann sich die relative Chronologie der Redaktionsgeschichte der Genesis nicht orthographisch niederschlagen.[77]

שיבה טובה (V. 15)

Der zweite und letzte der von Schmid[78] angeführten »typische[n] ›P‹-Ausdrücke« ist das Begräbnis »im guten Alter«, בשיבה טובה (V. 15).[79] Dass die bloße Aussage, dass Abra(ha)m begraben werden wird, keine literarische Abhängigkeit von einem bestimmten Begräbnisbericht zu begründen vermag, sollte selbstverständlich sein. Das Begrabenwerden gehört notwendig zur Ankündigung eines friedlichen Endes.[80] Statt von einem »typischen ›P‹-Ausdruck« zu reden, dürfte man aufgrund der vier biblischen Belege, in Gen 15,15; 25,8; Ri 8,32 und 1 Chr 29,28 sagen, der Ausdruck sei typisch für Abra(ha)m, unterscheide ihn von Isaak und Jakob, verbinde ihn aber mit Gideon und David.[81]

Die Zuweisung von Gen 25,8 an »P« setzt notwendig voraus, dass eine »vorpriesterliche« Notiz vom Tode Abrahams verdrängt worden ist.[82] Im kompositionsgeschichtlichen Modell ist es kein Problem, sich vorzustellen, dass die Endkompositionsschicht die traditionell für Abra(ha)ms Tod verwendete Bezeichnung in seine Todesnotiz übernommen hat; auch die Hypothese einer selbständigen »Priesterschrift« setzt ja die Abhängigkeit der »Priesterschrift« von »JE« voraus. »Typisch ›P‹« ist die Formulierung von Gen 25,8 nun gerade mit Ausnahme der beiden Wörter בשיבה טובה; alle anderen finden sich genauso bei der ganz ähnlich gestalteten Todesnotiz Isaaks, wo sich ebenfalls ein zusätzliches Wort findet:

---

76 Nur in Gen 14,12 belegt eine einzige der von von Gall kollationierten samaritanischen Handschriften die Defektivschreibung.

77 Vgl. bereits König, Genesis, 477, Anm. 1.

78 K. Schmid, Erzväter, 181.

79 Vgl. zu den verschiedenen Ausdrucksformen für das Alter im Alten Testament und deren Bewertung A. Meinhold, Greisenalter, 99–108.

80 Siehe unten S. 210.

81 Die Davidgeschichte der Samuelbücher scheint von Abra(ha)m nichts zu wissen, obwohl zahlreiche Berührungen zwischen David- und Abrahamtradition existieren (Clements, Abraham). Die Abra(ha)mgeschichte der Genesis ist dagegen voller Anspielungen auf die Davidgeschichte (Dietrich, Typologie). Die Chronik bindet schließlich die Davidgeschichte an Abraham zurück: Vor der Nathansverheißung 1 Chr 17//2 Sam 7 erinnert David selbst an die ewige Abraham-ברית (1 Chr 16,15–22//Ps 105,8–15).
Dass die Sterbenotiz Davids erst in der Chronik (1 Chr 29,28 vs. 1 Kön 2,10) terminologisch an diejenige Abrahams (und Isaaks) in der Genesis assimiliert wird, hat seine Parallele in der terminologischen Angleichung des Landerwerbs Davids (1 Chr 21,22–25 vs. 2 Sam 24,21–24) an den Landerwerb Abrahams Gen 23,8–20 (Zakovitch, Assimilation, 180).

82 Kilian, Abrahamsüberlieferungen, 283.

Gen 25,8 f. (Abraham):

ויגוע וימת אברהם בשיבה טובה זקן ושבע ויאסף אל־עמיו: ויקברו אתו יצחק וישמעאל בניו

Gen 35,29 (Isaak):

ויגוע - - - יצחק

- - - וימת - - - - - - - - - - - - - - - - ויאסף אל־עמיו

- - - זקן ושבע ימים - - - - - - - ויקברו אתו עשו ויעקב - בניו:

Demnach ist בשיבה טובה innerhalb eines typischen Gen-17-Schicht-Zusammen-hangs der einzige nicht schichtspezifische Ausdruck. Wenn mit dem Ausdruck ein hohes Lebensalter gemeint ist, dann macht die Angabe in einer postulierten selb-ständigen »P« auch keinen Sinn: Abraham wird nach den Zahlen von Gen 11 noch von seinen Urahnen Schem und Eber überlebt.[83] Vor allem: Selbst Isaak überbietet mit seinen 180 Jahren (Gen 35,28) die 175 Jahre Abrahams (Gen 25,7), weshalb die Sattheit an *Tagen* (שבע ימים)[84] auch nur von jenem ausgesagt wird.[85] Auch von den sonstigen Vorkommen des Ausdrucks her legt sich die Verbindung mit Jahres-zahlen kaum nahe.[86] Wenn er nicht nur von שיבה her als »hohes Alter«, sondern auch von טובה her als »gutes, friedliches Alter« interpretiert wird, steht er synonym für »in Frieden«. Weder von Gideon Ri 8,32 noch von David 1 Chr 29,28 werden die Lebensjahre genannt; in beiden Fällen bedeutet aber ihr Tod »in gutem Alter«, dass sie in einer friedlichen Periode sterben durften. Gen 15,15 könnte sich in der Formulierung auf die ursprüngliche Todesnotiz bezogen haben; doch macht die Bezeichnung »in gutem Alter«, synonym zu »in Frieden«, auch intern Sinn[87]. Die Gen-17-Schicht dagegen hat diesen vorendkompositionellen Ausdruck wohl nicht zuletzt wegen des Vorverweises in Gen 15,15 auch in Gen 25,8, als Erfüllungsver-merk, stehengelassen, als Spezifikum des Todes Abrahams.

Die Selbstvorstellung JHWHS *in V. 7*

Die Selbstvorstellung in V. 7 erinnert an die Präambel des Dekalogs in Ex 20,2 und Dt 5,6.[88] Das Stichwort עבד, welches in der Dekalogpräambel den Auszugsort cha-

---

83 So jedenfalls nach der im Masoretischen Text überlieferten Chronologie, s.u. S. 347 ff. Aber auch nach LXX und SP blieb Abrahams Lebensalter weit hinter den Lebensaltern seiner Väter zurück.

84 Sonst von Hiob (Hi 42,17), sowie in der Chronik von David (1 Chr 23,1; 29,28) und Jehojada (2 Chr 24,15) ausgesagt.

85 LXX und SP ergänzen zwar in Assimilation an Gen 35,29 auch bei Abraham in 25,9 die Sattheit »an Tagen«, der MT verdient jedoch als *lectio brevior* den Vorzug.
   Auch im Jubiläenbuch wird Abraham ausdrücklich das »Sattsein an Tagen« zugebilligt (Jub 22,7 sowie 23,8). Dafür wird Isaak im Jubiläenbuch auch nicht 180, sondern »nur« 175 Jahre alt, wenn man Jub 16,15 und Jub 36,1 zusammennimmt. Zum Alter Abrahams im Jubiläenbuch siehe unten Anm. 504 (S. 262), aber auch Anm. 406 (S. 355).

86 Vgl. aber A. Meinhold, Greisenalter, 110, der aus 1 Chr 29,27 f. in Verbindung mit 2 Sam 5,4 schließt, dass bereits 70 Jahre ein »gutes Greisenalter« (שיבה טובה) sind. Auch dies erhöht nicht die Wahrscheinlichkeit, eine »nachpriesterliche« Weissagung für den nach der »priesterlichen« Chronologie in Gen 15 bereits 75–85-jährigen Abram hätte diese Ausdrucksweise gewählt.

87 Siehe unten S. 209 ff.

88 So etwa Kaiser, Untersuchung, 119.

rakterisiert, fehlt in der Anspielung Gen 15,7, und verweist den Leser darauf, dass die Knechtschaft in Ägypten erst noch bevorsteht (Gen 15,13). Die sprachlich nächste Parallele zu Gen 15,7 findet sich aber in Lev 25,38,[89] was als Argument für die »nachpriesterliche« Einordnung von Gen 15 angeführt wird.[90] Grundsätzlich ist auch hier sowohl mit beiden Richtungen der Abhängigkeit als auch mit der Möglichkeit zufälliger Übereinstimmung zu rechnen. Sachlich bietet Lev 25,38 eine Zusammenfassung »deuteronomistischen« und »priesterlichen« Ideengutes mit einigen typischen Gen-17-Schicht-Formulierungen (die »halbe Bundesformel«; »Land Kanaans«). Gerade letztere fehlen aber in Gen 15,7, ebenso eine Bezugnahme auf den spezifischen Kontext von Lev 25. Die Selbstvorstellung in Gen 15,7 klingt dagegen in der typisch deuteronomistischen Wendung נתן לרשתה aus,[91] die wiederum in Lev 25,38 fehlt. Eine literarische Abhängigkeit ist demnach nur für Lev 25,38 begründbar,[92] in Gen 15,7 könnte allenfalls die Form אני auf sprachliche Assimilation im Rahmen der Endkomposition zurückgehen.[93] Für die Erklärung der vier Elemente von Vers 7[94] – die Selbstvorstellung Jhwhs, die

---

89 Nach אני יהוה אלהיכם אשר־הוצאתי אתכם מארץ מצרים לתת לכם את־ארץ כנען להיות לכם לאלהים:
    Westermann, BK I/2, 266. »handelt es sich um eine feste Wendung, die die Herausführung aus Ägypten vergegenwärtigt« und »in Gen 15,7 zum Herausführen Abrahams aus Ur-Kasdim abgewandelt« ist. Für eine »feste Wendung« gibt es allerdings zu wenige Belege!

90 Ha, Genesis 15, 100f., K. Schmid, Erzväter, 182.

91 Westermann, BK II/1, 266. Zu ירש im Deuteronomium vgl. Römer, Väter, 36–42.

92 Es darf nicht verwundern, wenn in Lev 25, wo es um Regelungen für die Zeit dauerhaften Landbesitzes geht, dessen theologische Qualität in Gen 15 eindrücklich beschworen wird, auf eben diesen Basistext angespielt wird. Dass in Lev 25 nicht »dieses Land« steht, erklärt sich ebenso ungezwungen aus dem Kontext, wie dass der finale Finalsatz »um es in Besitz zu nehmen« ersetzt wird durch »um euer Gott zu sein«: Für den Umgang mit dem Reichtum, der aus dem Landbesitz erwächst (für den in Lev 25 die Vokabel ירש mit Fleiß vermieden wird), gilt es, jeden Volksgenossen als Partner des Gottesbundes anzusehen. Wem die Gottseinszusage Jhwhs gilt, von dem darf sein Bruder, der von demselben Gott sein Land erhalten hat, keine Zinsen nehmen (Lev 25,35–37), und den darf sein Bruder, der von demselben Gott aus Ägypten geführt wurde, nicht versklaven (Lev 25,39–43). Beides wird mit dem Gebot der Gottesfurcht begründet (Lev 25,36.43).
    Umgekehrt nennt K. Schmid, Erzväter, 182, keinen inhaltlichen Grund, *warum* in Gen 15,7 eine »Anleihe aus« oder »Berücksichtigung von Lev 25,38« vorliegen sollte, bei welcher unter anderem die finale Gottseinszusage gestrichen worden wäre.

93 Die Form אני יהוה verbindet Gen 15,7 mit den »priesterlichen« Belegen vom Exodusbuch an, während in der Dekalogpräambel אנכי יהוה steht. Von Gen 15,1 aus (אנכי מגן לך), vgl. auch die übrigen »nichtpriesterlichen« Selbstvorstellungen 26,24; 28,13; 31,13; 46,3, jeweils mit (אנכי) wäre denkbar, dass vorendkompositionell Gen 15,7 אנכי יהוה gestanden hätte. Die Endkompositionsschicht hätte dann mit der sprachlichen Assimilation zu אני den Vorverweis auf makrostrukturell exponierte Stellen wie Ex 6,2–8; Lev 26,45 u.a. unterstrichen, vgl. unten S. 330. Ebenso ist zu erwägen, ob die in Lev 25,38 erfolgende Verbindung der Gottseinsverheißung mit der Gabe des Landes Kanaans nicht endkompositionell an Ex 6,4–7 (und Gen 17,8) angeglichen sein könnte. Ex 6,8 wiederum nominalisiert מורשה das bereits Gen 28,4 (»P«) aufgenommene לרשתה von Gen 15,7. In jedem Falle führen die Linien an der »Textoberfläche« zu Ex 6.

94 Zur synchronen Erklärung der vier Elemente innerhalb von Gen 15 siehe unten S. 238. Sollte Lev 25,38 mit seinen vier Teilsätzen auf Gen 15 anspielen, dann würde, ähnlich Gen 17 und Ex 6, die Gottseinszusage zur wichtigsten Qualifikation der vierten Geschichtsperiode.

Erwähnung der Herausführung, der Verweis auf Abram selbst und die Zusage des Landbesitzes – hilft ein Verweis auf Lev 25,38 nicht weiter.

ברית *(V. 18)*

Dass ברית im Zusammenhang einer göttlichen Zusage an Abra(ha)m sonst in der Genesis nur in »P«-Texten (nämlich in Gen 17) vorkommt, ist richtig. Traditionell ging man dennoch davon aus, dass die Erwähnung in Gen 15,18 die primäre ist. Da man sich hier in einem Zirkel bewegt, muss diese Frage logischerweise zunächst zurückstehen. Nur eines soll schon an dieser Stelle erwähnt werden: כרת ברית steht bereits im »vorpriesterlichen« Pentateuch für das am Sinai/Horeb bzw. in Moab konstituierte besondere Verhältnis zwischen Gott und dem Volk Israel, aus Sicht der Späteren also mit ihren Vätern. Dennoch ist der Ausdruck keineswegs nur *terminus technicus* des »Sinaibundes«[95], sondern steht bereits in der »nicht-priesterlichen« Genesis mehrfach im Zusammenhang der Regelung von Land-besitzverhältnissen. Beides wird in Gen 15 miteinander verbunden: Nun ist es Gott, der Abra(ha)m als dem Vater Israels in einer ברית-Zeremonie die Landgabe zusichert.[96]

Keines der in der Literatur angeführten sprachlichen Argumente kann die Abhängigkeit eines Versteiles, eines Verses, eines Abschnitts oder des ganzen Kapitels Gen 15 von Texten der Gen-17-Schicht beweisen. Dort, wo sich ein literarisches Abhängigkeitsverhältnis wahrscheinlich machen lässt, ergibt die Gegenprobe, also die Prüfung der Abhängigkeit der als Endkompositionsschicht verstandenen Gen-17-Schicht von Gen 15, durchweg überzeugendere Resultate.

2.3. Sachliche Argumente für die Abhängigkeit von »P«?

אור כשדים *(V. 7)*

Der Ausdruck אור כשדים ist eines der z. B. auch von E. Blum[97] referierten Argu-mente für eine »nachpriesterliche« Bearbeitung. Dieser Ausdruck konnte nicht zu einem am Hofe Salomos verfassten »jahwistischen« Werk gehören, da die »Chal-

---

95 So Römer, Dogma, 39.44.

96 Dagegen ist mir kein Anzeichen dafür bekannt, dass Gen 15 etwa eine Noah-ברית voraussetzen würde. Es wird unten gezeigt werden, wie kunstvoll in der endkompositionellen Abram-Abra-ham-ברית von Gen 17 an die literarisch ältere Abram-ברית von Gen 15 angeknüpft und darauf aufgebaut wird.

97 Blum, Vätergeschichte, 379, Anm. 122, aber mit dem Vorbehalt, dass »auch die D-Überlieferung eine entsprechende Tradition gekannt haben konnte«. Letztere »spekulative *ad-hoc*-Hypothese« (K. Schmid, Erzväter, 181, Anm. 64) nimmt Blum, Verbindung, 143, Anm. 111, ohne Not zurück, um nunmehr »eine gewisse priesterliche Kolorierung« im ganzen Kapitel diagnostizieren zu können (Blum, Verbindung, 143).

däer« erst seit dem 9. Jh. v. Chr. im südlichen Mesopotamien zu finden sind.[98] Im Rahmen der neueren Urkundenhypothese werden die Worte »Ur Kasdim« deshalb in der Regel dem »priesterlichen« bzw. »Pentateuch-Redaktor« (R^P) zugewiesen,[99] obwohl sie syntaktisch untrennbar im Kontext verankert sind. Folgerichtig wird mit Textausfall gerechnet.[100] Zu fragen wäre aber, warum die Herausführung Abrams aus Ur-Kasdim durch Jhwh vom »Pentateuchredaktor« ausgerechnet in Gen 15 und nicht schon in Gen 11 eingeführt worden wäre, wo merkwürdigerweise Terach Initiator des Herausführens aus Ur-Kasdim ist.[101] Vielmehr bereitet nach dem »Abschied vom Jahwisten«[102] im Zusammenhang eines Werkes des 6. Jahrhunderts, ob man es nun »late Yahwist«, »exilische Vätergeschichte«, »Jehowist«, »Exilisches Geschichtswerk« oder »deuteronomistische Komposition« nennt, »Ur-Kasdim« sachlich keinerlei Schwierigkeiten.[103] Die beliebte Zuweisung an »P« bzw. R^P, woraus bei Anerkenntnis der strukturellen Einheitlichkeit logisch die »nachpriesterliche« Datierung des ganzen Kapitels Gen 15 folgt (etwa bei K. Schmid), erübrigt sich unter diesen Voraussetzungen. Nur noch der Zwang der Urkundenhypothese, möglichst auf die verschiedenen Quellen auch verschiedene Auszugsorte zu verteilen, spräche dafür, dass »P«, das dann als selbständige Quelle neben »J« verstanden werden müsste, »Ur Kasdim« eingeführt hätte.[104] Näher läge aber eine traditionsgeschichtliche Erklärung: Charran kommt aus der Jakobtradition,[105] Ur-Kasdim erklärt sich aus der judäischen Tradition[106] der Abra(ha)mge-

---

98 Veenhof, Geschichte, 211. Politisch bedeutsam werden sie erst Ende des 7. Jh, mit dem Siegeszug der chaldäischen Dynastie unter Nabopolassar.

99 Eißfeldt, Hexateuchsynopse 20.23*.257*; Ruppert, Überlegungen, 300; Stoebe, Gegenwart, 137 (Anm. 32).

100 Ruppert, Überlegungen, 300f. (Hervorhebungen und Fragezeichen im Original): »Könnte folglich V 7 früher einmal gelautet haben: ›Ich bin יהוה, der ich dich *aus deinem Land* (?, vgl. Gen 12,1) *genommen* (?, vgl. Gen 2,15: לקח) (oder: *ergriffen* [?, vgl. Jes 41,9: חזק hi.]) habe, um dir dies Land zu geben‹?«

101 Vgl. Zakovitch, Exodus, 431–433, hält deshalb Gen 15,7 für die im Vergleich zu Gen 11,31 ältere Version.

102 Gertz u. a. [Hg.], Abschied.

103 Van Seters, Abraham, 263, datiert Gen 15 wegen Ur-Kasdim in die Zeit Nabonids – und rechnet es zu seinem »Yahwist«, der immer noch »vorpriesterlich« ist.

104 Dass Blum, der »P« gerade nicht als Quelle neben »J« versteht, dennoch Gen 11,26–32 komplett seiner (»priesterlichen«) Toledotschicht zurechnet (Blum, Vätergeschichte, 440), entspringt einem anderen Systemzwang: Es sollte »vorpriesterlich« noch keine literarische Verbindung zwischen Ur- und Vätergeschichte geben. Da er in Gen 11,26–32 eine solche literarische Verbindung sah, musste er postulieren, dass die ursprüngliche Einleitung verlorengegangen sei, wozu ihm die forschungsgeschichtlich begründete Klassifikation von Ur-Kasdim als »priesterlich« zupass kam.

105 Wenn man die Beheimatung der Jakobtradition im Nordreich bedenkt, legt sich eine Beziehung zu 2 Kön 17,6 nahe, vgl. Van Seters, Abraham, 34, sowie Blum, Vätergeschichte, 344.

106 Die Konfrontation mit dem babylonischen Großreich hat besonders nachhaltig Juda geprägt. Der Bericht von der Gesandtschaft von *Marduk-apla-idinnu* (Merodach-Baladan) an Hiskia (2 Kön 20,12–21; Jes 39,1–8; 2 Chr 32,31) geht von judäisch-babylonischen Kontakten noch unter der assyrischen Dominanz, schon bald nach dem Untergang des Nordreichs, aus (vgl. Donner, Geschichte II, 356).

schichte;[107] beides wird redaktionell verbunden.[108] Nicht der Aufbruch aus Ur, sondern der aus Charran wird in der Endkomposition der Genesis datiert sowie mit dem (traditionellen) göttlichen Aufbruchsbefehl und dem Gehorsam Abrams verbunden.[109]

Weitere Beispiele

Es ließen sich weitere Beispiele aufzählen: Die 400 Jahre Bedrückung in Ägypten werden gern intuitiv einem »priesterlichen Pentateuchredaktor« o.ä. zugeschrieben. Dabei wird übersehen, dass diese Angabe (Gen 15,13) ihre nächsten Parallelen in den periodisierenden Jahreszahlen im deuteronomistischen Richterbuch besitzt,[110] während sie zur endkompositionellen Chronologie in Spannung steht.[111] Auf dieses vielverhandelte Problem wird unten noch zurückzukommen sein,[112] ebenso wie auf die irrige, wenn auch uralte Auffassung, V.9 enthalte eine Vorwegnahme der Sinaigesetzgebung.[113]

Einige der Sprach- und Sachargumente sprechen zwar durchaus für die *relativ* späte Entstehung des ganzen Kapitels. Es lässt sich aber gerade nicht wahrscheinlich machen, dass die (»priesterliche«) Endkompositionsschicht bereits zum Horizont dieses Kapitels gehört.

---

107 »Vorpriesterlich« Gen 15,7 sowie 11,28 (vgl. Carr, Fractures, 110f., 194f., 203f.), wobei die Abhängigkeitsrichtung in beiden Richtungen denkbar bleibt. Carr, Fractures, 165, hält Gen 15,7 für jünger; Gese, Komposition, 45, und Gertz, Abraham, 72f., sehen Gen 11,28.31 als von 15,7 abhängig an.

108 Die Verbindung von Ur und Charran als zwei Zentren des Mondkultes ist erst in neubabylonischer Zeit (namentlich in der Zeit Nabonids, Mitte des 6. Jh.) nachgewiesen, vgl. Van Seters, Abraham, 24–26.

109 Vergleiche zu dieser Problematik unten S.338f.

110 Ri 3,8.14 (jeweils mit עבד); 4,3; 6,1; 10,8 und 13,1 werden jeweils unterschiedlich lange Perioden der Unterdrückung benannt. Die längste dieser Perioden ist die 40-jährige Fremdherrschaft durch die Philister (Ri 13,1), charakteristisch für »an overt numerical schematism based on the figure 40« (Hughes, Secrets, 72), der die Chronologie des Richter- Samuel- und Königebuches prägt. Eine 80-Jahres-Periode wird Ri 3,30 genannt, 40-Jahres-Perioden finden sich als Ruheperioden in der Richterzeit Ri 3,11; 5,31 und 8,28 sowie für Eli (1 Sam 4,18), David (1 Kön 2,11) und Salomo (1 Kön 11,42). Nach Hughes wurden in der originalen deuteronomistischen Chronologie für die daran anschließende Zeit von der Reichsteilung bis zur Zerstörung Jerusalems genau 400 Jahre gerechnet (Hughes, Secrets, 77–96.268f.).

111 Die endkompositionelle Chronologie setzt sich gerade nicht aus 40-Jahres-Perioden zusammen: Keine einzige der 24 frei konstruierten Zahlen, aus denen sich die (2666+20 Zeugungsjahre=) 2686 Jahre bis zum Exodus errechnen, ist durch 40 teilbar, sondern allein die daran anknüpfenden, traditionell vorgegebenen (s.u. Anm.233 auf S.207) 40 Jahre der Wüstenwanderung.

112 Siehe unten »400 Jahre Fremdlingschaft und 430 Jahre Ägypten«, S.259f.

113 Dass Abram nicht Esel, Kamel, Schwein und Fledermaus sezieren sollte, sondern generell in Israel als rein geltende Tiere, versteht sich von selbst. Dafür muss nicht die spezifische Opfergesetzgebung der »priesterlichen« Schicht vorausgesetzt werden, siehe unten S.197f.

Deshalb wird in der im folgenden vorgestellten Deutung von Gen 15,7–21, mit der Geschichtsschau in den Versen 13–16 im Zentrum, konsequent von den Charakteristika der Endkompositionsschicht abstrahiert.

Im Anschluss daran soll spekulativ, immer noch unter Ausblendung der »priesterlichen« Textanteile des Pentateuch, eine Möglichkeit vorgestellt werden, welche Funktion das nur so verstehbare Kapitel Gen 15 in dem nicht mehr erhaltenen Vorgängerbau der kanonischen Genesis bzw. des Penta-, Hexa- oder Enneateuchs innegehabt haben könnte.

2.4. Methodische Konsequenz: Abstrahieren von der Gen-17-Schicht in der Auslegung von Gen 15

Folgende Charakteristika der Endgestalt sind untrennbar mit der Gen-17-Schicht (»P«-Schicht) verbunden:[114]

a) Theologische Systematisierung

– Ein konzentrisch geordnetes System von unbelebter und belebter Schöpfung, Noachiden, Terachiden, Abrahamiden, Israeliten, Leviten, Aaroniden, Eleasariden, Pinchasiden.
– Verbunden damit ein System der von JHWH aufrechterhaltenen »ברית« mit damit zusammenhängenden Zeichen: Die Noachiden sehen den Bogen in den Wolken, die Abrahamiden praktizieren die Beschneidung, die Israeliten halten den Sabbat.
– Das Schema der gestuften Wesensoffenbarung JHWHs: (Elohim–)El-Schaddai–JHWH.
– Verbunden damit die Beschränkung des legitimen Kultes auf die Zeit nach der Sinaioffenbarung.

b) Onomatologische Systematisierung

– Die Umbenennung Abrams und Sarais, die mit einer Mehrzahl von Völkern bzw. mit Königen begründet wird, die von Abraham bzw. Sara abstammen werden.

c) Genealogische Systematisierung

– Das lückenlose genealogische System, das von Adam über Noah und Abraham bis zu Mose und über Aaron bis zu Pinchas reicht, und das damit zusammenhängende System der Toledot.

d) Geographische Systematisierung

– Die zusammenfassende Bezeichnung des verheißenen Landes als »Land Kanaans« (ohne dass, wie es im Deuteronomium und in der dtr. Literatur in der Regel der Fall ist, die einzelnen Völker aufgezählt werden müssten).
– Die grundsätzliche Qualifizierung des Aufenthaltes der Erzeltern im »Land Kanaans«, und zwar auch im Kernland, als »Fremdlingschaft« (מגורים).

---

114 Weitgehende Einigkeit besteht darin, dass die »priesterlichen« Texte im Bereich der Abrahamgeschichte den Rahmen auch um die nichtpriesterlichen Texte bilden, vgl. etwa W.H.Schmidt, Einführung, 57. Dissens besteht über die Art und Weise des Zustandekommens dieses Zustandes. Zur Diskussion siehe unten S.277–290.

e) Chronologische Systematisierung

  – Das lückenlose chronologische System, das in Jahreszahlen angegebene Perioden von der Schöpfung über die Flut und die Erzeltern bis zum Exodus und der Landnahme umfasst.

All diese Themen und Schemata prägen nicht nur die hypothetische Priestergrundschrift in all ihren rekonstruierten Fassungen, sondern im Rahmen der Endkomposition des Pentateuch auch das Verständnis des ganzen kanonischen Genesisbuches.

Von diesem prägenden Rahmen der Endkomposition der Genesis und des Pentateuch gilt es in der Auslegung von Gen 15 zu abstrahieren.

3. Literargeschichtliche Einordnung

3.1. Anhaltspunkte für die Datierung

Eine absolute zeitliche Einordnung des Kapitels ist mit der »vorpriesterlichen« Einordnung noch nicht gegeben und auch nicht beabsichtigt; angesichts der Vielfalt der vorausgesetzten und verarbeiteten Traditionen und Motive wird sie relativchronologisch nicht allzu weit von der »priesterlichen« Pentateuchkomposition entfernt anzusetzen sein, aus kompositionsgeschichtlichen Gründen aber doch einige Zeit davor: Ein erster *terminus quo ante* wäre dann das Datum der Gen 15 und 17 umfassenden Endkomposition des Pentateuch,[115] ein weiterer das Entstehungsdatum von Gen 14.[116] Einen ersten Anhaltspunkt als *terminus post quem* kann die Erwähnung von Ur-Kasdim bieten, die nicht vor dem Siegeszug der chaldäischen Dynastie in Babylonien unter Nabopolassar im Jahr 625–605 v.Chr.[117] wahrscheinlich zu machen ist. Es kommen also, grob gesagt, das 6. und die erste Hälfte des 5. Jahrhunderts in Frage. Zwischen spätvorexilischer,[118] exilischer[119] und früh-

---

115 Bei Spätdatierung Esras, nach Nehemia (Donner, Geschichte II, 451–453), spricht nichts dagegen, für die Endkomposition des Pentateuch an die Zeit Esras unter Artaxerxes II. zu denken, also die Wende vom 5. zum 4. Jahrhundert v.Chr.

116 Gen 14 setzt Gen 15 bereits voraus, wird aber bis zur Endkomposition des Pentateuch noch mehrfach glossiert. Die Beobachtungen oben hatten für den Urtext von Gen 14 in die frühe persische Zeit, vielleicht in die Nehemias, also die Mitte des fünften Jahrhunderts, gewiesen.

117 Donner, Geschichte II, 395; Seebass, Genesis II/1, S.2–3.

118 Gen 15 als im wesentlichen vorexilisch sehen an Perlitt, Bundestheologie, 76f. (beginnendes 7. Jh., proto- bzw. frühdtr); Ruppert, Genesis II, 255 (joschijanisch) und Zenger, ⁴Einleitung, 169f. (Jerusalemer Geschichtswerk, Anfang/Mitte 7. Jh.), wobei alle mit einzelnen späteren Erweiterungen rechnen.

119 Die Komposition von Gen 15 in die Exilszeit datieren Ha, Genesis 15, 209 (»exilic period«, literarisch einheitlich) und Hagelia, Numbering, 208f. (6. Jh., unter Verwendung von »very early traditions«), vgl. bereits Kaiser, Untersuchung, 124 (nach längerer Vorgeschichte entscheidende

nachexilischer[120] Ansetzung bewegen sich auch die meisten neueren Datierungsversuche.

Häufig wird die gesamte Abrahamgeschichte, oder wenigstens einzelne Erzählungen, wie die von der Bindung Isaaks[121] oder der Brautwerbung um Rebekka,[122] in exilisch-nachexilische Zeit datiert, da der Verlust des Landes die Erzeltern wieder in den Mittelpunkt gerückt hat[123] und die Erzväter die legitimierende Funktion des Königtums beerben.[124] Eine spätexilisch-frühnachexilische Einordnung erscheint vor diesem Hintergrund für Gen 15 gegenwärtig naheliegend,[125] doch können sich die Koordinaten auch wieder verschieben.[126]

Wenn die hier vorgeschlagene Deutung am Ende plausibel erscheint, sollte das hinreichen, um den Verzicht auf die Herausarbeitung von weiteren Vorstufen dieses Kapitels verschmerzen zu können.[127] Die »vorpriesterliche« Einordnung ließe sich allerdings nur dann *beweisen*, wenn gezeigt werden kann, dass die Gen-17-Schicht das Kapitel Gen 15 gekannt und verarbeitet hat. Dies wird im dritten Hauptteil Gegenstand sein.

3.2. Formeln, geprägte Wendungen, Stil

Wenn der Horizont eines Textes ermessen und ein sehr weiter Gesichtskreis vermutet wird, besteht leicht die Gefahr, dass aus dem Vorkommen einer Vokabel sehr weitreichende Schlüsse gezogen werden. Bloße Stichwortverknüpfungen sind prinzipiell nur im engeren Kontext überzeugend; in einem weiteren Kontext müsste schon die Übernahme einer größeren syntaktischen Einheit nachzuweisen sein. Dabei sind mehrfach bezeugte Formeln wiederum von einem Zitat zu unterscheiden. Solche syntaktischen Einheiten, die mehr als zwei oder drei Worte umfassen, finden sich nur in den Rahmenversen.

---

deuteronomistische Redaktion zwischen dem 7. und 5. Jh.). Mölle (Genesis 15, 375–378) rechnet mit einem mehrschichtigen, mit so etwas wie dem Elohisten (a. a. O., 361.378) einsetzenden Entstehungsprozess, wobei erst mit seiner dritten Schicht, die in der Exilszeit, die jetzt erkennbare strukturelle Einheit des Kapitel erreicht ist.

120 Blum, Vätergeschichte, 207 ([früh-]nachexilisch); Schmid, Erzväter, 273 (erste Hälfte des 5. Jh.); Römer, tensions, 121 (persische Epoche).

121 Veijola, Opfer, 155: »das 5. Jahrhundert dürfte am ehesten in Frage kommen«.

122 Rofé, Betrothal, 27: »very late«, d. h. für Rofé: 5. Jahrhundert, Zeit Esras und Nehemias.

123 Ein Hinweis darauf ist die seit dem Exil zunehmende Auseinandersetzung mit den Erzeltern, besonders Abraham, in Jes 29,22; 41,8; 51,2; 63,16; Jer 33,26MT; Ex 33,24. Vgl. Hardmeier, Erzählen, 34 f.

124 Gosse, figure.

125 Wenn man von der Frage nach den Vorstufen einmal absieht, gibt es mit Lowell K. Handy nur eine einzige realistische Datierung der gesamten Abrahamgeschichte, unter Einschluss von Gen 14; 15 und 17, nämlich in der Achämenidenzeit (Handy, Memories, 44 f.).

126 Bereits mit dem Exil gilt für Israel, »daß seine Zukunft vorrangig nicht in der David-, sondern der Abrahamverheißung begründet liegt« (Dietrich, Typologie, 54).

127 Das wenige, was man mit größerer Wahrscheinlichkeit vermuten kann, ist unten S. 187 ff. zusammengefasst.

Geprägte Wendungen, jeweils in spezifischer Ausformung, weisen V. 7 (siehe oben S. 178) sowie V. 18 (siehe unten S. 221 ff.) und 19–21 (siehe unten S. 227 ff.) auf. Zwei Formeln finden sich zu Beginn in V. 1: Die Einleitungsformel »Nach diesen Begebenheiten« und die Wortereignisformel »es geschah das Wort Jhwhs zu…«.

Genaugenommen sind diese beiden Formeln hier in singulärer Weise vereint, was kompositionsgeschichtlich mit der nachträglichen Einfügung von Gen 14 zu tun haben könnte, welche eine Zeitangabe jetzt erst nötig gemacht hat. אחר הדברים האלה ohne vorangegangenes ויהי kommt außer an dieser Stelle nur zweimal im Estherbuch vor (Est 2,1; 3,1). Auch die Wortereignisformel wird gewöhnlich mit ויהי eingeleitet, und steht in vergleichbarer syntaktischer Position wie hier mit היה nur bei Ez, Hag und Sach, und zwar jeweils nach einer genauen Datumsangabe: Ez (1,3;) 26,1; 29,1.17; 30,20; 31,1; 32,1.17; Hag (1,3; 2,1;) 2,10; Sach 1,1.7; 7,1(; 8,1). Damit käme man in das 6. bis 5. Jh., was mit dem angenommenen Zeitraum der Einfügung von Gen 14 gut zusammenpasst. Gen 15,1 könnte zunächst mit ויהי דבר יהוה אל אברם/אברהם במחזה לאמר unmittelbar an die Verheißungen Gen 13,14–17 und den Altarbau Gen 13,18 angeschlossen haben. Das wahrscheinlich ursprüngliche ויהי musste nach der Einfügung von Gen 14 noch nicht einmal gestrichen werden, da es für die Einleitungsformel von Kap. 14 gebraucht wurde.

Abgesehen von den formelhaften Wendungen im Rahmen des Kapitels ist ein ungewöhnlich reicher und vielfältiger Wortschatz für Gen 15 charakteristisch, wofür bereits die Bezeichnung der Vision als מחזה in V. 1 das erste Beispiel bietet.[128] Insgesamt weist der Stil von Gen 15 die stärksten Berührungen mit den »Vorderen Propheten«[129] sowie Jeremia- und Jesajabuch auf.[130]

Wenn für eine und dieselbe Sache verschiedene Vokabeln benutzt werden, ist dies Beleg für den sprachlichen Reichtum des Schriftstellers bzw. seiner Sprache. Zugleich sollte damit gerechnet werden, dass mit unterschiedlichen Vokabeln auch jeweils Unterschiedliches betont werden soll. So sind die drei Vokabeln für die zerteilten Tiere, בתר V. 10, פגרים V. 11 und גזרים V. 17, sicherlich ebenso absichtsvoll gewählt wie die drei verschiedenen Phasen des Sonnenuntergangs und die drei verschiedenen Ausdrücke für Finsternis.

---

128 Vom Sehen eines מחזה ist außer an dieser Stelle nur noch Num 24,4.16 in der Selbstcharakterisierung des nichtisraelitischen Sehers Bileam die Rede sowie, abwertend, Ez 13,7 zur Charakterisierung an falschen Heilspropheten. Es steht jeweils in einer Aufzählung verschiedener Divinationstechniken, u. a. neben dem Orakelempfang.

129 Vgl. die Anspielungen auf die Davidtradition, etwa durch den Anklang der Sohnesverheißung Gen 15,4 an 2 Sam 7,12, (Dietrich, Typologie, 48; Stoebe, Gegenwart). Hagelia, Numbering, 190–194, verweist noch auf gewisse Affinitäten zu 1 Kön 3 und weiteren Texten.

130 Namentlich zu Jes 7 und Jer 34 gibt es Bezüge, die von Ha, Genesis 15, 71–89 und K. Schmid, Erzväter, 184–186 im Sinne literarischer Abhängigkeit ausgewertet werden, vgl. Hagelia, Numbering, 194–198, der auch noch auf Jes 48 verweist.

3.3. Kleinteilige Redaktionskritik in Gen 15

Es ist eine Tatsache, dass Gen 15 eine mehrstufige Redaktionsgeschichte durchlaufen hat. Es ist ebenso eine Tatsache, dass diese nur ansatzweise rekonstruiert werden kann. Die meisten in der Forschung bisher rekonstruierten Vorstufen bereiten größere Verständnisschwierigkeiten als der vorliegende Text, von dem selbst ein so optimistischer Literarkritiker wie Lothar Ruppert[131] meint: »Der Komposition bzw. Redaktion ist es gelungen, ein Ganzes zu schaffen, das (mit Ausnahme von V 13–16) den Eindruck einer bestens strukturierten Einheit erweckt«. In dieser Arbeit soll nun gezeigt werden, dass die strukturelle Einheitlichkeit des Kapitels sich erst dann erschließt, wenn auch die Gottesrede der Verse 13–16, welche die Handlung angeblich »unerwartet«[132] unterbricht, als notwendiger Teil der Komposition in die Interpretation einbezogen wird.[133]

Unumgänglich für das Verständnis ist die Redaktionskritik m.E. lediglich in V.2f. Ein Weg zur Lösung dieses vieldiskutierten Problems[134] wurde bereits oben im Zusammenhang des synoptischen Vergleichs mit dem Genesis-Apokryphon aufgezeigt.[135] Nach der sekundär erfolgten Erklärung Eliezers als Sohn des Hauses und der Damaskus-Glosse wurde die Aussage von V.2 in V.3 repetiert, woraufhin die Neueinleitung von V.4 in Wiederaufnahme[136] von Elementen aus V.1 erfolgte.

Auch die Refaïm von V.20 lassen sich mit den Folgen der Einfügung von Gen 14 in Zusammenhang bringen,[137] ebenso, wie oben gezeigt, die asyndetische Erzähleinleitung »Nach diesen Begebenheiten geschah«. Die wichtigsten Bezüge zwischen Gen 14 und 15 gehen aber bereits auf den Verfasser von Gen 14 zurück:

---

131 Ruppert, Überlegungen, 302.
132 Ruppert, Überlegungen, 297, zur Begründung einer literarkritischen Operation. Was ist das für eine Methodik, wenn in einer spannenden Erzählung ein unerwartet eintretendes Ereignis dazu nötigt, die Schere anzusetzen?
Den redaktionsgeschichtlichen Entwürfen, die Ruppert in das, was er von der Geschichte Israels zu wissen meint, einzuzeichnen in der Lage ist, ist eine gewisse Virtuosität nicht abzusprechen. Seinen Optimismus, damit tatsächliche redaktionsgeschichtliche Vorgänge rekonstruiert zu haben, wird allerdings kaum jemand mit ihm teilen, bei einer Methodik, die so sensibel ist, »that it would also read transmission history into passages that had none« (Carr, Fractures, 37).
133 Neben Ruppert (vgl. die vorige Anmerkung) wurde und wird eine literarkritische Ausgrenzung von V.13–16 von vielen erwogen, vgl. nur Rendtorff, Problem, 40.67 und die von K.Schmid, Erzväter, 176, Anm.29, aufgeführten Arbeiten, sowie zuletzt Gertz, Abraham, 71–74. Für einen ursprünglichen Zusammenhang zwischen der Zeremonie in V.9f.17f. und ihrer Deutung in V.13–16 plädieren u.a. Zakovitch, Pattern, 151f.; Ha, Genesis 15, 52–55 und K.Schmid, Erzväter, 181.
134 Weimar, Genesis 15, 378, Anm.61:»Die Klage über die Verderbtheit bzw. Unübersetzbarkeit von V.2b gehört zum festen Repertoire der Kommentatoren«, vgl. die a.a.O., 379f., Anm.61–65 genannte Literatur.
135 Siehe oben S.65ff.
136 Die »Wiederaufnahme« zählt zu den empirisch am besten belegbaren redaktionellen Techniken, vgl. Carr, Fractures, 27; Tov, Literary History, 221f.; 235f.
137 Siehe unten S.233.

Die aus dem Zahlenwert des Namens Eliezer errechnete Zahl von 318 für Abrams Streitmacht sowie die Benutzung der Wurzel מגן für die Segenstat Gottes zugunsten Abrams rechtfertigen die Plazierung des Kedorlaʿomer-Melchisedek-Kapitels unmittelbar vor Gen 15,1.

Sprachlich und sachlich ist auch bei den Versteilen 14a, 16b und 18bβ ernsthaft die Möglichkeit in Erwägung zu ziehen, dass es sich um jüngere Einfügungen handelt. Da sich dies, ohne äußere Bezeugung im Genesis-Apokryphon, wie sie für die ersten Verse vorliegt, mit Hoffnung auf Konsens weder beweisen noch widerlegen lässt, werden die genannten Textteile im Folgenden in die Interpretation zwar mit einbezogen, aber nicht zur Grundlage der Hypothese gemacht.[138] Wenn 14a, 16b oder 18bβ auch sekundär sein sollten, so passen sie sich der Erzählung doch widerspruchslos ein. Erst recht bedeuten die verschiedenen Tageszeiten keinen logischen Widerspruch, sondern bewusste Erzählstrategie.[139] Schließlich ist die durchgehende Verwendung des Abramnamens in Gen 15 wohl der Endkompositionsschicht zu verdanken, was bei der Lektüre des Kapitels selbst keine Schwierigkeiten bereitet, sondern nur dort, wo auf Stellen bzw. Ereignisse Bezug genommen wird, die mit dem Namen Abraham verbunden sind. Dort verwende ich dann die Namensform Abraham bzw. Abra(ha)m.

Soviel zur literaturgeschichtlichen Ortsbestimmung. Innerhalb des »vorpriesterlichen« Textzusammenhangs stellt sich nun die Frage:

4. Wozu braucht Abram noch eine neue Landverheißung?

Als bloße feierliche Bestätigung der bereits mehrfach erfolgten Landverheißung erscheint der geheimnisvolle, magisch anmutende Ritus von Gen 15,7–21 nicht genügend motiviert, weshalb hier die Quellenscheidung einsetzte: Im Rahmen der klassischen Urkundenhypothese wurde in Gen 15 vielfach der Neueinsatz einer Quellenschrift gesehen, nämlich des Elohisten – nur kommt in Gen 15 אלהים gerade nicht vor.[140] Letztlich wird aber nur eine Erklärung befriedigen können, welche das jetzige Nebeneinander der verschiedenen Verheißungsreden zu erklären vermag.

Innerhalb des »nicht-priesterlichen« Materials im Pentateuch ist der weite Bezugsrahmen von Gen 15 ungewöhnlich. Dies gilt um so mehr, wenn man von dem Nachweis K. Schmids ausgeht, dass Erzväter- und Exodustradition bis in die

---

138 Siehe im Einzelnen unten bei der Diskussion der Stellen.

139 Gegen das literarkritische Argument der verschiedenen Tageszeiten in V.5 und 12.17 vgl. bereits Ha, Genesis 15, 51, zur genialen Lösung von Scott Noegel siehe unten S.240f.

140 Deshalb muss יהוה dort, wo man meint, den Elohistenzu sehen, auf den Redaktor zurückgeführt werden (so Eißfeldt, Hexateuchsynopse, 23*, zu V.1.3.6). Allerdings ist אלהים in der masoretischen Aussprache des Textes zu hören, nach welcher in V.2 und 8 (Eißfeldt ebd.: J) für יהוה אדני jeweils »adonai elohim« gelesen wird – wie in Gen 2f., wo יהוה אלהים ebenso gelesen wird.

nachexilische Zeit hinein zwei voneinander unabhängige, ja konkurrierende Ursprungstraditionen Israels darstellten. Die Verbindung beider Ursprungstraditionen muss deshalb mit Schmid zum Ausgangspunkt der Frage gemacht werden, worin die spezifische Motivation der zeremoniell und verbal entfalteten Landverheißung für Abram und seine verheißene Nachkommenschaft in Gen 15 besteht.

Die Zusage, ein Land zu besitzen, macht guten Sinn, wenn man von draußen in das Land kommt oder es einem gezeigt wird: Jeweils nach der Einwanderung – erst aus Mesopotamien, dann aus Ägypten – erfolgen die Landverheißungen an Abram in Gen 12,7 und in Gen 13,14–17. Ein ebensolcher Ansatzpunkt besteht für Mose und die Israeliten in Ägypten, in der Wüste, im Gefilde Moabs oder auf dem Berg Nebo, jeweils vor der Einwanderung. In Kapitel 15 fehlt eine solche unmittelbare Motivation.

Da Gen 14 für nachexilisch und jünger als Gen 15 anzusehen ist,[141] geht letzterem ursprünglich die Trennung Abrams von Lot und die daraufhin erfolgende Verheißungsrede voraus:

Gen 13,15 Denn das ganze Land, das *du* siehst, gebe ich *dir* und *deiner Nachkommenschaft* für alle Zeit

16 und ich mache *deine Nachkommenschaft* wie den Staub des Landes: Wenn ein Mensch den Staub des Landes zählen kann, dann wird auch *deine Nachkommenschaft* gezählt werden.

17 Mach dich auf, geh umher im Land nach seiner Länge und nach seiner Weite, denn dir gebe ich es.

18 Und Abram […] kam und wohnte unter den Terebinthen von Mamre, das bei Hebron ist. Und er baute dort einen Altar für JHWH.

Zu erwarten wäre, nach Analogie etwa von Gen 12,8, die Anrufung JHWHs. Und tatsächlich ruft Abram JHWH an, aber im Zusammenhang einer in zwei Szenen breit entfalteten erneuten Land- und Nachkommensverheißung.

Erklärbar ist deren ausführliche Schilderung nur, wenn etwas Neues, Zusätzliches ausgesagt wird. Dies ist nun allerdings der Fall, denn Abram selbst stellt die Verheißungen in Frage.

Dadurch, dass Abram in der ersten Szene (V. 1–6) nach dem auf den Altarbau folgenden Heilsorakel[142] die Nachkommenverheißung in Frage stellt, wird ein Spannungsbogen eröffnet, der die ganze Abra(ha)mgeschichte durchzieht und dann auch in der Isaak- und Jakobgeschichte seine Fortsetzung findet: Wann kommt endlich der Sohn, der die Verheißung weiterträgt und zu einem großen Volk wird? Gleichzeitig werden schon in dieser ersten Frage Abrams an »אֲדֹנָי יהוה« beide Verheißungen miteinander verknüpft: »Was gibst du mir schon, wenn ich doch kinderlos bleibe?« Die Landgabe wäre wertlos, wenn sie mit dem Tod Abra(ha)ms ohne Erben verfallen müsste.

---

141 Siehe oben S. 82f.
142 Kaiser, Untersuchung, 111.

Die Sohnesverheißung steht sachgerecht in Gen 15 an erster Stelle, da sie die Voraussetzung der Landverheißung darstellt. Die Ausgestaltung in V. 5 macht überdies deutlich, dass die Sohnes- und Nachkommensverheißung vom Land unabhängig ist: Nicht mehr der Staub der Erde, oder des Landes, in dem er bereits wohnt,[143] sondern die Sterne des Himmels sind das Vergleichsobjekt.[144] »Er führte ihn hinaus und sprach: Sieh doch zum Himmel hinauf, und zähl die Sterne, wenn du sie zählen kannst. Und er sprach zu ihm: So zahlreich wird deine Nachkommenschaft sein.« (V. 5) Damit ist die Nachkommensverheißung nicht mehr an den Landbesitz gebunden.[145]

In der zweiten Szene (V. 7–21) geht es dann, nachdem die Nachkommensverheißung glaubwürdig befestigt ist, um das Land. Dessen Gabe war Gen 12,7 sowie 13,14f. der Nachkommenschaft zugesagt worden, 13,15.17 dem Abram selbst. Durch die metaphorische Entkoppelung der Nachkommenschafts- von der Landverheißung in Gen 15,1–6 stellt sich die Gen 13,14–17 noch gar nicht existente Frage, ob die zahllose Nachkommenschaft womöglich ohne das Land auskommen müssen wird – da nach Gen 13,17 nun auch in 15,7 scheinbar nur noch von der Gabe des Landes an Abram gesprochen wird.

Die *Infragestellung der Landverheißung für die Nachkommenschaft Abra(ha)ms* ist das entscheidende Neue, die erzählerische Motivation für die Szene Gen 15,7–21. Die Hörer kennen die Exodus- und Landnahmetradition und wissen darum, dass die Nachkommen Abra(ha)ms Fremdlinge und Knechte in Ägypten waren, und von einem Besitz des verheißenen Landes nicht die Rede sein konnte. Die zwischenzeitliche Infragestellung der Landverheißung resultiert aus einer doppelten Identifizierung: Der Identifizierung der Nachkommenschaft Abra(ha)ms mit den Kindern Israels, und der Identifizierung der an Abra(ha)m ergangenen Verheißung mit dem Landgabeschwur, der in der Exodustradition vorausgesetzt wird. Damit wird ein zweiter Spannungsbogen eröffnet, der die ganze Erzelterngeschichte durchzieht: Ist die Landverheißung hinfällig geworden?

Statt einer Überschrift wird in V. 6 dem Folgenden die Reziprozität von Glauben/Treue und Gerechtigkeit/Gemeinschaftsgemäßheit beispielhaft vorangestellt: Sowohl האמין als auch צדקה sind wesentlich Verhältnisbegriffe, die hier das besondere, wenn nicht einzigartige Verhältnis zwischen Abra(ha)m bzw. seiner Nachkommenschaft und Jhwh beschreiben. Auf die verheißene, schier unglaubliche

---

143 So die Verheißungen von Gen 13,16; 28,14, die bereits der noch nicht mit dem Exodus verbundenen Vätergeschichte angehörten. In beiden Fällen steht die Metapher im Zusammenhang mit der Nennung der vier Himmelsrichtungen, welche das verheißene Land kennzeichnen.

144 Es ist sicher kein Zufall, dass im Pentateuch außerhalb der Genesis der Vergleich der Zahl der Kinder Israels mit den Sternen des Himmels überwiegt: Gen 15,5; 22,17; 26,4; Ex 32,13; Dt 1,10; 10,22; 28,62, also klassische E- bzw. D-Texte, welche die Verbindung der Erzväterverheißungen mit der Exodustradition bereits voraussetzen (vgl. noch 1 Chr 27,23; Neh 9,23).

145 Mit der dritten einschlägigen Metapher, dem Sand (am Ufer) des Meeres (Gen 22,17; 32,13), wird die kosmische Dimension der Mehrungsverheißung komplettiert – in diesem Rahmen ist auch עפר הארץ dann nicht mehr der Staub des Landes, sondern der ganzen Erde.

Mehrung der Nachkommenschaft, die sehr wohl צְדָקָה genannt zu werden verdient, folgt das Vertrauen in Jнwн. Ina Willi-Plein[146] hat zu Recht darauf hingewiesen, dass das Subjekt von וְהֶאֱמִן im hebräischen Text nur der זרע sein kann, ca וְהֶאֱמִן als pf. cons. an die Mehrungszusage angeschlossen ist. Ist nicht Abram, sondern seine Nachkommenschaft Subjekt von V. 6a, fehlt aber dem Suffix von וַיַּחְשְׁבֶהָ, »und er rechnete es ihm/sich als Gerechtigkeit an«, der Bezugspunkt im »Glauben« Abrams.

Wenn folglich nicht Gott,[147] sondern Abram als Subjekt von V. 6b verstanden wird,[148] ist es die unmittelbar vorhergehende Verheißung, die Abram Gott zugute hält. In jedem Fall spielt das »Rechnen« bereits im vorausgehenden Kontext eine Rolle: Abram war gefragt worden, wer den Staub der Erde zählen könne (√ספר, 13,16)[149] und er sollte das Land nach Länge und Breite durchmessen (13,17).[150] Nun wurde die Zahl seiner Nachkommen noch mit den Sternen am Himmel verglichen und Abram aufgefordert, sie zu zählen (√מנה, 15,5).[151] Abram meint, statt die Sterne zu zählen,[152] die Verheißung »als gerechte Tat« für sich *einschätzen*[153] zu können.[154] Auf das mathematisch-astronomische Zeichen hin vertraut er der Verheißung Jнwнs. Es ist also kein bedingungsloses, sondern ein kritisches Vertrauen. Dieses schließt nicht aus, Gottes Pläne nachzurechnen – darin bleibt sich etwa in 18,23–32[155] der biblische Abraham treu. So wie er auch nach der Ankündigung

---

146 Willi-Plein, Vorverständnis

147 Gott als logisches Subjekt von Gen 15,6b sehen Gen 15,6LXX; Jub 14,6 (ebenso 4Q225, 2,1,8), 1Makk 2,52; Jakobus (Jak 2,23) und Paulus (Gal 3,6; Röm 4,3.9), die den Halbvers jeweils mit einer passiven Verbform wiedergeben, analog zu Ps 106,31. Vgl. zur frühen Wirkungsgeschichte u.a. Behrens, Vorverständnis; Fitzmyer, Interpretation; Mosis, Qumran.

148 Vgl. Neh 9,8 sowie Ramban z.St.: וחשב כי בצדקו של הקב"ה יתן לו זרע על כל פנים (»Und er schätzte ein, dass durch die Gerechtigkeit des Hlg. g.s.e. dieser ihm in jedem Falle Nachkommen schenken werde«); Jacob, Genesis, 394, nennt weitere Vertreter. In jüngerer Zeit haben Gaston, Abraham; Oeming, Beleg, sich für eine solche Interpretation entschieden und damit eine lebhafte Debatte entfacht. Weiterführend in der Diskussion sind vor allem Mosis, »Glauben«, und Moberly, Righteousness (Lit), vgl. auch Seebass, Genesis II/1, 70–72, sowie K. Schmid, Erzväter, 184f., Anm. 90.

149 In 4Q225, 2,1,5–8, einer Parallele zu Gen 15,5f., werden (in Zeile 5f.) neben den Sternen auch der Sand am Ufer des Meeres (vgl. Gen 22,17) und der Staub der Erde (vgl. Gen 13,16) als Bilder für die Zahl der Nachkommen genannt.

150 Wie es zur Berechnung des Flächeninhalts nötig wäre.

151 Auch mit der Einfügung von Gen 14 bleibt das Rechnen ein Thema: Der dem Melchisedek gegebene Zehnte muss ebenso abgezählt werden wie die 318 »Geweihten« Abrams; vgl. Gen 14,14 die Lesarten וידק (Sam) und vor allem ἠρίθμησεν (LXX) für וירק (MT).

152 Es ist noch nicht einmal gesagt, ob es Tag oder sternenklare Nacht ist. Im einen wie im anderen Falle dürfte es Abram unmöglich gewesen sein, alle Sterne zu zählen.

153 Schottroff, Art. חשב, 643: »ḥšb heißt ›rechnen‹, jedoch im Unterschied zu mnh und spr nicht im Sinne eines numerischen Zählens, sondern der einschätzenden Bewertung«.

154 Vgl. die Übersetzung von Mosis (»Glauben«, 254): »... achtete er es für sich als eine heilswirkende, rechte Tat«.

155 Hier geht es um die Berechnung der »Gerechtenquote«, die eine Stadt vor dem Untergang bewahrt.

der Geburt Isaaks und seiner Charakterisierung als Gesetzeslehrer durch Gott selbst (Gen 18,19) nicht davor zurückschreckt, Gott etwas vorzurechnen, lässt die Endkomposition den Abraham auch in Gen 17,17f.[156] Gott gegenüber seine eigene Berechnung vorbringen.[157]

Und ganz gleich, ob man von der Gerechtigkeit spricht, die Jhwh Abram zubilligt, oder von der Gerechtigkeit, auf die Abram sich verlässt – es geht um Gerechtigkeit *für* Abram und seine Nachkommenschaft.[158] Und es geht um das Vertrauen Abrams (V.6b) und seiner Nachkommenschaft (V.6a), auch wenn Abram mit V.6 nicht aufhört zu zweifeln. Wie sich im Fortgang der Geschichte herausstellt, hatten Abra(ha)m und Sara(i) auch die Erfüllung der Nachkommenschaftsverheißung nach menschlichem Ermessen interpretiert, und nicht nach den göttlichen Möglichkeiten.[159] Im Kontext der Abra(ha)mgeschichte erscheint Abram nach Gen 15,6 MT weder als der »Vater des Glaubens« noch als der Vater der »Werkgerechtigkeit«, wohl aber als der *Vertraute* Gottes. Als Vertrauter Gottes stellt Abra(ha)m in Rede und Gegenrede Gottes Verheißungen (Gen 15,2f.8) und Pläne (Gen 18,23–32; vgl. auch 17,18) in Frage, was ihn als Propheten und Fürbitter auszeichnet, mit Mose verbindet, aber über Isaak und Jakob hinaushebt.[160] Gott antwortet jeweils unmittelbar, und behält damit auch das letzte Wort (Gen 15,4f.9–21; 17,19–21; 18,32b). Die einzigartige Vertrautheit Abra(ha)ms mit Gott bedeutet, dass Jhwh nichts vor ihm verbergen will (18,17). Und Gott selbst nennt ihn einen Propheten, dessen Fürbitte Leben retten kann (20,7).

---

156 Abraham ist der erste, der in der kanonischen Genesis die Zahl seiner eigenen Lebensjahre kennt (danach wieder Jakob, 47,9), dazu noch die seiner Frau, und zeigt sich damit, ganz entsprechend Gen 15,6, als »Rechenmeister«. Aufgrund seiner Berechnung meint Abraham, die Gott zur Gerechtigkeit angerechnete Nachkommensverheißung bereits in Ismael erfüllt zu wissen, gibt aber durch sein Lachen ungewollt die erste Begründung für den Isaak-Namen.

157 Dass Gen 17,17 als endkompositioneller Text, evtl. aber auch Gen 18,23–32 jünger ist als Gen 15,6, spricht dafür, dass auch die Redaktoren Gen 15,6 so verstanden haben wie hier vorgeschlagen. Für den Gehorsam und das bedingungslose Vertrauen Abra(ha)ms steht vorendkompositionell vor allem die Bindung Isaaks (Gen 22,12.16.18), dazu der Aufbruch Gen 12,4a. Endkompositionell ist die auf das Wort Gottes hin vorgenommene Beschneidung (Gen 17,23–27; 21,4) die entscheidende Gehorsamstat Abrahams, die im theologischen sowie im onomatologischen, chronologischen und genealogischen System der Genesis zentral plaziert ist. *Diese* Gehorsamstat Abrahams steht im unmittelbaren Zusammenhang der Nachkommenschaftsverheißung, und wird für die Nachkommen das dauerhafte Erkennungszeichen der Zugehörigkeit zu Gottes ברית. Von Gen 17 aus erklärt sich, nachendkompositionell, auch die wahrscheinlich bereits auf eine hebräische Vorlage zurückgehende Lesart der LXX zu Gen 15,6: καὶ ἐπίστευσεν Αβραμ τῷ θεῷ, καὶ ἐλογίσθη αὐτῷ εἰς δικαιοσύνην.

158 Dieser Kompromissvorschlag stammt von Auffret, justice, 354, Anm. 23.

159 Vgl. Gen 16,1–4; 18,10–15; 21,12.

160 Am nächsten kommt den Verhandlungen Abrah(a)ms in der Erzelterngeschichte noch Gen 19,17–22, wo Jhwh auf den Widerspruch Lots hin mit sich reden lässt. Auch Jakob erinnert Gott (in Gen 32,10–13) an seine Verheißungen, aber nicht in einer Gesprächs-, sondern einer Gebetssituation, wobei er Gott als den Gott seines Vaters Abraham und seines Vaters Isaak anredet. Vgl. noch, ganz anders, seinen Ringkampf mit dem Mann am Jabbok (Gen 32,25–31).

II. Die vierfache Entfaltung der Landverheißung in Gen 15,7–21

1. Die Einleitung (V.7f.)

ויאמר אליו אני יהוה אשר הוצאתיך מאור כשדים לתת לך את־הארץ הזאת לרשתה:

Die Gottesrede in V.7 unterstreicht im unmittelbaren Anschluss an V.1–6 die Glaubwürdigkeit Gottes: Wie Gott im Dekalog gegenüber den Israeliten auf seine vorausgegangene Heilstat verweist, so hier gegenüber Abram: »Und er sprach zu ihm: Ich bin Jhwh, der ich dich aus Ur in Chaldäa geführt habe, auf dass ich dir dieses Land gebe, um es zu besitzen/zu erben.« Das Leitwort ירש (V.3.4*bis*.7.8), das im vierten Teilsatz dieser Gottesrede erklingt, wird nun erstmals mit konkretem Inhalt gefüllt – es geht um das Land.[161] Daraufhin fragt nun Abram (V.8):

ויאמר אדני יהוה במה אדע כי אירשנה:

»Woran erkenne ich, dass ich es besitzen werde (Imperfekt)?« Statt einer Antwort gibt es eine Aufforderung zu einer zeichenhaften Handlung (V.9). Die eigentliche verbale Antwort, die auch im Vokabular auf die Frage Bezug nimmt, folgt erst V.13–16: »Du sollst gewiss wissen [ידע], dass Fremdling sein wird deine Nachkommenschaft in einem Land, das ihnen nicht gehört ...«[162]

Das Leitwort ירש aber – besitzen, in Besitz nehmen, vertreiben – kommt erst im Komplex von Exodus bis Josua (das Deuteronomium eingeschlossen) im Zusammenhang der Landgabe zu seinem Recht.[163]

---

161 Zu einer Interpretation dieser viergliedrigen Struktur siehe unten S.238.

162 Von dieser Beobachtung ausgehend, hat Yair Zakovitch die Struktur von V.7–21 folgendermaßen analysiert: Am Beginn steht (A) die Verheißung (V.7) und ihre Infragestellung (V.8), daran schließt (B) die sichtbare Antwort an (V.9–12). Im Zentrum steht (C) die hörbare Antwort (V.13–16), daran anschließend die Vollendung der sichtbaren Handlung (B') und am Ende die Erneuerung der Verheißung (A'), so dass sich eine konzentrische Anordnung ergibt (Zakovitch, Pattern, 152).

163 Vgl. ausführlich Lohfink, Art. ירש, 968–974. Gen 28,4 (Gen-17-Schicht) nimmt auf Gen 15 und 17 Bezug (ähnlich vielleicht Lev 20,24, wo allerdings אדמה Objekt ist). Sonst steht ירש mit dem Objekt ארץ erst wieder Num 13,30; 14,24; 21,24.35 sowie Num 33,53 (*bis*), und dann in über 40 Belegen im Deuteronomium, 9mal in Jos und 7mal, im Kontext der Unvollständigkeit der Landnahme unter Josua, in Ri. Gerade Num 13f.; 21 und 33 steht ירש (Kal und Hifʿil) sowohl für »in Besitz nehmen« (das Land, s.o.), als auch für »vertreiben«/»vernichten« (die Völker, Num 21,32; 33,52.55) und »enterben« (Mose das Volk Israel, Num 14,12). Ähnlich kriegerisch

2. Die zeichenhafte Handlung an den Tieren – die ברית-Zeremonie

ויאמר אליו קחה לי עגלה משלשת ועז משלשת ואיל משלש ותר וגוזל:

Die Rätselhaftigkeit dieser Aufforderung (V.9) wird zunächst von Abram hingenommen, der den Auftrag getreu ausführt und auch gleich – wie sich dann herausstellt – richtig interpretiert.

Es soll kein Opfer dargebracht werden,[164] wohl aber werden die Tiere für eine rituelle, heilige Handlung gebraucht.[165] Es gibt in der geschilderten Situation keinen Anlass, ein Opfer zu bringen – es geht weder um Dank noch um Besänftigung, weder um Speisung noch um Sühne. Der Anlass zur rituellen Handlung besteht vielmehr in der Frage Abrams nach einem Zeichen dafür, dass er in Zukunft das Land besitzen wird. Nach der Lohnverheißung hatte Abram auf seine Klage hin bereits ein »astrologisches« Zeichen bekommen, das ihn überzeugt hat. Auf die Landverheißung hin fragt Abram selbst, woran er deren Gültigkeit erkennen werde. Er fragt nach einem Vorzeichen für die Zukunft – ein Fall von »provozierter« Divination.[166] Wenn Abram hier als sein eigener »Priester« geschildert wird, dann als *bārû*,[167] als in der Vorzeichenwissenschaft bewanderter Wahrsager. Da Abram selbst an den Auszug aus Ur-Kasdim erinnert wird, legt es sich nahe, an mesopotamische Divinationstechniken zu denken. Während die permanente Himmelsbeobachtung die wichtigste Quelle »unprovozierter« Omina ist, stellt für »absichtlich herbeigeführte Omina [...] die Eingeweideschau ausgewählter Opfertiere die zentrale Technik dar«.[168] Dazu ist das Tier (vorzugsweise ein Schaf) zu schlachten und zu zerlegen, worauf die Eingeweide (vor allem die Leber) zu betrachten sind. Dennoch führt Abram keine Opferschau durch.[169]

---

konnotiert sind die Verheißungen an Abraham bzw. Rebekka, ihr Nachkomme werde »das Tor seiner Feinde« (Gen 22,17 שער איביו; 24,60 שער שנאיו) besitzen.

Die in Gen 15,3.4 virulente Frage der Sukzession in der Familie, die Frage nach dem »Erben« Abra(ha)ms und Sara(i)s, nimmt Sara in Gen 21,10 wieder auf.

164 Auch wenn ein breiter Strom der frühjüdischen Auslegungstradition es so verstanden hat, vgl. Jub 14,11.19f., ApcAbr 9,12f. Während dem Jubiläenbuch an der kalendarischen Zuordnung der Zeremonie zum Wochenfest gelegen ist (Jub 14,10), wird in der Abraham-Apokalypse, in der Motive von Gen 15 und Gen 22 ineinander verwoben sind, das tierische Opfer als das rechtmäßige gegenüber dem widergöttlichen Menschenopfer (ApcAbr 25,1f.6f.) hervorgehoben. Zum Targum Onkelos und weiteren Auslegungen s. unten S.197.

165 Pagolu, Religion, 65 kann die Zeremonie deshalb zwar als »sacrifice« bezeichnen, nicht aber als »offering«, und sieht »no hint of worship«.

166 Zur Einteilung der Divinationstechniken vgl. Cancik-Kirschbaum, Prophetismus, 45f. sowie Pongratz-Leisten, Herrschaftswissen, 11f.

167 Vgl. Hutter, Religionen, 89f.96–103, zum *bārû* und der Vorzeichendeutung in Mesopotamien sowie, a.a.O., 162.170–175 in Syrien. Gegen die Bezeichnung der Haruspices (*bārû*) und anderer Spezialisten (Astrologen, Exorzisten, Propheten, Traumdeuter) als »Priester« wendet sich entschieden Pongratz-Leisten, Herrschaftswissen, 15.

168 Hutter, Religionen, 99.

Abram, der bereits die Sternenverheißung für sich zu deuten wusste, scheint auch hier genau zu wissen, was zu tun ist (V. 10):

ויקח־לו את־כל־אלה ויבתר אתם בתוך ויתן איש־בתרו לקראת רעהו ואת הצפור לא בתר:

»Und er holte ihm diese alle. Und er zerteilte (בתר piel) sie in der Mitte. Und er legte ein jedes Stück (בתר als Nomen) seinem Nächsten gegenüber. Und den Vogel zerteilte (בתר kal) er nicht.«

2.1. Wem gilt die Zeremonie?

Durch die dreimalige Verwendung der Wurzel בתר, die außer an dieser Stelle im Alten Testament nur noch in Jer 34 begegnet, wird klar, wie Abram die Aufforderung Gottes versteht. Es geht hier nicht um die Leberschau, sondern genauso wie in Jer 34 um die Vorbereitung einer als ברית bezeichneten feierlichen Schwurhandlung.

Die Frage Abrams nach einem Zeichen (במה אדע) will Gott mit einer feierlichen ברית beantworten; die Tiere, die Abram bringen soll, müssen jeweils in der Mitte geteilt werden, so dass derjenige, welcher die ברית feierlich zusagt, hindurchschreiten kann. Der Sinn dieser Zeichenhandlung besteht darin, dass der Schwörende sich für den Fall, dass er seine Zusage nicht einhält, selbst das Schicksal des zerteilten Tieres zuziehen möge. Dies geht aus Jer 34 und den altorientalischen Parallelen deutlich hervor.[170]

Allerdings ergibt sich eine gewisse Inkongruenz. Da es bei der Zeremonie um eine einseitige Zusage geht, gibt es normalerweise nur ein Subjekt der Handlung: Derjenige, der die ברית schneidet (כרת ברית), geht dann auch zwischen den בתרים hindurch, um sich für den Fall der Nichteinhaltung das Schicksal der zerschnittenen Teile zuzuziehen. So Jer 34,18: »Und ich will die Leute, die (meine ברית übertreten und) die Worte der ברית nicht halten, die sie vor mir geschnitten haben, so zurichten wie das Kalb, das sie in zwei Stücke geteilt haben und zwischen dessen Stücken sie hindurchgegangen sind.«[171]

ונתתי את־האנשים ... אשר לא־הקימו את־דברי הברית אשר כרתו לפני העגל אשר כרתו לשנים ויעברו בין בתריו:

---

169 Die Bekanntschaft mit der Funktion der Eingeweideschau, die m. E. hier vorauszusetzen ist, hat m. E. weniger mit dem »kanaanäischen kulturellen und religiösen Erbe« Israels zu tun (Loretz, Leberschau, 525) als mit den in neuassyrischer und neubabylonischer Zeit intensivierten Kontakten mit Meopotamien (vgl. Ez 21,26), da im 1. Jt. v. Chr. die Leberschau in Phönizien und Israel nicht mehr nachweisbar ist (Niehr, Religionen, 138; J.-W. Meyer, Eingeweideschau, 533).

170 Köckert, Vätergott, 229 f.

171 Vgl. auch die altaramäischen Staatsverträge auf den Basaltstelen aus Sfire aus der Mitte des 8. Jahrhunderts (KAI 222–224; RTAT 272–282), insbesondere Stele I (KAI 222). Die Götter werden als Zeugen des Vertrages zwischen Barga'ja, dem König von KTK, und Mati'-'el, dem König von Arpad aufgerufen, im Falle des Vertragsbruches Unheil zu bewirken. Den Menschen, und zwar der schwächeren Vertragspartei, droht das Unheil, u. a. das Schicksal des zerschnittenen Kalbes (KAI 222, Seite A, Zeile 40).

Jeremia berichtet von einem Vorgang in Jerusalem zur Zeit Zedekias, wo Menschen eine als ברית bezeichnete Verpflichtung eingegangen sind: Inhaltlich ging es um die Verpflichtung zur Freilassung der hebräischen Sklaven. Hier, vor Abram, soll Gott selbst eine Zusage bekräftigen, nämlich diejenige, Abram dauerhaft das Land zum Besitz zu übergeben.

Es ist daher Absicht, dass der *terminus technicus* כרת ברית (erst in V.18) Gott vorbehalten bleiben soll; denn zwischen den Stücken soll kein anderer als Gott selbst hindurchschreiten. Dennoch ist es Abram, der die Tiere zerteilt und anordnet. Natürlich kann man dies in der Logik der Erzählung mit dem zu vermeidenden Anthropomorphismus begründen. Gott lässt sich nicht dazu herab, persönlich irgendwelche Tiere zu zerstückeln. Doch um diesen Anthropomorphismus zu vermeiden, hätten die Stücke auch schon vorher dasein können, was bei dem visionären Charakter des Kapitels nicht verwundern würde. Etwa: »Geh hinaus, und sieh die Stücke, die dort liegen. – Und Abram sah ein gehälftetes Kalb, und eine Feuerfackel ging mitten hindurch. An jenem Tage schloss Gott mit Abram eine *bᵉrît* ...«. Nun hat aber in der Tat die aktive Beteiligung Abrams etwas mit dem fundamentalen Unterschied zwischen Gott und den Menschen zu tun: Es geht zwar durchaus um die Glaubwürdigkeit, die Verlässlichkeit Gottes, die vorausgesetzt wird, wenn von der Gerechtigkeit Gottes die Rede ist (V.6). Es geht aber nicht um das *Schicksal* Gottes: Was Gott drohend bevorsteht, ist zwar die Unglaubwürdigkeit, wie Mose ihm vorhalten wird (Num 14,15f., vgl. Ex 32,13; Dt 9,28): »Wenn sie das alles über dich hören, werden die Völker sagen: *Weil* JHWH *nicht imstande war, dieses Volk in das Land zu bringen, das er ihnen mit einem Eid zugesichert hatte, hat er sie in der Wüste abgeschlachtet.*«. Was Gott nicht droht, ist das Schicksal des Kalbes, wie es den Jerusalemer Zeitgenossen Jeremias oder Matiʼʼel von Arpad und seinen Großen[172] angedroht wird: Dass Abram ihn in Stücke schneidet.

Wenn es im Bild der Tiere nicht um das Schicksal Gottes geht, dann geht es um dasjenige des anderen, des schwächeren[173] »Bundespartners«: *Die Tiere stehen für das Schicksal, das Abra(ha)m und seiner Nachkommenschaft drohend bevorsteht.*[174] Dafür werden sie einen göttlichen Schild gut gebrauchen können (V.1), der Abram bereits aus Ur-Kasdim geführt (V.7) und ihm auch schon einmal den Weg nach draußen, unter den freien Himmel, gezeigt hat (V.5).

Für den Ritus selbst hätte normalerweise ein Jungstier (oder »Kalb«) genügt. Dass mehrere Tiere gefordert werden,[175] unterstreicht zunächst das Gewicht der

---

172 KAI 222, A, 39f. איך זגר עגלא זן יגזר מתעאל ויגזרן רבוה [ואיך ז]⁴⁰[י] ³⁹

³⁹»[Und gleichw]⁴⁰ie dieses Kalb zerschnitten wird, so soll Matiʻ-ʼel zerschnitten werden und sollen seine Großen zerschnitten werden.« Die Teilung wird mit גזר ausgedrückt, vgl. Gen 15,17 הגזרים האלה.

173 Auch hierzu bietet Jer 34 eine doppelte Parallele: In der ברית Gottes steht das Schicksal Judas auf dem Spiel, in der ברית der freien Judäer das Schicksal ihrer Sklaven.

174 »Alle Tiere sind also Symbole für Israel« (Jacob, Genesis, 406; vgl. Pagolu, Religion, 65).

175 Vgl. etwa Ex 24,5 die unbestimmte Mehrzahl der für die Opfer beigebrachten Stiere. Am Ende steht dort allerdings auch ein Mahl von 70 Ältesten (Ex 24,9–11).

hiermit bezeichneten Verpflichtung. Nebenbei wird deutlich, dass es Abram, der noch immer keinen Sohn und Erben hat, *materiell* an nichts fehlt: Er ist jederzeit in der Lage, mehrere Tiere, unterschiedlicher Art, für derartige Zeremonien zur Verfügung zu stellen (vgl. Gen 18,7; als ברית-Zeremonie aber vor allem Gen 21,27f.). Auffällig ist an der Aufzählung immer noch einiges: Die sehr konkrete Bezeichnung der Tiere, das dreimalige משלש/משלשת und die Vögel zum Schluss, die anders behandelt werden.

2.2. Die viererlei Tiere

In der rabbinischen Tradition wird die Aufzählung der Tierarten so interpretiert, dass Abram hier durch Gott die verschiedenen Opfertierarten gezeigt werden, die in den Opfergesetzen, vor allem im Buch Leviticus, ausgeführt werden.[176] In moderner Umkehrung liest sich das dann bei Konrad Schmid folgendermaßen: »die in Gen 15,9 genannten Opfertiere setzen offenbar die priesterliche Opfergesetzgebung (Lev 1) voraus«.[177] Dies ist kaum beweisbar.[178] Wenn in den Opfergesetzen das Alter der Tiere bestimmt wird, dann sind es einjährige und nicht dreijährige Tiere[179]; in Lev 1–10 begegnen weder eine עגלה (weibliches Kalb) noch ein גוזל, und ebensowenig das Kollektivum צפור. Das heißt, gerade einmal jede zweite der hier verwendeten Tierbezeichnungen taucht überhaupt in der Opfergesetzgebung auf.[180] Was bleibt, ist eine *ungefähre* Entsprechung: Es handelt sich durchaus um reine, zum Opfer und zum Verzehr in Israel seit jeher gebräuchliche Tiere – eben Rinder, verschiedene Arten Kleinvieh, zur Not, wenn es dafür nicht reicht, auch Turteltauben – aber die konkreten Benennungen vermögen gerade nicht zu belegen, dass der Autor die priesterliche Opfergesetzgebung *en detail* kennt.[181] Sprachlich und sachlich steht Gen 15 der Opferterminologie der deute-

---

176 BerR 44,14: 3 Arten Rind, 3 Arten Ziegen, 3 Arten Schafe, was mit der Übersetzungstradition des Onkelos übereinstimmt der übersetzt: 3 Kälber etc.

177 K. Schmid, Erzväter, 181; vgl. Römer, Dogma, 43.

178 Vgl. zuletzt Gertz, Abraham, 73.

179 So die häufigste Übersetzung, vgl. bereits LXX und TPsJ und Jub 14,9. Zu משלש als Terminus eines opferbaren Tieres vgl. 1 Sam 1,24, wo für בפרים שלשה MT die LXX einen »dreijährigen Jungstier« hat, was auf eine Form zurückgehen könnte, wie sie in 4QSam^a belegt ist: בקר משלש (vgl. Soggin, Genesis, 250).

180 עז, איל und תר. Im Zusammenhang mit Entsündigungsriten, aber nicht als Opfertiere, begegnen eine עגלה (Dt 21) und zwei צפורים (Lev 14), גוזל begegnet überhaupt in keinem Ritual außer Gen 15,9. Die »Tierarten sind nicht die des Opfers, sondern diejenigen, die dem Menschen überhaupt zur Hand sind« (Jacob, Genesis, 405).

181 Römer, Dogma, 43, nimmt deshalb zu der Begründung Zuflucht, dass der »*Wortlaut*« erst am Sinai offenbart wird, die Vorschriften »der *Sache* nach« aber schon präsent seien (Hervorhebung Th. R.). Eine dreijährige Jungkuh ist aber auch *sachlich* etwas anderes als ein einjähriger Stier. Dann ist es schon konsequenter, wie jüngst Hepner, Sacrifices, 41f., den Midrasch zu Gen 15,9 für sich sprechen zu lassen, und Anspielungen »to sacrifices described in the Priestly laws« nicht

ronomisch-deuteronomistischen Literatur näher: Samuel etwa führt eine עגלה als Opfertier mit sich;[182] das Deuteronomium kann die zum Verzehr geeigneten Vögel sowohl als עוף[183] als auch als צפור zusammenfassen (Dt 14,11). Keine dieser Stellen setzt die priesterliche Opfergesetzgebung literarisch voraus. Vorausgesetzt wird diese allerdings im halachisch orientierten Targum Onkelos zur Stelle, der deswegen alle Widersprüche weginterpretiert[184]:

ואמר ליה קריב קדמי עגלין תלתא ועיזין תלת ודכרין תלתא ושפנינא ובר יונה:

Der Targum ersetzt also zunächst das »Allerweltswort«[185] לקח+Präposition ל »nehmen, holen«[186] (normale Entsprechung im TO: נסב√+Präposition ל)[187] durch den Opferterminus קרב (pa'el) + קדם (+Personalsuffix, der für Gott steht).[188] Weiter übersetzt Onkelos משלש nicht als »dreijährig«, sondern als »dreifach«; macht aus dem weiblichen Kalb männliche Kälber, aus dem unbestimmten Vogelkücken das zu erwartende Taubenjunge[189] und ersetzt das zusammenfassende צפור gemäß Lev 1,14 durch עופא.[190] Damit zeigt sich in seltener Deutlichkeit der Einfluss exegetischer Vorentscheidungen auf den Targum Onkelos, der mit seiner Deutung als Opfervorbereitung einen breiten Strom der Auslegungsgeschichte repräsentiert.

Die historisch-kritische Exegese, die sich mit dem hebräischen Text befasst, sollte diese Widersprüche zunächst einmal zur Kenntnis nehmen. Gemeinsam mit den anderen Ortes gemachten Beobachtungen können sie kompositionskritisch ausgewertet werden: Gen 15,9f. gehört demnach einer Textschicht an, welche wohl zwischen in Israel reinen und unreinen Tieren zu unterscheiden vermag, aber die spezifische »P«-Gesetzgebung gerade nicht voraussetzt.[191]

---

nur für Gen 15, sondern auch für Gen 14 (Speis- und Trankopfer, wegen V.18, a.a.O., 43) und 17 (Passa, wegen des Bezugs zu Ex 12, a.a.O., 59f.) zu konstatieren (a.a.O., 38).

182 Nur 1 Sam 16,2 wird eine עגלה geopfert; Dt 21,1–9 ist kein Opfer.

183 Dt 14,20.

184 TO Gen 15,9.

185 So Seebass, Genesis II/1, 73, gegen Köckert, Vätergott, 228.

186 Die einzige exakte sprachliche Parallele bleibt deshalb Gen 27,9.13 – und dort geht es sehr wohl um zuzubereitende Tiere – aber keinesfalls um eine Opferdarbringung.

187 Ohne Bezug auf Opfer wird ל לקח ebenso regelmäßig mit נסב wiedergegeben (z.B. Gen 4,19; 14,21; 27,9.13) wie in der »priesterlichen« Opfergesetzgebung, wo לקח/נסב von קרב/קרב sehr genau unterschieden wird (z.B. Lev 9,2; 14,4; Num 8,8). In Ex 25,2, innerhalb des »priesterlichen« Textbereiches am ehesten sprachlich mit Gen 15,9 vergleichbar, da nur dort Gott auffordert, »ל« etwas zu holen, geht es nicht um tierische Opfer (dort immer לכם/לך), sondern die Spendensammlung (und für das zweimalige לקח steht im TO פרש und נסב).

188 Außer Gen 15,9 wird ל לקח nur in Ex 18,12 durch קרב קדם wiedergegeben, dort allerdings stehen eindeutige Opfertermini (עלה und זבחים) auch im MT.

189 Diese Angleichung findet sich häufig auch in der pseudepigraphen Literatur, etwa Jub 14,9; ApcAbr 9,5. Dort lässt sich jedoch schwer einschätzen, auf welcher redaktionellen und auf welcher sprachlichen Stufe die Angleichung erfolgt ist, da bereits das der Übersetzung von גוזל in der LXX dienende Wort, περιστερά (so Gen 15,9 im Gegensatz zu νεοσσός Dt 32,11), in der Regel eine Taube bezeichnet. בני יונה wird aber durch die LXX nur Lev 1,14 mit περιστερά, sonst immer (Lev 5,7.11; 12,6.8 etc.) mit νεοσσοί περιστερῶν wiedergegeben.

190 Die normale Entsprechung im TO ist sonst צפר.

Doch zurück zu der zeichenhaften Handlung: Die Tiere stehen für das Schicksal Abra(ha)ms und seiner Nachkommenschaft. Dabei sind nicht nur die Tierarten, sondern auch die mit ihnen verbundenen Zahlen[192] symbolträchtig, wie vor allem Yair Zakovitch herausgearbeitet hat.[193] Zunächst müssen drei »dreijährige« Tiere herbeigebracht werden. Es sind unterschiedliche Tiere, einmal Großvieh, zweimal Kleinvieh; zwei weibliche Tiere, ein männliches Tier, die aber doch parallelisiert werden: Abram teilt sie jeweils in der Mitte.[194] Die Vögel werden ausdrücklich nicht geteilt,[195] und zudem in einem Singular[196] als hendiadyoin zusammengefasst.[197] *Es handelt sich demnach insgesamt um vier verschiedene »Schicksale«*, wobei das vierte von den ersten dreien markant abgehoben erscheint:[198] Dort ist wohl die Selbstverfluchungszeremonie nicht mehr im selben Maße angebracht. In der Schilderung der Zeremonie bleibt, genau besehen, offen, ob der צפור überhaupt geschlachtet wurde oder sogar, im Unterschied zu den drei erstgenannten, noch am Leben ist. Die Selbstverfluchungszeremonie gilt demnach in erster Linie für die ersten drei Schicksale. Von diesen fällt wiederum das erstgenannte[199] durch seine Größe aus der Reihe – steht vielleicht Großvieh für Sesshaftigkeit, Kleinvieh für Umherziehen? Oder geht es einfach um das größere Gewicht? Das drittgenannte[200] fällt dadurch aus dem Rahmen, dass es ein männliches Tier ist – deutet das männliche Tier hier eine männliche Einzelperson[201] an,

---

191 Unnötig sind deshalb Operationen, wie sie Ruppert, Überlegungen, 308, anstellt: »Auf die *Pentateuchredaktion* dürften V 9b und V 10b (Neuverständnis der Zeichen- als Opferhandlung!) […] zurückgehen.« Warum dieser Pentateuchredaktor nur in einer von drei laut Ruppert eigens eingeführten Tierbezeichnungen eine in der Opferterminologie gängige Opfertierbezeichnung trifft, erklärt Ruppert nicht. Freilich übersetzt er in V.9b wie Onkelos »Turteltaube und *junge Taube*« (a.a.O., 301, Hervorhebung B.Z.).

192 Vgl. die Träume des Pharao Gen 41, vor allem aber das merkwürdige Verhalten Abrahams gegenüber Abimelech Gen 21,23–31, ebenfalls in der »vorpriesterlichen« Abra(ha)mgeschichte. Auch dort bleibt die besondere Zahl (»sieben Schafe«) nicht ohne textinterne Deutung. Zu einer funktionalen Differenzierung der Tiere vgl. die beiden Stiere Gideons (Ri 6,25–28): Der eine, שור, ist das Arbeitstier, das den Tempel einreißen soll, der zweite, siebenjährige, wird Jhwh geopfert, und steht für die erhoffte Befreiung von der siebenjährigen Bedrückung durch die Midianiter (Ri 6,1).

193 Zakovitch, Pattern, 150–157.

194 בתר Pi'el.

195 Eine besondere Funktion wächst den beiden Vögeln ApcAbr 15,3 zu: Sie tragen Abraham und den ihn führenden Engel nach vollzogenem Opfer zur visionären Himmelsreise durch die Lüfte.

196 Der צפור.

197 Talmon, Generationen, 23.

198 Vgl. Jacob, Genesis, 405f.; Zakovitch, Pattern, 156; Talmon, Generationen, 23; sowie Römer, Dogma, 36.

199 Die עגלה.

200 Der איל.

201 Vgl. neben Löwe (Gen 49,9; Dt 33,20.22; Ez 32,2; Prov 28,1.15), Wolf (Gen 49,27), Bär (Prov 28,15) und Adler (Ez 17,3.7) auch Stier (Dt 33,17; Prov 7,22), Schaf (Jer 11,19) und Lamm (Ps 119,176), auch den Widder (Dan 8,3–7.20). Raubtiere gelten selbstverständlich auch als Metapher für eine große Kriegsmacht oder für Gott selbst; männliche Tiere können auch für

während die weiblichen Tiere eher als Metaphern für ein Kollektivum stehen?[202]
Viele offene Fragen, die zunächst rätselhaft bleiben müssten, aber im Kontext von
V. 13–16 ihre textinterne Deutung erfahren werden (s. u. S. 211 f.).

V. 10–11 verdeutlichen in der Wortwahl, dass es sich um menschliche Schicksale handelt: »... Und er legte einen jeden – sein Stück – seinem *Nächsten*[203] gegenüber«. »Und die Raubvögel[204] kamen herunter auf die *Leichen*[205], und Abram
verscheuchte sie.« Da es hier um die Zukunft Abra(ha)ms und seiner Nachkommen geht, ist gerade das letzte Bild äußerst bedrohlich, ein böses Omen:[206] Der
Inbegriff des drohenden Unheils ist, im Alten Testament nicht anders als in seiner
nächsten Umwelt, ein schlimmes Lebensende, sei es durch Krieg, durch Rebellion,
durch Hungersnot oder durch die Vollstreckung der Todesstrafe. Dass die eigene
Leiche am Ende den Vögeln und wilden Tieren zum Fraß vorgeworfen würde, ist
die höchste Strafe, schlimmer als der Tod,[207] Inbegriff des Fluches[208] – ein Ende in
Frieden dagegen der größte Lohn, ja der Inbegriff des Segens.[209] Nun droht
Abra(ha)m oder seiner Nachkommenschaft offensichtlich das größte Unheil. Es
dürfte nicht zu weit hergeholt sein, innerhalb der Nachkommenschaft Abra(ha)ms,
und im Zusammenhang mit der Zusicherung der Landgabe, an das Schicksal der
Exodusgeneration zu denken. Die Gesamtheit derjenigen, die gemeinsam ausgezo-
gen sind (mit Ausnahme der noch unter 20-jährigen, wie die Endkompositions-

---

ein Volk stehen (in den Stammessprüchen, Gen 49; Dt 33; vgl. Num 23,24; 24,9, geht es mit der
jeweils benannten »Person« natürlich auch um ein Kollektiv).

202 Vgl. Jer 46,20; Hos 4,16; 10,11 (Kuh bzw. Kalbin); evt. Jes 53,7 (weibliches Lamm als Metapher
für den kollektiv oder individuell zu deutenden Gottesknecht). Vgl. auch die Rollenverteilung
zwischen der Löwin (=Juda bzw. das Königshaus) und den jungen männlichen Löwen (=einzelne
Könige) Ez 19 (Zimmerli, Ezechiel, 423 f.).

203 רעהו ... איש. Eine geläufige Wendung für Menschen, die etwas miteinander zu tun haben. Zur
Bezeichnung von »leblosen Dingen« (¹⁷Gesenius–Buhl, 765) steht die Wendung singulär
Gen 15,10.

204 העיט, wohl als collectivum zu verstehen, vgl. das Pluralsuffix am Ende des Verses.

205 פגר bezeichnet im Alten Testament außer an dieser Stelle immer menschliche Leichen, und zwar
unbeerdigte Leichen.

206 So mit Hinweis auf die Harpyen in Vergils Aeneis (3,225–267) Dillmann, Genesis, 246; Gunkel,
Genesis, 182, sowie die meisten neueren Kommentare. Gunkel, ebd., verweist auch auf den
unheilbringenden Vogel Gen 40,16–19.

207 Eine gewichtige Ausnahme im Alten Orient bildet in dieser Frage der Zoroastrismus, in dem die
Bestattung unter freiem Himmel bevorzugt wird, und die Leichen zwar möglichst nicht von Hun-
den, Wölfen und Füchsen, wohl aber von Vögeln gefressen werden sollen (Hutter, Religionen,
236 f.).

208 Als eines der zahlreichen Beispiele im Alten Testament sei auf die Fluchandrohungen Dt 28 verwiesen: »Deine Leiche wird allen Vögeln des Himmels und dem Vieh der Erde zum Fraß werden,
und es ist keiner, der [sie] verscheucht.« (Dt 28,26) Eine literarische Beziehung zu Gen 15 liegt
nicht vor, da andere Vokabeln verwendet werden und das Motiv zu den gängigen Motiven pro-
phetischer Droh- und Strafrede gehört (1 Kön 14,11; 16,4; 21,24; Jer 7,33; 15,3; 16,4; 19,7;
34,20; Ez 29,5; 31,6.13; 32,4; vgl. noch die Großsprechereien Davids und Goliaths
1 Sam 17,44.46 sowie Ps 79,2).

209 Zu 2 Kön 22,20 // 2 Chr 34,28 sowie Jer 34,5 siehe unten Anm. 243 (S. 210).

schicht[210] zu konkretisieren weiß) musste nach dem biblischen Bericht in der Wüste sterben (vgl. Num 14,29.32f. jeweils פגר[211]).[212] Das wissen die Hörer, das weiß jedoch nicht Abram. Dass die Leichen von den Vögeln des Himmels oder den Tieren des Feldes gefressen würden, wird indes von der Wüstengeneration nirgends gesagt. Mit Gen 15,11 könnte man sagen: Dank Abram ist es nicht soweit gekommen.[213]

Damit ist Folgendes deutlich: Nachdem in Gen 15,7f. die Übergabe des Landes an Abram als Inhalt der göttlichen Zusage eingeführt wird, geht es in der ab V.9 beschriebenen Zeremonie um deren vierfache Differenzierung in Form einer feierlichen Zusicherung des Landes an Abram zugunsten seiner Nachkommenschaft.

Bevor die in den Versen 13–16 erfolgende Deutung dieser Zeremonie zum Thema wird, sollen an dieser Stelle noch die unterschiedenen Wissenshorizonte, die im Text vorausgesetzt sind, differenziert werden.[214]

Exkurs: Die vorausgesetzten Wissenshorizonte

Der *Erzähler* kennt, grob gesagt, die »hexateuchische« Geschichte.

Abram lebt in der Geschichte und kennt seine eigene bisherige Geschichte: Gott hat ihn aus Ur-Kasdim geführt, um ihm das Land zu geben, in dem er sich jetzt befindet (Gen 15,7). Gott hat ihm auch die Zusage unzählbarer Nachkommenschaft gegeben,[215] der er trotz seiner andauernden Kinderlosigkeit Vertrauen schenkt.

Er lebte, von Erzähler und Hörern aus gesehen, in einem lange vergangenen Zeitalter (vgl. בימי אברהם als vergangenes Zeitalter schon in Gen 26,1.15.18). Er kennt noch nicht die zukünftigen Geschehnisse; er weiß noch nicht einmal, wie es um sein eigenes Schicksal steht. Der Text zeichnet ihn aber als Gottesmann, als

---

210 So Num 14,29; 32,11.

211 Denkbar wäre, dass damit auf Gen 15,11 angespielt werden soll.

212 Eine redaktionskritische Analyse von Num 13f. kann im Rahmen dieser Studie nicht erfolgen. Für die Existenz eines übergreifenden vorpriesterlichen Zusammenhangs hat sich jüngst etwa L.Schmidt, Kundschaftererzählung, ausgesprochen. Von Gen 15 unzweifelhaft vorausgesetzt wird eine vorendkompositionelle Tradition, dass die Auszugsgeneration nicht das gelobte Land erreicht hat; diese Tradition muss nicht ursprünglich mit der Kundschaftererzählung verbunden gewesen sein (vgl. z.B. Ez 20); zur ganzen Problematik vgl. jetzt Biberger, Väter, 54–120. Der Scheidung zwischen Exodus- und Landnahmegeneration, dem Paradigma schlechthin für das »Generationendenken« (der Ausdruck von Biberger, Väter, 205) im Alten Testament, entspricht auch die Tradition vom Tod des Mose auf der Grenze vor der Einwanderung nach Josua.

213 Vgl. die Auslegung BerR 44,16, die das Verdienst Abrams (זכותן) für seine Kinder hervorhebt.

214 Vgl. zum Prinzip des »Versteckens des Wissens« van den Eynde, Interpreting.

215 Abram hat Gottes Zusage erfahren, ein großes Volk zu werden (Gen 12,2), sowie die Zusage von Nachkommenschaft so zahlreich wie der Staub der Erde, und nun auch so zahlreich wie die Sterne des Himmels.

einen Propheten, der mit Gott vertrauten Umgang pflegt. Dies unterscheidet ihn graduell von Isaak und Jakob, die zwar ebenfalls Offenbarungen empfangen, aber nicht so einfach mit Gott in Dialog treten. Diese Nähe zu Gott verbindet ihn dagegen mit Mose und Elia, die in ähnlicher Weise mit Gott disputieren können. Vor diesem Gottesmann kann Gott seine Pläne nicht verbergen.[216] Dieser Abram, der die Nachkommens- und Mehrungsverheißung auf das Zeichen der Sterne hin annimmt, fragt geradezu, wie er zu dem Wissen kommen kann, dass er das Land besitzen wird[217] – in Zukunft und auf Dauer – im Imperfekt.

Jhwh kennt das Geschick Abra(ha)ms wie seiner Nachkommenschaft schon im Voraus, hat es aber außerdem in der Hand, dieses zu wenden.

Abram weiß, dass Gott dieses alles weiß, und möchte an diesem Wissen teilhaben.

So weit ist alles ziemlich klar. Wenn nun aber ernst gemacht wird mit der Erkenntnis, dass Gen 15 der Verknüpfung von vormals getrennten Erzeltern- und Exodusüberlieferungen dient[218], ist noch weiteres zu bedenken:

Die *Israeliten der Exodusgeschichte*, ja auch *Mose* selbst, kennen Ägypten, aber nicht das Land, das ihnen zugeschworen wird. Einzig und allein Mose kennt wenigstens die Namen der Erzvätertrias; auch er kennt sie aber, wenn überhaupt, nur dank der göttlichen Offenbarung an ihn. Diesen tiefen Graben zwischen Erzeltern und Exodus will der Erzähler als existenziell erfahrene Realität bestehen lassen, ihn jedoch durch die Treue Gottes zu seinen Verheißungen gegenüber Abra(ha)m überbrücken.

Der *Erzähler* von Gen 15 rechnet mit dem Wissen der Hörer um die verschiedenen Ursprungstraditionen ihres Volkes, wobei es immer hypothetisch bleiben wird, wieviel von diesen Traditionen von Anfang an in einem *literarischen* Zusammenhang mit Gen 15 gestanden hat. Wenn dort bereits »die Wanderungen der Erzväter, der Aufenthalt in Ägypten, der Auszug und die Ansiedlung« im Land der Verheißung vorkommen,[219] also insgesamt vier in ihrem Charakter sehr verschiedene Perioden, dann ist wohl Folgendes impliziert:

---

216 Gen 18,17 (»Verberge ich etwa vor Abraham, was ich tue? Abraham wird doch ein großes und starkes Volk …«) ist ebenfalls »vorpriesterlich« und gehört konzeptionell in denselben Zusammenhang wie Gen 15.
Gen 18,17–19 steht im Zusammenhang mit der Disputation Gen 18,23–32, wo es jeweils um die Gerechtigkeit Gottes geht. Gen 17 ist noch nicht vorausgesetzt: Es wird auf die bis dahin stärkste Formulierung der Verheißung Bezug genommen, auf Gen 12,2f. (גוי גדול und Segensthematik); vgl. auch Ex 1,9 und Num 14,12; 22,6; Dt 9,45; 26,5 (גוי עצום). Im jetzigen, endkompositionellen Kontext, wäre eine Aufnahme von Gen 17,6f. zu erwarten gewesen: »Ich mache dich zu einer Menge von Völkern; ich mache dich überaus fruchtbar, und ich mache dich zu Völkern, und Könige werden aus dir hervorgehen!«

217 Vergleichbare Fragen nach einem göttlichen Zeichen finden sich, wie oft bemerkt, in der Gideongeschichte (Ri 6,37.39).

218 K. Schmid, Erzväter.

219 Soggin, Genesis, 256.

Die *Hörer* kennen einerseits die Grundzüge der Abra(ha)mgeschichte, die ein gutes Ende nimmt: Es geht von Anfang an um die Verheißung und Gefährdung des einen entscheidenden Nachkommen: Nach immer erneuter Verzögerung und Infragestellung wird schließlich Isaak wunderbarerweise geboren, nach weiterer Gefährdung überstehen schließlich Abraham und Isaak auch die letzte und größte Versuchung, indem sie sich Gott gegenüber bis zum letzten als gehorsam erweisen. Abraham darf alt werden und in Frieden sterben in dem Land, das offenbar ihm allein gehört (Ez 33,24).

Die Hörer kennen andererseits auch das Schicksal der Israeliten, die Fremdlinge in Ägypten waren, eine finstere, nicht enden wollende Zeit der Knechtschaft, in der sie unter einer immer maßloser werdenden Unterdrückung zu leiden hatten. Gott selbst hat sie schließlich von dort herausgeführt (Ex 20,2; Dt 5,6). Die Hörer wissen aber auch um das weitere Schicksal der Israeliten, die aus Ägypten gezogen waren. Sie wissen (Dt 5,9f.[220]): »JHWH, dein Gott, ist ein eifersüchtiger Gott, der die Schuld der Väter an Kindern, Enkeln (שׁלשׁים) und Urenkeln (רבעים) heimsucht bei denen, die mich hassen, aber für Tausende Gnade erweist bei denen, die mich lieben [und die seine Gebote bewahren][221]«. Der ungehorsamen Exodusgeneration selbst war darum, ganz anders als Abraham, Isaak und Jakob, ein friedliches Ende verwehrt: Die Israeliten mussten in der Wüste wandern, bis nach 40 Jahren dieses ganze Geschlecht gestorben war. Erst danach, nach dem Tod des Mose, in den Tagen Josuas, erbarmt sich Gott seines Volkes. Die nächste Generation, diejenigen, die noch nicht »flügge« waren, als das Volk aus Ägypten zog, sie durften einwandern – in das Land, welches Gott ihren Vätern zugeschworen hatte.

* * *

Der Exkurs hat deutlich gemacht, dass sich gewichtige Probleme ergeben, wenn die Traditionen von Knechtschaft in Ägypten, Auszug unter Mose, Landnahme unter Josua einerseits und Landnahme der Erzeltern andererseits überbrückt werden sollen.

Deutlich wird dies in der Redaktionsgeschichte des Deuteronomiums: Dort erscheint die unmittelbar bevorstehende Landnahme der Israeliten ursprünglich als Erfüllung der Zusage, die Gott den Vätern der Landnahmegeneration, im Zusammenhang des Exodus gegeben hat.[222] Erst im Zusammenhang einer relativ jungen

---

220 Vgl. Ex 20,5; 34,6f.; Dt 7,9f.

221 Das Suffix der dritten Person bei ולשׁמרי מצותו (Dt 5,10) macht deutlich, dass der Verweis auf das Halten der Gebote ein deuteronomistischer Kommentar ist, der nicht zuletzt den Abra(ha)mbezug offenhält und kommentiert: Abra(ha)m ist nicht nur der Gott liebende, sondern gemäß Gen 26,5 (der deuteronomistischste Text der Genesis, wenn der Ausdruck erlaubt ist) auch der erste, der seine Gebote gehalten hat.
Die Exodusfassung des Dekalogs sowie das Qere des Masoretischen Textes Dt 5,10 haben diesen Kommentar sprachlich dem Gebotstext (1. Ps.) angeglichen.

222 Römer, Väter, 9–271.

Redaktionsschicht wird dieser Landschwur an die Väter als Landverheißung auf Abraham, Isaak und Jakob zurückprojiziert.[223] Die Erzelterngeschichte bleibt aber aus Sicht des Deuteronomiums nicht mehr als ein heilsgeschichtlich irrelevanter Prolog zur Exodusgeschichte.[224]

Wenn Gott das Land aber tatsächlich bereits Abraham, Isaak und Jakob zugeschworen haben soll, entsteht zwangsläufig die Frage: Was ist eine göttliche Verheißung wert, wenn sie geradezu in Vergessenheit geraten kann? Und zwar durch den Verlust des Landes, so elementar, dass die Ägypten- wie die Exodusgeneration nicht einmal mehr eine blasse Vorstellung von dem ihnen verheißenen Land ihrer Väter haben? Steht Gott Abra(ha)ms Nachkommenschaft dann noch glaubwürdig gegenüber?

Das sind die Fragen, die in Gen 15 gestellt und in der Zeichenhandlung und ihrer Deutung beantwortet werden. Die Antwort lässt der Erzähler nur Abram wissen, freilich noch etwas geheimnisvoll. So werden, im klassischen Orakelstil, zunächst keine Namen genannt: Nicht »Mose« oder »Josua«, nicht »Ägypten«, nicht »Jakob« oder »Israel«, ja noch nicht einmal »Isaak« oder »Ismael«. Dadurch wird bei den Hörern eine Spannung aufgebaut: Wer wird letztlich wann das Land erben dürfen?

3. Die vier Geschlechter in Gen 15

Die *Deutung* der zeichenhaften Vorgänge von V. 9–11 durch den Ausblick auf die vier Geschlechter und ihr je verschiedenes Schicksal, immer in Bezug zur Landverheißung, erfolgt in den Versen 13–16.

Schon in V. 5 hatte Gott Abram zu einer zeichenhaften Handlung aufgefordert: Er sollte hinausgehen und die unzählbare Menge der Sterne am Himmel zählen, wobei die Ausführung der Handlung nicht eigens berichtet wird. Die unmittelbar folgende *Deutung* vergleicht die Zahl dieser Sterne am Himmel mit der Zahl der Nachkommenschaft Abra(ha)ms.

Analog in der zweiten Szene: Abram wird aufgefordert, drei dreiheitliche Tiere und ein paar Vögel herzubringen. Hier wird die Ausführung berichtet, weil sie für die Hörer Neues und Wichtiges hinzufügt. Die eigentliche *Deutung* des Zeichens folgt in V. 13–16, durch göttliche Rede und den Rückbezug auf die Frage Abrams (mit dem Stichwort ידע) eingeleitet.

---

223 Durch die insgesamt siebenmalige Einfügung der Vätertrias »Abraham, Isaak und Jakob« (Dt 1,8; 6,10; 9,5.27; 29,12; 30,20; 34,4), davon fünfmal als Apposition zu den »Vätern« (Dt 1,8; 6,10; 9,5; 29,12; 30,20). Vgl. Römer, Väter, 269 f.

224 Zu Dt 9,27 vgl. Römer, Väter, 256–165; zu Dt 10,22 und 26,5 vgl. a. a. O., 271; zu Dt 34,4 vgl. a. a. O., 251–256.

Die *Bestätigung der Deutung* erfolgt in der ersten Szene durch den berühmten, vieldiskutierten V.6 והאמן ביהוה ויחשבה לו צדקה.[225] Bisher zu Unrecht vernachlässigt wurde in der diesbezüglichen Diskussion die *relecture* von Gen 15 im Bußgebet Neh 9: Dort wird die Erinnerung an Gottes Aufrechterhaltung seiner Gen 15,18–21 geschlossenen ברית eingerahmt durch die Prädikation Abra(ha)ms als »treu«[226] – und Gottes als »gerecht« (Neh 9,8). Festzuhalten ist also die Reziprozität von Treue und Gerechtigkeit: Beide bedingen einander,[227] und beide beschreiben wohl auch das wechselseitige Verhältnis von Gott und Abram, das im Weiteren vorausgesetzt wird.

In der zweiten Szene steht als *Bestätigung der Deutung* Gottes feierliche Selbstverpflichtung, Gen 15,17–21. Davor gibt es allerdings noch einige retardierende Momente: Zunächst das böse Omen der Raubvögel, die sich auf die Leichen setzen wollten. Danach fällt, mit beginnender Dämmerung, eine dreifache Beschwernis auf Abram: ein Tiefschlaf »fiel« auf ihn; Schrecken, große Finsternis »fällt« auf ihn.[228]

Danach erst ist der richtige Rahmen für die Deutung der Zeichenhandlung gegeben, die Abrams Vermutungen und Befürchtungen recht gibt: Ja, es geht um vier aufeinander folgende Schicksalsgemeinschaften;[229] ja, es gibt ernsthafte Bedrohungen der Nachkommens- und Landzusage. Aber auch das Vertrauen Abrams in Gottes Zusage wird letztlich gerechtfertigt: Er selbst wird in Frieden sterben dürfen, und auch seine Nachkommenschaft wird letztlich in das Land zurückkehren.

Die Verse 13–16, in welchen von vier verschiedenen Schicksalsgemeinschaften und deren Verhältnis zur Landzusage an Abram die Rede ist, stellen in der Tat ein (vorendkompositionelles) »Kompendium der hexateuchischen Geschichte«[230] dar. Auch das ganze Kapitel kann als ein solches bezeichnet werden, da die Verse 13–16 aus dem Zusammenhang des Kapitels nicht herauszutrennen sind, sondern in diesem Zusammenhang gelesen und interpretiert werden müssen.

---

225 Siehe oben S.190f.

226 Vgl. 4Q225, 2,1,7f. und 2,2.8 als Rahmung für die Erzählung von der Bindung Isaaks.

227 Vgl., außer Gen 15,6 und Neh 9,8, √אמן neben √צדק: Dt 32,4; 1 Sam 26,23; Jes 1,21.26; 11,5; 26,2; 59,4; Hab 2,4; Ps 40,11; 96,13; 119,75.138; 143,1; Prov 12,17; noch zahlreicher sind die Belege für אמת neben √צדק.

228 TPsJ Gen 15,12 sieht auch in der großen Finsternis die Vierzahl, nämlich in den vier Worten אימה חשכה גדלה נפלת, und deutet sie allegorisch: Die »Furcht« steht für Babel, die »Finsternis« für Medien, die »Größe« für Griechenland, das »Fallen« für Persien. Das Fragmententargum (TFrag Gen 15,12) hat statt Persien »Edom«, als Chiffre für Rom. Weitere Zuordnungen werden vorgeschlagen und diskutiert in BerR 44,17 (z. St.).

229 Die einzige Bezeichnung im biblischen Hebräisch für ein »Geschlecht« im Sinne von Schicksalsgemeinschaft, das heißt für den »Zeitraum und die darin lebenden Menschen« ([17]Gesenius–Buhl, 159), ist דור.

230 In Anlehnung und Abgrenzung an den Untertitel der Studie von Ha, Genesis 15. Für ein Kompendium der Endkomposition des Pentateuch fehlen im Schema Verweise auf die Urgeschichte, d.h. den in der erzählten Zeit mit Abstand längsten Abschnitt, und auf die Gesetzgebung in Sinai, Wüste und Moab, d.h. den in der Erzählzeit bei weitem größten Teil des Pentateuch.

Der Ausblick auf das Kommende beginnt, entsprechend der auf die Zukunft zielenden Frage Abrams (V. 8), nicht bei Abra(ha)m selbst oder seinem דור, das heißt seinen Zeitgenossen, sondern mit seiner Nachkommenschaft. Von Abram aus gesehen also in einem anderen, einem »zweiten« Geschlecht.

3.1. Fremdlingschaft und Bedrückung (Gen 15,13–14a): Das kommende Geschlecht

ויאמר לאברם ידע תדע כי־גר יהיה זרעך בארץ לא להם ועבדום וענו אתם ארבע מאות שנה:

»Und er sagte zu Abram: Du sollst gewiss wissen: Deine Nachkommenschaft wird Fremdling[231] sein in einem Land, das ihnen nicht gehört. Und sie werden sie versklaven und sie bedrücken vierhundert Jahre« (V. 13). Die verbale, in einer Inkubation erfahrene Antwort auf die Frage Abrams beginnt mit einer Unheilsankündigung. Abrams Nachkommen sollen Fremdlinge sein! Offensichtlich steht das hier angekündigte Schicksal im Widerspruch zur momentanen Befindlichkeit Abrams, sonst hätte es kaum so umständlich eingeführt werden müssen. Abram hat in Gen 15 einige Sorgen, aber nicht die eines minderen Bürgerschaftsstatus. Er wohnt (ישב) in Mamre (Gen 13,18); genausogut kann er in Sichem oder Bethel wohnen; keiner hindert ihn daran, außer evt. eine hin und wieder kommende Hungersnot. Dennoch weiß er schon, was es heißt, als Fremdling zu leben: Er war selbst Fremdling in Ägypten (Gen 12,10–20). Seiner Nachkommenschaft soll es allerdings noch viel schlimmer ergehen als ihm selbst seinerzeit: Sie werden geknechtet und bedrückt werden. Das konnte von Abrams Ägyptenaufenthalt nicht gesagt werden, schließlich lebte Abram dank der Schönheit seiner Frau im Reich des Pharao nicht schlecht.

Die nun angekündigte Fremdlingschaft, Knechtschaft und Bedrückung soll unvorstellbare 400 Jahre dauern. Eine fast unendliche Zeit, 10mal[232] die sonst bis-

---

231 גר wird in dieser Arbeit bewusst mit »Fremdling« übersetzt, גור mit »sich als Fremdling aufhalten« (zur Zusammengehörigkeit vgl. Bulmann, *ger*, 17–22). Im antiken Juda steht diese Bezeichnung für eine Randgruppe sozial Benachteiligter ohne eigenen Grundbesitz, welche sozusagen »ortsfremd« waren (vgl. Bultmann, *ger*, 214). Doch wird dieselbe Bezeichnung auch für den Aufenthalt der Israeliten in Ägypten gebraucht (Ex 22,20; 23,9; Lev 19,34; Dt 10,19), wo der mindere Rechtsstatus mit der Fremdheit gegenüber dem ganzen Land verbunden ist. Da die Erzeltern als Einzelpersonen das ganze spätere Volk Israel repräsentieren, gibt es für sie keine »Ortsfremdheit« ohne ethnische Fremdheit. Vorendkompositionell steht גור/גר für den Aufenthalt der Erzeltern in Sodom, bei den Philistern oder in Ägypten, während erst endkompositionell der Aufenthalt im »ganzen Land Kanaans« als »Fremdlingschaft« (מגרים) qualifiziert wird, vgl. unten S. 333ff.

232 Auch Shemaryahu Talmon (Generationen, 18), sieht erstens, dass die Geschlechter in Gen 15,13– 16 nicht »realhistorisch« interpretiert werden dürfen, zweitens, dass die Symbolik des דור רביעי »wahrscheinlich auf dem in der Bibel weitverbreiteten 40 Jahre-Schema beruht« (a.a.O., 19), und drittens, dass »400 Jahre« und דור רביעי nicht auf verschiedene Quellen verteilt werden können (a.a.O., 18). Dennoch teilt er die 400 Jahre in 4x100 Jahre ein, um sie den 4 »Generationen« zu parallelisieren, und vergisst dabei den eben erst entdeckten »besonders engen Zusammenhang mit

weilen für eine Schicksalsgemeinschaft veranschlagte Zeit von 40 Jahren;[233] etwa so lange wie die Zeit von der Reichsteilung bis zum Exil. Eine Zeit, in der schon einiges in Vergessenheit geraten kann.[234] Und doch ist es nur *ein* Schicksal, eine Periode: Aus der Sicht der Späteren sind es »die Väter in Ägypten«, aus der Sicht Abrams »die Nachkommenschaft in einem fremden[235] Land«. Dieses Geschlecht der Knechtschaft in Ägypten wird, im Unterschied zu anderen Geschlechtern,[236] nicht durch ein prägendes Ereignis charakterisiert, sondern durch die Dauer: Es ist die Dauer eines ganzen Zeitalters, vierhundert Jahre.[237] Aus der Sicht der späteren Israeliten könnte man mit gutem Recht sagen: Es ist so lange her, dass es schon gar nicht mehr wahr ist. Die »Väter in Ägypten« waren so lange als Geknechtete und Bedrückte im fremden Land, dass sie am Ende gar nichts anderes mehr kannten. Auf die Schwierigkeiten der chronologischen Einordnung dieses Zeitalters im Pentateuch wird weiter unten noch eingegangen werden.[238]

Gerade weil die Ägyptenzeit eine so unendlich lange, ungezählte Generationen dauernde Periode bezeichnet, darf sie keineswegs personalisiert werden: Es gibt schlechterdings keine Einzelpersönlichkeit, die paradigmatisch für diese Zeit stehen könnte, denn es handelt sich eben nicht um eine Generation, sondern um ein ganzes Zeitalter.

Nach V. 14a bleibt diese lange Periode nicht gänzlich einförmig. Obgleich sie bis zum Schluss durch Knechtschaft und Bedrückung der Nachkommenschaft Abra(ha)ms gekennzeichnet sein wird, so soll doch, am Ende der 400 Jahre, end-

---

der Exodus- und Wüstenwanderungstradition« (a.a.O., 19f.). Wenn aber der vierte דור zurückkehrt, muss es der dritte דור gewesen sein, der in der Wüste umgekommen ist. Da die Zählung logisch mit dem Angeredeten beginnt, bleibt für die Knechtschaft in Ägypten nur der zweite דור, dessen Dauer in der Tat nach dem »40 Jahre-Schema« angegeben ist, als extrem lange während Schicksalsgemeinschaft von zehnmal vierzig Jahren.

233 Die 40 Jahre der Wüstenwanderung (Ex 16,35; Num 14,33f.; 32,13; 33,38; Dt 1,3; 2,7.14; 8,2.4; 29,4; Jos 5,6; 14,10. Am 2,10; 5,25; Ps 95,10; Neh 9,21) kennzeichnen zugleich eine Schicksalsgemeinschaft und die Zeit, die für eine vollständige Ablösung der erwachsenen Männer nötig ist. Die Am 5,25 gestellte Frage »Habt ihr mir etwa geopfert in der Wüste, 40 Jahre, Haus Israel?« sollte als Beweis genügen, dass die 40 Jahre nicht erst »priesterlicher« Literatur entstammen. Zu weiteren Vierziger-Perioden s.o. Anm.110 (S.182).

234 Auch K. Schmid, Erzväter, 138, stellt die Frage, ob die große Zeitspanne vielleicht zu dem Zweck eingeführt wird, »das Vergessen Josephs (Ex 1,8) plausibel zu machen«.

235 Zur Ausdrucksweise בארץ לא להם in Gen 15,13 vgl. Jer 5,19 לא לכם בארץ זרים תעבדו.

236 Vgl. rabbinisch etwa: דור הפלגה, דור המבול, anknüpfend an Gen 7,1; 10,25.

237 Die Möglichkeit, dass hinter den veranschlagten 400 Jahren auch historiographische Spekulationen über die ägyptische Chronologie stehen, ist nicht völlig auszuschließen. Keinesfalls aber geht es um historische Erinnerungen der Israeliten, vgl. Kreuzer, 430 Jahre, 201f. sowie Talmon, Generationen, 20f., zur Diskussion über die 400-Jahr-Stele von Tanis. M.E. wollte nicht erst de Vaux, Patriarchen, 44, Anm.1, sondern bereits GA 19,9.22 (vgl. Jub 13,10.12; Num 13,22 sowie Ps 78,12.43), das sich auf die vorendkompositionelle Erzeltern- (und Exodus-)Geschichte bezieht, einen Zusammenhang zwischen Erzelternzeit und der Gründung von Zoan/Tanis als Hyksos-Hauptstadt herstellen, vgl. Fitzmyer, Apocryphon, 107. In der auf interne Systematik abzielenden Chronologie der Endkomposition werden derartige Bezüge aber marginalisiert.

238 Siehe unten, S. 259ff.

lich auch das Volk der Bedrücker gerichtet werden (V. 14a). Andere Perioden der Vorgeschichte Israels enden mit dem Tod der maßgeblichen israelitischen Führungsgestalten sowie dem Tod »des ganzen Geschlechts«.[239] Obwohl es keine israelitische Führungsfigur für die Zeit der Knechtschaft gibt, sondern der Pharao bzw. die Ägypter die einzigen Führungsgestalten waren, soll auch das Ende der ägyptischen Knechtschaft durch den Tod markiert werden: Eingeleitet wird die Auszugsgeschichte durch den Tod des »Königs von Ägypten«, ihren Höhepunkt erreicht sie in der Tötung aller Erstgeburt Ägyptens – und der Rettung Israels, derer mit dem Blut-Ritus des Passa-Festes gedacht wird. Auch für die Erinnerung an die Ägyptenzeit in der israelitischen Tradition gilt deshalb: Das Ende einer Periode kann für ihre Bewertung wichtiger sein als ihre Dauer.

Dennoch gehört V. 14a zu denjenigen Versteilen, die für die strukturelle Einheit des Kapitels entbehrlich sind, wie schon die Einleitung mit וגם deutlich macht. Abram hatte nicht nach dem Schicksal Ägyptens gefragt, auf welches sich dieser Halbvers unzweifelhaft bezieht, sondern nach seinem eigenen, was die Frage nach seiner eigenen Nachkommenschaft einschließt. Wenn man das וגם als »und auch« ernst nimmt, wird damit implizit zum Ausdruck gebracht, dass auch das Unheil, das der Nachkommenschaft Abrams zuteil wird, Gericht ist. Offenbar soll mit diesem Halbvers, der evt. späterer Zusatz ist, die ausgleichende Gerechtigkeit Gottes betont werden.

Mit der Bestrafung der Bedrücker ist das Zeitalter der Fremdlingschaft beendet. Ein neues Zeitalter wird angekündigt, durch eine Temporalbestimmung sprachlich von dem vorherigen getrennt: »Und danach werden sie (deine Nachkommenschaft) ausziehen mit großem Besitz.«

Was der Text an dieser Stelle für spätere chronologische Systeme unbestimmt lässt, ist der *Anfang* der vierhundert Jahre, von dem textintern nur klar scheint, dass er irgendwann nach dem Tod Abra(ha)ms (V. 15) eintreten wird. Textintern um so deutlicher ist das *Ende* dieser Periode durch das epochale Ereignis, mit dem die zweitgenannte Schicksalsgemeinschaft, von Abram aus gesehen das dritte Geschlecht, beginnt.

3.2. Auszug (Gen 15,14b): Das dritte Geschlecht

ואחרי־כן יצאו ברכש גדול׃

»Und danach werden sie ausziehen mit großem Besitz.« V. 14b ist, von der ersten Periode getrennt durch das »danach«, vom Geschlecht des »Auszugs« die Rede. Aus

---

239 Vom Ende eines ganzen דור, ist biblisch Ex 1,6, Num 32,13//Dt 2,14 und Ri 2,10 die Rede. Damit wird der Übergang vom Zeitalter der Erzeltern zum Zeitalter der (Mehrung,) Knechtschaft und Bedrückung in Ägypten (Gen 50; Ex 1,[1–5.]6.[7.]8–14), der Übergang von der vierzigjährigen Wüstenwanderung zur Landnahme (Num 14–Jos 1) bzw. von der Landnahme unter Josua zur Zeit der Richter (Jos 11–Ri 2) jeweils durch den Tod der Führungsgestalt (Josef, Mose bzw. Josua) und des ganzen Geschlechts markiert.

der Sicht der Späteren sind das die Väter, die Jhwh herausgeführt hat aus Ägypten, aus dem Sklavenhaus. Aus der Sicht Abrams ist es seine Nachkommenschaft, die aus ihrer bedrohlichen Situation endlich herausgehen darf, so wie Abram selbst durch Gott aus Ur-Kasdim herausgeführt wurde. Dieser Auszug wird mit großer beweglicher Habe erfolgen – das kann Abram an seinen eigenen Auszug aus Ägypten erinnern, der unmittelbar zurückliegt und seinen gegenwärtigen materiellen Reichtum beschreibt: Schafe, Rinder, Esel, Knechte und Mägde, Eselinnen und Kamele (Gen 12,16) bzw. Vieh, Silber und Gold (Gen 13,2). Innerhalb von Gen 15 spiegelt sich in dem großen רכש die Erfüllung der V.1 zugesagten Mehrung des שכר.

Von diesem Geschlecht kann der Leser/Hörer in einer Exodusgeschichte, von der wir nur mutmaßen können, wie sie zur Zeit, da Gen 15 geschrieben wurde, ausgesehen hat, sicher noch einiges erfahren, auch von den Einzelheiten des Auszugs, der dann alles von Abra(ha)m Erlebte in den Schatten stellen wird.

Vom Ende dieses Geschlechts ist hier noch nichts explizit gesagt. Allerdings gibt es einige Bezüge, die schon vorher an Mose und speziell die hinter Num 13f. stehenden Traditionen anklingen. Die »Leichen« (פגרים) in V.11 etwa können so gedeutet werden. Auch der Hinweis in V.2–4, dass es nicht Eliezer ist, der das ganze Erbe antreten wird, kann als Anspielung auf die Gefährdung Israels in der Wüste verstanden werden, da Gott droht, Israel zu vernichten, aus Mose[240] aber ein großes Volk zu machen.[241]

Doch wird, über diese Andeutungen hinaus, im Text selbst deutlich gemacht, dass erst ein anderes, das »vierte Geschlecht« in das Land zurückkehren wird.[242]

Zuvor wird, nach den Unheilsankündigungen mit optimistischem Ausgang, der Blick auf Abra(ha)ms Schicksal zurück gelenkt:

3.3. »Du« selbst (Gen 15,15): Das erste Geschlecht

ואתה תבוא אל־אבתיך בשלום תקבר בשיבה טובה:

»Du aber wirst eingehen zu deinen Vätern in Frieden, du wirst in gutem Alter begraben werden.« Jetzt, in V.15, geht es also um Abra(ha)m selbst. Aus der Sicht der Späteren der Vater Abraham – im Unterschied zu den »Vätern« in Ägypten oder in der Wüste »der Vater« im Singular. Dieser Singular verbindet Abraham übrigens aus der Perspektive Israels mit Isaak und Jakob, so schon in der Selbstvorstellung Gottes an Mose in Ex 3,6: ›Ich bin der Gott *deines Vaters*, der Gott Abrahams, der Gott Isaaks und der Gott Jakobs.‹ Ebenso können Abraham, Isaak und

---

240 Von den beiden Ex 18,3f. genannten Söhnen des Mose steht Gerschom wegen seines sprechenden Namens für das vergangene Geschlecht der Fremdlingschaft in einem fremden Land (deshalb schon Ex 2,22), Eliezer dagegen für die Exodusgeneration.

241 Ex 32,10; Num 14,12 גוי גדול; Dt 9,14 גוי עצום ורב.

242 V.16. Zur Ausnahme Kaleb s.u. Anm.255 (S.212).

Jakob in der Reflexion auf den Landschwur (ob mit נשבע oder mit ברית formuliert) zusammengefasst werden. Im kanonischen Kontext kann man nicht zuletzt in dem umherirrenden Aramäer von Dt 26,5 Abraham, Isaak und Jakob in einer Person vereinigt sehen. Das erste Geschlecht ist demnach das Zeitalter der Erzeltern.

Dass die Zeit Abra(ha)ms selbst erst V. 15 in den Blick kommt, macht Sinn: Der Gegensatz zwischen dem heilvollen Ende Abra(ha)ms und dem schweren Geschick seiner Nachkommenschaft kommt dadurch spannungsvoller zur Geltung. Oben (S. 200) wurde bereits betont, wie wichtig das Lebensende für die Charakterisierung eines Menschenlebens ist. Während die in Ägypten geknechtete Nachkommenschaft wenigstens über Gräber verfügen würde, stand für das Auszugs- und Wüstengeschlecht sogar dies in Frage (Ex 14,11). Von dieser schrecklichsten Unheilsandrohung hebt sich das angesagte Ende Abra(ha)ms deutlich ab: Er darf in Frieden sterben, was ihm aber, wie Josia oder selbst Zedekia, erst nach der Ankündigung des Unheils, das nach ihm kommt, offenbart wird.[243] Die Formulierung des Abram verheißenen heilvollen Endes ist ausführlicher als die Charakterisierung des Exodus-Geschlechts. Nur hier liegt ein reiner synonymer *parallelismus membrorum* vor. Die Formulierungen sind allgemein gehalten. Dass שיבה טובה kein »typischer ›P‹-Ausdruck« ist, konnte oben (S. 177) gezeigt werden; dass die Ansage, Abra(ha)m werde begraben werden, die Grabkaufgeschichte von Gen 23 voraussetzt, wird man ebensowenig behaupten können.[244] Der Nachdruck liegt hier auf der *Qualität* des Lebensendes, zu der ganz wesentlich auch ein Begräbnis gehört, das synonym zum »Eingehen zu den Vätern«, d. h. in die Unterwelt, steht. Diese Qualität wird, ebenfalls synonym, durch »in *Frieden*« und »in *gutem* Alter« zum Ausdruck gebracht.

Eine chronologische Näherbestimmung der Erzelternzeit, um die es hier geht, wird mit בשיבה טובה also nicht unbedingt gegeben. Dennoch wird für das allmählich Konturen annehmende Epochenschema ein (mutmaßliches) epochales Ereignis angekündigt: Der Tod Abra(ha)ms.[245]

---

243 Ein Sterben in Frieden verheißt Hulda dem Josia (2 Kön 22,20 // 2 Chr 34,28), sowie Jeremia dem Zedekia (Jer 34,5), jeweils im Kontrast zu dem *vorher* angekündigten Unheil, das *nach ihnen* kommen wird. Im Falle Josias wird das Sterben in Frieden durch das ordnungsgemäße Begräbnis, im Falle Zedekias durch die regulären Trauerriten charakterisiert.

An Abra(ha)m ergeht dabei das Wort Jhwhs direkt, während die Könige auf Vermittlung durch einen Propheten angewiesen sind (vgl. auch 2 Sam 7,12 Nathan an David; David, 2 Sam 23,2–5, und Salomo, 1 Kön 3,5–15; 9,1–9, wird aber auch unmittelbarer Empfang des Gotteswortes zugebilligt).

244 Das Begräbnis gehört zum friedlichen Sterben; vgl. 2 Kön 22,20.

245 Die Formel ויהי אחרי מות Gen 25,11 (vgl. Gen 26,18), mit der die Geschichte der Nachkommen Abrahams eingeleitet wird, ist biblisch nur nach epochalen Einschnitten belegt – nämlich nach dem Tod Moses als Einleitung der Geschichte der Landnahme Jos 1,1, nach dem Tod Josuas als Einleitung der Geschichte der Richterzeit Ri 1,1 sowie nach dem Tode Sauls 2 Sam 1,1 als Einleitung der Geschichte Davids und seiner Dynastie.

In der Endkomposition steht der Tod Abrahams zwar kurz vor dem den Text gliedernden Übergang von den Terach-Toledot zu den Ismael- und Isaaktoledot, markiert aber gerade keinen epo-

Damit sind in Gen 15,13–15 bereits drei Zeitalter angesagt. Neben der Zeit der Väter, die durch den Tod Abra(ha)ms in Frieden und gutem Alter charakterisiert ist, stehen zwei weitere Perioden – die der Fremdlingschaft und Knechtschaft in Ägypten, durch die lange zeitliche Dauer charakterisiert, und die Zeit danach, durch den Auszug mit großer Habe gekennzeichnet. In V.16 werden diese drei ersten Perioden, die alle durch die Dialektik des schon-jetzt und noch-nicht gekennzeichnet sind – in Ägypten und in der Wüste steht der Landbesitz in Frage, in der Zeit Abra(ha)ms die Nachkommenschaft[246] – vorausgesetzt, wenn die vierte Periode angekündigt wird.

Auffällig ist, dass in Gen 15 Anspielungen auf weitere Ereignisse im Leben Abra(ha)ms, Isaaks oder Jakobs fehlen, während umfangreiche Bezüge zur Exodus-, Sinai- und Landnahmetradition hergestellt werden. Da freilich die Hauptperson an den Beginn der Erzelterngeschichte gehört, besteht die Intention des Kapitels offensichtlich darin, die Erzelterngeschichte als Vorspann der Volksgeschichte zu deuten.

Mit dieser Intention des ganzen Kapitels erklärt sich auch die vielleicht merkwürdig erscheinende Reihenfolge: Vorangestellt wird die entscheidende nachtschwarze Aussage von der Bedrückung in Ägypten, die freilich in der weiteren Geschichte nicht nur die Voraussetzung des Exodus, sondern auch die der Sinaitheophanie bildet, deren Vorbild oft in Gen 15,17 gesehen wird.[247] Es geht eben nicht zentral darum, dass Abram erfährt, dass er in gutem Alter sterben werde, sondern darum, dass ihm mit einem Wort JHWHs mitgeteilt wird, welcher tiefe Graben seiner Nachkommenschaft noch zwischen Abra(ha)ms mitnichten »kinderlosem Dahingehen« und der letztlichen Rückkehr ins Land bevorsteht.[248]

Eine verborgene Anspielung auf ein Ereignis, das mit dem guten Ende Abra(ha)ms zu tun hat, ist m.E. allerdings doch im Text von Gen 15 zu sehen: Es wurde oben (S.197ff.) gezeigt, dass die vierfachen Tiere auf vier Schicksale hindeuten. Wer will, mag jetzt auch die vier rätselhaften, mit ihrer Charakterisierung als mögliche Opfermaterie ungenügend erklärten Tiere in der angeblich »motivisch überfüllt[en]«[249] Zeremonie entschlüsseln, und zwar exakt in der Reihenfolge der V.13–16 erwähnten Geschlechter:

Die Kalbin, das einzige Stück Großvieh, kann mühelos als Metapher für den langen, zwar von Knechtschaft und Bedrückung, aber kaum durch Mangelernährung gekennzeichneten Aufenthalt der Israeliten in Ägypten gelten. Zudem kann

chalen Einschnitt mehr: Die Jugendgeschichte von Jakob und Esau spielt sich, nach der endkompositionellen Chronologie, noch vor dem Tod Abrahams ab.

246 Dies gilt auch und gerade noch nach dem Tode Abrahams, vgl. die Geschichte von Isaak und Rebekka in Gerar Gen 26,1 7–11, die doch wohl »vorpriesterlich« vor der Geburt Jakobs und Esaus gestanden haben dürfte.

247 Siehe unten S.216f.

248 Umgekehrt kann in den die weitere Geschichte beschreibenden Kapiteln eine Fülle von Anspielungen auf Gen 15 gefunden werden.

249 Perlitt, Bundestheologie, 74.

עגלה sowohl Bild für Israel[250] als auch für Ägypten sein, gerade im Zusammenhang einer fälschlichen Heilsgewissheit angesichts des bevorstehenden Gerichts: עגלה יפה־פיה מצרים[251].

Die Ziege stünde dann für die Exodus- und Wüstengeneration: Zu beachten ist, dass in den »nichtpriesterlichen« Passatexten nicht erwähnt wird, ob es sich bei dem Lamm um ein männliches Tier handeln muss; die deuteronomische Ordnung lässt sogar die Freiheit zwischen Groß- und Kleinvieh. Der Wüste ist das Kleinvieh allemal angemessener; und für das Schicksal eines ganzen Volkes steht auch hier das weibliche Tier.[252]

Das drittgenannte Tier, das einzige männliche, repräsentiert ein Einzelschicksal: Es steht für Abra(ha)ms Lebenszeit, und zwar für die elementarste Bedrohung aller Verheißungen, die Abra(ha)m noch erleben musste: Den Auftrag, seinen geliebten Sohn, seinen einzigen, den Isaak, zu opfern (Gen 22,2). Doch im letzten Moment wird sich Gott Abra(ha)m und seinen Verheißungen gegenüber als treu erweisen: »… und siehe, *ein*[253] Widder hängt im Gestrüpp …« (Gen 22,13).

Im Unterschied zu den drei ersten Tieren musste »der Vogel« nicht zerteilt und wohl nicht einmal geschlachtet werden. Das vierte Tier, die »Vögel« oder »der Vogel«,[254] bezeichnen dann das vierte Geschlecht: Diejenigen, die noch nicht »flügge« waren, als Gott die Wüstengeneration bestrafte, durften in das Land zurückkehren.[255] Die Nachkommenschaft Abra(ha)ms kann genau dann mit den Begriffen תר und גוזל bezeichnet werden, wenn zum Ausdruck kommen soll, wie sehr Israel auf Gottes Barmherzigkeit, Langmut und große Güte angewiesen ist:

Ps 74,19 Gib dem Raubtier das Leben deiner *Turteltaube* (תור)[256] nicht preis; das Leben deiner Armen vergiss nicht für immer!

---

250 Hos 10,11 wird Ephraim einer Kalbin verglichen.

251 »Eine wunderschöne Kalbin ist Ägypten«: Jer 46,20.

252 Vgl. die oben (S. 199 f., mit Anm. 199–202) angestellten Erwägungen.

253 איל אחד, so die Mehrzahl der Textzeugen. Codex L hat: איל אחר.

254 Vogel (צפור) und Taube (יונה) stehen Hos 11,11 für die Hilflosigkeit derjenigen, die Jhwh aus Ägypten und Assur wieder zurückbringen möchte.

255 Die einzigen Ausnahmen sind bekanntlich Kaleb und Josua. Interessant in diesem Zusammenhang ist, dass die Wurzel תור, als Verbalwurzel mit der Bedeutung »auskundschaften«, für die Kundschaftergeschichte Num 13 f. zentral ist (11mal תור, teilweise endkompositionell, teilweise aber auch »vorpriesterlich«).
Vom Kontext in Gen 15 her ist die Verheißung an Kaleb (ausdrücklich neben Josua als einer der תרים bezeichnet in Num 14,6, vgl. Num 13,2.6.16), Num 14,24, bemerkenswert. Er als einziger (endkompositionell daneben Josua, Num 14,30 f.) Angehöriger des Exodusgeschlechts durfte bereits, aus der Perspektive von Gen 15,16, »hierher«, das heißt nicht nur in »dieses Land« (Gen 15,7.18), sondern auch in »diese Gegend«, nämlich in das Gebiet von Hebron (Jos 14,4–15; 15,14; 21,11 f.; Ri 1,20).
Auf Kaleb, der für die Treue Gottes zu seiner Landverheißung auch im Exodusgeschlecht, dem in Gen 15,13–16 zweitgenannten, steht, weist auch das zweitgenannte der Völker in V. 19, die Keniziter (s. u., S. 229).

256 תר steht dort, wo es als Opfertier gebraucht wird (in den priesterlichen Opferbestimmungen in Lev 1,14; 5,7.11; 12,6.8; 14,22.30; 15,14.29; Num 6,10), *immer* neben בן יונה, und zwar *immer*

Dt 32,9 Jhwh nahm sich sein Volk als Anteil, Jakob wurde sein Erbland.
10 Er fand ihn in der Steppe, in der Wüste, wo wildes Getier heult. Er hüllte ihn ein,
gab auf ihn acht und hütete ihn wie seinen Augenstern,
11 wie der Adler, der sein Nest beschützt und über seinen *Jungen* (גוזל)[257] schwebt, der
seine Schwingen ausbreitet, ein Junges ergreift und es flügelschlagend davonträgt.

Die ersten drei Schicksale waren alle noch irgendwie überschattet, doch das vierte
bedeutet die Freiheit.

3.4. Rückkehr: Das »vierte Geschlecht« (Gen 15,16)

ודור רביעי ישובו הנה

»Und ein viertes Geschlecht:[258] Sie werden hierher zurückkehren!« Das ו am
Anfang wird leider von vielen Auslegern übersehen, wenn sie die »vierte Generation« in einen mathematischen Zusammenhang mit den 400 Jahren zu bringen
suchen. Denn das vierte Geschlecht ist nicht das unmittelbar auf die 400-jährige
Ägyptenzeit folgende Exodusgeschlecht, sondern ein darauf folgendes neues.

Es ist nur schwer zu erklären, warum in der Auslegungsgeschichte bisher nirgendwo die doch naheliegendste Möglichkeit des Verständnisses von דור רביעי
gefunden worden ist – nämlich die aus dem unmittelbaren Kontext in den Versen
13–16, und darüber hinaus natürlich aus dem Kontext des ganzen Kapitels. Denn
in Gen 15,13–15 ist von drei verschiedenen Schicksalsgemeinschaften die Rede,
welchen gemeinsam ist, dass sie die Rückkehr aus Ägypten in das gelobte Land
noch nicht erleben durften – genau das ist erst dem דור רביעי vergönnt. Zudem
setzt der רביעי endlich das dreimalige משלש von V.9 fort: Elementar bedroht sind
drei »dreiheitliche«, »gedrittelte« oder »dreijährige« Tiere resp. Schicksale;[259] das
letzte schließlich, das vierte in der Reihe, wird erlöst. Die vier Zahlwörter bilden
damit eine sprachliche Klammer für die Zeremonie und ihre Deutung.[260]

---

durch אך *alternativ verknüpft*. Dass zwei verschiedene Vögel geopfert werden sollen, durch ו verknüpft, findet sich nirgends in den Opfervorschriften.
Gen 15,9 bleibt also auch hier bei einer *ungefähren* Entsprechung zu den opferbaren Tieren.
Außerhalb der »P«-Gesetze wird die Turteltaube nur viermal erwähnt: Als aus der Natur bekann-
ter Vogel in Jer 8,7 (als Zugvogel, der seine Zeit kennt) sowie Ct 2,12 (als ein den Frühling anzei-
gender Vogel), als Metapher für Israel Ps 74,19, sowie eben Gen 15,9.

257 גוזל im Alten Testament nur hier und Gen 15,9. Da das Wort Dt 32,11 offensichtlich ein Adler-
junges bezeichnet, was Gen 15 doch zu sehr aus der Reihe fiele, ist das Wort am besten hier wie
dort mit »Kücken« zu übersetzen.

258 Da die Verbform im Plural steht, wird auch die Übersetzung als adverbialer Akkusativ erwogen:
Skinner, Genesis, 282: »as a fourth generation« (Ges.–K. §118). Die Elberfelder übersetzt »und in
der vierten Generation«.

259 Sicher ist: »שלש heißt: so verfahren, daß sich die Zahl Drei ergibt« (Jacob, Genesis, 396).

260 So bereits Jacob, Genesis, 405f., vor allem aber Zakovitch, Pattern, 150–157, mit Zurückhaltung
referiert bei Blum, Vätergeschichte, 378; von Römer, Dogma, 36, als Argument für die Einheitlichkeit des Kapitels angeführt. Auch Blum, Verbindung, 143, spricht nun davon, dass V.13–16
»narrativ subtil vorbereitet und eingebunden« sei. Siehe aber unten S.234f.

Wahrscheinlich sind es die durchlaufenden Genealogien der Endkomposition gewesen, etwa Ex 6,14–25, oder diejenigen außerhalb des Pentateuch,[261] die in der vorkritischen wie in der kritischen Exegese immer wieder dazu verleitet haben, buchstäblich die *Generationen* abzählen zu wollen[262] – gerade diese Genealogien lagen aber im ursprünglichen Kontext noch gar nicht vor.[263] In der historisch kritischen Exegese ging es viel zu lange vor allem um die Frage, welche Angabe nun für die historische Dauer des Ägyptenaufenthaltes wahrscheinlicher wäre, wobei dann, da 430 oder 400 Jahre »unsinnig«[264] erscheinen, die Angabe von Gen 15,16 bevorzugt wird, weil sie einen kürzeren Zeitraum anzugeben scheint.[265]

Ich hoffe dagegen, überzeugend dargelegt zu haben, dass es hier nicht um Generationen, sondern um Perioden sehr unterschiedlicher Dauer geht, die jeweils durch ein epochales Ereignis charakterisiert werden.

Der hebräische Begriff für diese Zeitalter, die jeweils durch ein gemeinsames Schicksal charakterisiert werden, דור, wird erst jetzt, Gen 15,16, im Text genannt. Von der Grundbedeutung »Kreislauf, Zeitalter« ausgehend, wird er in der Regel als »Geschlecht« oder »Generation« im Sinne von »Schicksalsgemeinschaft«, »Gemeinschaft der gleichzeitig lebenden Zeitgenossen«, »Zeitalter« übersetzt. Die Übersetzung »Generation« ist aber, wie griechisch γενεά und lateinisch *generatio*, irreführend, da sie an die verwandten Worte γεννάω bzw. *geno* resp. *genero*

---

261 Jos 7,1.18 (Genealogie Achans, vgl. aber 1 Chr 2,6f.; 4,1) und Rut 4,18–22 (Genealogie Davids, vgl. 1 Chr 2,3–15) überbrücken die Zeit zwischen Vätern und Landnahmegeneration, beide sind kaum »vorpriesterlich« einzuordnen, ebensowenig die weiteren Genealogien der Chronik, s. u. 266 ff. Die Verbindung von genealogischen Listen mit den kanonischen Geschichtsperioden ist angesichts des traditionsgeschichtlichen Hiatus zwischen Erzeltern und Exodus insofern problematisch, als Ägypten und der Exodus in der genealogischen Tradition allenfalls in Ephraim (Jos 24,32) und bei diversen Priestergeschlechtern (1 Sam 2,27 das Haus Elis, vgl. auch den ägyptischen Namen Pinchas) eine Rolle zu spielen scheinen, nicht aber bei Juda (Ri 1,1aβ–7 könnte etwa nahtlos an Gen 34,31 anknüpfen).

262 Ein klassisches Beispiel der Zählung von Generationen, das in der christlichen Wirkungsgeschichte bedeutsam war, ist der Stammbaum Jesu nach Matthäus, der bekanntlich bei Abraham beginnt und jeweils 14 Generationen (γενεαί) zwischen Abraham, David, der babylonischen Gefangenschaft und Christus zählt (Mt 1,17).
Nicht unerwähnt bleiben sollte, dass Matthäus durch seine Gliederung ein eigenes 4-Epochen-Schema entwirft, welches auch Gen 15 christlich-eschatologisch aktualisiert: Während die erste Periode von den heilsgeschichtlich positiv bewerteten Vätern Abraham und David bestimmt wird, steht als epochaler Einschnitt zwischen der zweiten und der dritten Periode das unheilvolle babylonische Exil, das die Gültigkeit der Verheißungen an Abraham in Frage stellt. Die vierte Geschichtsperiode nach Abraham ist dann die mit Christus beginnende endgültige Heilszeit (Mt 28,18–20), deren Anfang im Matthäusevangelium beschrieben wird.

263 Seebass, Genesis II/1, 76, macht unter den Kommentatoren schon eine erfreuliche Ausnahme, wenn er vier Exponenten sieht, die nicht in gerader Linie voneinander abstammen: Josef, Tochter Levis, Mose, Josua. Er sieht auch als einer der wenigen, dass Mose nicht für den vierten דור stehen kann, da er ja das Land nicht mehr betreten hat.

264 Donner, Geschichte I, 106.

265 Doch ist nach Donner (ebd.) auch letztere Angabe – interpretiert als »drei bis vier Generationen, d. h. etwa hundert Jahre für den Ägyptenaufenthalt« – »zu hoch gegriffen«.

(jeweils: »zeugen«) erinnern, was im Hebräischen jeweils der Wurzel ילד und deren Ableitungen (z. B. תלדות) entspräche. דור besitzt aber diese Konnotation nicht. Auch »Geschlecht« könnte in diesem Sinne missverstanden werden, drückt aber, anders als »Zeitalter«, »Periode« oder »Epoche«, deutlich aus, dass mit דור im Singular keine abstrakten Zeiteinheiten, sondern immer die Menschen, die ein Zeitalter ausmachen, bezeichnet werden. Die Abzählung von mehreren aufeinanderfolgenden Zeitaltern ist deshalb auch die Ausnahme geblieben.[266]

Wer darf also nun die Rückkehr erleben? Die Nachkommenschaft Abra-(ha)ms, im vierten Geschlecht: Damit ist nicht Abra(ha)m selbst gemeint (das erste Zeitalter), denn er wird (noch) in Frieden begraben werden. Damit ist auch nicht das zweite Geschlecht gemeint: Denn dieses (»deine Nachkommenschaft«) ist es, das in Ägypten 400 Jahre Bedrückung erleben muss. Im dritten Geschlecht werden die Nachkommen ausziehen mit großem Besitz. Doch auch sie dürfen noch nicht in das Land zurückkehren.[267] Dies ist erst den Israeliten unter der Führung Josuas vergönnt, nach dem Tod des Mose. Die Landnahme unter Josua, mit der Beerbung von Kanaanitern, Amoritern etc. wird, im vierten Geschlecht, die volle Erfüllung der Landzusage bringen.

Die Begründung »Denn nicht beglichen ist die Schuld des Amoriters bis hierher« spielt wohl auf die Auseinandersetzungen mit Sichon und Og, als unmittelbares Vorspiel der Landnahme nach den 40 Jahren Wüstenwanderung (Num 21,21–35 und Dt 2,30–3,11) an. Die lange Verzögerung der Rückkehr wird damit letztlich im Geschichtsplan Jhwhs begründet, der weit über Israel hinausgreift (Dt 9,5):[268]

»Denn nicht, weil du im Recht bist (בצדקתך) und die richtige Gesinnung hast, kannst du hineinziehen und in Besitz nehmen (לרשת) ihr Land. Vielmehr vertreibt Jhwh, dein Gott, diese Völker vor dir, weil sie im Unrecht sind und um das Wort zu halten (הקם), das Jhwh deinen Vätern Abraham, Isaak und Jakob geschworen hat (נשבע).«

Bis auf Gen 15,16b geht es in dem ganzen Kapitel »nur« um die Frage, wann und wie die Verheißungen endgültig erfüllt werden, aber niemals um die Begründung des erfahrenen oder drohenden Unheils. Für die Kinderlosigkeit Abrams (und Sarais) wird ebensowenig eine Ursache angegeben wie für die angekündigte vier-

---

266 דור steht mit einer Ordnungszahl außer Gen 15,16 nur Dt 23,2–9, was womöglich von Gen 15,16 abhängig ist, vgl. oben Anm. 633 und Anm. 634 auf S. 123 f.
Für die Abzählung mehrerer biologischer Generationen, die Zeitgenossen sind, mit dem Plural דרות gibt es nur einen biblischen Beleg, Hi 42,16; doch ist das ungezählte pluralische בדרתיו in Gen 6,9 ebenso zu verstehen (s. u. S. 306), so dass im Unterschied zum Singular (»Kreislauf«, »Geschlecht«, »Zeitalter« etc.) der Plural regelmäßig die Bedeutung »Generationen« zu haben scheint (so die meisten Lexika, vgl. Biberger, Väter, 42 f.). Der Ausdruck אלף דור (Dt 7,9; Ps 105,8//1 Chr 16,15) steht dagegen für eine unendliche Zeitperiode.
267 Mit Ausnahme Kalebs, siehe oben Anm. 255 (S. 212) sowie unten S. 229.
268 Hagelia, Numbering, 141, mit Anm. 25, nennt weitere Stellen und Literatur, welche die Meinung unterstützen, Israel sei nur deshalb das Land gegeben worden, weil die anderen Völker sich dessen nicht würdig erwiesen haben.

hundertjährige Knechtschaft. Es geht allein darum, *dass* JHWH letztlich seine Verheißungen hält und dass er dies Abram in einer ברית zugesichert hat. V.16b wäre darum für die »strukturelle Einheit« des Kapitels entbehrlich. Dass im Orakel ein Name genannt wird, ist ein Stilbruch. Gewisse Spannungen bestehen darin, dass die Amoriter in V.19–21 nur als eines unter vielen Völkern genannt werden, V.16b aber für das Ganze stehen, und dass das in V.16a lokal verstandene הנה in V.16b temporal wiederaufgenommen wird. Alles dies ist merkwürdig angesichts des sonst äußerst differenzierten Sprachgebrauchs. Die Indizien dafür, dass V.16b als sekundäre Erweiterung verstanden werden muss, verdichten sich angesichts der engen Bezogenheit auf die durch den synoptischen Vergleich mit dem Genesis-Apokryphon als sekundäre Erweiterungen erwiesenen Glossen in Gen 14,13.24 zur Gewissheit.[269] Abram hatte drei Amoriter zu Bundesgenossen gewählt (בעלי ברית, Gen 14,13), deshalb kann Gott ihm erst im vierten Geschlecht das Land geben. Das Stichwort עון an dieser Stelle wird bisweilen als Anspielung gesehen auf die Formel von der Heimsuchung der Sünden der Väter an ihren Kindern bis zu den שלשים und רבעים[270] – während die Gnade für Tausende bewahrt wird.[271] Gen 15,16b gehört damit wohl bereits zur frühen Nachgeschichte der Erzählung von der »ברית zwischen den Stücken«.

3.5. Die Klimax des Kapitels: Die Theophanie (V.17)

ויהי השמש באה ועלטה היה
והנה תנור עשן ולפיד אש אשר עבר בין הגזרים האלה:

»Und es geschah, die Sonne ging unter und es war dunkel. Und wahrlich: Ein Backofen, Rauch und Fackel, Feuer, wovon gilt: Er ging zwischen diesen Fleischstücken hindurch.«

Die Klimax des ganzen Kapitels wird zweifellos in V.17 erreicht mit der Erscheinung von Ofen, Rauch, Fackel, Feuer und dem Durchziehen zwischen »diesen Zerschnittenen«. Diese Schwurhandlung Gottes[272] kommt einer Selbstverfluchung[273] gleich, für den Fall, dass Gott seine Zusage nicht einhält.

---

269 Siehe oben den Exkurs, S.141–144.

270 Ex 20,5; 34,7; Num 14,18; Dt 5,9. Wenn von dieser Analogie auf die Bedeutung von דור geschlossen wird, liegt das Missverständnis von דור als »biologische Generation« natürlich sehr nahe. Wäre dies der ursprüngliche Sinn von V.16, hätte stehen sollen ורבעים ישבו הנה.

271 Einen Überblick über die alttestamentliche Vorstellung von der andauernden Treue Gottes zum den Vätern geschenkten Heil gibt Biberger, Väter, 501–523.

272 So die weitgehend einhellige Interpretation, vgl. Westermann, BK I/2, 271, Köckert, Vätergott, 229–231, K.Schmid, Erzväter, 185f., jeweils mit Verweisen auf weitere Literatur. Anders Seebass, Genesis II/1, 73f.

273 Vgl. Jer 34,18–20 sowie die altorientalischen Parallelen, wo Menschen eine vergleichbare Zeremonie durchführen, s.o. S.195f.

Ist diese Theophanieschilderung nun ein Hinweis der Hexateuch-Redaktion auf die Sinai-Perikope mit der Errichtung der Stiftshütte?[274] Oder spielt dieser Vers sogar an die מרכבה-Vision Ezechiels an, mit den zwischen den vier vierfachen Lebewesen, die wie feurige Kohlen aussehen, umherfahrenden Fackeln? Andererseits: Wenn hier auf die Thronwagenerscheinung angespielt wäre, hätte Abram den Wagen, mit vier sehr ungleichen Rädern, selbst gebaut. Oder erinnert der Text innerhalb des Pentateuch nicht doch noch am ehesten an die Dornbuscherscheinung Ex 3?

Während der Beweis dafür, dass hier auf Reinheitstora, Priesterweihe oder die Stiftshütte angespielt worden wäre, bisher ausgeblieben ist,[275] sollte man sich auf folgendes einigen können: Wenn dem Geschehen von Gen 15,17 irgendetwas in der Sinaiperikope entspricht, dann die Ex 19,16.18; 20,18 (vgl. Dt 5,4f.22–25) geschilderte Theophanie[276] mit Blitz und Donner, Rauch[277] wie von einem Schmelzofen[278] und Feuer. Im jetzigen Textzusammenhang steht die Theophanie hier wie dort in Zusammenhang mit dem Schneiden einer ברית,[279] die, hier wie dort, nach einem Exodus[280] und mit Blick auf die Landnahme geschlossen wird.

In Gen 15 werden, im Unterschied zu anderen ברית-Zermonien,[281] weder eine gemeinsame Mahlzeit noch ein Opfer berichtet; das bestätigt einerseits den Charakter der Zeremonie als einer bedingten (Selbst-)Verfluchung, andererseits die Einzigartigkeit der durch Gott gegebenen Verpflichtung. Auch das bei Bundesschlüssen zwischen Menschen wesentliche Element der gemeinsamen Übernachtung (vgl. nur Gen 26,30f.; 31,54f.) erscheint nur in charakteristischer Abwandlung: Allein Abram ist es, der schläft. Und nur vom Zeitpunkt seines Einschlafens wird berichtet, nämlich mit Beginn des Sonnenuntergangs, nicht aber von seinem Aufwachen oder Aufstehen. Während des Sonnenunterganges emp-

---

274 So implizit Eckart Otto, der Gen 15 pauschal seiner »Hexateuchredaktion« zuschreibt, welche auch »P« integriert (Otto, Hexateuch, 219f.); ähnlich John Ha oder Konrad Schmid, nach denen schon beinahe der ganze Pentateuch, also inklusive der umfangreichen Gesetzeskomplexe von Levitikus und Numeri im Blick ist. Nach Otto liegt dem »Hexateuchredaktor daran, den durch P stark akzentuierten Sinai in seiner Bedeutung zu nivellieren.«

275 Herbert Schmid sieht einen anderen kultischen Hintergrund: Das Volk des Landes könne »unter Verwendung von Rauchofen und Feuerfackel« (die sonst »vielleicht im Kult verwendet wurden«) eine »Beschwörung der Landzusage rituell im Bereich des zerstörten Tempels« durchgeführt haben (H.Schmid, Volk, 83).

276 Eine Anspielung auf die Sinaitheophanie wird so gut wie einhellig in Gen 15,17 gesehen, vgl. nur Westermann, BK I/2, 271 Ha, Genesis 15, 164f., Ruppert, Genesis II, 281, Soggin, Genesis, 249. Zurückhaltend demgegenüber Seebass, Genesis II/1, 73f.

277 Vgl. Ex 19,18; 20,18. Rauch begegnet im Zusammenhang der Theophanie auch Jes 6,4 sowie 2 Sam 22,9 // Ps 18,9.

278 Ex 19,18 עשן הכבשן, dagegen Gen 15,17 »ein Backofen von Rauch« תנור עשן.

279 Vgl. Gen 15,18 mit Ex 19,5; 24,7f.; Dt 5,2f.

280 In Gen 15,7 erinnert Gott an die Herausführung aus Ur-Kasdim; in Ex 19,4 an den Exodus aus Ägypten.

281 Siehe unten S. 220 zu Gen 21; 26 und 31. Zu Ex 24 vgl. bereits oben Anm. 175 (S. 196).

fängt Abram im Tiefschlaf die Offenbarung der künftigen Geschehnisse, die somit durch drei Phasen des Sonnenuntergangs eingerahmt sind:

V. 12 ויהי השמש לבוא

V. 17 ויהי השמש באה

V. 17 ועלטה היה

Nach diesen *drei* Phasen des Sonnenuntergangs – Beginn des Sonnenuntergangs, Vollendung des Sonnenuntergangs, Eintreten der völligen Finsternis – ist die Voraussetzung für die Theophanie geschaffen. Diese erscheint »zwischen den *gᵉzarîm*«, womit eine dritte Bezeichnung für die drei zerteilten Tiere eingeführt wird.[282] Auch diese bezieht sich, wie בתר V. 10 und פגר V. 11, auf die *drei* erstgenannten Tiere resp. Geschlechter, deren Schicksal jeweils vom Unheil überschattet ist.

Die Erscheinung selbst wird aber mit Backofen, Rauch, Fackel, Feuer vierfach ausgedrückt.[283] Erst jetzt wird die *vierfache* Zusage,[284] die Gott gegenüber Abram eingegangen ist, als gültige Verpflichtung (ברית) konstatiert (V. 18–21). Und diese Konstatierung, in der nicht mehr von dem in Zukunft drohenden Unheil, sondern ausschließlich von dem in Aussicht gestellten Heil die Rede ist, das in seiner Fülle dem »vierten Geschlecht« verheißen ist, erhält die *vierte* Zeitangabe. Dies ist keine Phase des Sonnenuntergangs oder der Nacht, sondern der Tag selbst: »An jenem Tag«.[285]

---

282 Das Nomen גזר steht im Alten Testament nur hier zur Bezeichnung von Fleischstücken (der einzige weitere Beleg ist Ps 136,13). Das Verb גזר (Grundbedeutung schneiden, trennen, davon abgeleitet: entscheiden) begegnet wesentlich häufiger, u. a. 1 Kön 3,25f., wo es die (letzten Endes doch nicht erfolgte) Zerteilung eines Menschen bei lebendigem Leibe bezeichnet.
Im Aramäischen bezeichnet die Wurzel גזר das Zerschneiden von Tieren im Zusammenhang von Zeremonien, die Ähnlichkeiten mit der von Gen 15 aufweisen (Sefire), steht aber auch (Dan 2,27; 4,4; 5,7.11) für eine nicht sicher bestimmbare Gruppe von Divinatoren. Die Vg übersetzt die גזריא als *haruspices*, also als Leberschauer, was besser mit der Grundbedeutung des Verbs zusammenstimmt als die Übersetzung mit »Astrologe« oder »Wahrsager«, vgl. KBL³, 1686f.
In der Sprache des Targum Onkelos schließlich, der die drei verschiedenen Bezeichnungen der Tierstücke (V. 10.11.17) alle mit פלניא übersetzt, steht גזר קים regelmäßig als Übersetzung von כרת ברית, so auch Gen 15,18.
283 Siehe unten S. 238.
284 Vgl. die tabellarische Übersicht unten S. 237.
285 Zu den verschiedenen Tageszeiten siehe unten S. 240f.

4. Die Landzusage Gen 15,18–21

4.1. Das Verständnis von ברית –
weder »priesterlich« noch »deuteronomistisch«

ביום ההוא כרת יהוה את־אברם ברית ...

»An jenem Tage schnitt JHWH mit Abram eine ברית ...« (V. 18)

ברית bezeichnet eine feierlich eingegangene Verpflichtung.[286] Wann, wo oder in welchem Text zuerst davon die Rede war, dass Gott eine ברית geschnitten habe, ist eine Frage, die am besten die Paläographie klären kann, da mit den Mitteln der alttestamentlichen Traditionsgeschichte die Entscheidung kaum zweifelsfrei zu treffen sein wird. Im Deuteronomium jedenfalls spielt die von Gott mit den Kindern Israels, ob am Horeb, auf dem Sinai oder in Moab, geschnittene ברית, mit für Israel verpflichtenden Geboten, eine kaum zu überschätzende Bedeutung. Daneben steht dort der mehrfach in Erinnerung gerufene feierliche Landschwur an die Väter, die »Landverheißung als Eid«, die allerdings in den älteren Schichten des Deuteronomiums (noch) nicht ausdrücklich als ברית klassifiziert wird.[287] Die Gegenüberstellung von Gen 15 und Ex 34 als zweier komplementärer »privilegrechtlicher« Bundesschlüsse, die bereits in vordeuteronomischer Zeit[288] »wie die zwei Seiten einer Medaille zusammen« gehörten,[289] ist daher kaum aufrechtzuerhalten. Wohl aber kann die Differenz zwischen beiden »Bundesschlüssen«, dem das Volk verpflichtenden am Sinai und dem Gott verpflichtenden gegenüber Abra(ha)m, für das Verständnis von Gen 15 hilfreich sein. In Gen 15 wird bewusst der »Landschwur an die Väter«, in Aufnahme von Elementen von Verheißungstexten des Enneateuch und des *corpus propheticum*, als feierliche ברית-Zeremonie geschildert und auch als ברית bezeichnet. Und zwar, anders als die Sinai-ברית, ohne dass irgendwelche Bedingungen an Abram gestellt werden – nicht an seine Gerechtigkeit, nicht an seinen Glauben und nicht an seine Werke.

Eine feste Landzusage als Inhalt einer ברית knüpft aber nicht nur an die enge Verbindung von ברית und Landbesitz in Ex 34 an, sondern kann auch in der »vorpriesterlichen« Genesis in keiner Weise als ungewöhnlich gelten: Wenn die »priesterlichen« Texte mit ihrer den ganzen Pentateuch in seiner Endgestalt bestimmenden ברית-Theologie, auf die noch ausführlich zurückzukommen sein wird,[290] außer Betracht bleiben, dann gibt es nur eine Handvoll schnell aufgezählter Belege

---

286 Zur Übersetzungsproblematik siehe unten, S. 291 ff.

287 Der u. a. von Lohfink, Landverheißung, gesehene Zusammenhang mit Gen 15 ist unbestreitbar; die Abhängigkeitsverhältnisse werden aber unterschiedlich eingeschätzt.

288 Laut Zenger, ⁴Einleitung, 170, im »Jerusalemer Geschichtswerk« aus der Mitte des 7. Jahrhunderts.

289 Zenger, ebd.

290 Siehe unten S. 291–317.

für ברית in der Genesis: Neben Gen 14,13[291] und Gen 15,18 handelt es sich jeweils um Zeremonien, die dem friedlichen Nachbarschaftsverhältnis dienen und den gegenseitigen Anspruch auf das *Land* garantieren.

Gen 21,27.32 einigen sich Abimelech und Abraham über die elementarsten Landrechte, nämlich die Brunnen, wobei Abraham Abimelech zu diesem Zweck eine symbolträchtige Zahl von Lämmern übergibt; Synonym zum »Schneiden der ברית« steht Gen 21,31 das »Schwören« (נשבע). Gen 26,28 schlägt Abimelech Isaak das Schneiden einer ברית vor; die Ausführung erfolgt durch die Bereitung eines Mahles, das gemeinsame Essen und Trinken (Gen 26,30)[292] sowie, am andern Morgen, durch einen beiderseitigen Schwur (נשבע, Gen 26,31); in beiden Fällen dient eine ברית somit zur Etymologie des »Schwur-Brunnens« Beer-Scheba' (Gen 21,31; 26,33). Neben Gen 15,18; 21,27.32 und 26,28 steht כרת ברית in der Genesis nur noch einmal, nämlich Gen 31,44: Dort einigen sich Jakob und Laban über Gilead als Gebietsbegrenzung für ihre Nachkommenschaft; auch dort fehlt weder der Schwur (נשבע Gen 31,53) noch die Mahlzeit und die gemeinsame Übernachtung (Gen 31,54).[293]

Ebenso wie in den genannten Belegen für כרת ברית in der Genesis liegt auch in Gen 15 der Akzent, das »Achtergewicht«, auf dem Land. Da es aber JHWH ist, der sich verpflichtet, bedeutet die Landzusage hier viel mehr als das Recht auf Brunnennutzung. Da die Landzusage Abra(ha)ms Nachkommenschaft betrifft, wird auch die Gen 15,1–6 zeichenhaft zugesicherte Nachkommenschaft implizit Gegenstand der ברית. Ja, indem Gott Abram das Land zusagt, in das er ihn selbst geführt hat und in dem er sich jetzt befindet, gibt er sich als Abrams Gott zu erkennen.

Die Gotteseinszusage ist Gen 15,1 und 7 jeweils Voraussetzung der Verheißung von Nachkommenschaft – *das* Thema der Erzelterngeschichte – und der Zusicherung des Landbesitzes – *das* Thema des »Hexateuch«. Der Landschwur wird, analog zu Gen 21; 26 und 31, als ברית beschrieben und auch so bezeichnet. Dass *Gott* mit Abram für seine Nachkommenschaft bis hin in das vierte Geschlecht diese ברית schließt, bedeutet dreierlei: JHWH will, erstens, als Gott Abra(ha)ms und seiner Nachkommenschaft für deren künftiges Geschick die Verantwortung übernehmen. Da, zweitens, die Nachkommenschaft Adressat der Zusage ist, gehört deren Zustandekommen zu den Voraussetzungen der ברית. Doch eigentlicher Inhalt der ברית ist, drittens, allein die Landgabe.

---

291 Siehe dazu oben S. 141–144.
292 Vgl. auch GA 21,21 f.
293 Die in Gen 21; 26 und 31 beschriebenen Abkommen bilden somit den »Angelpunkt« für die Einfügung der Gen 15 geschilderten Landverheißungsberit (Stoebe, Gegenwart, 141).)

4.2. Die euphratische Landkonzeption von Gen 15,18 im Spannungsfeld von Text-, Redaktions- und Wirkungsgeschichte

לאמר לזרעך נתתי את הארץ הזאת ...

»... indem er sagte: Deiner Nachkommenschaft gebe ich dieses Land ...«

Welches Land wird hier zugesagt? Als »Land Kanaans« wird das Abram durch Gott in seiner ברית zugesicherte Land erst Gen 17,8 bezeichnet, wo auch die drei in Gen 15 implizierten Verheißungen, nämlich Gottseinszusage, Nachkommen-schafts- und Landverheißung ausdrücklich als Inhalte der von Gott weiterhin zu haltenden (הקים Gen 17,7) ברית aufgezählt werden. Aber hier steht genau diese endkompositionell entscheidende Landbezeichnung noch nicht.

Das Fehlen des Ausdrucks »Land Kanaans« in Gen 15,7 hätte an sich keine hohe Aussagekraft, da aus der Innenperspektive – Abra[ha]m befindet sich im Land – die Bezeichnung »dieses Land« völlig zureichend ist. So steht הארץ הזאת Gen 12,7; 15,7.18; 24,5.7 jeweils als Bezeichnung des verheißenen Landes.[294] In der Außenperspektive kann derselbe Ausdruck innerhalb der Erzelterngeschichte logischerweise auch die vom verheißenen Land unterschiedenen »Exil«-Länder bezeichnen: Philistäa heißt in Gen 26,3 »dieses Land«[295], ebenso das Land Labans in Gen 31,13; Ägypten in Gen 50,24.

Doch stehen gerade an den beiden Stellen der Genesis, wo die Landverhei-ßung in die Rechtsform der ברית gegossen wird, nähere Beschreibungen, obwohl Gen 15 und Gen 17 die Innenperspektive voraussetzen.[296] In Gen 17,8 steht die typische »P«-Schicht-Formulierung ארץ כנען. Im Kontext der Endkomposition braucht nach Gen 10,15–19 keine Völkerliste mehr aufgeführt zu werden, da mit dem Ausdruck »Land Kanaans« Landesgrenzen und Vorbewohner hinreichend definiert sind. Gen 15 setzt einen literarischen Zusammenhang mit der Völkertafel genausowenig voraus wie die Erwähnungen des »Landes Kanaans« Gen 11,31; 12,5 und 13,12, die alle in der vorendkompositionellen Fassung der Abra(ha)mge-schichte, wie sie dem Genesis-Apokryphon vorlag, noch fehlten.

Deshalb steht hier in V.20f. eine Aufzählung der Völkerschaften, wie sie, von den drei in V.19 genannten Völkern abgesehen, ganz ähnlich in Ex 3,8.17; 13,5; 23,23.28; 33,2; 34,11 u.ö. im Zusammenhang mit dem Theologumenon vom Landschwur an die Väter und dem Verbot eines Bundesschlusses wieder auftaucht. Endkompositionell wäre eine solche Aufzählung nicht nötig: Hier steht »Kanaan« für alle diese Völker (vgl. Gen 28,1.6.8; 36,2). Und wenn man im Zuge einer

---

294 Vgl. auch die Rückverweise auf die in der Innenperspektive ergangene Landverheißung in Gen 48,4 (Gen-17-Schicht, fasst Gen 28,13f. und 35,11f. zusammen) und Ex 32,13.

295 »Dieses« einzelne Land des Aufenthaltes als Fremdling wird ebd. von »allen diesen Ländern«, כל הארצות האל, unterschieden. Gerar ist deshalb nach Gen 26,3 eines der für die Nachkommen Abrahams und Isaaks verheißenen Länder.

296 Die Tatsache, dass Hebron seit 597 v.Chr. zu Edom gehörte, vgl. Knauf, Archaeology, 277, und Mamre daraufhin judäisch-idumäischer Grenzort, a.a.O., 280, ändert nichts an der Innenper-spektive von Gen 15 und 17

»nachpriesterlichen« Endredaktion eine möglichst vollständige Liste von Völkern des Landes hätte einfügen wollen, wäre eine Orientierung an Gen 10 naheliegend gewesen. Im Zuge der Endkomposition ist die Liste lediglich, wegen Gen 14, durch die »Refaïm« auf zehn Völker aufgefüllt worden.

Noch vor der Völkeraufzählung gibt es jedoch auch noch eine Grenzbeschreibung des verheißenen Landes, V. 18bβγ:

מנהר מצרים ועד הנהר הגדל נהר פרת: ...

»… vom Strom Ägyptens bis zum großen Strom, dem Euphrat.«

Der Masoretische Text: Land Kanaans = Land Israels ≠ »Vom Nil bis zum Euphrat«

Textkritisch ist in Gen 15,18 nichts zu beanstanden, die verschiedenen Zeugen stimmen in bemerkenswerter Weise überein. Dennoch werden in BHK wie BHS Konjekturen vorgeschlagen, die dem Text die Spitze nehmen: Statt נהר soll נחל gelesen werden, und נהר פרת soll Glosse sein. Während letzteres immerhin sprachlich denkbar ist, entspringt ersteres einem diesem Text kaum angemessenen Systematisierungsbedürfnis. So geht etwa Volkmar Fritz selbstverständlich davon aus, es habe eine »deuteronomistische Formel ›vom Euphrat bis zum Bach Ägyptens‹« für die Beschreibung des Landes Israels gegeben.[297] Allerdings fehlt dafür ein alttestamentlicher Beleg, da die einzige Stelle im Alten Testament, wo diese »Formel« verwendet wird, 2 Kön 24,7, nicht das Land Israels, sondern den Einflussbereich bezeichnet, den Ägypten an Babylon verloren hat.[298] Zuletzt hat Horst Seebass mit phantasievoller Kombination[299] in Gen 15,18 den »Bach Ägyptens« finden wollen.

Tatsächlich handelt es sich damit, dass hier die Grenzen des Landes Israels oder des Landes Kanaans beschrieben werden sollen, um eine unnötige exegetische Vorentscheidung. Es ist das in vier Geschlechtern dem Abram verheißene Land. Vom »Land Kanaans« ist »vorpriesterlich« (außer in der Josephsgeschichte) nicht die Rede, und das »Land Israels« wäre in der Genesis vollends anachronistisch.

Wofür steht dann das riesige Land? Es liegt nahe, ein im Nachhinein idealisiertes davidisches Großreich zu assoziieren, das vielleicht in den Grenzen der per-

---

297 Fritz, Grenzen, 33. Ebenso (u.a.) H.-Chr. Schmitt, Geschichtswerk, 285, mit Verweis auf Gen 15,18.

298 Vgl. außerdem noch Jes 27,12, wo es ebenfalls nicht um das Siedlungsgebiet Israels geht.

299 Seebass, Genesis II/1, 64 übersetzt נהר als »später Ersatz« für נחל mit »Bach« (vgl. ähnlich Westermann, BK I/2, 273 u. a., dagegen Blum, Vätergeschichte, 382, Anm. 137, sowie Lohfink, Geltungsbereich, 199, Anm. 38) und bringt dafür als neues Argument, dass der »Fluß Ägyptens«, den Abram laut GA 21,11 von *ramat-ḥazor* aus gesehen habe, »nicht den Nil, sondern nur das *wadi el-ʿarîš* meinen« könne. Es wäre interessant zu wissen, was, eine Zeile weiter im Genesis-Apokryphon, mit dem »Euphrat« (פורת) gemeint ist, den Abram vom selben Ort aus gesehen haben soll? Und der wenige Zeilen später, GA 21,17, ebenfalls als נהרא bezeichnet wird, vom Taurusgebirge ausgehend, jenseits der großen Wüste bis in den persischen Golf fließend (GA 21,11f.16–18) – frei nach Seebass ein »Euphratbach«?

sischen Satrapie »Jenseits des Stroms« vorgestellt wird.[300] Doch müsste sich auch hier eine textnähere Erklärung finden lassen.

Im Zuge der literarischen Vorschaltung der Genesis vor die Exodus-Wüstenerzählung wurde der an die Väter in Ägypten ergangene Landschwur mit der Landbesitzzusage an Abraham, Isaak und Jakob identifiziert. In Gen 15 wird dieser Landgabeschwur, wie oben gezeigt wurde, in einer feierlichen ברית-Zeremonie mit Abram vierfach entfaltet. Dabei wurde die Landzusage auf die Nachkommenschaft Abra(ha)ms übertragen, den זרע אברהם, der meist synonym für Israel steht (so durchweg in den außerpentateuchischen Bezugnahmen Jes 41,8; Jer 33,26; Ps 105,6; 2 Chr 20,7). Auch hier ist in erster Linie von den Israeliten die Rede, besonders in der expliziten Deutung der Landgabe-ברית in Gen 15,13–16. Aber die Beschreibung des zu übergebenden Landes berücksichtigt, in differenzierter Abstufung, ebenfalls die mit Abra(ha)m und Israel verwandten »Keniter, Keniziter und Kadmoniter«. Das Land zwischen Nil und Euphrat wird nicht allein Israel gegeben, sondern auch gewissen edomitischen (»Keniter«, »Keniziter«) und arabischen (»Kadmoniter«) Stämmen, die mit Israel verwandt sind, ja nach den Erzählungen der Genesis als Nachkommen Abra(ha)ms verstanden werden können. Die Einbeziehung edomitischer und arabischer Stämme rechtfertigt die große Ausdehnung des Landes, die in eklatantem Widerspruch zu den historischen Grenzen des Landes Israels steht.[301]

In der Endkomposition, wie sie im Masoretischen Text repräsentiert ist, wird diese Differenzierung ernstgenommen: Das den Israeliten verheißene Land wird Gen 17,8; Ex 6,4 mit dem »Land Kanaans« identifiziert, und dieses wird in Gen 10,19 genau so beschrieben, dass das Gebiet der Edomiter, Moabiter, Ammoniter etc. ebenso ausgeklammert wird wie die syrisch-arabische Wüste. Die endgültige Beschreibung des ausschließlich Israel verheißenen Landes erfolgt nach mehrfacher Vorbereitung, zuletzt in Dt 32,48–52, durch die an Mose gerichtete Gottesrede Dt 34,1–3. Dabei ist zunächst das »Land Moabs« durch die erzählerische Einkleidung eindeutig von dem Israel verheißenen Land abgegrenzt. Und auch wenn die Beschreibung einen größeren Bereich als das vermutete frühnachexilische *Jehud* und *Samerina* umfasst, so ist sie im Vergleich zur »eufratischen Konzeption«[302] Dt 1,7; 11,24; Jos 1,4 doch wesentlich bescheidener. Sie beschreibt das tatsächliche Siedlungsgebiet der Israeliten, wie es auch in nachexilischer Zeit bestanden haben dürfte, auch wenn die Israeliten dieses Gebiet nicht allein besiedelten: »den Gilead bis Dan, und ganz Naftali und das Land Efraims und Manasses, und das ganze Land Juda bis zum westlichen Meer, und den Negev, und den Kreis: die Ebene von Jericho, der Palmenstadt, bis Zoar«[303]. Dass der Begriff »Land

---

300 Kallai, Boundaries, 82, weist allerdings darauf hin, dass das selbe geographische Konzept auch im ägyptischen Neuen Reich vorstellbar wäre.

301 Vgl. Kallai, Boundaries.

302 Vgl. hierzu Lohfink, Geltungsbereich, 201–207, dort weitere Literatur.

303 Dt 34,1–3 MT.

Kanaans« in Dt 34 nicht fällt, hat seine Begründung freilich in der vorherigen Festlegung des Jordans als Ostgrenze des »Landes Kanaans«. In Num 34 wird deswegen differenziert zwischen der Beschreibung des »Landes Kanaans« V.2–12 und des Landes, das Ruben, Gad und halb Manasse im Ostjordanland bereits erhalten haben.

Da aber nur die Israeliten als Abra(ha)ms Nachkommenschaft dieses Land, das das Heiligtum beherbergen soll, erben werden, bekommen die anderen Nachkommen Abra(ha)ms ihr Land in der südlichen und östlichen Nachbarschaft Israels: Edom im Gebirge Seïr (Gen 36,6–8; Dt 2,5.22; Jos 24,4), Ismael »von Chawila bis Schur, welches ist: Gegenüber von Ägypten, wo es nach Assyrien geht, gegenüber all seinen Brüdern ließ er sich nieder« (Gen 25,18[304], vgl. Gen 21,21). Lot, der zwar nicht als Nachkomme Abra(ha)ms, aber als naher Verwandter gilt, wohnt ebenfalls östlich des »Landes Kanaans« (Gen 13,11 f.).[305]

Damit ergänzen sich in der Endkomposition die weite und die engere Beschreibung der Landesgrenzen: Während die weite Konzeption von Gen 15,18 auf alle Abrahamiden bezogen wird, entspricht das Land der V.20 f. aufgezählten Völker, als das »Land Kanaans« nebst Teilen des Ostjordanlandes, dem nachmaligen Land Israels.[306]

Genesis-Apokryphon und Jubiläenbuch: Kanaan gehört nach Afrika

Während in der Endkomposition des Pentateuch, wie sie der Masoretische Text repräsentiert, die Grenzbeschreibung »vom Strom Ägyptens bis zum großen Strom, dem Euphrat« singulär geblieben war, spielt sie in anderen Textreferenten eine wesentlich größere Rolle. Dabei wird die bereits in Gen 15,18–21 angelegte Differenzierung zwischen einem größeren Land, das Abram verheißen ist, und einem kleineren, das Israel gehören soll, teilweise beibehalten, teilweise aber auch verwischt.

Im Genesis-Apokryphon gelten Nil und Euphrat von vornherein als Grenzen des Abram verheißenen Landes. In GA 21,8–19 wird die Funktion des Euphrat nicht nur als Nord-, sondern auch als Ostgrenze genauer bestimmt: Demnach gehört das Land im Süden und Osten, die ganze Wüste zwischen Ägypten und Mesopotamien, also das Land Ismaels und der Keturasöhne, zu dem Abram in der Nähe von Bethel gezeigten und hernach von ihm erlaufenen Land.[307] Dass das Land Abrams »vom Nil bis zum Euphrat« reicht, ist schon in den ersten erhaltenen Zeilen der Abramgeschichte deutlich, wo erst nach dem Überschreiten der sieben Nilarme das Verlassen »unseres Landes« konstatiert werden kann (GA 19,11–13).

---

304 Traditionell »J« zugeschrieben.

305 Vgl. Kallai, Boundaries, 80 f.

306 Siehe oben 157–159. Auch in der RGG ist seit der vierten Auflage »Kanaan« durch das »Land Israel« (Waschke, Art. Land) abgelöst worden.

307 Folgerichtig betritt Kedorlaʿomer mit seiner Koalition bereits vom Euphrat an fremdes Land.

Da das »Land Chams« (GA 19,13) erst in Ägypten beginnt, kann das verheißene Land nicht eigentlich »Land Kanaans« sein. Letzteres müsste demnach im Westen Nordafrikas zu suchen sein.[308]

Im Jubiläenbuch, das nicht nur von der Vorlage des Genesis-Apokryphon, sondern auch von der kanonischen Genesis abhängig ist, findet sich dagegen auch die Bezeichnung »Land Kanaans«. Jub 10,29 wird das – unrechtmäßig eingenommene – Land Kanaans als »das Land des Libanon bis zum Strom Ägyptens« bezeichnet; als Ost- und Westgrenze werden Jordan und Mittelmeer beschrieben. Die Grenzen des in GA 21,8–19 beschriebenen Landes Abrams entsprechen denen des Landes Arpachschad nach Jub 9,4[309], als integraler Bestandteil des Landes Sems (Jub 8,12–17). Das heißt, Kanaan hat nicht das ganze Land Arpachschad und nicht das ganze Land Abrams besetzt, sondern nur den Teil, der für Israel bestimmt war. Entsprechend wird differenziert: Wie in der kanonischen Genesis steht zunächst die umfassende Landesbezeichnung, im Zusammenhang der vierfachen Landgabe-ברית mit Abram: Vom Strom Ägyptens bis zum Euphrat, mit Aufzählung von 10 Völkern (Jub 14,18[310]//Gen 15,18–21). Daneben steht, wie in der kanonischen Genesis, die Wiederaufnahme der Landverheißung an Abraham mit der Formulierung, das »Land Kanaans« auf ewig zu beherrschen – wie in Gen 17 im Zusammenhang der Namensänderung und der Beschneidungs-ברית (Jub 15,10 //Gen 17,8).

Doch wird im Jubiläenbuch die Ambivalenz, die bereits in Gen 15 zwischen der eigentlichen Erfüllung der Landverheißung unter Josua und den uneigentlichen Landgaben an die ersten drei Geschlechter bestand, zum Beginn der Szene selbst dadurch deutlich gemacht, dass der Text von Gen 15,7 erweitert wird: Das Ziel der Landgabe nach Gen 15,7, את הארץ הזאת לרשתה, kann sich nur auf das nachmalige Land Israels beziehen, also das Land der letztgenannten 7 Völker von Gen 15,20f., die »beerbt«, d.h. vertrieben wurden. *Dieses* kann nun, um die bereits in der Endkomposition eingeführte Differenzierung noch deutlicher zu machen, als das »Land der Kanaaniter« bzw. das »Land Kanaans« bezeichnet werden, weshalb es in Jub 14,7 in deutlicher Anlehnung an Gen 17,7f. heißt: »Und er sagte zu ihm: Ich bin der Herr, der ich dich geführt habe aus Ur, der Stadt der Chaldäer, dass ich dir *das Land der Kanaaniter* gäbe zum Besitzen *in Ewigkeit und dir Gott zu sein und deinem Samen nach dir.*« Damit führt die Angleichung im Stil der Endkomposition des Pentateuch zu beinahe derselben Formulierung wie in Lev 25,38[311], wobei dennoch das deuteronomistische לרשתה beibehalten wird. Für diejenigen, die in der Abra(ha)mgeschichte »nachpriesterliche« oder »nachend-

---

308 Ausführlicher hierzu oben S.32f.

309 Martinez, Studies, 39, Anm. 80. Ähnlich wahrscheinlich auch GA 17,11–13 (Morgenstern–Qimron–Sivan, 50–53), was aber immer zu fragmentarisch erhalten ist.

310 Die Grenzbeschreibung ist identisch mit der in Gen 15; lediglich die letzten sieben Völker variieren gegenüber Gen 15 sowie innerhalb der äthiopischen Handschriftenüberlieferung. Vgl. Vania Proverbio, note.

311 Siehe oben S.179f.

redaktionelle« Zusätze suchen, erweist sich das Jubiläenbuch also auch hier als erstrangige Quelle.

Der Samaritanische Pentateuch:
Land Kanaans = Land Israels = Vom Nil bis zum Euphrat

Während das Jubiläenbuch durch seine umfangreich eingefügten Sondertraditionen zahlreiche neue Widersprüche in den Text hineinträgt, ist der Samaritanische Pentateuch eher bestrebt, durch Angleichung von Paralleltraditionen, etwa durch Angleichung von Texten im Exodusbuch an das Deuteronomium, zu harmonisieren.[312]

Im geographischen System nun lässt sich eine gewisse Nähe zwischen Genesis-Apokryphon und Jubiläenbuch auf der einen und Samaritanischem Pentateuch auf der anderen Seite beobachten: Auf beiden Seiten besteht eine Tendenz, die Ausdehnung des Landes Abrams vom Nil bis zum Euphrat, wie sie Gen 15,18 verheißen wird, zu generalisieren. Diese maximale Gebietsangabe umfasst im Kontext des Masoretischen Textes, wie gezeigt, neben dem Israel zugesicherten, relativ eng umgrenzten »Land Kanaans« auch das nachmalige Land der anderen Abra(ha)miden.[313] Israel wird nur ein bestimmter Teil des Abram-Landes von Gen 15,18, nämlich das »Land Kanaans«, versprochen.[314] Im Genesis-Apokryphon und im Jubiläenbuch aber kennt Abram schon von Anfang an die Weite seines Landes, die mit dem Erbteil Arpachschads identisch ist. Doch finden, jedenfalls im Jubiläenbuch (das Genesis-Apokryphon bricht vor der Ismaelgeschichte ab), auch die anderen Abra(ha)miden neben Israel Platz in diesem Land.

Dagegen werden im Samaritanus das Land Kanaans[315] und das nachmalige Land Israels[316] vom Nord(ost)-Süd-Umfang her mit dem Land Abrams identifiziert. Während die Grenzangabe »vom Strom Ägyptens bis zum großen Strom, dem Euphrat« im Masoretischen Text singulär Gen 15,18 steht, bietet der Samaritanus in den beiden kompositionell exponiertesten Grenzbeschreibungen des Landes Kanaans bzw. des Landes Israels im Pentateuch, nämlich in Gen 10,19 und Dt 34,1–3, jeweils in Angleichung an Gen 15,18, מנהר מצרים עד הנהר הגדול נהר פרת. Gegenüber Gen 15,18 wird lediglich die Westgrenze für das Land Kanaans bzw. Israels noch genauer bestimmt: ועד הים האחרון ... (Gen 10,19; Dt 34,1–3), »bis zum westlichen Meer«, d. h. bis zum Mittelmeer (in Angleichung an Dt 11,24 sowie Dt 34,2 MT).

---

312 Vgl. die Beispiele bei Tigay, Conflation.
313 S. o. S. 222–224.
314 Im makrostrukturellen Kontext des Pentateuch ist die Gebietsbeschreibung Dt 34,1–3 entscheidend. Vgl. zu den weiteren, jeweils voneinander abweichenden Landbeschreibungen Waschke, Art. Land, sowie Fritz, Grenzen.
315 Gen 10,19 SP.
316 Dt 34,1–3 SP. (Die Verszählung in Analogie zum MT; tatsächlich handelt es sich im samaritanischen Pentateuch nur um einen Vers.)

Die ausführlicheren, in Masoretischem Text und LXX sowie allen übrigen Versionen im Wesentlichen übereinstimmenden Grenzbeschreibungen der Kanaanitergebiete in Gen 10,19 (durch Städtenamen, darunter Sodom, Gomorrha etc.), sowie des verheißenen Landes in Dt 34,1–3 (durch Stammesnamen etc.)[317] werden gestrichen und durch die Formel von Gen 15,18 ersetzt[318], die lediglich noch um die Angabe des Mittelmeeres als Westgrenze erweitert wird. So werden Gen 15,18 und Dt 34,1–3 in aller wünschenswerten Deutlichkeit parallelisiert und die maximale Landausdehnung als Land Israels bezeichnet.[319] Theologisch gibt auch hier das deuteronomistisch gerahmte Deuteronomium die Richtung vor: Gen 15,18 wird dann nicht mehr auf alle Abrahamiden bezogen – Ismael etwa kommt im Deuteronomium gar nicht vor –, sondern im Sinne der euphratischen Landkonzeption von Dt 1,7 als das allein Israel verheißene Land interpretiert. Letzterer deuteronomistischer Text wird auch, »nachendkompositionell«, mitten in einen im Masoretischen Text rein »priesterlich« geprägten Abschnitt eingearbeitet: Am veritablen Ende der Sinaiperikope, unmittelbar vor dem Aufbruch, wird vor Num 10,11 ein letztes Wort Jhwhs an Mose auf dem Sinai eingeschaltet – als exaktes »Vorbild« für das ›Zitat‹ in Dt 1,6–8. Jhwh ruft dazu auf, hineinzugehen in das Land »bis zum großen Strom, dem Euphrat«, und das Land in Besitz zu nehmen, von welchem gilt: »Ich habe euren Vätern, dem Abraham, dem Isaak und dem Jakob, geschworen, es ihren Nachkommen zu geben.«[320] Gen 15,18 beschreibt somit im samaritanischen Pentateuch den Geltungsbereich der Tora[321] und das ideale Land Israels.

4.3. Die Völkerliste Gen 15,19–21

Die Völkeraufzählung am Schluss des Kapitels, Gen 15,19–21, scheint auf den ersten Blick den üblichen deuteronomistischen Aufzählungen der Völker des Landes zu entsprechen.[322] Dabei fallen aber, wie oft beobachtet, vier Völker aus der Reihe: Die Keniter, die Keniziter, die Kadmoniter (alle V.19) und die Refaïm (V.20). Von diesen sind lediglich die Refaïm einer jüngeren Ergänzungsschicht zuzuweisen.

---

317 S.o. S.157–159.

318 Textkritisch kann kein Zweifel bestehen, dass MT, obgleich länger, unbedingt als die vorzuziehende lectio difficilior zu gelten hat.

319 Lediglich Num 34, ohnehin bereits eine sehr weite Beschreibung (vom Bach Ägyptens, V.5, bis nach [Lebo] Chamat, V.8), bleibt unverändert.

320 Num 10,10 SP.

321 Lohfink, Geltungsbereich, 190–208, hat in der Einleitung des deuteronomischen Gesetzes (Dt 12,1) in נתן einen Rückverweis auf Gen 15,18 als die zutreffende Grenzbeschreibung des in Dt 12,1 nicht näher bestimmten Landes gesehen.

322 Bei einer deuteronomistischen oder nachdeuteronomistischen Verortung des ganzen Kapitels entfällt der Grund, die Völkerliste V.19–21 insgesamt als sekundär anzusehen, vgl. Ha, Genesis 15, 57 mit Anm.34.

Keniter, Keniziter, Kadmoniter (V. 19)

אֶת־הַקֵּינִי וְאֶת־הַקְּנִזִּי וְאֵת הַקַּדְמֹנִי:

Die rätselhaften ersten drei Völker lassen sich mit der Einfügung von Gen 14 genausowenig erklären wie mit der Gen-17-Schicht: Um etwa die Zehnzahl zu erreichen, hätte man aus den besiegten Völkerschaften von Gen 14,5f. oder aus der Kanaaniterliste Gen 10,17f. genügend Völkernamen zur Verfügung gehabt. Nein, es geht hier eben nicht um »Kanaaniter«, und auch nicht um mythische Vorbewohner, worauf die »Kadmoniter« hindeuten könnten. Sondern die ersten drei Namen sind, wie durch das dreimalige ק angedeutet, inhaltlich und sprachlich abgesetzt von den übrigen und sollen auch so verstanden werden.[323] Damit findet sich auch in der Völkeraufzählung die 3+1-Struktur der ganzen Szene wieder und bildet das logische Schluss-Stück des Ganzen: Dem vierten Geschlecht, also den Israeliten unter Josua, gehören die sechs oder sieben letzten Völker an, gemäß Ex 3,8.17; 23,23; 33,2; 34,11; Dt 20,17; Jos 9,1; 11,3; 12,8 (jeweils sechs Völker, Hiwiter an Stelle der Girgaschiter) bzw. Dt 7,1; Jos 3,10; 24,11 (jeweils sieben Völker, mit Hiwitern wie Gen 15,21 LXX und Samaritanus), wobei sich mit Jos 17,15 MT auch die Refaïm nach den Perisitern einordnen lassen.[324]

Ungewöhnlich ist nicht die Landzusage an dieses vierte Geschlecht, sondern die Entfaltung auch für die drei vorherigen, wonach sich die Treue Gottes zu seinen Verheißungen schon den ersten drei Geschlechtern bewährt.

Tatsächlich gibt es in der »hexateuchischen« Geschichte schon vor der Landnahme unter Josua gewisse Antizipationen der Landnahme. Der erstgenannten Periode (Gen 15,13), nämlich der langen Ägyptenzeit, entspricht dann das erstgenannte Ziel der Landgabe: »der/die Keniter«. Von der Knechtschaft in Ägypten, welche ja nicht die prosperierende Zeit unter Josef meinen kann,[325] handelt *Ex 1,8–2,22, da mit dem Ex 2,23 mitgeteilten Tod des Königs von Ägypten in »jener langen Zeit« der Übergang zum Zeitalter des Auszugs markiert wird.[326]

---

323 Eine ganz ähnliche, aber sozusagen spiegelverkehrte Reihung findet sich im vielfältig auf die endkompositionelle Fassung von Gen 15 (mit zehn Völkern und verändertem Generationenverständnis) anspielenden Rahmen des Hiob-Buches: Hiob, dessen *sieben* Söhne und *drei* Töchter (Hi 1,2) umgekommen waren, nachdem der Sturm die *vier* Ecken des Hauses zu Fall gebracht hatte (Hi 1,19), bekommt zum Schluss wiederum *sieben* Söhne und *drei* Töchter (Hi 42,13), die nach Hi 42,15 insgesamt zehn Erbteile erhalten, und erlebt seine Nachkommen *vier* Generationen lang (Hi 42,16). Die Namen der drei Töchter werden, im Unterschied zu den sieben namenlosen Söhnen, Hi 42,14 ebenso individuell herausgehoben wie in Gen 15,19 die ersten drei Volksnamen – und während der erste Name (יְמִימָה) auf die lange Lebensdauer Hiobs anspielen dürfte, lauten der zweite und dritte Name (קְצִיעָה und קֶרֶן הַפּוּךְ) wie die Namen in Gen 15,19 jeweils mit ק an.

324 Vgl. Kallai, Boundaries, 74.

325 Es ist ungewiss, ob überhaupt eine Josefsgeschichte zum Horizont von Gen 15 gehört hat.

326 Im übrigen wird dieser Einschnitt auch durch die offene Parasche hervorgehoben, woran schon äußerlich zu erkennen ist, dass dieser Epochenschnitt, anders als derjenige beim Tod Abrahams, auch in der Endkomposition des Pentateuch beibehalten wurde.

Was steht nun unmittelbar vor dem Epochenschnitt? Mose selbst benennt die
Charakteristik der Periode, nämlich das Fremdling-Sein in fremdem Land
(Ex 2,22b), und zwar in der Vergangenheit. Mose ist dagegen Ex 2,21 als bei seinem Schwiegervater wohnend dargestellt. Es ist in diesem Zusammenhang kaum
angebracht, eine Rekonstruktion der Gen-15-Komposition des Exodus und der
Landnahme zu konstruieren; dies wäre allzu hypothetisch und der Gefahr von Zir-
kelschlüssen ausgesetzt. Also: Ob Mose einen oder zwei Söhne hatte, ob diese oder
einer von diesen mit ihm nach Ägypten zurückgingen oder nicht, ob der Schwiegervater Moses Jitro, Reguel oder Hobab hieß, ob er Midianiter oder Keniter
genannt wurde, ob er ein Stück mit Israel zog oder nicht, all dies ist denkbar. Dass
die Keniter ein Volk sind, mit dem Israel sich verbunden, d.h. auch verwandt
fühlt, und dass Moses Schiegervater mit den Kenitern in Verbindung gebracht
werden kann, dürfte als Minimalkonsens anerkannt werden können. *Wenn* man
einen Völkernamen nennen wollte, der die Inbesitznahme des Landes in der Ägyptenzeit thematisiert, dann böten sich die Keniter jedenfalls an. Geographisch passen sie ohnehin besser ins Bild als die Midianiter: Als unmittelbare südliche
Nachbarn Judas, großräumig ausgedrückt als ein Volk zwischen Ägypten und
Juda.[327] Dank der Verschwägerung mit Mose dürfen die Midianiter/Keniter teilhaben an der Landverheißung.[328]

Ähnlich komplex ist der Befund zu dem zweiten Namen, dem »Keniziter«: Ob
die Keniziter »vorpriesterlich« als ein judäisches oder ein edomitisches Geschlecht
verstanden wurden, ist schwer auszumachen.[329] Aber so wie Hobab neben Heber
der einzige namentlich genannte Keniter ist, so ist neben Othniel sein Bruder
Kaleb *der* Keniziter schlechthin. Und Kaleb steht für die Antizipation der Landnahme im zweitgenannten Geschlecht (Gen 15,14), also in der Exodus- und
Wüstengeneration (hier und nur hier ist der Ausdruck »Generation« in der Tat am
Platze).[330]

Die drittgenannte Periode, also die Zeit Abra(ha)ms oder der Väter, wird in
Gen 15,15 durch den friedlichen Tod Abra(ha)ms charakterisiert. Der jetzige
Zusammenhang in Gen 25 ist in starkem Maße durch die Gen-17-Schicht ge-
prägt, wobei es einige Spannungen gibt, die einer redaktionsgeschichtlichen
Erklärung bedürfen: Das einfache Verständnis von V.5f. wäre, dass mit »Isaak«
und »den Kindern der Nebenfrauen« sämtliche Kinder Abrahams aufgezählt sind.
Die Bezeichnung »פלגש« steht aber singulär in der Abra(ha)mgeschichte. Weder
Hagar noch Ketura wird so genannt; lediglich in 1 Chr 1,32 wird Gen 25,1–6 syn-
chron gelesen und so interpretiert, dass Ketura »פלגש« Abrahams gewesen sei.
Dagegen wird sie V.1 ausdrücklich als Frau Abrahams bezeichnet; da Sara schon

---

327 Vgl. Kallai, Boundaries, 74.
328 Vgl. die je verschiedenen Traditionen hinter Num 10,29–32; Ri 1,16; 4,11; 1 Sam 15,5.
329 In der Systematik von Gen 15,19–21 dürfte das Land des קני sich aber am ehesten südöstlich an
    das nachmalige Land Israels anschließen (Kallai, Boundaries, 74).
330 Siehe oben Anm. 255 (S. 212).

gestorben ist, spricht nichts dagegen, sie als legitime (Haupt-) Frau zu bezeichnen. Eine weitere Spannung besteht zu der Anwesenheit Ismaels Gen 25,9, vor allem aber zu seiner Parallelisierung mit Isaak ebenda.

Worauf es hier ankommt, ist letzten Endes die Wahrscheinlichkeit, dass Gen 25,5f.8*.11 auf einer bestimmten Ebene den ursprünglichen Abschluss der Abrahamgeschichte und die Überleitung zur Isaakgeschichte gebildet haben könnte; denkbar ist ein unmittelbarer Anschluss an Gen 22,19; unmittelbar hätte folgen können Gen 26,1–33*, woran wiederum Gen 25,21–34* anschließen kann.[331] Wenn nun Gen 25,6 »vorpriesterlich« ist, dann ist diese Mitteilung buchstäblich das Letzte, was »in den Tagen Abrahams« mitgeteilt wird.[332] Dies wird durch die Wendung »noch zu seinen Lebzeiten« (בעודנו חי) ausdrücklich hervorgehoben. Mitgeteilt wird, dass Abraham den Söhnen seiner Nebenfrauen Geschenke mitgibt (zweimal die Wurzel נתן), und sie »nach Osten« (קדמה), in das »Land Kedem« (ארץ קדם), schickt.[333]

Dies kann wiederum als eine Antizipation der Landnahme verstanden werden, nun durch die »Kadmoniter«. Zugleich wird es klar von der Hauptlinie der Verheißung getrennt: »weg von Isaak«.

Die ersten drei Völkernamen deuten somit drei Stadien der uneigentlichen Erfüllung der Nachkommens- und Landverheißungen an, während die eigentliche Landgabe, nämlich diejenige an die Israeliten unter Josua, im »vierten Zeitalter« erfolgt.

Die Frage, ob Gen 25,5f.; Ex 2,22 und bestimmte Verse in Num 13f. oder auch Num 32,10–13 derselben Hand angehören wie Gen 15, kann mit gewisser Wahrscheinlichkeit positiv beantwortet werden, lässt sich aber nicht beweisen.[334] Festzuhalten ist, dass die Beziehungen nicht zufällig sein können; nicht auszuschließen ist auch die nachträglich erfolgte, aber noch vor-endkompositionelle Notiz von Erfüllungsvermerken an den genannten Stellen. Die Textvarianz etwa in Ex 2,22 mahnt, dass die Text- und Redaktionsgeschichte in der Wirklichkeit komplizierter verläuft, als man sie rekonstruieren kann.[335]

Dass diese drei verschiedenen Gruppen – die mit Mose verschwägerten Midianiter/Keniter, die Kalibbiter/Othnieliter und die Nebenlinien unter Abrahams Söhnen – mit drei Namen bezeichnet werden, die durch die dreifache Alliteration

---

331 Vgl. den »Yahwist« bei Van Seters, Abraham, 313.

332 Nach der »P«-Chronologie, wie sie Gen 25,7 eingefügt ist, gehört dagegen auch die Geburt Esaus und Jakobs noch in diese Periode.

333 Auch Kallai, Boundaries, 80, Anm. 14, verbindet Gen 25,6 mit dem קדמני.

334 Im Numeribuch ist generell eine gewisse Nähe zu Gen 15 bei den Texten der von Otto (Otto, Hexateuch) rekonstruierten »Hexateuchredaktion« zu erkennen, so wie die Texte der von Otto rekonstruierten »Pentateuchredaktion« in einen engen Zusammenhang mit Gen 17 gehören. Abzulehnen ist allerdings die Bezeichnung dieser Schichten als »nachpriesterschriftlich«. Selbst Otto, der Gen 17 zu P^g zählt, gesteht im Übrigen zu, dass Gen 17 bereits von »priesterlicher« *und* »deuteronomistischer« Sprache geprägt ist (Otto, Hexateuch, 128).

335 Carr, Fractures, 33–39.

auch sprachlich untereinander verbunden und gleichzeitig von den übrigen Völkernamen getrennt werden, ist der Genialität des Schriftstellers zu verdanken. Durch die so entstandene Dreiergruppe wird das 3+1-Schema aus V. 9f. und V. 13–16 wieder aufgenommen und konkret gefüllt. Mit den »Kenitern, Kenizitern und Kadmonitern« wird erst aus dem »Landschwur an die Väter in Ägypten« die vier Zeitalter übergreifende Abra(ha)m-ברית.

Auch die geographische Beschreibung des verheißenen Landes in V. 18 lässt sich mit der vollständigen Liste V. 19–21 besser vereinbaren als mit der Standardaufzählung V. 20f. Während Keniter und Keniziter auch mit der Landschaft, wo sich die Szene Gen 15 abspielt, also (ohne Gen 14, im Anschluss an Gen 13,18) der Gegend von Hebron in Verbindung zu bringen sind, stehen die »Kadmoniter« (ganz gleich ob man näherhin an die בני קדם der historischen Bücher,[336] an die Keturasöhne oder die Ismaeliter,[337] vgl. Gen 25,15 קדמה, denkt, vgl. auch noch Gen 10,30) doch für einen größeren Raum, nämlich am ehesten die syrisch-arabische Wüste, die sich östlich (und südöstlich) an das Land Israels anschließt und erst durch das Zweistromland begrenzt wird, deshalb »bis an den großen Strom, den Euphratstrom«.[338] Das Keniterland degegen befindet sich eigentlich zwischen dem Land Israels und Ägypten; seine Westgrenze sollte daher westlich derjenigen des Landes Israels sein. Daher kann es durchaus sachgerecht erscheinen, dass hier als Grenzangabe der »Strom« und nicht der »Bach Ägyptens« erscheint.

Die übrigen sieben Völker (V. 20f.)

ואת־האמרי ואת־הכנעני ואת־הגרגשי ואת־היבוסי:
ואת־החתי ואת־הפרזי ואת־הרפאים:

Die Landgabe an die Israeliten unter Josua, im »vierten Zeitalter« (Gen 15,16), ist grundsätzlich unterschieden von den verschiedenen »uneigentlichen« Landnahmen. Sie ist charakterisiert durch eine Vielzahl zu beerbender Völker, die erst vertrieben, ja ausgerottet werden müssen, bevor die Verheißung vollends in Erfüllung gehen kann. Die drei Völkernamen in Gen 15,19 sind dagegen kaum als Objekte der Vertreibung, Beerbung oder Ausrottung zu verstehen. Deshalb darf auch Gen 15,18 nicht לרשתה stehen wie noch in der Einleitung der Szene, in Gen 15,7.

Die letzten sieben Völker gehören bis auf die Refaïm zu den stereotypen Reihen der durch die Israeliten zu beerbenden Völker. Lediglich die Hiwiter fehlen im Vergleich zu den anderen Listen, und wurden deshalb von SP und LXX jeweils zwischen Girgaschitern und Jebusitern in Gen 15,21 nachgetragen. Dagegen sind die übrigen in den 7-er Reihen Dt 7,1; Jos 3,10; 24,11 aufgezählten Völker vollständig wiedergegeben. Bei den Listen von sechs Völkern, Ex 3,8.17; 23,23; 33,2;

---

336 Kallai, Boundaries, 81, verweist auf das Land der בני קדם in Gen 29,1.
337 Kallai, Boundaries, 79f., Anm. 13, verweist auf die Landbeschreibung von Gen 25,18.
338 Vgl. Kallai, Boundaries, 79–82.

34,11; Dt 20,17; Jos 9,1; 11,3; 12,8, fehlen im Vergleich zu Gen 15 jeweils die Girgaschiter.

Im Großen und Ganzen einhellig begegnen als die ersten vier Völker Hethiter, Perisiter, Kanaaniter und Amoriter, in stark variierender Reihenfolge. Die letzten beiden Völker sind durchgängig die Hiwiter und die Jebusiter. Das Prinzip, welches hinter der schriftlichen, vielleicht auch ursprünglich graphisch gegliederten Anordnung steckt, könnte ein geographisches sein, lässt sich aber nicht mehr rekonstruieren, da außer den Jebusitern, die ausschließlich mit Jerusalem in Verbindung gebracht werden,[339] sich keine der Völkerschaften sicher auf ein bestimmtes Gebiet festlegen lässt.

Für eine ursprüngliche Sechserliste an dieser Stelle, ohne Refaïter (und ohne Hiwiter), könnte auch Neh 9,8 sprechen, als Zeuge für die Wirkungsgeschichte von Gen 15 von kaum zu überschätzender Bedeutung. Eine Aufzählung von sechs Völkern für die 12 Stämme Israels scheint logisch; die Schluss-Stellung der Jebusiter lässt sich jedenfalls sowohl mit der späten Eroberung Jerusalems als auch mit der Schluss-Stellung Benjamins im 12-Stämme-System verbinden.

Auch für das Fehlen ausgerechnet der Hiwiter in Gen 15 lässt sich eine Erklärung finden: Nach Jos 9,7; 11,19 waren es Hiwiter, die in Gibeon wohnten und dank einer List Frieden mit den Israeliten schlossen. Mit ihnen sollten die Israeliten durchaus keine ברית schließen, weshalb sie in den diesbezüglichen Verbotskatalogen stehen;[340] wegen ihres Bündnisses konnten sie aber, jedenfalls in Gibeon, nicht von Abra(ha)ms Nachkommen beerbt werden.

Die Einfügung der »Refaïm« vor den »Amoritern« hat mit der Verbindungsfunktion zu Gen 14 zu tun. Die so entstandene Folge »Perisiter und Refaïm« wird sekundär Jos 17,15 MT eingetragen, wo die Kinder Josefs הפרזי והרפאים בארץ den Wald roden sollen, um zusätzliches Gebiet zu gewinnen.

Bemerkenswert ist, dass in sämtlichen Sechserlisten des Masoretischen Textes im Pentateuch (s. o.) übereinstimmend von LXX und Samaritanus die Girgaschiter (bei teilweise abweichender Reihenfolge) nachgetragen werden, um die Siebenzahl zu erreichen; dasselbe ist der Fall bei der Fünferliste in Ex 13,5, wo außerdem die fehlenden Perisiter ergänzt werden.[341] In Gen 15,21 werden von LXX und Samaritanus jeweils die Hiwiter nachgetragen. Hier kann man eine »nachpriesterliche« Bearbeitung im deuteronomistischen Sinne mit Händen greifen! Die Aufzählungen der zu beerbenden Völker, unter Einschluss der Ersterwähnung Gen 15,20 f., werden so vereinheitlicht, dass nach LXX die Aufzählung von Dt 7,1, wo erstmals die Sieben als die Zahl der Völker genannt wird, nicht wie im Masoretischen Text die erste, sondern die siebente Siebenerliste darstellt.[342] Im

---

339   Anders freilich Knauf, Archaeology, 288, der das Wort von Jabesch in Gilead herleitet.
340   Vgl. Jos 9,7 mit Ex 23,23.28.32; 34,11 f.; Dt 7,1 f.
341   Im SP wird auch die Dreierliste von Ex 23,28 auf sieben Völker vervollständigt.
342   Ex 3,8.17; 13,5; 23,23; 33,2; 34,11; Dt 7,1. Im SP kann Dt 7,1 wegen Ex 23,28 bereits auf sieben Siebenerlisten im Exodusbuch zurückverweisen.

Samaritanus ergeben sich, zusammen mit den beiden numehr je 11 Völker umfassenden Listen von Gen 10,15–18 und Gen 15,19–21, insgesamt 11 Listen der Vorbewohner im Pentateuch, davon sieben im Buch Exodus und je zwei in Genesis und Deuteronomium.[343] Allerdings haben diese Bearbeitungen tatsächlich erst nach der Endkomposition, wie sie in diesem Falle der Masoretische Text zuverlässig referiert, stattgefunden, ebenso wie die Angleichung von Gen 10,19 und Dt 34,1–3 an Gen 15,18 im Samaritanus, wie oben gezeigt werden konnte.

ואת־הרפאים *in Gen 15,20*

Die pluralische Bildung ואת־הרפאי *fällt im Kontext von Gen 15,19–21 aus dem Rahmen; dadurch soll eine Sonderstellung der Refaïter erkennbar bleiben[344]. Die pluralische Konstruktion entspricht der Nennung der Völker in Gen 14,5, und zwar Refaïtern, Susitern und Emitern. Im Masoretischen Text findet sich nun eine weitere Differenzierung: Dort sind in Gen 14,5 nur Susiter und Emiter determiniert, die Refaïter bleiben dagegen indeterminiert[345], was die Frage aufwirft, ob diese bereits genauso vollständig geschlagen worden sind wie jene. In Gen 15,20 findet sich die Antwort:

Die vollständige Beerbung der Refaïter wird erst im Zuge der israelitischen Landnahme nach Exodus und 40jähriger Wüstenwanderung erfolgen. Wer genau darunter verstanden wird, bleibt freilich zunächst offen.[346] Werden die übriggebliebenen Refaïm allein mit Og assoziiert[347], bleibt der Landanspruch der Söhne Lots unberührt. D.h., während Samsumiter und Emiter den Söhnen Lots zufallen und Edom/Esau das Erbe der Choriter antreten darf, bleibt der Rest der Refaïm den kriegführenden israelitischen Nachfahren Abrams vorbehalten. Logischerweise werden *im Masoretischen Text* durch das Verständnis von הם (Gen 14,5) als *nomen loci* die Susiter und Emiter (und Choriter) deutlich von den Refaïm getrennt.[348]

---

343 Neben den zwei Elfer-Listen der Genesis im Buch Exodus sieben (siehe die vorige Anmerkung) und im Deuteronomium zwei Siebenerlisten (Dt 7,1; Dt 20,17). (Die kürzeren Listen, wie Gen 13,7 oder Num 13,29, dürfen dann nicht mitgezählt werden.)

344 Übereinstimmend in MT, SP und LXX.

345 Diese Differenzierung nur in MT, nicht im Genesis-Apokryphon. Auch in LXX und SP fehlt diese Differenzierung.

346 Etwas anders im Jubiläenbuch: Nach Jub 29,9–11 bewohnten die Refaïter ursprünglich das ganze Land Gilead, mit fünf Hauptstädten, und wurden von Gott vernichtet, bevor sich die Amoriter dort niederließen, die schließlich von den Israeliten beerbt wurden.

347 Og als Übriggebliebener der Refaïm Dt 3,11.13; Jos 12,4; 13,12. Dadurch ergibt sich freilich, sekundär, eine Überschneidung mit der von Gen 15,16 ursprünglich vorausgesetzten Identifikation Sichon und Ogs als *Amoriter*.

348 Siehe zur endkompositionellen Parallelisierung von Gen 14 und 15 unten S.269 ff.

5. Zusammenfassung: Die vier Geschichtsperioden

Das Zahlenschema Drei–Vier

Als durchgehendes Strukturprinzip von Gen 15,7–21 hat sich das Zahlenschema Drei–Vier ergeben. Auf die Beziehung zwischen dem einleitenden dreifachen משלש in V.9 und dem angezielten רביע in V.16 hat bereits Benno Jacob hingewiesen.[349] Yair Zakovitch hat in seiner Jerusalemer Dissertation dieses »Pattern of the numerical sequence Three–Four«[350] durch das ganze Alte Testament hindurch belegt. Wesentlich ist, dass das vierte Element deutlich über die drei ersten Elemente hinausführt.[351] Neben zahlreichen Belegen dieses Schemas in Genealogien, geographischen Beschreibungen, Listen etc. nennt er mehrere Fälle, in denen Beschreibungen von Offenbarungen nach diesem Schema strukturiert sind.[352] Als nächste Analogie zu Gen 15 verweist Zakovitch auf 1 Kön 19, wo sowohl die Theophanie (V.11 f.) als auch die anschließende Botschaft (V.15–18) nach dem Drei-Vier-Schema strukturiert sind.[353] Für Gen 15 fasst er zusammen, dass die Verse 13–16 eine authentische und organische Erklärung für das außergewöhnliche Geschehen in den Versen 9–12 darstellen.[354]

Erhard Blum gebührt das Verdienst, die Beobachtungen Zakovitchs in die Debatte um die strukturelle Einheitlichkeit von Gen 15 eingebracht zu haben, wenn auch zunächst mit Zurückhaltung in Bezug auf die Folgerungen.[355] Nach der positiven Aufnahme bei Shemaryahu Talmon[356] und Thomas Römer[357] sieht nun auch Blum, nachdem die Thesen Zakovitchs »einschlägige Beobachtungen«[358] geworden sind, die Verse 13–16 als »narrativ subtil vorbereitet und eingebunden« an.[359]

---

349 Jacob, Genesis, 405 f.

350 So im englischen Titel von Zakovitch, Pattern.

351 Talmon, Generationen, 19, mit Anm. 21 und 22, spricht von der Konvention »Topped Triad«.

352 Zakovitch, Pattern, 93–174 (hebr.); IX–XIII (engl.).

353 Auch hier wird durch das visionäre, in einer Theophanie gipfelnde Erlebnis und einen Wortempfang eine bevorstehende unheilvolle Geschichte mit positivem Ausgang der »historiosophischen Anschauung« des Schriftstellers unterworfen (Zakovitch, Pattern, 149 f.). Zur Beurteilung von 1 Kön 19,1–18* als »konzeptionelle Einheit« bis hin zur Rede von »literarische(r) Einheit« vgl. die in feiner Differenzierung von A. Meinhold, Mose, 24 (mit Anm. 16) referierte Literatur.

354 Zakovitch, Pattern, 157.

355 Blum, Vätergeschichte, 378. Da er den Bezug des dreimaligen משלש auf V.13–16 anerkannte, mussten, um die letztgenannten Verse redaktionskritisch ausgrenzen zu können, »dieser Bearbeitung nicht allein die Verse 13–16, sondern auch die Elemente der verschiedenen Tiere und der herabstoßende Geier zu verdanken sein« (ebd.).

356 Talmon, Generationen, 19, mit Anm. 22.

357 Römer, Dogma, 36.

358 Blum, Verbindung, 143, Anm. 108.

359 Blum, Verbindung, 143.

Dass dennoch ein so langer Argumentationsweg bis hierher abgeschritten werden musste, liegt allerdings daran, dass alle genannten Autoren, in Verkennung der Binnenstruktur von V.13–16, den רביעי דור (V.16) unmittelbar mit den 400 Jahren Knechtschaft im fremden Land (V.13) parallelisieren. So postuliert Zakovitch die Identität der vier Geschlechter mit den 400 Jahren,[360] nennt Belege dafür, dass bisweilen eben mit einer Generationendauer von 100 Jahren gerechnet worden sei,[361] schreibt aber drei Zeilen später, es hätte genau drei Generationen in Ägypten gegeben, während die vierte in das Land zurückgekehrt sei.[362] Wäre letzteres so, was vom 3+1-Schema her zunächst einleuchtet, müsste man aber eine »Generation« mit 133 ⅓ Jahren berechnen, das ergäbe schon 533 ⅓ Jahre für 4 Generationen, womit die Gleichung bereits fällt. Wenn man die Geschlechter dann, was hebräischer Zählweise entspricht, bei Abram selbst zu zählen beginnt, bleiben für Ägypten nur noch maximal zwei Geschlechter übrig; wenn man die Unterscheidung von Auszugs- und Landnahmegeschlecht ernst nimmt, eines.

Dieses *eine* Geschlecht, das für Ägypten steht, ist nun in der Tat das Spezifikum von Genesis 15, da sich, wie zuletzt Bernd Biberger herausgestellt hat, aus allen anderen Geschichtsperiodisierungen des Alten Testaments »eine ›Ägyptengeneration‹, die weder zum Personenkreis derer gehört, die nach Ägypten ziehen, noch zu jenen, die aus Ägypten herausgeführt werden, nicht erschließen lässt.«[363] Doch zieht auch Biberger, der die Unterscheidung von Patriarchen-, Exodus- und Landnahmegeneration und das »Generationendenken« im ganzen Alten Testament untersucht hat, nicht die naheliegende Konsequenz, in Gen 15 sei dieses Schema zu einem Vier-Perioden-Schema komplettiert worden.[364] Vielmehr setzt er wie-

---

360 »ארבעה דרות וארבע מאות שנה חד הם«, Zakovitch, Pattern, 154; vgl. Jacob, Genesis, 405 f. sowie zahlreiche weitere Autoren. Talmon, Generationen, 19, bemerkt immerhin den Unterschied zwischen der Ordinalzahl רבי׳ע, welche »eindeutig drei vorhergehende Generationen«, und der Kardinalzahl ארבע מאות, die (lediglich!) »implizit eine Triade von Jahrhunderten« voraussetzt. Diese misslichen 300 Jahre (die schon Delitzsch, Genesis, 372, in der »Dreijährigkeit« der Tiere erkennen wollte) schiebt Talmon, a.a.O., 23, auch Zakovitch unter, den er allerdings nicht gelesen hat: Denn Zakovitch spricht zwar von drei Generationen Knechtschaft in Ägypten (Pattern, 156), nicht aber von 300 Jahren. Und er fragt tatsächlich nicht nach der »Vierzahl« (so will Talmon, a.a.O., 23, Anm. 36, ein indirektes Zitat Blums korrigieren), sondern nach der »Vielzahl der Tiere« (»הבהמות ריבוי«, a.a.O., 152), wie Blum (Vätergeschichte, 378) völlig korrekt wiedergibt. Anders als für Talmon (a.a.O., 23), sind für Zakovitch תר und גוזל eindeutig *zwei* Tiere, die Abram einander gegenübergelegt habe, auch wenn sie als nur eines *gezählt* werden sollten (Zakovitch, a.a.O., 155).

361 Zakovitch, Pattern, 154, Anm. 147, verweist auf Wellhausen, Prolegomena, 308, Anm. 1: »Daß die Generation in dieser Periode zu 100 Jahren gerechnet wird, wird Gen. 15, 13–16 ausdrücklich angegeben.«

362 Ebd.: בניו של אברהם אמורים לשבת במצרים שלשה דורות, והדור הרביעי הוא שישוב.

363 Biberger, Väter, 328 f.

364 Nach Bernd Biberger gibt es, gegen den Wortlaut von Gen 15,16, in den biblischen Geschichtssummarien niemals mehr als drei »Generationen« (Biberger, Väter, 17–404, besonders 389–398, vgl. auch den Vorsatz). Leider geht Biberger, der die biblischen Belege für דור, אב und בן zur Grundlage seiner Untersuchung macht, laut Bibelstellenregister nicht auf Dt 23,4.9 ein.

derum einen דוֹר 100 Jahren gleich[365] und rechnet für Gen 15,13–16 mit einer Mehrzahl von »Generationen«, die in Ägypten gelebt haben[366] – obwohl er erkennt, dass das »Generationenverständnis« gerade hier nicht »biologisch-genealogisch«, sondern, wie in Num 32,13, »historisch-epochal geprägt« ist.[367]

Das Kernanliegen von Gen 15 ist aber gerade die chronologisch und theologisch ordnende Verbindung der zwei Ursprungstraditionen Israels. Und deshalb werden für die bis dahin traditions- und namenlose Zeit der ägyptischen Knechtschaft nicht gleich mehrere »historische Epochen«, sondern erstmals *eine* eigene Periode veranschlagt, eine Periode, die so lange dauert, dass nicht nur der Pharao, sondern auch die Israeliten ihre eigene Herkunft längst vergessen haben, nämlich 400 Jahre.

Die vier Perioden in den vier Gottesreden

Der Übersichtlichkeit halber werden die Aussagen und Andeutungen zu den vier Geschichtsperioden in Gen 15,7–21 noch einmal tabellarisch zusammengefasst. Das Schema »3–4« wird für alle vier Perioden in den Gottesreden sprachlich verdeutlicht: In der zweiten Gottesrede (V.9) steht den drei mit dem drei-haltigen Attribut (מְשֻׁלֶּשֶׁ(ת bezeichneten Tierarten eine (nicht gezählte) vierte Tiergattung gegenüber. In der dritten Gottesrede (V.13–16) wird, nach drei nicht numerierten Geschlechtern, das letzte ausdrücklich als das »vierte« bezeichnet. In der vierten und letzten Gottesrede der Szene erscheinen die ersten drei ungewöhnlichen Volksbezeichnungen sprachlich durch den gemeinsamen Anlaut mit ק von der abschließenden Gruppe von sechs (bzw. sieben) im Zusammenhang der israelitischen Landnahme einschlägigen Völkernamen abgesetzt. Auf drei erste, jeweils durch unvollkommene Erfüllung der Landverheißung geprägte Perioden folgt erst die vierte Periode der vollständigen Realisierung der בְּרִית.

Selbst die Strukturierung der Szene durch die Gottesreden erfolgt nach dem Schema 3–4. Die ersten drei Gottesreden werden jeweils, ohne Nennung des sprechenden Subjekts, das sich aber aus dem Zusammenhang ergibt, durch וַיֹּאמֶר eingeleitet (V.7.9.13–16). Dabei wird die dritte Redeeinleitung sprachlich von den beiden ersten abgehoben, indem der Angeredete, Abram, beim Namen genannt wird – so wie im Vier-Geschlechter-Schema das drittgenannte Geschlecht dasjenige Abrams ist. Aber die Einleitung der vierten Gottesrede (V.18–21) stellt alles Vorangegangene in den Schatten:

V.7 ...וַיֹּאמֶר אֵלָיו

V.9 ...וַיֹּאמֶר אֵלָיו

V.13 ...וַיֹּאמֶר אֶל אַבְרָם

V.18 ...בַּיּוֹם הַהוּא כָּרַת יְהוָה בְּרִית אֶת אַבְרָם לֵאמֹר

---

365 A.a.O., 46.
366 A.a.O., 328.
367 A.a.O., 47.

Tabelle 8. Die vier Geschichtsperioden nach Gen 15

Vier Gottesreden \ Vier Perioden	Ägypten (»ein Land, das ihnen nicht gehört«)	I.–III. Exodus und Wüste	Erzeltern (»du«)	IV. Landnahme (»Rückkehr«)
I. Vier Teilsätze in Vers 7	Ich bin J<small>HWH</small>,	der ich dich *herausgeführt habe* aus Ur-Kasdim,	um *dir dieses* Land zu geben,	um es *in Besitz zu nehmen.*
II. Vierfache Tiersymbolik in V.9–10	*dreijähriges* weibl. Kalb *wird zerteilt*	*dreijährige* weibl. Ziege *wird zerteilt*	*dreijähriger* Widder *wird zerteilt*	Turteltaube und Kücken (hendiadyoin), wird nicht zerteilt
Vier Perioden nach V.13–16	V.13: Nachkommen Abrams	V.14: Nachkommen Abrams (Fortsetzung)	V.15: Abram selbst	V.16: Nachkommen Abrams (Fortsetzung)
III. Worin besteht der epochale Einschnitt?	*Fremdlingschaft* in fremdem Land – von epochaler Dauer	Epochaler Einschnitt am Beginn der Periode: *Auszug* aus dem fremden Land	Epochaler Einschnitt am Ende der Periode: *Der Tod Abra(ha)ms*	Epochaler Einschnitt am Beginn der Periode: *Rückkehr* hierher, also in das Land Abra(ha)ms
Temporale Bestimmung	Zeitdauer der Bedrückung: »400 Jahre«	Zeitpunkt: »danach«	Zeitpunkt (des Todes Abra[ha]ms): »in gutem Alter«	Zeitpunkt (der Rückkehr): »viertes Geschlecht«
Charakteristik	Unheil: Knechtschaft und Bedrückung	Auszug mit großem Besitz	Lebensende im Frieden	Heil: Nachkommenschaft wieder im Land
IV. Vier Stadien der Landgabe nach V.19–21	Keniter (?)	Keniziter (?)	Kadmoniter (?)	Hethiter, Perisiter, (Refaïm,)[a] Amoriter, Kanaaniter, Girgaschiter,[b] Jebusiter

a Fällt formal und inhaltlich aus dem Rahmen der üblichen Völkeraufzählungen; erst im Zusammenhang der Einschaltung von Gen 14 eingefügt.
b LXX fügt vor, der Samaritanus nach den Girgaschitern die Hiwiter ein.

Hiervon ausgehend, erschließt sich nun auch die Einleitung der Szene durch die Gottesrede in V.7 als Vorverweis auf die vier Geschichtsperioden.[368] Denn die vier Teilsätze, aus denen die Gottesrede besteht, lassen sich ohne Schwierigkeiten auf die vier Perioden beziehen, und zwar in der immer wieder gleichen Reihenfolge – Ägypten, Exodus, Abram selbst, und schließlich die Landnahme unter Josua.

Der erste Teilsatz, »Ich bin JHWH« (אני יהוה), steht für die Offenbarung in der Ägyptenzeit.[369] Der zweite Teilsatz, »der ich dich herausgeführt habe aus Ur-Kasdim« (אשר הוצאתיך מאור כשדים), ist eine klare Anspielung auf den die persönliche Gottesbeziehung begründenden Exodus[370] – diese wird durch die Erwähnung von Ur-Kasdim aber Abram-spezifisch formuliert.[371] Mit dem dritten Teilsatz, »um dir dieses Land zu geben« (לתת לך את־הארץ הזאת), wird auf den unmittelbaren Kontext der Landzusagen an Abram von Gen 13,15.17 verwiesen. Der Widerspruch zu Gen 15,18, wo die Nachkommenschaft als Adressat der Landzusage begegnet, ist nur scheinbar: Es geht in der ganzen Szene darum, wie die Nachkommenschaft das Land, das Gott bereits Abram verheißen hat, dauerhaft in Besitz nehmen wird. Im dritten Teilsatz von V.7 erfolgt also entsprechend der Vier-Geschlechter-Systematik die Rückbindung an die Abram-Geschichte – nicht nur durch die inhaltlichen Bezüge zu Gen 13 oder die Angabe לך, die Abram ausdrücklich zum Empfänger der Verheißung macht, sondern auch durch die Deixis הזאת, welche es niemand anderem als dem angeredeten Abram ermöglicht, das verheißene Land zu identifizieren. Die finale Zusage des vierten Teilsatzes, »es zu besitzen« (לרשתה), bleibt dem vierten Geschlecht, nach der vierzigjährigen Wüstenwanderung, vorbehalten.[372]

Davon ausgehend, ist das Schema »3–4« auch in weiteren sprachlichen Eigenarten der Szene wiederzuerkennen:

Sprachliche Anspielungen des Erzählers auf das Vier-Geschlechter-Schema

Nachdem Abram die drei erstgenannten, mit der Zahl drei verbundenen Tiere zerteilt hat, wird noch dreimal auf die zerstückelten Tiere Bezug genommen: Jedesmal

---

368 Auch in V.1–6 wird auf die nachfolgenden wechselvollen Perioden angespielt, aber weniger eindeutig. Vgl. etwa die Verheißung großen Lohns (שכר) in V.1 mit dem in Ägypten erworbenen großen Besitz (רכש, V.14); den Namen Eliezer in V.2 mit dem des Sohnes Moses (Ex 18,4) und der Ankündigung, aus Mose ein neues Volk zu erwählen (Ex 32,10; Num 14,12; Dt 9,14); die Versicherung eines leiblichen Sohnes als Erben in V.4 mit dem friedlichen Ende V.15; und in V.5 schließlich die Ankündigung von Nachkommenschaft, zahlreich wie die Sterne am Himmel, mit V.16.20f. Wann der Glaube folgt (V.6a), ob schon bei Abraham (so LXX und die Wirkungsgeschichte), oder bei seiner zahllosen Nachkommenschaft (so MT als perf. cons.) vor oder nach dem Auszug aus Ägypten, oder nach der Landnahme, bleibt jedoch offen.

369 Vgl. Hos 12,10; 13,4; Ex 3,14f.; Ez 20,5; Ex 6,2.

370 אשר הוצאתיך steht außer Gen 15,7 nur in den Dekalogen Ex 20,2; Dt 5,6.

371 אור כשדים steht außer Gen 15,7 nur in Gen 11,28.31; Neh 9,7.

372 לרשתה im Zusammenhang der israelitischen Landnahme begegnet außer in Gen 15,7 mehr als 20mal im Deuteronomium sowie Jos 1,11; 13,1; Esr 9,11. Im Deuteronomium, im Angesicht des verheißenen Landes, kann es auch wieder »dieses Land« genannt werden (Dt 3,18; 9,6).

steht ein anderes Nomen: בתר V.10, פגר V.11 und גזר V.17. Jedesmal ist das Nomen determiniert, obwohl alle drei Bezeichnungen bis dahin in der Genesis nicht genannt sind und בתר sowie גזר sogar im ganzen Pentateuch singulär bleiben. Dreifache Beschwernis fällt auf Abram (V.12): Tiefschlaf,[373] Schrecken, große Dunkelheit.[374] Wiederum werden ungewöhnliche Vokabeln gewählt: תרדמה begegnet im Pentateuch zweimal,[375] אימה viermal, חשכה nur hier. Diesmal sind alle drei Begriffe undeterminiert: Während die Tierstücke dem Hörer/Leser bereits seit V.10 bekannt sind, sind in V.12 die künftigen Beschwernisse Abra(ha)ms und seiner Nachkommenschaft, welche den zerstückelten Tieren entsprechen werden, noch unbekannt. Wiederum sind Assoziationen an die drei erstgenannten Geschlechter möglich: Die 400-jährige Ägyptenperiode wäre mit dem Tiefschlaf zu verbinden, אימה begegnet Ex 15,16 zur Bezeichnung des Schreckens der Ägypter im Zusammenhang des Exodus.[376] Für die drittgenannte Periode, die Zeit der Erzeltern, ist in Gen 15 das friedliche Ende Abrams nach der Erlösung Isaaks zentral. In Gen 22,12.16 wird die Rettung Isaaks und die Aufrechterhaltung der Verheißungen damit begründet, dass Abraham seinen einzigen Sohn nicht verschont hat (ולא חשכת את־בנך את־יחידך). An die dafür gebrauchte Vokabel חשׂך klingt חשכה גדלה[377] lautlich an, das drittgenannte Subjekt von נפל in V.12.

Auch die Phasen des Sonnenuntergangs, welche der eigentlichen Theophanie vorausgehen, werden in dreifacher Differenzierung benannt: Der Beginn des »Eingehens« der Sonne (V.12), die Vollendung des »Eingehens« (V.17aα) und die völlige Finsternis (V.17aβ) werden jeweils in mit היה konstruierten Verbalsätzen beschrieben. Auch wenn der Sonnenuntergang im Pentateuch öfter eine Rolle spielt,[378] sind die Formulierungen השמש לבוא ויהי und השמש באה ויהי sowie die Vokabel עלטה im Pentateuch singulär. Auch diese finstere Dreiheit dürfte kein Zufall sein.[379]

---

373 An sich ist der Tiefschlaf, der hier den Orakelempfang vorbereitet, keine Beschwernis. Durch die analoge Formulierung mit נפל על wird er jedoch mit dem Schrecken und der Dunkelheit in eine Reihe gestellt.

374 Westermann, BK I/2, 251, lässt חשכה unübersetzt; Seebass, Genesis II/1, 64, erklärt es ohne überzeugende Begründung zur Glosse. Sprachlich sind Schrecken und Dunkelheit, da sie keine constructus-Verbindung bilden, koordiniert, und müssen auch so übersetzt werden.

375 Eine Anspielung auf Gen 2,21 (so K.Schmid, Erzväter, 178f., mit literarhistorischen Folgerungen) liegt m.E. nicht vor: Adam wird in den Tiefschlaf versetzt, damit er nichts merkt (vgl. 1Sam 26,12; Jes 29,10), Abram dagegen, um eine Offenbarung zu empfangen (vgl. Hi 4,13; 33,15) – auch wenn die Israeliten in 400 Jahren Tiefschlaf diese wieder vergessen sollten.

376 Ex 15,16 SP: אימה; MT: אֵימָ֫תָה.

377 Zur identischen Aussprache von שׂ und שׁ siehe oben, Anm.469 (S.102).

378 Vgl. nur Gen 28,11; Ex 17,12; Ex 22,25; Dt 16,6.

379 Eventuell kann man die drei Phasen mit der Himmelsrichtung der entscheidenden Ereignisse der drei Perioden verbinden: Ägyptenaufenthalt und Exodus finden, von Mamre aus betrachtet, im Westen, dem Land des Sonnenuntergangs, statt, die Bindung Isaaks und das Opfer des Widders aber nach der traditionellen Lokalisierung im Umfeld Jerusalems, also im Norden – dort, wo die Sonne vollständig verborgen ist. Die vierte Periode, die Einwanderung unter Josua, erfolgt von Osten – wo die Sonne ihren Tageslauf beginnt.

Da die verschiedenen Tageszeiten in Gen 15 unter dem Blickwinkel der Literarkritik häufig thematisiert worden sind, legt sich an dieser Stelle ein Rückblick auf V.5 nahe, wo, in der Auslegung meist übersehen, gar keine Tages- oder Nachtzeit angegeben wird.[380] Wenn sich der Leser/Hörer, was zunächst naheliegt, den Beginn von Gen 15 (etwa analog zu Gen 18,1) am Tage vorstellt, muss ihn der Vorschlag, die Sterne zu zählen, bereits überraschen. Wenn der Leser/Hörer dann in V.12 erfährt, dass die Sonne jetzt erst beginnt, unterzugehen, wird er nachträglich in seiner ersten Annahme bestätigt:[381] Der Vergleich mit den Sternen muss am hellichten Tage ausgesprochen worden sein.[382] Dadurch gewinnt dieser Vergleich noch an Brillanz. So wie Abram am Tag nicht einen einzigen Stern sehen kann und doch weiß, dass es unfassbar viele, in unwandelbarer Treue ihre Bahn ziehende Sterne gibt, die Abram weder am Tage noch in der Nacht zu zählen in der Lage ist, so verheißt ihm Jнwн unzählbar viele Jнwн-treue Nachkommen, obwohl noch kein einziger von jenen Abram vor Augen steht.[383] Und genau diese Verheißung schätzte Abram für sich als צדקה ein.

Während des folgenden Sonnenunterganges, wenn die Sterne einer nach dem anderen sichtbar werden, erfährt Abram das künftige Schicksal seiner Nachkommenschaft. Zum Höhepunkt des Kapitels, in V.17, ist die endgültige Finsternis eingetreten. Das heißt, die unzähligen Sterne, allesamt Sinnbilder für Abrams verheißene Nachkommenschaft, sind Zeugen der vierfachen Theophanie, welche die Landgabe-ברית für Abrams Nachkommenschaft beschwört.

Nach dieser dreimalig verdreifachten Terminologie von Zerstückelung, Beschwernis und Verfinsterung begegnet eine Vierheit[384] in der Theophanie selbst, um die Zerteilung, Todesfurcht und Finsternis überwindende Kraft der Treue Gottes zu seinen Verheißungen zu besiegeln. Vierfach – »Backofen, Rauch und Fackel, Feuer« – erscheint, der in der Finsternis zwischen den Stükken hindurchgeht (V.17). Selbst hier findet sich das Vier-Geschlechter-Schema wieder. Alle vier Ele-

---

380   Das Problem gesehen hat immerhin Abravanel, z.St., worauf Noegel, Crux, 132, hinweist. Dem genannten Aufsatz von Noegel verdanke ich die folgende Auflösung des Tageszeiten-Rätsels, das uns der »clever storyteller« (Noegel, a.a.O., 133) aufgegeben hat, und wozu Noegel (a.a.O., 134) feststellt: »It probably would please the author of our pericope to no end to find out that the puzzle has been successful for centuries.«

381   Vgl. Noegel, Crux, 134.

382   Vgl. Noegel, Crux, 132.

383   Vgl. Noegel, Crux, 133, der allerdings V.6 traditionell übersetzt.

384   Römer, Dogma, 36, will die Vier noch in weiteren Momenten wiederfinden, etwa in dem viermaligen זרע V.3.5.13.18, in der Zahl 400 V.13 sowie in dem viermaligen יצא V.4.5.7.14. Damit wäre auch bei den ersten drei Perioden (זרע) stünde für das gute Ende Abrahams, 400 Jahre für Ägypten, יצא für den Exodus) ein Hinweis auf die Zielzahl 4 zu finden. Doch sind derartige Abzählungen vor dem Hintergrund des komplexen redaktionsgeschichtlichen Befundes (V.3) unsicher, und der Beginn der Zählung in 15,1 bedürfte der Begründung. Die 400 Jahre schließlich repräsentieren im Kontext, ähnlich den häufigen 40-er-Perioden, eine Einheit, keine Vierheit. Wenn sie mit 4 »Generationen« zu je 100 Jahren deckungsgleich wären (so Talmon, Generationen, 19.24, u.a.), dürfte die Rückkehr ja, je nach Rechnung, frühestens in der 5., 6. oder 7. Generation erfolgen, wie etwa ApcAbr 32,1, siehe oben S.75.

mente sind mit dem Feuer, das die Gegenwart Gottes unmittelbar symbolisiert,[385] verbunden. Aber in den ersten drei Elementen ist das Feuer nicht völlig frei: Das Feuer im Backofen ist an einen festen Ort gebunden; das Feuer wird gebändigt, um eine länger andauernde, gleichmäßige Hitze zu erzeugen – die passende Metaphorik für den Ägyptenaufenthalt.[386] Der Rauch ist das weithin sichtbare Zeichen des Feuers, und doch nicht das Feuer selbst – im Pentateuch steht der Rauch für die Sinaitheophanie vor den Augen der Exodusgeneration.[387] Die Fackel schließlich ist ein Medium, mit welchem das Feuer transportiert werden kann.[388] Davon, dass jemand »das Feuer in die Hand nimmt«, ist nur ein einziges Mal im Pentateuch die Rede, Gen 22,6, als Abraham mit seinem Sohn Isaak auf dem Weg zum Brandopfer ist – so schließt sich auch hier der Kreis. Das Feuer ist in all diesen Manifestationen und Medien – Backofen, Rauch und Fackel – ambivalent. Es steht für Wärme und Licht, aber auch für drohende Lebensgefahr. Ambivalent bleibt das Feuer deshalb auch in der vierten Periode, der Periode der Freiheit, als reines Feuer – für die, die JHWH treu sind, dient dessen Nähe zum Heil, für deren Feinde zum Verderben.[389]

Tabelle 9: Anspielungen des Erzählers auf die vier Perioden in Gen 15

Drei- und vierfache Ausdrücke	Die ersten drei Geschlechter			Das vierte Geschlecht [Landnahme]
	[Ägypten]	[Exodus–Wüste]	[Abraham und Isaak]	
Die zerteilten Tiere	בתר (V. 10)	פגר (V. 11)	גזר (V. 17)	כרת ברית (V. 18a)
Was Abram bzw. seinen Nachkommen zufällt	תרדמה (V. 12)	אימה (V. 12)	חשכה (V. 12)	הארץ הזאת (V. 18b)
Tageszeiten	ויהי השמש לבוא (V. 12)	ויהי השמש באה (V. 17)	עלטה היה (V. 17)	ביום ההוא (V. 18a)
Theophanie-Elemente	תנור (V. 17)	עשן (V. 17)	לפיד (V. 17)	אש (V. 17)

Mit der Schilderung der vierfach feurigen Erscheinung ist die Klimax der Erzählung von Gen 15 erreicht. Der Erzähler kommt nur noch in der Einleitung zur vierten Gottesrede in V. 18a zu Wort. Mit den wenigen Worten dieser Redeeinleitung wird der verdreifachten Terminologie von Verfinsterung und Zerstückelung

---

385 Vgl. außer Gen 15,17 etwa Ex 3,2; 13,21; 19,18; 24,17; Lev 9,24; Ri 6,21; 1 Kön 18,23–38.

386 Vgl. den Vergleich Ägyptens mit einem Schmelzofen, Dt 4,20, 1 Kön 8,51; Jer 11,4.

387 עשן als Nomen oder Adjektiv begegnet im Pentateuch außer Gen 15,18 nur Ex 19,18; 20,18.

388 Ein anderes wären die Räucherpfannen der Priester, vgl. Lev 10,1; Num 16,18.

389 Vgl. nur die ambivalente Rede von תנור, עשן, לפיד oder אש im Zusammenhang mit der Gegenwart Gottes in Jerusalem Jes 4,5; 6,4; 26,11; 31,9; 33,14; Jer 4,4; Am 2,5; Sach 12,6 u.ö. sowie die Rede vom תנור im Zusammenhang des kommenden Tages, Mal 3,19.

jeweils eine neue Qualität entgegengesetzt: Nach den drei Phasen des Sonnenun-
tergangs und der Nacht steht in V.18, durch die Asyndese sprachlich besonders
herausgehoben, die vierte Zeitangabe für das berichtete Geschehen:[390] »An jenem
Tag«.[391] »An jenem Tag« erhält auch die Zerteilung der Tiere durch Abram ihren
Sinn – im »Schneiden« einer ברית durch JHWH selbst. Nicht mehr dem Erzähler,
sondern der vierten Gottesrede bleibt es überlassen, den Inhalt dieser ברית zum
Ausdruck zu bringen: Dieser gibt der dreifachen Beschwernis, die mit Tiefschlaf,
Schrecken und Finsternis Abram zuteil geworden ist, Sinn – denn seiner Nach-
kommenschaft soll auf Dauer »dieses Land, vom Strom Ägyptens bis zum großen
Strom, dem Euphrat« zuteil werden.

6. Gattungsbestimmung: Literarische Prophetie

Während in der Perikope vom Kedorlaʿomer-Kriegszug Abram als charismatische
Führerfigur beschrieben wird, erscheint er in Gen 15, ohne dass die Bezeichnung
נביא o.ä. fällt, als der prophetische Erzvater. Dies wurde schon lange gesehen, fällt
aber besonders dann ins Auge, wenn das Kapitel, wie in der hier vorliegenden
Untersuchung, als strukturell einheitlich betrachtet wird.[392] Gen 15 bzw. Elemente
davon zählen ohnehin zu den wichtigsten Belegen, die auf eine prophetische
Redaktion in der Genesis bzw. im Pentateuch hindeuten, wie sie Hans-Christoph
Schmitt wahrscheinlich gemacht hat.[393]

In der Tat ist, wie gezeigt werden konnte, Gen 15 mehr als nur leicht prophetisch eingefärbt. Der Abram von Gen 15 beherrscht das ganze divinatorische Arse-
nal des Alten Orients,[394] mit Sternen- und Sonnenbeobachtung, Eingeweideschau,
Vogelschau, Magie, Inkubation, Vision und Audition.

Diese Techniken werden freilich unterschiedlich gewichtet. Bereits in V.1a
wird das einleitende Orakel (oder das ganze Kapitel?) als eine Audition mit Visi-
onscharakter bezeichnet. Die Audition, also der Wortempfang, ist, im Einklang
mit der alttestamentlichen prophetischen Überlieferung, die wichtigste »Technik«:
Mit √דבר bzw. √אמר werden V. 1.4.5.7.9.13.18 jeweils direkte Gottesreden einge-

---

390 Eine Folge von Nacht und Tag begegnet auch im Zusammenhang anderer Offenbarungsreden der
     Genesis, vgl. Gen 26,24f.; 28,11–22; 46,2–6.
391 Auch »jener Tag« bleibt ambivalent wie das Feuer und kann den zukünftigen Unheils- oder Heils-
     tag bezeichnen. Ez 20,6 dient dieselbe Zeitangabe aber wie hier zur Datierung des göttlichen
     Landschwurs in der Vergangenheit.
392 Vgl. John Ha, 63–89.
393 H.-Chr. Schmitt, Redaktion, 227f., mit Verweis auf Kaiser, Untersuchung, 110f. Gegen Schmitt
     erschließt sich u. E. der theologische Reichtum dieser Schicht allerdings vollends erst dann, wenn
     man den (»priesterlichen«) Horizont der Endkomposition ausblendet.
394 Für einen Überblick vgl. Cancik-Kirschbaum, Prophetismus, 43–53; Pongratz-Leisten, Herr-
     schaftswissen, 8–16.

leitet, darunter gleich zu Beginn (V. 1b) ein klassisches Heilsorakel.[395] Die »Vision« ist demgegenüber von nachgeordneter Bedeutung. Sie vermag dennoch die anderen Elemente zusammenzufassen: Das eigentliche Sehen, etwa des Raubvogels, des Sonnenuntergangs oder der Feuerfackel, sowie das Sehen in die Zukunft.

Die anderen Techniken könnten für die Mitteilung der Verheißung vernachlässigt werden, es werden dennoch Anspielungen in dieses zentrale Verheißungskapitel integriert: Abram wird aufgefordert, den Himmel zu beobachten (Astrologie)[396] und die Sterne zu zählen (Mathematik).[397] Er fragt nach einem Vergewisserungszeichen, und bekommt eines, das ausgerechnet an Tierkadavern offenbar werden soll (Eingeweideschau).[398] Abram sieht sich auch in der Lage, den Vogelflug zu interpretieren, ja sogar zu beeinflussen (Vogelschau, Magie).[399] Die detaillierte Zukunftsschau wird ihm erst im Tiefschlaf (Inkubation)[400] offenbart,

---

395 Vgl. Kaiser, Untersuchung, 111–116, mit Nennung biblischer (112) und neuassyrischer Parallelen; Westermann, BK II/1, 258f., verweist auf weitere Vergleichstexte nicht nur aus dem Alten Orient, sondern selbst aus dem Inka-Reich.

396 V. 5. Ob Abram tatsächlich zum Himmel geblickt hat, wird allerdings nicht berichtet. In Mesopotamien ist die Astrologie die wichtigste Methode zur Zukunftserschließung (Pongratz-Leisten, Herrschaftswissen, 17–46), die gegebenenfalls durch andere Methoden, wie die Leberschau, überprüft werden kann.

397 V. 5. Auch hier erfahren wir nicht, ob Abram versucht hat, die Sterne zu zählen. Doch auch der »mathematische« Terminus חשב V. 6 bestätigt die Verbindung Abra(ha)ms mit der Mathematik (s. o. S. 190f.); vgl. noch Gen 13,16; 14,14; 17,17 und 18,23–32.
Für das Ansehen der Mathematik im Mesopotamien des ersten Jahrtausends mag der Hinweis genügen, dass das Lösen komplexer mathematischer Aufgaben neben der Deutung himmlischer und terrestrischer Zeichen zu den Wissenschaften zählt, derer sich Assurbanipal rühmt (Pongratz-Leisten, Herrschaftswissen, 311f.). Astrologie, Mathematik und Leberschau galten in neuassyrischer Zeit als »Geheimwissen« (a. a. O., 288).

398 V. 9f. Die in der mesopotamischen Divination einschlägige Vergewisserungsmethode ist die Leberschau (Pongratz-Leisten, Herrschaftswissen, 128–201). Sie wird durchgeführt, um das »Ja« der Gottheit zu erfahren (a. a. O., 156). Eine Frage wie die Abrams nach einem Bestätigungszeichen für das empfangene Gotteswort (V. 7f.) würde etwa im neuassyrischen Bereich die rituelle Schlachtung von Schafen für eine Eingeweideschau nach sich ziehen. Die Antwort Jhwhs mit der Aufforderung, die in V. 9 genannten Tiere zu bringen, bedeutet ein anderes Zeichen, als für eine Leberschau erwartet werden dürfte. Ob Abram »auf die Leber gesehen« hat (vgl. Ez 21,26), wird ebensowenig mitgeteilt wie zuvor, ob er zum Himmel geblickt hat. Dass Abram die Zukunft nicht aus einer Eingeweideschau erfährt, wird V. 12 deutlich gemacht, da Abram für den Wortempfang in den Tiefschlaf versetzt wird. Dennoch sind die zerteilten Tiere, wie die Schafsleber, die der *bārû* betrachtet, Medium der Kundgabe des Gotteswillens an Abram. Abram versteht die Antwort Gottes als Vorbereitung einer ברית-Zeremonie, zerschneidet die Tiere und ordnet sie in entsprechender Weise an. Siehe auch oben S. 194.

399 V. 11. Beides steht im neuassyrischen Reich eher im Hintergrund, während »Astrologie, Prophetie, Traum und Leberschau als Mittel zur politischen Entscheidungsfindung und Handlungsbefugnis« zum »Programm der Herrschaftspraxis« gehören (Pongratz-Leisten, Herrschaftswissen, 16). Doch zählten auch die ›Exorzisten, Ärzte und Auguren zu dem Personenkreis […], der als erster dem Kronprinz seine Loyalität schwören mußte, bevor die Vasallen dazu aufgefordert wurden« (a. a. O., 189).

400 V. 12. Dass im Schlaf keine Bilder beschrieben werden, sondern Abram das unmetaphorische Wort empfängt, entspricht den »Träumen«, von denen in den neuassyrischen Texten die Rede ist

wobei auch bestimmte Phasen des Sonnenuntergangs eine Rolle zu spielen scheinen (wiederum Astrologie).[401]

Die Häufung dieser Anspielungen spricht für eine durchdachte Konzeption des ganzen Kapitels, vor allem aber für den intendierten Zusammenhang von zeichenhaften Handlungen und Deutung. Für die Datierung des Kapitels trägt dies weniger aus. Immerhin fällt das Kapitel im Buch Genesis durch seine sprachliche Dichte auf und steht in seiner Ausdrucksvielfalt Texten der Schriftprophetie näher als den anderen Prosa-Erzählungen der Genesis. Angesichts der außergewöhnlichen Wirkungsgeschichte dieses Kapitels bereits in frühjüdischer Zeit wird man sich aber davor hüten müssen, eventuelle motivliche Bezüge etwa zum Danielbuch als Hinweise auf ähnliche Entstehungszeit aufzufassen, da bei genauerer Betrachtung die Unterschiede überwiegen.

Die Ansage von vier teilweise zukünftigen »Zeitaltern« in Gen 15,13–16 ist von derjenigen der Apokalyptik sehr deutlich unterschieden.[402] Zunächst bleibt selbst das vierte Geschlecht aus der Perspektive der Hörer noch in der fernen Vergangenheit, nämlich im Rahmen der »hexateuchischen« Ursprungsgeschichte Israels, während für die Apokalyptik kennzeichnend ist, dass die Gegenwart (und nächste Zukunft) des Verfassers im Geschichtsausblick am ausführlichsten zur Sprache kommt. Weiterhin geht es hier nicht um Weltgeschichte und Weltreiche, sondern um das Schicksal der Israeliten, das sich natürlich nicht im leeren Raum abspielt.

Im Gegensatz etwa zur Tierapokalypse 1 Hen 85–90, wo die Tiere ähnlich wie in Dan 7 zu Geschichtsdarstellern werden, ist in Gen 15 deutlich zwischen Bild- und Sachhälfte unterschieden: Ein Mensch ist ein Mensch und ein Tier ist ein Tier. Die Zeichenhandlung mit ihren realen Gegenständen und Vollzügen ist symbolisch aufgeladen; die verbale *Deutung* in V. 13–16 dagegen spricht direkt und unmetaphorisch, wie häufig in der israelitischen literarischen Prophetie.[403] Die nach V. 9 angeordneten Tiere sind passiv; wie in der seit dem 2. Jt. vor Christus belegten altorientalischen Praxis bei Verpflichtungszeremonien stehen sie zeichen-

---

(vgl. Pongratz-Leisten, Herrschaftswissen, 96–127), aber nicht den Träumen etwa in der Josefsgeschichte. Auf den für das Verständnis von Gen 15,12 wichtigen altorientalischen Hintergrund weist deshalb auch Diana Lipton hin, die Gen 15 im Rahmen anderer nächtlicher Gotteserscheinungen der Genesis untersucht hat (Revisions, 195).

401 V. 12a.17a. Im neuassyrischen Kontext ist *Šamaš* der Herr der Eingeweideschau (Pongratz-Leisten, Herrschaftswissen, 155). Die Beachtung bestimmter Tage (Mondphasen) und Zeiten (Sonnenauf- bzw. Sonnenuntergang) ist für den Erfolg der Anfragen wichtig. Zu Sonnenaufgang und Nacht als Zeitpunkt der Leberschau vgl. Pongratz-Leisten, Herrschaftswissen, 136, zum Sonnenuntergang vgl. z. B. KAR 151, 53–56 (Text und Übersetzung bei Pongratz-Leisten, a. a. O., 327.332).

402 Gegen Köckert, Vätergott, 226.

403 Vgl. für eine Zeichenhandlung nur 1 Kön 11,29–39; Ez 4–5; für eine Vision Jer 1,1,11 f. 13–16; Am 8,1 f. Bei den Visionen Am 7,1–6 erkennt Amos ähnlich Abram in Gen 15,11 bereits ohne verbale Deutung, dass eine Gefahr bevorsteht; die Antwort Gottes bestätigt jeweils die Deutung des Amos bzw. des Abram (Am 7,3.6 bzw. Gen 15,13–16).

haft für das den Menschen drohende Schicksal.[404] Dagegen bildet der aktive רעים V. 11 ein böses Omen, das eben nicht personifiziert wird.[405]

Vergleichbar mit der Apokalyptik wäre allenfalls die Zurückhaltung bei der Nennung von Namen in V. 13–16 – allerdings ein gattungstypisches Element für Orakel, seien sie nun *vaticinia ex eventu* oder »echt«.[406] Auch das Element der Geheimhaltung, dass es eben zunächst nur Abram ist, der die Vorzeichen kennt, ist bereits in der klassischen hebräischen Literatur ein beliebtes Stilmittel.[407] Doch wird (noch auf »vorpriesterlicher« Ebene) Abraham bereits Konsequenzen aus dem ihm zuteil gewordenen Wissen ziehen, da er an seinem Lebensabend seinen Knecht einschwört, den Isaak ja nicht in ein fremdes Land zu bringen (Gen 24,6–8, vgl. Gen 18,19).

In der Wirkungsgeschichte ist die apokalyptische Deutung dennoch nicht ausgeblieben. So wurden die vier Vokabeln für die Finsternis auf die vier Weltreiche gedeutet;[408] die Abrahamapokalypse schließlich (s. o., S. 75 f.) bringt zwischen Gen 15,9 und Gen 15,13 eine ausführliche Himmelsreise des Erzvaters unter.

Auch die Berührungen mit der Danieltradition gehören zur Wirkungsgeschichte und tragen so zur Datierung der biblischen Abra(ha)mgeschichte nichts bei. Eher bezeugt Dan 3 das hohe Alter der apokryphen Erzählungen vom Kampf des jugendlichen Abram gegen den Götzendienst in Ur-Kasdim,[409] wenn, wie Yair Zakovitch vermutet, »an ancient story about Abraham and Haran, which for certain reasons was rejected by the writers of Genesis, left its imprint instead in Daniel 3«.[410] Ebenso ist die Assoziation der Babylonier mit Zeichendeutern, Wahrsagern u. ä. nicht erst eine Erfindung der Danielerzählungen.[411] Die Exilspropheten Ezechiel und Deuterojesaja charakterisieren durch Eingeweideschau,[412] Magie[413] und Astrologie[414] besonders Babylon.[415] Wenn man fragt, woher Abram

---

404 Vgl. Hasel, Meaning, 64–68.

405 Mit וירד (vgl. Gen 12,10; 26,2; 46,3 f.) und וישב (mögliche Anspielung auf שוב, V. 16) wird das Abrams Nachkommen drohende Unheil und dessen letztendliche Abwendung durch Abram in maximaler Konzentration zusammengefasst.

406 2 Sam 7 fällt natürlich nicht der Name Salomos; im ganzen Pentateuch wird der Name des »Ortes, den sich Jhwh erwählen wird«, nicht genannt, etc.

407 Man denke nur an die Salbung Davids durch Samuel 1 Sam 16,13, nach welcher Samuel, David und die Hörer/Leser wissen, dass David König wird. Saul dagegen muss, 12 Kapitel später, erst Samuel von den Toten heraufholen, um sich das sagen zu lassen (1 Sam 28,17).

408 S. o. Anm. 228 (S. 205).

409 Jub 12,12–15. Zu den entsprechenden Traditionen in Midrasch und Targum, wo »Ur-Kasdim« als Feuerofen verstanden wird, vgl. Arndt, Abraham.

410 Zakovitch, Exodus, 434.

411 Dan 2,2.10; 5,7 stehen »Chaldäer« neben verschiedenen »Zauberern« und »Zeichendeutern«; Dan 4.5.10 »Chaldäer« als zusammenfassender Terminus.

412 Ez 21,26 nennt die Leberschau.

413 Jes 47,9.11 f.

414 Jes 47,13.

415 Ez 21,26 ist von dem König Babels die Rede, Jes 47,1 metaphorisch von der »Tochter Babels«, die Jes 47,1.5 als Tochter der Chaldäer bezeichnet wird.

seine Kenntnisse und Fähigkeiten habe – eine Frage, die Gen 15 nicht gestellt wird
–, so müsste man nach der bloßen Lektüre von Gen 15 sagen, dass er sie sich wohl
in Ur-Kasdim angeeignet haben müsse. Doch durch den direkten Gotteswortemp-
fang, vor allem aber durch das analogielose Hindurchschreiten der Theophanie, ist
er allen »Chaldäern« weit überlegen. Und durch den Empfang von Worten, die
hernach in Erfüllung gehen,[416] ist Abram kein verfemter Sternenanbeter[417] oder
Zauberer,[418] sondern ein Prophet.[419]

Wirkungsgeschichte: Abra(ha)m und die chaldäischen Künste

Josephus zitiert mit Berossus eine babylonische Autorität, um Abrahams astrologi-
sche Kenntnisse zu belegen (Ant 1,158 [= I,7,2]); freilich verschweigt Josephus den
von Berossus angegebenen Namen des »gerechten und hervorragenden Mannes«,
der »in der zehnten Generation nach der Sintflut bei den Chaldäern gelebt haben
und in der Himmelskunde erfahren gewesen« sein soll. Während Berossus selbst
wohl kaum von Abraham schreiben wollte,[420] passt die Beschreibung für Josephus
genau in das Bild, das jüdisch-hellenistische Historiker von Abraham zeichnen.[421]
Dort kann Abraham geradezu als Erfinder der Astrologie und der »chaldäischen
Kunst« bezeichnet werden.[422] Danach hat Abraham auch seinen problematischen
Ägyptenaufenthalt dazu genutzt, den Ägyptern die Astrologie und weitere Wissenschaften zu vermitteln (Ant 1,165–168 [= 1,8,2], vgl. PsEupolemos 17,8[423] und
Artapanos, 17,1[424]). Bereits nach dem Genesis-Apokryphon lernten die Großen
des Pharao von Abram nicht nur den Sinn für Schönheit (GA 20,1–8), sondern
auch »Erkenntnis, Weisheit und Wahrheit« (GA 19,25)[425].

Gen 15 bietet für derartige Traditionsbildungen willkommenen Anlass:
Abram wird hier nicht nur der Herkunft nach mit Chaldäa in Verbindung

---

416   Dt 18,22; Jer 28,9.

417   Vgl. die Kritik Dt 4,19.

418   Vgl. die Kataloge Dt 18,10f.; 2 Kön 21,6, vgl. André, Art. כשׁף, 378–381.

419   So Gott selbst in der Traumoffenbarung an Abimelech, Gen 20,7.

420   So zu Recht Stern, Authors, I, 55.

421   Nach Walter, Fragmente, 149f.158f. zitiert Josephus die ganze Passage (Ant 1, 154–157.161.
      165b–168) aus der Schrift »Über Abraham und die Ägypter« des Pseudo-Hekataios, vgl.
      Ant 1,159.

422   Ps-Eupolemos 17,3; etwas zurückhaltender 17,8. Ob unter der »chaldäischen Kunst«, die hier von
      der Astrologie unterschieden ist, die Arithmetik, so Walter, Fragmente, 141, oder magische Prak-
      tiken zu verstehen sind, vgl. Jub 11,19–22, ist schwer zu entscheiden. Weitere Belege für Abraham
      als astrologische Autorität nennt Hjärpe, Art. Abraham, 385; vgl. auch Siker, Abraham, 188–
      197.207f.

423   Zitiert bei Polyhistor, der wiederum von Eusebius, Praep Ev 9,17,2–8 zitiert wird. Siehe auch
      Eusebius, Praep Ev 18,2b, vgl. zur Zuordnung Walter, Fragmente, 137–143.

424   Ebenfalls nach Eusebius, Praep Ev 18,1, der sich auf Polyhistor, Über die Juden, stützt, vgl. Wal-
      ter, Fragmente, 127.

425   So nach Beyer, Texte I, 173f.; der Text ist an der Stelle leider schlecht erhalten.

gebracht,[426] sondern auch mit den Künsten, welche die Chaldäer in den aramäischen Danielerzählungen charakterisieren: Astrologie, Mathematik, Zeichendeutung[427] und Magie.[428]

Abram ist einer, der mehr kann als alle Weisen Mesopotamiens. Dies parallelisiert ihn aber nicht nur mit Daniel, sondern, literarisch näherliegend, auch mit Mose und Aaron sowie mit Josef, die sich mit ihren magischen bzw. traumdeuterischen Fähigkeiten als den Weisen Ägyptens überlegen erweisen.[429]

Die Auseinandersetzung mit mesopotamischen Divinationstechniken, wie sie in diesem Kapitel geführt wird, wäre unter neuassyrischer Dominanz[430] ebenso plausibel wie unter seleukidischer[431] Vorherrschaft. Auch unter achämenidischer, parthischer, sassanidischer sowie unter ptolemäischer, makkabäischer, römischer und byzantinischer, aber auch unter islamischer Vorherrschaft blieb die Überlegenheit Abrahams über alle Weisen des Morgenlandes ein aktuelles Thema. Die als Erwählungstat Jhwhs geschilderte Herausführung Abrams aus Ur-Kasdim spricht aber doch am ehesten für den historischen Hintergrund der babylonischen Dominanz.[432] Ob diese drohend heraufzieht,[433] auf dem Höhepunkt ihrer Macht steht,[434] bereits am Schwinden oder soeben untergegangen ist,[435] lässt sich schwer sagen. Wohl aber, dass Jhwh nach Gen 15 den Chaldäern und ihren Göttern weit überlegen ist, und den Nachkommen Abra(ha)ms selbst in der größten Krise nationaler Existenz zur Seite stehen will.[436]

Gen 15 erweist sich damit als Erzeugnis literarischer Prophetie, das den großen Propheten des sechsten Jahrhunderts, Jeremia, Ezechiel und Deuterojesaja, ebenbürtig ist. Es verleiht einer Tendenz seine Stimme, die bei Jeremia noch keine Rolle spielt, von Ezechiel und »Tritojesaja« kritisiert,[437] von Deuterojesaja aber, als

---

426   Gen 15,7; vgl. die Bezeichnung des Volkes als ἀπόγονοι Χαλδαίων Jdt 6,6.

427   Siehe auch oben Anm. 282 (S. 218).

428   In der Wirkungsgeschichte fand der Name Abrahams in der Magie weite Verbreitung, vgl. Siker, Abraham, 201–206.

429   Sowohl die Josefsgeschichte (die Unfähigkeit der Weisen und Zauberer Ägyptens Gen 41,8) als auch diejenige Schicht der Plagengeschichte, die vom Wettstreit mit den Zauberern Ägyptens zu berichten weiß (Ex 7,11.22; 8,7.18f.; 9,11), werden mehrheitlich ähnlich wie Gen 15 exilisch-nachexilisch datiert.

430   Vgl. 2 Kön 21,6; Nah 3,4.

431   Vgl. die Danielerzählungen, die in dieser Zeit entstanden sind, aber in Babylon spielen sollen: Dan 2,2.10; 4,4.7; 5,7.11.15.

432   Vgl. Jes 47,9–13; Jer 27,9; Ez 21,26.

433   Jer 27.

434   Ez 21.

435   Jes 47.

436   Wenn man mit A. Meinhold, Gattung I, 322, die Freundlichkeit gegenüber dem Fremdland als Datierungskriterium in Anschlag bringt, gehört Gen 15 m. E. zeitlich vor die Josefsnovelle, eher in die Nähe des »[u]ngleich unfreundlicher dem Fremdland gegenüber« prophezeihenden Deuterojesaja (Meinhold, ebd., zu Jes 47 im Vergleich zu Gen 41).

437   Ez 33,24; Jes 63,16.

Ausdruck der Hoffnung angesichts der Katastrophe des Exils, unterstützt wird.[438] Diese Stimme beruft sich für die Rechte der Nachkommen auf den Erzvater Abraham als denjenigen, der als erster »das Land« in Besitz nahm.

Die Abraham-ברית am Beginn der Vorgeschichte Israels war darum in der frühnachexilischen Zeit hochaktuell: Wie Jhwh seiner Verheißung an Abraham über Zeitalter hinweg treu geblieben ist, Ägypten nach 400 Jahren bestraft, die Israeliten befreit und im vierten Geschlecht wieder in das Land geführt hat, so wird er auch Babylon nach 70 Jahren bestrafen, Juda befreien – und schließlich wieder zurückführen.[439] Das Volk Israel darf deshalb, als Nachkommenschaft (זרע) Abrahams, »Geliebter Gottes« genannt werden (Jes 41,8; vgl. 2 Chr 20,7).[440]

---

438 Jes 41,8; 51,1 f.

439 Die runden 70 Jahre von Jer 25,11 f.; 29,10 (vgl. Sach 1,12; 7,5; 2 Chr 36,21; anders Jes 23,15–17) sind, neben den häufigen 40-er-Perioden, diejenige biblische Jahreszahl, die man am ehesten in eine traditionsgeschichtliche Beziehung zu den 400 Jahren von Gen 15,13 bringen kann (Talmon, Generationen, 25). Die Redaktion des Jeremiabuches verortet die 70-Jahre-Weissagung im 4. Jahr Jojakims, und stellt sie dadurch in gewisse Parallele zu der Plazierung von Gen 15 innerhalb der Erzelterngeschichte:

Vom 4. Jahr sind es nach 2 Kön 23,36 noch 7 Jahre bis zur ersten Wegführung nach Babel, die er selbst nicht mehr erlebt. Jojakim selbst war in seiner Regierungszeit sowohl Vasall Ägyptens (2 Kön 23,34–37) als auch 3 Jahre lang Knecht Nebukadnezars (2 Kön 24,1) und bekam u. a. mit Chaldäern zu tun (2 Kön 24,2), darf sich selbst aber noch in Jerusalem »zu seinen Vätern legen« (2 Kön 24,7; nach Jer 22,18 f.; 36,30 erwartet ihn freilich kein friedliches Ende). Wann die 70 Jahre beginnen, ist, wie bei Gen 15,13, umstritten.

440 An beiden Stellen kann sich die Prädikation als »Freund Gottes« auf Abraham oder auf seine Nachkommenschaft beziehen; im Falle der Deuterojesaja-Stelle ist letzteres das sprachlich wahrscheinliche Verständnis (vgl. Goldingay, Offspring, 37–46), 2 Chr 20,7 hat immerhin LXX so übersetzt. Eindeutig Abraham selbst wird als Freund Gottes bezeichnet in Jdt 8,26 (LXX-Zählung; Vg: Jdt 8,22) und Dan 3,35 LXX, vgl. noch Jak 2,23, wo überdies ein Zusammenhang zu Gen 15,6 hergestellt wird.

Da זרע אברהם sonst nur noch Jer 33,26 im Zusammenhang der Erzvätertrias (und Ps 105,6 als Anrede neben »sein Knecht«) vorkommt, bleibt festzuhalten, dass das Attribut »Freund Gottes«, auch wenn es für Israel in Anspruch genommen wird, fest mit der hervorgehobenen Tatsache der Abkunft von *Abraham* verbunden ist.

Bereits in der Rahmung des Deuteronomiums kann mit derselben Vokabel (אהב) von der Liebe Gottes zu den Vätern (Dt 4,37; 7,8; 10,15) wie zu den Angeredeten (Dt 7,13; 23,6) gesprochen werden; dem entspricht die von Israel geforderte Liebe zu seinem Gott (Dt 6,5; 10,12; 11,1.13.22; 13,4; 19,9; 30,6.16.20; Jos 23,11; Ri 5,31 u. ö.). Die אוהבי(ו) (Dt 5,10 par Ex 20,6; Dt 7,9), die Gottes Güte erfahren, könnten (wie Jes 41,8; 2 Chr 20,7) sprachlich beides bezeichnen, die Gott Liebenden oder die Geliebten Gottes – der Parallelismus zu den שומרי המצות erfordert aber die erstgenannte Übersetzung. Siehe auch oben Anm. 221 (S. 203).

III. Der Horizont von Genesis 15

1. Gibt es eine Gen-15-Schicht?

Der methodisch sicherste Auslegungshorizont ist und bleibt im Falle von Gen 15 der Einzeltext. Die Auslegung gewinnt aber an Anschaulichkeit, wenn der Kontext unter Ausblendung bestimmter Linien und Konzepte des Endtextes hinzugezogen wird.

In diesem Sinne ist der folgende Ausblick nicht als Rekonstruktion einer bestimmten Stufe der Proto-Genesis, sondern als eklektische synchrone Lektüre zu verstehen. Denn sicher ist nur, dass in Gen 15 die Ursprungs*traditionen* von Erzelternzeit, Knechtschaft in Ägypten, Exodus und Landnahme in einen Zusammenhang gebracht werden – das muss aber ebensowenig zwangsläufig einen *literarischen* Zusammenhang bedeuten wie etwa die Geschichtsschau bis weit in die nachexilische Zeit in Lev 26 oder der Rückblick auf die Heraufführung Israels aus Ägypten, der Philister aus Kaftor und der Aramäer aus Kir in Am 9,7.[441] Die Erzelterngeschichte, wie sie in Gen 15 ursprünglich exponiert gewesen sein könnte, ist nicht mehr mit Gewissheit zu rekonstruieren. Sie muss aber, ausgehend von Gen 15, von zwei Spannungsbögen geprägt gewesen sein:

Wann und wie werden die Zusage der Nachkommenschaft und die des Landbesitzes endgültig erfüllt?

Die Zusage zahlreicher Nachkommenschaft steht in der Erzelterngeschichte immer wieder in Frage; das Ausbleiben und die Gefährdung der Nachkommenschaft bleiben das wichtigste Thema durch den ganzen Zusammenhang hindurch; selbst die zwölf Jakobssöhne sind noch keine Garantie gegen die Hungersnöte, die das Land immer wieder heimsuchen. Ja, auch in der Wüste, als die Israeliten schon ein Volk (עם) sind, steht noch die Frage, ob nicht vielleicht Israel ebenso verworfen wird wie vorher Lot, Ismael oder Esau, und statt dessen aus Mose ein neues Volk hervorgeht.[442]

Dasselbe gilt nun aber auch für die Zusage des Landbesitzes: Von Gen 15,13 ff. her gelesen, stellt sich die Frage: Wann tritt das angesagte Unheil ein?

---

441 Nicht zuletzt das Genesis-Apokryphon ist ein Beleg für die lockere Verbindung mehrerer eigenständiger literarischer Werke in einer thematisch bedingten (zeitlichen) Folge. Man vergleiche den biblischen Kanon der vorderen und der hinteren Propheten, der erst allmählich feste Strukturen annahm, wie die Differenzen zwischen MT und LXX zeigen, sowie aus späterer Zeit etwa auch die Testamente der 12 Patriarchen.

442 Ex 32,10; Num 14,12; Dt 9,14. In Frage kämen Gerschom und Eliezer, Ex 18,3 f.

‫גרר – גר – הגר‬ .2
Der in Gen 15,13 eröffnete Spannungsbogen

Bereits in Gen 16,1 könnte Hagar, die Ägypterin (‫)הגר המצרית‬, mit Fremdling-schaft und Bedrückung assoziiert werden.[443] – Man erwartet in Kenntnis der Exo-dustradition, dass es irgendwie nach Ägypten gehen muss. Aber das Verhältnis von Bedrückung und Knechtschaft ist im Falle Hagars und Sarais gerade umgekehrt: Die Ägypterin Hagar ist die Magd (Gen 16,1), und sie wird bedrückt (Gen 16,6). Nein, spätestens in Gen 21,12 erfahren wir, dass die Verheißungen von Gen 15 auch nicht in Ismael, dem Sohn der Hagar, erfüllt werden: »Denn in Isaak wird dir Nachkommenschaft genannt werden«.

Ist es Abra(ha)m selbst, an dem sich diese Prophezeihung erfüllt? Denn er zieht nach der Zerstörung Sodoms in den Negev, lässt sich nieder zwischen Kadesch und Schur »und wohnt als Fremdling in Gerar« (‫ויגר בגרר‬ Gen 20,1).[444] Wohlgemerkt zu einem Zeitpunkt, als die Geburt Isaaks, des Sohnes der Sara, zu einem festen Termin angekündigt ist (‫כעת חיה‬ Gen 18,10.14, in Gen 18,14 dane-ben noch ‫)למועד‬. – Nein, auch dies ist es noch nicht. Von Knechtschaft und Bedrückung kann nicht die Rede sein; vielmehr schlossen Abraham und Abime-lech einen ordentlichen Vertrag miteinander (‫ברית‬ Gen 21,27.31), nicht ohne bedeutungsvolle »tierische« Zahlsymbolik (Gen 21,28–31). Immerhin wurde die Zeit im Philisterland ziemlich lang (‫ימים רבים‬ Gen 21,34), wenn auch sicher keine 400 Jahre. Immerhin muss auch Isaak, also der lang erwartete Nachkomme, in die-ser Zeit geboren sein.

Dann folgt eine letzte dramatische Gefährdung der Nachkommensverhei-ßung: Isaak soll geopfert werden. Doch im allerletzten Moment ruft ihn ein Bote JHWHS vom Himmel und gebietet Einhalt. »Und Abraham erhob seine Augen und sah, und siehe, ein[445] Widder hängt im Gestrüpp mit seinen Hörnern. Und Abra-ham ging und nahm den Widder und ließ ihn aufgehen als Brandopfer an Stelle seines Sohnes« (Gen 22,13).

Nun kann Abraham in Frieden sterben; zu seinen Lebzeiten blieb das dro-hende Unheil aus (Gen 15,15).

---

443 Das Wort »Hagar« besteht aus denselben Konsonanten wie »der Fremdling«.

444 Wiederum ein Wortspiel mit ‫גר‬. Historisch ist Gerar als Philisterstadt nicht belegt, vgl. Dietrich, Typologie, 49, und taucht außerhalb der Genesis erst in 2Chr 14,12f. wieder auf. Die Stadt dürfte wohl ihres Namens wegen für den Aufenthalt sowohl Abrahams als auch Isaaks als Fremd-linge gewählt worden sein. Die Endkompositionsschicht hat Gerar (ebenso wie die Gen 14 genannten Städte) in die Grenzbeschreibung des Landes Kanaans Gen 10,19 integriert und dabei, anknüpfend an Gen 21,32.34; 26,1 u.ö., durch die Nennung neben Gaza mit den Philistern asso-ziiert.

445 ‫איל אחד‬, so die Mehrzahl der Textzeugen; Codex Leningradensis hat ‫איל אחר‬. Auch Westermann, BK I/2, 430f., Soggin, Genesis, 307f. und Seebass, Genesis II/1, 198f. halten ‫אחד‬ für die ursprüngliche Lesart.

Nach dem Tode Abrahams zwingt eine Hungersnot Isaak, den Nachkommen im eigentlichen Sinne (Gen 21,12), dann wiederum, direkt nach Gerar zu ziehen (Gen 26,1). Nach der Epochengliederung von Gen 15,13–16 wäre genau jetzt die Übersiedlung in »das Land, das ihnen nicht gehört«, und bei dem man zuerst an Ägypten denken will, zu erwarten. Doch der Spannungsbogen wird noch einmal neu gespannt: In Gerar erscheint dem Isaak JHWH und sagt ausdrücklich, in deutlicher Bezugnahme nicht zuletzt auf Gen 15:

> Gen 26,2 Zieh nicht hinab nach Ägypten, sondern bleibe in dem Lande, das ich dir sage. 3 Bleibe als Fremdling in diesem Lande[446], und ich will mit dir sein und dich segnen; denn dir und deiner Nachkommenschaft will ich alle diese Länder geben und will meinen Eid aufrecht erhalten (והקמתי את־השבעה), den ich deinem Vater Abraham geschworen habe, 4 und will deine Nachkommenschaft mehren wie die Sterne am Himmel und will deiner Nachkommenschaft alle diese Länder geben. Und durch deine Nachkommenschaft werden sich alle Völker des Landes segnen.

Für den Hörer/Leser, der den Ägyptenbezug von Gen 15 erkannt hat, ist damit ein Aufschub des Gen 15,13 angesagten Unheils gegeben. Es könnte dennoch, da Ägypten Gen 15 nicht explizit genannt war, die Frage gestellt werden, ob schon hier die Unheilsprophezeihung eintrifft: Aber auch jetzt kann weder von Knechtschaft oder Bedrückung die Rede sein, noch von 400 Jahren; ja, der Aufenthaltsstatus wird wiederum durch einen zweiseitig beschworenen Vertrag, wie zu Zeiten Abrahams, auf eine feste Grundlage gestellt (ברית Gen 26,28).

Wenn nicht an Isaak, an wem wird sich dann die Prophezeihung erfüllen? Esau, der Erstgeborene, ist nicht der Gesegnete, sondern allein Jakob ist es, der den Segen Isaaks erbt. Doch nun muss auch er in ein Land, das ihm nicht gehört, zu Laban, dem Bruder seiner Mutter. Der wohnt zwar nicht in Ägypten, sondern im Osten;[447] das muss aber kein Widerspruch sein, denn nicht zuletzt Gen 15,7 war ja von einer Herausführung aus Mesopotamien als Typos des Exodus die Rede.

Dort muss Jakob dienen, wird vielleicht auch bedrückt (jedenfalls seiner eigenen Meinung nach), er verbringt dort etliche Jahre, allerdings eher 20 als 400.[448] Im Anschluss kann immerhin von einem Auszug mit großem רְכֻשׁ die Rede sein[449] – aber ausgerechnet »Fremdling« wird Jakob in Mesopotamien nicht genannt,[450] auch wenn sein Heimatland, das »Land seiner Verwandtschaft«,[451] bereits das Land Isaaks und Esaus ist, also Mittel- und Südpalästina. Auch er kann (Gen 31,44)

---

446 D.h. in Gerar, im Lande der Philister (vgl. Gen 21,32.34). Nur dort also ist Isaak vorübergehend Fremdling. Dagegen fassen ›alle diese Länder« (26,3 und 4), die Gott dem Isaak für die Zukunft verheißt, die Verheißungen von Gen 15,18–21 zusammen.

447 Neben ארץ בני קדם (Gen 29,1), der nach Blum, Vätergeschichte, 164–167, urprünglichen Angabe der Heimat Labans steht (Gen 27,43; 28,10; 29,4) das eher nordöstliche חרן.

448 Gen 31,38.41.

449 So Gen 31,18.

450 Gen 29,14f. bezeichnet Laban ihn als Verwandten und Bruder und damit Gleichberechtigten; andererseits ging Laban – aus Sicht Jakobs, Leas und Rahels – nicht nur mit Jakob, sondern sogar mit seinen eigenen Töchtern um wie mit Fremden (31,15) oder Kriegsgefangenen (31,26).

451 Gen 31,13, vgl. 31,3 und 32,10.

einen Vertrag (ברית) schließen, der seinen Aufenthaltsstatus (nach seiner Rückkehr) sichert. Zudem ist Jakob, da er nach Mesopotamien zieht, immer noch Einzelperson, während der זרע in Gen 15,13f.16 immer pluralisch verstanden wird.
Erst bei der Rückkehr bringt Jakob eine schon ansehnliche Familie mit.

Nun werden Jakob und seine Söhne sesshaft im Lande, und Jakob wird der
spätere Volksname Israel verliehen (Gen 32,29). Die göttliche Prophezeihung von
Gen 15,13f.16 wird sich erst an den Kindern Israels erfüllen – in Ägypten.

Die Formeln waren bekannt, welche den Ägyptenaufenthalt charakterisieren:
Fremdlinge wart ihr/eure Väter in Ägypten.[452] Knechte wart ihr/eure Väter
in Ägypten.[453] Ägypten ist geradezu das Knechtshaus[454] und der Ort der
Bedrückung.[455]

Es ist schwer zu sagen, wieviel von der Josefsgeschichte schon ursprünglich
zum Horizont von Gen 15 gehört hat.[456] Als Minimum höchstwahrscheinlich eine
Grundschicht aus Gen 46,2–4, wobei die Motivation des Aufbruchs ebenso in
einer Hungersnot wie im Besuch Josefs liegen könnte. Oder der Zug nach Ägypten
kam, ähnlich wie der Abrahams nach Gerar (Gen 20), ohne äußeren Druck zu
Stande, da Ägypten schon immer ein bevorzugtes Ziel der Väter war. Abram war
schon dort, Isaak durfte nicht hinabsteigen, Jakob darf jetzt, also geht er auch. Dies
alles muss hier ebenso ungelöst bleiben wie der kompositionelle Knoten am Übergang von Genesis zu Exodus.[457] Aus Gen 15 ist nichts von einer Heilszeit in Ägyp-

---

452 Ex 22,20; 23,9; Lev 19,34; Dt 10,19.
453 Dt 5,15; 6,21; 15,15; 16,12; 24,18.22; von der Knechtung in Ägypten ist außerdem die Rede in
     Ex 1,13f.; 5,15f.18; 6,5.
454 Ex 13,3.14; 20,2; Dt 5,6; 6,12; 7,8; 8,14; 13,11; Jer 34,13; Mi 6,4.
455 Der Terminus ענה taucht Ex 1,11–12 auf, vgl. aber auch Dt 26,5–6; Ex 22,20f. (V. 20 Verbot, den
     Fremdling zu bedrücken mit Begründung in der Fremdlingschaft in Ägypten; V. 21 Vokabel ענה
     im Verbot, Witwe und Waise zu bedrücken) sowie die Umkehrung, dass Pharao bzw. eine Ägypte-
     rin bedrückt wird, Gen 16,6.9 und Ex 10,3.
456 Analog zur übrigen Genesis bewährt sich auch in Gen 37–50, die »priesterliche« Schicht als
     »Interpretament der nichtpriesterschriftlichen Josefserzählung, durch welches diese eine ›Fort-
     schreibung‹ erfuhr« (Lux, Erfahrung, 150), zu verstehen.
457 Mit dem hier vorausgesetzten Modell sind grundsätzlich die von Blum, Pentateuch, 102f.239f.,
     vorgetragenen Beobachtungen kompatibel, wonach Ex 1,6.8 einen ersten »vorpriesterlichen«,
     stark von Diskontinuität geprägten Übergang zwischen Erzeltern- und Exodusgeschichte darstellt,
     der Ri 2,8a.10 vergleichbar ist, während die »priesterliche« Kompositionsschicht durch die Hin-
     zufügung von Ex 1,1–5.7 den jetzigen Zusammenhang geschaffen hat. (Allerdings ist, gegen
     Blum, auch in Gen 50,25f. nichts »nachpriesterlich«.) Bedenken, wie sie in neuerer Zeit auch
     Blum selbst (Verbindung, 145–151, mit Verweis auf weitere Literatur) gegen diese Rekonstruk-
     tion erhoben hat, sind teilweise einfach zirkulär: Nimmt »alle seine Brüder« Ex 1,6 deren vorher-
     gehende Nennung auf [Blum, Verbindung, 151], oder werden die Jakobsöhne V. 1–5 inklusive
     Josefs aufgezählt, um V.6 vorzubereiten [Blum, Pentateuch, 239]? Der Kern der Argumentation
     besteht aber in der Beobachtung, dass die »nichtpriesterlichen« Bruchstücke lückenhaft seien oder
     nicht befriedigten (Blum, Verbindung, 145). Dahinter steht ein m.E. nicht zu rechtfertigender
     Optimismus, was die Rekonstruktion von Vorstufen, namentlich von Buchanfängen betrifft. Es
     gibt ja Analogien von Buchanfängen, deren Vorlagen *bekannt* sind: Die Vorlage der Chronik war
     im engeren Sinne Sam–Kön, im weiteren Sinne Gen–Kön. Aber weder den Anfang der Genesis

ten zu spüren, es sei denn, man deutete die Kalbin als Großvieh auf den relativen Wohlstand in Ägypten.[458]

Das, was Gen 15,13f. über die Zeit im fremden Land ausgesagt wird, bezieht sich insgesamt eher auf traditionelle, weit verbreitete Aussagen über den Ägyptenaufenthalt als auf eine konkrete Darstellung. Und in der Tat: Eine konkrete Darstellung der unvorstellbar langen Zeit, welche die Israeliten in Ägypten verbrachten (»400 Jahre«), findet sich in den kanonischen Geschichtsbüchern nicht. In Ex 1 gibt es Ansätze dazu: Ex 1,6.8 setzt die Josefsgeschichte voraus und unterscheidet damit eine Heils- und eine Unheilszeit in Ägypten. Dass der neue König nichts mehr von Josef wusste, setzt eine erhebliche zeitliche Distanz voraus, die auch vorstellbar werden lässt, dass die Israeliten nichts mehr von Abra(ha)m (und Isaak und Jakob) wussten.

Letzten Endes würde das heißen, dass nach der »Geschlechter«-Systematik von Gen 15 unter Einschluss von Josefsgeschichte und Ex 1 auch Josef noch zum דור ראשון[459] gehört, während der דור אחר[460] erst nach dem Tode Josefs beginnt, der ebenso wie Isaak und Jakob auch noch in Frieden sterben und zu seinen Vätern eingehen und später auch im Lande begraben werden darf. Nach Gen 46,2–4 könnte, ohne Josefsgeschichte und Ex 1, ebensogut der Tod Jakobs das Ende des ersten דור markieren. Beides muss kein Widerspruch sein, da in Gen 50 der Tod Jakobs und der Josefs ohnehin erzählerisch nahe beieinander liegen. Das Ende der ersten Heilszeit geht einher mit dem Tod Jakobs und dem Tod Josefs und aller seiner Brüder. Die Unheilszeit des Vergessens kommt danach, im דור אחר.

Mit dem Tod des Pharao der Bedrückung »in jener langen Zeit« (Ex 2,23a) und der Berufung des Mose (Ex 3f.) kommt es nun, im דור שלישי,[461] zum Exodus. Dieser trägt für die Ägypter mit der Verstockung des Pharao und den darauf fol-

---

noch den Anfang des Samuelbuches könnte man nach der Chronik rekonstruieren, und auch die sekundären Buchanfänge 2Sam 1,1; 1Kön 1,1; 2Kön 1,1 werden in der Chronik übergangen. Weder das Matthäus- noch das Lukasevangelium haben Mk 1,1, den Beginn der beiden gemeinsamen Vorlage, übernommen. Auch der Anfang des Bundesbuches ließe sich nach dem Deuteronomium (ohnehin ein Sonderfall, da jetzt beide »Bücher« innerhalb eines kompositionellen Zusammenhangs, nämlich der Tora, nebeneinander stehen) nicht rekonstruieren etc. Wenn also mit Ex 1,6.8 innerhalb einer stimmigen endkompositionellen Einleitung des Exodusbuches noch einzelne Elemente eines »vorpriesterlichen« Buchanfangs erkennbar sind, die Analogien zu anderen Buchübergängen (Tod von Handlungsträgern, vgl. Millard, Eröffnung, 51f.) aufweisen, aber jetzt nicht mehr unmittelbar am Buchanfang stehen, ist das ein Hinweis darauf, *dass* eine Zuordnung von Erzeltern- und Exodusgeschichte bereits »vorpriesterlich« erfolgt war.

458 Sprichwörtlich sind die »Fleischtöpfe«, Ex 16,3.

459 Der Ausdruck ist nur Hi 8,8 belegt und steht dort in Parallele zu den »Vätern«.

460 Dieser Ausdruck bezeichnet Ri 2,10 sowie Ps 109,13 jeweils eine durch Vergessen geprägte Unheilsperiode. Auch der dritte biblische Beleg, Jl 1,3, bezeichnet einen zeitlichen Abstand, der durch einfache Erinnerung nicht mehr überbrückt werden kann: Frühestens die eigenen *Kindeskinder* werden das aktuell Geschehene einem דור אחר weitergeben können. Denn der דור אחר ist nicht die nächste Generation, sondern ein anderes Zeitalter.

461 Dieser Ausdruck ist nur Dt 23,9 belegt und dort wahrscheinlich von Gen 15 abhängig, s.o. Anm. 633 (S. 123).

genden Plagen, der Tötung der Erstgeburt und dem Meerwunder den Charakter eines Gottesgerichts.[462] Für die Israeliten bedeutet er noch immer nicht die Rückkehr, sondern den Beginn einer langwierigen Wüstenwanderung, durch welche nicht nur die Landzusage, sondern sogar die Nachkommensverheißung, ja die Erwählung des Volkes Israels wieder in Frage steht.[463] Erst die Fürsprache des Mose erreicht gegen den göttlichen Vernichtungsbeschluss die Begrenzung der Strafe für den Ungehorsam auf das Exodusgeschlecht mit Ausnahme Kalebs.[464] Nach dem Ende auch dieses Geschlechts,[465] also im רביעי דור, darf die Nachkommenschaft Abra(ha)ms und Isaaks und Jakobs endlich in das den Vätern verheißene Land zurückkehren.

3. Gen 15 im Kontext der Endkomposition

3.1. Gen 15 ist vorendkompositionell

Es hat sich als heuristisch sinnvoll erwiesen, die Charakteristika der Gen-17-Schicht in der Auslegung auszublenden. Dadurch konnten zahlreiche Aporien umgangen werden, die entstehen, wenn das Kapitel Gen 15, dessen strukturelle Einheitlichkeit in der Analyse bestätigt werden konnte, erst von einem Redaktor *in*

---

462 Das Verb דין (Gen 15,14) begegnet häufig für das göttliche Gericht, speziell das Richten der Völker (Ps 7,9; 9,9; 96,10; 110,6), im Zusammenhang mit dem Exodus aber nur hier (Ha, Genesis 15, 149f.; Hagelia, Numbering, 126). Inhaltlich vergleichbar ist aber das Nomen שפט Ex 6,6; 7,4; 12,12; Num 33,4 als typisch »priesterlicher« Gerichtsterminus (häufig bei Ezechiel, so gegen Ägypten Ez 30,14.19).

463 Angesichts der allzusehr divergierenden Thesen über die Literargeschichte der Exodus-, Sinai- und Wüstenperikope scheint es derzeit nicht geraten, hier weiter ins Detail zu gehen. Doch ist aufgrund der Mehrfachüberlieferung des göttlichen Vernichtungsbeschlusses und der darauf folgenden Interzession des Mose (Ex 32,9–13; Num 14,11–19; vgl. Dt 9,12–19.25–29) als sicher anzunehmen, dass wenigstens eine (Vor-)Form des Dialogs auf dieselbe literargeschichtlichen Ebene gehört wie Gen 15.
Gott konstatiert den Nichtglauben des Volkes (Num 14,11 als Nichterfüllung von Gen 15,6a), und stellt deshalb die Erfüllung der Verheißungen in Frage (Ex 32,10; Num 14,12 als Bestätigung der Gen 15,2f. geäußerten Befürchtung Abra[ha]ms).
Mose erinnert Ex 32,13 an den Landschwur (dito Num 14,16), namentlich an die drei Erzväter (*dito* Dt 9,27), und an die Sternenverheißung (Gen 15,5). In Num 14,18f. fallen besonders die terminologischen Verflechtungen mit Gen 15,7–21 auf (zu שלשים vgl. Gen 15,9, zu רבעים, עון und עד הנה V.16, zu ממצרים V.18). Dt 9,26 ist durch die Anrede »mein Herr JHWH« mit Gen 15,2.8 (und Jos 7,7) verknüpft (sonst im Pentateuch nur noch Dt 3,24).

464 Num 14,20–25 mit Erwähnung des Landschwurs an die Väter V.23. Besonders V. 24 weist inhaltliche und sprachliche Verflechtungen mit Gen 15 auf (zur Sonderrolle Kalebs vgl. die Keniziter Gen 15,19; zu dem singulären ורעו יורשנה vgl. Gen 15,3f.7f.18).

465 Mit dem Ausdruck דור Num 32,13; Dt 1,34f.; 2,14; ohne diesen Ausdruck u.a. Num 14,20–25.28–38; Jos 5,6.

einen Zusammenhang eingefügt worden wäre, *der bereits Gen 17 umfasst hätte*: Worin besteht der Inhalt der gewichtig untermalten Ankündigung »גר תהיה זרעך בארץ לא להם« Gen 15,13, wenn das »Land Kanaans« das Land der מגורים Abrahams (Gen 17,8) und er selbst in Hebron nur גר und תושב ist (Gen 23,4)? Schwierigkeiten, die von den Verfechtern einer »nachpriesterlichen« Einordnung von Gen 15 – oder Teilen davon – in der Regel gar nicht wahrgenommen werden, aber bei einer »vorpriesterlichen« Einordnung entfallen. Auf der Ebene der Endkomposition beginnt die Fremdlingschaft mit dem Auszug Abrams aus Charran; Ägypten ist bezüglich des Rechtsstatus', streng genommen, kein Einschnitt mehr. Die 430 Jahre von Ex 12,40 kann man dann gleich lesen als »Zeit des Aufenthalts der Israeliten und ihrer Väter im Land Kanaans und in Ägypten«, worauf sie sich gleichmäßig verteilen, wie es LXX, Samaritanus, der Targum Pseudojonathan,[466] der Seder Olam Rabba,[467] der Apostel Paulus[468] und Klaus Koch[469] sehen.[470] Dann beginnen die »400 Jahre« von Gen 15 auch nicht mehr mit der Fremdlingschaft, denn die ist nichts Neues. Sondern sie beginnen mit dem זרע, der Abram erst verheißen ist, also mit der Geburt Isaaks. Die Folge: Gen 15,13 muss 30 Jahre vor der Geburt Isaaks gesprochen sein, also fünf Jahre vor dem Auszug aus Charran; also wird Abram eigens (vor Gen 12) ins Land geführt, um die Verheißungsrede, in der ja von der Rückkehr »hierher« die Rede war, zu hören, und kehrt dann für fünf Jahre nach Charran zurück. Doch ohne den Kontext der Gen-17-Schicht ist von Fremdlingschaft der Erzeltern in Hebron, Sichem, Bethel oder Jerusalem keine Rede.

Ähnlich verhält es sich mit dem Begriff דור: In Gen 15 ist eine Auffassung vorausgesetzt, nach der ein דור die Gemeinschaft der gleichzeitig lebenden Menschen bezeichnet (Gen 7,1; Ex 1,6; Num 32,13; Ri 2,10). Eine Abfolge mehrerer derartiger »Geschlechter« steht elementar für Diskontinuität, ein דור wird durch einen anderen verdrängt. Im Kontext der Gen-17-Schicht dagegen können viele דורות (hier: Generationen) gleichzeitig nebeneinander leben; eine Folge von דורות steht damit für die Kontinuität.[471] So erlebt allein Noah 16 Generationen seiner Vorfahren und Nachkommen, und wird »in seinen דורות« für gerecht und vollkommen befunden. Sehr häufig stehen daher die דורות im Zusammenhang von »ewigen« (עולם) Zeichen, Zusagen oder Bestimmungen (»Bundeszeichen« Gen 9,12; Landgabe 17,7f.; Passa Ex 12,14.17; Sabbat 31,16 etc.). Wenn Gen 15 tatsächlich eine Brückenfunktion zwischen Erzvätern und Exodus zukommt, wird ja die feste, von Diskontinuität bestimmte Ereignisfolge Erzväter–Ägypten–Exodus erst konstituiert. Das Abzählen von vier Generationen entsprechend dem chronologischen und

---

466 Jeweils zur Stelle.
467 Seder Olam Rabba 3.
468 Gal 3,17.
469 K. Koch, Sabbatstruktur, 415, Anm. 53.
470 Kreuzer nennt weitere Vertreter aus Antike und Gegenwart, die die 430 Jahre auf das Land Kanaans und Ägypten verteilen (Priorität, 253.255–258), bleibt aber selbst, m. E. berechtigt, bei der Priorität des Masoretischen Textes als *lectio brevior* und *lectio difficilior* (a. a. O., 252–255).
471 Ein ganz ähnliches Verständnis von דורות als »Generationen« liegt Hi 42,16 vor.

genealogischen System der Gen-17-Schicht setzt dagegen an Stelle der schmalen
Brücke bereits eine sicher befestigte Straße voraus.

Was wäre, weiterhin, mit der Herausführung aus Ur-Kasdim Gen 15,7 eigentlich gemeint, da doch die Endkomposition den Auszugsbefehl in Charran erfolgen
lässt? Wenn die »Herausführung aus Ur-Kasdim« auf einen »nachpriesterlichen«
Redaktor zurückginge, hätte er diese doch besser auch noch in Gen 11 eingetragen
– dort ist es nämlich Terach, der seinen Sohn Abram nimmt[472] und herausführt[473]
bzw. mit ihm herausgeht.[474] Ein göttlicher Auftrag geht dagegen erst dem zweiten
Aufbruch voraus, dem aus Charran, den Abram anführt.[475] Nur dieser ist in der
Endkomposition mit Datum versehen, und nur dieser führt direkt in das für die
Endkomposition zentrale »Land Kanaans«. Letztere Bezeichnung vermisst man
ebenfalls in Gen 15.

Chronologisch, terminologisch und geographisch wären also Probleme zuhauf
eingetragen worden.

Doch auch das zentrale Anliegen und Thema, die Treue Gottes zu seiner
Landverheißung über die Wechselfälle der Geschichte hinweg durch einen ברית-
Schluss zu garantieren, ist als nach Gen 9,8–17 und Gen 17 formuliert nicht plau-
sibel zu machen. Es gibt kein Indiz dafür, dass Gen 15 in irgendeiner Form von der
Noah-ברית Gen 9,8–17 abhängig sei, die im kanonischen Kontext vorausgeht.[476]
Dagegen knüpft Kap. 17, wie nach dem kanonischen Kontext zu erwarten, sowohl
an Gen 9 als auch an Gen 15 an. Wie unten[477] gezeigt werden wird, muss
Gen 17,7 f. als zusammenfassende Bestätigung von Gen 15 verstanden werden.

Ein letztes Phänomen ist bis jetzt noch nicht ausreichend zur Sprache gekommen: Wenn Gen 15 der zentrale Bezugstext für die Landschwurreferenzen
Gen 50,24; Ex 32,13; 33,1; Num 32,11; Dt 1,8; 6,10; 9,5; 29,12; 30,20; 34,4 ist,
woran man nicht vorbei kommt,[478] stellt sich doch eine Frage: Warum erfolgt die
Landverheißung dann zunächst an Abram, oder, anders gefragt, warum bekommt
Abram nicht gleich, um die Beziehung zu den Landschwurtexten sicherzustellen,
den Namen Abraham?[479]

---

472 Gen 11,31a.
473 Gen 11,31b nach SP, LXX und Vg.
474 Gen 11,31b nach MT.
475 Gen 12,1–6.
476 Hier herrscht völliges Schweigen. Bei Ha, Genesis 15, tauchen z.B. Stellen aus Gen 9 in genau
     zwei Stellenaufzählungen, zu אות (a.a.O., 49) und הקים ברית (a.a.O., 166), auf – beides kommt
     in Gen 15 gerade nicht vor. Überhaupt fällt an dieser Monographie, welche ein »Theological
     Compendium of Pentateuchal History« behandeln will, auf, dass drei Viertel dieser »History«
     (nämlich die Zeit von Adam bis Terach), wenn man einmal, was ja naheläge, die Chronologie des
     Pentateuch selbst zugrundelegte, überhaupt nicht der Rede wert zu sein scheinen.
477 S.298.305 f.
478 Hierin stimmt sogar Otto, Hexateuch, 219, mit Blum, Vätergeschichte, 362–382 und der frühe-
     ren Mehrheitsmeinung gegen K. Schmid, Erzväter, 294–299 überein.
479 Vgl. Neh 9,7. Dass eine Redaktion eine traditionell vorgegebene, durch Gott veranlasste Namens-
     gebung aufnehmen und damit verdoppeln kann, zeigt die Gen-17-Schicht in Gen 17,17.19

3.2. Die Funktion von Gen 15 in der Endkomposition

Die Namensform »Abram« als endkompositioneller Verweis auf Gen 17

Dieser entscheidende kompositionskritische Punkt in der relativen Chronologie der biblischen Abra(ha)mgeschichte wird von John Ha wie von anderen Befürwortern der Posteriorität von Gen 15 in der Regel übergangen. Wenn von dem Väterschwur oder der Väter-ברית die Rede ist, so immer als an »Abraham, Isaak und Jakob«[480] ergangen. In Gen 15 heißt er aber im kanonischen Text genauso konsequent »Abram« wie überhaupt auch sonst vor Gen 17,5.[481] Da vielfältige Bezüge[482] gerade auf Gen 15 verweisen,[483] wäre an sich irgendwo eine ausdrückliche Identifizierung zu erwarten: Was hätte sonst die Landgabe-ברית, die Gott einem gewissen Abram und dessen Nachkommen schneidet (Gen 15,18), zu tun mit dem nachmaligen Israel, das sich der Zusage an seine Väter Abraham, Isaak und Jakob erinnert? Gerade angesichts der Tatsache, dass die Namensform אברם mit ihren verschiedenen Vokalisierungsmöglichkeiten im semitisch sprechenden Alten Orient überall und durch die Zeiten hindurch weit verbreitet war, wären Zweifel möglich.

Im jetzigen Genesistext funktioniert die Verbindung zwischen den sich beziehenden Texten[484] und dem Bezugstext nur über die Brücke Gen 17,5, wo »Abram«

(Namensätiologie Isaaks mit צחק, vgl. Gen 18,12.13.15; 21,6 sowie 21,9) und Gen 35,10 (Identifizierung von Jakob und Israel, vgl. Gen 32,29). In beiden Fällen ist nicht erkennbar, dass die Gen-17-Schicht ein spezifisches Interesse an der Namensgebung gehabt hätte, anders als im Falle Abrahams und Saras. Im Falle Isaaks wird dem Gelächter Saras (Gen 18,12.13.15; 21,6) und Ismaels (Gen 21,9) immerhin noch das Lachen Abrahams hinzugefügt (Gen 17,19), und der Anlass des Gelächters, das hohe Alter Saras und Abrahams, durch die Altersangaben präzisiert. Im Falle Jakobs ist dessen Identifikation mit »Israel« eine erzählerische Notwendigkeit, um Erzeltern- und Volksgeschichte zu verbinden, und darf deshalb in dem den Text gliedernden Summarium Gen 35,9–12 nicht fehlen, erst recht, da die Gen 32,29 gegebene Etymologie nicht den Vorstellungen der Gen-17-Schicht entspricht. Siehe auch unten S. 318–333.

480 In der Chronik statt »Jakob« immer »Israel«. Dort wird allerdings bereits die Endkomposition des Pentateuch vorausgesetzt, und die dort im Falle Abram–Abraham gegebene Systematik auf die Umbenennung Jakob–Israel übertragen, s. u. S. 322.

481 Wenn überhaupt, wird dies mit einer kurzen Anmerkung abgetan, so Schmid, Erzväter, 172, Anm. 4.

482 Neben den oben (S. 256 bei Anm. 478) genannten »Landschwurtexten« fasst auch Gen 26,1–5 die »nichtpriesterliche« Abra(ha)mgeschichte durch Bezüge auf Kapitel 12*, 15* und 22* zusammen.

483 In diesem Zusammenhang läuft es auf dasselbe hinaus, ob diese Verweise auf Gen 15,18–21 als literarische Vorlage verweisen, ob Gen 15,18–21 seinerseits nachträglich als Bezugstext für diese Verweise geschrieben worden ist oder ob Gen 15,18–21 und die Verweise darauf einer und derselben Kompositionsschicht angehören. Das Problem der Inkongruenz besteht in jedem dieser Fälle, nur dass im ersten Falle bei den Verweisen innerhalb des »Hexateuch«, im letzteren Falle in Gen 15 ein Hinweis auf die Umbenennung zu erwarten wäre. Tatsächlich gibt es einen solchen Verweis aber nur Neh 9,7f., weil nur dort noch auf das Kapitel Gen 15 nach dessen Einordnung in die Endkomposition des Pentateuch verwiesen wird (s. u. S. 324).

484 Eindeutige Rückverweise auf Gen 17 stehen im Pentateuch nur in Gen 21,4 (Verweis auf das Beschneidungsgebot Gen 17,10–14) und Ex 6,3 (in der Reihe der El-Schaddai-Texte Gen 17,1;

im Zusammenhang des breit ausgeführten endkompositionellen ברית-Kapitels in
»Abraham« umgenannt wird.[485] Nicht nur alle biblischen Bezugnahmen auf die
ברית Gottes mit Abraham (und Isaak und Jakob), sondern auch diejenigen, die sich
auf den an Abraham (und Isaak und Jakob) ergangenen Landgabeschwur beziehen,
verweisen nun zunächst auf Gen 17. Eine Tatsache, die kaum der Intention von
Gen 15 gerecht werden dürfte. Anzunehmen ist vielmehr, dass hier ursprünglich
von »Abraham« die Rede war und der Name erst nachträglich im Rahmen der
Endkompositionsschicht, in Übereinstimmung mit Gen 17,5, in »Abram« umge-
ändert wurde.[486]

Die Annahme, Gen 15 habe ursprünglich »Abraham« gestanden, wird häufig
unausgesprochen vorausgesetzt: Westermann schreibt in der Übersetzung, die er
seinem Kommentar zugrundelegt, »Abraham«, ähnlich viele Bibelübersetzungen in
ihren Zwischenüberschriften (z. B. EÜ). Zahlreiche Kommentatoren verwenden
zwar den Abramnamen in der Übersetzung, im Kommentar aber den Abrahamnamen.[487] Die Vielfalt der Bezugnahmen außerhalb der Genesis auf einen Landschwur an Abraham (ob als ברית bezeichnet oder nicht) muss mindestens teilweise
»vorpriesterlich« angesetzt werden; in den »nichtpriesterlichen« Texten der Genesis
werden Landverheißungen buchstäblich nur an »Abram« berichtet (Gen 12 f.; 15),
obgleich schon Gen 24,7 »Abraham« auf einen an ihn ergangenen Landschwur
verweist. Im Kontext der durch die Gen-17-Schicht geprägten Endkomposition
erklärt sich die nachträgliche Änderung mühelos: Sie führt dazu, dass der Leser zur
Verifizierung jeglicher Bezugnahme auf die an »Abraham« ergangenen Verheißungen sich erst bis zu Gen 17 durcharbeiten muss. Von dort aus darf er dann getrost
bis zur Exodusgeschichte weiterrollen bzw. -blättern.

Dass Konrad Schmid dem Autor von Gen 15 auch noch, gleichsam nebenbei,
die Integration der »Priesterschrift« zuweist,[488] kann demnach nicht aufrechterhalten werden. Warum muss derjenige, der die »Priesterschrift«, die den Übergang
von Genesis zu Exodus nach Schmid erstmals literarisch gestaltet habe, mit den
»vorpriesterlichen« Texten zusammenführt, für die Abrahamgeschichte noch ein
eigenes Verbindungskapitel (nämlich Gen 15) schreiben, und zudem so viele neue
Probleme schaffen? Und warum wird, wenn Gen 17 schon vorgelegen hat, ausgerechnet eine *Abram*-ברית vor der Geburt Ismaels eingeführt, die von ihrer Klarstellung in Gen 21 durch das große endkompositionelle ברית-Kapitel mit den fein

---

Gen 28,3; Gen 35,11; Gen 43,14; Gen 48,3; Ex 6,3, die mit gutem Recht derselben Schicht wie
Gen 17 zugerechnet werden). Mit Gen 17,7 f.; 28,4; Ex 2,23–25; 6,8 und Lev 26,42 beziehen
sich aber auch eine Reihe »priesterlicher« Texte (über Gen 17) auf Gen 15, außer den oben bei
Anm. 478 (S. 256) und in Anm. 482 (S. 257) genannten Texten.

485 Vgl. Thompson, Historicity, 24 f. zu Gen 17,5: »Thus אברהם functions as a cue name, carrying in
its meaning the Yahwistic promise that the patriarch will become a great nation.«

486 Weiter dazu unten, S. 318 ff.

487 Z. B. Gunkel, von Rad, Ruppert. Andere, wie Dillmann, Seebass, Soggin, behalten auch im Kommentar den Abramnamen bei.

488 Schmid, Erzväter, 253.

differenzierten Bundeszusagen für Abra(ha)m, Sara(i), Ismael und Isaak getrennt ist? Fragen, auf die bei Schmid keine Antworten zu finden sind. Seine Thesen würden nichts verlieren, aber viel gewinnen, wenn er Texte wie Gen 17 oder Ex 6 nicht zur Vorgeschichte, sondern zur Nachgeschichte der späten Vereinigung von Erzvätern und Exodus rechnete.[489] Der alleinige Grund für die »nachpriesterliche« Ansetzung von Gen 15 durch Schmid ist denn auch das konventionelle Festhalten an der Hypothese einer als selbständige Erzählquelle entstandenen und u.a. Gen 17 sowie Ex 6 umfassenden Priester(grund)schrift.

Auch die Selbstvorstellung Gottes als Jhwh erweist Gen 15 als vorendkompositionell. Tatsächlich steht gerade Gen 15,7 in guter Übereinstimmung zu Ex 3: Dort kennt nur Mose den Namen des Gottes der Väter der Israeliten nicht, und muss ihn eigens erfragen, um sich nicht vor den Israeliten zu blamieren. Neu ist dort die Etymologie, die den Jhwh-Namen erstmals deutet. Dass die Väter, von Abra(ha)m an, und auch ihre Kinder, die Israeliten, den Namen kennen, wird in Ex 3 nicht ausgeschlossen. Eine schichtübergreifende Harmonisierung der Gottesbezeichnungen im Sinne von Ex 6,3 hätte zwar im Zuge der Endkomposition des Pentateuch erfolgen können, hätte aber die Verweisfunktion von Ex 6,3 auf die El-Schaddaj-Texte der Genesis verdunkelt.[490] Liest man die Abrahamgeschichte mit Ex 6,3f. im Ohr, ist klar, dass die entscheidende Offenbarung Jhwhs an Abraham Gen 17 und nicht Gen 15 erfolgt, was durch die Systematisierung des Abram/Abraham-Namens bestätigt wird. Da Gen 17,7f. das Anliegen von Gen 15 zusammenfassend bestätigt, bleibt der Landschwur gültig, wird aber in ein komplexeres בְּרִית-Verständnis integriert.[491]

400 Jahre Fremdlingschaft und 430 Jahre Ägypten

Es hat sich eingebürgert, alle Angaben von Jahreszahlen in der Genesis entweder der Gen-17-Schicht (konventionell: »P«) selbst zuzuschreiben oder sie mit Abhängigkeit von der Gen-17-Schicht zu begründen. Dass mit den komplexen Fragen der Chronologie differenzierter umgegangen werden muss, hatte sich bereits im ersten Teil der Arbeit gezeigt. Doch ist der grundsätzliche Verdacht hier nicht völlig aus der Luft gegriffen, da zu Gen 15,13 eine Parallele existiert, die eindeutig der Gen-17-Schicht angehört (Ex 12,40f.):

ומושב בני ישראל אשר ישבו במצרים שלשים שנה וארבע מאות שנה:
ויהי מקץ שלשים שנה וארבע מאות שנה
ויהי בעצם היום הזה יצאו כל־צבאות יהוה מארץ מצרים:

Charakteristisch für die Endkomposition des Pentateuch ist, dass die Zahlenangaben ein geschlossenes System ergeben.[492] Eben dies ist bei Gen 15,13 nicht der

---

489 Dasselbe gilt freilich analog auch für die, literarisch ebenfalls junge, Josefsgeschichte, deren Interpretation durch Konrad Schmid (Erzväter, 56–62) nicht zu überzeugen vermag.

490 Vgl. Jacob, Genesis, 979.

491 Zur endkompositionellen Systematik der Gottesbezeichnungen s. unten, S.326ff.

492 Siehe unten, S.347–359.

Fall, da der Anfangspunkt schon aus stilistischen Gründen – der Ägyptenaufenthalt Israels liegt für Abram noch in ferner Zukunft – ebenso unbestimmt bleiben
muss wie die genaue Dauer.

Bevor ein literarisches Abhängigkeitsverhältnis postuliert wird, sollte zunächst
jede der beiden Angaben aus ihrem Zusammenhang verstanden werden:
Gen 15,13 beschreibt mit den runden vierhundert Jahren eine, zumal im »nichtpriesterlichen« Horizont,[493] unendlich lange Zeit, die sich zwischen Abra(ha)m auf
der einen und das im Exodus sich konstituierende Volk Israels auf der anderen
Seite legt.

Im Gegensatz dazu fügt sich Ex 12,40 einem System ein, das von der Schöpfung bis zum Sinai reicht. Innerhalb dieses Systems knüpft Ex 12,40, um das
Datum des Exodus zu bestimmen, an den Beginn des Aufenthalts Israels in Ägypten an. Dieses wurde Gen 47,9 gegeben: Jakob war 130 Jahre, als er nach Ägypten
kam.

Doch fällt die Angabe Ex 12,40 formal aus dem Rahmen: Sonst wird immer
von der Geburt des Vaters bis zur Zeugung bzw. Geburt des Sohnes gezählt: Adam
war 130 Jahre alt, als er den Set zeugte (Gen 5,3) etc. Diese Rechnung lässt sich bis
zur Geburt Jakobs (im 60. Jahr des Isaak, Gen 25,26) fortsetzen. Auch von
Jakob[494] und seinem Sohn Josef[495] sowie von der Linie Levi (137) – Kehat (133) –
Amram (137)[496] – Mose (120)[497] wird die gesamte Lebenszeit angegeben. Das
Alter bei der Zeugung oder der Geburt des die Linie weiterführenden Sohnes fällt
aber von Jakob an weg, es sind *nur* noch die Lebensjahre angegeben. Dadurch fehlen nun leider sowohl das Geburtsjahr von Josef, als auch die Geburtsjahre von
Levi, Kehat, Amram und Mose, und zwar übereinstimmend in allen Versionen.[498]
Die zeitliche Einordnung eines herausragenden Ereignisses erfolgt im »P«-Kontext
aber in der Regel durch die Datierung nach den Lebensjahren des jeweiligen Protagonisten: Die Sintflut im 600. Lebensjahr Noahs; der Auszug Abrams aus Charran im 75. Jahr Abrams; die Ansiedlung Israels in Ägypten im 130. Jahr Jakobs;
vgl. auch den Auszug aus Ägypten im 80. Jahr des Mose (Ex 7,7). Doch hängt das
80. Lebensjahr des Mose chronologisch in der Luft, da seine Geburt nicht datiert
ist; stattdessen wird das Datum des Exodus durch die »30 Jahre und 400 Jahre« seit
Jakobs Ankunft in Ägypten fixiert.

---

493 D.h., ohne den Kontext der langlebigen Patriarchen von Gen 5 und 11.
494 Gen 47,28: 147 Jahre.
495 Gen 50,26: 110 Jahre.
496 Ex 6,16.18.20. SP: 137–133–136 Jahre; LXX (Cod. Alexandrinus): 137–130–136.
497 Dt 31,2 und 34,7.
498 Selbst das Jubiläenbuch weiß lediglich die Geburt Levis (2127 A.M., Jub 28,14) und diejenige
     Moses (2330 A.M., Jub 47,1) in seine absolute Chronologie einzuordnen.
     Zu den Versuchen in der Auslegungsgeschichte, auch die Geburt von Kehat und Amram zu datie-
     ren, vgl. ausführlich Andrei, Years, 11–65. Im Unterschied zur hellenistischen Chronographie hat
     es die rabbinische Literatur vermieden, zur chronologischen Näherbestimmung des Ägyptenauf-
     enthaltes die Daten von Ex 6 zu verwenden (Andrei, Years, 17).

Dies ist am einfachsten dadurch erklärbar, dass die Dauer des Ägyptenaufenthaltes der Endkomposition des Pentateuch bereits anderweitig aus der quasi kanonischen Tradition fest vorgegeben war, weshalb von Levi bis Mose die Geburtsdaten wegfallen mussten.[499] Woher die Dauer des Ägyptenaufenthaltes vorgegeben war, sollte damit auf der Hand liegen: Aus Gen 15,13. Da in der Endkomposition aber Ägypten nicht einfach nur für eine Zeit der Bedrückung steht, sondern einen heilsgeschichtlichen Fortschritt markiert, wurde nicht einfach der Zeitraum der Bedrückung übernommen, sondern ein längerer Zeitraum für den »Aufenthalt« in Ägypten angegeben, nämlich 430 Jahre.

Damit blieben neben den 400 Jahren Knechtschaft rechnerisch noch 30 Jahre gute Zeit für Ägypten übrig,[500] so dass nicht mehr, wie noch in Gen 15, die ganze Zeit des Ägyptenaufenthaltes als Zeit der Knechtschaft und Bedrückung verstanden werden muss. In der Endkomposition wollen die 430 Jahre als exakte Zahl gelesen werden; die Ankündigung der 400 Jahre in Gen 15,13 konnte als runde Zahl daneben stehen bleiben und der Exegese Rätsel aufgeben.[501]

Die Masoreten trugen der bereits früh belegten Tendenz, die 430 Jahre von Ex 12,40 auf das Wohnen Israels und seiner Väter in Kanaan und Ägypten zu beziehen, in der Akzentuierung von Gen 15,13 Rechnung. Durch die Setzung des Atnach nach der Erwähnung der Bedrückung werden die 400 Jahre als Vers 13b zur Zeitangabe für den ganzen Inhalt von Vers 13a; die 400 Jahre bezeichnen dann nicht nur die Zeit der Knechtschaft oder der Bedrückung, sondern die Zeit, wo die

---

499 Wenn man die Zahlen von Ex 6,16–20 als chronologisches (»priesterliches«) Sondergut ansieht, bestätigen auch diese das Alter der 400-Jahres-Angabe von Gen 15,13: Jakob zieht nach Ägypten, Mose führt die Israeliten wieder heraus; zwischen Jakob und Mose wäre mit den max. 407 Jahren für Levi, Kehat und Amram genug Raum für ca. 400 Jahre Ägypten. Endkompositionell bildet, während die Angaben von Ex 12 für die *chronologische* Systematisierung wesentlich sind, Ex 6,14–30 eine Schlüsselstelle für die *genealogische* Einordnung von Mose und Aaron und damit die *genealogische* Systematisierung des Pentateuch. Auch die genauen *Zahlen* von Ex 6,16–20, die chronologisch in der Luft hängen, bekommen deshalb in der Endkomposition eine Funktion als Siegel der *Genealogie*:
Wenn man, chronologisch unsinnig, aber kompositionell beabsichtigt, sämtliche Lebensjahre der Väter von Adam (Gen 5,5) bis Mose (Dt 34,7) gemäß den Angaben des Masoretischen Textes addiert, ergibt sich die Summe von genau 12600 Lebensjahren – das kleinste gemeinsame Vielfache der Zahlen von 1 bis 10 und der Zehner von 10 bis 70.
Weil die Zahlen von Ex 6,16–20 nicht in das durchgehende chronologische System integriert sind, ist auch der sich ergebende logische Widerspruch zu verschmerzen. Bekanntlich lassen sich die (430-80=)350 Jahre vom Einzug in Ägypten (bereits mit Kehat) bis zur Geburt des Mose nicht auf Kehat und Amram verteilen, wenn diese zusammen nur max. 270 Jahre erreichten. Deswegen die eindeutige Aussage von Ex 12,40 umzuinterpretieren, wie es die Tradition getan hat, missversteht die bewusste kompositionelle Funktion der Texte: In Ex 6,16–20 geht es um die Genealogie von Mose und Aaron (vgl. die Ein- und Ausleitung Ex 6,13f.; 26f.) – in Ex 12,40f. um die chronologische Fixierung des Auszugs der Israeliten aus Ägypten.

500 Das widerspräche freilich den Angaben von Gen 41,46; 50,26; Ex 1,6, wonach die »gute« Zeit, nämlich die zu Lebzeiten Josefs, wenigstens ca. 70 Jahre gedauert haben müsste.

501 Siehe dazu den folgenden Abschnitt, »Die 400 Jahre und das Schema 3–4 in der endkompositionellen Chronologie«.

Nachkommenschaft Fremdling sein wird. Da die Fremdlingschaft auf der endkompositionellen Ebene keinen epochalen Einschnitt mehr darstellt, vielmehr bereits mit dem Tag beginnt, da Abram das Land Kanaans betritt, liegt der epochale Einschnitt hier in der Geburt des die Verheißung weitertragenden Nachkommens (זרע), also Isaaks. Mit ihm beginnen in frühjüdischer Tradition die 400 Jahre, und von der Verheißung an Abram bis zur Gabe der Tora in Ex–Num sind es dann 430 Jahre (Gal 3,17), auch wenn dazu eigens die Verheißung von Gen 15 fünf Jahre vor dem Auszug aus Charran angenommen werden muss.[502] Im Masoretischen Text sind es dennoch, das sollte festgehalten werden, von Gen 15,13 bis zum Auszug mit großem Besitz weder 400 noch 430, sondern, wenn man es schon ausrechnen mag, 635 Jahre.[503]

Im Jubiläenbuch sind die 400 Jahre noch schwerer auszumachen[504] als im Pentateuch, da die »400« im 7-er System des Jubiläenbuches keine runde Zahl ist: 8 Jubiläen (à 49 Jahre), 1 Jahrwoche (à 7 Jahre) und 1 Jahr. Der Ägyptenaufenthalt war in jedem Falle kürzer als 400 Jahre. Der Exodus findet nach dem Jubiläenbuch (Jub 48,1) im 50. Jubiläum, in der 2. Jahrwoche, im 2. Jahr statt (= 2410), darauf folgen 40 Jahre Wüstenwanderung; Zielpunkt der Chronologie des Jubiläenbuches ist aber das »Großjubiläum«, nämlich das 50. Jubeljahr nach 50x49 Jahren, das Jahr 2451. Für genau dieses Jahr wird die Rückkehr Israels in das Land angekündigt.[505] Wenngleich das Jubiläenbuch in vielen seiner Zahlenangaben von der Endkomposition des Pentateuch abhängig ist, dürfte die Zahl 2451 als chronologischer Fixpunkt, die mit den aus dem Pentateuch übernommenen Einzelangaben nicht

---

502 Seder Olam Rabba 1,2: »Unser Vater Abraham war, als mit ihm zwischen den Stücken gesprochen wurde [=Gen 15,7–21], 70 Jahre alt, wie gesagt ist: Und es geschah nach 430 Jahren etc. [Ex 12,41], und kehrte nach Charran zurück und verbrachte dort 5 Jahre, wie gesagt ist: Und Abram war 75 Jahre alt, als er von Charran auszog [Gen 12,4].« Von 430 Jahren zwischen der διαθήκη Gottes mit Abraham und der Sinaigesetzgebung geht auch Paulus aus (Gal 3,17). Eine enge Verbindung zwischen Auszug Abrams und der Zeremonie von Gen 15 scheint ebenfalls 4Q252, 1, 2, 8–13 hergestellt zu werden.

503 Nach den Zahlen von Gen 16,3; 12,4; 21,5; 25,26; 47,9; Ex 12,40f. 15+60+130+430 = 635. In Primfaktoren zerlegt, sind das 5x127 Jahre. Die vorendkompositionelle Abram-ברית (Gen 15) wird mit der ebenfalls vorendkompositionellen Sinai-Israel-ברית (Ex 19,5; 24,7f. etc.) durch das Produkt der endkompositionellen »Abraham-Zahl« 5 (s. u. S. 356) und der ebenfalls endkompositionellen, sonst nicht erklärten Zahl der Lebensjahre Saras, 127 (Gen 23,1), verbunden.

504 Nach VanderKam, Konzept, 95f., hätte das Jubiläenbuch ursprünglich den Tod Abrahams 400 Jahre vor der Landnahme, nämlich 2051 datieren wollen, was sich aus der Addition des Geburtsjahres (1876 AM, Jub 11,15) und der Lebensdauer Abrahams (175 Jahre, Jub 22,7; 23,8) ergebe. Dem widerspricht allerdings, wie VanderKam selbst sieht, sowohl die absolute Einordnung des Todes Abrahams in das Jahr 2119 im äthiopischen Text von Jub 22,1, als auch die in das Jahr 2060 in 4QJub^d 1,2,25 sowie die Daten von Jub 20,1 und 21,1. Redaktionsgeschichtlich einleuchtender wäre, vom Primat der absoluten Zahlen auszugehen, und die Erwähnung der 175 Jahre als harmonistische Angleichung an Gen 25,7 zu erklären; nicht zuletzt bestätigt 4QJub^d 1,1,4, dass auch Jub 21,1 von 22,1 her datiert ist. Vor allem aber enden die 400 Jahre auch nach Jub 14,13(=Gen 15,13) nicht mit der Landnahme, sondern mit dem Exodus.

505 Jub 50,4; vgl. VanderKam, Konzept, 81.

übereinstimmt, bereits älter sein als die Komposition des Jubiläenbuches und auf eine neben der Endkomposition des Pentateuch laufende chronologische Tradition zurückgehen.[506] Und dennoch werden auch im Jubiläenbuch die 400 Jahre von Gen 15,13//Jub 14,13 integriert, indem das Ziel der ersten Periode zum chronologischen Ausgangspunkt der Zählung gemacht wird: Genau 400 Jahre vor dem Auszug aus Ägypten, nämlich im ersten Jahr des 42. Jubiläums, kehrt Abraham, nach der Bindung Isaaks, nach Kirjat-Arba zurück, wo er von nun an sein friedliches Lebensende (vgl. Gen 15,15//Jub 14,15) verbringt.[507]

Die 400 Jahre und das Schema 3–4 in der endkompositionellen Chronologie

Bereits oben wurde festgestellt, dass ein breiter Strom der Tradition die 400-Jahr-Periode von Gen 15,13 mit dem epochalen Einschnitt der Geburt Isaaks verbindet, und dass selbst der masoretische Text in seiner Akzentuierung dies unterstützt. In der Tat steht im Zentrum der endkompositionellen Systematik der Genesis nicht Gen 15, sondern Gen 17, mit der genau datierten Verheißung der Geburt Isaaks, des einzigen Ereignisses, das in der Genesis ausdrücklich mit einem Festzeitpunkt (מועד)[508] verbunden wird.[509]

---

506 So lassen sich zwischen den Chronologien von Jubiläenbuch und Masoretischem Text, im Zusammenhang mit den 400 Jahren, den 430 Jahren und dem Großjubiläum 2451 schwer deutbare Querbezüge aufzeigen:
Evt. spielt die Datierung der Zeugung Ismaels Gen 16,3 auf dieses Datum an: Im Rahmen der endkompositionellen Chronologie ist zwar, anders als im Jubiläenbuch sowie anscheinend im Genesis-Apokryphon, nicht die Ankündigung der 400 Jahre Ägyptenaufenthalt Gen 15,13 selbst datiert, sondern stattdessen, mit derselben Zeitangabe (10 Jahre im Lande), der Akt, da Sara dem Abram die ägyptische Magd Hagar zur Frau gibt. Aber dieser 10-jährige Aufenthalt Abrams im Lande ist gemäß Masoretischem Text (bei korrekter Einbeziehung der Zeugungsjahre bis Abram) im Jahr 2051 zu konstatieren, also genau 400 Jahre vor dem »Großjubiläum« 2451.
Übrigens fiele, wenn man, wie traditionell üblich, die Zeugungsjahre nicht einrechnet, die Einwanderung Abrams in das Land Kanaans im Masoretischen Text in das Jahr 2021. Wenn man dann die 430 Jahre von Ex 12,40, wie im Frühjudentum vielfach belegt (vgl. Kreuzer, Priorität, 255–258; Andrei, Years), auf das Land Kanaans und Ägypten verteilt, fände der Exodus genau im Jahr 2451 statt. Womöglich lag hier ein zusätzlicher Beweggrund für die in der Wirkungsgeschichte so beherrschenden Lesarten in Ex 12,40 LXX und SP, die Kreuzer, Priorität, 252–255, zu Recht für gegenüber dem MT für sekundär erklärt? Dann müssten in dem »palästinischen« Texttyp, der LXX und SP vorausging, in Gen 5 und 11 (noch) die Zahlen des Masoretischen Textes, in Ex 12,40 aber bereits »430 Jahre in Ägypten und Kanaan« gestanden haben.

507 Jub 19,1. Eine andere Begründung für die Nennung dieses Datums, das auch durch das lateinische Jubiläenbuch bestätigt wird (Vanderkam, Konzept, 88), ist nicht ersichtlich. Andrei, Years, 25 f., meint, im Jubiläenbuch die 430 Jahre von Ex 12,40 zwischen der Geburt Isaaks und dem Exodus wiederfinden zu können; doch ist das Geburtsdatum Isaaks nach Vanderkam, Konzept, 88, nicht 1980, sondern 1987/88. Zudem werden in Jub nur die »400« Jahre von Gen 15,13 referiert, nicht aber die »430«.

508 Am vierten Schöpfungstag werden die Gestirne für die מועדים geschaffen (Gen 1,14); danach steht מועד in der Genesis nur noch Gen 17,21; 18,14; 21,2, jeweils für den Geburtstermin Isaaks.

509 Vgl. dazu die ausführliche Begründung im dritten Hauptteil dieser Arbeit, unten S. 275 ff.

Wenn auch der Abram von Gen 14 und 15 als großer Mathematiker bezeichnet werden kann, so hat er doch im Komponisten des chronologischen Systems der Endkomposition seinen Meister gefunden. Dieser vermag die unterschiedlichsten Bestandteile in sein System zu integrieren. Bereits oben war im Zusammenhang mit Gen 14,4 von der 25-Jahr-Periode als endkompositioneller Grundeinheit der Lebensjahre Abra(ha)ms die Rede gewesen.[510] Für die Chronologie von Gen 15 ist dagegen das Schema 3–4 und die singuläre Jahreszahl von 400 Jahren zentral. All dies wird nun, durch den Endkomponisten, zu einer großen Antizipation der in Gen 17 verheißenen Geburt Isaaks vereint.

Dabei tritt an die Stelle der Diskontinuität der vier Epochen von Gen 15 die Verlässlichkeit einer Zeitrechnung, die von den Tagen der Schöpfung an ununterbrochen unter dem sich entfaltenden Segen Gottes steht. Unter diesen Voraussetzungen sollte möglichst auch das Schema 3–4 in ebenmäßige Zeiträume übersetzbar sein. Anders als in Gen 15 wird dieses Schema aber nicht mehr für die Zeit von Abraham bis zur Landnahme zugrundegelegt, sondern für die Zeit, die bis zur Geburt Isaaks vergangen ist, indem jeweils drei gleichförmigen Perioden eine vierte Periode folgt, welche einen heilsgeschichtlichen Fortschritt markiert. Die Erschaffung der ersten Menschen, die Rettung Noahs in der Arche, die Geburt Abrams und dessen Einwanderung in das Land Kanaans sind solche Ereignisse der Heilsgeschichte, welche der Geburt Isaaks notwendig vorausgehen.

Und in der Tat: Auf dreimal 25 Lebensjahre Abrams in Mesopotamien folgt bis zur Geburt Isaaks eine vierte 25-Jahr-Periode im Land der Verheißung, im Land Kanaans. Und, unter Voraussetzung der weiter unten ausgeführten Argumentation, bilden auch die 100 Jahre Abra(ha)ms bis zur Geburt Isaaks im Masoretischen Text eine vierte Periode, die auf vorangegangene drei gleichförmige Perioden folgt: Denn von der Sintflut bis zur Geburt Abrams vergehen genau dreimal 100 Jahre, von der Geburt Abrams bis zu der Isaaks folgt die vierte 100-Jahr-Periode. Damit ergibt sich eine 400-Jahr-Periode von der Sintflut bis zur Geburt Isaaks.[511]

Die 400-Jahr-Periode, die in Gen 15,13 ursprünglich die Dauer des Ägyptenaufenthalts bezeichnet, wird damit in der Endkomposition zum Geburtsdatum des verheißenen זרע, Isaak, und zwar in der für die Erzeltern maßgeblichen Ära nach der Flut.[512] Allerdings beschränkt sich die endkompositionelle Chronologie nicht auf die nachsintflutliche Ära. Überblickt man den Zeitraum, der die vier mal vier Generationen von der Geburt Jareds bis zur Geburt Isaaks verbindet, so ist dieser Zeitraum nach der Chronologie des Masoretischen Textes wiederum in vier gleichlange Perioden unterteilt: Es sind dreimal 400 Jahre von der Geburt Jareds bis zur

---

510   Siehe oben S. 159f. Zur 25-Jahr-Periode siehe auch unten S. 355f.

511   Wenn, entsprechend Gen 5,32; 7,11; 11,10 sowie 12,4; 16,3.16 und 17,1.17.21; 21,5 jeweils ein Jahr der Zeugung bis zur Geburt eingerechnet wird. Siehe unten S. 347ff.

512   Deren Zielpunkt ist wohl der Baubeginn des Salomonischen Tempels, nach Gen 25,26; 47,9; Ex 12,40f. MT; 1 Kön 6,1 MT 1100 Jahre nach der Geburt Isaaks und damit genau 1500 Jahre nach der Sintflut.

Sintflut[513] – und ein viertes Mal 400 Jahre von der Sintflut bis zur Geburt Isaaks. Schließlich wird selbst dieses, menschliche Maßstäbe schon sprengende Schema noch übertroffen von der schöpfungstheologischen Perspektive, welche Gen 1 und Gen 17 und damit die göttliche und menschliche Tageszählung verbindet: Am sechsten Tag wird der Mensch zum Bilde Gottes erschaffen und erhält den Schöpfungssegen;[514] die vorsintflutlichen Väter, zu denen Jared als der Sechste seit Adam zählt, könnte man insofern als Kinder des sechsten Tages bezeichnen.[515] Die Beschneidung der Neugeborenen aber soll am achten Tag erfolgen[516] – und der erste, der nach seiner Geburt als »Sohn von acht Tagen« beschnitten wird, ist Isaak.[517]

Die Ergänzung des Schemas 3–4 durch das Schema 9–10

In der Endkomposition des Pentateuch, speziell auch in der Genesis, spielt die Zehnzahl eine große Rolle.[518] In Gen 14 konnte die Endkomposition durch die Glosse V.9b die Stellung Melchisedeks als des nach neun anderen Königen auftretenden zehnten Königs besonders herausstreichen.[519] Ähnlich behutsame Eingriffe applizieren das 9–10-Schema nun auch auf Gen 15.

Diejenige Form des Schemas 9–10, die dem Schema 3–4 am verwandtesten ist, besteht in der Form 3+3+3+1.[520]

Eine solche Zehner-Reihe entsteht endkompositionell Gen 15,19–21. Jetzt sind nach 9 (=3x3) Völkern die an zehnter Stelle aufgezählten Jebusiter besonders hervorgehoben. Der Eindruck von Dreiergruppen entsteht dadurch, dass nach der ersten völlig außerordentlichen Trias die beiden weiteren im Zusammenhang der sonstigen Völkerlisten ungewöhnlichen Volksnamen, nämlich die Refaïm und die Girgaschiter, die zweite und die dritte Dreiergruppe beschließen. Die Jebusiter, sonst immer neben den Hiwitern (von Sichem, vgl. Gen 34,2) aufgezählt, bilden hier allein den Schluss. Während durch dieses 3+3+3+1-Schema die Entsprechung zur spezifischen Ausformung des 3–4-Schemas in Gen 15,9 (1+1+1+Hendiadyoin)

---

513 Nach den Zahlen von Gen 5,18.21.25.28 MT sowie 7,6 sind es 162+1+65+1+187+1+182+1 +600=1200 Jahre von der Geburt Jareds bis zur Flut.

514 Gen 1,26–31.

515 Vgl. Gen 5,1f. die zweimal durch ביום erfolgende chronologische Verknüpfung mit der Erschaffung der Menschen sowie die kontinuierliche Weitergabe der Gottesbildlichkeit nach Gen 5,3.

516 Lev 12,3; Gen 17,12.

517 Gen 21,4. Zum theologischen Zusammenhang von Schöpfungssegen und Beschneidungs-ברית siehe unten den Abschnitt zu Gottes ברית in Gen 17, S.291ff.

518 Vgl. neben den zehn Gliedern von Adam bis Noah (Gen 5) und von Sem bis Abram (Gen 11) die ebenfalls durch bewusste Komposition entstandene Zehnzahl der Plagen bis zur Tötung der Erstgeburt (Ex 7–11).

519 Siehe oben S.111 und S.146

520 Bei den zehn ägyptischen Plagen begegnet ein solches 3+3+3+1-Schema, als Sonderform des 3+1-Schemas, in welchem das letzte Glied alle vorangegangenen überbietet (Zakovitch, Pattern, 236–241, vgl. Blum, Pentateuch, 243).

aus dem Blick gerät, wird sie im Targum Onkelos wieder hergestellt, indem dort auch in V. 9 das Schema 3+3+3+1 eingetragen wird.[521]

In der synchronen Lektüre von Gen 14 und 15 erschließt sich der Sinn dieser Anordnung: Abram wird, nachdem er den Segen Melchisedeks, des Königs von Schalem, empfangen und den Lohn des Königs von Sodom ausgeschlagen hat, die Verheißung zuteil, seine Nachkommenschaft werde schließlich, wenn Gott ihm das ganze Land gegeben haben wird, »hierher« (15,16) zurückkehren. Dies kann nun auch auf die Eroberung Jerusalems bezogen werden.[522] Und die Stellung der Jebusiter als zehntes Volk in Gen 15 entspricht der Position Melchisedeks als des zehnten Königs in Gen 14, vergleichbar der Position Abrams an zehnter Stelle der Toledot Sems und derjenigen Davids an zehnter Stelle der Toledot Perez im Buch Ruth.[523]

Zehn Generationen von Abraham bis zur Landnahme

Wenn man nun die vier Geschlechter von Gen 15 in den Genealogien der Endkomposition verfolgen will, gilt auch dafür das Schema 3+3+3+1. Das erste Zeitalter wird, in der 1.–3. Generation, repräsentiert durch die drei Erzväter, Abraham, Isaak und Jakob.[524] Danach kommt die lange Zeit in Ägypten, die auch endkompositionell nur im Ausnahmefall genealogisch überbrückt wird. So fehlt im Pentateuch das genealogische Verbindungsglied zwischen Hezron, dem Enkel Judas (Gen 46,12; Num 26,21), und Amminadab, dem Vater Nachschons, der beim Aufbruch vom Sinai den Stamm Juda anführt. Die wenigen Namen, die in Verbindung mit der von Jakob- und Mosegeschichte gerahmten Ägyptenzeit genannt sind, gehören aber der 4.–6. Generation, von Abraham an gerechnet, an: Von den Gen 46 aufgezählten Söhnen Jakobs und seiner Tochter Dina bis zu Jakobs Urenkeln Hezron und Hamul, die bereits mit Jakob nach Ägypten ziehen (Gen 46,12), Machir (Gen 50,23)[525] sowie Amram (Ex 2,1 mit Ex 6,18.20) und den weiteren Ex 6,19–21 eingeführten levitischen Sippenhäuptern.

Die Protagonisten in Exodus und Wüstenzeit verteilen sich erstaunlicherweise ebenfalls über drei Generationen, nämlich die 7.–9. seit Abraham: Zur 7. Generation gehören Mose, Aaron und Miriam, aber auch Korach (Num 16,1; Ex 6,21), die Rubeniter Datan und Abiram (Num 16,1; 26,6–9) sowie die Kehatiter Mischael und Elizafan (Lev 10,4; Ex 6,22). Die noch auf dem Sinai umgekommenen Nadab und Abihu zählen ebenso zur 8. Generation wie die Überlebenden

---

521 Zakovitch, Pattern, 155, Anm. 149. Siehe auch oben S. 198.

522 Vgl. Caquot, alliance, 65; Römer, tensions, 118.121; u.a.

523 Rut 4,18–22 (vgl. 1 Chr 2,3–15). Den Vergleich mit Gen 11,10–26 zieht bereits BerR 39,10, vgl. Dietrich, Typologie, 54, Anm. 53.

524 Vgl. die nachendkompositionelle Zählung der Generationen in 4Q225, 2,2,11 // 4Q226, 7,3f., wonach bereits die Zeugung Levis durch Jakob »in der dritten Generation« (דור שלישי) erfolgt.

525 Dessen Söhne werden hier nicht namentlich genannt; nur die samaritanische Lesart will wissen, dass sie noch zu Lebzeiten Josefs geboren worden sind. Der einzige namentlich genannte Sohn

Eleasar und Itamar sowie die Ex 6,24 genannten Söhne Korachs. Mit Pinchas ist es erst ein Angehöriger der 9. Generation seit Abraham, der das Ende der Wüstenplage herbeiführt (Num 25,7–13; ebenfalls bereits Ex 6,25 genannt). Außer im Falle von Josua und Kaleb, beide ohne durchgängige Genealogie, überschneiden sich damit Wüsten- und Landnahmeperiode auch bei den Aaroniden, da nicht nur Pinchas, sondern auch Eleasar das Land sehen darf. In der Verheißung für Pinchas in Num 25,13 wird »seiner Nachkommenschaft nach ihm« die ewige ברית zugesagt – wie aber der priesterliche Nachkomme der zehnten Generation nach Abraham heißen mag, bleibt im Pentateuch offen. In der nachexilischen Jerusalemer Priestergeneaologie wäre es ein gewisser Abischua als Ahnvater Zadoks[526] – nach samaritanischer Tradition soll derselbe Abisch(u)a, Sohn des Pinchas, zur Zeit Josuas in Sichem den samaritanischen Pentateuch niedergeschrieben haben.[527]

Außer dieser endkompositionell wichtigen priesterlichen Linie[528] wird im Pentateuch noch genau eine[529] weitere genealogische Linie lückenlos bis zum Vorabend der Landnahme verfolgt: Die Genealogie der gleich dreimal im Zusammenhang der Landnahme genannten Töchter Zelofhads (Num 26,33; 27,1–11; 36,1–12). Während etwa die Num 34,19–28 genannten mit der Landverteilung Beauftragten keiner bestimmten Generation seit Abraham zugeordnet werden können, wird die Abstammung von Machla, Noa, Hogla, Milka und Tirza, den Töchtern Zelofhads, gleich zweimal genau angegeben: Sie gehören der 10. Generation seit Abraham an (Num 27,1; 26,28–33) – und damit nach drei mal drei Generationen dem 4. Geschlecht, dem der Rückkehr in das dem Abra(ha)m verheißene Land. Das letzte Ereignis, das der Komponist des Pentateuch vor den Abschiedsreden des Mose mitteilt, ist, dass Machla, Tirza, Hogla, Milka und Noa heiraten – und zwar nicht nur Angehörige ihres Stammes, sondern auch Angehörige ihrer Generation, der 10. seit Abraham (Num 36,11).

Machirs im Pentateuch ist Gilead (Num 26,29 u.ö.): Ein Name, der traditionsgeschichtlich beim besten Willen nicht nach Ägypten weist, und dessen Zuordnung zum Haus Josef sehr wohl einer besonderer Legitimation bedarf.

Nach Gen 50,23a »sah« deshalb auch Josef »nur« seine שלשים (Enkel), d.h. Jakobs Urenkel, in der sechsten Generation seit Abraham.

Zum Manassiten Jaïr, der ähnlich Gilead zur Integration des nördlichen Ostjordanlandes in das israelitische Stämmesystem gebraucht wird, siehe unten Anm. 529.

526 1Chr 5,27–31; 6,35–38; Esr 7,2–5.

527 Tov, Text, 67 mit Anm. 59.

528 Siehe dazu auch oben Anm. 499 (S. 261).

529 Eine scheinbare Ausnahme ist Jaïr als »Sohn Manasses« (Num 32,41; Dt 3,14) im Zusammenhang der ostjordanischen Landnahme. Nähme man diese Filiation wörtlich, würde dies das endkompositionelle Generationenschema vollends sprengen: Jaïr wäre nicht nur der Bruder des Ururgroßvaters von Machla, Noa, Hogla, Milka und Tirza, als deren Zeitgenosse er auftritt, sondern würde in seiner Person auch Ägypten, Exodus, Sinai und Landnahme umgreifen. Deshalb ist es nur konsequent, dass sein Name unter den Num 26 aufgezählten Sippenhäuptern fehlt. Jaïr ist in der Endkomposition ein Manassit der Landnahmegeneration, »Sohn« bedeutet hier schlicht »Nachkomme«, wie etwa Gen 10,20; 23,3; 25,4; 36,19; 46,15.

Nun kann man mit Rut 4 und 1 Chr 2 auch die davidische Stammtafel ver-
vollständigen und Ram als Vater Aminadabs in die oben erwähnte Lücke einfügen.
Dann steht auch im Stamm Juda nach drei mal drei Generationen für Erzeltern
(Abraham, Isaak, Jakob), Ägypten (Juda, Perez, Hezron) sowie Exodus und Wüste
(Ram, Aminadab, Nachschon) die 10. Generation seit Abraham für die Landnahme. Der Sohn Nachschons, der diese Stelle gemäß Rut 4 und 1 Chr 2 einnimmt, weist mit seinem Namen Salmon sicher nicht zufällig bereits auf Jerusalem
hin.[530] Doch wird er im Pentateuch nicht genannt, was ebensowenig Zufall ist wie
die Lücke in der davidischen Stammlinie:[531] Im Fokus des genealogischen Systems
der Bücher Exodus–Deuteronomium stehen weder der Stamm Juda[532] noch das
Königtum Davids, sondern die Leviten und die Priester bis hin zu Pinchas. Nicht
die Königtumsverheißung, sondern die Priestertumsverheißung an Pinchas weist
vom Pentateuch aus am weitesten in die Zukunft.

Mit den Bezügen auf Abram als den Zehnten nach Noah in Gen 11, Melchisedek als den Zehnten der Könige in Gen 14 (vgl. Salmo[n] als den Zehnten seit
Abraham) und die Jebusiter als das Zehnte der Völker in Gen 15 ist oben schon
ein Beispiele demonstriert worden, wie im Zuge der Endkomposition Gen 14 und
Gen 15 strukturell zueinander und zum größeren Kontext in Beziehung gebracht
worden sind. Im folgenden Abschnitt sollen weitere endkompositionelle Verbindungen zwischen Gen 14 und 15 analysiert werden.

---

530 Die Namensform שלמה, Rut 4,20, spielt wohl sogar bereits auf Salomo an.

531 Für eine angebliche nachpriesterliche judaorientierte Redaktion als Endredaktion (H.-Chr.
Schmitt, Josephsgeschichte) wäre es ein Leichtes gewesen, etwa Ram oder Salmon noch unterzubringen, wo doch selbst in der späteren Textüberlieferung noch Manipulationen an den Genealogien möglich waren, man vergleiche nur die Varianten von LXX und SP zu Gen 11,12f., Ex 6,20
oder Num 26,58.
Doch ist eben keine »spätdeuteronomistische« Redaktion Endredaktion des Pentateuch, sondern
eben jene »priesterliche« Komposition, welche z.B. Gen 11,10–26; Ex 6 und Num 26, aber auch
etwa Gen 1 und 17 verfasst hat. Die Judaorientierung bleibt gerade in der Hochschätzung Abrahams und der hebronitischen Lokaltradition (Gen 23) erkennbar, welche ein gewisses Gegenge-
wicht zu den ephraimitischen Traditionen (Sichem, Ebal und Garizim, Josua) bildet und dadurch
Jerusalem in das virtuelle Zentrum rückt. Ebenso bleibt Abra(ha)m auch in der Endkomposition
der gehorsame Empfänger des Gotteswortes und Mose der Prophet par excellence – die »Identität
des Jahweglaubens« wie der »Geist der Prophetie« bleiben im Pentateuch auch dann gewahrt,
wenn sie nicht mit Schmitt, Redaktion; ders., Identität, erst einer nachpriesterlichen Redaktion
zugeschrieben werden. Auch die Landgabe-ברית mit dem prophetischen Abram (Gen 15) wird
durch ihre Einbettung in die Schöpfungsordnung, die Verbindung mit dem Beschneidungsgebot
(Gen 17) und die »priesterlichen« Rückverweise etwa in Ex 6,3–8 nicht ab-, sondern eher aufge-
wertet.

532 Besonders deutlich in Ex 6,14–25, wo die Aufzählung der israelitischen Geschlechter nach Ruben
und Simeon mit Levi ihr kompositorisches Ziel bereits erreicht hat, bevor der Stamm Juda an der
Reihe ist.

3.3. Die thematische Parallelisierung von Gen 14 und Gen 15

Der für den Bereich bis Gen 15,4 mögliche synoptische Vergleich mit dem Gene-sis-Apokryphon hat gezeigt, wie im Rahmen der Endkomposition die beiden benachbarten Kapitel immer weiter aneinander angeglichen worden sind. Für den Bereich nach Gen 15,5 ließ sich zwar nicht in gleicher Weise empirisch eine Grundschicht rekonstruieren. Da aber die Grundschicht von Gen 15 älter ist als diejenige von Gen 14, ist als sicher anzunehmen, dass die hier beobachteten glos-sierenden Bearbeitungen nicht abrupt nach Gen 15,4 enden.

Oben wurden bereits einige Versteile aufgezählt, welche in der Erklärung der Grundaussage von Gen 15 mit Zurückhaltung verwendet werden sollten, weil sie formal als glossierende Erweiterungen angesehen werden könnten: Das angekün-digte Gericht für Ägypten V.14a und der Verweis auf die noch nicht vollständige Schuld der Amoriter V.16b[533] sowie die V.20 genannten Refaïm[534] gehören dazu.

Für die Erhebung des Verhältnisses von Gen 14 und 15 im Zusammenhang der Endkomposition müssen all diese mutmaßlichen Ergänzungen dagegen einbe-zogen werden. Für die V.18bβ genannten Landesgrenzen, die möglicherweise ebenfalls einer frühen Glossierung angehören, erfolgte dies bereits,[535] ansatzweise auch *passim* für die V.20 genannten Refaïm.

Der Skopus von Gen 15 ist die feierliche Nachkommens- und Landverhei-ßung für Abram und seine Nachkommenschaft, die trotz aller widrigen Umstände ihre Erfüllung in der Geburt Isaaks, der Volkwerdung in Ägypten, dem Auszug mit großem Besitz und der israelitischen Landnahme unter Josua finden soll. Der Sko-pus von Gen 14 besteht, wie im ersten Hauptteil der vorliegenden Arbeit gezeigt werden konnte, in einer phantastischen Vorgeschichte der ostjordanischen Land-nahme zur größeren Ehre Abrams.

Onomastikon

Stellt man das Onomastikon der Ätiologien der ostjordanischen und der israeli-tischen Landnahme, Gen 14 und 15, im Masoretischen Text nebeneinander, so überschneidet es sich insgesamt in genau fünf Fällen: Außer der gemeinsamen Hauptperson Abram (jeweils achtmal) begegnen Jhwh (einmal Gen 14; siebenmal Gen 15), die Amoriter (je zweimal) sowie die Refaïm und Damaskus (je einmal) in beiden Kapiteln.[536] Für »Damaskus« sind es die einzigen Belege im Hexateuch, für

---

533 Siehe oben S. 188.

534 Siehe oben S. 233.

535 Siehe oben S. 221 ff. Die genannten Grenzen harmonieren zwar inhaltlich mit V.19–21, sind aber im 4-Perioden-Schema ohne Funktion. Wenn sie einer Erweiterungsschicht angehören sollten, dann müsste diese angesichts der frühen Wirkungsgeschichte zeitlich noch vor der Einfügung von Gen 14 einzuordnen sein.

536 Mitunter werden noch in ד (Gen 15,14) oder in שלם (Gen 15,16) Anspielungen auf die hom-onymen Ortsnamen in Gen 14,14.18 gesehen (letzteres vertritt z.B. Römer, tensions, 118). Da so-

»Refaïm« die einzigen im Tetrateuch, und für die »Amoriter« immerhin vier von sechs Belegen in der Genesis.[537] Doch ursprünglich, in der jeweiligen Grundschicht von Gen 14 und Gen 15, gab es außer »Abra(ha?)m« selbst überhaupt keine Schnittmenge. JHWH fehlte noch in Gen 14; von den Amoritern war allein Gen 15,21 (V.16b ist wohl sekundär), von den Refaïm Gen 14,5, und von Damaskus Gen 14,15 die Rede.

Die redaktionell hergestellte Überschneidung in zwei der 15 Volksnamen entspricht exakt der Überschneidung der Themen beider Kapitel: Es gibt erstens die Landnahme Moabs, Ammons und Edoms im Ostjordanland, und es gibt zweitens die Landnahme Israels (und verwandter Stämme) im Westjordanland. Es gibt aber drittens auch die israelitische Landnahme im Ostjordanland, und für diese stehen die Amoriter und die Refaïm. Nach der übereinstimmenden Darstellung von Tetrateuch und Deuteronomium erbt Israel das Land Sichons (ס), des Königs der *Amoriter*, und Ogs (ע), des Königs von Baschan. Beide werden als »die beiden Könige der *Amoriter*«[538] bezeichnet, speziell Og aber auch als Übriggebliebener von den *Refaïm*.[539] Die Assoziation von Sodom und Gomorrha mit Sichon und Og hatte sich bereits in der Grundschicht von Gen 14 aufgedrängt. Im kanonischen Text wird sie noch ausgebaut: Nicht nur der König von Sodom (ס), sondern auch der von Gomorrha (ע), also ein Paar von Frevelkönigen hat die merkwürdigen Schlacht im Siddimtal durch den Fall in eine Schlammgrube überlebt (V.10). *Amoriter* bilden nun den Schluss der Völkeraufzählung, nach der Kehrtwende gen Norden (V.7). Amoriter waren demnach die Bewohner der Gegend des (nachmaligen) Toten Meeres. Und im Unterschied etwa zu den Susitern und Emitern wurden die Amoriter nicht gänzlich geschlagen, sondern nur diejenigen, die in Chazezon-Tamar wohnten. Denn auch in Hebron gab es Amoriter (V.13). Diese *Amoriter*, drei an der Zahl, sind es, denen Abram zugesteht, sich ihren Anteil (חלק) zu nehmen (V.24).

Dieser Anteil bleibt den drei amoritischen Bundesgenossen nun über drei Geschichtsperioden hinweg erhalten. Erst im vierten Geschlecht kann die Nachkommenschaft Abrams in das Land zurückkehren, jetzt erst ist die Schuld der Amoriter voll (Gen 15,16b).

Der Weg, den sie dann nehmen werden, ist durch die redaktionellen Erweiterungen von Gen 14,6f. in umgekehrter Richtung vorgezeichnet: Sie werden zunächst mit den *Amalekitern* zu tun bekommen, dann erst nach *Kadesch* ziehen, bevor sie um das Gebirge Seïr herum durch das Gebiet der Kinder Lots bis hin nach Aschtarot zum Letzten der Refaïm gelangen, um von da zurückzukehren in Richtung auf das untere Jordantal. Um die Entsprechung perfekt zu machen, müs-

---

wohl V.14a als auch 16b spätere Hinzufügung sein können, wären bewusste Anspielungen vor dem Hintergrund des hier vertretenen Modells gut denkbar.
537 Außerdem nur Gen 10,16; 48,22.
538 Dt 3,8; 4,47; Jos 2,10; 9,10; 24,12.
539 Stellen siehe oben Anm.347 (S.233).

sen die *Refaïm* jetzt auch Gen 15,20 in die Liste der zu beerbenden Völker eingefügt werden, zu der die *Amoriter* von jeher gehören.

Mit der »Schnittmenge« der israelitischen Landnahme im nördlichen Ostjordanland könnte auch die einzige geographische Bezeichnung, die sowohl in
Gen 14 als auch in Gen 15 vorkommt, in Beziehung stehen. Gilead und Baschan
bildeten in der Königszeit die Grenze zwischen Israel und Aram-Damaskus; und
»Damaskus« steht in Gen 14 wie Gen 15 für ein wechselvolles Schicksal: Abram
agiert Gen 14,15 noch über Damaskus hinaus – und macht sich Gen 15,2 Sorgen
darum, dass alles Damaskus anheimfallen könnte.

In der nachexilischen Zeit war Damaskus die Residenz der Kleinsatrapie
Syrien, zu der auch Juda gehörte[540] – jener Satrapie, deren Grenzen Gen 15,18
beschrieben werden als das Land der abramischen Ökumene, zwischen dem Strom
Ägyptens und dem Euphrat.

Weitere Systematisierungen

Einige weitere Systematisierungen seien nur kurz genannt, zunächst im geographischen System: Abram hat sich Gen 14 bereits den vier östlichen bzw. nördlichen
Großkönigen überlegen gezeigt, nachdem er sie »bis Dan« (עד דן) verfolgt hatte,
während Ägypten, das fünfte, in Gen 14 ungenannte Großreich, für Abrams
Nachkommen zum Land der Knechtschaft werden soll (15,13). In Ergänzung zum
Kriegsbericht von Gen 14 wird nun, womöglich redaktionell, angekündigt: »auch
das Volk, dem sie dienen werden, richte (דן) ich« (Gen 15,14a).

Erst im chronologischen System der Endkomposition geht dem Zug
Kedorlaʿomers im 14. Jahr ein 13jähriger Abfall der Kleinkönige voraus. Und erst
im chronologischen System der Endkomposition wird die Verheißung der Geburt
Isaaks in das 13. Jahr Ismaels und damit in das 14. Jahr nach dem auf Gen 15 folgenden Eingehen Abrams zu Hagar datiert.

Auch für die »onomatologische Epochengliederung« von Gen 17,5 existiert
jetzt ein Vorverweis in Gen 14: Die oben[541] aufgezeigte, den Namen Abrams
emporhebende Anordnung der Personen- und Völkernamen ist grundsätzlich auch
in der Endkomposition erkennbar. Doch Gen 17,5 wird das neueingeführte ה des
Abrahamnamens damit begründet, dass Gott Abraham bereits zum Vater eines
Haufens (המון) von Völkern gemacht habe (Perfekt), bevor Könige aus ihm hervorgehen werden. Endkompositionell sind es nun, vor dem mit מ anlautenden Melchisedek, unmittelbar nach den mit ר anlautenden Refaïm, in Gen 14,5–7 genau
fünf determinierte und deshalb mit ה anlautende Völkerschaften[542] innerhalb der
Grenzen des nach Gen 15,18 dem Abram verheißenen Landes, deren Gebiete ver-

---

540 Vgl. A. Meinhold, Maleachi, 115 [Lit.].
541 Siehe oben S. 134.
542 Zu Susitern, Emitern und Choritern kamen redaktionell Amoriter (von Chazezon-Tamar) und
    (das ganze Feld der) Amalekiter, jeweils mit der Determinationspartikel ה.

nichtet sind. Das fünffache ה Gen 14,5–7 korrespondiert erstens der Wortbedeutung von Gen 17,5, zweitens dem Zahlenwert des ה,[543] und steht drittens an der einzigen Stelle, wo es im oben S. 134 aufgezeigten Schema Platz hat.

Doch die endkompositionelle Systematisierung hat nicht bei Onomastikon, Topographie und Zahlenspielen haltgemacht; es geht ihr letztlich um Theologie. Und die wichtigste Übereinstimmung zwischen Gen 14 und 15 besteht darin, dass von dem gleichen Gott die Rede ist, was durch die Ergänzung des Gottesnamens in Gen 14,22 klargestellt wird. Abram spricht ihn als יהוה אדני an (15,1.8), Melchisedek nennt ihn den »Höchsten Gott, Eigner von Himmel und Erde«, und selbst der König von Sodom scheint ihn zu kennen. Es ist derselbe JHWH, zu dem Abram seine Hand zum Schwur erhebt, und es ist derselbe JHWH, der dem Abram schwört, seinen Nachkommen dieses Land zu geben.

---

543 Der Zahlenwert des Buchstaben ה, 5, spielt eine wichtige Rolle bei der endkompositionellen Charakterisierung Abrahams: Die wichtigsten Jahreszahlen (75, 100, 175) sind jeweils Vielfache von 5x5; er ist in der Genealogie der Zehnte (=5+5) seit Sem. Siehe unten S. 356f.

IV. Abra(ha)m – der prophetische Erzvater

Welches Abra(ha)mbild entsteht nun durch das Kapitel Gen 15, das einleitend mutmaßlich als Edelstein der Abra(ha)müberlieferung bezeichnet wurde? Die wirkungsgeschichtliche Bedeutung dieses Kapitels ist kaum zu überschätzen. Die Hochschätzung der Abrahamkindschaft in den drei »abrahamischen« Religionen geht auf die feierliche Selbstverpflichtung zurück, die Gott gegenüber Abra(ha)m eingeht und die dessen Nachkommenschaft betrifft. Während die Segensverheißung in Gen 12,2f. Abra(ha)m selbst zum Adressaten hat, wird seine Gen 12,2 als »großes Volk« verheißene Nachkommenschaft bereits Gen 12,7 zum Adressaten der Landverheißung. Zeremoniell in Kraft gesetzt und auf die Geschichte der Nachkommen Abra(ha)ms hin entfaltet werden Nachkommens- und Landzusage aber erst in Gen 15. Weder Isaak noch Jakob werden einer vergleichbaren ברית-Zeremonie gewürdigt – allerdings ist eine solche auch nicht mehr nötig. Aufgrund der Treue Gottes zu seinen Verheißungen ist die ברית mit Abra(ha)m identisch mit dem Schwur an Abraham, Isaak und Jakob.

Inhaltlich wird in Gen 15 das einzigartige Vertrauensverhältnis Abra(ha)ms und Gottes beschrieben, wie es ähnlich in Gen 18,17–33 vorausgesetzt wird. Abra(ha)m ist Fürbitter, wie Mose oder Amos. Dass sich Abra(ha)m, der immer Gottes Ruf gefolgt ist, für seine Kinder und Verwandten einsetzt, begründet den Glaubenssatz, dass Abrahams Kinder von Gott geliebt sind.[544] Das Vertrauensverhältnis Abra(ha)ms zu Gott verheißt seinen Nachkommen Geborgenheit in Abrahams Schoß.[545]

Die Vertrautheit Abra(ha)ms mit Gott findet ihre spezifische Ausprägung in Gen 15 in der prophetischen Stilisierung Abra(ha)ms. Abra(ha)m weiß nicht nur Gottes Willen angemessen auszuführen (V.10; vgl. Gen 12,4; 22,18; 26,5); ihm offenbart Gott auch seine Pläne für die Zukunft (V.13–16; vgl. 18,17–33). Andererseits zeigt Abra(ha)m auch menschliche Schwäche, wenn er etwa aus purem Selbsterhaltungstrieb seine Frau als Schwester ausgibt, sogar als Wiederholungstäter (Gen 12,13; 20,2). Sein offener Zweifel an der göttlichen Verheißung (Gen 15,2f.) ebenso wie sein Vertrauen auf ein »mathematisch-astrologisches« Zeichen hin (V.5f.) machen Abraham zur Identifikationsfigur für ein Volk, das die

---

544 Gen 22 stellt sich heraus, dass, während Abraham Gott mehr liebt als seinen geliebten Sohn, auch Gottes Liebe zu Abrahams Nachkommen größer ist als die Liebe Abrahams zu seinem Sohn, den er zu opfern bereit war.

545 Lk 16,22f.

fundamentale Erschütterung seiner Gottesbeziehung durch das Exilsschicksal erlitten hat.

Die prophetische Stilisierung Abra(ha)ms ist aber nicht nur in der jüdischen Wirkungsgeschichte folgenreich gewesen. Die an ihn ergangenen Verheißungen wurden wie die sogenannten messianischen Texte der Schriftprophetie christologisch gedeutet: Der in Gen 15 eröffnete Spannungsbogen, wer denn nun der verheißene זרע sei, wird bis zu Jesus Christus hin gespannt (Gal 3,16.19). Die paulinische, von Gen 15,6 LXX inspirierte Bezeichnung Abrahams als »Vater aller Glaubenden« (Röm 4,11) findet ebenso wie die jüdische Tradition von Abraham als dem ersten Proselyten[546] ihre Fortsetzung in der muslimischen Prädikation Abrahams, des »Freundes Gottes«, der nicht zuletzt das Heiligtum der Kaaba zu Mekka gegründet haben soll, als des ersten Muslim. Auch die spannungsgeladene und in Gen 15 noch nicht beantwortete Frage, ob Ismael oder Isaak die verheißene Nachkommenschaft bedeuten, findet in den muslimischen Abrahamtraditionen ihre Fortsetzung.[547]

Eine angemessene Zusammenfassung des Abra(ha)mbildes von Gen 15 kann in seiner Bezeichnung als »Geliebter Gottes« gesehen werden (Jak 2,23; Jdt 8,22 Vg; Dan 3,35 LXX). Dagegen wird Jes 41,8 und 2 Chr 20,7 nach der grammatisch naheliegendsten Deutung der זרע אברהם, also *Israel* als der *Same Abrahams*, als Geliebter Gottes bezeichnet.[548]

Die in der Wirkungsgeschichte so bedeutsamen Prädikationen Abrahams als des vorausschauend fürbittenden, im Vertrauen gehorsamen, gerechten und die Gerechtigkeit Gottes zur Geltung bringenden, in allen Künsten der Chaldäer bewanderten und damit diesen überlegenen, die dauerhaft gültigen Verheißungen empfangenden Erzvaters sind ohne Gen 15 nicht vorstellbar.

Indem die gegenüber Abra(ha)m eingeführte Selbstprädikation Gottes »Ich bin dir Schild« in der ersten Bitte des jüdischen Achtzehngebetes aufgenommen wird (»מגן אברהם«), bringt die jüdische Gemeinde dieselbe Erwartung zum Ausdruck, zur Nachkommenschaft Abrahams zu gehören, welche die christliche Gemeinde durch die Apostrophierung Abrahams als des Vaters aller Glaubenden christologisch für sich begründet.

Die Zugehörigkeit zur Nachkommenschaft dieses Erzvaters bedeutet von Gen 15 her nicht weniger, als Adressat der unbedingten Heilszusagen Gottes zu sein.

---

546 Siehe unten S. 336.
547 Vgl. Martin-Achard, actualité, 161–179; Hjärpe, Art. Abraham, 386f. (Lit.).
548 Siehe oben Anm. 440 (S. 248).

3. Teil:
Abraham, der Vater eines Gewimmels von Völkern – Genesis 17

I. Der angemessene Auslegungshorizont für Genesis 17

Immer wieder sind in den ersten beiden Hauptteilen Spannungen zwischen der Aussageabsicht der einzelnen Perikopen und der Makrostruktur des Pentateuch zu Tage getreten: So fehlte für die herausragende Figur des Melchisedek jede Einordnung in die Genealogien oder die Vorgeschichte des Priestertums; es fehlte ebenso eine ausdrückliche Korrelierung der Perioden von Unterdrückung durch Kedorlaʿomer und Auflehnung der fünf Städte mit dem chronologischen Rahmenwerk der Genesis. Echte Verstehensprobleme hatten sich auch im Falle des darauf folgenden Kapitels ergeben: Die einzige neben Abram und Gott erwähnte Person, Eliezer, der Sohn des Fragezeichens, bleibt enigmatisch. Die ganze Geschichtsschau geht, anders als es die synchrone Lektüre der Genesis nahelegen würde, davon aus, dass erst Abrahams Nachkommenschaft nach seinem Tod das Schicksal der Fremdlingschaft droht; auch die nähere Bezeichnung des Landes durch zehn verschiedene Völkerschaften ist innerhalb der Genesis, wie sie jetzt vor uns liegt, nicht nur äußerst umständlich, sondern auch unverständlich. Weitere Spannungen und Widersprüche ließen sich hinzufügen.

Für eine angemessene Auslegung dieser beiden Kapitel vermochte eine synchrone Lektüre auf der Ebene des kanonischen Textes daher nicht zu befriedigen. Für Gen 14 konnte aufgrund der äußeren Bezeugung, dank des synoptischen Vergleichs mit dem Genesis-Apokryphon, eine schriftliche Vorlage rekonstruiert werden. Diese konnte der Auslegung zugrunde gelegt werden, wobei die Vorgeschichte des Ostjordanlandes in der nach rein formalen Kriterien rekonstruierten Vorlage deutlicher zu Tage trat als in der Gestalt der durch mehrere aufeinander folgende Glossierungsschichten entstandenen Endtexte in der kanonischen Genesis einerseits und im aramäischen Genesis-Apokryphon andererseits. Die nachträglichen Ergänzungen, welche die innere Schlüssigkeit der Perikope teilweise verdeckten und ihre Offenheit einschränkten, dienten im Wesentlichen der harmonisierenden Einpassung in den Kontext der Genesis bzw. des Pentateuch.

Im Falle von Gen 15 konnte mit den Mitteln empirischer Literarkritik keine durchgehende Vorstufe rekonstruiert werden. Dagegen erwies sich die Ausblendung der relativ eindeutig vom Pentateuchtext abhebbaren sog. priesterlichen Texte als probates heuristisches Mittel, um zu einem angemessenen Deutungshorizont zu gelangen. Die oft als erratisch empfundene Geschichtsschau in V.13–16 konnte unter dieser einen literarhistorischen Voraussetzung als immanente Deutung der zeichenhaften ברית-Zeremonie gewürdigt und einige bislang unerklärte Einzelheiten der Zeremonie besser verstanden werden. Eine literarkritische Aufspaltung namentlich von Gen 15,7–21 erwies sich als überflüssig. Damit wurde insgesamt ein »Edelstein« der Abrahamgeschichte gewürdigt, der in engstem Zusammenhang mit dem Aufstieg Abrahams stehen dürfte, durch welchen er im Judentum und, davon ausgehend, im Christentum und Islam, zu *der* Identifikationsfigur schlechthin geworden ist. Gleichzeitig vermochten die Einzelheiten der Zeremonie und ihrer Deutung einige Schlaglichter auf die Strukturierung der Pentateucherzählung zu werfen, wie sie vor der Überformung durch die »priesterliche« Kompositionsschicht ausgesehen haben dürfte.

Im dritten und letzten Hauptteil dieser Arbeit wird es um Gen 17 gehen, das im Zentrum der Abrahamgeschichte steht.[1] Auch der Text dieses Kapitels hat seine Vorgeschichte; auch hier stellt sich die Frage nach dem angemessenen Deutungshorizont. Anders als bei den beiden zuvor behandelten Kapiteln ist die Schichtzugehörigkeit von Gen 17 im Großen und Ganzen unumstritten: Gen 17 ist durch sachliche und sprachliche Verwandtschaft so eng mit Schlüsselkapiteln wie Gen 1 und 9, Verbindungstexten wie Gen 5 und 11,10–26 sowie weiteren Verheißungstexten wie Gen 35,11–13 verbunden, dass es in seiner Endgestalt auch derselben Schicht angehören muss wie die genannten Texte.

Diese Schicht wird häufig mit »P^g« (»Priestergrundschrift«) bezeichnet, was hier aber aus zwei Gründen nicht übernommen werden soll: Zum ersten ist damit eine folgenschwere, wenn nicht fatale Vorentscheidung über den quellenhaften Charakter dieser Schicht getroffen. Zum zweiten hat auch die mögliche konventionelle Beibehaltung dieses Siglums zur Bezeichnung des Umfangs der Schicht von Gen 17 ihren Sinn verloren, seit der Bezugsrahmen dieser Schicht *außerhalb* der Genesis Gegenstand heftigster Kontroversen geworden ist; ein solcher konventioneller Gebrauch ist angesichts dieser Forschungslage also gar nicht möglich. Das Verhältnis von erzählenden und legislativen Texten, das zu Recht Anlass zur literarkritischen Differenzierung innerhalb des »priester(schrift)lichen« Materials (mittels der leider missverständlichen Siglen P^g, P^s und R^P) gegeben hat, bleibt nichtsdestotrotz Aufgabe der Exegese auch von Gen 17, insofern hier, in den Versen 9–14, ein *Gebot* eingeführt wird, von dessen Ausführung in den Versen 23–27 sowie 21,4 *berichtet* wird.[2]

---

1 Dies vereint die verschiedensten vorgeschlagenen Strukturentwürfe der kanonischen Abra(ha)mgeschichte: Abela, Themes, 1.8, sieht Gen 16–19 im Zentrum von 11,27–25,18; Diebner, Mitte, 113, sieht die »Mitte« von Gen 12–23 in Gen 17–19 bzw. allein in 17 (a.a.O., 114); Westermann, BK I/2, 146, sieht in Gen 15–17 das Zentrum von 12–25. Vgl. schließlich Wenham, Genesis II, 16, zu Gen 17: »This is a watershed in the Abraham story«.

2 Die Literarkritik soll aber nicht im Mittelpunkt stehen. Über das Bestehen von stilistischen und theologischen Spannungen zwischen V.1–8.15–22 einerseits und V.9–14 andererseits besteht weitgehend Konsens. Dissens besteht über deren Interpretation. Hier wird zunächst der Endtext als einzig intersubjektiv vermittelbare Ausgangshypothese ausgelotet. Von da aus kann dann zurückgefragt werden (s.u. S.374–377), welche Textteile von Gen 17 dem Endtext bereits als Bestandteile einer schriftlichen Sonderquelle bzw. fest geprägter mündlicher Tradition vorgelegen haben könnten.

Dass die Bezüge von Gen 17 zu anderen Texten derselben Schicht (im Folgenden: »schichtinterne Bezüge«) förmlich mit Händen zu greifen sind, führt aber – scheinbar paradox – nicht dazu, dass die Betrachtung dieser Schicht als unabhängige *Quelle* der Auslegung von Gen 17 wesentliche Impulse gegeben hätte: Die Bezüge zum Schöpfungssegen und der dem Noah zugesicherten ברית haben vor- wie nachkritische synchrone Ausleger ebenso gesehen wie den stilistischen Kontrast etwa zu Gen 15 oder 18. Sicher hat es auch Interpretationen gegeben, die auf der Rekonstruktion einer »Pg« aufbauen und am kanonischen Text nicht mehr nachvollziehbar sind: Nach Walther Zimmerli etwa »weiß die Mosegeschichte des P [...] nichts von einer Bundschließung Jahwes mit dem am Gottesberg versammelten Volke Israel«,[3] weshalb »P« »die ganze Begründung des Bundesstandes in den Abrahambund zurückverlegt, der schon nach den alten Quellen ein reiner Gnadenbund gewesen ist«, womit die »Proklamation des Gottesrechtes und die daraufhin erfolgende Bundesschließung unter den Möglichkeiten von Segen und Fluch [...] verdrängt« sei.[4] Ein solches Textverständnis vermag jedoch weder der Bezeichnung der Beschneidung als zu wahrende Gebots-ברית, deren Nichtbefolgung die Exkommunikation nach sich zieht,[5] gerecht zu werden, noch der abgestuften Partizipation Ismaels[6] an der ברית Gottes in Gen 17. Wenn »die Rede vom Bund in der priesterschriftlichen Theologie an Gewicht nicht verloren, sondern gewonnen hat«,[7] ist das Fehlen zentraler, Israel vorbehaltener priesterlicher Theologumena wie der »Herrlichkeit JHWHs« (כבוד), der »Heiligkeit« (√קדש), des Sabbats[8] usw. in Gen 17 und der gesamten Abrahamgeschichte nicht zu erklären.[9]

Gerade weil die evidenten schichtinternen Bezüge ohne weiteres an der Text-Oberfläche zu verifizieren sind, kann die Text-Oberfläche, das heißt der kanonische Genesis-Text, unmittelbar der Auslegung zugrunde gelegt werden. So behalten die folgenden Sätze Claus Westermanns, die er seinem Kommentar zu Gen 17 vorausschickt, ihren Wert unabhängig davon, welches Modell der Pentateuchentstehung vorausgesetzt wird: »Auch wenn die rein literarische Entstehung dieses Kapitels, also ihr Erwachsen aus theologischer Reflexion des priesterlichen Verfassers nicht zweifelhaft ist, ist damit noch nicht alles gesagt. Denn dieser Priestertheologe wußte sich einmal gebunden an Überlieferungen, die ihm nicht nur literarisch vorlagen, sondern die er als einen Bestandteil lebendiger Überlieferung anerkannte und bewahren wollte.«[10]

---

3 Zimmerli, Sinaibund, 205.

4 Zimmerli, Sinaibund, 215.

5 Gen 17,10.14. Zur literarkritischen »Lösung« dieses Problems s.u. S.374ff.

6 Vgl. Naumann, Ismael, 130–169.

7 Zimmerli. Sinaibund, 209.

8 Die Bezeichnung des Sabbatgebots als ברית in Ex 31,16 erklärt Zimmerli, Sinaibund, 210, deshalb als »eine von der Sache voll entschuldbare Lässigkeit des Ausdrucks«.

9 Richtig ist, dass der Begriff der ברית in Ex–Dt nicht in gleicher Weise endkompositionell in den Mittelpunkt gerückt wird wie in der Genesis, vgl. Blum, Pentateuch, 294f., Anm. 26.

10 Westermann, BK I/2, 308.

Die makrostrukturelle Bedeutung von Texten wie Gen 1; 5; 9; 11,10–26 oder 17 *im Endtext der Genesis* steht außer Zweifel. Die »priesterliche Erzähl- und Kompositionsebene« ist es, welche Vätertradition und Verheißungsthemen »in einen theologisch wohlbedachten Darstellungszusammenhang ordnet, der von der Schöpfung bis zum Sinai reicht«, stellt Thomas Naumann[11] fest und fügt hinzu: »Die Priesterschrift schafft die grundlegenden Strukturmuster der literarischen Endgestalt der Genesis wie des Pentateuch.«[12] Es wäre angesichts dessen, mit den Worten Frank Crüsemanns, »methodische Dummheit«[13], der inhaltlichen Exegese erst – zwangsläufig hypothetische – literarkritische Operationen vorzuschalten.[14] Gen 17 soll im Folgenden vielmehr als theologisch bewusste Komposition ernstgenommen werden, welche die literarisch vorgegebene Abraham-Überlieferung anerkannte, diese zugleich aber in einen neuen, größeren Horizont zu stellen vermochte.

Ausgangspunkt für jede Interpretation von Gen 17 muss dabei das Leitwort dieses Kapitels, ברית, sein. Im Anschluss daran wird, ähnlich wie in den beiden vorangegangenen Kapiteln, der Frage nachgegangen werden, in welcher Weise Gen 17 der geographischen, genealogischen und chronologischen Systematik des Pentateuch eingegliedert ist.

1. Eine priesterliche Abrahamgeschichte?

Im vorigen Hauptteil war bereits festgestellt worden, dass es problematisch sei, von einer deuteronomistischen Erzelterngeschichte zu sprechen.[15] Aber hat es eine priesterliche Abrahamgeschichte gegeben?

Nach Erich Zenger wird in der Pentateuchredaktion, welche die umfangreichen Priestergesetze und das deuteronomistische Deuteronomium umgreift und damit auch »deuteronomistische und priesterliche Theologie« miteinander verbindet, »die Landverheißung als ein den Vätern gegebener Eid Gottes betont«. Daraus zieht Zenger nach dem Subtraktionsprinzip folgende Schlussfolgerung: »Die Idee vom ›Eid‹ ist deuteronomistisch, die Vorstellung von den Erzvätern als den hinsichtlich des Landes entscheidenden ›Gründungsgestalten‹ ist priesterlich.«[16] Die

---

11 Naumann, Ismael, 79.
12 Naumann, Ismael, 79. Naumann verwendet den Begriff »Priesterschrift«, obwohl seines Erachtens namentlich für die Vätererzählungen »das Bearbeitungsmodell das plausibelste« ist (ebd.).
13 So die Formulierung von Crüsemann, Tora, 328.
14 Wie im Kapitel zu Gen 15 wird lediglich die literarhistorische Minimalhypothese vorausgesetzt, es habe einmal eine Abrahamgeschichte gegeben, zu der Gen 17 noch nicht gehört hat.
15 Siehe oben S. 169.
16 Zenger, ⁴Einleitung, 124. Vgl. auch K. Schmid, Erzväter, 266, der in »P« »ein dezidiert patriarchenorientiertes Geschichtskonzept« erkennen will, da »›P‹ die maßgebliche Gründungszeit Israels in der Epoche der Erzväter sieht« (a.a.O., 264).

»priesterliche« Bundestheologie sei »ein reiner Gnadenbund, den JHWH bereits dem Abraham [...] ›gegeben‹« habe.[17]

An dieser Stelle drängt sich folgende Frage auf: Anhand welcher Quellen können wir ermitteln, was das Wesen »priesterlicher« Theologie im Allgemeinen und »priesterlicher Bundestheologie« im Besonderen ist? – Wohl kaum primär anhand der Abrahamgeschichte. Denn dass in der Abrahamgeschichte, ob priesterlich oder nicht, Abraham die Hauptrolle spielt, ist eine Tautologie.

Für jede jemals rekonstruierte Vorstufe des Pentateuch, welche eine Abrahamgeschichte enthält, gilt die von Zenger als spezifisch »priesterlich« bezeichnete »Vorstellung von den Erzvätern als den hinsichtlich des Landes entscheidenden ›Gründungsgestalten‹«, erst recht für alle rekonstruierbaren Vorstufen, Quellen und Redaktionen der Erzvätergeschichte selbst.

Ebenso wie das Wesen der »deuteronomistischen Theologie« aus dem deuteronomischem Gesetz und dessen deuteronomistischem Rahmen erhoben wird, sollte die »priesterliche Theologie« aus dem priesterlichen Gesetz und dessen Rahmung in der stark von priesterlichen Interessen und Konflikten bestimmten Sinai- und Wüstengeschichte erkennbar werden. In diesem stark priesterlich geprägten Bereich zwischen Ex 19 und Num 36, der knapp die Hälfte des Umfangs des Pentateuch ausmacht, müsste sich die genuine »priesterliche Theologie« doch verifizieren lassen, zumal in den weiten Bereichen, die, wie etwa Ex 25–31; 35–40; Lev 1–16; Num 1–10, vom Deuteronomismus unberührt geblieben sind.

Doch in all diesen genuin priesterlichen Texten wird von den Erzvätern geschwiegen. Die einzigen Belege, die überhaupt zwischen Sinai und Moab die Erzväter erwähnen, reden sämtlich vom den Erzvätern gegebenen »Eid«,[18] weshalb Zenger sie folgerichtig auf seine (»nachdeuteronomistische« und »nachpriesterliche«) »Pentateuchredaktion« zurückführt.[19]

Kurz: Ebenso wie das deuteronomistische Deuteronomium kommen auch die Priestergesetze ganz gut ohne Abraham aus. Das verbindet die genuin priesterliche Theologie der Bücher Exodus–Numeri auch mit dem großen priesterlichen Theo-

---

17 Zenger, [4]Einleitung, 124.

18 Ex 32,13; 33,1 sowie Num 32,11. Auch Lev 26,42 wird von Zenger, [4]Einleitung, 124, in diese Reihe gestellt, obwohl es sich im Unterschied zu den anderen Belegen terminologisch an Gen 17 und Ex 6 anschließt und wohl derselben Schicht angehört (so zu Recht Hoftijzer, Verheißungen, 31 sowie 80, Anm. 43). Auch K. Schmid, Erzväter, 264, bestreitet einen »ursprünglichen Zusammenhang von Lev 26 mit ›P‹« und beraubt damit seine These vom patriarchenorientierten Geschichtskonzept der priesterlichen Theologie der wichtigsten Stütze in dem gewaltigen – und unbestritten priesterlich geprägten – Sinai-Komplex Ex 35–Num 10.

Bereits in der von Nöldeke vorgeschlagenen Abgrenzung der »Grundschrift« (Grundschrift, 144), werden nach Ex 6,8, das heißt nach ca. 400 von insgesamt etwa 2800 Versen, die Patriarchen nicht ein einziges Mal mehr erwähnt, da der Ausblick auf die Exils- und Nachexilszeit in Lev 26,3–45 nicht um 800 geschrieben sein konnte (so die Datierung der »Grundschrift«, a.a.O., 140). Vgl. dagegen bereits Wellhausen, Prolegomena, 379–383, der Lev 26 entschieden seinem »Priesterkodex« zurechnet.

19 Zenger, [4]Einleitung, 124; vgl. Römer, Väter, 561–566.

logen Ezechiel und seiner Schule: Die Erzväterzeit besitzt im Ezechielbuch »keine eigene theologische Relevanz«; »Israels Identität als Gottesvolk gründet in der Heilstat des Exodus«[20], fasst Konrad Schmid namentlich in Bezug auf Ez 20 zusammen. Thomas Pola hat gerade dieses Kapitel zur wichtigsten traditionsgeschichtlichen Referenz für das Ende seiner »ursprünglichen Priesterschrift« gemacht.[21] – Wollte man Ez 20 als traditionsgeschichtliche Referenz auch für den Anfang der »ursprünglichen Priesterschrift« fruchtbar machen, so gewönne die Rekonstruktion an Plausibilität: Den Beginn der »ursprünglichen Priesterschrift« könnte man dann in Ex 6,2.11 f.; 7,1 ff. sehen, da alle vorherigen sonst »P« zugeschriebenen Texte den literarischen und theologischen Kontext der Erzelterngeschichte voraussetzen und deshalb wegen der Analogie zu Ez 20 nicht Bestandteil der »ursprünglichen Priesterschrift« gewesen sein dürften. Dies wäre um so weniger problematisch, als im gesamten von Karl Elliger[22] »P^g« zugeschriebenen Material zwischen Ex 7 und Jos 19 weder Abraham, Isaak oder Jakob noch Noah und seine Söhne noch die Schöpfung der Welt in sechs Tagen Erwähnung finden.

Wenn aber die »Priesterschrift«, wie bei Pola, all dessen entkleidet wird, was irgendwie mit Priestertum zu tun hat,[23] sollte man besser nicht mehr von »Priesterschrift«, »ursprünglicher Priesterschrift« oder »Priestergrundschrift« reden. Priesterliche Theologie, wie sie sich etwa in Lev 16 manifestiert,[24] kommt ebenso ohne jedwede Erwähnung Abrahams aus wie die priesterliche Exodus-, Sinai- und Wüstengeschichte. Nicht zuletzt in den priesterlich geprägten Landnahmetexten im Numeri- und Josua-Buch spielt die nach Zenger angeblich »priesterliche« Vorstellung »von den Erzvätern als den hinsichtlich des Landes entscheidenden ›Gründungsgestalten‹ Israels«[25] keine Rolle.

Dass die Erzvätergeschichte ihrem Wesen nach weder deuteronomistisch noch priesterlich ist, sollte schon von den Textanteilen her deutlich sein: In den Büchern Ex–Dt wird man mehr als die Hälfte im weitesten Sinne priesterlicher Theologie,[26]

---

20 K.Schmid, Erzväter, 88.

21 Vgl. Pola, Priesterschrift, 207 f. 211 f. sowie 343–349. Zur »tradionsgeschichtlichen Stellung von Ez 20« äußert sich Pola ausführlich (a. a. O., 147–212).

22 Elliger, Sinn, 174 f.; zitiert von Zenger, [4]Einleitung, 149.

23 In der Rekonstruktion von Pola hat die »ursprüngliche Priesterschrift« im Exodusbuch folgenden Umfang: Ex *1,1–7.13 f.; *2,23–25; 6,2–9; 7,1–7.*19–22; jeweils einige Verse und Versteile in Ex 8 f.; 11 f. und 14 sowie 19,1; *24,15–18; 25,1.8a.9; 29,45 f. und 40,16.17a.33b (Pola, Priesterschrift, 343, Anm.144, dort in Viertelversgenauigkeit angegeben).
    In der von Pola rekonstruierten »Priesterschrift« gibt es keinen Priester! Aaron ist der »Prophet« des Mose (Ex 7,1), der in den Plagenerzählungen die Anweisungen Moses ausführt. In »P^g« spielt er damit »deutlich eine Nebenrolle« (Pola, Priesterschrift, 332), ebenso in dem Buch Polas. Nichtsdestotrotz stellt Pola im letzten Satz seiner »Zusammenfassung« fest, dass die Geschichtsdarstellung seiner »P^g« »grundsätzlich dem Wesen des Priesters« entspreche (a. a. O., 349) – womit er, wenn ich ihn recht verstehe, im perfekten Zirkelschluss keinen anderen als den Autor seiner »P^g« meint.

24 Nach Zenger, [4]Einleitung, 162, zur »priesterschriftlichen Theologie« gehörig, zugleich aber »Mitte des Pentateuch«.

25 Zenger, [4]Einleitung, 124.

gut ein Drittel deuteronomisch-deuteronomistischer Theologie und höchstens ein Sechstel (Anteile an Ex 1–24 und Num 11–24) keinem von beiden (also etwa »JE«) zuordnen können. Dagegen wird in der Erzelterngeschichte (Gen 12–50) allenfalls ein Siebtel des Textbestandes für »priesterlich« gehalten, und ein noch geringerer Anteil als »deuteronomistisch« angesehen.[27]

Nicht nur die deuteronomistische, sondern auch die genuin priesterliche Theologie ist Exodus-zentriert, wie das Ezechielbuch lehrt.[28]

Es ist daher allein der Konvention geschuldet, wenn auch in dieser Arbeit innerhalb der Genesis zwischen »priesterlichen« und »nichtpriesterlichen« Texten unterschieden wird.[29] Denn Gen 17 entfaltet keine spezifisch priesterliche Theologie in spezifisch priesterlichem Kontext, sondern die Rolle Abrahams, Saras, Ismaels und Isaaks im Kontext der Genesis, das heißt der Ur- und Vätergeschichte.

2. Die Gretchenfrage zu Gen 17: Wie hältst du's mit der Priestergrundschrift?

Allein von drei Kapiteln der Genesis aus kann kein Pentateuchmodell entworfen werden. Es können sich aber Elemente von bereits vorgelegten Pentateuchmodellen mehr oder weniger bewähren. Für Gen 17 bedeutet dies, das Kapitel im Wesentlichen entweder als Bestandteil einer Pentateuch*quelle* oder als Bestandteil einer Redaktions*schicht* zu verstehen. Dass jenseits des in dieser Frage bestehenden Dissenses Verständigung möglich sein sollte, hat beispielhaft Jean-Louis Ska herausgestellt:

»Enfin, il faut concéder que la théologie de la *bᵉrît* s'estompe dans la rédaction finale du Pentateuque. La question cependant est de savoir si Pᵍ a voulu remplacer ou réinterpréter la théologie la plus ancienne de l'alliance? Sa théologie exclut-elle l'alliance du Sinaï ou lui donne-t-elle un autre fondement, plus profond, un fondement inaliénable? Il

---

26 Geht man für »P« von dem durch Nöldeke, Grundschrift, 144, bestimmten Umfang aus, sind (nach der Zahl der Verse) ca. 72% der Bücher Ex–Num, aber nur ca. 25% der Genesis »priesterlich«. Noch deutlicher wird es, wenn man die ca. 84% »priesterlicher« Anteile an der Sinaiperikope (Ex 19,1–Num 10,10) den ca. 16% »priesterlicher« Anteile in der Erzelterngeschichte (Gen 11,27–50,26) gegenüberstellt.

27 Vgl. Wellhausen, Prolegomena, 340f., in der Sprache der Urkundenhypothese: »In dem jehovistischen Geschichtsbuche ist die Genesis eine große Hauptsache und nimmt mindestens die Hälfte vom Ganzen ein, im Priesterkodex verschwindet sie völlig gegen die späteren Bücher. Er kommt erst mit der mosaischen Gesetzgebung in sein eigentliches Fahrwasser […]«

28 Löst man sich von der Hypothese der Priestergrundschrift und versteht das Buch Levitikus als wesentliche Quelle priesterlicher Theologie, Lev 26 aber neben Ex 6 und Gen 17 als Bestandteile des endkompositionellen Rahmens des priesterliches und nichtpriesterliches Material umfassenden Pentateuch, in dem selbstverständlich die Väter die hinsichtlich des Landes entscheidenden »Gründungsgestalten« sind, entsteht ein schlüssiges Gesamtbild.

29 Die Anführungszeichen stehen für die Distanzierung gegenüber der Terminologie (in der Genesis), vor allem aber gegenüber deren literarhistorischen Implikationen.

serait étrange que P^g nie complètement la valeur d'une tradition aussi importante. Plutôt que remplacer, il a voulu ajouter, semble-t-il. Et s'il ajoute à ce qui existe déjà, pourquoi ne peut-on pas le lire avec ces textes préexistants? Il ne nous paraît pas que P^g perde à être lu au sein du texte final. Il se pourrait bien qu'il y gagne. Sa théologie pourrait prendre plus de relief par contraste. Et c'est ce contraste, à notre avis, que l'on suppose si souvent lorsqu'on analyse le récit sacerdotal. Nous terminerons par cette question: la comparaison que les exégètes instaurent entre P^g et les anciennes sources réside-t-elle dans la réalité des textes ou seulement dans le patient travail de recherche des exégètes? Comme toute question de ce genre, il faudra sans doute répondre: des deux côtés à la fois.«[30]

Ska, der die Bezeichnung P^g konventionell beibehält,[31] hat sehr treffend das Phänomenale dieser Schicht beschrieben, die solche Schlüsseltexte wie den ersten Schöpfungsbericht, die Aufrechterhaltung des Schöpfungssegens durch die Sintflut hindurch, wo erstmals das Stichwort ברית begegnet, und eben dieses Kapitel Gen 17 umfasst. Kein Zweifel, die Verbindungslinien dieser Schicht »réside[nt ...] dans la réalité du textes«. Um einige Selbstverständlichkeiten bereits vorwegzunehmen: Die chronologischen Daten dieser Schicht bilden das chronologische System des Pentateuch;[32] die genealogischen Daten dieser Schicht bestimmen das genealogische System des Pentateuch;[33] die geographischen Systematisierungen dieser Schicht prägen das geographische Schema des Pentateuch.[34]

Auch das Verdienst der zahlreichen Arbeiten zur Rekonstruktion von »P^g« sollte eben in der Aufdeckung von Linien, die »in der Realität der Texte existieren«, gesehen werden: Norbert Lohfink[35] stellte Bezüge fest, die erst im Josuabuch ihr

---

30   Ska, remarques, 125.

31   Zur Problematik des konventionellen Gebrauchs siehe bereits oben S. 278. Ska selbst betont auch die relative Unabhängigkeit von »P«, um dessen theologische, sprachliche und darstellerische Besonderheiten nicht in einem bloßen »complément« aufgehen lassen zu müssen (Ska, Introduction, 210): »P connaît les sources anciennes et il présuppose la connaissance chez son lecteur. Il dialogue avec ses traditions, les corrige, les réinterprète et propose une nouvelle vision de l'histoire d'Israël. En tout cela, il développe une théologie qui est propre, *indépendante*, et cependant en *relation* avec les anciennes traditions. Pour employer une comparaison, P construit sa maison en utilisant comme fondations les traditions qui l'ont précédé. Mais il ne se contente pas de compléter, de décorer, d'embellir ou de prolonger une œuvre déjà entreprise. P construit une demeure nouvelle sur des fondations anciennes.«

32   Die Datierungen Gen 17,1.24.25 beziehen sich auf das einzige chronologische System, das von der Schöpfung bis zum Exodus und dem Tod Moses reicht, also den ganzen Pentateuch umfasst und auch noch durchgängig erhalten ist – im Gegensatz etwa zum chronologischen System von Gen 15,13–16 oder der »Nicht-P«-Chronologie der Sintflut.

33   Ismael und Isaak als mögliche Erben Abrahams werden Gen 17 genannt; Gen 15 dagegen nur Eliezer (als unerwünschter möglicher Erbe); in der Urgeschichte wäre an die Konkurrenz von Sethiten (Gen 5, »P«-Schicht) und Kainiten (Gen 4, »Nicht-P«) zu erinnern, auch die Verbindung von Noah zu Abraham führt nur über Gen 11,10–26 (»P«-Schicht). Im Endtext bedeutet Eliezer ebenso eine Sackgasse wie die Kainiten; die endkompositionell entscheidende Linie wird von der »P«-Schicht weitergeführt.

34   Die summarische Bezeichnung des verheißenen Landes als »Land Kanaans« – im Gegensatz zu den vielfach variierenden Aufzählungen von Vorbevölkerungen wie in Gen 15,19–21.

Ziel finden, Eckart Otto[36], Thomas Pola[37] und andere ziehen die Linien nach, die, von Gen 1 ausgehend, nicht über den Sinai hinaus weisen; Christian Frevel[38] legt Wert auf die Bezüge bis zum Blick des Mose auf das verheißene Land.

In welch fatalen *circulus vitiosus* diese Rekonstruktionen aber geraten, wenn sie für sich beanspruchen, den Wortlaut einer alten Quelle herauszuarbeiten, soll hier nur an einem Extrembeispiel beleuchtet werden:

Thomas Pola reduziert den Umfang der Sinai-Perikope von »P^g« auf acht ganze, fünf halbe und einen Viertel-Vers[39] aus dem Bereich von Ex 19–40. Dabei soll ein einziger Vers (Ex 19,1) auch noch die ganze Landnahme – die »Ankunft […] am Berge Sinai, der aber […] als Zion verstanden wird«[40] – beinhalten. Nach diesem analytischen (hier: auflösenden) Gewaltakt stellt er fest, dass in anderen, vorhergehenden Perikopen von »P^g«, die er nicht selbst seziert hat, eine »Entzerrung« der Strukturelemente der Sinaiperikope festgestellt werden kann,[41] korrigiert sich aber gleich selbst: »Korrekter ausgedrückt, *handelt es sich bei der Struktur der priesterschriftlichen Sinaiperikope um eine äußerste Verdichtung von Elementen, die zuvor in weniger konzentrierter Weise auftreten.*«[42] Liegt nun auch diese »äußerste Verdichtung« von etwa einem Dutzend Versen, die aus 22 Kapiteln zusammengesucht werden müssen, noch »dans la réalité des textes« oder in der Tat »seulement dans le patient travail de recherche des exégètes«? Sicher ist eine Transparenz hin auf das Jerusalemer Heiligtum auf dem Zion in den »priesterlichen« Texten real vorhanden – aber sicher nicht in Ex 19,1.

Ähnlich problematisch erscheint für die Abrahamgeschichte das redaktionsgeschichtliche Modell von Peter Weimar, der für Gen 17 bereits vor dessen Integration in den Pentateuch mehrere Schichten rekonstruiert[43] und sein Vorgehen folgendermaßen rechtfertigt: »Literarisch funktioniert die Korrelation der ›priesterlichen‹ Texte in Ur- und Vätergeschichte nur unter der Voraussetzung ihrer literarischen Eigenständigkeit.«[44] Dabei muss er allerdings ignorieren, dass diese

---

35 Lohfink, Priesterschrift.

36 Otto, Hexateuch, 151. Zur Pentateuchtheorie Ottos vgl. auch die a.a.O., 291–296, aufgeführten einhundertachtundzwanzig weiteren Beiträge des Autors allein bis zum Jahr 2002 (die angegebenen Erscheinungsjahre für 2000–2002 sind teilweise zu korrigieren).

37 Pola, Priesterschrift.

38 Frevel, Blick.

39 Pola, Priesterschrift, 343, Anm. 144 (u.ö.): Ex 19,1; 24,15b.16f.18aα; 25,1.8a.9; 29,45f.; 40,16. 17a.33b.

40 Pola, Priesterschrift, 348.

41 Pola, Priesterschrift, 283.

42 Ebd.

43 Weimar, Genesis 17. Der eigentlichen Hand von »P^g« gehören dann nur noch die V.4b.5.7.8*. 9aα.10aαb.11.15.16aα*.17a.18.19a.20a*.24–26 an; V. 1–4a.6.22 waren dieser schon vorgegeben, »nachpriesterliche« Erweiterungen noch innerhalb von »P« (»P*«) findet Weimar V.9aβb.10ab. 12a.13b.14aαb; recht beachtliche Anteile schreibt er aber mit V.7aβ.8aβ.12b.13a.14aβ.16aβ. 16bα*β.17b.19b.20aα*b.21.23.27 auch der »Pentateuchredaktion« »R^P« zu.

44 Weimar, Genesis 17, 58.

Korrelation genauso bei den ersten Übersetzern und Auslegern, in der rabbinischen oder in der kirchenväterlichen Diskussion, aber auch bei synchron orientierten Auslegungen im 21. Jahrhundert »funktioniert«, ohne dass sie auf die »P^g«-Rekonstruktion Weimars angewiesen wären.[45] Der Wert seiner Analyse besteht vielmehr darin, die Vielfalt der in den Texten real vorhandenen Bezüge aufgezeigt zu haben, nach welcher im Grunde nur wenige Verse noch quellenhaft erscheinen mögen,[46] der größte Teil des Textes sich aber als auf bestimmte redaktionelle Kontexte hin formuliert erweist. Dabei hat Weimar beispielhaft aufgezeigt, dass diese redaktionellen Kontexte nur zum Teil schichtinterner Natur (Weimars P^g[47] und Weimars P^s[48]), zum Teil aber allein schichtübergreifend, im Rahmen einer Pentateuchredaktion verständlich sind (Weimars R^P[49]). Auf letzterer Ebene ist im übrigen auch nach Weimar die »priesterliche Textschicht« als »Bearbeitungsschicht«[50] zu verstehen.[51] Ausgerechnet jene letztgenannte »Ebene«, nämlich die von Gen 17,1a–27b, ist aber die einzige, über deren »Realität« Konsens herzustellen ist.

Die einzige Alternative wäre m. E., weiter Halbvers für Halbvers den Text zu sezieren, um am Ende vielleicht eine Art Stichwortzettel des Pentateuchkomponisten zu eruieren, den man dann vielleicht »P^{gZ}« nennen könnte. Sinnvoll wäre das nicht.

Die hier vorgelegten Untersuchungen wollen sich an die Realität der Texte halten. Und dort existieren die schichtinternen wie die schichtübergreifenden Bezüge, durch welche etwa Genesis 17 mit anderen Bereichen des Pentateuch verbunden ist, als »Verbindungslinien«[52], als »Hilfslinien (wie in der Geometrie) zum Verstehen des Pentateuch«[53].

Gerade angesichts dessen, wie kompliziert die redaktionsgeschichtlichen Befunde in Texten aussehen, die nicht »P^g« zugerechnet werden, ist es geboten, sich den Grad an Hypothetik der Rekonstruktion einer »Priestergrundschrift« zu verdeutlichen: Die der Rekonstruktion zugrundeliegende Textbasis ist der Pentateuch,

---

45	Die engen sprachlichen und sachlichen Beziehungen, wie sie etwa zwischen Gen 9 und Gen 17 (»P«) bestehen, wurden zu allen Zeiten gesehen und für die Exegese fruchtbar gemacht. Nur ein Beispiel sei genannt: bSanh 59b wird die Beschneidung Abrahams (Gen 17, »P«) diskutiert im Kontext der Frage, welche Gebote allen Kindern Noahs (Gen 9, »P«) gegeben, und welche allein den Israeliten vorbehalten sind (u. a. Lev 12, »P«).

46	Weimars vorpriesterliche Grundschicht, V. 1–4a.6.22.

47	V. 4b.5.7.8*.9aα.10aαb.11.15.16aα*.17a.18.19a.20aα*(als Aussage über Isaak!).24–26.

48	Dieser werden vor allem Einzelheiten der Beschneidungsordnung zugeschrieben: V. 9aβb. 10ab.12a.13b.14aαb.

49	V. 7aβ.8aβ.12b.13a.14aβ.16aβ.16bα*β.17b.19b.20aα*b.21.23.27.

50	Weimar, Genesis 17, 60.

51	Schon deshalb ist es zu kurz gegriffen, von einer »P-internen Verweisstruktur« zu reden.

52	So der Titel der von Axel Graupner u. a. herausgegebenen Festschrift für W. H. Schmidt, den wohl engagiertesten Verfechter der neueren Urkundenhypothese am Ende des 20. Jhs., zum 65. Geburtstag.

53	So Horst Seebass, der Autor der TRE-Artikel zu Jahwist und Elohist, in seinem Genesiskommentar (Genesis I, 34) zur Realität von Elohist und Jahwist.

ein äußerst komplexes Gebilde, das neben vormals mündlich überlieferten Erzählungen auch Auszüge aus schriftlichen Quellen sowie gelehrte Spekulation enthält, das aus verschiedensten erzählerischen, legislativen und theologischen Traditionen, über deren historischen Ort wir nur teilweise Sicheres wissen, genährt ist, und die sich, noch bevor eine (erste) »Endgestalt« erreicht wurde, wechselseitig beeinflusst und gegenseitig überlagert haben. Es ist das Verdienst so verschiedener redaktionsgeschichtlicher Entwürfe wie derer von Erhard Blum, von Eckart Otto oder von Peter Weimar,[54] die Komplexität der wahrscheinlich zu machenden Redaktionsvorgänge ernst zu nehmen, die von den Vertretern der Neueren und Neuesten Urkundenhypothese oft, mehr oder weniger bewusst, ignoriert worden ist. Damit wird Abschied von einem idealisierten Modell genommen, das eine hohe Selbstbestätigungskraft entwickelt hatte: Weil der Pentateuch aus (z.B.) vier Quellen zusammengefügt worden sei, könne man alle Dopplungen, Spannungen und Widersprüche auf diese Quellen verteilen. Weil der Redaktor selbst seine Quellen nicht umgeformt, sondern lediglich ineinander »geflochten« habe, könne man diese Quellen sogar im Wortlaut rekonstruieren. Da man mit diesem Subtraktionsverfahren den Stoff so gut wie vollständig auf vier (oder mehr) Quellen verteilen könne, wäre auch die vorausgesetzte Annahme bestätigt, dass der Redaktor eben nicht schöpferisch tätig gewesen sei. Diese enorme Selbstbestätigungskraft fehlt den neueren Ansätzen, weshalb sich, abgesehen von der Anerkennung des generell größeren Textanteils der Redaktions- bzw. Kompositionsschichten im Pentateuch,[55] noch kein positiver Konsens in der neueren Pentateuchkritik abzeichnet.[56] Wenn in immer stärkerem Maße einerseits mit Glättungen und Textverlust, andererseits mit redaktionellen Einfügungen, Wiederaufnahmen etc. gerechnet wird, geraten wir aber auch wesentlich schneller an die Grenzen der Rekonstruierbarkeit. Zu Recht beobachtet David M. Carr:

> »Any transmission-historical method that was sensitive enough to form hunches about these insertions would be so sensitive that it would also read transmission history into passages that had none.«[57]

Zurück zu »P^g«: Alle Versuche der Rekonstruktion von »P^g« gehen von einem mehrstufigen Redaktionsmodell aus. Bevor »P^g« rekonstruiert werden kann, je

---

54 Vgl. Blum, Pentateuch; Otto, Hexateuch; Weimar, Genesis 17.

55 Dies ist nichts weiter als die positive Formulierung des Abschieds von der reinen Urkundenhypothese, die sich den Redaktor als »Evangelienharmonisten« vorstellt (Donner, Redaktor); diese Vorstellung scheitert ohnehin bereits daran, dass die Pentateuchquellen, ebenso wie die Evangelien zur Zeit Tatians, bereits heilige oder kanonisierte Schriften gewesen, dann aber, anders als die Evangelien zur Zeit Tatians, spurlos und vollständig verdrängt worden sein müssten.

56 Die Zuschreibung immer größerer Textteile an »nachpriesterliche«, »endredaktionelle« oder gar »nachendredaktionelle« Redaktoren kann nicht als Konsens bezeichnet werden, da jeder Autor etwas anderes darunter versteht (vgl. etwa Zenger, ⁴Einleitung, 118, zu Otto). Dass in der Genesis die »priesterliche« Schicht die jüngste und zugleich die entscheidende ist, ist eines der wichtigsten Ergebnisse der viel zitierten grundlegenden Studie Carrs zur Entstehung der Genesis (Carr, Fractures, 40 332).

57 Carr, Fractures, 37.

nach Geschmack eine »grandiose Reduktions- und Abstraktionsleistung der älteren Überlieferungen«[58] oder einem »›Strukturgerippe‹ immer ähnlicher« werdend,[59] müsste also, ausgehend vom Pentateuch, erst einmal die »Priesterschrift« zum Zeitpunkt ihrer Einfügung in den Pentateuch rekonstruiert werden, die so »unbeweglich-steif, schematisch, ja pedantisch wirken«[60] kann, und deren Teile sich »nur mühsam zu *einem* literarisch und theologisch kohärenten Werk zusammenfügen«.[61]

Zu deren genauer Abgrenzung, mithin zur exakten Scheidung zwischen dem Material, das der noch selbständigen »Priesterschrift« zugewachsen (»P^S«), und demjenigen, das erst nach der Zusammenarbeitung mit dem nichtpriesterlichen Material eingefügt worden sein soll (»R^P« o.ä.), hat aber keiner derjenigen, die sich in letzter Zeit mit der Rekonstruktion von »P^g« befasst haben, einen Entwurf vorgelegt. Genau eine solche »Priesterschrift« als Pentateuchquelle müsste zunächst plausibel gemacht werden. Welche Bestandteile der Bücher Levitikus und Numeri etwa hätten dazugehört? Solange über die traditionsgeschichtliche Wahrscheinlichkeit einer solchen Priesterschrift und über die Abgrenzung *dieser* Quelle keine Einigkeit erzielt werden kann, macht es keinen Sinn, nach deren *Meta*-Quellen, also etwa der »P^g«, zurückzufragen.[62] Tatsächlich ist es gerade die unbefriedigende Gestalt der literarkritisch isolierten »Priesterschrift«, die nach einer kohärenteren »Grundschrift« suchen lässt.[63] Statt die strukturelle Einheit des Pentateuch in einer »makrostrukturell orientierte[n]« Pentateuchredaktion zu suchen,[64] wird sie, während gleichzeitig die Selbständigkeit der verschiedenen Überlieferungskomplexe so hoch veranschlagt wird, in einer Vorstufe mindestens vierten Grades gefunden.[65] Damit übernimmt die »Priestergrundschrift« *de facto* vielfach wieder, als älteste

---

58 Kaiser, Grundriß I, 59.

59 Diesen Ausdruck Peter Weimars spießt Utzschneider, Heiligtum, 28, im Rahmen seiner fundierten Kritik an der Suche nach dem absolut kohärenten Grundschicht auf.

60 W.H.Schmidt, Einführung, 95.

61 Zenger, ⁴Einleitung, 145.

62 Es ist bezeichnend, mit welcher Leichtigkeit etwa Thomas Pola diese Stufe überspringt. So bemerkt er (Pola, Priesterschrift, 31, Anm. 86): »Gegen E.BLUM [...] wird hier an der These der Einarbeitung des Je-Werkes in eine (näher zu bestimmende) P-Quelle festgehalten«. Zur näheren Bestimmung dieser »P-Quelle« leistet leider Pola keinen nennenswerten Beitrag. Er beschäftigt sich mit der minutiösen Trennung zwischen P^g und P^{ge}, vgl. unten Anm.67 (S.289), innerhalb des von Karl Elliger der P^g zugeschriebenen Materials, changiert aber, wenn es um die Priesterschrift als Pentateuchquelle geht, zwischen »P« und »P^g«, »Priesterschrift« und »ursprünglicher Priesterschrift« (40).

63 Zenger, ⁴Einleitung, 145.

64 Zenger, ⁴Einleitung, 123.

65 Pola, Priesterschrift, 48f., nennt bereits drei in sich komplexe redaktionelle Vorgänge zwischen dem exilischen »P« und der Kanonisierung als »einleitungswissenschaftliche Voraussetzungen«, bevor er sich mit der Differenzierung von P^g und P^{ge} beschäftigt.
Bei Christoph Levin ist bereits die Verknüpfung von »J« mit »P«, d.h. bei Levin die »Endredaktion«, eine Vorstufe fünften oder sechsten Grades, wenn man etwa die Verteilung von Gen 15 auf fünf nachendredaktionelle Stufen ernstnähme (Levin, Jahwist, 151).

Schöpfung, Erzväter, Exodus und Sinai umfassende (Meta-)Quelle des Pentateuch, die Funktion der mit Gen 1 beginnenden »Grundschrift« in der Pentateuchkritik vor Wellhausen.[66]

Das zentrale Argument etwa von Pola für die literarkritische Scheidung von »P^{gc}«[67] und »P^s« einerseits und »P^g« andererseits lautet: »Die in diesen Texten anzutreffende Nähe sowohl zu P^g, als auch zum Deuteronomismus erklärt, weshalb klassische Charakteristika, die P^g von der deuteronomisch-deuteronomistischen Sprach- und Gedankenwelt unterschieden haben, in P^{ge} erodiert werden.«[68] Wie kann man aber von einer Erosion der Charakteristika von P^g sprechen, wenn sowohl »P^{gc}« und »P^s« als auch »R^P« gerade dafür verantwortlich sein sollen, den Textbestand von »P^g« im Wortlaut und ohne nennenswerten Textverlust in den Pentateuch integriert zu haben?

Es sind aber längst nicht mehr klassisch »priesterliche« Charakteristika, wie die zentrale Rolle des כבוד JHWHS, des Heiligtums, der Priesterschaft o.ä., die das Wesen der Priesterschrift ausmachen sollen, sondern die »priesterlichen« Charakteristika der vorsinaitischen Zeit, d.h. der Zeit vor der Etablierung des Priestertums. Die »ursprüngliche Priesterschrift« von Thomas Pola hat die im eigentlichen Sinne des Wortes vorpriesterliche Zeit, von der Schöpfung bis zum Sinai=Zion zum Gegenstand. Die weitgehende Reduktion der »ursprünglichen Priesterschrift« hat zur Folge, dass bei Otto, Zenger und anderen ausgerechnet die Erzvätergeschichte als spezifisch »priesterlich« angesehen wird.[69]

Es besteht Einigkeit darin, dass die durch die »P^g«-Texte geschaffenen Verbindungslinien selbst in der Endgestalt des Pentateuch, ja selbst in dessen Übersetzungen ohne Schwierigkeiten wiederzufinden sind. Die auf der Hand liegende, wesentlich weniger hypothetische Deutung des Phänomens, dass die sogenannten »P^g«-Texte so vollständig erhalten sind und noch in der Endgestalt deutlich auf ihre Zusammengehörigkeit verweisen, besteht freilich in der Annahme, dass sie generell selbst in die Nähe der Endredaktion des Pentateuch gehören,[70] ja dass sie

---

66 So faktisch bei Eckart Otto (vgl. zusammenfassend Zenger, [4]Einleitung, 118; ausführlicher Otto, Hexateuch, und die dort 231–296 genannte Literatur), aber auch bei K. Schmid. Für die »Wiege des Pentateuch« hält Otto aber das Deuteronomium (Otto, Hexateuch, 265), während Schmid im Grunde ein 3-Quellen-Modell mit »*Gen«, »*Ex(ff)«(–2 Kön) und »P« vorschwebt (K. Schmid, Erzväter, 367–372), vgl. ganz ähnlich die Neufüllung der Siglen J und E bei Kratz, Komposition, 288 f.: »E« für »Exoduserzählung in Ex–Jos«, »J« für die »jahwistische Bearbeitung der Ur- und Vätergeschichte«.

67 Von Pola, Priesterschrift, 89 f., eingeführtes Siglum für eine Ergänzungsschicht zur »Priestergrundschrift«, welche die zwischen »P^g« einerseits und den laut Pola »anerkannten P^s-Stücke[n]« (a. a. O., 90) andererseits herstellen soll.

68 Pola, Priesterschrift, 146.

69 Vgl. dazu oben S. 280.

70 So tentativ Ska, remarques.

erst für ihren jetzigen Kontext im Rahmen der (bzw. einer) Komposition des Pentateuch bewusst konzipiert worden sind.[71]

Dadurch, dass Thomas Pola,[72] Eckart Otto[73] u.a. in den letzten drei Büchern des Pentateuch keine Spuren von P^g mehr zu finden vermögen, ist die traditionsgeschichtliche Wahrscheinlichkeit von P^g als Quelle der Genesis nicht größer geworden.

Gerade die von der Erzelterngeschichte ausgehenden Entwürfe zur Komposition des Pentateuch (Van Seters[74], Blum[75]) haben im Bereich von Gen 11–50 keine selbständige priesterliche Quelle mehr finden können. Die Beobachtung Wellhausens zur »priesterlichen« Darstellung der Erzväterlegenden hat sich damit in eigenartiger Weise bestätigt: »Im allgemeinen beschränkt sich die Darstellung darauf, bloß die Gliederung und Verkettung des Stoffes wiederzugeben. Es ist als ob P der rote Faden sei, an dem die Perlen von JE aufgereiht werden.«[76] Die Existenz dieses roten Fadens wird von den Kritikern der Urkundenhypothese keineswegs bestritten.[77] Die Frage ist nur, ob dieser rote Faden sinnvoll als beziehungsreich *neben* einem ungeordneten Perlenhaufen liegend interpretiert werden sollte oder besser als das, was er unbestritten ist: Derjenige Faden, der die Edelsteine des Buches Genesis mit dem übrigen Pentateuch zusammenbindet.

Indem dieser Faden im Folgenden verfolgt werden soll, muss die Literaturdiskussion schon aus Platzgründen auf ein Minimum beschränkt werden. Da gerade im deutschen Sprachraum die Diskussion bisweilen festgefahren erscheint, soll stattdessen darauf hingewiesen werden, dass in den letzten Jahren mit den Werken von Joseph Blenkinsopp, Cees Houtman, John Van Seters, Jean-Louis Ska und Roger Norman Whybray mehrere Überblicksdarstellungen zum Pentateuch entstanden sind, welche die deutschsprachige exegetische Diskussion aufnehmen, aber dabei das große Ganze nicht aus dem Blick verlieren.[78] Speziell für die Genesis ist unbedingt das Werk von David M. Carr[79] hinzuzufügen.

---

71 So, generell für »P«, die je unterschiedlichen Modelle von Cross, Myth; Rendtorff, Problem; Van Seters, Prologue; Blum, Pentateuch.

72 Pola, Priesterschrift, 51–349.

73 Siehe oben Anm.36 (S.285).

74 Van Seters, Abraham; ders., Prologue.

75 Blum, Vätergeschichte; ders., Pentateuch.

76 Wellhausen, Prolegomena, 330.

77 Vgl. etwa Rendtorff, histoire, 88.

78 Blenkinsopp, Pentateuch; Houtman, Pentateuch; Van Seters, Pentateuch; Ska, Introduction; Whybray, Introduction.

79 Carr, Fractures.

II. Gottes ברית in Gen 17

1. Sprachliche Erwägungen zur ברית in Gen 17

1.1 Verpflichtung, Verheißung, Bund

Dass die ברית ein zentrales Thema der Bibel darstellt, bedarf keiner weiteren Begründung. Während διαθήκη[80] und *testamentum*[81] einen einseitig vollzogenen Rechtsakt beschreiben, bezeichnen »Bund« (*fœdus*) oder »Vertrag« (*pactum*)[82] eine zweiseitige Vereinbarung auf gleicher Augenhöhe.[83] Am ehesten vermag daher das Wort »Verpflichtung« beide Aspekte zu integrieren.[84] Weder die Übersetzung mit »Testament« noch diejenige mit »Bund« wird dagegen dem Bedeutungsspektrum voll gerecht. ברית beschreibt immer eine verpflichtende Beziehung zwischen zwei Seiten, wobei die Betonung mehr auf dem Aspekt der Selbstverpflichtung (Zusage, Verheißung) liegen kann oder mehr auf dem der Fremdverpflichtung (Gebot, Gesetz), aber auch beides miteinander verbunden sein kann (Ordnung, Vertrag, Bund).[85]

Als Beispiel für eine zweiseitige Verpflichtung mag im Kontext der Erzelterngeschichte der Bund zwischen Laban und Jakob (Gen 31) gelten; die Gottheit (bzw. die Gottheiten) wird (werden) hier nicht als Vertragspartner beteiligt, sondern, wie regelmäßig in altorientalischen Vertragstexten, als Garantiemacht vorausgesetzt. Zwei gleichberechtigte Partner sind aber im Alten Orient und auch in Israel die Ausnahme: »Im allgemeinen bezeichnet *bᵉrît* ein Verhältnis zwischen zwei unglei-

---

80 So die gängige Übersetzung der LXX und im Neuen Testament.

81 So in der Vetus Latina und in der Vg im Neuen Testament als Übersetzung des griechischen διαθήκη.

82 So die beiden häufigsten Entsprechungen zu ברית in der Vg.

83 Vgl. griechisch συνθήκη, die von Philo bevorzugte Übersetzung (Behm, Art. διαθήκη, 131).

84 Es gibt Selbstverpflichtungen, Fremdverpflichtungen und beiderseitige Verpflichtungen. Freilich ist die »Selbstverpflichtung« besser als »Zusage« oder »Verheißung« zu übersetzen, da es ja um eine Selbstverpflichtung zugunsten eines Partners geht.

85 Vgl. grundsätzlich Kutsch, Verheißung. Für die deutsche Übersetzung mit »Bund« spricht, dass dieses Wort durch die Lutherübersetzung ein theologisches Bedeutungsspektrum gewonnen hat, welches sich dem der ברית Gottes im Hebräischen annähert, als eines von Gott initiierten Wechselverhältnisses, in welchem Verheißung und Verpflichtung unterschiedlich stark betont sein können. Um nicht dasselbe Wort mit verschiedenen Übersetzungen wiedergeben zu müssen, verwende ich in dieser Arbeit in der Regel den hebräischen Begriff.

chen Partnern.«[86] Dies wurde bereits oben am Beispiel der einseitigen Selbstverpflichtung zur Sklavenfreilassung zur Zeit Zedekias (Jer 34,15) deutlich gemacht.[87]
Von daher eignet sich ברית auch, um eine von Gott selbst ausgesprochene Verpflichtung zu bezeichnen: So wird mehrfach die Verpflichtung auf ein Gesetz, also
eine Fremdverpflichtung, mit כרת ברית bezeichnet.[88] Spezifisch alttestamentlich ist
jedoch, dass auch eine von Gott eingegangene »Selbstverpflichtung«, also eine Verheißung, mit demselben Begriff bezeichnet werden können: Die Verheißung einer
Dynastie an David (Ps 89,4)[89] sowie die Verheißung des Landbesitzes an Abraham
(Gen 15,18) garantieren demnach die Loyalität Gottes gegenüber den von ihm
Abhängigen. Mit der Dynastie oder dem Landbesitz verleiht er abgeleitete königli-
che Macht, die durchaus der Stellung eines Vasallen unter einem Großkönig
vergleichbar ist. Für Gen 15,18 war oben gezeigt worden, dass neben Beistandsver-
trägen gerade Landnutzungsrechte mehrfach als Gegenstand von ברית-Schlüssen
belegt sind.[90]

Die meisten Begriffe, die im Alten Testament synonym zu einer durch Gott
initiierten ברית verwendet werden, vermögen nicht in gleicher Weise diese zwei
ungleichen Seiten einer durch eine ברית hergestellten Beziehung zum Ausdruck zu
bringen.

So stehen allein in Ps 105,8–10 (//1 Chr 16,15–17), der wichtigsten Referenz
auf den »Väterbund« im Psalter, nicht weniger als drei Begriffe synonym zu ברית,
die beispielhaft die Polyvalenz dieses Ausdrucks verdeutlichen:[91]

> Ps 105,8: (Jнwн) gedenkt (זכר) für ewig seiner Verpflichtung (ברית) – sein Wort (דבר)
> gebietet er (צוה) bis auf tausend Geschlechter – 9 die er geschlossen hat (כרת) mit Abra-
> ham – und seines Schwurs (שבועה) für Isaak; 10 und er hält sie aufrecht (העמיד) für
> Jakob als Satzung (חק), für Israel eine ewige Verpflichtung (ברית עולם), 11 indem er
> sagt: »Dir werde ich geben das Land Kanaans, den Streifen eures Erbteils«, 12 als sie
> gering an Zahl waren, wenig und Fremdlinge darin.

דבר kennzeichnet die Verlässlichkeit der ברית Gottes als das von ihm »befohlene«
Wort; שבועה (Schwur) betont die Komponente der Selbstverpflichtung (eidliche
Zusage), חק (Satzung) steht sonst eher für die Fremdverpflichtung (Gebot). Alle
drei Begriffe, דבר, שבועה und חק sind somit eingerahmt durch die zweimalige
Bezeichnung der Landverheißung als ברית, so wie der ganze Ps 105 durch die Ver-

---

86 Weinfeld, Art. ברית, 792.
87 Siehe oben S.196.
88 So im Zusammenhang der soeben erwähnten Stelle Jer 34,13f.; vgl. auch Ex 24,7f.; Dt 4,23;
    5,2f.; 28,69; Jos 24,25; 2 Kön 23,3.
89 Zur Frage nach dem »Davidbund« vgl. Waschke, Dynastiezusage, 123–125.
90 Allein in der Genesis werden zwischen menschlichen Partnern drei derartige Verträge genannt, in
    Gen 21; 26 und 31 (siehe oben S.219f.). Von Gen 15,18 ausgehend, werden göttliche Landver-
    heißungen an die Vorväter Israels Gen 17,7f.; Ex 2,24; 6,4.5; Lev 26,42.44; Dt 4,31; Ri 2,1;
    2 Kön13,23; Ps 105,8–10//1 Chr 16,15–17; Neh 9,8 als ברית qualifiziert.
91 Am nächsten kommt vielleicht noch עדות, was als Inhalt der Lade bzw. der zwei Tafeln anstelle
    von ברית stehen kann, also wohl über die verbale Kundgebung hinaus auch noch deren schriftli-
    che Dokumentation impliziert (vgl. zu עדות auch Waschke, Vorstellungen, 37–43).

weise auf Abraham als Gottes Knecht (V.6.42) gerahmt ist. Dabei ist wie im kancnischen Genesisbuch zunächst vom Schneiden der ברית die Rede (Gen 15), bevor sie als ewige ברית für Abrahams Nachkommenschaft qualifiziert wird (Gen 17). Wie jüngst wieder Bernard Gosse herausgestellt hat, werden damit Theologumena, die traditionell David bzw. der davidischen Dynastie zugehörig waren, auf Abraham und seine Nachkommenschaft übertragen.[92] Dass gerade die mit Abraham geschlossene ברית so wichtig ist, wird hier mit seiner Eigenschaft als Knecht Gottes[93] in Verbindung gebracht.

Auch für Gen 17 ist deshalb zu erwarten, dass der Begriff ברית mehrdimensional verwendet wird. Er steht sowohl für Gottes bedingungslose Zusage (V.1–8. 15–21), als auch für sein bedingungsloses Gebot (V.9–14). Damit verbindet ein einziger Begriff »Evangelium« und »Gesetz«. Insgesamt 13mal steht ברית in Gen 17; das ist einmalig in der hebräischen Bibel.[94] Traditionell wird das Kapitel unter die Überschrift des (zweiten) »Bundesschlusses« bzw. der »Aufrichtung der Verheißung« mit Abraham gestellt. Ob diese Themenangabe zutreffend ist, soll im folgenden Abschnitt untersucht werden.

1.2. Die Konstituierung einer ברית: Das Inkraftsetzen einer Verpflichtung, das Schenken einer Verheißung (Gen 15,18; 17,2.4.10)

כרת ברית *und*

Ein »Bundesschluss«, also der zeremonielle Akt der Verpflichtung, durch welchen die ברית tatsächlich zu Stande kommt, wird regelmäßig durch die feste Wendung כרת ברית bezeichnet.[95] Dies scheint auf den Ritus des Zerschneidens von Tieren zurückzugehen, der Jer 34,18 mit dem Verb כרת bezeichnet wird,[96] und dessen Beschreibung auch der Qualifikation der Landverheißung an Abraham als ברית in Gen 15,18 vorausgeht.[97]

Die Aussage, Gott habe »einen Bund geschnitten«, stellt einen Anthropomorphismus dar, wie ihn die Texte der Gen-17-Schicht möglichst vermeiden. Gott zerschneidet keine Tiere, und erst recht verwünscht er sich nicht selbst. Wenn Gott Subjekt von »Zerschneiden« (כרת) ist, dann nur im Kausativstamm הכרית bzw. als logisches Subjekt im Passivum Divinum des Nifʿal, נכרת. In beiden Fällen hat כרת

---

92 Gosse, livre, 247, vgl. ders. figure.
93 Ps 105,6.42, vgl. Gen 26,24.
94 Mit weitem Abstand folgt Lev 26 mit 8 Erwähnungen; dann Gen 9 und Jos 3 [ארון ברית] mit je 7 Erwähnungen; während in Gen 15 nur einmal und in Ex 6 und 24 je zweimal ברית steht.
95 כרת und ברית stehen im AT insgesamt über 80mal zusammen.
96 Zum Wortfeld der Beschreibung dieser Zeremonie gehört ebenfalls die Wurzel בתר, die alttestamentlich ausschließlich im Kontext von ברית begegnet, als Nomen das Zerschnittene kennzeichnet und als Verb den Vorgang des Zerschneidens. s.o. S.195.
97 Vgl. noch Ex 24, bes. V.8.

die Bedeutung »[aus der Gemeinschaft] ausrotten/ausgerottet werden« bzw. »herausschneiden/herausgeschnitten werden«;[98] beides begegnet häufig im Kontext der Übertretung von Vorschriften.[99]

Als ברית werden innerhalb des P-Materials nur zwei Einzelgebote bezeichnet: Das Gebot der Beschneidung (Gen 17,9–14) und das Sabbatgebot (Ex 31,16; ebenso Lev 24,8 die am Sabbat zuzurichtenden Schaubrote[100]), beide werden auch als ברית עולם bezeichnet.[101] In beiden Fällen wird das Gebot durch die Strafe der »Herausschneidens« sanktioniert (Gen 17,14; Ex 31,14). Das heißt, dass dort, wo ein Gebot als ברית bezeichnet wird, die dem Ritus des ברית-Schneidens reziproke Folge, nämlich die Gefahr des »Herausgeschnittenwerdens«, in Kraft bleibt – auch wenn die Konstituierung der ברית gar nicht mit כרת beschrieben worden ist. Das Halten der ברית Gottes bewahrt vor der »Ausrottung«.[102] Dies gilt in je eigentümlicher Weise für die verschiedenen Verheißungen: Allein an Gott als dem Lebensspender ist es, die Zusicherung der natürlichen Lebensgrundlagen gegenüber Noah und seinen Nachkommen aufrechtzuerhalten (Gen 8,21 f.; 9,1–4.7–16). Der Mensch muss sich entsprechend verhalten, da er selbst nun die größte Gefahr für die Menschheit darstellt. Deshalb ergeht das Tötungsverbot (Gen 9, 5 f.), das mit der Gottebenbildlichkeit des Menschen begründet wird. Doch wird nicht dieses Gebot als ברית qualifiziert, sondern die Zusage, die Ausrottung allen Fleisches durch Gott für die Zukunft bedingungslos auszuschließen (Gen 9,11). Genau damit hält Gott sein im Schöpfungssegen gegebenes Wort.

Positiv bedeutet das: Bei der ברית in den »P«-Texten wird nichts zerschnitten, es sei denn das Fleisch der Vorhaut.[103] Das Vokabular von בשר, כרת Nif'al/Hif'il und ברית erinnert an die wiederkehrende Rede von der Vernichtung »allen Flei-

---

98 Realiter bedeutet das »Herausgeschnittenwerden« die Exkommunikation (Grünwaldt, Exil, 34).

99 Klaus Grünwaldt (Exil, 33) stellt fest, dass die »*karet*-Formel« traditionsgeschichtlich »ihren Ursprung bei Ezechiel, im Heiligkeitsgesetz aufgenommen wurde und von dort aus in den übrigen Pentateuch eingedrungen ist«. Das Auftreten dieser Formel, das u.a. Gen 17,10–14; Ex 12,15–20 und 31,12–17 verbindet, erklärt sich am ungezwungensten, wenn man die genannten Stellen mit Grünwaldt der Pentateuchredaktion zuschreibt (a.a.O., 35; 220 f.), in unserem Modell also der Endkompositionsschicht.

100 Lev 24,1–9 wird drei Bestimmungen das Prädikat עולם zugeordnet: V.3 wird das Leuchten des Leuchters als עולם חקת qualifiziert; V.9 das Essen der Schaubrote als חק־עולם. Dazwischen steht, hier offensichtlich in Parallele zu חק oder חקה zu verstehen, V.8 ברית עולם. Wenn man nicht völlig unbedachten Sprachgebrauch unterstellen möchte, liegt es nahe, die Qualifikation des Gebotes als ברית עולם *genau an dieser Stelle* mit dem Sabbatbezug zu erklären: Es handelt sich immerhin um die einzige *positive* Einzelbestimmung, die am Sabbat zu halten ist, mit der der Sabbat sozusagen aktiv zu heiligen ist. Darüber hinaus wäre lediglich noch auf die Sabbatopfer in Num 28 zu verweisen, die implizit auch Lev 23 vorausgesetzt sein dürften.

101 Der »ewige Salzbund« Num 18,19, der den Priestern zugesagt ist, vgl. Lev 2,13, stellt kein Gebot dar, sondern eine Verheißung.

102 Vgl. zur *karet*-Formel Grünwaldt, Exil, 33 f., mit Verweis auf weitere Literatur.

103 כרת kann im Hebräischen auch (Ex 4,25) den Vorgang der Beschneidung ausdrücken, der wiederum Gen 17,10 als ברית bezeichnet wird. In der Beschneidungsordnung Gen 17,10–14 (und Lev 12,3) wird aber jeweils מול als terminus technicus des Beschneidungsvorgangs verwendet.

sches« im Sintflutbericht, mit der abschließenden Zusage Gen 9,11: את וַהֲקִמֹתִי
בְּרִיתִי אִתְּכֶם וְלֹא־יִכָּרֵת כָּל־בָּשָׂר עוֹד מִמֵּי הַמַּבּוּל »Ich erhalte meine Verheißung mit
euch aufrecht, dass hinfort nicht mehr alles Fleisch ausgerottet werden soll vor den
Wassern der Sintflut.«

Nun wird die Beschneidung des Fleisches der Vorhaut zum Zeichen der ברית –
deren Unterlassung[104] führt zur »Ausrottung aus der Verwandtschaft«, das heißt
aus dem Haus Abrahams.[105] Dieselbe Strafe des »Herausgeschnittenwerdens aus
der Mitte des Volkes« zieht gemäß Ex 31,14 das Entheiligen des Sabbats nach sich,
dessen Heiligung, obgleich bereits in der Weltschöpfung begründet, erst den Israeliten nach der Herausführung aus Ägypten als Gebot gegeben wird, im Unterschied zur Beschneidung, die nicht allein den Israeliten vorbehalten ist.

Damit hat sich ergeben, dass zwar die Gefahr des »Herausgeschnittenwerdens«
im Kontext von ברית in den »P«-Texten präsent ist, dass aber die Initiierung einer
ברית hier nicht mit כרת bezeichnet wird.

Alternative Formulierungen der Konstituierung einer ברית

Das Inkraftsetzen der Selbstverpflichtung kann auch mit נתן[106] ausgedrückt werden, also entsprechend dem deutschen »eine Zusage geben/schenken; ein Verspre-
chen geben«. Die ברית ist damit reines Wort, ohne die Notwendigkeit einer
begleitenden Zeremonie: So schenkt Gott Abraham die Zusage überaus großer
Mehrung (Gen 17,2), und Pinchas die mit dem ewigen Priestertum verbundene
Zusage des שלום (Num 25,12f.).

Bei den übrigen mehr als dreißig Belegen von ברית in »P«-Texten in Gen–
Num[107] fehlt ein Verb des Bundschließens. In aller Regel wird auf eine bereits exi-

---

104 Nach SP und LXX (Gen 17,14): Das Unterlassen der Beschneidung »am 8. Tag«. Dies hätte ein-
schneidende halachische Konsequenzen für Ismael (vielleicht ist das der Hintergrund der Einfügung), aber auch für Abraham (das widerspräche eindeutig der Konzeption des Kapitels).

105 Synchron mit Gen 17 gelesen, fällt dann auch auf die merkwürdige Episode Ex 4,24–26 ein anderes Licht: Gott hat sich nach Ex 2,24 der ברית mit Abraham, Isaak und Jakob erinnert, weshalb er
Mose Ex 3f. den Auftrag erteilt, die Israeliten aus Ägypten zu führen in das Land, da Milch und
Honig fließt (Ex 3,8; in typischer »P«-Terminologie dann Ex 6,4). Aus den Erben dieser ברית ist
Mose nach Gen 17,14 ausgeschlossen, wenn er bzw. sein Sohn nicht beschnitten ist. Er hätte das
einzige Gebot, das bereits Abraham als ewige ברית gegeben worden ist, missachtet. Damit wäre
hier genau der Fall beschrieben, in welchem die Abraham zugesicherte ברית hätte hinfällig werden
können. Dass es seine Frau Zippora war, die Mose das Leben rettete und damit die Herausführung Israels aus Ägypten und die Erfüllung der den Vätern gegebenen Verheißungen ermöglicht,
indem sie die Beschneidung nachholt, gewinnt in der Endkomposition noch eine besondere
Pointe vor dem Hintergrund ihrer Herkunft: Als Tochter eines Midianiters ist sie nach Gen 25,2
auch eine Tochter Abrahams. Und in der Tat scheint sie dessen Gott und die Gebote dieses Gottes
besser zu kennen als der in Ägypten erzogene Mose.

106 Gen 17,2; Num (18,19;) 25 12. Gen 9,12.13 wird »nur« ein Zeichen für den jetzt als ewige Ordnung fest zugesagten Schöpfungssegen geschenkt.

107 Neben Gen 17,2 und Num 25,12 sind das Gen 6,18; 9,9.11.12.13.15.16.17; 17,4.7.9.10.
11.13.14.19.21; Ex 2,24; 6.4.5; Lev 2,13; 24,8; 26,9.15.25.42.44.45; Num 18,19; 25,13.

stierende ברית Bezug genommen, unabhängig davon, ob oder wie deren Konstituierung berichtet worden war. Die lapidarste Form der Konstituierung einer ברית ist Gen 17,10 zu finden: »*Das* ist meine *b^erît*, die ihr bewahren sollt: Beschneidet bei euch alles Männliche …«.[108] Hierher gehören auch jene Stellen, an denen die ברית einfach als Subjekt eingeführt wird, wie V. 4: »Ich, wahrlich, meine ברית« oder auch, von einer vorher eingeführten ברית, V. 13: »Meine *b^erît* wird an eurem Fleisch zu einer ewigen *b^erît*«.

Das Wesentliche an der ברית in den »P«-Texten ist demnach nicht die Art ihres Zustandekommens. Sie ist als etwas Gegebenes, als Teil der Schöpfungsordnung hinzunehmen. Es ist angesichts dessen verständlich, dass die Endkompositionsschicht zu den vorhandenen (Gen 15,18; Ex 24,8; 34,10.27; Dt 28,69; 29,11.13)[109] keine weitere Erzählung hinzugefügt hat, in welcher Gott selbst eine ברית schneidet. Die ברית Gottes wird, durch sein schöpferisches Wort und seine schöpferische Tat, erst sukzessive *offenbar*. Nicht die Art des Zustandekommens ist endkompositionell für den Begriff ברית zentral, sondern das Sein der ברית. Und das Sein, das Wesen der ברית Gottes ist charakterisiert durch ihre unverbrüchliche Beständigkeit. Darin entsprechen sich das ordnende Schöpferhandeln am Anfang (ברא) und die Zusage der Aufrechterhaltung der ewigen ברית in der weiteren Geschichte.[110]

1.3. Das Aufrechterhalten eines ברית-Verhältnisses (Gen 17,7.9f.19.21)

Für das Aufrechterhalten eines ברית-Verhältnisses stehen im Alten Testament in erster Linie die Vokabeln שמר (»bewahren«)[111] und קום *hi.* (»aufrechterhalten«)[112], die beide in Gen 17 begegnen. Subjekt von שמר kann bei einer zwischen Gott und Menschen geschlossenen ברית sowohl Gott sein, der seine Verheißung,[113] als auch der Mensch, der seine Verpflichtung bewahrt.[114] Subjekt von הקים ברית im Zusammenhang einer zwischen Gott und Menschen geschlossenen ברית ist immer Gott.[115]

---

108 TO und TPsJ übersetzen מול mit גזר, während גזר קימי, was regelmäßig für כרת ברית, aber niemals für הקים ברית steht, logischerweise in Gen 17 fehlt.

109 Immer mit יהוה als Subjekt, ebenso in den Rückbezügen Dt 4,23; 5,2f.; 9,9; 28,69; 29,24; 31,16.

110 Siehe dazu unten »Der Schöpfungssegen«, S. 298 ff.

111 Gen 17,9f.; Ex 19,5; (31,16;) Dt 7,9.12; (29,8; 33,9;) 1 Kön 8,23; 11,11; Ez 17,14; Ps 78,10; 103,18; 132,12; Dan 9,4; Neh 1,4; 9,32; 2 Chr 6,14.

112 Gen 6,18; 9,9.11.17; 17,7.19.21; Ex 6,4; Lev 26,9; Dt 8,18; (2 Kön 23,3; Jer 34,18;) Ez 16,60. 62(; Neh 9,8).

113 Dt 7,9.12; 1 Kön 8,23; Dan 9,4; Neh 1,4; 9,32; 2 Chr 6,14.

114 Gen 17,9f.; Ex 19,5; 1 Kön 11,11; Ps 78,10; 103,18; 132,12; auch Ex 31,16; Dt 29,8; 33,9 wird das Halten von Geboten, die unmittelbar mit einer ברית verbunden sind, mit שמר bezeichnet, vgl. noch Dt 7,9.12, wo Gott und Menschen Subjekte von שמר sind. Für das Einhalten einer zwischen Menschen geschlossenen ברית steht שמר Ez 17,14.

In Gen 17, dem mit dreizehn Belegen zentralen ברית-Kapitel der Genesis, wird der Sprachgebrauch systematisiert. שמר steht genau dort, wo Menschen die ברית als Gebot bewahren sollen (V.9 f.), entsprechend dem regelmäßigen Gebrauch von שמר für das Halten der Gebote.[116] Für das Aufrechterhalten der zuvor gegebenen Verheißung durch Gott selbst steht dagegen הקים (V.7.19.21).[117] Die wichtigste Aussage, die Gen 17,7 f. an Gen 15,7–21 zurückbindet und darüber hinaus Gen 6; 9; 17; Ex 6 und Lev 26 miteinander verknüpft, ist die Aufrechterhaltung der ברית Gottes. Da die hierfür entscheidende Vokabel, קום hi., neben ברית häufig mit »aufrichten« im Sinne von »konstituieren« übersetzt wird und ein größerer Exkurs zu weit vom Thema wegführte, kann dieses Problem hier nur angedeutet werden: In Lev 26,9 wird הקים ברית ebenso einhellig mit »aufrechterhalten«[118] übersetzt wie in Dt 8,18.[119] Zumindest Lev 26,9 bezieht sich sprachlich klar auf Gen 17,4–8 zurück;[120] schon von daher darf auch in der Verheißung Gen 17,7 f. kaum ein scharfer Neueinsatz gesehen werden.[121]

In Gen 17,19.21 wird die Aufrechterhaltung der ברית mit Isaak zugesagt. Hier muss es um den Verweis auf eine bereits bekannte ברית gehen,[122] was schon daran deutlich wird, dass V.19.21, im Unterschied zu V.2.4, wo eine ברית mit Abram konstituiert wird, keinerlei inhaltliche Bestimmung der ברית notwendig ist. Es ist mit Gewissheit auszuschließen, dass der Schreiber, dem in V.2.4.10 mit ואתנה בריתי, mit אני הנה בריתי und mit זאת בריתי drei verschiedene sprachliche Möglichkeiten für die Konstituierung einer ברית zur Verfügung stehen, und der קום *hif.* in V.19.21 für die Aufrechterhaltung dieser ברית verwendet, in V.7 letztere Vokabel für die Konstituierung einer ברית gebraucht.[123] Anzunehmen ist vielmehr, dass es sich

---

115 Gen 6,18; 9,9.11.17; 17,7.19.21; Ex 6,4; Lev 26,9; Dt 8,18; Ez 16,60.62; vgl. Neh 9,8. Dagegen ist 2 Kön 23,3 und Jer 34,18 jeweils vom menschlichen Aufrechterhalten einer von Menschen geschnittenen ברית die Rede, und das Objekt heißt דברי הברית.

116 Z.B. Gen 26,5; Ex 16,28; 20,6; Lev 22,31; 26,3 sowie mehr als 25 mal im Dt mit dem Objekt מצוה, außerdem häufig mit משמרת, משפט, חק u.a.

117 Verwiesen sei grundsätzlich auf Cassuto, Genesis II, 67f., der, ausgehend von Gen 17,21, הקים ברית (»establish covenant«) grundsätzlich im Sinne von »fulfil«, »implement« versteht – im Gegensatz zu כרה/נתן ברית. Vgl. ausführlich ders., Questione, 112–116; Hypothesis, 47f.

118 So EÜ und Elberfelder; Luther '84: »halten«.

119 So die Elberfelder. EÜ: »verwirklichen«, Luther '84: »halten«.

120 Gerstenberger, Leviticus, 374. Auch er übersetzt והקימותי את בריתי אתכם, a.a.O., 366: »Ich halte meinen Bund mit euch aufrecht.«

121 Nach Gamberoni, Art. קום, 1263, haben »späte Autoren« aus הקים »unverbrüchliche Gültigkeit, Festigkeit und Verläßlichkeit« herausgehört, wobei zwischen »Erstbegründung«, »Wiederaufnahme« und »Neubegründung« oft nicht scharf zu trennen sei.

122 Westermann, BK I/2, 325, zu V.19: »In Isaak geht dieser Bund weiter, so daß das הקמתי hier mehr den Sinn des Bestätigens hat.« Auch bei V.21 spricht Westermann vom »Weitergehen des Bundes« (a.a.O., 326). Eine Lieferung früher hatte er beide Stellen noch mit »meinen Bund […] aufrichten« übersetzt (a.a.O., 304).

123 Auch Ruppert, Genesis II, 347f. erkennt das Problem, dass innerhalb einer Gottesrede (V.3–8) kaum gleich zweimal ein Bund mit je verschiedenem Inhalt geschlossen »gestiftet« (V.4) bzw. »aufgerichtet« (V.7) werden dürfte, sieht aber nicht die Lösung.

auch hier um die Zusage der Aufrechterhaltung einer bereits konstituierten ברית handelt.

Im Unterschied zu V.19.21 wird die ברית in V.7f. ausdrücklich inhaltlich gefüllt: Deren Inhalt ist nicht die Mehrungszusage, sondern die, durch die zweimalige Gotteseinszusage gerahmte, dauerhafte und geschlechterübergreifende Landverheißung an Abraham und seine Nachkommenschaft. Die *Konstituierung* dieser *Landverheißung als* ברית erfolgte aber nicht in Gen 17,1–6, sondern bereits im Rahmen der Gen 15 geschilderten Zeremonie. Die dauerhafte Aufrechterhaltung dieser Landverheißung wird Gen 17,7f. in aller wünschenswerten Deutlichkeit zugesagt, wobei an die Stelle der Landbeschreibung und Völkeraufzählung von Gen 15,18–21 die schichtspezifisch systematisierende Landesbezeichnung »Land deiner Fremdlingschaft, Land Kanaans« tritt. Literarkritisch folgt daraus, dass zwischen Gen 15 und 17 keine Dopplung vorliegt. Redaktionsgeschichtlich heißt dies nichts anderes, als dass Gen 17 die Zeremonie von Gen 15 und ihre Deutung voraussetzt und sprachlich wie sachlich weiterführt. Auch die Landverheißung gehört also zu der ברית, die Gott nach Gen 17,19.21 mit Isaak und seiner Nachkommenschaft aufrechterhalten will. Diese Landgabe-ברית wird ausdrücklich mit der Gotteseinsverheißung verbunden; vor allem aber wurden in Gen 17,1–6 die vorendkompositionellen Nachkommensverheißungen (Gen 12,2; 13,16; 15,1–6) nun, nach der Geburt Ismaels,[124] erstmals als ברית qualifiziert.[125]

2. Schichtinterne und schichtübergreifende Bezüge der ברית in Gen 17

2.1. Der Schöpfungssegen

Ein spezifisches sprachliches Merkmal der Gen-17-Schicht ist die Füllung des göttlichen Segens (ברכה) durch die Verben פרה und רבה – fruchtbar sein und sich mehren.[126] Fruchtbarkeit und Mehrung fließen aus dem Schöpfungssegen, sie sind imperativisch formuliert, aber weniger als Gebote denn als performative Aussage zu verstehen: Die Geschöpfe sind durch das segnende Wort Gottes in der Lage, fruchtbar zu sein und sich zu mehren. Dieses Wortfeld findet sich vollständig in

---

124 Wenn man mit Wenham, Face, 209 in Gen 16 einen Fehlstart oder gar Sündenfall Abrams sehen möchte (vgl. Berg, Sündenfall), dann wird klar, warum das endkompositionell entscheidendere ברית-Kapitel *danach* eingetragen worden ist.

125 Damit ist die hier vorgelegte Interpretation wieder sehr nahe an dem, was auf dem Boden der neueren Urkundenhypothese, welche in »P« die jüngste Schicht sah, selbstverständlich war: Dass »alle älteren Verheißungen an Abraham in Gen 17,1–2.3–8 konzentriert« sind (Ruppert, Genesis II, 350).

126 Zum Schöpfungssegen vgl. Waschke, Menschenbild, 24–26.

Gen 1,22.28; 9,1; 17,20, also in Texten, die (nicht zuletzt dieses Wortfeldes wegen) der »priesterlichen« Schicht zugeordnet werden.[127]

Dieses Wortfeld korreliert nun mit zwei theologischen Schlüsselbegriffen: Im Schöpfungsbericht ergeht der Schöpfungssegen genau an diejenigen Geschöpfe, deren Erschaffung mit ברא ausgedrückt worden war. In der weiteren Geschichte aber wird der Schöpfungssegen im Zusammenhang der Zusage ewiger ברית gegenüber Noah und Abraham ausgesprochen.

Damit kristallisiert sich ein schichtspezifisches Wortfeld heraus, das durch mehrfache Alliteration und Assonanz besonders eindrücklich ist: Sowohl ברכה als auch ברא und ברית lauten mit denselben Buchstaben, ב und ר, an. Dieselben Buchstaben bilden die Wurzel רבה, während bei פרה lediglich ein Labial durch einen ihm ähnlichen ersetzt wird. Mit denselben Buchstaben beginnt das Buch Genesis,[128] durch die dreifache Alliteration der ersten beiden Wörter, בראשית ברא.[129] Diese drei Konsonanten finden sich nicht zuletzt im Abram- und im Abraham-Namen wieder. Für אברם fehlt dann nur noch das ה. Und tatsächlich wird in Gen 17,2, also noch bei Abram,[130] das genannte Wortfeld durch das ה-haltige במאד מאד ergänzt.[131] Dies dürfte doch wohl darauf hindeuten, dass dieses Spiel mit Assonanzen vom Verfasser der Gen-17-Schicht bewusst gehandhabt wurde.[132]

---

127 Das gilt ebenso für die Texte, wo פרה und רבה ohne den Begriff ברכה nebeneinander stehen: Gen 8,17; 9,7; (17,2.6;) 47.27; Ex 1,7 und Lev 26,9.

128 Vgl. BerR 1,10 (zu Gen 1,1), als eine der vielen Begründungen, warum »die Welt mit dem ב geschaffen wurde«: »Da dieses die Sprache des Segens ist« (שהוא לשון ברכה), im Gegensatz zu dem א, das für die »Sprache des Fluches« (לשון ארירה) steht. Im Anschluss wird die heilsgeschichtliche Bedeutung dieser Assonanz in Polemik gegen den gnostischen Mythos, nach dem die Welt durch einen Fluch erschaffen wäre, erklärt: »Gott sprach: Ich will sie [die Welt] mit der Sprache des Segens erschaffen, denn ich wünsche, dass sie bestehen bleibt.«
Die »Sprache des Fluches« taucht dann in der Auslegung von Gen 1,2 wieder auf, BerR 2,2, wobei Gen 3,17 zitiert wird. Auch hier bezieht sich die Assonanz auf die ersten beiden Buchstaben (ארי in Gen 1,2 verweist auf das wiederholte ארור in Gen 3). Eine Affinität des im ersten Schöpfungsbericht schwierigen Verses Gen 1,2 zu Gen 2f. ist nicht zu leugnen: Sie liegt tatsächlich in der mythischen Sprachform (Waschke, Mythos, 200 zu Gen 1,2; 195–199 zu Gen 2f., zu Gen 1,2 als Zitat eines kanaanäischen Mythos vgl. Loretz, Fragment). Dagegen ist für den »priesterlichen« Schöpfungsbericht insgesamt der »völlige Bruch mit dem Mythos« (Waschke, Mythos, 201) charakteristisch. Kompositionskritisch ausgewertet bedeutet dies (über Waschke hinausgehend), dass die Integration von Gen 1,2 in das Sechstagewerk dieselbe Kompositionstechnik bezeugt wie die Bezeichnung von Gen 2,4b–4,26 als »Toledot des Himmels und der Erde«.

129 Auf die Alliteration weist u.a. Millard, Eröffnung, 191f., hin.

130 Weitergeführt wird diese Zusage Gen 17,6.20 sowie in dem Erfüllungsvermerk Ex 1,7 für Abraham, Ismael und Israel; bei Noah in Gen 9 kommt מאד dagegen noch nicht vor.

131 Steigernd aufgenommen wird die »vorpriesterliche« Verheißung an Abram, seinen Lohn »sehr groß zu machen« (הרבה מאד) in Gen 15,1.

132 Anknüpfend an den »vorpriesterlichen« Textbestand, wo das an den Abra(ha)m-Namen anklingende ואברכך (Gen 12,2) sowie ואברכה מברכיך (12,3) prominent plaziert ist, aber der ברית-Begriff noch keine Rolle spielt. In der »jahwistischen« Urgeschichte sind einschlägig die Wortspiele mit אדם und אדמה oder mit איש und אשה, auch die geradezu wortakrobatische Turm- bzw. Stadtbauerzählung Gen 11,1–9.

Allein der letzte Buchstabe, der zu אברהם noch fehlt, das ה, bzw. die dadurch neu entstandene Silbe הם ~ muss bei der Namensgebung Gen 17,5 erklärt werden: Abraham wird nicht nur überaus gemehrt (V. 2), sondern zum Vater eines Gewimmels von Völkern (אב המון גוים, V. 4f.).[133]

Im Zentrum des Wortfeldes, das besonders in der Genesis hervortritt, stehen also demnach ברך/ברכה, פרה und רבה.[134] Dazu gesellen sich entweder ברא, von Gen 1,1 bis 6,8, oder ברית, vom Beginn der Toledot Noahs Gen 6,9 an.

In welchem Maße dabei an den »nichtpriesterlichen« Sprachgebrauch im Pentateuch angeknüpft wird, kann die folgende Übersicht deutlich machen, in welcher die »priesterlichen« Belege aufrecht, die »nichtpriesterlichen« kursiv gesetzt sind (Rückverweise in Klammern):

Tabelle 10: Das Wortfeld um ברא*,* ברכה *und* ברית

Themen- komplexe	√ברא	√ברכה/ברך	√פרה (Kal/Hif)[a]	√רבה (Kal/Hif)[b]	Gottes ברית
Schöpfung	Gen 1,1.2 1.27; (2,3f.; 5,1f.; 6,7; Dt 4,32)	Gen 1,22.28; 2,3; 5,2 (Ex 20,11)	Gen 1,22.28	Gen 1,22.28	
Flut, Noah		9,1.26	8,17; 9,1.7	8,17; 9,1.7	6,18; 9,8–17 (7x)
Abraham		12,2f.; 14,19f.; 18,18; 22,17f.; 24,1.35 (28,4)	17,6	17,2; 22,17 (Ex 32,13c)	15,18; 17,2–14 (10x) (Ex 2,24; 6,4.5; Lev 26,42)
Sara–Isaak		17,16; 25,11; 26,3f.21.24.29 (28,1.3.6)	26,22d (28,3)	26,4c.24c (28,3)	17,19 (2x).21 (Ex 2,24; 6,4.5; Lev 26,42)

---

133 Die ersten drei Buchstaben des Abrahamnamens werden bereits in Gen 17,4a vorgestellt, durch den singulären Einsatz der Gottesrede mit אני הנה ('א), und die Ankündigung des Folgenden als בריתי אתך ('בר). Das Neue der in V. 4b gegebenen Verheißung ist המון גוים ('המ), denn Vater (אב) ist Abram bereits seit Gen 16,15, das heißt gemäß der endkompositionellen Chronologie seit 13 Jahren (Gen 16,16; 17,1).

134 Hier kann an die »vorpriesterliche«, deuteronomistische Verbindung von ברך und רבה angeknüpft werden, die Gen 22,17; 26,4.24; Dt 7,13; 30,16 belegt ist. Spezifisch endkompositionell ist, dass Abram selbst und nicht erst seiner Nachkommenschaft die Mehrung verheißen ist. So wird auch die Mehrung Ismaels (Gen 16,10; 17,20) endkompositionell in die an Abram ergangene Verheißung eingebettet (Gen 17,2).

Tabelle 10: Das Wortfeld um ברא, ברכה *und* ברית

Themen-komplexe	√ברא	ברכה/ברך'√	√פרה (Kal/Hif)a	√רבה (Kal/Hif)b	Gottes ברית
Hagar–Ismael		17,20	17,20	*16,10*c *17,20*	
Jakob		28,1.3.6; 35,9; 48,3; ca. *30mal Gen 27–35*	28,3; 35,11; 48,4	28,3; 35,11; 48,4	(Ex 2,24; 6,4.5; Lev 26,42)
Israel in Ägypten		*ca 20mal Gen 39–50*	*41,52;* 47,27; Ex 1,7	47,27; Ex 1,7.10. *12. 20*	*Ex 19,5; 24,7f.;* 31,16; *34,10. 27f.;* weitere zahlreiche Belege in Lev–Dt (darunter Lev 26,9.15. 25.44f.)
nach dem Exodus	*Ex 34,10; Num 16,30*	Lev 9,22f.; Num 6,23–27; *zahlreiche weitere Belege in Ex–Dt*	Ex 23,20; Lev 26,9	Lev 26,9; Dt 1,10; 7,13; 8,1.13; 28,63; 30,5.16	

a Belege für פרי sind nicht berücksichtigt.

b Es sind nur diejenigen Belege aufgenommen, wo es um die Mehrung von Menschen oder Tieren geht (also z. B. nicht Gen 15,1).

c In den »nichtpriesterlichen« Verheißungen Gen 16,10; 22,17; 26,4.24 (ebenso in den Rückbezügen Ex 32,13; Jos 24,3) wird immer erst dem זרע, in den »priesterlichen« Verheißungen dagegen immer den Angeredeten die Mehrung verheißen.

d »Wir sind fruchtbar geworden (ופרינו) im Lande.«

Deutlich wird zunächst dreierlei: Die ברית ist traditionsgeschichtlich fest mit der Mosegeschichte verbunden, das Verb ברא mit dem schaffenden Handeln Gottes. Die Segensthematik dagegen ist traditionsgeschichtlich bereits fest in der Jakoberzählung verankert und wohl von da aus auch zu einem zentralen Motiv der Abrahamgeschichte geworden. Abraham wird (Gen 12,2f.; 14,19f.; 18,18; 22,17f.; 24,1.35 u.ö.) zum paradigmatisch Gesegneten. Diese Entwicklung wird von der Gen-17-Schicht ebenso vorausgesetzt wie das Ergehen von Sohnes-, Nachkommenschafts- und Landverheißung an Abraham, aber auch die Qualifikation der Landverheißung als ברית (Gen 15,18). Neu ist in dieser Schicht, dass Segen und Verheißungen durch *bewusste Wortwahl* in einen wesentlich größeren Rahmen gestellt werden, nämlich in den von der Schöpfung der Welt bis zur Offenbarung am Sinai und der künftigen herrlichen Wiederherstellung der Existenz Israels im Lande der Verheißung. *Sachlich* ist dies alles andere als ein Novum. Das Alte Testament sieht seiner »diesseitsbejahenden Grundstimmung gemäß« generell »den Bestand des Lebens, seinen Fortgang und seine Ausbreitung als Wirkung und sichtbares Zeichen des göttlichen Segens«.[135] Wenn die priesterliche Schicht als

---

135 Kedar-Kopfstein, Art. פרה, 748.

Quelle missverstanden würde, liefen zudem, wie aus der Tabelle ersichtlich wird, einige »priesterliche« Rückverweise ins Leere: Das beträfe den Verweis auf den Segen Abrahams Gen 28,4 ebenso wie die Verweise auf die Landverheißung an Isaak Ex 2,24; 6,4f. und Lev 26,42.

Mit dem Schöpfungsbericht von Gen 1, der den Menschen in das Zentrum der Schöpfung stellt und ihm bereits die Fülle des Segens zukommen lässt, sowie der als »Halten der ברית« bezeichneten Bewahrung Noahs (Gen 6,18), die durch den »Bogen in den Wolken« als ברית-Zeichen gegenüber Noah und seinen Nachkommen die dauerhafte Bestätigung des Schöpfungssegens betont, gibt es jetzt Anknüpfungspunkte, durch welche die Kontinuität göttlichen Segens von der Schöpfung an und durch ihre Gefährdung hindurch zum Ausdruck gebracht werden kann.

Dadurch, dass selbst in den »priesterlichen« Bezugnahmen auf den Schöpfungssegen im Exodusbuch das Verb ברא vermieden wird (Ex 20,11; 31,15),[136] ist eine klare Epochengliederung gegeben: Die Ätiologie des göttlichen Segens besteht in seinem Schöpfungswerk (ברא), die gegenwärtige Wirksamkeit desselben Segens manifestiert sich in der Aufrechterhaltung der göttlichen ברית. Dabei steht dem dreimaligen Schöpfungssegen in Gen 1,1–2,4 die dreistufige Entfaltung der ברית gegenüber:[137]

Tabelle 11: Die göttliche Schöpfungs- und Lebensordnung – ברא und ברית

	ברא	Gen 1,21f.	Gen 1,26f.; 5,1f.	Gen 1,1; 2,3f.
Gen 1,1–6,8	3 Objekte von ברא	Wassertiere und Vögel	Mensch, männlich und weiblich, als Gottes Ebenbild	Himmel und Erde
	3 Empfänger des Segens			Der siebente Tag
	Inhalt des Segens	Fruchtbarkeit und Mehrung, Füllen des Meeres	Fruchtbarkeit, Mehrung, Füllen der Erde, Herrschaft	Heiligung
Gen 6,9–Dt 34,12	ברית	Gen 6–11, zentral: 6,18; 8,17; 9,1–17	Gen 12–Ex 18, zentral: Gen 17	Ex 19–Dt 34, zentral: Ex 31,12–17; Lev 26
	3 Partner der ברית	Noah, seine Familie, und alles Fleisch, männlich und weiblich	Abraham und seine Nachkommenschaft	Die Kinder Israels
	3 Empfänger des Segens			

---

136 Es steht jeweils עשה. Dafür wird Ex 31,16 die Sabbatbewahrung als ברית qualifiziert.

137 Die dreistufige Entfaltung darf aber nicht als ein Nach- oder gar Gegeneinander verschiedener »Bünde« missverstanden werden. Vor allem die ברית mit den Israeliten enthält vielfältige Facetten und ist offen für vielfache Konkretisierungen: Die Erwähnungen einer ברית mit Levi bzw. den

Tabelle 11: Die göttliche Schöpfungs- und Lebensordnung – ברא *und* ברית

Gen 6,9–Dt 34,12	Inhalt des Segens	Fruchtbarkeit, Mehrung, Füllen der Erde, Herrschaft der Menschen über die Tiere	Fruchtbarkeit, Mehrung, Gottseinszusage, Landzusage, Königtum	Landzusage, Regen und Ernte zur rechten Zeit, Fülle, Sicherheit, Frieden, keine bösen Tiere, keine Feinde, Fruchtbarkeit, Mehrung, Gottes Wohnung, Gottseinszusage
	dominierender Aspekt der ברית	Selbstverpflichtung Gottes	Beiderseitige Verpflichtung	Verpflichtung Israels zur Gott entsprechenden Heiligkeit
	mit der ברית verbundenes Zeichen[a]	Der Bogen in den Wolken: אות ברית	Die Beschneidung: ברית *und* אות ברית	Der Sabbat: ברית *und* אות

a   Zur Verbindung dieser Zeichen durch die endkompositionelle Zahlensystematik siehe unten S. 352, mit Anm. 386 und 337.

Innerhalb des Pentateuch gehört Gen 17 damit auf eine Ebene nicht nur mit Gen 1 und 9, sondern auch mit Texten wie Ex 31,12–17 und Lev 26: Die Hoffnung auf eine gnädige Wende des Schicksals in der Nachexilszeit bedarf einer ברית, die weiter ausgreift als Sinai- und Moab-ברית. Die Abram-ברית von Gen 15 wird sowohl in Gen 17 als auch in Lev 26 inhaltlich aufgenommen. Während sie in Lev 26 durch die Jahre, in denen das Land wüst liegen und seine Sabbate nachholen wird, hindurch gültig bleiben soll, erscheint sie in Gen 17 als Teil der ewigen Schöpfungsordnung. Abra(ha)m, bereits in der nichtpriesterlichen Genesis durch die »Gerechtigkeit« mit Noah assoziiert, wird nun nicht nur als makellos (תמים) und als vor Jhwh Wandelnder mit Noah parallelisiert, sondern steht als Gebotsempfänger, als Partner in der ברית und als Empfänger eines Zeichens im Zentrum der Zuwendung Gottes, und zwar gleichermaßen als Sohn Noahs und Vater Israels.

Die theologische Schlüsselstellung von Gen 17 besteht in der Verbindung des Schöpfungssegens mit im nichtpriesterlichen Tetrateuch sowie im Deuteronomium vorgegebenen ברית-Vorstellungen: Die schichtspezifische (d.h. spezifisch

---

Priestern (Num 25,13; Jer 33,21 MT; Mal 2,4.8; Neh 13,29) gehören ebenso hierher wie die ברית mit David (2 Sam 23,5; Jer 33,21 MT; Ps 89,4).

Dadurch, dass der wichtige endkompositionelle ברית-Text Num 25,10–13 die 40-jährige Wüstenwanderung beschließt, bietet der Pentateuch eine Ätiologie der gesamten Geschichte Israels: Der Frühzeit und Königszeit entspricht das Zeitalter der Patriarchen, mit Abraham als Typos Davids. Der Ägyptenaufenthalt entspricht dem Exil; Exodus und Sinaioffenbarung erinnern an die Hochstimmung nach dem Niedergang des neubabylonischen Reiches. Den Querelen der frühnachexilischen Zeit aber entspricht die 40-jährige Wüstenwanderung, die sich von dem utopischen Ideal so deutlich unterscheidet. An deren Ende steht die Zusicherung der ewigen Priestertums-ברית an Pinchas, der für die Israeliten Sühne geschaffen hat.

Vom Königtum als Inhalt des Segens ist in Lev 26 und Num 25 nicht mehr die Rede (im Unterschied zu Gen 17,6.16; 35,11), wohl aber vom Frieden (Lev 26,6; Num 6,26; 25,12).

»priesterliche«, weil ausschließlich in »P«-Schicht-Texten belegbare) Schöpfungsse-
gen- bzw. Noah-ברית wird mit dem als ברית interpretierten Landschwur (V. 7 f.)
und dem als ברית qualifizierten Beschneidungsgebot (V. 10–14) in Zusammenhang
gebracht.

Sowohl die Berufung auf den Landschwur als auch das Verständnis von ברית
als Gebot (Fremdverpflichtung) sind charakteristisch für die deuteronomistische
Literatur. Genau diese Verbindung von »priesterlicher« und »deuteronomistischer«
Theologie gilt aber als sicheres Zeichen für Texte, die der Pentateuch-Endredaktion
angehören.

Statt von einem Bundeskapitel kann man also auch von einem Verbindungs-
Kapitel sprechen: In Gen 17 werden die Väterverheißungen mit dem Schöpfungssegen zusammengebunden, und die verschiedenen Aspekte von ברית als Verheißung und Gebot in Namensgebung und Beschneidung gebündelt.[138]

2.2. Das Verhältnis zu Gen 15

Auf dem Boden der Urkundenhypothese ist Gen 17 immer wieder als Zusammenfassung der älteren Verheißungen, unter Einschluss von Gen 15, interpretiert worden.[139] Vor allem die Zusicherung an Abra(ha)m, zum Vater eines Gewimmels von
Völkern zu werden,[140] stellt eine Steigerung der vorendkompositionellen Verheißungen dar. Inhaltlich wird damit auf Gen 12,2 angespielt, wo Abram bereits verheißen worden war, zu einem großen Volk gemacht zu werden.[141] Diese
Verheißung wird für Ismael aufrechterhalten, der ebenfalls zum גוי גדול werden
soll.[142] Abraham selbst wird dagegen Vater eines Gewimmels von Völkern
(המון גוים), und selbst aus Jakob sollen noch ein Volk, ja eine Völkerversammlung

---

138 Köckert, Leben, 42, spricht, da die Beschneidung sowohl אות ברית als auch ברית ist, von einem
      somit hergestellten »gewissermaßen ausbalancierten Gegenüber von Gottes Wort und menschli-
      cher Gehorsamstat«.

139 Für eine Übersicht über die in Gen 17,1 f. 3–8.16–21 aufgenommenen älteren Traditionen aus der
      Erzelterngeschichte unter Einschluss von Gen 15 im Rahmen der Urkundenhypothese vgl. para-
      digmatisch (in Anknüpfung an McEvenue, Style, 150 f.) Seebass, Genesis II/1, 112 f. Seebass dis-
      kutiert auch die Möglichkeit, »daß Kap. 17 keine selbständige Erzählung ist, sondern lediglich
      den vorgegebenen Zusammenhang ergänzt« (ebd.). Seiner Ansicht nach geht aber keines der dafür
      anzuführenden Argumente »über die Feststellung hinaus, daß Kap. 17 dem Kontext gut eingepaßt
      ist« (a. a. O., 113). Da Seebass V. 1–8.15–22.26–27a.24 f. einer einzigen Schicht zuweist (»P^G«,
      a. a. O., 112), wäre es nur konsequent, dieselbe Schicht auch für die Einpassung in den Kontext
      verantwortlich zu machen, mithin sie als Kompositionsschicht zu interpretieren. Zur wenig über-
      zeugenden literarkritischen Trennung zwischen Beschneidungsordnung und Ausführungsbericht
      (V. 24–27; V. 23, der durch die Ausführungsformel den Übergang schafft, muss dann gestrichen
      werden), die Seebass im Anschluss an Klaus Grünwaldt vornimmt, siehe unten S. 374 ff.

140 Gen 17,4 f.

141 Vgl. noch Gen 18,18.

142 Gen 17,20; 21,18.

hervorgehen,[143] womit wohl Israel und seine Stämme gemeint sind.[144] Ausgehend von Gen 17 bezeichnet deshalb Albert de Pury Abraham als den »ökumenischen« Ahnvater[145], im Gegensatz zum königlichen Ahnvater David,[146] zum religiösen Ahnvater Mose und zum nationalen Ahnvater Jakob.[147] Und im Rahmen seiner großangelegten synchronen Untersuchung zum Verhältnis der ברית von Gen 15 und Gen 17 stellt Paul R. Williamson fest: »Just as Genesis 15 expands upon the programmatic promise of nationhood, so [...] Genesis 17 [...] upon the dimension of international blessing.«[148]

In der Tat ist die Existenz des Volkes Israel in seinem Land das Thema von Gen 15, wo in zwei Szenen die Väterverheißungen ein erstes Mal zusammengefasst werden. Gott stellt sich in der ersten Szene als der »Schild« Abrahams vor, der ihm für die Zukunft großen Lohn verheißt, das heißt zunächst einen Sohn, dann aber Nachkommenschaft so zahlreich, dass sie nicht zu zählen ist. Auch die zweite Szene, die »ברית zwischen den Stücken«, beginnt mit einer Selbstvorstellung Gottes, nun als desjenigen, der Abraham aus Ur-Kasdim herausgeführt hat; sie gipfelt in der abschließend mit כרת ברית konstatierten feierlichen Landverheißung für Abrahams Nachkommen, deren Gültigkeit über Väterzeit, Ägypenaufenthalt, Exodus und Wüste bis hin zur Rückkehr in das Land der Hetiter, Perisiter, Amoriter, Kanaaniter, Girgaschiter und Jebusiter zugesagt wird.

Gottseins-, Nachkommens- und Landverheißung

Expliziter Gegenstand der ברית in Gen 15 ist damit allein die Landverheißung – das entspricht der Tradition vom Landgabeschwur an die Väter in Ägypten bzw. die Erzväter. Beistands- oder Gottseinszusage und Nachkommensverheißung gehören aber in den engsten Zusammenhang damit.

Das Gewicht in Gen 17 liegt dagegen auf der Verheißung von Nachkommenschaft – in der schichtspezifischen Terminologie auf der Fruchtbarkeit und Mehrung. Mit der Fruchtbarkeit verbunden ist auch das Zeichen der ברית, das Abram gegeben wird – die Beschneidung am männlichen Glied, dem Fruchtbarkeitssym-

---

143 Gen 35,11.
144 So Jacob, Genesis, 665. Seebass, Genesis II/2, 443, will an die »Sammlung der Verstreuten« denken. Beide fassen damit גוי und קהל גוים in Gen 35,11, im Zusammenhang der Verleihung des Israel-Namens an Jakob, als *hendiadyoin* für das Volk Israel.
145 »ancêtre œcuménique« (de Pury, choix, 113) bzw. »ecumenical ancestor« (so ders., Ancestor, im Aufsatztitel).
146 Dietrich, Typologie, 53, fasst das Verhältnis der beiden Ahnväter in einem Satz zusammen: »David ist groß, Abraham aber ist größer!«
147 de Pury, choix, 106–111.114, vergleicht die drei Ahnväter Mose, Jakob und Abraham, und stellt fest, dass Abraham von diesen dreien zwar traditionsgeschichtlich der jüngste, dafür bei weitem der Populärste und Geliebteste sei, und das nicht nur im Judentum, sondern auch im Christentum und im Islam (a.a.O., 111). Auch Nocquet, Abraham, 44–53, sieht in Abraham eine Überbietung von Mose und Jakob.
148 Williamson, Abraham, 144.

bol schlechthin. Gegen die Assoziierung des Beschneidungsgebotes mit der Fruchtbarkeit ist zwar das gebotene Alter von 8 Tagen vorgebracht worden. Dabei wird
allerdings gern übersehen, dass Abraham selbst beschnitten wird, bevor er seinen
Sohn Isaak zeugt (um Missverständnisse auszuschließen: »An eben diesem Tag«,
V. 26). In diesem Sohn wird die überaus große Fruchtbarkeit und Mehrung zu
einem Haufen von Völkern ihre Erfüllung finden.

Die Nachkommensverheißung wird, in Steigerung gegenüber den »vorpriesterlichen« Texten (Gen 12; 13; 15), auf die Zusage erweitert, Vater eines Gewimmels von Völkern zu werden – deshalb der neue Name, deshalb die Ankündigung
dieser überaus großen Mehrung, die auch das Königtum impliziert, als neu gegebene ברית (Gen 17,2.4–6). Bereits der Schöpfungssegen hat die Zusage an alle
Lebewesen, fruchtbar zu sein und sich zu mehren ebenso enthalten wie die Zusage
an die Menschheit, sich die Erde untertan zu machen. Auch die Eigenschaft, Vater
eines Gewimmels von Völkern zu werden, teilt Abraham mit anderen, namentlich
den Söhnen und Enkeln Noahs. Durch die endkompositionelle Chronologie ist
Abraham im übrigen sogar noch deren Zeitgenosse.

Der Inhalt der Landverheißung von Gen 15 wird sprachlich systematisiert: In
Gen 17,8f. steht nicht ודור רביעי[149] im Sg., sondern לדרתם im Plural (V. 9),[150] um
die von Diskontinuität geprägte Epochengliederung von Gen 15 in die von Kontinuität geprägte Chronologie der Endkomposition integrieren zu können. Die
bereits gegebene Landgabe-ברית wird, nach der Geburt Ismaels und vor der Geburt
Isaaks, als ewige ברית bestätigt.

»Dieses Land« (Gen 12,7; 15,7.18) wird nicht mehr durch Aufzählung von
zwei Grenzpunkten und insgesamt 10 Völkerschaften (15,18–21) näher bestimmt,
sondern als »das Land deines Fremdlingseins«, als »Land Kanaans«. Letzteres ist
durch Gen 10 für die Väterzeit bereits hinreichend bekannt, kann aber später
(Num 34) für die Israeliten noch konkretisiert werden.

Die Fremdlingschaft erscheint nun, in der Endkomposition der Genesis, nicht
mehr als der große Einschnitt wie noch in Gen 15,13: Abraham selbst ist jetzt
schon, wenn auch als »Fürst Gottes« (Gen 23,6), »Fremdling«; und auch an der
Ägyptenzeit wird zunächst das Positive hervorgehoben werden: Die Israeliten
bekommen Land zugewiesen (אחז/אחזה Gen 47,11.27)[151] und werden zu einem
überaus großen Volk (Gen 47,27; Ex 1,7).

---

149 Bereits die Zählung stünde, da die Gen-17-Schicht דור für »Generation« gebraucht, zum genealo-
     gischen System der Endkomposition im Widerspruch. Dagegen weist Wilfried Warning, der die
     insgesamt sieben singularischen und pluralischen Belege für דור in der Genesis zusammenzählt,
     darauf hin, dass in der Endgestalt דור רביעי genau der vierte Beleg in der Genesis ist, während der
     fünfte bis siebente in Gen 17,7.9.12 stehen (Warning, Genesis 15, 6f. sowie ders., Genesis 17,
     103f.). Allerdings ist seine Methode, aus der zahlenmäßigen Verteilung von Worten unter Ver-
     nachlässigung ihres jeweils verschiedenen Bedeutungsgehaltes Schlussfolgerungen zu ziehen, pro-
     blematisch.

150 Vgl. auch הדור הזה Gen 7,1 »J«, mit בדרתיו Gen 6,9 »P«.

151 Vgl. dazu Lux, Erfahrung, 167–171.

Mit der chronologischen Ordnung der Verheißungsinhalte, die Konrad Schmid in Gen 17,6–8 gesehen hat, erscheinen die vier Perioden von Gen 15,7–21 nun als vier Etappen auf dem Weg zur Erfüllung der Abraham-ברית: Die an Abraham ergehende Mehrungsverheißung (Gen 17,6) erfüllt sich in Ägypten; die Zusage, Israels Gott zu sein (V.7), erfüllt sich im Exodus; die Landverheißung (V.8) erfüllt sich erst danach, jenseits des Pentateuch.[152] Bereits in der ersten Periode aber, in der Zeit Abrahams, wird das Zeichen dieser ברית gegeben: Die Beschneidung.[153]

Königtumsverheißung

Gen 17,6 והפרתי אתך במאד מאד ונתתיך לגוים ומלכים ממך יצאו:
Inhaltlich neu ist gegenüber Gen 15 die Zusage des Königtums, auch wenn bereits die »vorpriesterliche« Abrahamgeschichte als David-Typologie lesbar ist.[154] Von Königen ist in der Genesis bisher lediglich in Kap. 14 die Rede gewesen: Abram hatte dort bereits vier Großkönige, darunter einen von Völkern (גוים), geschlagen (V.1.9.15), und unter fünf Kleinkönigen wenigstens den von Sodom selbst ausziehen (יצא V.8.17) sehen. Schließlich hatte ihm der zehnte König Speis und Trank zum Segen des Schöpfergottes herausgebracht (יצא hi. V.18f.). Aber erst jetzt, Jahre später, wird ihm, im Vokabular des Schöpfungssegens, verheißen, selbst zu Völkern (גוים) zu werden, auf dass Könige *aus ihm selbst* hervorgehen (יצא).

Diese Zusage wird nicht durch eine Tierzeremonie in Kraft gesetzt, sondern durch den Akt der Namensgebung – ein Akt, der traditionell im Zusammenhang der Erhebung eines Vasallen zum König steht.[155] Theologisch interpretiert heißt dies: Die ברית kommt einzig und allein durch Gottes Wort zustande, so wie die Installierung eines Vasallen allein durch den Großkönig erfolgen kann. Dieses Wort ist als performativer Sprechakt schöpferisches Wort. Die Bestätigung des

---

152 K.Schmid, Erzväter, 258, zu Gen 17,6–8: »Diese drei Aspekte sind chronologisch geordnet und verweisen auf die nachfolgende Geschichte Israels voraus.«
153 Aufgenommen wird diese Systematik wohl in Jos 5,2–9. Danach waren beim Auszug aus Ägypten alle Söhne Israels beschnitten, und bei der Landnahme wird die Beschneidung der in der Wüste aufgewachsenen Generation nachgeholt. Bereits innerhalb des Pentateuch wird die Beschneidung als Voraussetzung für die Teilnahme am Passafest und damit für die Zugehörigkeit zum Volk des Exodus eingeschärft, im unmittelbaren Kontext des Aufbruchs aus Ägypten (Ex 12,40–50); auch die Beschneidung durch Josua gehört zur Vorbereitung des Passafestes (Jos 5,10–12). Über den Ägyptenaufenthalt selbst gibt es keine Nachricht; da es zur Allgemeinbildung gehörte, dass auch die Ägypter beschnitten waren (vgl. nur Jer 9,24f.), braucht dies wohl nicht zu verwundern. Womöglich wendet sich die Einführung der Beschneidung bei Abraham und das Schweigen von der Beschneidung in Ägypten gegen die von Herodot in der zweiten Hälfte des 5. Jhs. kolportierte Meinung, die Syrer hätten die Beschneidung von den Ägyptern gelernt (Historien II,104,3).
154 Dietrich, Typologie. Vgl. die angedeuteten (Völkeraufzählung Gen 15,19–21) oder expliziten (Tore der Feinde besitzen, Gen 22,17, vgl. 24,60) Herrschaftsverheißungen.
155 Vgl. nur 2 Kön 22,23, wo der Pharao dem Eljakim als König von Juda den Namen Jojakim gibt, und 2 Kön 24,17, wo der König von Babel Mattanja in Zedekia umbenennt.

ברית-Verhältnisses durch den Angeredeten erfolgt durch die Annahme des neuen Namens.

Diese *neue* Zusage, das Königtum, bezieht sich auf die von Abraham in Zukunft ausgehende Nachkommenschaft, nicht auf Ismael. Die Verheißung wird deshalb für Sara(i) wiederholt, die ebenfalls einen Thronnamen, שרה erhält, der sie als Fürstin (kanaan.) oder als Königin (akkad.) ausweist (V.15f.).[156] Da neben Fruchtbarkeit und Mehrung auch die Herrschaft bereits zum Schöpfungssegen gehört,[157] erhält aber auch Ismael eine eigene Herrschaftsverheißung.[158]

Somit werden alle drei Verheißungsthemen von Gen 15, die zugleich Kernthemen der Erzelterngeschichte sind, in Gen 17 aufgenommen: Die Selbstvorstellung Gottes als den Erzeltern persönlich beistehend, die Verheißung eines Sohnes und zahlreicher Nachkommen sowie die Zusage des Landbesitzes.

Während die volle Selbstvorstellung Jhwhs erst in Ägypten bzw. am Sinai erfolgen soll, erfährt die Nachkommensverheißung bereits in Gen 17 ihre höchste Steigerung, deren Erfüllung bei den Israeliten in Ägypten konstatiert werden wird. Die Gen 15 im Mittelpunkt stehende Landverheißung wird nicht wiederholt; vielmehr wird ihre Gültigkeit Gen 17,7f. in schichtspezifischer Terminologie bestätigt.[159] Neu gegenüber Gen 15 ist die ausdrückliche Zusage des Königtums für Abrahams Nachkommen.

Dass das Verständnis von Gen 17, anders als bei Gen 15, im Grunde den Endtext voraussetzt, wird auch an der Personnage deutlich: Während in Gen 15 außer dem enigmatischen Eliezer kein möglicher Erbe namentlich erwähnt wird, so dass, synchron gelesen, bereits die Geburt Ismaels die Erfüllung der Verheißung von Gen 15,4 bedeuten könnte,[160] ist hier, in Gen 17, das Verhältnis von Isaak und Ismael ausdrücklich thematisiert. Darum soll es im nun folgenden Abschnitt gehen.

---

156 Vgl. Skinner, Genesis, 237f.
157 Waschke, Menschenbild, 24.
158 Siehe unten S.312f.
159 Analoges gilt für das Verhältnis von Ex 6 zu Ex 3f., vgl. Blum, Pentateuch, 232–242. Gerade die angebliche »Doppelung« Gen 15; 17 sowie die angeblich »nachklappende Wiederholung« von Ex 3f. in Ex 6 gelten aber bei Werner H. Schmidt immer noch als die stärksten Argumente »für ursprüngliche Eigenständigkeit der Priesterschrift« (W.H.Schmidt, Einführung, 97). Im Grunde widerlegt Schmidt seine eigene Argumentation zwei Seiten später (a.a.O., 99): »Die Priesterschrift liebt eben Wiederaufnahmen bzw. Wiederholungen und hat bei aller Freiheit im Umgang mit Überlieferung die verschiedenen Geschichtstraditionen nicht ganz zur homogenen Einheit gestalten können, so daß gewisse Unebenheiten bestehen bleiben.«
160 Ska, remarques, 112.

3. Das Verhältnis von Ismael und Isaak

Die vieldiskutierte Differenzierung der Adressaten der ברית in Gen 17 lässt sich ausgehend vom Beschneidungsgebot erhellen. Grundsätzlich gilt, dass Ismael als legitimer Sohn und Hausangehöriger Abrahams an der ברית, deren Empfänger Abraham ist, Anteil hat: Doch er hat jeweils einen geringeren Anteil, wie sich teils aus Gen 17, teils aus dem weiteren Kontext ergibt.[161]

Dass Ismael in der Gen-17-Schicht legitimer Sohn des Erzvaters ist, hat zuletzt Irmtraud Fischer herausgestellt: In Gen 16,3 (»P«) »konstituiert die Übergabe Hagars durch Sara ein rechtsgültiges Eheverhältnis mit dem Erzvater [...] In der Folge wird Ismael bei und für Abraham geboren (V15f.), [...] Gen 17,18ff. betrachtet Ismael als legitimen Sohn des Erzvaters, den er durch die Beschneidung in seinen Bund hineinnimmt.«[162]

3.1. Die Beschneidung Ismaels und Isaaks

Beschnitten sind beide, Ismael und Isaak. Dies entspricht der für die Israeliten wohlbekannten Tatsache, dass die Beschneidung, ob Bundeszeichen oder nicht, Israel/Juda mit Edom und den arabischen Stämmen sowie weiteren Völkern (nicht zuletzt Moabitern und Ammonitern)[163] verbindet. Doch betrifft die Beschneidungsordnung, anders als das Zeichen des Bogens in den Wolken oder das Tötungsverbot, nicht die ganze Menschheit.[164]

Für die Geschichtsauffassung Israels stand fest, dass die Landesbewohner zur Zeit Abrahams wenigstens teilweise unbeschnitten waren: Neben den Sichemiten, die laut Gen 34 unbeschnitten gewesen sein sollen, ist an die Philister[165] zu erinnern, die in der biblischen Literatur geradezu ein Synonym für die Unbeschnittenen darstellen.[166] Obwohl in der Genesis außer Kap. 17, der darauf Bezug nehmenden Beschneidung Isaaks 21,4 und eben Kap. 34 sonst nicht von der

---

161 Vgl. zu »Ismael im Abrahambund (Gen 17)« vor allem Naumann, Ismael, 79–169.

162 Fischer, Erzeltern, 369. Dass alle Nachkommen Abrahams an der ברית teilhaben, El Shaddaj kennen, beschnitten werden und Anteil am verheißenen Land bekommen, sieht auch de Pury, choix, 113. Zur Zuordnung von Isaak und Ismael in Gen 17,19–21 vgl. grundsätzlich Naumann, Ismael, 137–151.

163 Vgl. Jer 9,24f.

164 Naumann, Ismael, 151, nennt deshalb in Bezug auf die Beschneidung in Gen 17 »die Abrahamiden« eine »von den Weltvölkern unterschiedene kollektive Identitätsebene«. Für de Pury, choix, 113, konstituieren die Nachkommen Abrahams den »deuxième circle«, zwischen dem Menschheitskreis mit Noah, dem Ahnen der ganzen Menschheit, und dem Israelkreis mit Jakob.

165 Dass das Auftreten der Philister nicht zur Datierung Abrahams in die Mitte des zweiten Jahrtausends passt, ist schon lange aufgefallen, stellt aber nur dann ein Problem dar, wenn aus den betreffenden Erzählungen ein historischer Kern eruiert werden soll.

166 Ri 15,18; 1 Sam 14,6; 31,4 // 1 Chr 10,4; vgl. Ri 14,3; 1 Sam 17,26.36; 18,25.27; 2 Sam 1,20; 3,14.

Beschneidung die Rede ist, liegt es nahe, dass sich wenigstens die Verfasser der
Endkomposition des Pentateuch die Vorbevölkerung des Landes Kanaans insgesamt unbeschnitten vorgestellt haben – wenn Abraham »jeden Sohn eines Fremden, der nicht von deinem (Abrahams) Samen ist« (Gen 17,12), beschneiden soll.
In dem menschheitsgeschichtlichen Entwurf der Endkomposition des Pentateuch
ist Abraham der erste, der beschnitten wird.

Dass die historische Wahrscheinlichkeit eher dafür spricht, dass die »Kanaaniter« beschnitten waren[167] und ein Reflex des historischen Wissens darum sich
womöglich sogar noch im Bericht von der Beschneidung des Volkes Israel nach
Betreten des Landes Kanaans Jos 5,2–9 niedergeschlagen hat, ändert nichts daran:
Auch in Jos 5 fehlt jeder verbale Hinweis darauf, dass neben Israel auch andere
Völker die Beschneidung praktizieren – während die Rede von der Beschneidung
der Herzen Dt 10,16; 30,6 in der Tat impliziert, dass die Beschneidung der Vorhaut etwas Selbstverständliches und eigentlich nicht der Rede Wertes darstellt.

Ebenso bekannt ist, dass in den meisten nichtisraelitischen Völkern die
Beschneidung nicht gleich bei den Neugeborenen im Säuglingsalter erfolgt. Dass
Ismael bei seiner Beschneidung bereits 13 Jahre alt ist, besitzt damit auch eine ätiologische Komponente.[168] Die Beschneidung am achten Lebenstag ist Isaak vorbehalten.[169]

3.2. Die Verheißungen für die Kinder Abrahams

Analog zur unterschiedlichen Tradition der Beschneidung sind nun die verheißenen Inhalte der ברית zu differenzieren. Teilweise erfolgt die Differenzierung bereits
im Kapitel selbst. Die Verheißung V.6, dass Könige aus Abraham hervorgehen sollen, gilt nach Gen 17,16 in erster Linie für Isaak,[170] nach V.20 dagegen nur
abgeschwächt auch für Ismael: 12 Fürsten werden von ihm abstammen. Der
Schöpfungssegen andererseits, aus dem Fruchtbarkeit und Mehrung fließen, gilt
für beide gleichermaßen: Beide werden im Übermaß (במאד מאד) zahlreich werden.[171]

---

167 Bei den Phöniziern wurde die Sitte der Beschneidung aber seit dem 5. Jahrhundert zurückge-
     drängt (Herodot, Historien II,104; Grünwaldt, Exil, 48f.).

168 Die Notiz bei Josephus, Ant 1,214, die Araber beschnitten ihre Söhne immer mit 13 Jahren, ist
     allerdings eine von Gen 17,25 (vgl. Ant 1,193) ausgehende Verallgemeinerung. Historisch lässt
     sich kein einheitliches Beschneidungsalter für die arabischen Stämme angeben; von der Säuglings-
     beschneidung bis zur Beschneidung in der Pubertät dürfte alles vorgekommen sein, vgl. Nau-
     mann, Ismael, 147–149.

169 Zu der jüdischen Tradition, welche die Keturasöhne – im Unterschied zu Ismael – zur Beschnei-
     dung am achten Tag verpflichtet weiß, vgl. Naumann, Ismael, 150f.

170 Siehe oben S.307.

171 Die Verheißung an Abraham Gen 17,2.6 wird für Ismael V.20 wiederholt; an Israel erfüllt sie sich
     Ex 1,7.

Die Frage, was Isaak Ismael letztlich voraus habe, kann nicht allein aus Gen 17 erschlossen werden. Die Antwort ergibt sich vielmehr erst aus der weiteren Geschichte:

Auch die Gottseinszusage gilt prinzipiell für Israel wie für die anderen Abrahamiden; schließlich sind im Pentateuch etwa auch die Midianiter nach Gen 25,2 auf Abraham zurückzuführen – dem Priester Midians wird immerhin ein positiv gewertetes Gottesverhältnis zugetraut.[172] Im eigentlichen Sinne wird aber auch diese Verheißung nur in Israel erfüllt werden.

Landverheißung

Auf der Ebene der Endkomposition ist klar, dass auch Ismael Land bekommt Seine Nachkommen werden, nach den Toledot Ismaels, »von Chawila bis Schur, was gegenüber von Ägypten ist, wenn du nach Assur gehst«, wohnen.[173] Also zwischen Nil und Euphrat, im Land der Kadmoniter (Gen 15,18.19), nach Gen 15,18–21 das Land der Verheißung für das erste Geschlecht.[174] Israel bekommt dagegen das Land der kanaanäischen Völker, die Gen 15,20f. aufgezählt sind,[175] das Land der Verheißung für das vierte Geschlecht, das eigentliche Land Kanaans.[176]

Abraham, dem Vater Isaaks und Ismaels, wird deshalb, in für den Pentateuch singulärer Formulierung, die Übergabe des *ganzen* Landes Kanaans bestätigt (Gen 17,8). Der einzige weitere Beleg für כל־ארץ כנען ist der redaktionelle Rückbezug in Jos 24,3 MT.[177] Im Land Kanaans im weitesten Sinne ist natürlich auch für die nichtisraelitischen Nachkommen Abrahams Platz.[178]

---

172 Ex 18. Hieran knüpft letztlich die sog. Midianiterhypothese zum Ursprung der Jhwh-Religion an. Vgl. Albertz, Religionsgeschichte I, 83f.

173 Gen 25,18. Zum historisch-geographischen Hintergrund der Größe »Ismael« vgl. Knauf, Ismael.

174 Kallai, Boundaries, 79f.

175 Nach Dt 7,1 bewohnen Kanaaniter, Perisiter, Hethiter, Jebusiter, Amoriter, Girgaschiter und Hiwiter das zukünftige Land Israels, vgl. Ex 3,8.17; 23,23.28; 33,2; 34,11; Num 13,29; Dt 20,17 (alles »nichtpriesterlich«, d. h. vorendkompositionell).

176 »Land Kanaans« als zukünftiges Land Israels im Pentateuch steht Ex 6,4; 16,35; Lev 14,34; 18,3; 25,38; Num 13,2.17; 32,30.32; 33,51; 34,2.29; 35,10.14 und Dt 32,49 (alles endkompositionell). Hethiter, Jebusiter, Amoriter, Girgaschiter, Hiwiter u.a. werden Gen 10,15–18 als Kinder Kanaans klassifiziert. Von den »sieben Völkern« von Dt 7,1 fehlen damit nur die Perisiter in der Völkertafel Gen 10 – womöglich wurden sie von der Endkomposition als »Bewohner der offenen Dörfer« verstanden (vgl. Westermann, BK I/2, 206).

177 Die LXX-Übersetzung von Jos 24,3 (ἐν πάσῃ τῇ γῇ) lässt den Schluss zu, dass im ursprünglich »vorpriesterlichen« Kapitel Jos 24 stattdessen בכל הארץ gestanden haben dürfte. Ebenso sekundär ist »Land Kanaans« Jos 13,4 LXX (MT: »das ganze Land der Kanaaniter«).

178 Siehe auch unten im Abschnitt zur geographischen Systematisierung S. 344f.

Königtumsverheißung

Wie in Gen 15 offen bleibt, wann die Orakel von V. 13–16 ihre Erfüllung finden, so bleibt in Gen 17 offen, wann die Königtumsverheißung erfüllt wird. Die zwischen dem Umfeld Hebrons und demjenigen Jerusalems changierende Lokalisierung lässt zunächst an einen denken, nämlich David.[179]

Doch schon lange vor David hat es nach der Genesis Könige gegeben, die »aus Abraham« hervorgegangen sind: Acht Könige Edoms werden, anachronistisch, bereits in der Genesis aufgezählt (Gen 36,32–39). Gerade angesichts der Tatsache, dass Hebron in der mutmaßlichen Entstehungszeit der Endkomposition des Pentateuch, also um 400 v. Chr., idumäisch war,[180] wird man die Rolle dieser edomitischen Königsliste nicht geringschätzen dürfen. Doch kann keinesfalls allein jene die Erfüllung der Verheißung an Abraham darstellen. Denn die Verheißung wird gegenüber Jakob, der den Segen Abrahams und Isaaks weiterträgt, in ganz ähnlicher Formulierung wieder aufgenommen (Gen 35,11).

Die Königtumsverheißung von Gen 35,11 bezieht sich auf alle Nachkommen Jakobs, diejenige von Gen 17,16 auf alle Nachkommen Saras, also Israel und Edom, diejenige von Gen 17,6 aber auf alle Nachkommen *Abrahams*, also auch der Keturasöhne,[181] mit einer Modifikation für den noch von *Abram* gezeugten Ismael, dem zwölf Fürstentümer verheißen sind.[182] So wie die zwölf Fürsten der Ismaeliter (Gen 25,16) lange vor den zwölf Fürsten der Israeliten (Num 1,16) auftreten, besitzt auch Esau den zeitlichen Vorrang vor Jakob, wie durch die Bemerkung Gen 36,31 klar wird: »Dies sind die Könige, die im Land Edoms herrschten, noch bevor ein König über die Israeliten herrschte.«

Die Frage, welchem Stamm in Israel das Königtum gebühren wird, bleibt aber im Pentateuch bewusst offen: Der erstgeborene Ruben disqualifiziert sich selbst, indem er, wie später Absalom (2 Sam 16,21 f.) und Adonia (2 Kön 2,13–23), durch das Gewinnen der Nebenfrau des Vaters seinen Anspruch anmeldet (Gen 35,22). Josef bringt sich selbst ins Abseits durch seine Träume (Gen 37,8: »Willst du etwa König über uns sein?«), die sich dann doch noch zu seinen Lebzeiten bestätigen. Er bleibt somit ein ernsthafter Kandidat. Für Juda spräche kaum ein einziger Erzählzug, dafür aber der Judaspruch Gen 49,8–12. Die Führergestalten in Ex–Dt, Mose und Aaron, werden beide zu Levi gerechnet. Mit Josua übernimmt dann, am veritablen Schluss des Pentateuch, ein Ephraimit, also ein Nachkomme Josefs, die Führung. Ephraim und Manasse sind auch die einzigen Ururenkel Abrahams, denen in der Genesis ein eigener Segen zuteil wird. Sie werden in Israel zum Paradigma des Segens (Gen 48,20).

---

179 Dietrich, Typologie, 43.
180 Knauf, Umfang, 155, nennt deshalb das Patriarchengrab ein »judäisch-idumäisch-arabisches Stammesheiligtum«.
181 Auf der Ebene der Endkomposition sind die fünf Könige der Midianiter Num 31,8 zu erwähnen, die nach Gen 25,1 f.4 Nachkommen Abrahams und der Ketura wären.
182 Gen 17,20.

Wer die Verheißung des Königtums erben wird, darf die Geschichte entscheiden bzw. der Leser, der seine Geschichte kennt. Man hat zu Recht in Abraham einen David-Typos gesehen, der für die nachexilische Zeit teilweise dessen Funktionen übernommen hat. Doch er ist nicht nur der Stammvater Judas, sondern auch derjenige Israels. Und die immer pluralisch formulierte Verheißung von Königen an die Erzväter[183] spricht gegen die Engführung auf David und seine Dynastie. Nicht zuletzt ist Gen 35,11 im Unterschied zu Gen 17 eindeutig lokalisiert – in Bethel, was sich historisch eher mit dem Königtum Jerobeams, des Sohnes Nebats, als mit dem Davids verbinden ließe.

Anders als in den Königebüchern, und anders als in der Chronik, wird im Pentateuch das legitime Königtum nicht auf Juda und das Haus Davids eingeschränkt. Anders als die Königebücher und die Chronik ist der Pentateuch auch die heilige Schrift der Samaritaner, für die es im Übrigen einen auf die davidische Dynastie zulaufenden »Enneateuch« nie gegeben hat. Im Blick auf die vorhandenen Anspielungen auf die Davidtradition innerhalb der Abrahamgeschichte kann man deshalb mit Walter Dietrich nur resümieren: »David ist groß, Abraham aber ist größer.«[184]

Priestertumsverheißung

Entsprechendes gilt für das zadokidische Priestertum. Die Endkompositions-Schicht, die sich u. a. in Gen 17 manifestiert, steht über den sich insbesondere in Ex–Dt spiegelnden Konflikten zwischen Leviten und Priestern, Mosaiden und Aaroniden, vielleicht auch Eliden und Zadokiden, die bisweilen auf Konflikte innerhalb des frühnachexilischen Juda zurückgeführt werden.[185] Der oder die Verfasser der Endkomposition des Pentateuch haben das Kunststück fertig gebracht, diese ganzen Konflikte um Priestertum und Kult zu bloßen Episoden der Wüstenwanderung zu machen, die ihrerseits zum bloßen Vor-, Zwischen- und Nachspiel der zentralen Sinaioffenbarung degradiert wird. Umfasst wird das Ganze durch eine übergreifende Verheißungstheologie: Die offen bleibende Landverheißung umspannt den Pentateuch von der Vätergeschichte bis zum Vorabend der Landnahme (Dt 34,4). Die Landverheißung als ברית wird aber in ein noch umfassenderes Geschehen eingebettet – in das segnende Schöpfungshandeln Gottes, das in der Heiligung des siebenten Tages gipfelt.

Wenn auch eine Engführung auf die Zadokiden im Pentateuch vermieden wird, ist doch auch das Priestertum allein der Isaak-Linie vorbehalten. Die Priestertumsverheißung wird aber noch nicht Isaak selbst zuteil, auch nicht Jakob, Levi, Kehat, Amram, Aaron oder Eleasar, sondern erst Pinchas. Dieser steht, als einziger im Pentateuch genannter Angehöriger der zweiten Generation nach Mose und

---

183 Gen 17,6.16; 35,11, alles Endkompositionsschicht – anders Bileam, Num 24,17.
184 Dietrich, Typologie, 53.
185 Vgl. etwa Achenbach, Priester.

Aaron, für die Zukunft, nach den Querelen der frühnachexilischen Zeit.[186] Erst nach dem Ausblick auf Exil und Rückkehr in Lev 26, und erst nach 40 Jahren Strafe in der Wüste, empfängt Pinchas die durch den שלום charakterisierte Verheißung ewigen Priestertums für sich und seine Nachkommenschaft – weil er für die Israeliten Sühne geschafft hat (Num 25,13).

Das Jubiläenbuch, das nur die vorsinaitische Geschichte umfasst, verortet dagegen die Verheißung des »priesterlichen Königreichs« (vgl. Ex 19,6) bereits bei der Geburt Isaaks.[187]

Angesichts der abgestuften Partizipation Ismaels an der ברית Gottes darf also nicht aus dem Blick geraten, dass es zentrale Themen der »priesterlichen« Theologie gibt, mit denen Ismael nichts zu tun hat.[188]

Dies sind neben dem Priestertum, der Sühne, ja den vielfältigen detaillierten gesetzlichen Bestimmungen der Tora, weitere Themen, die logischerweise in Gen 17 fehlen, aber bereits in Gen 2,1–3 angedeutet sind: Der Sabbat und die Heiligkeit, Heiligung und Heiligtum. Diese sind allein Israel zugehörig. Nicht zuletzt angesichts von deren Bedeutung für die priesterliche Theologie und deren zentraler Funktion im Pentateuch kann es nicht angemessen sein, zu behaupten, die ברית Gottes mit Israel sei bei »P« schon zu Abraham hin verlagert.

4. Die Beschneidung Abrahams als Verbindungs-Glied zwischen Schöpfungsordnung und der Israel gegebenen Tora

Zwischen den beiden anderen Zeichen,[189] die im Zusammenhang mit Gottes Segen und Gottes ברית stehen, dem Bogen in den Wolken und dem Sabbat, steht die Beschneidung:

Während der Bogen in den Wolken allein Gottes Werk ist, besteht die Heiligung des Sabbats, den die Israeliten halten sollen, gerade darin, in Entsprechung zu Gottes Ruhen am siebenten Schöpfungstag keine »Werksarbeit« zu tun. Auch die Beschneidung ist kein Werk, das sich jemand selbst anrechnen kann, da sie im Normalfall bereits im Säuglingsalter vollzogen werden kann. Am Zeichen der Beschneidung wird die Zugehörigkeit zu Abrahams Kindern erkennbar; aus dieser wiederum folgt die Zugehörigkeit zu den Erben der Verheißung.

---

186 Num 25,10–13.
187 Jub 16,18. Jub 33,20 wird die Verheißung dann ausdrücklich auf Israel bezogen.
188 Albert de Pury möchte den Ausschluss Ismaels vom Priestetum bereits in Gen 17,18f. sehen. Der Ausspruch Abrahams »Möge doch Ismael leben vor dir« sei demnach die Bitte, Ismael möge »become YHWH's priest«, und werde von Gott abgelehnt (de Pury, Ancestor, 172). Was das Jubiläenbuch erst bei der Geburt Isaaks einbringt, sieht de Pury (ebd.) schon als Aussage von Gen 17: »Sarah's son Isaac will beget those descendents of Abraham who are destined to become YHWH's priestly nation.«
189 Siehe auch die tabellarische Übersicht oben S. 303.

Nicht aus der Befolgung des Gebotes folgt die Geltung der Verheißung, sondern aus der Zugehörigkeit zum von Gott erwählten Volk, dem besondere Verheißungen gegeben sind. Dennoch kann die Nichtbefolgung bestimmter Gebote zum Ausschluss aus der Gemeinschaft führen (Gen 17,14).

Als göttliches Gebot ist die Beschneidung biblisch nur in Gen 17; 21,4 und Lev 12,3 bezeugt. Doch lassen Ez 44,7 sowie Ex 12,44.48 darauf schließen, dass die Beschneidung bei kultfähigen Männern vorausgesetzt wurde. Dass die Beschneidung nun als göttliches Gebot so hervorgehoben wird, dürfte historisch mit der Gefahr eines Traditionsabbruchs zusammenhängen. Grünwaldt hat wahrscheinlich gemacht, dass das Nachlassen der Beschneidung bei den Phöniziern im 5. Jh. v. Chr.[190] den historischen Hintergrund für die Beschneidungsordnung von Gen 17,10–14 bildet,[191] was mit dem angenommenen Datum der Endkomposition des Pentateuch um 400 v. Chr.[192] gut zusammenstimmt.[193] Exemplarisch für das Halten des ganzen Gesetzes konnte die Praxis der Beschneidung allerdings erst in der fortgeschrittenen hellenistisch-römischen Zeit stehen – so ist im Neuen Testament häufiger von der Beschneidung die Rede als im wesentlich umfangreicheren Alten Testament; allein im Römer- und Galaterbrief wird die Beschneidung häufiger erwähnt als im gesamten Pentateuch.[194]

Als Beweis der Treue zu Gottes Gebot gilt alttestamentlich eher die Beschneidung der Herzen (Dt 10,6; 30,6; Jer 4,4): Diese steht für die unmittelbare Forderung an jeden Einzelnen. Die Beschneidung der Vorhaut dagegen vollzieht (wenigstens nach Gen 17; 21) der Vater an seinem Sohn; sie ist also für den Vater zu haltendes Gebot, für den Sohn aber Zeichen der ברית und damit Zeichen der von Gott gegebenen Verheißungen. Gottes Treue wird sich nach dem Elend des Exils letztlich darin erweisen, dass er sich trotz der Unbeschnittenheit der Herzen (Lev 26,41) seiner Verheißung (ברית) nicht zuletzt gegenüber Abraham erinnern wird (Lev 26,42):

וזכרתי את־בריתי יעקוב ואף את־בריתי יצחק ואף
את־בריתי אברהם אזכר והארץ אזכר:

Die Forderung nach einer Beschneidung der Herzen ist im Pentateuch, wie bei Jeremia, Israel-spezifisch – die Beschneidung des Fleisches dagegen nicht. Sie ist nicht das Zeichen, an dem man Israel erkennen kann – das ist der Sabbat. Sie ist auch nicht das Zeichen, das der gesamten Menschheit, ja »allem Fleisch« gegeben

---

190 Herodot, Historien II,104.

191 Grünwaldt, Exil, 47–55.

192 D.h., im zeitlichen Umfeld der Mission Esras, bei dessen Spätdatierung unter Artaxerxes II., s. unten »Datierung der Endkomposition«, S. 377–379.

193 Die Erwähnung von Hausklaven und für Geld gekauften Sklaven Gen 17,12.13.23.27 lässt sich nach Grünwaldt aus sozialgeschichtlichen Erwägungen »am ehesten nach Nehemias Schuldenerlaß verstehen, also gegen Ende des 5. Jh.« (Grünwaldt, Exil, 56).

194 περιτέμνω und περιτομή kommen im gesamten Pentateuch (LXX) 24mal, allein im Römer- und Galaterbrief dagegen 28mal vor. Im gesamten Alten Testament ohne Apokryphen gibt es 36, mit Apokryphen 43 Belege, im wesentlich kleineren Neuen Testament dagegen 53 Belege.

ist – das ist der Bogen in den Wolken. Die Beschneidung ist das Zeichen, das Abraham, dem ebenbürtigen Nachfahren Noahs und Vater Israels und anderer Völker, gegeben wird und das er selbst seinen Söhnen weiterzugeben hat – wie die Tora vom Vater an den Sohn weitergegeben werden soll.

Als Beschneidung am Zeugungsglied ist dieses Zeichen mit dem Schöpfungssegen durch das Thema Fruchtbarkeit verbunden. Gerade das Zeugen der Nachkommen bestimmt die kompositionelle Struktur der Genesis: Diese ist durch die Toledot[195], also durch die Zeugungen, gegliedert, ebenso wie das chronologische System der Genesis bis hin zur Zeugung Abrams mit den Zeugungsdaten rechnet.[196] Selbst die Gottebenbildlichkeit wird nach Gen 5,1.3 durch die Zeugung weitergegeben.

Durch die Einführung der Beschneidung vor der *Zeugung* Isaaks, deshalb unbedingt vor der nochmaligen Geburtsankündigung in Gen 18, wird Isaaks Stellung doppelt hervorgehoben: Er ist der erste gemäß Gottes Verheißung von einem beschnittenen Vater *Gezeugte*, und er ist der erste gemäß Gottes Gebot am achten Tag nach der Geburt *Beschnittene*. Dadurch steht nun, mit der Einführung der Beschneidung am achten Tag, nicht mehr die Zeugung, sondern die Geburt des Nachkommen im Mittelpunkt.

5. Zusammenfassung: Die ברית Gottes als theologisches Zentrum der Genesis

Der Anfang theologischer Rede von der ברית liegt, wie Lothar Perlitt gezeigt hat, im Deuteronomium.[197] Bereits dort entsprechen sich Gottes Verpflichtung zum Segen und die Verpflichtung Israels auf die Gebote.[198]

Angesichts des Scheiterns Israels in der Katastrophe des Exils wird der Landschwur an die Ägyptengeneration als Landgabe-ברית Gottes auf Abraham vorverlagert (Gen 15). Die Landverheißung an Abraham, Isaak und Jakob wird zum Bindeglied zwischen Erzvätern und Exodus; die Erzelterngeschichte wird dem sich herausbildenden großen, Ex*, Num*, Dt*, Jos*, Ri*, Sam* und Kön* umfassenden Geschichtskanon[199] vorangestellt.

Die Gen-17-Schicht oder Endkompositionsschicht des Pentateuch[200] geht aber noch einen Schritt weiter: Die Landverheißung an die Väter wird terminolo-

---

195 Siehe unten S. 365 ff.
196 Siehe unten S. 347 ff.
197 Perlitt, Bundestheologie, 54–128.
198 Nach Perlitt, Bundestheologie, 284 füllt dieser Begriff bereits in der deuteronomischen Predigt »den ganzen Raum zwischen ›Evangelium‹ und Gesetz aus«.
199 Man vergleiche die literarhistorischen Hypothesen der »K^D« Blums, des »JG« Zengers, der »R^{JE}« Kratz', der »Hexateuchredaktion« Ottos, des »Yahwist« Van Seters', der »D-version« Johnstones.
200 Konventionell: »P«-Schicht.

gisch in den Schöpfungssegen eingebettet. Das Buch Genesis beschreibt somit die Entfaltung dieses Schöpfungssegens und die Treue Gottes zu seiner ברית. Gott steht zu seinem Segen an die Menschheit durch die Sintflut hindurch, und Gott steht zu seinem Segen an Abraham, auch wenn dieser seine Frauen und seine Söhne immer wieder preisgibt. Die endgültige Vollendung der Schöpfungsordnung steht in der Genesis wie im Pentateuch noch aus, sie ist aber für die Zukunft verheißen.

Die Menschen werden durch die als ברית qualifizierten Verheißungen gegenüber Noah und Abraham zu Partnern Gottes. Daraus folgt die menschliche Verantwortung für ein der Schöpfungsordnung gemäßes Leben.

Gott dagegen verheißt mit der ברית seinen segensvollen Beistand. Dieser Segen äußert sich in der Gegenwart Gottes, in reicher Nachkommenschaft, in reichem (Land-)Besitz und in Herrschaft. Ohne reiche Nachkommenschaft sind Landbesitz und Herrschaft nichts wert, ohne Land ist schließlich auch die Königsherrschaft nichts wert. Die segensvolle Zuwendung Gottes ist nicht teilbar. Insofern ist auf das Abzählen verschiedener »Bünde« zu verzichten. Theologisch gesprochen: Das Wort Gottes ist Eines. Grammatikalisch: ברית ist unzählbar. Die Frage lautet nicht: Von der wievielten ברית ist Gen 17,4, und von der wievielten ist etwa Gen 17,19 die Rede? Sondern: Welche der mit Gottes ברית verbundenen Inhalte wurden bereits Noah, und welche wurden Abram, und welche werden erst Abrahams Nachkommen zugesagt?

Die theologische Einheit der ברית Gottes liegt jenseits von Stand, Besitz oder Geschlecht in Gottes Gegenwart. Gott ist auch bei den Unfruchtbaren, bei Land- und Machtlosen, bei Fremdlingen und Unterdrückten.

Das Buch Genesis ist den Büchern Ex–Dt, in denen es um die Erwählung Israels, die verheißungsvolle, aber auch gefährliche Nähe Gottes und die zu haltenden Gebote geht, vorangestellt. Beim Bruch und der Wiederherstellung der Sinai-ברית, am Ende des »Heiligkeitsgesetzes« und damit der »Sinaitora«, aber auch am Ende des Deuteronomiums mit der Moab-ברית wird immer wieder an die Treue Gottes zu seinen Verheißungen erinnert, welche den Ungehorsam seines Volkes überdauert.

Das Buch Genesis ist das Buch dieser Verheißungen. Die ברית Gottes ist der theologische Zentralbegriff für diese Verheißungen. Eine ברית ist etwas, das man nicht zurücknehmen kann. Die ברית Gottes ist eine unbedingte Verpflichtung – für Gott, und für den Menschen.

Während im Deuteronomium in erster Linie von der Verpflichtung der Israeliten und in Gen 15 in erster Linie von der Verpflichtung Gottes die Rede ist, wird im Beschneidungsgebot von Gen 17 beides miteinander verbunden. Die Beschneidung am Zeugungsglied ist einerseits, für den Vater, Gebots-ברית im deuteronomistischen Sinne. Und sie ist andererseits, für den Sohn, Zeichen der Verheißungs-ברית im Sinne von Gen 15.

III. Gen 17 und die kompositionelle Systematisierung der Genesis

Nachdem die Bedeutung des zentralen theologischen Anliegens von Gen 17, die fortdauernde Aufrechterhaltung der ברית Gottes mit der Menschheit im Allgemeinen und mit Abraham und seinen Nachkommen im Besonderen im Kontext einer Theologie der Genesis thematisiert worden ist, geht es nun um die Ortsbestimmung von Gen 17 im onomatologischen, genealogischen, geographischen und chronologischen System der Genesis, des Pentateuch und darüber hinaus. Dabei kann jeweils an Beobachtungen angeknüpft werden, die in den ersten beiden Hauptteilen gemacht worden sind und auf die verwiesen werden kann.

1. Die onomatologische Epochengliederung

Vielen Lesern, die das Buch Genesis das erste Mal von Anfang an lesen, fällt auf, dass Abraham und Sara zu Beginn so ungewohnte Namensformen haben, und sie fragen sich, ob sie wohl in der Bibel immer so heißen. Erst in Gen 17 wird diese Frage geklärt. Von da an sollen sie nicht mehr Abram und Sarai, sondern nur noch Abraham und Sara genannt werden. Da diese Namensänderung in absoluter Konsequenz durch den gesamten Pentateuch durchgeführt wird, muss diese Konsequenz ein wichtiges Anliegen der Pentateuchredaktion gewesen sein. Die Pentateuchredaktion hat damit ohne Zweifel diesem Kapitel auch onomatologisch eine Schlüsselstellung verschafft, welche die theologische Bedeutung dieses Kapitels voll bestätigt.

Neben dieser *schichtübergreifenden* Epochengliederung ist das Kapitel durch die Selbstvorstellung Jhwhs als El Schaddai auch in eine *schichtinterne* onomatologische Epochengliederung eingereiht, die aber für den Leser erst Ex 6,3, also im Zusammenhang der Auszugsgeschichte, im Kontext der Offenbarung Jhwhs vor Mose und den Israeliten in Ägypten und in der Wüste, transparent gemacht wird.

1.1. Abram–Abraham und Sarai–Sara

Es ist als wahrscheinlich anzunehmen, dass es ursprünglich ein Nebeneinander von je zwei dialektalen Namensformen gegeben haben wird, in verschiedenen Schreibweisen, die wohl auch eine leicht abweichende Aussprache anzeigen: Abram neben Abraham, Sarai neben Sara.

Das Nebeneinander verschiedener Schreibweisen findet sich auch bei anderen Namen, wobei sich die Chronik in Namensfragen als besonders konsequent erweist.[201] Hier wird sogar die gebotene Namensänderung Jakobs in »Israel« (Gen 32,29; 35,10) zum Anlass genommen, den Jakobsnamen von Beginn an durch »Israel« zu ersetzen.[202] Bei Abram–Abraham und Sarai–Sara handelt es sich aber, wie gesagt, nicht um verschiedene Namen, wie sie sonst bei Thronnamen von (Vasallen-)Königen die Regel sind, sondern um Varianten eines und desselben Namens. Doch die naheliegende Vermutung, dass die verschiedenen Formen verschiedenen Quellen zuzuordnen sind, lässt sich anhand des Textbefundes im Pentateuch nicht verifizieren. Sowohl in den um Lot als auch in den um Ismael kreisenden Erzählungen, in »J«, »E«, »D« oder »P«, soweit man sie als Quellen zu postulieren geneigt ist, begegnet zuerst, vor Gen 17,5, ausschließlich die eine, nach Gen 17,5 ausschließlich die andere Namensform.

Da es nicht angeht, eine Abram-Sarai-Quelle Gen 11–16 von einer Abraham-Sara-Quelle Gen 18–2 Kön 25 zu unterscheiden, muss die Literarkritik in diesem Falle kapitulieren und sieht, in seltener Einmütigkeit, einen systematisierenden Redaktor am Werk.[203]

Hier ist somit einer der ganz wenigen Punkte erreicht, an dem Konsens unter allen diachron arbeitenden Exegeten besteht. An diesen Kontext anknüpfend, lassen sich einige nicht unwesentliche Feststellungen treffen, die ebenfalls auf Konsens hoffen lassen:

1. Es *existiert* das Phänomen einer systematisierenden Redaktion in der Genesis und im Pentateuch.
2. Diese systematisierende Redaktion vermag punktuell in den vorgegebenen Text einzugreifen, ohne die sprachliche Struktur zu verändern und die erzählerische Kohärenz zu beeinträchtigen.

---

201 So steht die wahrscheinlich jüngere *plene*-Schreibung für David, דויד, etwa in 1 Kön 11 2mal (V. 2.36) neben 14mal דוד; dagegen steht in 1/2 Sam immer דוד, in der Chronik immer דויד. An Stelle der Schreibweise ישחק Ps 105,9 für Isaak steht in der Parallele 1 Chr 16,16 die auch im Pentateuch durchgängig gebrauchte Schreibweise יצחק. Der Sohn Jozadaqs und Hohepriester an der Seite Serubbabels heißt im Esrabuch ישוע, bei Haggai und Sacharja dagegen יהושע, was schon eine deutlichere Differenz bedeutet; in der Chronik bezeichnen beide Namensformen unterschiedliche Personen. Der Sohn Jozadaqs wird in der Chronik nicht erwähnt; die Namensform יהושע ist, wie im Buch Josua, dem Sohn Nuns vorbehalten (1 Chr 7,27, vgl. dagegen Neh 8,18), während Priester oder Leviten aus späterer Zeit, wie in Esr–Neh, ישוע heißen (1 Chr 24,11; 2 Chr 31,15).

202 Die einzige Ausnahme bildet 1 Chr 16,13.17 (// Ps 105,6.10), wo Jakob schlecht durch »Israel« zu ersetzen war, da er jeweils bereits im *parallelismus membrorum* zu Israel steht.

203 Leider scheint das Entdecken von Redaktionen spannender zu sein als die Erklärung offensichtlicher redaktioneller Eingriffe. So erklärt Ruppert, Genesis II, 80: »die redaktionelle Schreibweise Abram bleibt im Kommentar unberücksichtigt«, sowie, noch deutlicher, a.a.O., 82: »die Namensform Sarai bleibt als redaktionell im Kommentar unberücksichtigt«.

3. Diese systematisierende Redaktion verfährt nicht mit allen Namens- und terminologischen Fragen in gleicher Weise, sondern vermag sich auf bestimmte leserleitende
Systematisierungen zu beschränken.

Punkt 1 müsste alle redaktionsgeschichtlich am Pentateuch Arbeitenden freuen.
Punkt 2 allerdings dürfte diese Freude wieder dämpfen: Denn man vermag die
textlichen *Vorstufen* ausgerechnet in diesem Einzelfall, wo die Tatsache redaktioneller Arbeit unabweisbar ist, nicht aufgrund textinterner Spannungen und Brüche zu
rekonstruieren. Vielmehr entstehen die Spannungen ja erst, wenn man die Umbe-
nennungen von Abram in Abraham und Sarai in Sara mit dem Kapitel Gen 17 aus
literar- oder redaktionskritischer Motivation vom Kontext abhebt. Erst dann stehen die Namensformen in Gen 16 und in Gen 18 in unvermittelter Spannung
nebeneinander. Es bleibt nur die Möglichkeit, die Auslassung einer älteren Umbenennung an derselben oder an anderer Stelle zu postulieren, was das Problem nur
verlagern würde, oder anzunehmen, dass die in den einzelnen Texten ursprünglich
verwendeten Namen nicht mehr zu rekonstruieren sind. Man könnte natürlich
mutmaßen, der Abram-Name habe am Abram-Lot-Kreis gehangen: In den Kapiteln 13; 14 und 19 steht 15mal Abram und nur zweimal Abraham; aber wenn man
das eng mit Kap. 19 verbundene Kap. 18 einbezieht, sieht das schon wieder anders
aus. Da die Umbenennung vor der Geburt Isaaks erfolgt, ist in der gesamten Isaak-
und Jakobgeschichte immer nur von Abraham, nie mehr von Abram die Rede.
Dasselbe gilt aber auch für die Ismaelperikopen in Gen 21 und 25, obwohl Ismael
(Gen 16) als Sohn Abrams geboren wurde. Namentlich für Gen 15 ist aufgrund
der zahlreichen Querverweise auf dieses Kapitel vermutet worden, dass dort
ursprünglich die Namensform Abraham gestanden habe. Die Grenzen jeder Vorstufenrekonstruktion zeigen sich also auch hier.

Mit Hilfe von archäologisch zutage geförderten Quellen ist allerdings eine
Annäherung an den ursprünglich unterschiedlichen Sitz im Leben beider Namensformen möglich. Denn die Namensform אברם ist ein außerordentlich häufiger
Name im Alten Orient des dritten bis ersten vorchristlichen Jahrtausends gewesen,[204] die erweiterte Form אברהם dagegen ist, wenn überhaupt, sehr spärlich
außerisraelitisch belegt.[205] Letztere dominiert stattdessen im biblischen und nach-
biblischen Schrifttum, so dass es nahe liegt, anzunehmen, dass diese Langform
schon von Beginn an mit der judäischen Abrahamtradition verbunden, also der
traditionelle Name des Lokalhelden von Hebron wie des Vaters von Isaak gewesen
war.

»Abram« hätte damit stärker »weltgeschichtlichen«, »Abraham« mehr »regio-
nalgeschichtlichen« Charakter. Mit dem Befund, dass die Namensform »Abram«
eine weit verbreitete im Alten Orient war – mit entsprechend vielfältigen Identifi-

---

204 Thompson, Historicity, 22–36. Sein Fazit lautet »that the name אברם is a West Semitic name of
   quite common sort, and can be expected to appear wherever we find names from West Semitic
   peoples« (a.a.O., 35).
205 Thompson, Historicity, 31f.

zierungsmöglichkeiten –, während die Namensform »Abraham« vorwiegend im israelitischen Kontext (und davon abhängig in der Wirkungsgeschichte) belegt ist, passt in der Tat eine Beobachtung zusammen, die von der traditionellen Quellenkritik zunächst unabhängig bleibt: Demnach könnte der »urgeschichtliche Abraham«, also der Noachide, in dem genealogischen Sondergut, das der Endkomposition vorgelegen hat, schon immer Abram geheißen haben. Denn dieses historiographische Sondergut wurde nicht nur im Pentateuch, sondern auch unter anderem im Genesis-Apokryphon und in der Chronik verwendet, in weiterentwickelter Form im Jubiläenbuch sowie in anderer frühjüdischer und frühchristlicher Literatur.[206] Alle diese Werke stellen Abraham ebenfalls in einen urgeschichtlichen Kontext, und die meisten verwenden ebenfalls den Abram-Namen – das aramäische Genesis-Apokryphon, soweit es erhalten ist, sogar ausschließlich. Das Jubiläenbuch weiß sogar eine Begründung für den Abram-Namen in der mesopotamischen Heimat Abrams, die mit der angenommenen Bedeutung »Der Vater ist erhaben« in Verbindung gebracht werden kann: Abram wird nach seinem gleichnamigen Großvater mütterlicherseits benannt,[207] der vor seiner Geburt gestorben war.[208]

Während die Informationen des Jubiläenbuches auf das Bedürfnis nach Füllung von Lücken im genealogischen System zurückgehen, bleibt die Frage nach dem konkreten Aussehen der Vorstufen der kanonischen Genesis hochgradig hypothetisch.

Doch ist die Frage, wer die Systematisierung vorgenommen hat, relativ eindeutig zu beantworten: Es ist dieselbe »Hand«, oder, genauer, dieselbe »Schreibstube«[209], welche die Verse Gen 17,5.15 und damit das Kapitel Gen 17 eingefügt hat, die also für »the last major compositional layer in the history of the formation of the book«[210] verantwortlich ist.

Durch die Systematisierung der Namensformen wird, in kreativer Aufnahme vorgegebener Varianten, eine klare Epochengliederung erreicht. Die konsequente »Namensregelung« bei Abram–Abraham und Sarai–Sara steht in untrennbarem Zusammenhang mit der »priesterlichen« Kompositionsschicht: Die Urgeschichte reicht eigentlich bis Gen 16,16, bis zur Geburt Ismaels, während die Erzelterngeschichte, mit den bekannten Namen der bereits traditionell gewordenen Trias

---

206 Insbesondere die verschiedenen Versionen (hebräisch, syrisch, armenisch) der *tabula patriarcharum mulierum* bezeugen die getrennte Überlieferung derartiger Stoffe, vgl. zu dieser Gattung Berger, Jubiläen, 288.294.

207 Dieser Abram war nach Jub 11,14 der Vater von Edna, der Frau Terachs und Mutter Abrams, und Schwager bzw. Bruder (vgl. Berger, Jubiläen, 389, Anm.15a und b) Nahors, des Vaters Terachs. Der Verdopplung von Nahor im genealogischen System der Genesis entspricht damit im Jubiläenbuch und den genealogischen Sonderüberlieferungen die Verdopplung seines Bruders Abram.

208 Jub 11,15; Berger, Jubiläen, 389, verweist auf weitere Belege.

209 Vgl. Blum, Pentateuch, 224.

210 So die vielleicht Konsens ermöglichende Bezeichnung des priesterlichen Materials in der Genesis durch Carr, Fractures, 40.

»Abraham«, »Isaak« und »Jakob«, auch mit »Sara« (vgl. Jes 51,2), erst mit der Abraham-ברית von Gen 17 beginnt.

Bevor der Wirkungsgeschichte der Systematisierung weiter nachgegangen
wird, soll aber noch die unter Punkt 3 oben (S. 320) getroffene Feststellung belegt
werden:

Die Redaktoren sind nicht mit allen Namen derart konsequent verfahren wie
bei Abraham und Sara. Auf die Gottesbezeichnungen wird unten noch zurückzukommen sein. Aber auch bei »Jakob« und »Israel« liegt der Fall anders, da es sich
um völlig verschiedene Namen handelt, die miteinander identifiziert werden. Israel
ist und bleibt in erster Linie Volksname, Jakob ist und bleibt in erster Linie Perso-
nenname. Die Namensgebung erfolgt erst nach der Geburt seiner 12 Söhne; diese
werden dadurch als Jakobs Söhne zu Kindern Israels. Erst vom Buch Exodus an,
also vom Moment der endgültigen Konstituierung des Volkes Israels, wird weitgehend konsequent zwischen dem Volksnamen »Israel« und dem Personennamen
»Jakob«[211] differenziert.[212] Dies entspricht sozusagen spiegelbildlich der »Inkonse-
quenz« in der Verwendung der Gottesbezeichnungen in der Genesis: »El Schaddai«
ist der vormosaischen Zeit vorbehalten, wechselt dort aber mit den verschiedensten
Bezeichnungen, während von Ex 3 an der Jhwh-Name klar vorherrscht.

Mit dem Buch Exodus beginnt die *Geschichte Jhwhs, des Gottes Israels, mit
Israel, dem Volk Jhwhs*. Das Buch Genesis bietet die Vorgeschichte dieses Verhältnisses, das klassisch mit der sogenannten zweiseitigen Bundesformel und der
Erkenntnisformel zusammengefasst wird (beides erstmals Ex 6,7). Während der
Israelname durch Gott verliehen wird und das Volk Israel sich in Ägypten erst konstituiert, ist Jhwh mit dem Schöpfer aus Gen 1 identisch und entscheidet frei,
wem er sich wie zu erkennen geben will.

Mit der Aufsparung der Offenbarung des Gottesnamens für die Mosezeit hat
im übrigen auch die Einführung der Namensform »Hoschea (הושע) bin Nun«
Num 13,8 zu tun, die unmittelbar darauf für veraltet erklärt wird, da Mose ihm
seinen (Jhwh-haltigen) Namen Josua (יהושע) gegeben hatte (Num 13,16). Damit
wird dem Prinzip der Endkomposition[213] Rechnung getragen, dass es in vormosai-
scher Zeit keine Jhwh-haltigen Personennamen gegeben habe.[214] Deutlich wird
dies in den zum Teil erfundenen Namen der Namenslisten des Numeribuches:
Unter den 24 Namen und Vatersnamen der Stammesfürsten von Num 1,5–15, die
Num 2; 7 und 10 jeweils wieder auftauchen, und die nur teilweise an traditionelle
Sippennamen gebunden sind, begegnet kein einziger Jhwh-haltiger Name, dafür

---

211 Ex 1,1.5 und in den Aufzählungen der »Patriarchentrias« im Pentateuch (außer Ex 32,13).

212 Mit Ausnahme der poetischen Texte in Num 23f. und Dt 32f. sowie Ex 19,3, wo jeweils Jakob im
     Parallelismus neben Israel auch der Bezeichnung des Volkes dient.

213 Otto, Hexateuch, 26.60f., rechnet die beiden genannten Stellen seiner »Pentateuchredaktion« zu.

214 Allerdings scheinen die für Juda Gen 29,35 und für Josef 30,24 bei der Namensgebung angegebe-
     nen Etymologien in beiden Namen ein theophores Element (ה)יֹ hören zu wollen. Die Mutter
     von Mose und Aaron, Jochebed, hat eindeutig einen Jhwh-haltigen Namen, der aber erstmals
     Ex 6,20 (sowie Num 26,59), nach der Namensoffenbarung an Mose, erwähnt wird.

gibt es acht El-haltige und drei Schaddai-haltige Namen – שדיאור[215], צורישדי[216] und עמישדי[217]. Letztere sind um so auffälliger, als es die einzigen Schaddai-haltigen Namen in der ganzen hebräischen Bibel sind. Während die Schaddai-haltigen Namen in Numeri eine künstliche religionsgeschichtliche Konstruktion darstellen,[218] besitzt »El« einen onomatologischen Ansatzpunkt in der »vorpriesterlichen« Erzelterngeschichte, der die tatsächliche Religionsgeschichte reflektiert: Der »El«-haltige Name »Israel«[219] (vgl. auch »Bethel«, »Ismael« u.a.) gilt bis heute als religionsgeschichtlicher Hinweis für eine El-Verehrung der Vorfahren Israels.[220]

1.2. Reflexe der Umbenennung innerhalb der hebräischen Bibel

Die Entstehung von Gen 17 und dessen Einfügung an dieser Stelle setzt die Verbindung von Urgeschichte und Erzelterngeschichte bereits voraus. Es wäre daher in diesem Zusammenhang von Interesse, wie diejenigen Texte mit der Namensproblematik umgehen, welche sich bereits auf die vorausgesetzte literarische Verbindung von Ur- und Erzelterngeschichte beziehen und in diesem Zusammenhang den Namen Abrahams erwähnen. Es handelt sich hier im hebräischen Kanon[221] lediglich um drei Abschnitte: Ps 104–105,[222] die »genealogische Vorhalle« der Chronik und das Bußgebet Neh 9. Alle drei Belege lassen die prägende Wirkung der Namensänderung von Gen 17,5 erkennen:

Die Psalmen 104–105 scheinen in ihrer Zuordnung im Psalter die kanonische Abfolge von Ur-, Erzeltern- und Exodusgeschichte bereits vorauszusetzen.[223] In Ps 105 (sowie in der Parallele 1 Chr 16) wird der Väterbund zunächst (V.9) mit den Vokabeln der Bezugnahmen im Deuteronomium[224] referiert. Dies sollte,

---

215 Num 1,5; 2,10; 7,30.35; 10,18. Ob dieser Name als Schaddai-haltig angesehen werden kann, ist allerdings wegen der masoretischen Punktation (mit שׁ) fraglich.

216 Num 1,6; 2,12; 7,36.41; 10,19. Diesen Simeoniten macht Jdt 8,1 LXX (anders die Vg) zum Stammvater der Judith.

217 Num 1,12; 2,25; 7,66.71; 10,25.

218 Gegen die früher häufig vertretene vorstaatliche Herkunft der Liste haben Kellermann, Priesterschrift, 155–159 sowie Knauf, El, 25, berechtigten Einspruch erhoben; ihnen schließen sich Kökkert, Vätergott, 80 f., sowie Steins, Art. שדי, 1102, an.

219 »Israel« ist als Bezeichnung einer Menschengruppe immerhin seit dem 13. Jh. v. Chr. (Merneptah-Stele) epigraphisch belegt.

220 Zobel, Art. ישראל, 989; Albertz, Religionsgeschichte I, 117–120.

221 Außerhalb des Pentateuch.

222 Ps 105,1–15 mit der Parallele in 1 Chr 16,8–22.

223 Auch Ps 105 stellt wohl mit der seltenen Bezeichnung Ägyptens als »Land Chams« (V.23.27; sonst nur noch Ps 106,22 und Ps 78,51) eine solche Verbindung her.

224 שבועה sowie die dort für den Horeb- und Moabbund verwendete Wendung כרת ברית, (das Objekt des »Schneidens«, ברית, steht bereits im vorhergehenden Vers, Ps 105,8a) letztere für den Abra(ha)mbund sonst nur Gen 15,18 belegt. Den Erwähnungen im Deuteronomium entspricht auch, dass alle drei Väter aufgezählt werden: Abraham in Parallele zu Isaak und Jakob in Parallele zu Israel.

ebenso wie der maßgebliche Inhalt dieser ברית, nämlich die Landverheißung, an und für sich auf Gen 15 verweisen. Doch wo es darum geht, den Inhalt der Zusage zu zitieren, nämlich in V. 11, lehnt sich der Psalmist doch an die »richtige« Abraham-ברית an: Die Bezeichnung des dem Abraham gegebenen Landes als ארץ כנען entspricht Gen 17,8 (und Ex 6,3 f.), ebenso die Betonung der ewigen Gültigkeit der ברית[225] und die Charakterisierung des verheißenen Landes als Land der Fremdlingschaft[226]. Ob hier wirklich literarische Bezugnahmen im engeren Sinne vorliegen, ist angesichts der mit der Freiheit poetischer Sprache wiedergegebenen Geschehnisse schwer zu entscheiden. Keines der als solche eingeführten »Zitate«[227] lässt sich »verifizieren«. Die Namensnennung Abrahams im Zusammenhang mit dem für ihn und seinen Samen – dieser ist Ps 105,6 identisch mit den zum Lobpreis Aufgerufenen – geschlossenen Bund führt jedenfalls auf Gen 17, wo der Name »Abraham« bereits erteilt ist.

Im Bußgebet Neh 9 folgt ebenfalls auf das Lob des Schöpfers die Erinnerung an die Abraham-ברית.[228] Gerade für Neh 9,7 f. ist nun aber die Bezugnahme auf Gen 15 ganz wichtig. Es geht im Kontext des Nehemiabuches um das Schicksal der aus dem Exil zurückgekehrten judäischen Gemeinde im Land der Verheißung, es geht um den Gehorsam gegenüber den göttlichen Satzungen, Rechtssätzen und Geboten und um die Abgrenzung von den Fremdvölkern. Daher liegt die Berufung auf Gen 15, auf denjenigen Abrahambund, der mit der deuteronomistischen Geschichtskonzeption übereinstimmt, nahe. Und in der Tat, die Bezugnahmen sind ganz eindeutig:

Neh 9,8aβ zitiert den Bundesschluss von Gen 15,18 mitsamt der Charakterisierung des verheißenen Landes in Parallele zu Gen 15,19–21. Neh 9,8aα und Neh 9,8bβ schließen dieses Zitat ein. Dabei nehmen sie Bezug auf den theologisch so gewichtigen Vers Gen 15,6, welcher der Landgabe-ברית (Gen 15,7–21) unmittelbar vorausgeht, indem auf die Treue/den Glauben Abrahams (Neh 9,8aα und Gen 15,6b) sowie auf die Gerechtigkeit Gottes (Neh 9,8bβ und Gen 15,6b[229]) verwiesen wird.

---

225 עולם steht Ps 105,8.10 und Gen 17,7.8.13.19; dagegen nicht in Gen 15.

226 Mit der Wurzel גור: Ps 105,12 und Gen 17,8; dagegen ist der Terminus in Gen 15,13 Ägypten vorbehalten.

227 V. 11 und V. 15. 15b (»Propheten«) könnte ein Bezug zu Gen 20,7 vorliegen; die Bezeichnung »Meine Gesalbten« (Ps 105,15a) für die Erzväter ist singulär.
Ebenso wenig lässt sich ein Bezugstext von דבר קדשו (V. 43) in Genesis oder Exodus festmachen. Eindeutig ist nur der interne Verweis auf V. 8 f. desselben Psalms.

228 Dieses Bußgebet ist nach Rendtorff, Creation, 210–212, der einzige poetische Text im Alten Testament, der Schöpfung und Erzelterngeschichte in dieser Reihenfolge thematisiert.

229 Wenn Abram als Subjekt von Gen 15,6b verstanden wird (siehe S. 190 f.), sieht er die soeben erst ergangene Verheißung bereits als gerechte Tat Gottes an – während der Beter von Neh 9 bereits wissen, dass Gott die Nachkommens- wie die Landverheißung aufrecht erhalten hat (Neh 9,8bβ).
Auffällig bleibt, auch wenn Gen 15,6 mit LXX als auf die Gerechtigkeit Abrahams zielend verstanden wird, dass die Prädikation Gottes als צדיק im großen Bußgebet gerade im Zusammen-

Um aber sowohl dem zitierten Abram-Text von Gen 15 als auch dem traditionellen Abrahamnamen und dem Gebot von Gen 17,5 gerecht zu werden, heißt es eingangs in Neh 9,7: »Du hast den *Abram* erwählt und hast ihn aus Ur-Kasdim geführt und hast ihm den Namen *Abraham* gegeben.«

1 Chr 1–3 schließlich führt, in größter Treue zu seinen Quellen, die Linie von Adam bis zu den Davididen. Dabei wird in 1 Chr 1,24–27 die Generationenfolge von Sem bis Abram in genauer Entsprechung zu Gen 11,10–26 wiedergegeben, in welcher die »urgeschichtliche« Namensform »Abram« heißt. Seine Kinder werden dann schon unter seinen »vätergeschichtlichen« Namen »Abraham« gezählt (1 Chr 1,28). 1 Chr 1,27 wird der »urgeschichtliche« Abram mit dem »vätergeschichtlichen« Abraham ausdrücklich identifiziert. Der Chronist ist in dieser Angelegenheit auch insofern konsequent, als er vermeidet, Ismaels Geburt mit »Abraham« in Verbindung zu bringen.[230] Er nennt in der Aufzählung der Söhne Abrahams V. 28 Isaak zuerst [231] – denn erst an dem Tag, da Isaak als Abrahams Sohn angekündigt wird (Gen 17,19), würde Ismaels Vater Abraham genannt (Gen 17,5) werden. Erst zu Isaak gibt es denn auch die Zeugungsnotiz: »Abraham zeugte Isaak« (1 Chr 1,34a, vgl. Gen 25,19b). In Bezug auf die Umbenennung »Jakobs« in »Israel« ist der Chronist sogar konsequenter als die Genesis: Da es weder zu »Jakob« noch zu seinen Söhnen eine Zeugungs- oder Geburtsnotiz gibt, welche streng synchron die Nennung »Jakobs« verlangen würde, sondern der ganze betreffende Abschnitt (1 Chr 1,34b–2,2) aus Gen 35,22–36,43 schöpft,[232] heißt der Vater der Söhne Israels hier von Anfang an »Israel«. So sollte er zu diesem Zeitpunkt nach Gen 32,29; 35,10 auch im Buch Genesis heißen, was aus den oben (S. 322) genannten Gründen nicht der Fall ist.

Das Ergebnis lässt an Deutlichkeit nichts zu wünschen übrig. Während Ps 105 der kanonischen Verweisstruktur folgt und sich an den Text von Gen 17 verweisen lässt, muss in Neh 9, wo tatsächlich auf Gen 15 Bezug genommen wer-

---

hang der Abra(ha)m-בְּרִית erfolgt. Erst im Schlussteil, Neh 9,33, wird sie wieder als zusammenfassende Kategorie des Gotteshandelns über die Zeiten hinweg aufgegriffen, und auch hier steht sie im Zusammenhang mit einer Form der Wurzel אמן: Das Tun Gottes ist אמת, was ihm entspricht, insofern er gerecht ist – das Tun der Beter war Frevel, was dem entsprach, das über sie kam. Allein Abraham entsprach bereits in seinem Herzen der göttlichen Gerechtigkeit, indem sein Herz als נאמן befunden wurde (Neh 9,8) – sogar bevor am Sinai die תורות אמת gegeben worden sind (Neh 9,13). Abrahams Vertrauen, Gottes Treue und die Gerechtigkeit Gottes entsprechen einander. Dafür beruft sich Neh 9 auf Gen 15.

230 Etwa in Parallele zu V. 34 mit der Formulierung »Abraham zeugte«.

231 Dies wäre natürlich auch mit der größeren Bedeutung Isaaks zu erklären. Allerdings hält sich der Chronist auch sonst an die überlieferte Reihenfolge, etwa 1 Chr 1,4.17.34; 2,3. Bliebe die Ordnung nach der Rangfolge der Frauen analog zu 1 Chr 2,1 f.: Dagegen spricht, dass im Folgenden nur die Söhne Keturas als Söhne einer Nebenfrau eingeführt werden (1 Chr 1,32 f.) und dass in der genannten möglichen Parallele die Kinder Israels auch nicht streng nach der Rangfolge der Frauen aufgezählt werden (Dan kommt vor Joseph und Benjamin).

232 1 Chr 1,35–54 aus Gen 36; 1 Chr 2,1 f. aus Gen 35,22–26; 1 Chr 1,34b aus Gen 35,29 (nur hier in der Genesis begegnen »Esau und Jakob« syntaktisch koordiniert als Söhne Isaaks).

den soll, die Identifikation Abrams mit Abraham eigens ausgesagt werden. Die Chronik schließlich übernimmt im Fall Abram–Abraham[233] die onomatologische Epochengliederung der Endkomposition.

1.3. El Schaddai und die Gottesbezeichnungen in der Genesis

Es ist oft gefragt worden, warum die priesterliche Redaktion die Namensformen Abrahams und Saras vollständig zensiert hat, aber in der doch viel gewichtigeren Frage des Gottesnamens so viel weniger eingegriffen habe. Dabei wird oft ein grundsätzlicher Unterschied übersehen:

Es geht hier nicht, wie bei Abram–Abraham und Sarai–Sara um die Einführung einer neuen Namensform an Stelle einer älteren, auch nicht wie bei Jakob–Israel um die Identifizierung zweier Größen, sondern um die *Erkenntnis* eines bereits seit Ewigkeit feststehenden Namens.

Die Namen Abraham und Sara haben vor dem 99. Lebensjahr Abrahams nicht existiert; die Namen Abram und Sarai dagegen sollen, nach Gottes Gebot, nach dem 99. Jahr Abrahams nicht mehr verwendet werden.

JHWH, der Gott Israels, der Heilige, dem sein Volk in seiner Heiligkeit entsprechen soll, heißt so von Anfang an; er ist es, der Himmel und Erde in sechs Tagen gemacht hat (Ex 20,11). Dass der Gott, der Himmel und Erde geschaffen, Noah gerettet und Abraham erwählt hat, mit JHWH[234] identisch ist, entspricht ohne Zweifel dem Aussagewillen der »priesterlichen« Schicht.[235] Ebenso wichtig ist dieser Schicht allerdings, dass die entscheidende Kundgabe (√ידע) JHWHS erst am Sinai stattfindet.

Nun gibt es bereits in der nicht-priesterlichen Literatur Ansätze, die Namensoffenbarung JHWHS Israel vorzuhalten: Es geht hier um das »Problem der elohistischen Texte«.[236] Wenn man dieses Phänomen wahrnimmt, aber die Texte als Redaktionsarbeit versteht,[237] wäre damit eine Analogie für das Vorgehen der priesterlichen Texte gegeben: Auch die elohistischen Texte hätten dann in den redaktionell eingetragenen Perikopen (z.B. Gen 20 »E«) andere Maßstäbe an die

---

233 Sara wird hier ebensowenig erwähnt wie im Nehemiabuch oder im Psalter. Die einzige Erwähnung außerhalb der Genesis, Jes 51,1 f., mit der Namensform שרה, lässt immerhin darauf schließen, dass im babylonischen Exil auch Saratraditionen bekannt waren. Über Umfang und Inhalt dieser Traditionen lässt sich aus diesem einen Beleg ebensowenig eruieren wie über das Verhältnis der beiden Namensformen zueinander.

234 Diese Identität gilt selbstverständlich schichtübergreifend, weshalb es äußerst problematisch ist, die verschiedenen Gottesnamen als literarkritische Kriterien zu verwenden, vgl. Blum, Vätergeschichte, 471–475.

235 Zur religions- und kompositionsgeschichtlichen Bedeutung der durch die Endkompositionsschicht vor allem in der universalen Urgeschichte verwendeten Bezeichnung אלהים vgl. de Pury, Gottesname.

236 Kaiser, Grundriß I, 70.74.

237 H.-Chr. Schmitt, Versuchung; Zimmer, Elohist.

Systematik der Gottesbezeichnungen angelegt als in den nur redaktionell überarbeiteten bzw. integrierten Perikopen (z.B. Gen 12 »J«). Doch unabhängig von der Hypothese eines »Elohisten«, ob nun durchgehende Quelle[238] oder Redaktion,[239] fällt im Bereich der »nichtpriesterlichen« Texte im Pentateuch auf, dass der Gottesname JHWH besonders bei Begegnungen mit Nicht-Israeliten oder Personen, die nicht zur Ahnenreihe Israels gehören, vermieden wird,[240] wenn auch bei weitem nicht konsequent. So sprechen in der »jahwistischen« Paradiesgeschichte die Schlange und die Frau (Gen 3,1.3.5) von »Gott«, nicht von JHWH; ähnlich wird im Rahmen der Begegnungen Abrahams mit Abimelech (Gen 20,1–17; 21,22–32)[241] der Gottesname vermieden, in den abschließenden Interpretationen (Gen 20,18; 21,33) aber gerade das Wirken JHWHs in der Geschichte festgestellt. Dem entspricht, dass auch Jitro, obwohl er als Priester Mose in Fragen des Gottesdienstes und des Gottesrechts belehren kann (Ex 18,12–23), erst durch Mose von JHWH erfahren haben soll (Ex 18,1–11).

Nirgendwo aber im Enneateuch wird der JHWH-Name so konsequent vermieden wie in der Beschreibung des Ägyptenaufenthaltes Israels, die der Offenbarung des JHWH-Namens an Mose vorausgeht: Zwischen Gen 40 und Ex 2 fehlt der JHWH-Name, mit nur einer Ausnahme,[242] vollständig. Für Israel in Ägypten war JHWH nach dem biblischen Bericht bis zum Auftreten Moses ein Unbekannter. Dagegen ist JHWH nach Ex 6,3 Abraham, Isaak und Jakob *erschienen*.

Die entscheidende Epoche der JHWH-Namensoffenbarung ist in der Tat, nach übereinstimmender Auffassung von – wenn es sie denn gegeben hat – »elohistischer«, deuteronomischer, deuteronomistischer und priesterlicher Theologie, nicht die Erzväterzeit, sondern die Mosezeit. Für die Zeit der Erzeltern soll dagegen entweder Polytheismus und die Abwesenheit der JHWH-Verehrung (so die zugespitzte deuteronomistische Auffassung in Jos 24), oder die Verborgenheit des JHWH-Namens (so die »elohistischen« Texte), oder aber zumindest eine Vielfalt von Namen, unter denen JHWH verehrt wurde (so die »jahwistischen« Texte), kenn-

---

238 Zuletzt meinte Axel Graupner, umfangreiche Fragmente einer elohistischen Quellenschrift, zu der u.a. eine Abraham- (Gen 20,1b.2–17; 21*; 22,1–13.14a.19), Jakobs- und Josefsgeschichte, eine Mosegeschichte (mit Ex 3,6.14) sowie Teile von Num 22–24 gehört hätten, rekonstruieren (Graupner, Elohist, 401–413) und in die Zeit zwischen 845 und 838 v.Chr. datieren zu können (a.a.O., 399).

239 Zuletzt hat sich Frank Zimmer eingeordnet in eine Reihe von Ansätzen zur »Verteidigung des Elohisten« als Redaktionsschicht (Zimmer, Elohist, 35–39), was seiner Ansicht nach »die Enstehung des vorpriesterlichen Pentateuch«»wesentlich vereinfacht« (a.a.O., 299). Zu dieser Schicht, die er in das 7.Jh. datiert (a.a.O., 307), rechnet Zimmer u.a. eine Abrahamgeschichte (Gen 20*; 21*; 22*) und eine Mosegeschichte (u.a. Ex 3,1–15*; a.a.O. 295).

240 Für Zimmer zählen die »theologische Wertung des Fremden« und die »Offenheit gegenüber den Völkern« zu den Gemeinsamkeiten eines großen Teils der Texte, die das Appellativum אלהים verwenden, und deshalb von ihm als »elohistische« Texte eingeordnet werden (Zimmer, Elohist, 308).

241 Klassisch: »E«. Anders in der Isaakgeschichte Gen 26,28f., deshalb klassisch »J« zugewiesen.

242 Nicht innerhalb der Erzählung, sondern im Dan-Spruch innerhalb des Jakobssegens, Gen 49,18.

zeichnend gewesen sein. Der endkompositionelle Text Ex 6,3 versucht, ebenso wie Gen 17,1, sowohl die »jahwistische« als auch die »elohistische« und die »deuteronomistische« Auffassung zu integrieren: Die Tatsache der Offenbarung JHWHs an die Väter wird »jahwistisch« festgehalten.[243] Die eigentliche Namensoffenbarung wird »elohistisch« der Mosezeit vorbehalten.[244] Unter den zahlreichen Gotteserscheinungen der Erzeltern, die mit den verschiedensten Gottesbezeichnungen verbunden und deswegen womöglich »deuteronomistisch« zu kritisieren sind, werden genau zwei, nämlich die in Gen 17 und 35,9–15 mitgeteilten summarischen Verheißungsreden an Abraham und Jakob, endkompositionell hervorgehoben. Denn genau dort stellt sich Gott als »El Schaddai« vor.[245]

Die offenbarungstheologische Epochengliederung, die bereits Hos 12,10 und 13,4 zusammengefasst wird mit den Worten »Ich bin JHWH, dein Gott, von Ägypten her«, ist also der priesterlichen Schicht in der Tradition vorgegeben. Ebenso vorgegeben ist, soweit man das anhand der in der Genesis enthaltenen nichtpriesterlichen Überlieferung feststellen kann, die Alternativlosigkeit des JHWH-Namens für Schöpfung und Urgeschichte[246] und die Vielfalt der sämtlich mit JHWH identifizierbaren Gottesbezeichnungen in der Erzelterngeschichte. Neben dem Gottesnamen (יהוה), der häufigsten Gottesbezeichnung in der Erzelterngeschichte,[247] und dem bloßen Appellativum »Gott«[248] (אלהים[ה]), wären zu nennen: der »Höchste Gott, Schöpfer Himmels und der Erde« ([קנה שמים וארץ] אל עליון, Gen 14,18–20.22), der »Gott, der mich sieht« (אל ראי, Gen 16,13), der »ewige Gott« (אל עולם, Gen 21,33), der »Gott des Himmels« (אלהי השמים, Gen 24,3.7), der »Gott [des N. N.,] des [deines/meines] Vaters [...]« (אלהי [...] אבי..., erstmals Gen 26,24[249]), der »Gott Bethel« (האל בית־אל, Gen 31,13), der »Schrecken Isaaks«

---

243 Ex 6,2f. ... אני יהוה: וארא אל־אברהם; vgl. schon Gen 17,1 וירא יהוה אל־אברם.

244 Ex 6,3 ... ושמי יהוה לא נודעתי להם

245 Ex 6,3 באל שדי ... אל־אברהם וארא, vgl. Gen 17,1; 35,11. Die Verheißungsrede Gen 35,10–12 folgt auf die Abrenuntiation der fremden Götter. Während Gen 17 nicht lokalisiert ist, handelt Gen 35,9–13 in Bethel. Dadurch, dass dieses Heiligtum trotz Gen 28,13 nicht nach JHWH, sondern nach El benannt wird, gehört das Heiligtum von Bethel der religionsgeschichtlich defizitären Erzelternperiode an, für welche endkompositionell El Schaddai steht.

246 Die Bevorzugung des Appellativums אלהים für die vormosaische Zeit durch die Endkompositionsschicht bedeutet keine eigene Offenbarungsstufe. Die wechselnden Gottesbezeichnungen sollen vielmehr gerade in der Urgeschichte deutlich die endkompositionellen (»priesterlichen«) gegenüber den vorendkompositionellen (»jahwistischen«) Textteilen hervortreten lassen.

247 Die immerhin 165 Nennungen des Tetragramms in der Genesis bedeuten mit durchschnittlich 5,14 je 1000 Wörter aber die mit Abstand niedrigste Frequenz im Bereich Genesis–Psalter. Lediglich in Hi, Hld, Koh, Est, Dan und Neh wird der Gottesname noch sparsamer bzw. nicht (Est) verwendet. Zum Vergleich: Ex: 398 Nennungen (15,35 je 1000 Wörter), Lev: 311 (16,64), Num: 396 (15,80), Dt: 550 (23,80). (Zählung jeweils nach Accordance.)

248 (ה)אלהים im st. abs. und cstr. kommt in der Genesis 219mal, und damit insgesamt etwas häufiger als der Gottesname vor, wie außerdem nur bei Koh, Dan, Esr und Neh (Zählung: Accordance).

249 Meist als Apposition zu יהוה, vgl. auch ähnliche Relationsbezeichnungen wie »Gott meines Herrn Abraham« Gen 24,12.27.42.48, »dein Gott« Gen 27,20 u.ö. Absolut steht »Gott (meines) Vaters« erstmals Gen 31,5.

(פחד יצחק, Gen 31,42), der »Starke Jakobs« (אביר יעקב, Gen 49,24) und, last not least, der »Allmächtige [Gott]« (אל [שדי], u.a. Gen 43,14[250]).[251] Dabei ist die theoretische Möglichkeit nicht außer acht zu lassen, dass es eine »vorpriesterliche« Tradition von der Offenbarung JHWHS gegenüber Abraham oder Jakob als [El] Schaddai gegeben haben könnte.[252]

Im Unterschied zu den meisten anderen, an bestimmte Orte oder Personen gebundenen Gottesbezeichnungen der Erzelterngeschichte ist Schaddai auch außerhalb des Pentateuch zahlreich bezeugt: Mit Abstand am häufigsten begegnet »Schaddai« als Gottesbezeichnung in den Reden des Hiob-Buches; darüber hinaus je zweimal in der Bileam-Weissagung (Num 24,4.16) und im Munde Noomis (Rut 1,20f.), darunter häufig im Parallelismus mit »El«.[253] Das heißt, dass sie im Munde von Nichtisraeliten, die aber zur Verwandtschaft Israels zählen (Hiob und seine Freunde, Bileam), und im Munde einer Judäerin, die das Wirken JHWHS im Land Moabs zum Ausdruck bringt (Noomi), begegnen. Auch nach dem paläographischen Befund »tritt die Gottesbezeichnung *šaddaj* im Ostjordanland und später im nordarab. Bereich auf«.[254]

Warum aber wurde letztlich nicht שדי oder אל עולם oder אל ראי, sondern die ungewöhnliche Form אל שדי[255] von der Endkompositionsschicht als diejenige Gottesbezeichnung gewählt, welche in der Väterüberlieferung bereits auf die Namensoffenbarung gegenüber Mose hinweisen soll? Möglicherweise spielte dabei auch der gematrische Zahlenwert eine Rolle. Denn wenn man die Zahlenwerte von אל (31) und שדי (314) addiert, erhält man die Zahl 345, in Buchstaben ausgedrückt ש, מ und ה. Aus genau diesen drei Buchstaben besteht der Name des Mose (משה).[256]

Die angedeutete Systematisierung der Gottesbezeichnungen entspricht dem Ganzen des Pentateuch: Gott ist Einer, und er braucht als Schöpfer keinen beson-

---

250 Außerdem Gen 49,25 MT bzw. LXX, vgl. Num 24,4.16 und die Reden des Hiobbuches (Hi 3–41). Zur Gen-17-Schicht siehe im Folgenden.

251 Diese Bezeichnungen begegnen fast ausschließlich (Ausnahme Gen 14,18) in direkter Rede.

252 So K. Koch, Šaddaj; Weimar, Genesis 17. Allerdings ist eines der Argumente für seine These der in einer selbständigen »Pᵍ« störende JHWH-Name in Gen 17,1. Weimar verschweigt, warum sein »Pᵍ«-Redaktor den JHWH-Namen hier hat stehen lassen – immerhin wäre in seiner »Pᵍ« vorher immer nur von »Gott« die Rede gewesen. Innerhalb des hier vertretenen Modells stellt die Verwendung des JHWH-Namens in Gen 17,1 durch die Endkomposition kein Problem dar.

253 Num 24,4.16; Hi 8,3.5; 13,3; 15,25; 22,17; 23,16; 27,2.11.13; 33,4; 34,10.12; 35,13, außerdem Gen 49,25 שדי neben אל אביך.

254 Niehr, Art. שדי, 1083.

255 Außerhalb der endkompositionellen bzw. endkompositionell redigierten Texte Gen 17,1; 28,3; Gen 35,11; Gen 43,14; 48,3 und Ex 6,3 gibt es nur einen einzigen alttestamentlichen Beleg, nämlich in der Verbindung קול אל שדי in Ez 10,5, vgl. aber daneben קול שדי Ez 1,24.

256 Den Kabbalisten ist ein solcher Zusammenhang freilich kaum der Rede wert, da er zu deutlich auf der Hand liegt. Vgl. Shelah, Sefer Bamidbar-Debarim, zu Dt 1,11 mit Verweis auf Isaak Luria (Text in der Judaic Classics Library): Dort geht es darum, was die Zahl »1000« in Dt 1,11 mit den Väterverheißungen und Mose zu tun hat, im Anschluss an eine Haggada in SifreDebarim (zitiert von Raschi zu Dt 1,11), nach der Mose V.11a von sich aus formuliert und V.11b erst auf die Reaktion des Volkes hin ergänzt habe. Zu diesem Zweck wird zunächst für Mose wegen des iden-

deren Namen – dort wird er deshalb in den redaktionell hinzugefügten Texten einfach אלהים genannt, dessen Identität mit Jhwh spätestens Gen 2,4 sichergestellt ist. Innerhalb der Erzelterngeschichte geben ihm die Väter und Mütter viele Namen; diese werden nun mit dem nicht orts- oder personengebundenen, auf Mose verweisenden Namen El Schaddai zusammengefasst. Dadurch funktioniert der Hinweis Ex 6,3 nun als Leseanweisung für die Erzelterngeschichte, die gleich doppelt auf Gen 17 hinführt: Sowohl »El Schaddai« als auch »Abraham« werden hier erstmals genannt.

Die in Ex 6,3 gemachte Aussage ושמי יהוה לא נודעתי להם steht scheinbar in logischem Widerspruch zu Gen 15,7 und 28,13, dafür aber im Einklang mit der Frage Moses Ex 3,13. Die Bedeutung der Offenbarung des Jhwh-Namens besteht ja nach Ex 3 gerade nicht in den Buchstaben des Tetragramms, sondern in der Tatsache der Herausführung aus Ägypten. Wichtig ist daher der Zusammenhang, in dem die beiden Selbstvorstellungen Gottes mit אני יהוה in der Genesis begegnen: als Erinnerung an die Herausführung Abrams aus Ur-Kasdim (Gen 15,7) im Zusammenhang der Ankündigung des Exodus und der darauf folgenden Rückkehr ins Land (Gen 15,14–16), und während der Flucht Jakobs vor seinem Bruder Esau im Zusammenhang mit der Ankündigung, Jakob aus Mesopotamien wieder zurückzubringen (Gen 28,15). Damit werden der Offenbarung Jhwhs an Mose in Ex 3, vor dem Exodus aus Ägypten, die zwei wichtigsten Präfigurationen des Exodus in der Erzelterngeschichte vorangestellt, die gleichzeitig, deutlicher als der Exodus aus Ägypten, auch die Rückkehr aus dem babylonischen Exil vorzubilden vermögen.

Schon im Sinne von Lev 26, wo der Bogen von der Erzelterngeschichte bis hin zur Rückkehr aus dem Exil ausdrücklich geschlagen wird, besteht demnach kein Grund, diese Jhwh-Nennungen zu streichen. Wenn es irgendwo angemessen war, die Offenbarung des Jhwh-Namens in der Genesis stehen zu lassen oder gar erst einzufügen[257], dann an diesen beiden Stellen.

Schließlich ist noch auf die jeweils im Kontext gegebene Klassifizierung dieser beiden Offenbarungen hinzuweisen: In beiden Fällen handelt es sich um »subjek-

---

tischen »einfachen« Zahlenwertes El Schaddai eingesetzt und davon der »volle« Zahlenwert gegeben, d.h. שדי אל wird als אלף־למד שין־דלת־יוד buchstabiert, was wiederum einen Zahlenwert von 999 ergibt. Hierzu habe Mose nur noch eins hinzugefügt, und kommt so auf 1000.

Ebenfalls aus diesen drei Buchstaben besteht השם, »der Name« (für den Namen Gottes Lev 24,11 sowie Dt 28,58), dessen Entweihung ein derart unausdenkliches Vergehen ist, dass die betreffende Strafbestimmung als einzige der ganzen Sinaiperikope erst in der Reaktion auf ein konkret vorgefallenes Vergehen erlassen wird (Lev 24,10–16). Zu der Erwähnung des *ägyptischen* Vaters und der *danitischen* Mutter des Namensentweihers Lev 24,10 vgl. die harsche Reaktion des ägyptischen Pharao auf die Namenskundgebung Ex 5,2, das bewusste kompositionelle Verbergen des Gottesnamens in der Ägyptenzeit (Gen 40–Ex 2) sowie die einzige Ausnahme davon im Jakobssegen für Dan, Gen 49,18.

257 Textkritisch lässt sich eine solche Einfügung aber nicht mehr verifizieren. Zwar liest LXX Gen 15,7 ὁ θεός, das lässt sich allerdings leichter als durch die Übersetzung entstandene Lesart erklären, da eine Selbstvorstellung mit אני אלהים im ganzen Alten Testament nicht belegt ist.

tive« Erscheinungen: In Gen 15 handelt es sich um ein »Gesicht« (מחזה, V. 1) und in Gen 28 um einen Traum (V. 12); beides ist singulär unter den Verheißungstexten der Genesis. Dagegen sind die mit der Selbstvorstellung als El Schaddai verbundenen Erscheinungen in Gen 17,1 und 35,9 durch ראה nif. als »objektive Visionen« gekennzeichnet, was durch die Notiz vom anschließenden »Aufsteigen« Gottes (17,22 und 35,13) jeweils noch unterstrichen wird. Daneben gibt es freilich auch die direkte Anrede Gottes an Abraham (Gen 12,1; 13,14 u.ö.), die ihn ewa mit Noah und Mose verbindet.

Die durch ראה nif. + Präp. אל ausgedrückte Gotteserscheinung ist dagegen ein – schichtübergreifendes – Spezifikum der Erzelternzeit: וירא יהוה findet sich mit der Präposition אל im Pentateuch genau fünfmal: dreimal bei Abraham und zweimal bei Isaak (Gen 12,7; 17,1; 18,1; 26,2.24); וירא אלהים genau einmal, bei Jakob (Gen 35,9). Explizite Rückverweise auf derartige Erscheinungen finden sich zudem 35,1 und 48,3 (jeweils Jakob). Und die einzigen Belege von ראה nif. + Präp. אל mit Gott als Subjekt in der Mosegeschichte (Ex 3,16; 4,1.5) stehen im Zusammenhang der Selbstvorstellung Jhwhs als Gott Abrahams, Isaaks und Jakobs.[258] Ex 6,3 knüpft also, durch die Formulierung der Gotteserscheinung gegenüber Abraham, Isaak und Jakob mit ראה nif. + Präp. אל, schichtübergreifend an die Ex 3f. geschlagene Brücke zur Erzelternzeit an.[259]

Wenn Ex 6,3 als Text der Endkompositionsschicht des Pentateuch verstanden wird, darf angesichts des Textvolumens eigentlich gar keine absolute Widerspruchsfreiheit erwartet werden. Qualitativ und quantitativ entspricht dennoch die Aussage, dass das Erkennen des Jhwh-Namens dem aus Ägypten geführten Israel vorbehalten ist, in erstaunlicher Präzision dem Befund in der Endgestalt des Pentateuch: Den zwei erwähnten Stellen in der Genesis, wo אני יהוה jeweils eine Rückkehrverheißung einleitet (Gen 15,7; Gen 28,15), steht ein vierfaches אני יהוה allein in Ex 6,2–8 gegenüber, dem über 70 weitere Belege zwischen Ex 6,29 und Dt 29,5 folgen, darunter allein 50 in Lev 17–26.

Während in Gen 15,7 die Erinnerung an die Herausführung Abrams aus Ur-Kasdim dem prophetisch stilisierten Abraham das Wesen Jhwhs anzudeuten vermag, verweist Gen 17,1, da sich Jhwh als El Schaddai vorstellt, darauf, dass die entscheidende Wesensoffenbarung noch bevorsteht: Erst wenn die Mehrungsverheißung erfüllt und das Volk entstanden ist, das Gottes Volk werden soll, wird die »Bundesformel« vollständig sein: »Ich bin Jhwh, euer Gott, und ihr seid mein Volk.« »Und dann werdet ihr erkennen, dass ich Jhwh bin.«[260]

---

258 Ex 3,6.15; 4,5.

259 In der Wüste bzw. im Zelt spricht Gott direkt zu Mose; wenn von einer »Erscheinung« (ראה nif.) die Rede ist, dann von derjenigen der Herrlichkeit Jhwhs (Ex 16,10; Num 17,7), der Wolken- oder der Feuersäule.

260 Ex 6,7.

1.4. El Schaddai und die Namensgebungen in der Genesis

Von vielen hundert Personennamen in der Genesis wird nur ein kleiner Bruchteil mit Etymologien versehen. In den meisten Fällen finden sich diese im Kommentar des Erzählers im Anschluss an die Namensgebung durch die Mutter,[261] durch den Vater[262] oder durch beide Eltern.[263] Wesentlich seltener sind Namensgebungen durch Gott: In der Urgeschichte ist die Benennung des Menschen (אדם, Gen 5,2) durch Gott das einzige Beispiel, und eigentlich handelt es sich hier noch um die Gattungsbezeichnung und keinen Personennamen. In der Erzelterngeschichte dagegen gibt es vier bzw. fünf durch Gott selbst »diktierte« Namengebungen: Ismael und Isaak werden bereits vor ihrer Geburt benannt; Ismael durch einen »Boten« Jhwhs, Isaak durch Jhwh selbst, der sich als El Schaddai vorgestellt hat. Abram und Sarai erhalten in derselben Szene durch El Schaddai ihre neuen Namen. Schließlich erfährt auch die Verleihung des Israelnamens an Jakob durch den Unbekannten am Jabbok (Gen 32,29) ihre Bestätigung durch El Schaddai (Gen 35,10 f.). Ähnlich wird auch die Namensbegründung für Ismael (das Erhören Jhwhs, Gen 16,12) in der El-Schaddai-Rede Gen 17,20 (ולישמעאל שמעתיך) aufgenommen.

Damit ist »El Schaddai« nicht irgendeine Episode in der göttlichen Namensoffenbarung. Der sich als El Schaddai vorstellende ist derjenige, der Abraham und Sara, nach Deuterojesaja der »Felsen, aus dem ihr gehauen seid«, und der »Schacht, aus dem ihr gegraben seid« (Jes 51,1 f.), ihre Namen gegeben hat, der auch Abrahams Söhnen die Namen gab und der schließlich dem Volk Israel den Namen gibt – der Namen gebende Gott, der Israel erlöst (Jes 43,1). Die Nennung beim Namen ist Sache der Eltern. »El Schaddai«, der den Erzeltern selbst ihre Namen gibt, erweist sich darum als der wahre Vater und die wahre Mutter Israels.[264] Die Intimität dieses Verhältnisses wird dadurch verdeutlicht, dass Gott ausschließlich in direkter Rede »El Schaddai« genannt wird – auf der Erzählebene heißt er dagegen יהוה bzw. (ה)אלהים.[265]

---

261 Bei Kain, Abel und Seth Gen 4,1 f.25, bei den Söhnen der Töchter Lots 19,37 f. und bei Jakobs Söhnen Gen 29,32–30,24, vgl. 35,18.

262 Bei Ephraim und Manasse Gen 41,51 f.; vgl. auch die Namensgebungen durch den Vater Gen 5,29; 16,5; 21,3; 35,18.

263 Bei der Geburt Esaus Gen 25,25 MT steht ein unbestimmter Plural (masc.) als Subjekt von קרא, vgl. das unbestimmte Subjekt (Sing. masc.) bei der Geburt des Jakob Gen 25,26 (vgl. Esau 25,25 Syr) und des Perez Gen 38,29.

264 Jes 63,16; 66,13. Die *particula veri* der These von Lutzky, Shadday, 35, in El Schaddai sei »the chief divine couple« zu sehen, könnte darin bestehen, dass für die Erzelternzeit, in welcher auch die Mütter (aber eben nicht die Muttergötter; selbst Rahel stiehlt die Götter ihres *Vaters*; 31,19.30) eine besondere Rolle spielen, tatsächlich mit »Schaddai« auch das mütterliche Element Gottes hervorgehoben werden soll (vgl. Gen 49,25).

265 Steins, Art. שדי, 1087. Diese Beobachtung gilt sowohl für die Endkompositionsschicht, vgl. nur Gen 17,1.3 als auch schichtübergreifend im gesamten Pentateuch.

2. Die geographische Systematisierung

Anders als in Gen 15 liegt das Gewicht der Verheißung in Gen 17 nicht allein auf der Landgabe. Die Landzusage wird allerdings in V.7f. summarisch aufgenommen, eingerahmt von der zweimaligen Gotteseinzusage: »Ich werde meine $b^e r\hat{\imath}t$, zwischen mir und dir und deiner Nachkommenschaft nach dir nach ihren Geschlechtern, aufrechterhalten als ewige $b^e r\hat{\imath}t$, dir Gott zu sein und deiner Nachkommenschaft nach dir. Und ich werde dir und deiner Nachkommenschaft nach dir das Land deiner Fremdlingschaft geben, das ganze Land Kanaans, als ewigen Besitz, und werde ihnen Gott sein.«

Gen 17,7f. והקמתי את־בריתי ביני ובינך ובין זרעך אחריך לדרתם
לברית עולם להיות לך לאלהים ולזרעך אחריך: ונתתי לך ולזרעך אחריך
את ארץ מגריך את כל־ארץ כנען לאחזת עולם והייתי להם לאלהים:

2.1. ארץ מגורים – Das Land der Fremdlingschaft

ארץ מגורים ist *terminus technicus* der Kompositionsschicht[266] zur Charakterisierung des verheißenen Landes. Außer in Gen 17,8; 28,4; 36,7; 37,1 und Ex 6,4 ist er nur Ez 20,38 belegt, wo als »Land der Fremdlingschaft«[267] das babylonische Exil bezeichnet wird, welches der אדמת ישראל gerade antithetisch gegenübergestellt wird.

»Vorpriesterlich« war bereits (durch גר bzw. גור) von der Fremdlingschaft Abrams in Ägypten (Gen 12,10) oder Abrahams bzw. Isaaks unter den Philistern (Gen 20,1; 21,23.34; 26,3) sowie von der Fremdlingschaft Lots bei den Sodomitern (Gen 19,9) und Jakobs bei Laban (Gen 32,5) die Rede – und von der Fremdlingschaft der Israeliten in Ägypten.[268]

In ihrem normalen Aufenthaltsgebiet, also in Sichem, Bethel oder Hebron, sind die Väter dagegen in den »vorpriesterlichen« Texten keine »Fremdlinge«.[269] Entsprechend war die Ankündigung, die Nachkommenschaft werde גר sein in einem Lande, das ihnen nicht gehört (Gen 15,13), eine Unheilsansage, die Abra(ha)m selbst nicht mehr treffen würde. Im Horizont von Gen 15*, noch ohne den Kontext von Gen 14,13 und 23,4, wo Abraham als Fremder neben der lokalen Bevölkerung auftritt, kann Abraham nicht als גר bezeichnet werden.[270]

---

266 Vgl. K.Schmid, Erzväter, 93f.
267 Diese traditionelle Übersetzung behält trotz geäußerter Bedenken auch Köckert, Land, 156, bei. K.Schmid, Erzväter, 93, subsumiert die Belege für מגורים unter diejenigen Texte, welche die Erzväter als גרים bezeichnen, gegen Blum, Vätergeschichte, 443.
268 Gen 15,13; 47,4 Ex 22,21; 23,9 u.ö.
269 Vgl. K.Schmid, Erzväter, 94.
270 Vgl. die Definition des »ger« durch Christoph Bultmann (Bultmann, ger, 17–22, bes.22).

In der Endkomposition wird hingegen »dieses Land« summarisch als »das Land der Fremdlingschaft« der Väter bezeichnet.[271] Mit der erst in der Glossierung eingetragenen Qualifizierung Abrams als עברי gegenüber den Amoritern von Mamre (Gen 14,13)[272] sowie der Selbstbezeichnung Abrahams als גר und תושב gegenüber den Hethitern von Hebron (Gen 23,4) ist bereits Abraham selbst »Fremdling«. Dadurch wird die von Diskontinuität geprägte Entwicklung umgedeutet und in einer Dialektik von schon-jetzt und noch-nicht begrifflich gefasst (Gen 17,8): Schon jetzt wohnst du in dem Land als Fremdling (ארץ מגרים), aber erst in Zukunft wird es dir zum ewigen Nutzungsrecht[273] gegeben (לאחזת עולם). Der Einzug nach Ägypten ist eine Station auf dem Weg von der Fremdlingschaft im Lande Kanaans über eine erste אחזה im ebenfalls fremden Land Ägyptens (Gen 47,11),[274] wo die Mehrungsverheißung in Erfüllung geht,[275] über den Exodus, der die Erfüllung der Gottseinszusage bedeutet,[276] bis hin zur Rückkehr in das verheißene Land, nunmehr als »Fremdlinge und Beisassen« bei Jhwh selbst (Lev 25,23).[277]

Matthias Köckert hat aus Gen 28,4 und 35,12 schließen wollen, es sei ein Spezifikum der »priesterlichen Komposition«, dass die Landgabe bereits an die Erzväter erfolge.[278] Allein mit Gen 17,8, wo die Landgabe als אחזת עולם erst für die Zukunft verheißen und mit der Gottseinszusage für die Nachkommen (להם) verbunden wird, lässt sich das nicht begründen, und schon gar nicht mit Gen 23, wo Abraham selbst ein Stück Land kaufen muss.[279] Worauf beziehen sich dann Gen 28,4 und 35,12? Beide Belege setzen als Bestandteile der Endkompositionsschicht auch die Gesamtheit der »nichtpriesterlichen« Landgabezusagen voraus. In Gen 12,7 wird die Landgabe für Abrams Nachkommenschaft, in 13,15 für Abram und seine Nachkommenschaft, 13,17 schließlich für Abram selbst mit den Worten zugesagt: »Steh auf, geh umher im Land nach seiner Länge und Breite, denn dir gebe ich es!« Genau diese Landgabe an Abram war nach Gen 15,7 das Ziel der Herausführung Abrams aus Ur-Kasdim – לתת לך את הארץ הזאת לרשתה. Nach Gen 15,7 hat Jhwh dem Abram bereits das Land gegeben, und nach Gen 15,8–21 hat er diese Landgabe für seine Nachkommen über mehrere Geschichtsperioden hinweg zugesagt, was Gen 17,7f. bestätigt wird. Gen 28,3f. (Endkompositionsschicht) zeigt Isaak gegenüber Jakob, dass er nicht nur von »Gen 17« weiß:

---

271 מגורים Gen 17,8; 28,4; 36,7; 37,1; 47,9 und Ex 6,4.; גר Gen 23,4; Gen 35,27 גור. Vgl. die Aufnahme dieser Vorstellung Ps 105,12 und Heb 11,9.

272 Siehe oben S. 148f. sowie den unten folgenden Abschnitt.

273 So die Übersetzung von אחזה nach Köckert, Land, 155, mit Anm. 27.

274 Vgl. Lux, Erfahrung, 169f.

275 Ex 1,7.

276 Allein von Ex 6,7 bis Num 15,41 steht insgesamt 27mal אני יהוה אלהיכם, außerdem noch Dt 29,5; Ri 6,10; Jl 4,17 sowie viermal in Ez 20.

277 Man beachte die feine Differenz zwischen כי־גרים ותושבים אתם עמדי (Lev 25,23) und גר ותושב אנכי עמכם (Abraham gegenüber den Hetitern, Gen 23,4).

278 Köckert, Land, 154f.

279 So der berechtigte Einwand von Blum, Vätergeschichte, 443, u.a. gegen Elliger, Sinn, 176.

»Und El Schaddai (vgl. 17,1) segne dich und mache dich fruchtbar und mehre dich, daß du werdest eine Versammlung von Völkerstämmen (vgl. 17,2–6), und gebe dir den Segen Abrahams (vgl. 12,2; 14,19; 22,17; 24,1), dir und deiner Nachkommenschaft mit dir, daß du in Besitz nimmst (לרשתך, vgl. 15,7f.) das Land deiner Fremdlingschaft (vgl. 17,8), das Gott dem Abraham gegeben hat (vgl. 13,15.17; 15,7).«

Die Anspielung auf Gen 15 durch das Wort ירש verdeutlicht, was auch auf der endkompositionellen Ebene gilt: Gen 15 bleibt der wichtigste Bezugstext für die Landverheißung an die Väter.

Der Status Abrams in Mamre

Die endkompositionelle Systematik schließt auch das inzwischen mehrfach glossierte Kapitel Gen 14 ein. Abram wohnt nach Gen 14,13 bei den Terebinthen Mamres des Amoriters, seines Bundesgenossen, d.h. selbst dieser Ort gehört nicht Abram, sondern er ist hier trotz seines Reichtums nur Gast.[280] Mamre wird Gerar und dem Philisterland in Bezug auf die Rechtsstellung Abrams angeglichen: Dank seiner Bundesgenossen darf er sich hier aufhalten, ihnen fühlt er sich aber auch verpflichtet (14,24). Dem entspricht der Terminus שכן in Gen 14,13, welcher keinen bestimmten Rechtsstatus impliziert – im Gegensatz zu ישב, das mindestens den Status eines תושב (Gen 23,4) erwarten lässt. GA 22,2f. bietet ואברם באדין הוא יתב בחברון, also das Pendant zu ישב.[281] Welches die ursprüngliche Lesart der Glosse in Gen 14,13 war, ist schwer zu entscheiden. ישב/יתב entspricht der redaktionellen Tendenz im Genesis-Apokryphon, Abram als Besitzer des Landes zu sehen – שכן entspricht der redaktionellen Tendenz des kanonischen Textes, Abraham als Fremdling im Lande zu zeigen.[282] Auch durch die redaktionell eingetragene Bezeichnung Abrams als עברי wird dies deutlich gemacht, wenn auch vor Gen 15 der Terminus גר noch vermieden wird. Erst im Rückblick wird endkompositionell Mamre mit Qirjat-Arba und Hebron identifiziert, und der Aufenthalt Abrahams und Isaaks ebendort mit גור bezeichnet (Gen 35,27).

Der Fremdling in der Halacha

Der »Fremdling« spielt in allen drei großen Gesetzeskorpora, dem Bundesbuch, dem Deuteronomium und dem sog. Heiligkeitsgesetz, die allesamt in die End-

---

280 Nach GA 21,21f. ist dagegen Mamre seinerseits Gast Abrams.

281 Vgl. die Wiedergabe von Gen 14,12 (Lots Wohnen in Sodom) GA 22,1.

282 Ebenso SP. Dass auch im Aramäischen diese Differenzierung wiedergegeben werden kann, zeigen die Targume und die Peschitta, die jeweils √ytb (Gen 14,12) neben √šry (Gen 14,13) verwenden. √šry wird auch GA 20,34; 22,8 u.ö. als spezifischer Terminus für einen vorübergehenden Aufenthalt benutzt.
LXX und Vg bieten in beiden Fällen κατοικέω bzw. habito; da sie auch andernorts nicht zwischen der Übersetzung von ישב und שכן differenzieren, ist aber ein Rückschluss auf deren Vorlagen nicht möglich.

komposition des Pentateuch integriert sind, eine wichtige Rolle.[283] Die regelmäßig wiederkehrende Begründung der die Fremdlinge betreffenden Gebote lautet, die Väter seien Fremdlinge in Ägypten gewesen.[284] Wenn die Priestergrundschrift die älteste Pentateuchquelle wäre, müsste doch verwundern, dass nirgendwo, auch nicht im Heiligkeitsgesetz, eingeschärft wird, dass bereits Abraham und seine Familie Fremdlinge im Lande und als solche auf die Rücksicht der Einwohner angewiesen gewesen wären.[285]

Ausdrückliche Bezüge hierauf werden in die Gesetzestexte nicht mehr eingetragen – die spätere rabbinische Auslegung hat dennoch die in der Genesis angelegte Fremdlingschaft der Erzeltern auch für die Interpretation der einschlägigen Gebote, und nicht zuletzt für die von Gen 17 fruchtbar gemacht: Zu Ex 22,20 wird in der Mechilta die Frage gestellt: Warum sind die גרים eigentlich so beliebt? In den verschiedenen folgenden Argumenten taucht der Name Abrahams nun mehrmals auf, und anhand dieser Nennungen werden die verschiedenen Bedeutungen des hebräischen Terminus גר deutlich.

Zunächst heißt es einfach: Fremdlinge sind beliebt – dabei werden nicht nur Abraham (wegen Gen 23,4), sondern auch David (wegen Ps 39,13) und die Israeliten (wegen Lev 25,23) erwähnt. Dann aber: Proselyten sind beliebt – wie Abraham, als er sich beschneiden ließ. Hier wird vorausgesetzt, dass Abraham erst mit 99 Jahren endgültig »bekehrt« war; und die Frage, warum die גרים beliebt sind, wird in Bezug auf die Proselyten beantwortet.[286]

Dass in der Beschneidungsordnung Gen 17,10–14 der גר nicht eigens erwähnt wird, ist im Kontext nicht anders möglich: Da Abra(ha)m als Adressat der Tora selbst גר – und kein Vollbürger des Landes – ist, kann nicht neben ihm »der Fremdling in deiner Mitte/der bei dir ist« o.ä. erwähnt werden. Die Proselyten, deren Zugehörigkeit zur Gemeinde etwa Dt 23 so restriktiv gehandhabt wird, fallen als Nachkommen Abrahams[287], oder als Kinder seines Hauses[288] unter das Beschneidungsgebot, dem logischerweise die späteren גרים ebenso untergeordnet

---

283 Vgl. grundsätzlich Bultmann, ger, sowie Vieweger, Definition.

284 Ex 22,20; 23,9; Lev 19,34; Dt 10,19.

285 Allein in den »priesterlichen« Gesetzen begegnet der Grundsatz gleichen Rechts für גר und אזרח mehrfach (Num 9,14; 15,15 f.; Lev 24,22) als allgemeiner Rechtssatz, sowie bei zahlreichen Einzelbestimmungen, etwa Ex 12,19.48 f. und Num 9,14 im Zusammenhang mit Mazzot- und Passafest.

286 Mekhilta de Rabbi Jischmael, Traktat Mischpatim (Neziqin), Abschnitt 18, zu Ex 22,20: חביבין הגרים שלא מל אברהם אבינו אלא בן תשעים ותשע שנים שאלו מל בן עשרים שנה או בן שלשים לא היה גר להתגייר אלא בפחות מבן שלשים לפיכך גלגל המקום עמו עד שהגיעו לתשעים ותשע שנים שלא לנעול דלת בפני הגרים הבאים. »Beliebt sind die Fremdlinge, denn Abraham, unser Vater, beschnitt sich erst mit 99 Jahren; denn hätte er sich mit 20 oder mit 30 Jahren beschnitten, so hätte ein Proselyt (גר) nur Jude werden können (להתגייר) mit bis zu 30 Jahren. Deshalb wälzte sich Gott mit ihm, bis er ihn zu 99 Jahren gelangen ließ, um nicht die Tür vor den kommenden Proselyten zu verschließen.«

287 So die Edomiter.

288 So die inmitten Israels geborenen Nachfahren der Ägypter, Ammoniter und Moabiter, um nur die Dt 23 erwähnten Völker aufzuzählen – alles Völker, die die Beschneidung pflegten.

sind. Unmissverständlich deutlich gemacht wird die Geltung des Beschneidungsgebotes für die Proselyten[289] bereits in der Passaordnung Ex 12,48f.

Mit »ארץ מגורים« ist das Verhältnis Abrahams zu dem ihm verheißenen Land
nun nach seiner juristischen Seite beschrieben. In wessen Besitz sich das Land derzeit noch befindet, wird unmittelbar darauf gesagt: Es ist »das Land Kanaans«.

2.2. Land Kanaans, Land Ägyptens und Gefilde Arams

In Gen 15,20f. diente eine Liste von 6–7 Völkern zur Beschreibung des künftigen
Landes Israels; »alle diese Länder« lautete die »nichtpriesterliche« Zusammenfassung dafür in Gen 26,3.[290] Beides wird in endkompositioneller Terminologie im
Begriff des »Landes Kanaans« zusammengefasst,[291] wobei an den Sprachgebrauch
der Josefsnovelle angeknüpft werden kann.[292] Diese Bezeichnung, die im Zusammenhang der Endkomposition mit den Völkern von Gen 10,15–18[293] gefüllt ist,
wird bei Ein- und Auswanderungsberichten regelmäßig in den Text eingetragen.[294]

Die geographische Systematik der Endkomposition des Pentateuch erschließt
sich allerdings nicht auf den ersten Blick.[295] Das hängt damit zusammen, dass die
endkompositionellen Texte des ersten Teils der Komposition, nämlich der Urgeschichte, stärker kosmologisch und anthropologisch[296] oder aber genealogisch und
chronologisch[297] interessiert sind. Die geographischen Informationen der vorendkompositionellen Texte der Urgeschichte[298] bilden dagegen kein geschlossenes
System mehr; ein solches scheint im Genesis-Apokryphon und im Jubiläenbuch
vollständiger erhalten zu sein.[299] Mit der Mehrzahl derjenigen geographischen
Hinweise, die stehengeblieben sind, verweist die Urgeschichte nach Mesopotamien
oder noch weiter nach Osten. Damit findet der durch Abram–Abraham vollzogene
Übergang von der Urgeschichte zur Vorgeschichte Israels in derselben Richtung
statt wie die Rückkehr der Exilierten unter Serubbabel, Jehoschua, Nehemia und
Esra in die persische Provinz Juda. Die wichtigste geographische Information der
Urgeschichte bleibt die Umschreibung des Landes Kanaans in Gen 10,19.

---

289 Vgl. Vieweger, Definition, 279.
290 Dort werden Gerar, Hebron und Beerscheba als verschiedene Länder gezählt.
291 Noth, Numeri, 207: »›Land Kanaan‹ als Bezeichnung für Westjordanien gehört zum Stil von P«.
292 Die Josefsnovelle ihrerseits nimmt kontextgerecht den ägyptischen Sprachgebrauch auf.
293 Es spielt in diesem Zusammenhang keine Rolle, wie die Völkertafel literarkritisch beurteilt wird.
    In jedem Fall bezeichnet »Kanaan« in den »P«-Texten eine Gruppe von Völkern.
294 Gen 11,31; 12,5; 13,12; 31,18; 33,18; 35,6; 36,5f.; sowie über 20mal von 37,1 bis 50,13.
295 Vgl. hierzu vor allem die gesammelten Studien von Zecharja Kallai (Kallai, Historiography), wel-
    che die geographischen Informationen des Endtextes des Pentateuch als Versuch biblischer Histo-
    riographie und historischer Geographie ernstnehmen.
296 Gen 1; *6–8; 9,1–17.
297 Gen 5; 9,28f.; (*10;) 11,10–26.
298 Gen 2,8.10–14; 3,24; 4,16f.; 8,4; 10,8–12.19.30; 11,2.8f.
299 Siehe oben S. 30ff.

Wie »Kanaan« ist auch »Mizrajim« laut der Völkertafel Gen 10 Enkel Noahs und Sohn Chams. Die kanonische Ursprungsgeschichte Israels spielt sich nun beinahe ausschließlich zwischen dem »Land Kanaans« und dem »Land Ägyptens« ab. Die vier Bücher Ex–Dt beschreiben einen einzigen Weg von Ägypten an die Grenze des Landes Kanaans; die Genesis beschreibt von Gen 13–50 den umgekehrten Weg, vom Land Kanaans nach Ägypten. Zu Beginn zeichnet Abram den Weg seiner Nachkommen nach Ägypten und wieder zurück bereits vor (Gen 12,10 – 13,1); am Ende ziehen Josef und seine Brüder zum Begräbnis Jakobs von Ägypten in das Land Kanaans und wieder zurück (Gen 50,4–14). Dazwischen (Gen 13,2 – 50,3) liegt der lange Weg von der Sesshaftwerdung im Land Kanaans bis zur Sesshaftwerdung in Ägypten, inklusive zweier Zwischenspiele bei der mesopotamischen[300] Verwandtschaft (Gen 24; 28–31).

In auffälligem Gegensatz zur regelmäßig wiederholten Benennung des »Landes Kanaans« fehlt eine durchgehende Systematisierung in der Bezeichnung der mesopotamischen Heimat der Erzeltern. Der systematisierenden Funktion von »Land Kanaans« entspricht noch am ehesten die Bezeichnung »Gefilde Arams«[301] für das Land Labans – auch »Aram« wird in der Völkertafel als Enkel Noahs eingeführt. Im Unterschied zu »Mizrajim« und »Kanaan«, den Söhnen Chams, ist »Aram« als Sohn Sems mit Israel verwandt. Jakob kommt demnach aus dem Aramäerland;[302] woher Abraham kommt, bleibt in der Schwebe.

Bereits oben[303] war festgestellt worden, dass die Erklärung von Ur-Kasdim[304] als »priesterliche« Variante zu Charran[305] auf inzwischen obsoleten Voraussetzungen beruht. Die beiden traditionellen Bezeichnungen des Auszugsortes der Erzväter, das in der Abra(ha)mtradition verankerte Ur-Kasdim (Gen 15,7; Neh 9,7) und das in der Jakobtradition verankerte Charran (Gen 27,43; 28,10; 29,4), wurden in *Gen 11,27–31 bereits vorendkompositionell[306] durch eine friedliche Migration miteinander verbunden.[307] Auf die (»priesterliche«) Endkompositionsschicht gehen die Schichtspezifika der Toledotformel in V.27, das »Land Kanaans« in V.31 und die Lebensjahre Terachs V.32 zurück. Aber selbst wenn man die beiden ganzen Verse 31f. der »priesterlichen« Schicht zuschreiben wollte,[308] wäre dennoch

---

300 Gen 24,10 heißt es ausdrücklich das »mesopotamische Aram«.

301 פַדֶּן אֲרָם Gen 25,20; 31,18; 33,18; 35,9.26; 46,15.

302 Vgl. Dt 26,5 sowie die Bezeichnung Labans als Aramäer Gen 25,20; 28,5; 31,20.24.

303 S. 181f.

304 Literatur zum südmesopotamischen Ur nennt Streck, Art. Ur.

305 Zur historischen Bedeutung Charrans vgl. Röllig, Art. Haran, der allerdings leider stillschweigend und ohne Begründung die Stadt חָרָן mit der Person הָרָן gleichsetzt, vgl. dazu bereits die Kritik von Gunkel (Genesis, 158) an Wellhausen (Prolegomena, 313).

306 Van Seters, Pentateuch, 168 (anders noch ders., Abraham, 225). Auch Carr, Fractures, 110f.339, rechnet Gen 11,28–30 zu seiner »pre-priestly« »Proto-Genesis«.

307 Ur-Kasdim Gen 11,28.31; Charran Gen 11,31f.

308 So mehrheitlich im Rahmen der Urkundenhypothese.

erst einer von drei Belegen für Ur-Kasdim als »priesterlich« erwiesen[309] – dagegen alle vier Belege für Charran als Auszugsort Abrams.[310]

Dass die Bezeichnung Ur-*Kasdim* für die Zeit Abrahams einen Anachronismus darstellt, ist den Schreibern selbst wohl bewusst gewesen. Auch die Nahoridengenealogie (Gen 22,20–24) weiß vom jungen Alter der Chaldäer, da sie den Stammvater der Chaldäer als einen der Söhne Nahors, des Bruders Abrahams bezeichnet.[311] Ur-Kasdim lokalisiert den ersten Auszugsort Abrahams so, dass er für die Hörer der chaldäischen Periode Babyloniens nachvollziehbar ist.[312] Kaum zufällig steht כשדים indeterminiert, was der üblichen Landesbezeichnung »Chaldäa« entspricht,[313] die von den »Chaldäern« (הכשדים) als der seit dem 7. Jahrhundert herrschenden Schicht auf das Land übergegangen ist.[314]

Eine Herleitung des Namens »Chaldäa« aus der Zeit der Vorfahren Abrahams findet sich dagegen im Sondergut des Jubiläenbuches: »Ur-Kasdim« wird dort von zwei Personennamen abgeleitet: Ur, der Sohn des Kesed,[315] baute die Stadt Ur-Kasdim,[316] die von Anfang an eine Stadt der Götzenverehrung war (Jub 11,4). Während die Deutung des Auszugs aus Ur-Kasdim als Rettung aus der Stadt des Götzendienstes in der Endkomposition des Pentateuch keinen Platz mehr fand,[317] ist eine andere, eher pro-babylonische Verbindung noch erkennbar: Arpachschad (ארפכשד) ist als Vorvater Abrams und als geographische Größe, die zwischen Elam, Assur, Lud und Aram am ehesten mit Mesopotamien, im engeren Sinne mit Baby-

309 Die weiteren Belege für »Ur-Kasdim«, Gen 11,28 und 15,7, zeigen keinerlei spezifische Merkmale der Gen-17-Schicht. Traditionell wurden beide Verse J zugeschrieben, wobei »Ur-Kasdim« jeweils dem »Pentateuchredaktor« zugewiesen wurde, was besonders bei Gen 15,7 zu schweren syntaktischen Problemen führt, vgl. oben Anm. 100 (S. 181).
310 Charran erscheint als Auszugsort außer zweimal Gen 11,31 f. nur noch, ebenfalls zweimal, in der einhellig als »priesterlich« erkannten Notiz 12,4b.5.
311 »Kesed« (כשד), Gen 22,22, soll doch wohl als Stammvater der Chaldäer (הכשדים) verstanden werden, vgl. die Kommentare.
312 Für spätere Tradenten, besonders in Palästina und Ägypten, blieben zwar die Chaldäer noch ein Begriff, aber der Städtename Ur war nicht mehr geläufig, so dass LXX regelmäßig »Land (χώρα) der Chaldäer« übersetzen, was kaum auf eine abweichende hebräische Vorlage zurückgehen dürfte, da auch Neh 9,7 so wiedergegeben wird (vgl. auch γῆ Χαλδαίων Jdt 5,7 und Apg 7,4). TPsJ bietet stattdessen zu Gen 11,28 und 15,7 jeweils »Feuerofen (נורא) der Chaldäer«, vgl. Arndt, Abraham, sowie Zakovitch, Exodus. Probleme mit den Chaldäern hat dagegen Bernd Jørg Diebner, der die ganze Abrahamgeschichte in das 2.–1. Jh. v. Chr. datiert und deshalb mit »Los-Orakel der Magier« übersetzt (Diebner, Abraham, 82).
     Alfred Jeremias sah dagegen in der Flucht Abrahams vor der Verfolgung »eine legendär vorgetragene religionsgeschichtliche Tatsache«, nämlich eine »reformatorische Bewegung«, die »gegen religiöse Entartung der herrschenden Kreise protestierte« (Jeremias, Licht, 268, Anm. 1).
313 So 2 Kön 24,2; Jer 50,10; 51,24.35; Ez 11,24; 16,29; 23,15 f.
314 Vgl. auch »Land Kasdim« Jes 23,13; Jer 24,5; 25,12; 50,1.8.25.45; 51,4.54; Ez 1,3; 12,13.
315 Ur, Sohn des Kesed, wird Jub 11,1 eingeführt als Vater der Ora, welche die Frau des Regu und Mutter des Serug ist.
316 Jub 11,3.
317 Vgl. Zakovitch, Exodus. Einen Anklang könnte man allenfalls Jos 24,2 sehen.

lonien[318] in Verbindung zu bringen ist, in allen erhaltenen Versionen der Völkertafel genannt – in der Genesis, im Jubiläenbuch und im Genesis-Apokryphon. Der sicherste Teil der Etymologie dieses Namens ist die Assoziierung des zweiten Bestandteils (כשׂד) mit Kesed oder Kasdim,[319] die in Jub 9,4.5 eine wesentliche Stütze hat.[320] Innerhalb der Endkomposition der Genesis wird eine Gleichsetzung Arpachschads mit Babylonien wohl deshalb vermieden, da Arpachschads Anteil mehr als dieses umfassen müsste.[321] Die Länder Keseds und Arpachschads bleiben geographisch unbestimmt; an der aramäischen Verwandtschaft der Chaldäer aber wird festgehalten (Gen 22,20–24).

Anders als die redaktionelle onomatologische Systematisierung, die bei Abram–Abraham pedantisch, bei Jakob dagegen unregelmäßig durchgeführt ist, wird die, ebenfalls auf die Endkompositionsschicht zurückgehende, redaktionelle Verortung der mesopotamischen Verwandtschaft in Paddan-Aram bei Jakob einigermaßen regelmäßig,[322] bei Abraham aber überhaupt nicht vorgenommen. Für das »Vaterhaus«[323] oder das »Land der Verwandtschaft«[324] oder »das Land«[325] Abrahams kann »Ur-Kasdim«[326] neben »Charran«[327] stehen, die »Stadt Nahors« neben dem »mesopotamischen Aram«.[328]

Woher Abram genau gekommen ist, bleibt offen. Hier gilt nicht ein entweder–oder, sondern ein sowohl–als auch. Der Abram, dem der sich als El Schaddai vorstellende Jhwh im Land Kanaans den Namen Abraham verleiht, ist zuvor sowohl aus dem »Land seiner Väter«, aus dem »Land seiner Verwandtschaft« und aus »Ur-Kasdim« als auch aus »Charran«, aus der »Stadt Nahors« und dem »mesopotamischen Aram«, ja sowohl aus Mesopotamien als auch aus Ägypten gekommen. Während das Exil Jakobs im nördlichen Mesopotamien bei den Lesern/Hörern am ehesten Assoziationen an das Exil der Nordstämme (2 Kön 17) zu wecken vermag, hat Abram bereits vor der Geburt Ismaels und Isaaks die israelitische und judäische Diaspora in Babylonien, Nordmesopotamien und Ägypten durchmessen.

---

318 Westermann, BK I/1, 684. Görg, Art. Arpachschad, 176, nennt Arpachschad »eine Art Kryptobezeichnung« für Babylonien.

319 Vorgeschlagen wurde sowohl die Entstehung als Verschreibung aus אֶרֶץ כשׂד »Land der Chaldäer« als auch als ägyptische Fassung von »Ur der Chaldäer«, vgl. Görg, Art. Arpachschad, 175f.

320 Sowohl die von den Masoreten überlieferte Aussprachedifferenzierung, Arpachschad mit שׂ, Kasdim mit שׂ, als auch die Benennung eines Mederkönigs Arpaxad im Judithbuch (Jdt 1,1 u.ö.) sprechen aber dafür, dass diese Assoziation bald nicht mehr gesehen worden ist. Dagegen wurde die Herkunft Abrahams aus Ur-Kasdim Jdt 5,6–9 mit einer *Abstammung* von den Chaldäern, sein Auszug von dort demzufolge mit der Ablehnung der *Götter seiner Väter* in Verbindung gebracht.

321 Siehe zu Genesis-Apokryphon und Jubiläenbuch oben S. 225 mit Anm. 309.

322 Gen 25,20; 31,18; 33,18; 35,9.26; 46,15.

323 Gen 12,1; 20,13; 24,7.38.40, dazu im Parallelismus »Verwandtschaft«, 12,1; 24,4, sowie »Sippe« 24,38.40.

324 Gen 11,28; 24,7.

325 Gen 12,1.

326 Gen 11,28.31; 15,7.

327 Gen 11,31f.; 12,4f.; 27,43; 28,10; 29,4.

328 Beides Gen 24,10.

Wohin Abram gezogen ist, wird dagegen eindeutig gesagt: Das *Ziel* der Wanderung Abrams ist das Land Kanaans. Und dessen Grenzen müssen möglichst genau bestimmt werden. Christian Frevel hat der Bedeutung des Landes für Texte wie Gen 17 und Ex 6 dadurch gerecht zu werden versucht, diese in seiner »Land-Karte der Priestergrundschrift«[329] mit dem Schluss des Deuteronomiums zu verbinden. Allerdings besteht seine »Land-Karte« zum größten Teil aus weißen Flecken, da die Bezeichnung »Land Kanaans« in seiner »Priestergrundschrift« völlig unbestimmt bleibt. Versteht man Gen 17 als Teil der Endkompositionsschicht, lässt sich dagegen mit Gen 10,19; Num 34,2–12; Dt 32,49; 34,1–3, aber auch den Erzählungen von den Wanderungen der Erzeltern, das ehemalige Land Kanaans und zukünftige Land Israels genau umgrenzen.[330]

2.3. Der Ort der Offenbarung bleibt unbestimmt

Ebenso unbestimmt wie Abrahams Herkunftsort bleibt der Ort der entscheidenden Gottesoffenbarung in Gen 17: Diese erfolgt »im Land seiner Fremdlingschaft, im Land Kanaans« (Gen 17,8) – das heißt in dem Land, wo sowohl Dan als auch Beerscheba liegen, sowohl Sichem als auch Bethel, sowohl Hebron als auch Jerusalem. Gen 17 ist das einzige Kapitel der Abrahamgeschichte, in dem kein einziger Städte- und kein einziger Landschaftsname genannt wird. Die einzige geographische Bezeichnung, die sich in diesem theologischen Schlüsselkapitel der Genesis findet, ist – das »Land Kanaans«.

Das »Land Kanaans«, als »Land deiner Fremdlingschaft« charakterisiert, verweist den Leser, ähnlich wie »dieses Land« in Gen 15,7.18, auf das Land des Aufenthaltes Abrams, wobei durch die Bezeichnung »Land Kanaans« bereits die mesopotamische Heimat Abrahams sowie Ägypten ausgeschlossen sind. Nach Gen 12–16 umfasst dieses Land mindestens das Westjordanland (Gen 13,12), von Norden[331] über Sichem und Bethel (Gen 12,6.8) bis ins Südland (Gen 12,9),[332] wobei als exklusive Grenzpunkte Charran im Norden und Ägypten im Süden genannt sind.

Während die Segens-, Nachkommens- und Landzusage bereits in Charran (Gen 12,1–3), Sichem (12,7) und Bethel (13,15–17) erfolgt, bleibt die Lokalisierung der feierlichen ברית von Gen 15 und ebenso der in Gen 17 erfolgenden Bekräftigung mit der nun erfolgenden Verleihung des (Thron-)Namens »Abraham« und der Zusage des Königtums offen: Hier hat die Endkomposition des Pen-

---

329 Frevel, Blick, 361–371.

330 Vgl. oben S. 157 ff.; S. 221 ff. sowie im Folgenden.

331 Aus Gen 12,5 f. geht nicht hervor, wo der »Grenzübertritt« in das Land Kanaans erfolgt. Es ist nicht einmal auszuschließen, dass bereits der Übergang über den Euphrat das Betreten des Landes Kanaans bedeutet haben sollte. Ein inklusiver nördlicher Grenzpunkt, Dan, wird dann Gen 14,14 genannt.

332 Vgl. auch Beer-Lachai-Roi, zwischen Kadesch und Bered (Gen 16,14).

tateuch die Wahl zwischen den beiden Städten des Königtums Davids, dem Umfeld Hebrons (nach Gen 13,18 und 18,1) und dem Umfeld Jerusalems (nach Gen 14,18), bewusst offengelassen.[333]

Synchron gelesen, war die letzte Angabe zum Aufenthaltsort Abrams »das Tal Schawe, das ist das Königstal« (Gen 14,17). In Gen 14,18–17,27 sind die einzigen Ortsangaben zum Aufenthaltsort Abrahams »dieses Land«, »hier(her)« (Gen 15,16), »das Land Kanaans« (Gen 16,3); lediglich von Hagar werden weiträumige Bewegungen berichtet (Gen 16,6f.14).[334] Die zweite Ankündigung der Geburt Isaaks (Gen 18,1–16) unterscheidet sich von der ersten in Gen 17,15–22 u. a. dadurch, dass sie lokalisiert ist.[335] Nun dürfte, nicht nur aufgrund des zwischen den Ereignissen von Gen 14 und Gen 17 liegenden zeitlichen Abstandes von mindestens 14 Jahren, eher ein Ortswechsel *vor* Gen 17 vorausgesetzt werden als *danach*, also zwischen den beiden zeitlich eng aufeinander folgenden Geburtsverheißungen Isaaks. Und dass die Lokalisierung bei Hebron auch für die ברית-Zeremonie von Gen 15 das nächstliegende wäre,[336] bezeugt nicht zuletzt Jub 14,10, das damit freilich die Offenheit des kanonischen Textes wieder zerstört.[337]

Durch die bewusste Vermeidung einer weiteren Ortsangabe bleibt neben der »Normalhypothese« Mamre auch das Tal Schawe, wo Melchisedek Abram mit Brot und Wein begrüßt und ihn gesegnet hat, als Ort aller bis Gen 17,27 folgenden Widerfahrnisse Abrahams denkbar. Dafür könnte sprechen, dass im Zuge der Endkomposition die Identifikation des Tals Schawe mit dem Königstal Gen 14,17 formal den Identifikationen in Gen 14,2.3.7.8 angeglichen worden ist[338] – wie »Zoar«, das »Salzmeer« oder »Kadesch« würde auch »Königstal« nun auf spätere Geschehnisse vorausweisen, die erst diesen Namen rechtfertigen. Nicht das Königtum Melchisedeks, sondern das künftige Königtum Abrahams bzw. seiner Nachkommen von Gottes Gnaden wäre dann Zielpunkt des Segens von Gen 14,19f.[339]

Die Offenheit des Pentateuch in der Frage der Lokalisierung beinhaltet eine schichtübergreifende Systematisierung, deren Bedeutung nicht hoch genug zu veranschlagen ist: Das Zentrum priesterlicher Theologie, die kultisch vermittelte Gottesbegegnung im Heiligtum, bestimmt in Ex 25–Num 10 das Zentrum des Pentateuch.[340] Und dieses Heiligtum ist beweglich, es wird, anders als das Heilig-

---

333 Vgl. Dietrich, Typologie, 43.

334 Aus Gen 16,9.15f. geht hervor, dass Hagar wieder zu Abram zurückgekehrt sein muss.

335 באלני־ממרא, Gen 18,1.

336 Vor der Einfügung von Gen 14, bei dem unmittelbaren Anschluss an Gen 13,18, stand die Lokalisierung in Hebron, auf die ja auch die Keniter und Kenisiter hindeuten, ohnehin außer Frage.

337 Ein weiterer Beleg dafür, dass das Jubiläenbuch, gegen Berger, Jubiläen, 299f., mit Anm. 3, keinesfalls Jerusalem-zentriert ist.

338 Siehe oben S. 59, Anm. ב–ב.

339 Für Benno Jacob steht Abram in Gen 14 als der »wahre Priester und König da« (Jacob, Genesis, 386). In dieselbe Richtung zielen diejenigen Deutungen von Gen 14,18–20 und Ps 110, welche Melchisedek als Typos Zadoks Abram als Typos Davids gegenüberstellen, wie zuletzt Soggin, Genesis, 234f.

340 Köckert, Land, 158f.

tum im sog. Verfassungsentwurf Ezechiels, keineswegs ausdrücklich mit Jerusalem verbunden; im Masoretischen Text bleibt der Ort, den sich Jʜwʜ erwählen wird, unbestimmt. Den Beweis dafür, dass die Bezogenheit auf Jerusalem auch ignoriert werden kann, liefert der Samaritanische Pentateuch, für den der Garizim der Ort ist, den Jʜwʜ erwählt hat.

Die einzigen Begebenheiten der Pentateucherzählung, die nach der überwiegenden Auffassung der jüdischen Tradition eine Ätiologie der Lokalisierung des Jerusalemer Heiligtums bilden, gehören, sicher nicht zufällig, zur Abra(ha)mgeschichte: Die Begegnung mit Melchisedek von Schalem und die Bindung Isaaks im Land Morija. Doch ist Jerusalem hier wie dort nicht genannt, so dass die samaritanische Tradition beide Ereignisse ebensogut auf den Garizim beziehen kann.[341] Die Unsicherheiten in der Textüberlieferung vermögen die Assoziation mit Sichem sogar zu stützen: Sowohl in LXX als auch im Samaritanus erscheint das Land von Gen 22,2 sprachlich dem Elon-More von Gen 12,6 verbunden (ὑψηλός bzw. מורא; MT: מורה) – immerhin ist dieser »Ort Sichems« die Stätte der ersten Gotteserscheinung im verheißenen Land und des ersten Altarbaus Abrahams (Gen 12,6f.). Die LXX nennt Gen 33,18 die Stadt Sichems »Σαλημ«, was sogar als (ungewöhnliche) Interpretation des Masoretischen Textes durchgehen kann.[342] Dann wird Abraham vom König von Sichem gesegnet, entrichtet ihm den Zehnten, und die Verheißung der Rückkehr »hierher« und der Landgabe vom Nil bis zum Euphrat (Gen 15,16.18) sowie das Gebot der Beschneidung etc. (Gen 17) erfolgen im Weichbild Sichems.[343] Demnach muss jenseits aller Spekulation folgendes festgehalten werden:

Die Offenheit der Lokalisierung von Gen 15 und 17 ist kompositorisch beabsichtigt und entspricht der Bedeutung dieser Verheißungskapitel für die Theologie der Genesis und des Pentateuch. Endkompositionell beziehen sich die Väterverheißungen auf das ganze vormalige Land Kanaans. Legitimes Priestertum sowie göttlich legitimiertes Opfer dagegen sind im Land an Schalem oder Morija, als Chiffren für das spätere Jerusalem gebunden. Analog zu den beiden konkurrierenden Ursprungtraditionen Israels in Erzvätern und Exodus existieren auch konkurrierende Ursprungtraditionen von legitimem Kult und Priestertum. Neben der den Pentateuch beherrschenden Auffassung der Stiftung des Kultes im Zusammenhang mit dem Exodus aus Ägypten stehen die Kultstiftungssagen der Erzelterngeschichte. Ähnlich wie die Abrahamgeschichte endkompositionell der geographischen Bestimmung des späteren Landes Israels dient, während das Volk Israels sich als Volk Jhwhs außerhalb des Landes konstituiert, wird auch die doppelte Herleitung des nachexilischen Priestertums funktional differenziert: Die Tra-

---

341 Zu Morija vgl. bereits Dillmann, Genesis, 287, zu Schalem siehe oben Anm. 561 (S. 115).

342 Zudem kann aus Schalem durch Vertauschen nur eines Buchstaben nicht nur Sichem, sondern auch Schilo werden, vgl. LXX Jer 48,5 mit MT Jer 41,5.

343 Auch Elone-Mamre kann in der Textüberlieferung mit Elon-More verschmelzen und damit in die Nähe des Garizim rücken, vgl. LXX, Syr und TPsJ zu Dt 11,30.

dition von der Stiftung von Kult und Priestertum im Zusammenhang mit dem Exodus dominiert die Endkomposition theologisch, aber auch genealogisch.[344]

Der *Ort* von Priestertum und Kult im Lande bleibt in Ex–Dt offen. Dagegen steht das Priestertum Melchisedeks, dem es an jedweder genealogischen Einordnung mangelt, endkompositionell im Pentateuch für die einzige konkrete *geographische* Verortung legitimen Priestertums im Lande der Verheißung. Nicht als Ahnvater Zadoks, wohl aber als Vorbild des Priestertums der Söhne Zadoks erscheint Melchisedek. Denn genealogisch und theologisch wird das Priestertum nicht auf Melchisedek, sondern letztlich auf Abraham zurückgeführt.[345] Und Abraham ist auch in der Endkomposition des Pentateuch der erste, der im Lande der Verheißung ein Opfer darbringt – auf dem Berg, den sich Jhwh »ersieht« (Gen 22,13 f.).

2.4. Die Adressaten der Landverheißung

Offen bleibt in Gen 17 auch, wer unter den Nachkommen Abrahams welchen Anteil am Land erhalten wird, da das Landthema in V.9–27 keine Rolle mehr spielt. Die Landzusage ist traditionsgeschichtlich fest mit dem Exodus der Israeliten verbunden. Dennoch wurden bereits in Gen 15,19 auch Verwandte Israels in eigenartiger Weise mit der Landverheißung verbunden. Dem wird in Gen 17 nicht widersprochen. Bezeichnenderweise findet sich Gen 17,8, wo Abraham als Vater eines Haufens von Völkern, darunter auch der Edomiter und verschiedenster arabischer Stämme angesprochen ist, die singuläre Formulierung »das ganze Land Kanaans«[346] als Bezeichnung des verheißenen Landes. Es ist denkbar, dass damit auch Ismael und die Keturasöhne in die Landverheißung eingebunden werden sollen. Während Lot sowie später Esau sich ausdrücklich außerhalb des Landes Kanaans ansiedeln (Gen 13,12 bzw. 36,5 f.), wird von den Keturasöhnen oder von Ismael nichts dergleichen gesagt. Die Keturasöhne, auf welche die »Kadmoniter« (Gen 15,19) vielleicht anspielen, bekommen immerhin von Abraham ihr Land zugewiesen (קדמה, ארץ קדם 25,6). Ismael, dessen Nachkommen auch zu den »Kadmonitern« gezählt werden können (vgl. קדמה 25,15), wohnt genausogut im Land Kanaans wie Isaak: Beer-Lachai-Roi ist der Ort der Hagar-Verheißung

---

344 Legitimes Priestertum geht nach dem Pentateuch allein auf die Linie (Abraham – Isaak – Jakob –) Levi – Aaron – Pinchas zurück.

345 Pinchas, der Sohn Eleazars, in welchem das genealogische System des Pentateuch noch über die Landnahmegeneration hinausweist, ist der einzige neben Abraham, dem eine ברית »geschenkt« wird (נתן ברית nur Gen 17,2 und Num 25,12; dagegen dürfte sich נתן in Gen 9,12 auf das Zeichen beziehen, vgl. 9,13).

346 Zu Jos 24,3 MT s.o. Anm.177 (S.311). Da »Land Kanaans« endkompositionell lediglich für das Land der sieben Völker von Gen 15,20 f. und Dt 7,1 steht, scheint das »ganze Land Kanaans« auf einen größeren Bereich hinzuweisen, auch wenn die Gen 15,19 genannten Völker gerade nicht zu »Kanaan« gezählt werden dürfen.

(Gen 16,14) wie der Wohnort Isaaks (24,62; 25,11). Dasselbe gilt für die Wüste bei Beerscheba (21,14). Die Wüste Paran (21,21, vgl. El-Paran in 14,6) als (vor 25,18) letztgenannter, aber erster selbstgewählter Aufenthaltsort Ismaels liegt dagegen nach Num 13,2 f. außerhalb des Landes Kanaans.

Letztlich schließt Ismael sich damit, ebenso wie vorher Lot und später Esau, selbst von der Verheißung des Landes Kanaans aus. Isaak dagegen wird durch die Gotteserscheinung in Gen 26,2–5 davon abgehalten, dem Land[347] der Verheißung den Rücken zu kehren. Jakob schließlich verlässt das Land zweimal, mit mehr oder weniger stichhaltigen Gründen (Gen 27,41–28,5; 45,28). Aber er verlässt es nicht ohne die göttliche Verheißung, wieder in das Land zurückgeführt zu werden (28,15; 46,4).

Die Landverheißungen der Genesis können daher mit Ex 6,3 f. folgendermaßen zusammengefasst werden: »Ich bin erschienen dem Abraham, dem Isaak und dem Jakob […] und habe meine Verheißung ihnen gegenüber aufrechterhalten, dass ich ihnen geben will das Land Kanaans, das Land ihrer Fremdlingschaft, in dem sie Fremdlinge gewesen sind.« Gott *hat* das Land Abraham, Isaak und Jakob *gegeben* (Gen 13,15; 15,7; 17,8; 26,3; 28,4.13; 35,12) als ארץ מגורים, und er hat es ihnen und ihren Nachkommen zugesichert als Erbe (15,7 f.; 28,4 √ירש) und ewigen Besitz (17,8; 48,4 אחזת עולם).[348] Auch nachdem die Israeliten das Land verlassen haben und nach Ägypten gezogen sind, gedenkt Gott seiner Verheißungen (Ex 2,24; 6,5). Dabei wird, über Gen 17 hinaus, an den feierlichen Landschwur von Gen 15,7–21 angeknüpft: »Und ich bringe euch in das Land, das dem Abraham, dem Isaak und dem Jakob zu geben ich meine Hand erhoben habe, und ich werde es euch geben als Erbe (מורשה), ich, Jhwh.« (Ex 6,8).[349] Umgekehrt weist die Formulierung von Gen 17,8 über Ex 6 weit hinaus: Das Besitzrecht im Land Kanaans wird erst in Lev 25 zum Thema, bevor schließlich, auf dem Berg Nebo, Jhwh auch dem Mose das »Land Kanaans« vorstellt als »das Land, das ich den Kindern Israels zum Besitz (אחזה) geben werde« (Dt 32,49).[350]

---

347 In Gen 26,3 f. ist von »allen diesen Ländern« die Rede, um vorendkompositionell die Gen 15,19–21 verheißenen Länder und das Land Gerar, in dem Isaak sich gerade befindet, zusammenzufassen.

348 Zu der tatsächlich erfolgten Landgabe an die Väter gehört selbstverständlich auch ihr Begräbnis im Land. Der Erwerb von Machpela als »Grabbesitz« (אחזת קבר, Gen 23,4.9.20; 49,30; 50,13) darf aber keinesfalls als Erfüllung der Landverheißung von Gen 17 verstanden werden, da dort nicht Gott die אחזה schenkt, sondern Abraham diese käuflich erwirbt – eine Konstruktion, die überhaupt nur zeitlich vor Lev 25 möglich ist.

349 Auch Gen 28,4 und Ex 6,3, derselben Schicht angehörend wie Gen 17, integrieren mit ירש bewusst deuteronomistisches Vokabular, was in einer selbständigen »Pᵍ«, wo zwischen Gen 17 und Ex 6 kaum Erzählmaterial stünde, sehr befremden müsste. In einer »priesterlichen« Kompositionsschicht erscheint der differenzierende Sprachgebrauch dagegen schlüssig.

350 Dt 32,49 gehört als »priesterlicher« Rahmentext, der gegenüber Num 27 sekundär ist, wie Gen 17 der Endkompositionsschicht des Pentateuch an.

3. Die chronologische Systematisierung

Zwischen Sintflut und Exodus wird im biblischen Bericht kein Ereignis durch eine solche Vielzahl von chronologischen Daten gerahmt wie die endkompositionelle Abraham-Verheißung von Gen 17. Abrahams Alter von 99 Jahren wird zweimal, V.1 und V.24, genannt. Das Alter Ismaels von 13 Jahren ergibt sich bereits aus den unmittelbar aufeinanderfolgenden Angaben von 16,16 und 17,1, wird aber dennoch im Anschluss an V.24 in V.25 ausdrücklich genannt. Die Gottesrede und die Beschneidung alles Männlichen im Hause Abrahams geschehen aber nicht nur in demselben Jahr, sondern an demselben Tag (V.23). An demselben Tag werden Abraham, sein Sohn Ismael und alle Hausangehörigen beschnitten (V.26f.). Auch der Zeitpunkt der gerade erst verheißenen Geburt Isaaks wird mehrfach datiert: Abraham wäre 100 Jahre alt, Sara 90 Jahre, so rechnet Abraham Gott vor (V.17), und Gott bestätigt diese Rechnung durch die Angabe »um diese Zeit im anderen Jahr« (למועד הזה בשנה האחרת, V.21) – in Gen 21,2 wird dann der angekündigte Zeitpunkt (מועד), in Gen 21,5 das errechnete Jahr bestätigt.

Durch die Wendung בעצם היום הזה schließlich sind die theologisch gewichtigen Gottesreden von Gen 17 mit weiteren in gleicher Weise hervorgehobenen Tagen verbunden: Der Tag des Einstiegs Noahs in die Arche (Gen 7,13), der Tag der Beschneidung Ismaels, des ganzen Hauses Abrahams und Abrahams selbst (Gen 17,23.26), der Tag des Exodus (Ex 12,17.41.51) und schließlich der Tag, an dem Mose auf den Berg steigt, von dem aus er das Land der Verheißung sehen darf (Dt 32,48).[351]

Ohne Zweifel besitzt das hochtheologische Kapitel Gen 17 auch im chronologischen System der Genesis eine zentrale Stellung. Bereits äußerlich ist dies an der hohen Konzentration von chronologischen Angaben der Endkomposition in Gen 16,16; 17,1.17.21.23.24.25.26 zu erkennen.

3.1. Vorstufen des chronologischen Systems

Bereits in den vorangegangenen Hauptteilen wurden ältere chronologische Systeme vorgestellt. In Gen 15,13–16 wird die Zeit in verschieden lange Perioden unterteilt, welche durch die jeweils lebenden Personen und bestimmte epochale Ereignisse charakterisiert werden. Jahreszahlen werden, wenn überhaupt, gerundet angegeben. Die chronologische Systematik besteht nicht in aneinander zu reihenden Jahreszahlen, welche die Kontinuität zum Ausdruck bringen, sondern in der Aufeinanderfolge von Epochen, die in verschiedenem Maße von Heil oder Unheil geprägt sind, vergleichbar dem chronologischen Schema des Richterbuches. Ein eigenständiges chronologisches System, das ebenfalls auf eine Vorstufe der end-

---

351 Außerdem steht der Ausdruck nur noch Lev 23,21 bei den Bestimmungen für das Wochenfest, und Lev 23,28–30 für den großen Versöhnungstag.

kompositionellen Chronologie zurückgeht, kann durch die Chronologie des Genesis-Apokryphon erschlossen werden.[352]

Diese Vorstufen des chronologischen Systems werden in die Endkomposition integriert: Die Angabe von 10 Jahren Aufenthalt im Land, die ursprünglich der Datierung der Zeremonie zwischen den Stücken gedient hatte (vgl. GA 22,27f.), wird in der Endkomposition umfunktioniert: Sie dient nun (in Gen 16,3) zur Datierung der Zeugung Ismaels und bereitet (mit 12,4) die Altersangabe Abrahams in 16,16 und die Synchronismen in 17,23–27 vor.

Die Ansätze zu einem chronologischen System, wie sie sich in Gen 15,13–16 widerspiegeln, werden weiterentwickelt. An die Stelle des singularischen דור (15,16) tritt das pluralische לדרתם in Gen 17.[353] An die Stelle des jeweils völligen Neubeginns nach dem Tode eines Handlungsträgers[354] tritt einerseits die Abschnittsgliederung in Toledot häufig nach den Todesnotizen,[355] andererseits die Betonung der Kontinuität durch die angegebenen Lebensjahre der Väter, die weit in die Geschichte ihrer Nachkommen hineinreichen.[356] Selbstverständlich wurden auch die 12, 13 und 14 Jahre von Gen 14,4f. und die 400 Jahre von Gen 15,13 in die spezifische Zeitrechnung der Endkompositionsschicht integriert.[357]

3.2. Das Leben Abrahams in Zahlen nach der Chronologie der Endkomposition des Pentateuch

Nach den Angaben des Masoretischen Textes beginnt Salomo mit dem Bau des Tempels genau 1200 Jahre nach der Geburt Abrams.[358] So verlockend es für den sich mit Abraham Beschäftigenden ist, die Weltgeschichte deshalb in die Zeit vor und die Zeit nach Abrams *Geburt* einzuteilen, wie es Hughes vorgeschlagen hat,[359] so wenig lässt sich dies mit dem chronologischen System der Genesis begründen. Denn genaugenommen wird Abrams Geburt ebensowenig erwähnt wie der Name

---

352 Siehe oben S.42ff.
353 In der nichtpriesterlichen Literatur gibt es bereits die Rede von den »tausend Geschlechtern«, denen Gott die Treue (und speziell die ברית) hält (Dt 7,9), dann wird auch dies noch gesteigert in den עולם: So das Zeichen der Noah-ברית Gen 9,12; das Halten der ברית mit Abraham und seinen Nachkommen Gen 17,7; das Tun des Sabbat Ex 31,16. (Vgl. 1Chr 16,15 par Ps 105,8, wo אלף דור im Parallelismus zu עולם steht, als Bezeichnung der Gültigkeitsdauer der ברית mit Abraham, Isaak und Jakob.). Zu דור im Singular und Plural siehe bereits oben S.306.
354 Vgl. Millard, Eröffnung, 51f.
355 So die Toledot Ismaels und Isaaks nach dem Bericht vom Tod Abrahams (Gen 25) sowie die Toledot Esaus (Gen 36) und Jakobs (Gen 37ff.) nach dem Bericht vom Tod Isaaks (Gen 35). Es handelt sich dabei aber, im Unterschied zu Dt 2,14; Ri 2,10, nicht um chronologische Einschnitte.
356 Siehe dazu den unmittelbar folgenden Abschnitt.
357 Siehe oben S.159f. und 259ff.
358 1200=100+60+130+430+480 (Gen 21,5; 25,26; 47,9; Ex 12,40f.; 1Kön 6,1).
359 Hughes, Secrets, 47, teilt seine rekonstruierte »world era« in »pre-Abrahamic age« und »post-Abrahamic age«. Siehe aber unten Anm.389 (S.352).

der Mutter, die ihn geboren hat. Das verbindet ihn mit den anderen in den »Toledot Sems« in Gen 11,10–26 aufgezählten Noachiden. Sein in der Tat signifikantes Geburtsdatum ergibt sich erst indirekt aus seiner 11,26 datierten Zeugung durch Terach. Die Lebensjahre Abra(ha)ms sind daher im Sinne der Endkomposition in die Zeitrechnung der Noachiden nach der Sintflut einzubeziehen, wie sie Gen 11 dargeboten wird.

Das Spezifikum der Zeitrechnung in Gen 11 (ähnlich Gen 5) besteht darin, dass vom jeweiligen Patriarchen nur das Alter bei der Zeugung seines die Hauptlinie weiterführenden Sohnes sowie die danach noch folgenden Lebensjahre genannt sind.

Für die Einordnung dieser Daten in ein System gibt es grundsätzlich drei Möglichkeiten, nämlich a) die Annahme, dass die Geburt immer in dem Jahr anzusetzen ist, das auf das Jahr der Erreichung des angegebenen Zeugungsalters folgt,[360] b) dass die Geburt des Sohnes immer in demselben Jahr wie die Zeugung stattgefunden hat[361] oder c), dass überhaupt keine Regelmäßigkeit vorliegt. Gegen Annahme c) spricht das Faktum der Existenz dieser Jahreszahlen überhaupt, deren Sinn ja offensichtlich in der systematischen Weiterführung jeweils in der nächsten Generation besteht. Gegen Annahme b) spricht zudem die unnötig entstehende Spannung zwischen den Angaben von Gen 5,32; 7,6.11 und 11,10. Deshalb ist noch die Variante d) zu erwähnen, die für die Geburt Arpachschads 2 Jahre extra rechnet.

Vor allem von den internen Daten der Abrahamgeschichte her liegt es nahe, generell von der Addition eines Jahres zwischen Zeugung und Geburt auszugehen: Bei der Zeugung Ismaels ist Abraham 85 (Gen 12,4; 16,3 f.), bei dessen Geburt 86 Jahre alt (Gen 16,16); bei der Ankündigung der Geburt Isaaks ist Abraham 99 Jahre alt (Gen 17,1.24), weiß aber, das sein soeben angekündigter Sohn erst geboren werden kann, wenn er 100 Jahre alt ist (Gen 17,17) – was denn auch tatsächlich eintritt (Gen 21,5).

Welche Berechnung dem Text zugrunde liegt, muss sich letztlich im Zusammenhang einer Untersuchung der chronologischen Angaben des gesamten Pentateuch bewähren. Da jedoch bisher nahezu ausschließlich mit den Annahmen b) oder d) gerechnet worden ist und hier nicht der Raum ist, das chronologische System des Pentateuch insgesamt zu entschlüsseln, sollen neben der dem Endtext einzig angemessenen Variante a) die abweichenden Berechnungsvarianten wenigstens erwähnt werden. Die Differenzen sind für die »Biographie« Abrahams an sich nicht wesentlich, wohl aber für die Rekonstruktion der Kompositionsgeschichte des Pentateuch.

---

360 Erwogen von Rösel, Übersetzung, 136.
361 So Jacob, Genesis, 308: »Empfängnis und Geburt müssen in diesen Generationen in ein Jahr gefallen sein«.

Exkurs: Die Zeugung Arpachschads als Schibbolet der Chronologie

Gen 11,10 אלה תולדת שם ויהי שם בן מאת שנה ויולד את־ארפכשד שנתים אחר המבול:
»Dies sind die Zeugungen Sems: Sem war hundert Jahre alt, und er zeugte den
Arpachschad, im Jahr zwei, nach der Sintflut.« Wegen der weitreichenden Konsequenzen für die Kompositionsgeschichte des Pentateuch ist ein Exkurs hier unumgänglich: Nur Variante b), unter Vernachlässigung der Zeit zwischen Zeugung und
Geburt und ohne Berücksichtigung der 2-Jahres-Differenz von Gen 11,10b, führt
auf die Datierung des Exodus in das Jahr 2666, die Theodor Nöldeke als ⅔ einer
der »*Grundschrift*« vorschwebenden »Weltdauer« von 4000 Jahren interpretierte.[362]

Aimo Edvard Murtonen[363] hat, anders als Nöldeke, dieses System bis zur
Tempelweihe durch die Makkabäer (164 v. Chr.) als Jahr 4000 und angeblichem
Zielpunkt der *Chronologie des Masoretischen Textes* weiterführen wollen, und damit
weithin Zustimmung gefunden. Die Konsequenz ist, dass entweder, bei Annahme
der Priorität der masoretischen Chronologie, die Endredaktion des Pentateuch
überhaupt in das 2. Jahrhundert verlegt wird,[364] oder, bei Annahme der Posteriorität der masoretischen Chronologie, mit mehr oder weniger umfangreicher Redaktionstätigkeit am Masoretischen Text bis in makkabäische Zeit gerechnet wird.[365]

Die Annahme ist aber von mehreren Hypothesen abhängig: Erstens müsste
der Exodus in das Jahr 2666 fallen, zweitens in der Makkabäerzeit mit einer 4000-
Jahre-Ära gerechnet worden sein. Weiter müsste drittens bis zur Zerstörung des
Jerusalemer Tempels mit biblischen Daten des Masoretischen Textes der Königebücher, aber nicht des Richterbuches, und viertens von da an plötzlich mit historisch exakten (und nicht mit nachweislich bekannten) Zahlen gearbeitet worden
sein.

Da es für die Hypothese, dass in der Makkabäerzeit mit einer 4000-Jahr-Peri-
ode gerechnet worden sei, außer der angeblichen 2666 nicht einen einzigen zeitge-
nössischen Beleg gibt, fällt das ganze Theoriegebäude bereits mit dem Nachweis,
dass der Exodus nach dem Masoretischen Text nicht im Jahr 2666 stattgefunden
haben kann.[366]

---

362 Nöldeke, Grundschrift, 111, mit Verweis auf von Gutschmid.

363 Murtonen, Chronology, 133–137.

364 So Johnstone, Reminiscences, 248, dessen »P-edition«, abgesehen von ihrer absoluten Spätdatierung, weitgehend der von mir angenommenen »Endkomposition« entspricht. Ähnlich datiert
Larsson, Comparison, 408 f., der die MT-Chronologie aus kalendergeschichtlichen Gründen für
ursprünglich hält, diese zusammen mit der »P-source«, die »never existed as an independent text
before the main redaction«, in die zweite Hälfte des 3. Jh. v. Chr. (vgl. auch ders., Hypothesis).

365 In der Nachfolge von Murtonen, Chronology, 137, u. a. Thompson, Historicity, 15; Hughes,
Secrets, 234; Blenkinsopp, Pentateuch, 48 f.; Kaiser, Grundriß I, 60; Kreuzer, Priorität, 253; Otto,
Hexateuch, 263; K. Schmid, Erzväter, 21; Rösel, Übersetzung, 135.

366 Die dritte und vierte Hypothese sind zwar so flexibel, dass man von jedem beliebigen Exodusdatum zwischen 2500 und 3000 auf das Jahr 4000 für die makkabäische Tempelweihe oder auch die
Geburt oder Auferstehung Jesu Christi kommen kann; ohne die 2666 fehlt aber der Anlass, nach
dem Jahr 4000 als Zielpunkt der *Chronologie des Masoretischen Textes* überhaupt zu suchen.

Um auf das Jahr 2666 für den Exodus zu kommen, muss angenommen werden, dass Arpachschad im Jahr, da Noah 600 Jahre alt war, d.h. im Jahr des Flutbeginns, gezeugt und geboren worden wäre.[367] Die Angabe, dass Arpachschad im zweiten Jahr, nach der Flut, gezeugt worden sei (Gen 11,10b), ist aber MT, Sam und LXX gemeinsam, und muss für die endkompositionelle Chronologie Berücksichtigung finden.

Symptomatisch ist das Überspringen des Problems etwa durch Joseph Blenkinsopp: Die Geburt Arpachschads wird zwar mit zwei Jahren nach der Sintflut angegeben; alle weiteren Daten, deren Berechnungsweg nicht angegeben wird, rechnen aber wieder stillschweigend mit der Geburt Arpachschads im Jahr der Sintflut, um das Jahr 2666 für den Exodus erreichen zu können.[368] Martin Rösel berücksichtigt die Zweijahresdifferenz bei seiner tabellarischen Übersicht[369] und der Erklärung der LXX-Chronologie[370], verschweigt sie aber dort, wo er die Theorien zu MT und Sam referiert, um die Bearbeitung der Zahlen des MT mit der makkabäischen Tempelweihe zu verbinden und »zeitlich nach der Übersetzung der Septuaginta und der Absonderung der Samaritaner anzusetzen«[371]. Jeremy Hughes beschäftigt sich eingehend mit Gen 11,10[372] und referiert deshalb die zur *opinio communis* gewordene These Murtonens nur mit der Einschränkung »if we ignore the 2-year-period between the flood and the birth of Arpachschad«.[373] Konrad Schmid sieht das Problem wie viele andere überhaupt nicht.[374] Nach der von Hughes erwogenen und von Rösel favorisierten Berechnungsvariante d), die den Exodus auf das Jahr 2668 legen würde, wird Arpachschad geboren, wenn Noah 602 Jahre alt ist.

Bei Berechnungsvariante a) bereitet Gen 11,10b keinerlei Probleme: Wie bei allen Vätern ist auch bei Sem und Arpachschad je ein Jahr von der Zeugung bis zur Geburt einzurechnen. Noah ist bei der Zeugung Sems 500 Jahre, bei dessen Geburt 501 Jahr alt.

Sem ist bei Ausbruch der Flut demzufolge »erst« 99 Jahre und zeugt mit 100 Jahren, das heißt im zweiten Jahr, nach der Flut,[375] den Arpachschad. Als Arpachschad endlich geboren wird, ist Sem 101 und Noah 602 Jahre alt, womit die run-

---

367 Warum wird er dann eigentlich Gen 8,18f. nicht mit aufgezählt?

368 Blenkinsopp, Pentateuch, 48f. Ähnlich inkonsequent ist der Beginn der Rechnung: Adams Erschaffung wird korrekt in das Jahr 1 datiert – weitergerechnet wird aber stillschweigend mit dem Jahr 0, da nur so die Geburt Seths in das Jahr 130 datiert werden kann (Blenkinsopp, ebd.; Hughes, Secrets, 19f.; Jacob, Genesis, 158).

369 Rösel, Übersetzung, 132f.

370 Rösel, Übersetzung, 136–144.

371 Rösel, Übersetzung, 135.

372 Hughes, Secrets, 18–27.

373 Hughes, Secrets, 234.

374 K. Schmid, Erzväter, 20.

375 Das Jahr des מבול selbst, also das 600. Noahs, ist als das erste Jahr zu rechnen – analog zu 1 Kön 15,25 (mit V.33); 16,8 (mit V.15); 22,52 (mit 2 Kö 3,1), wo שנתים jeweils ein beendetes und ein begonnenes Jahr umfasst, aber keine Spanne von zwei vollen Jahren (Jacob, Genesis, 307;

den Dezimalzahlen erst einmal wieder verschwinden[376] – bis zur Geburt Abrams und Isaaks.[377]

Der ursprüngliche Sinn der bereits traditionell vorgegebenen Angabe des zweiten Jahrs, nach der Flut, für Arpachschad (GA 12,10; vgl. Jub 7,18) dürfte gewesen sein, dass in der Arche niemand gezeugt und niemand geboren wurde.[378] Darüber hinaus bestätigt aber die Art der Einbindung dieser Notiz in der Endkomposition die sich schon von der Abrahamgeschichte her naheliegende Vermutung, man habe grundsätzlich mit einem Jahr zwischen Zeugung und Geburt zu rechnen.

Für den Exodus ergibt sich in der Chronologie des Masoretischen Textes das Jahr 2686 seit der Erschaffung des Menschen.[379] Und für diejenigen, die ein außerhalb des Pentateuch liegendes Zieldatum der Chronologie suchen mögen, ergibt sich aus 1 Kön 6,1 das Jahr 1500 nach der Flut als das Jahr des Baubeginns des salomonischen Tempels,[380] ohne dass auch nur eine einzige Konjektur am Masoretischen Text vorgenommen werden müsste.

Mit einer mutmaßlichen 4020-Jahr-Periode bis zur makkabäischen Tempelweihe, von der man zwar immerhin (anders als bei den 4000 Jahren) auch zwei Drittel genau angeben könnte (nämlich 2680), ohne dass das freilich bei einem Exodusdatum von 2686 Jahren Sinn machte, wird die schwache Basis des wichtigsten Arguments für eine Spätdatierung der Endkomposition in die Makkabäerzeit[381] oder, alternativ, für eine lange nachendredaktionelle Redaktionsgeschichte des Masoretischen Textes[382] offensichtlich.

$$* * *$$

Nicht für die Biographie Abrahams, wohl aber für die Zahlensystematik ist die Frage des Berechnungsmodus also wesentlich. Denn es sollte nicht verschwiegen werden, dass die Geburt Abrams im 300. Jahr[383] und die Isaaks im 400. Jahr nach

---

ähnlich Witte, Urgeschichte, 116). Der LXX-Übersetzung δευτέρου ἔτους (»im zweiten Jahr«) bescheinigt Rösel, Übersetzung, 221 f., Texttreue.

376 Das ist allen Berechnungsvarianten gemeinsam.

377 Nur nach Berechnungsvariante a).

378 Jacob, Genesis, 307: »Einen ehelichen Verkehr hatte es […] in der Arche nicht gegeben.«

379 Die Differenz zu den 2666 kommt durch das Ausgehen vom Jahr 1 und die Einbeziehung der 19 Zeugungsjahre bis zur Geburt Abrams zustande. Auf die systematische Bedeutung der Zahl 2686 = 2x17x79 kann ich im Rahmen dieser Arbeit noch nicht eingehen.

380 Vgl. zur Berechnung oben Anm. 358 (S. 347) und unten Anm. 383. Nach Berechnungsvariante b) wären es 1490, nach Variante d) 1492 Jahre.

381 Siehe oben Anm. 364 (S. 349).

382 Schmid, Erzväter, 21 schließt daraus, »daß auch nach dem Abschluß des Kanonteils Tora noch bis in die makkabäische Zeit hinein Retuschen am Text möglich waren«; ähnlich Otto, Hexateuch, 263, und die weiteren oben in Anm. 365 (S. 349) genannten Arbeiten.

383 500+1+100+1+35+1+30+1+34+1+30+1+32+1+30+1+29+1+70+1= das 900. Jahr nach Noahs Geburt, nach Gen 5,32; 11,10–26. Das ergibt wegen Gen 7,6.11 (sowie Gen 11,10) das 300. Jahr nach dem מבול.

der Sintflut[384] (jeweils Variante a) chronologisch signifikanter erscheinen als das 290. bzw. 390. Jahr (Variante b, ohne 2 Extrajahre nach Gen 11,10) oder das 292. bzw. 392. Jahr (Variante d, unter Einrechnung zweier Extrajahre nach Gen 11,10).[385]

Selbst das Jahr der Beschneidungs-ברית besitzt als Jahr 399 nach der Flut gemäß Variante a) eine merkwürdige Signifikanz: Die 399 entspricht dem Produkt aus 57, der Zahl des Bogens in den Wolken und der Noah-ברית,[386] und 7, der Zahl des Sabbattags.[387]

Eine Beschränkung auf die »nachsintflutliche« Zeitrechnung ist auch insofern sinnvoll, als über die Priorität des Masoretischen Textes für die Angaben von Gen 11 Einigkeit besteht,[388] die Meinungen bezüglich Gen 5 aber noch weit auseinandergehen.[389]

Abraham hätte nach allen drei Berechnungsvarianten 10 Generationen seiner Vorfahren, von Noah an, noch erlebt. Zudem hätten nach Berechnung a) Sem und Eber, nach Berechnung b) auch noch Schelach Abraham überlebt. Dagegen haben LXX und Samaritanus höhere Zeugungsalter in Gen 11, wodurch sich ergibt, dass nach der LXX allein Terach noch den Aufbruch Abrams aus Charran erlebt hätte, während nach dem Samaritanus, der Terachs Lebenszeit um 60 Jahre verkürzt, Abram erst nach dem Tod seines Vaters aus Charran auszieht.[390] Als ursprüngliche Lesarten kommen aber für die nachsintflutliche Chronologie, mit der übergroßen

---

384 300+99+1=400. Abraham ist vor der Zeugung Isaaks 99 (Gen 17,1.24), zur Zeit der Geburt Isaaks 100 Jahre alt (Gen 21,5, vgl. Gen 17,17).

385 Hughes, Secrets, 20, zur Chronologie des Masoretischen Textes, zu dem ja Gen 11,10b unzweifelhaft gehört. Auch Rösel, Übersetzung, 132f., rechnet die zwei Jahre mit ein und erhält so die Jahre 292 und 392 für die »Zeugung« Abrahams und Isaaks; ebd. 135 ignoriert er sie stillschweigend wieder.

386 Die Gottesreden von Gen 9 an Noah sind nicht unmittelbar datiert. Doch stehen Gen 8,14–9,17 in unmittelbarem Zusammenhang mit dem Ausstieg Noahs aus der Arche am 27. Tag des zweiten Monats, also am 57. Tag des Jahres (Kratz, Komposition, 237). Für ברית und Zeichen gegenüber Noah steht damit die 57.

387 Der Sabbat ist, ähnlich der Beschneidung, Gebots-ברית und Erkennungszeichen (Ex 31,13.16f.); das Gebot der Ruhe am siebenten Tag ist in allen Gesetzeskorpora des Pentateuch zentral. Vgl. aber auch in der Genesis die 7 als Zahl des Kainszeichens (Gen 4,15).

388 Vgl. zuletzt Hughes, Secrets, 15–22, sowie Rösel, Übersetzung, 132–134.

389 Während Jepsen, Priesterkodex, 252f., für Gen 5 die Zahlen des Samaritanus, für Gen 11 die des MT bevorzugt (mit der impliziten Annahme, Sem sei bei der Geburt Arpachschads bereits 103 Jahre alt gewesen) und damit eine eklektische Chronologie gewinnt, hat zuletzt wieder Larsson, Comparison, 409, für die Ursprünglichkeit des masoretischen Systems plädiert. Jeremy Hughes setzt für seine »Priestly chronology of the world« teilweise die Zahlen des SP, teilweise die des MT, und darüber hinaus einen allen Versionen vorausgehenden Schreibfehler voraus (das Zeugungsalter Melchisedeks von 69 Jahren, Hughes, Secrets, 26), um für das erste Jahr Abrahams ein rundes Datum zu erhalten, nämlich das Jahr Anno mundi 1600 (a.a.O., 20; dasselbe Ergebnis wie Jepsen, Priesterkodex, 253, obwohl die Sintflut nach Hughes zwei Jahre später stattfindet).

390 Nach den Zahlen der LXX fiele die Geburt Abrams in das Jahr 1080 (bzw. 1072/1070) nach der Flut – nach denen des SP in das Jahr 950 (bzw. 942/940) nach der Flut.

Mehrheit der Exegeten, am ehesten die Zahlen des Masoretischen Textes in Frage, die im Folgenden zugrundegelegt werden. Alle Versionen sind sich übrigens darin einig, dass Abraham zum Zeitpunkt der Geburt von Jakob und Esau noch 15 Jahre Lebenszeit vor sich gehabt habe.

Danach hätte Abraham, sich selbst nicht mitgezählt, insgesamt 12 Generationen seiner Vorfahren und Nachkommen miterlebt, wie aus der nebenstehenden, nach Berechnungsvariante a) erstellten Übersicht zu ersehen ist: Selbst in Abrahams 99. Jahr, also während der in Gen 17 geschilderten Begebenheiten, hätten noch fünf seiner Vorväter gelebt.[391] Die rabbinische Tradition hat durchaus versucht, die chronologischen Beziehungen in erzählerische Zusammenhänge zu transformieren, etwa zwischen dem Tod Terachs und dem Tod Saras, und interpretierte das lange Leben von Eber dahingehend, dass nicht nur Abraham, sondern auch noch Jakob in Mesopotamien dessen Lehrhaus besuchen durfte, während die Langlebigkeit Sems zum Anlass genommen wurde, Melchisedek durch die Identifikation mit ihm eine Genealogie zu geben.[392] Solche Identifikationen haben keinerlei Anhalt am Text und dürften kaum der Intention dieser chronologischen Angaben gerecht werden. Es sind konstruierte Zahlen, die keine Erzählungen zu ersetzen vermögen. Doch muss festgehalten

Tabelle 12: Chronologie Abra(ha)ms nach Berechnungsvariante a)	
Ereignis im Alter Abra(ha)ms	von … Jahren
Geburt Sarais	10
Tod Pelegs	43
Tod Nahors	47
Tod Noahs	50
Tod Regus	74
Auszug aus Charran	*75*
Zeugung Ismaels	85
Geburt Ismaels	*86*
Tod Serugs	98
Gen 17	*99*
Geburt Isaaks	*100*
Tod Terachs	134
Tod Saras	137
Tod Arpachschads	140
Isaak ∞ Rebekka	140
Geburt Jakobs und Esaus	160
Tod Schelachs	171
Tod Abrahams	*175*
(Heirat Esaus)	(200)
(Tod Sems)	(201)
(Tod Ismaels)	(223)
(Tod Ebers)	(233)

werden, dass Abram gemäß dem chronologischen System der Genesis noch zu den »urgeschichtlichen« Noachiden gehört, wenn auch als ihr letztes Glied. Noah stirbt im 50. (58./60.) Jahr Abrams, so dass Ismael und Isaak der ersten Generation nach dem Tode Noahs angehören.[393] Der Gen 17,15–19.21 erstmals verheißene Isaak

---

391 Sem, Arpachschad, Eber, Schelach und Terach; nach Berechnungsvariante b) oder d) auch noch Serug, also sechs Vorväter.

392 Dadurch ergibt sich etwa Gen 14,18 die delikate Situation, dass Sem = Melchisedek seinen von Eber abstammenden Nachkommen Abram dafür segnet, dass Gott ihm den König über das Reich seines erstgeborenen Sohnes Elam in die Hände gegeben hat, vgl. die palästinischen Targume zu Gen 15,1.

393 Nach der Chronologie des MT sind Ismael und Isaak auch die ersten im 3. Jahrtausend seit der Erschaffung Adams Geborenen (*2052 bzw. 2066) und Noah der erste im zweiten Jahrtausend Geborene (*1066; Zahlen nach Berechnungsvariante a). Da im Bereich der »vorsintflutlichen« Väter die Frage nach der ursprünglichen Textfassung noch umstritten ist, soll hierauf kein Gewicht gelegt werden. Vgl. zum Thema Rösel, Übersetzung, 129–132, der tendentiell dem sama-

wird, als Sohn des nun neu benannten Abraham, genau im 1000. (1008./1010.) Jahr nach der Geburt Noahs geboren.

Der chronologische Dreh- und Angelpunkt der Chronologie der Vätergeschichte[394] ist die in Gen 17 angekündigte Geburt Isaaks: 1 Jahr nach der Beschneidungs-ברית, 100 Jahre nach der Geburt Abrams, 400 Jahre nach der Sintflut, 1000 Jahre nach der Geburt Noahs.

Mit der Geburt Ismaels und Isaaks tritt nun auch eine Veränderung im chronologischen System ein: Während bis Gen 11 jeweils das Lebensalter des Vaters bei der Zeugung des die Hauptlinie weiterführenden Sohnes genannt worden war, woraus das nächste Geburtsdatum erst zu errechnen ist, wird erstmals in Gen 16,16 und 21,5 ausdrücklich die Geburt des Sohnes datiert – denn Ismael und Isaak sind die ersten nach der Verheißung geborenen.[395]

An dieser Stelle lohnt ein Blick auf die Lebensdaten der drei Erzväter. Wie zuletzt Arndt Meinhold betont hat,[396] ergaben die Lebensjahre Abrahams, Isaaks und Jakobs eine Reihe: Abraham[397] lebte $175 = 7\times5\times5$ Jahre, Isaak[398] $180 = 5\times6\times6$ Jahre und Jakob[399] $147 = 3\times7\times7$ Jahre. Jakob erhält damit eine im Dezimalsystem »krumme« Zahl von Lebensjahren, die stattdessen im 7-er System rund ist, worauf im Jubiläenbuch besonders hingewiesen wird.[400] Gen 47,9 bezeichnet Jakob selbst

---

ritanischen Text für Gen 5 den Vorzug gibt, sowie ausführlich Hughes, Secrets, 5–30 der einen ursprünglichen Text, der in keinem der drei Zeugen mehr vollständig erhalten sei, zu rekonstruieren versucht (Synopse der Zahlen Hughes, 44 f.).

394 Jepsen, Priesterkodex, 252 f., und Hughes, Secrets, 5–54, machen die Geburt Abrahams zum Dreh- und Angelpunkt der Weltgeschichte, allerdings in einer eigens eklektisch rekonstruierten Chronologie, vgl. oben Anm. 389 (S. 352).

395 Das sind also bereits in der vorendkompositionellen Genesis, deren Informationen die Endkompositionsschicht auch hier in ihr System integriert.

396 A. Meinhold, Greisenalter, 104, Anm. 33, mit Verweis auf Lothar Ruppert, Der alte Mensch aus der Sicht des Alten Testaments, Trierer Theologische Zeitung 85 (1976) 270–281, 272, Anm. 5. Vgl. jetzt auch Ruppert, Genesis II, 628 f., mit Verweis auf dens., Die Josefserzählung der Genesis. Ein Beitrag zur Theologie der Pentateuchquellen (StANT 11) München 1965, 179. Dieselbe Beobachtung findet sich, unabhängig davon, auch bei Sarna, Analysis, 301, mit Verweis auf weitere Vorläufer (a. a. O., 309, Anm. 3), bei Kreuzer, Art. Zahl, 1157 und bei Wenham, Genesis II, xxix.

397 Gen 25,7.

398 Gen 35,28.

399 Gen 47,28.

400 Jub 45,13 wird die Lebenszeit Jakobs mit »drei Jubiläen« angegeben. Der Schluss Rupperts (Genesis II, 629), Jakob habe als »der dritte Erzvater als einziger den Faktor drei in seinem Lebensalter, was niemals Zufall sein kann«, geht allerdings in die Irre, da der Faktor drei bei Isaak eine noch größere Rolle spielt: $3\times(2\times2\times5)=60$ Jahre ist er alt, da ihm Esau und Jakob geboren werden, $3\times3\times(2\times2\times5)=180$ Lebensjahre erreicht er insgesamt.

Auch die Argumentation mit den »Quersummen« der Faktoren (Ruppert, a. a. O., 628) greift zu kurz, erst recht dann, wenn es sich nicht um die Primfaktoren handelt. Die 180 Lebensjahre Isaaks kann man etwa sehr wohl auch so zerlegen, dass statt der 17 eine durch 3 teilbare »Quersumme« (»Q«) herauskommt, etwa $180 = 3\times3\times2\times2\times5$ oder $3\times3\times4\times5$ (»Q«=15), $9\times2\times2\times5$ oder $9\times4\times5$ (»Q«=18), $2\times9\times10$ (»Q«=21), $2\times3\times3\times10$; 12×15 oder 3×60 (»Q«=9).

seine bis dahin 130 Jahre als wenig und schlecht im Vergleich zu seinen Vätern.[401] Von Isaak dagegen werden durchweg nach dem Dezimalsystem runde Zahlen angegeben: 40,[402] 60[403] bzw. 180 Jahre. Ein durch 60 teilbares Lebensalter wird, außer zweimal bei Isaak, nur noch zur Datierung zweier Ereignisse im Pentateuch ausdrücklich genannt: Zum Beginn der Sintflut ist Noah 600 Jahre alt[404] – und am Vorabend der Landnahme stirbt Mose im Alter von 120 Jahren.[405]

Die wichtigsten Lebensdaten Abra(ha)ms schließlich sind nur im Dezimalsystem rund, genauer gesagt im 5-er System: Mit $3 \times 25 = 75$ Jahren zieht er in das Land Kanaans; als er $4 \times 25 = 100$ Jahre alt ist, wird ihm Isaak geboren; und mit $7 \times 25 = 175$ Jahren[406] stirbt er. Die Einwanderung in das Land Kanaans und die Geburt Isaaks teilen das Leben Abra(ha)ms somit in drei Teile. Jeweils drei 25-Jahre-Perioden sind es von der Geburt Abrams bis zum Auszug aus Charran[407] sowie von der Geburt Isaaks bis zum Tod Abrahams. Im chronologischen Zentrum der Abra(ha)mgeschichte steht somit die in Gen 12–21 beschriebene Periode von der Einwanderung in das Land Kanaans bis zur Geburt Isaaks.[408] Diese ist genau die vierte 25-Jahr-Periode im Leben Abra(ha)ms, in Abwandlung des Zahlenschemas von Gen 15, in dem das dritte Geschlecht für den Exodus steht und das vierte für die Rückkehr in das Land der Verheißung.[409]

Auch ist Abraham durch die 25 nochmals mit Noah und Sem verbunden, bei denen allein ebenfalls die wichtigsten angegebenen Lebensjahre durch 25 teilbar[410]

401 Es dürfte beabsichtigt sein, dass Nahor, der Vater Terachs, der unter allen Vorfahren Jakobs am kürzesten gelebt hat, mit seinen $29 + 119 = 148$ Jahren (Gen 11,24f.) genau ein Jahr älter wurde als Jakob.

402 Gen 25,20.

403 Gen 25,26.

404 Gen 7,6.11. Vgl. noch die nicht im Text genannten, aber nach Gen 11,10f. auszurechnenden insgesamt 600 Lebensjahre Sems.

405 Dt 31,2; 34,9. Im Midrasch ist auch Gen 6,3 auf Mose bezogen worden, vgl. Jacob, Genesis, 176.

406 VanderKam, Konzept, 91, weist zu Recht darauf hin, dass die 175 Lebensjahre als 7×25 Jahre (»25 Jahrwochen«) auch das Siebenersystem integrieren, auch wenn dieses für die Abraham-Zahlen nicht bestimmend ist.

407 Die Genesis behandelt die ersten 75 Lebensjahre Abrams bekanntlich unbefriedigend kurz (Gen 11,26–12,4), die weiteren 100 Jahre wesentlich länger (Gen 12,5–25,10), am ausführlichsten aber das eine Jahr von der Verheißung bis zur Geburt Isaaks (Gen 17,1–21,7). Das historische Interesse an Abraham und seiner Zeit hat immer wieder versucht, diese Lücken zu füllen. Nachdem bereits in frühjüdischer Zeit umfangreiche Jugendüberlieferungen über Abrahams Leben in Mesopotamien entstanden, widmete auch André Parrot, Abraham, der Zeit Abrahams von Ur-Kasdim bis zur Ankunft im Lande immerhin 46 Seiten. Im Vergleich zu den 63 Seiten, welche er der Zeit von der Ankunft in Sichem bis zur Beschreibung des Grabes widmet, hat er nahezu perfekt das endkompositionelle »zeitliche« Verhältnis beider Perioden wiederhergestellt.

408 Ebensogut kann man die 100 Jahre bis zur Geburt Isaaks in drei 25-Jahres-Perioden bis zum Auszug und eine vierte im Land unterteilen.

409 Zur weitergehenden Aufnahme des Schemas 3–4 in der endkompositionellen Chronologie siehe bereits oben, S.263ff.

410 Gen 5,32; 7,6.11; 9,28f.; 11,10f. 100 Jahre begegnen als Lebensalter außer bei Abraham Gen 17,17; 21,5 nur bei Sem, Gen 11,10.

sind. Die ersten 75 Jahre Abrams teilen sich des weiteren in 2x25 = 50 Jahre bis zum Tod Noahs und 25 Jahre vom Tod Noahs bis zum Auszug aus Charran. Selbst für die endkompositionelle chronologische Einordnung von Gen 14 wird eine 25-Jahr-Periode ins Spiel gebracht, insofern der Masoretische Text zwischen der Unterwerfung der Pentapolis und dem Strafzug Kedorlaʿomers, welcher Abram zum Eingreifen veranlasst, 25 Jahre verstreichen lässt.[411]

Die Zahl 5, die auch die Zahl des dem Abram in Gen 17,5 gegebenen Buchstaben ה ist,[412] erscheint deshalb in doppelter Hinsicht charakteristisch für Abraham: Die 25 = 5x5 dient, wie gezeigt, zur Einteilung der Lebensjahre Abra(ha)ms. Die 10 = 5+5 verbindet ihn mit Noah, der ebenfalls der Zehnte in der Generationenfolge ist, als Zahl der Vollkommenheit.[413] Zur Rettung Sodoms wären nicht zufällig zehn Gerechte nötig gewesen;[414] auf Melchisedek als den zehnten König, dem Abram zehntet, aber auch auf die Zehnzahl der nach Gen 15,19–21 zu beerbenden Völker ist oben schon hingewiesen worden.[415] Nicht zuletzt ist auch Sara(i), als fünfte in der Genesis namentlich genannte Frau,[416] die zehn Jahre nach Abram geboren ist (17,17), endkompositionell mit der 5 und der 10 verbunden.[417]

Noch nicht die Rede war bislang von dem einzigen Ereignis innerhalb der Abrahamgeschichte und innerhalb der Genesis, das allein nach den Lebensjahren einer Frau datiert wird – vom Tod Saras nach 127 Lebensjahren (Gen 23,1), woraufhin Abraham das Erbbegräbnis erwirbt. Mit dem Grab der Ahnen bekommt das Land einen für die späteren Generationen unersetzlichen Wert.[418] Es ist durchaus vorstellbar, dass die ungewöhnlich hohe Summe von 400 Schekel Silber (23,15f.), welche Abraham bezahlt, auf die 400 Jahre drohender Knechtschaft in fremdem Lande (Gen 15,13) anspielen. Denn mit dem Erwerb der Grabhöhle beginnt noch nicht die Landnahme, sondern lediglich eine weitere Etappe einer langen Zeit der Fremdlingschaft. Während für die Erzählung von Gen 23 generell die Annahme einer vorendkompositionellen Entstehung gut denkbar,[419] wenn

---

411 Siehe oben S.159f.
412 Ozar Midraschim, Maʿasim 8, bietet eine Erklärung, wo das ה herkommt: Sarai habe ihr ׳ (= 10) geteilt in zwei ה, eines für sich und eins für ihren Mann. Deshalb sei Sara die tüchtige Frau gemäß Prov 12,4a, welche eine Krone ihres Mannes ist (Text nach Judaic Classics Library).
413 Vgl. natürlich auch das Zehnwort Ex 34,28; Dt 4,13; 10,4.
414 Gen 18,32.
415 Siehe oben S.111f. sowie S.265.
416 Nach Eva (3,20), Ada, Zilla und Naʿama (4,19–22) wird Sarai in Gen 11,29 erstmals namentlich erwähnt, vor Milka und Jiska.
417 Siehe auch oben Anm.412.
418 Vgl. Nöldeke, Grundschrift, der für die Hochschätzung der Ahnengräber darauf verweist, dass Aischylos (Die Perser, 402–405) die Griechen in den Kampf rufen lässt mit den Worten: »Befreit das Vaterland, befreit Weib und Kind, die Tempel auch der Götter eurer Väter und die Ahnengräber (θήκας τε προγόνων); heut steht alles auf dem Spiel!«
419 Blum sieht in Gen 23 eine Einzelüberlieferung, welche durch Rückverweise in 25,9f. und 49,29–32 sowie durch die Datierung in V.1 mit dem Kontext verknüpft worden sei (Vätergeschichte,

auch nicht unbedingt nötig erscheint,[420] deutet die chronologische Angabe in V. 1 in jedem Falle »auf einen größeren Kontext«[421].

Warum aber sind es ausgerechnet 127 Jahre? Der größere Kontext ist hier, ähnlich wie in Gen 15, der Hiatus zwischen Erzeltern und Exodus. Diesen soll der Erwerb des Erbbegräbnisses zu überbrücken helfen. Die Verheißung von Gen 15 selbst ist, wie gezeigt worden ist, in der Endkomposition nicht datiert, sondern stattdessen der Moment, da Sarai ihrem Mann Abram ihre ägyptische Magd Hagar zur Frau gibt (Gen 16,3) Doch der Hörer/Leser weiß, dass damit die Erfüllung der Verheißungen nicht näher, sondern in noch weitere Ferne rückt. Denn die Gen 15,1–6 verheißene Nachkommenschaft, auf deren Schicksal Gen 15,13–16 vorausblickt, stammt nicht von Abram und Hagar, sondern erst von Abraham und Sara ab. Während Sarai in Gen 15 nicht erwähnt wird, erscheint endkompositionell die Aufrechterhaltung der ברית fest mit Sara, ihrem Sohn und dessen Nachkommenschaft verbunden.[422] Von dem Moment an, da nach der Abram-ברית Sarai dem Abram die Hagar zur Frau gibt, bis zum Exodus und der ברית mit den Nachkommen Isaaks, des Sohnes von Sara und Abraham, sind es nach den Jahreszahlen der Endkomposition 635 Jahre.[423] Geteilt durch die 5 als Zahl Abrahams ergibt sich 127, die Zahl der Lebensjahre Saras Gen 23,1.

Abschließend ist noch auf die Frage einzugehen, ob nicht gewisse Widersinnigkeiten bei der fortlaufenden Lektüre leichter erklärt werden könnten, wenn die endkompositionellen Jahreszahlen einer selbständigen Pᵍ im Sinne der Urkundenhypothese angehört hätten: Weshalb hat Abraham Gen 20,2 Angst, dass seine 90-jährige Frau die Aufmerksamkeit Abimelechs erregen könnte, und warum lässt dieser sie tatsächlich holen; wieso lässt sich der mindestens 14-jährige Ismael Gen 21,15 von seiner Mutter unter einen Busch werfen, etc.? Zunächst bleiben die Probleme auch innerhalb des »nichtpriesterlichen« Materials bestehen: Sara ist auch nach Gen 18,11 schon alt und betagt; und Ismael wird kein Säugling, sondern mindestens ein Kleinkind gewesen sein, als sein Spiel (Gen 21,9) Sara veranlasst hat, ihn und seine Mutter Hagar zu vertreiben. Doch kann der Leser über diese Widersprüche hinwegsehen, weil in der Abimelech-Geschichte Gen 20 Sara eben kein hutzliges Weiblein, sondern wieder eine begehrenswerte Frau, und in der Hagar-Ismael-Episode Gen 21,14–20 Ismael eben kein halbstarker Jüngling, sondern wieder ein hilfsbedürftiges Kind ist. Die systematisierende Endkompositionsschicht will ja diese Geschichten nicht entwerten, sondern hält als »roter Faden« diese Perlen, die weiterhin je für sich erzählt und verstanden werden wollen,

---

445 f. mit Anm. 69); ihm schließt sich Kaiser (Grundriß I, 60), an. Fassbar wird diese Einzelüberlieferung allerdings lediglich durch ihre Integration in die Endkomposition.

420 Cees Houtman nennt angesichts der Vorurteile über den Stil von »P« die seit längerem geführte »Diskussion illustrativ, die über die Frage geführt wird, zu welcher Quelle die lebhafte Erzählung von Gen. 23 gerechnet werden müsse« (Houtman, Pentateuch, 395, mit weiterer Lit.).

421 Blum, Vätergeschichte, 444; vgl. Houtman, Pentateuch, 395.

422 Gen 17,15 f.19.21.

423 Siehe oben S. 262 mit Anm. 503.

zusammen. Dabei wird einigen Begebenheiten, wie der Verheißung und Geburt Isaaks, aber auch dem Alter Ismaels bei der Beschneidung, größeres chronologisches Gewicht beigemessen als anderen, wie der Vertreibung Hagars oder der Fremdlingschaft in Gerar.

Anders sähe es in einer hypothetischen P^g aus, die beinahe nur aus Verbindungsgliedern, genealogischen und chronologischen Notizen bestünde, wenn also Gen 17 wenige Zeilen nach den Zahlenangaben von Gen 11 folgte: Warum benimmt sich dann Abraham auf die Verheißung eines weiteren Sohnes hin so eigenartig, ja vor Freude beinahe fassungslos (V.17)? Ihm hätte doch sicher sein Zeitgenosse und Urvater Sem erzählen können, dass er als 100-jähriger seinen ersten Sohn gezeugt hat, um von dessen Vater Noah, ebenfalls Zeitgenosse Abrams, ganz zu schweigen, der mit 500 noch rüstig genug dazu war. Terach zeugt Abram mit 75 Jahren, Abram den Ismael mit 85, und jetzt freut er sich närrisch, dass ihm mit 100 ein Sohn geboren wird?[424] Wo doch auch 130 noch kein Alter ist in dieser Familie, wie – in P^g wäre das nur ein paar Zeilen weiter – Jakob zu berichten weiß (Gen 47,9). Nein, verstehen lässt sich Gen 17,17 wesentlich besser nach der langen Vorgeschichte, der Segensverheißung und der darauffolgenden Wanderung mit der unfruchtbaren Sara nach Ägypten und wieder zurück, nach dem Ausbleiben des Lohnes für die Rettung Lots aus den Händen der Könige, kurz, nach dem Widerspruch zwischen den großen Verheißungen und der ausbleibenden Erfüllung. Nur im Zusammenhang mit den »nichtpriesterlichen« Texten ist klar, dass Abraham mit seinen 100 und Sara mit ihren 90 Jahren sich schon in lächerlichem Greisenalter befinden,[425] wenn Isaak geboren wird. Nun ist, nach der feierlichen Zusage Gottes (Gen 15), endlich ein Sohn da, Ismael – und Abraham sollte sich nicht für diesen einsetzen? Dass er darüber jubelt,[426] mit 100 Jahren noch einen Sohn mit Sara zu bekommen, erklärt sich als Antizipation des Lachens Saras[427] und als erste Begründung für den Namen Isaak.[428] Der Aussage nach ist

---

424 Saras Alter von 90 Jahren macht natürlich noch viel größere biologische Schwierigkeiten – die aber auch mit 65 Jahren, beim Auszug aus Charran, und mit 75 Jahren, als sie Abram die Hagar gab, erheblich wären. Vergleichspunkte in der endkompositionellen Chronologie fehlen, da die Lebensdaten der Mütter mit Stillschweigen übergangen werden. Doch scheinen biologische Grenzen hier ohnehin keine Rolle zu spielen. Wenn man so will, müsste z.B. die Frau Adams bei der Zeugung des Set, synchron nach Gen 1,27; 2,22f.; 4,1.2.25 und 5,3 gelesen, knapp 130 Jahre alt gewesen sein. Vom Alter Jochebeds bei der Geburt des Mose, das nach Gen 29,34 (Geburt Levis lange vor Ägypten); Ex 6,16 (Levi wird 137 Jahre alt); 7,7 (Mose ist beim Auszug 80); 12,40 (430 Jahre Ägypten) und Num 26,59 (Jochebed, die Tochter Levis, ist die Mutter von Mose) deutlich über 200 Jahren gelegen haben müsste, ganz zu schweigen.

425 Gen 18,11–13; 21,2.7; 24,36.

426 So übersetzt Jacob, Genesis, 427. Seebass, Genesis II/1, 109, hält dem entgegen, dass im Hebräischen für צחק weder die Bedeutung »Jubeln« noch »Lächeln« belegt sei, deutet aber im selben Atemzug den Namen »Isaak« als »El lächelt«. Angesichts der Tatsache, dass auf kaum einen anderen Namen so häufig etymologisch angespielt wird wie auf den Isaaks, sollte man aber vielleicht doch ein Wissen um die Etymologie hier voraussetzen.

427 Gen 18,12.13.15; 21,6.

428 Gen 17,19.21; 21,3; vgl. auch 21,6.9 sowie 26,8.

Gen 17,17 nicht etwa ein Rückfall hinter den »Glauben« von Gen 15,6[429], sondern ein »Jubellied«, »das Abraham freudestrahlend, ›über das ganze Gesicht lachend‹, anstimmt«.[430]

4. Die genealogische Systematisierung und die formale Gliederung der Genesis[431]

4.1. Die genealogische Systematisierung

Ebenso wie im Falle der onomatologischen, der geographischen und der chronologischen Systematisierung sind im Zuge der Endkomposition der Genesis auch im genealogischen System ältere Entwürfe durch ein jetzt strukturbildendes System in den Hintergrund gestellt worden. Das deutlichste Beispiel dafür ist die Kainiten-Genealogie in Gen 4,17–24, die als Ahnentafel Noahs durch die Sethitengenealogie in Gen 5 verdrängt worden ist und durch die Sintflut sozusagen eine genealogische

---

429 Zuletzt will wieder Blum Verbindung, 144, in der »Aussage vom ›Glauben‹ Abrahams« in Gen 15,6 ein eigens entworfenes »proleptisches Gegenbild zum Lachen Abrahams« in 17,17 sehen, gesteht aber ein (a.a.O.), dass die »theologische[n] Dimensionen« erst noch »sorgfältig zu prüfen sein werden«. Ruppert, Genesis II, 356, spricht von einem »ungläubigen Lachen«, für Seebass, Genesis II/1, 109, ist die »psychologische Unmöglichkeit dieses Verses« eine bekannte Tatsache. Lesenswert ist, wie Jacob, Genesis, 427f., wegen eines ähnlichen Urteils zu Gen 17,17 Hermann Gunkel den Spiegel vorhält.
   Wenn man beide Stellen synchron miteinander in Beziehung bringen möchte, ist freilich das Kap. 16 nicht zu überspringen Nachdem Abram die Verheißung der zahllosen Nachkommenschaft angenommen hat (wie auch immer man 15,6 übersetzt, s.o. S.190f.), Sarai aber kein Kind bekommt, gelingt es Abram und Sarai, durch Hagar zu einem Sohn zu kommen, der auch eine Verheißung empfängt und sich am Ende von Kap.16 im Haus Abrahams befindet. Es ist erzählerisch geradezu notwendig, dass Abraham, ob aus Glauben oder aus Gemeinschaftstreue, nicht nur seiner Freude Ausdruck gibt, dass Sara, anders als er seit Jahren zu hoffen gewagt hätte, einen Sohn bekommen soll, sondern auch an den anderen Sohn, Ismael, erinnert.

430 Jacob, Genesis, 428. Thomas Naumann, der die pejorative Deutung von צחק in Gen 17,17 ablehnt, wenn er auch nicht von Jubel sprechen will (Naumann, Ismael, 130–135), verweist auf den Kontext (a.a.O., 135): ›Die Art und Weise wie Abraham auf die Verheißung reagiert, wird in Gottes Erwiderung V.19–21 weder als Unglaube noch als Zweifel bewertet, sondern in allen ihren Elementen positiv aufgenommen: Abrahams Lachen führt zu Gottes Wahl und Bestimmung des Namens Isaak. Abrahams Einschätzung der menschlichen Unmöglichkeit einer Geburt gibt Gott nochmals Gelegenheit die Geburtsverheißung für Ismael bekräftigend zu wiederholen und Sara als Gebärerin in den Vordergrund zu stellen. Und Abrahams Bitte im Hinblick auf Ismael wird [...] von Gott ausdrücklich erhört.« Vgl. zur positiven Wertung des Lachens auch Kaminsky, Humor.

431 Zu diesem Abschnitt vgl. jetzt grundlegend Hieke, Genealogien. Die von Hieke begründete Funktion der Genealogien sowie der Gliederung der Genesis in תולדות, die ich erst nach Abgabe meiner Dissertation zur Kenntnis nehmen konnte, berührt sich in vielen Punkten mit dem hier vertretenen Modell.

Sackgasse bildet. Dieses Beispiel ist wichtig, da die kompositionelle Strategie hieran deutlich wird: Eine Hauptlinie wird stringent durchgezogen; darüber hinausgehendes genealogisches Material wird daneben weitgehend konservativ überliefert, die Lösung von Widersprüchen bleibt aber von Fall zu Fall den Hörern/Lesern überlassen: Handelt es sich bei gleichem oder ähnlichem Namen um zwei verschiedene Personen oder um zwei verschiedene Herleitungen derselben Größe? Im Falle von »Nahor« ist deutlich, dass Nahor, der Vater Terachs (Gen 11,24), ein anderer sein soll als Nahor, der Sohn Terachs (Gen 11,27). Mit dem südarabischen Saba (שבא), das einmal auf Kusch (Gen 10,7), einmal auf Joktan (Gen 10,27) und einmal auf Abraham und Ketura (Gen 25,3) zurückgeführt wird, was sich nach unserer Logik ausschließt, dürfte aber jedesmal dieselbe Größe gemeint sein. Umgekehrt sollen die widersprüchlichen Namen für die Frauen Esaus[432] oder den Schwiegervater des Mose nicht bedeuten, dass es sich um unterschiedliche Personen handelt.

Neu in der Endkomposition ist die stereotype Durchführung der linearen Genealogie von Adam bis hin zu Abram in Gen 5 und 11[433], wodurch Abram nun der Zehnte der Väter nach Noah und der 20. seit Adam ist.[434] Diese Gliederung der Endkomposition wird in der Textüberlieferung des Masoretischen Textes deutlich hervorgehoben, nämlich durch die Einteilung in offene und geschlossene Paraschen, die, wie die Qumranfunde gezeigt haben, seit frühester Zeit tradiert worden sind: Während mitunter große Abschnitte der Genesis, etwa Gen 18,1–19,38; 24,1–67 oder 28,10–32,2, völlig ohne optische Gliederungssignale bleiben, werden die jeweils zehn Generationen in Gen 5 und 11,10–32(!), ebenso wie die sieben Tage in Gen 1,1–2,3, regelmäßig durch Leerräume angezeigt, so dass man am traditionellen Text ohne weiteres die Generationen abzählen konnte – ohne Zweifel ganz im Sinne der Endkomposition.

Abraham erhält so in der Endkomposition auch eine genealogische Schlüsselstellung: Er ist nun nicht nur der erste der drei Väter Israels, sondern auch der Zielpunkt der Reihe der »urgeschichtlichen Väter«.

Der Kern des genealogischen Systems der Erzelterngeschichte selbst, die Reihenfolge der »Vätertrias« Abraham, Isaak und Jakob, scheint ungeachtet der überlieferungsgeschichtlichen Selbständigkeit der Abraham- und Jakobtraditionen so fest zu stehen wie das Gesetz der Meder und Perser, und zwar nicht nur im Pentateuch, sondern auch darüber hinaus. Die Etablierung dieser jetzt unumstößlichen Reihenfolge, die alle Israeliten und Judäer in gleichem Maße zu Kindern Abrahams, Isaaks und Jakobs macht, ist wohl spätestens mit der literarischen Verbindung von Abraham- und Jakobgeschichte einhergegangen.[435]

---

432 Vgl. Gen 26.34; 28,9 und 36,2f. Gemeinhin werden alle drei Stellen der »P«-Schicht zugeordnet, vgl. Blum, Vätergeschichte, 449f.

433 Vgl. noch die Fortsetzung von Levi bis Pinchas in Ex 6,16–25.

434 So in MT und SP. Nach der LXX, die zwischen Arpachschad und Schelach in Gen 11,12f. noch einen Kainan (vgl. Jub 8,1–5; Lk 3,36) einfügt, ist Abraham der 21. seit Adam.

435 Fischer, Erzeltern, 356.

Eine Tendenz zur Systematisierung auch der weiteren Verwandtschaftsverhältnisse konnte paradigmatisch anhand der Glossierungsschichten in Gen 14 beobachtet werden. Während Lot zunächst einfach als »Bruder« Abrams bezeichnet wurde, musste später das Verwandtschaftsverhältnis präzisiert werden.[436] Die betreffende Glossierungsschicht in Gen 14 hatte sich, da sie im Genesis-Apokryphon ebenfalls noch eingearbeitet worden ist, als vorendkompositionell erwiesen. Dies steht im Einklang mit der vorendkompositionellen Einordnung von Gen 24 und der Nahoridengenealogie Gen 22,20–24[437] und macht es wahrscheinlich, dass auch die genealogischen Informationen von Gen 11,27–29 bereits der vorendkompositionellen Genesis angehört haben.[438]

Die Endkompositionsschicht konnte demnach für die Erzelterngeschichte an ein bereits vorgegebenes genealogisches System anknüpfen, in welches noch einige Angaben zu Nebenlinien der Abrahamiden aus Sondergut zusammengetragen worden sind.[439] Dadurch wird eine weitere Gewichtsverlagerung von Jakob hin zu Abraham erreicht:

Die vorendkompositionellen genealogischen Linien verzweigen sich bei Terach und laufen auf Jakobs Söhne zu. In der vorendkompositionellen Genesis waren Abraham und Jakobgeschichte bereits durch die Identifizierung des blassen, blinden Mannes der Rebekka und Vaters von Esau und Jakob mit Isaak, dem verheißenen Sohn Abrahams und Saras verbunden worden.[440] Durch die Zurückführung von Rebekka, Rahel und Lea über Bethuel auf

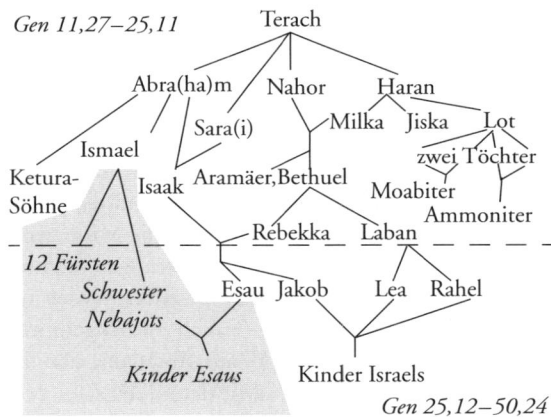

Abb. 3: Der Stammbaum der Nachkommen Terachs

---

436 Siehe oben S. 123 ff.

437 Vgl. zuletzt etwa Ruppert, Genesis II, 545–551 (Gen 22,20–24) und 567–613 (Gen 24, mit Anteilen des Pentateuchredaktors).

438 Vgl. oben S. 338 f.

439 Insbesondere in Gen 25,13–15; 36,2–5.10–19, also innerhalb von Texten, die mehrheitlich als »priester(schrift)lich« klassifiziert werden, hat die Endkompositionsschicht Sondergut eingetragen.

440 Fischer, Erzeltern, 223, Anm. 312: »Der *Name* Isaak ist mit den alten Texten (Gen 18) des Abraham-Sarakreises unlöslich verbunden, am Jakobkreis hängt er jedoch nicht: Gen 27 ist der alte Vater nicht notwendigerweise Isaak. Gen 18 mit seiner Anspielung auf den Isaaknamen setzt also nicht unbedingt ›den genealogischen Zusammenhang der Väter voraus‹ wie Blum (Komposition, 480, vgl. auch 484) meint.‹

Nahor und Milka (Gen 22,20–24 und 24,1–67) erhält Terach die genealogische Schlüsselstellung.

Das obenstehende Schema zeigt die Nachkommen Terachs, die in der Genesis genannt werden. Diejenigen Mütter, deren Abstammung nicht auf Terach zurückgeführt wird,[441] bleiben außer Betracht. Dabei sind diejenigen Listen, die nach der Forschermehrheit erst mit der »priesterlichen Schicht« eingetragen worden sind, schattiert unterlegt. Erkennbar ist, dass ohne letztere selbst die Stellung Bethuels zentraler ist als diejenige Abrahams oder Isaaks, da bei Bethuel jeweils mehrere Linien von oben und unten zusammenlaufen.[442]

Die Endkomposition ist aber theologisch nicht an der Person Terachs, Nahors oder Bethuels interessiert, sondern an derjenigen Abrahams; auch das »Haus Terachs« spielt keine Rolle, wohl aber das »Haus Abrahams« (Gen 17,23; vgl. 18,19). Bereits vorendkompositionell sind Verheißungen mit zwei Söhnen Abrahams verbunden worden, mit Ismael (16,10.11f.; 21,13.18) und mit Isaak (18,10; 21,12; 22,17; 26,3f.24). Dadurch erhält die Verzweigung der Nachkommenschaft Abrahams theologisches Gewicht. Während in Gen 12–15, vor der Geburt Ismaels, diese beiden Verheißungsträger noch nicht namentlich angekündigt sind, ist in Gen 17 gerade die Differenzierung der Verheißungen zwischen Ismael und Isaak ein zentrales Thema.[443]

Durch die erst im Rahmen der Gen-17-Schicht aus Sondergut eingebrachten Stammbäume Ismaels und Esaus sowie die Mitteilung der Heirat Esaus mit einer Tochter Ismaels wird Abraham, auch wenn die Informationen der älteren Schichten erhalten bleiben, wieder stärker in die Mitte gerückt. Dies wird auch deutlich, wenn man sich die Zahl der auf die jeweiligen Stammväter zurückgeführten Völker vor Augen führt: In der Endkomposition werden nach der Berechnung Theodor Nöldekes[444] 70 Stämme auf Terach zurückgeführt; davon ⅕, nämlich 14, auf Nahor und Haran,[445] aber ⅘ auf Abraham, nämlich jeweils 28 auf Ismael und Ketura[446] sowie auf Isaak[447]. Mit der 70 als Zahl der Völker von Gen 10, als Zahl der von Terach abstammenden Stämme in Gen 12–36 und als Zahl der Nachkom-

---

441 Hagar, Ketura, die »hethitischen« Frauen Esaus sowie Bilha und Silpa.

442 Vgl. die entsprechende Übersicht bei Van Seters, Pentateuch, 124, für den »Yahwist«.

443 Siehe oben S. 309 ff.

444 Nöldeke, Grundschrift, 16 f., mit Verweis auf Fürst, Geschichte der biblischen Literatur, Bd. 1, Leipzig 1867, für die »Grundschrift«. Seine Berechnung kann auf die Endkomposition übertragen werden, da er sämtliche Genealogien der Vätergeschichte (bis auf die Horitertafel Gen 36,20–30, die keine Nachkommen Terachs aufzählt) zur »Grundschrift« rechnet.

445 12 Söhne Nahors (Gen 22,20–24) sowie Moab und Ammon als Enkel und Urenkel Harans (Gen 19,30–38). Ruppert, Genesis II, 550, verweist darauf, dass Nahor und Jakob jeweils 8 Söhne von der/den Hauptfrauen und vier Söhne von den Nebenfrauen haben.

446 12 Stämme gehen auf Ismael zurück (Gen 17,20; 25,13f.), für Ketura werden 16 Söhne, Enkel und Urenkel genannt (Gen 25,1–4), die Nöldeke, Grundschrift, 17, addiert.

447 12 Söhne hatte Jakob (Gen 35,23); für Esau (5 Söhne, 10 Enkel nach Gen 36,1–14) rechnet Nöldeke (Grundschrift, 17) mit 11 Enkeln und daher 16 Stämmen, da er wegen 36,16 einen Korach, Sohn des Eliphas, zu 36,11 zählt. Auch Jacob (Genesis, 679 f.) rechnet im Anschluss an eine breite

men Jakobs in Gen 46 »haben wir hier überall dieselbe Systematik«.[448] Dass damit »alle Stammeslisten der Genesis auf die Zahl 70 auslaufen«,[449] spricht angesichts des zusammengesetzten Charakters dieser Genealogien, entgegen der Auffassung von Nöldeke, nicht für die Ableitung aus einer einzigen Quelle,[450] sondern für die Existenz einer systematisierenden letzten Hand. Und obwohl er nicht der gemeinsame Stammvater der »mittleren 70« ist, werden alle 70 ausdrücklich auf Abraham bezogen: Die Söhne Nahors stehen überhaupt nur deshalb in der Genesis, weil Abraham davon Mitteilung gemacht wird; und selbst in dieser Mitteilung wird noch einmal betont, dass Nahor der Bruder Abrahams ist.[451] Lot, der einzige Sohn Harans, kann überhaupt nur deshalb noch zwei Völker begründen, weil Gott zuvor des Abraham gedacht hat.[452]

Neu in der Endkomposition sind aber nicht in erster Linie die neu hinzugekommenen genealogischen Informationen der Erzelterngeschichte, sondern deren theologische, chronologische und formale Gewichtung.

Die in der Graphik zum Stammbaum Terachs angedeutete Trennlinie zwischen Gen 25,11 und 12, die in der Toledot-Struktur, nach der Mitteilung des Todes Abrahams, den Übergang von den Toledot Terachs zu denen Ismaels und Isaaks bezeichnet, zeigt die Handschrift der Endkomposition: Mit der Vollendung Abrahams erreicht die letzte Etappe der Urgeschichte ihr Ziel; gleichzeitig hat die Geschichte der Kinder Abrahams bereits begonnen.

Neben der stärkeren Hervorhebung Abrahams geht mit der Endkomposition eine weitere Akzentverschiebung einher: Wie nicht erst Irmtraud Fischer festgestellt hat, spielen die Erzelternerzählungen zwar innerhalb einer patriarchal organisierten Gesellschaft, doch stehen die Erzmütter im Mittelpunkt zahlreicher Erzählungen[453] und werden zu Empfängerinnen der Verheißung.[454] Die patriar-

---

jüdische Auslegungstradition mit 7 Söhnen Eliphas', wobei zu V.11 entweder Korach oder Timna (wegen 1 Chr 1,36) zu ergänzen sei.

448 Nöldeke, Grundschrift, 16.

449 Nöldeke, Grundschrift, 17.

450 Von dieser *petitio principii* her erklärt sich die Zuweisung von Gen 11,28–30; 22,20–24 und 25,1–6 an die »Grundschrift« durch Nöldeke. Wenn »P« dagegen als jüngere Schicht angesehen wird, werden diese Perikopen logischerweise älteren Schichten zugeschrieben, weshalb in diesen Fällen Differenzen zwischen Elliger und Nöldeke auftreten, s.o. Anm.2 (S.166).

451 Gen 22,20. Die ursprüngliche Schichtzugehörigkeit von 22,20–24 ist umstritten, die Zugehörigkeit zur Endgestalt selbstverständlich nicht. Blum, Vätergeschichte, 388; Fischer, Erzeltern, 344; Ruppert, Genesis II, 545–551 ordnen die Nahoridengenealogie zeitlich vor der Einarbeitung der »priesterlichen« Schicht ein.

452 Gen 19,29, wohlgemerkt der einzige Vers in Gen 18–20, der von den meisten Exegeten der »P«-Schicht zugeschrieben wird. Somit spricht alles dafür, diesen Vers in unserem Modell auf die systematisierende Endkompositionsschicht zurückzuführen; so erklärt sich auch die Einfügung der inhaltlich an Gen 18,16–33 und 19,27f. anschließenden Notiz unmittelbar vor V.30–38.

453 Fischer, Erzeltern, 3, führt deshalb den Begriff »Erzelternerzählungen« ein. In Gen 16; 19,30–38; 21,6–21; auch in Gen 12,10–20; 20; 24; 26,7–11; 27; 29f. sind die Frauen wohl kaum nur »Staffage«, vgl. Fischer, a.a.O., 377, gegen Noth, Überlieferungsgeschichte, 164.

454 Gen 16,10.11f.; 21,17f.; 25,23.

chale Orientierung zeigt sich nicht so sehr in der erzählerischen Bevorzugung der Väter gegenüber den Müttern, sondern stattdessen in der Bevorzugung der Söhne gegenüber den Töchtern. Die einzig erwähnte Jakobstochter Dina, die keinen Stamm begründen darf, bestätigt diese Regel. Doch ist, wie in obigem Schema ersichtlich, bereits vorendkompositionell auch die Abstammung der Mütter wichtig.[455] Durch die mütterlichen Linien stammen die Israeliten von Terach, Abraham, Nahor *und* Haran ab. Und für die Jakobsgeschichte ist gar nicht zu bestreiten, dass die Stammmutter Rebekka eine positivere Rolle spielt als der Stammvater Isaak.[456] Letztlich sucht sich Jakob Frauen aus der Verwandtschaft seiner *Mutter*, während Esau sich »hethitische« Frauen nimmt, und erst in der Endkompositionsschicht mit der Ismaelstochter dazu auch eine Frau aus der Verwandtschaft seines Vaters Isaak.[457]

Durch das endkompositionelle Gliederungssystem der Toledot wird die Rolle der Mütter wieder zurückgedrängt. Die einzige Aussage über die Abstammung derjenigen Erzmutter, die in der Endkompositionsschicht am stärksten profiliert wird (Gen 17; 23), Sarai–Sara, überlässt die Endkomposition dem sich gegenüber Abimelech rechtfertigenden Abraham.[458] Und die Sarai betreffende Verheißung ergeht, ebenso wie die Kundgebung ihres neuen Namens, nicht an sie selbst, sondern an Abraham. Fischer spricht von einem »Patriarchalisierungsschub« im Abraham-Sara-Zyklus durch »P«[459] nicht zuletzt deshalb, weil die gesamte Toledot-Struktur der Genesis streng patrilinear verläuft.[460]

Andererseits hebt sich die Rolle der Erzmütter selbst in der Endkomposition deutlich ab von derjenigen der namenlosen Frauen der Patriarchen von Seth bis zu Terach. Bei jenen Vätern war allein die *Zeugung* der Nachkommen erwähnenswert. Von Abraham an wird die *Geburt* der Söhne berichtet – bei der Geburt aber hatte der Vater nichts zu suchen, das gilt in der biblischen Geschichte wie in der gesamten Antike.

---

455 Jay, Sacrifice, 61 f. sieht in Gen 24 das Interesse von »J«, durch die Verfolgung der mütterlichen Linie die Endogamie sicherzustellen.

456 Auch hier geht es um die Sicherung der mütterlichen Linie, Jay, Sacrifice, 62 f.

457 Deren Abstammung ist aber nur väterlicherseits auf Terach zurückzuführen, während ihre Mutter (die Frau Ismaels, Gen 21,21) und auch ihre Großmutter väterlicherseits (Hagar, 25,12) aus Ägypten stammen.

458 »Die Tochter meines Vaters, aber nicht die Tochter meiner Mutter« (Gen 20,12) – aber weder von Abraham noch von Sara wird irgendwo in der Genesis die Mutter namentlich genannt. Für einen umfassenden Überblick über die verschiedenen genealogischen Interpretationsmöglichkeiten zu Gen 20,12 vgl. Nicole–Nicole, Sara.

459 Fischer, Erzeltern, 370.

460 Eine verblüffend einfache Begründung dafür liegt nach Jay, Sacrifice, 56, in dem Interesse an einer »ewigen« genealogischen Kontinuität: »Only unilineal descent allows ›eternal‹ genealogical continuity.« Denn um die Vorfahren Abrahams über 10 Generationen, bis zu Noah, in der väterlichen Linie aufzeigen zu können, genügten 10 Namen; für die väterliche und mütterliche Linie müssten aber 1024 Namen genannt werden – »a task beyond even P's ability« (ebd.). Lux, Genealogie, 258, spricht von der »Zähmung der multilinearen Genealogien und ihrer Einbindung in ein unilineares Gesamtsystem« durch »P«.

4.2. Toledot-Struktur[461]

Charakteristisch für die Endkompositionsschicht der Genesis[462] ist die formale Gliederung der Geschichte durch die תולדות-Formeln.[463] Das ganze Buch, von Gen 2,4 an, ist gegliedert in derartige תולדות, die alle aus der geordneten Schöpfung Gottes, Gen 1,1 mit der Überschrift ... בראשית ברא eingeleitet, hervorgehen.[464]

Während die Toledot-Struktur für die *Genesis* charakteristisch ist, weist der einleitende Schöpfungsbericht bereits deutlich darüber hinaus. Dessen Finale besteht in der Heiligung des siebenten Tages (Gen 2,1–3). Die Bewahrung des Sabbat ist aber allein Israel vorbehalten und wird auch Israel erst nach der Herausführung aus Ägypten offenbart.[465] Dass die Bewahrung des siebenten Tags als Sabbat, an dem keine Arbeit zu tun ist, ein speziell Israel gegebenes Zeichen darstellt (Ex 31,17), war der Endkomposition des Pentateuch ebenso sachlich vorgegeben wie die Tatsache, dass das Zeichen der Beschneidung (Gen 17,11) bei einem ganzen Gewimmel von Völkern üblich war, und dass das Zeichen des Bogens in den Wolken (Gen 9,12f.17) nicht nur über allen Völkern, sondern über der ganzen Schöpfung aufgespannt wird.

Aufgabe der mit ת(ו)לד(ו)ת אלה ה(ו)[466] gebildeten Überschriften in der Genesis ist daher, den Zeitraum von der Schöpfung in sechs Tagen und der Heiligung des

---

461 Die Existenz einer Toledot-Struktur des Endtextes der Genesis ist allgemein anerkannt, vgl. nur Blenkinsopp, Pentateuch, 58–108; Houtman, Pentateuch, 424f.; Ska, Introduction, 36–45.

462 Übereinstimmung besteht darin, dass die Toledot-Überschriften nicht von der »priesterlichen« Schicht zu trennen sind. Da sie teilweise »priesterliches« (Gen 25,12), teilweise »nichtpriesterliches« Material überschreiben (Gen 37,2), erklärt sich ihre Funktion am einfachsten im Rahmen eines Modells, das »P« als Redaktions- bzw. Kompositionsschicht versteht, vgl. Cross, Myth, 302–304; Tengström, Toledotformel; Blum, Vätergeschichte, 432–446.
Auch Carr, Fractures, 96–99, kommt zu dem Ergebnis, dass die Toledot-Struktur der »P«-Schicht vom genealogischen und erzählenden »Nicht-P«-Material abhängig sei. Dass »P« in der Vätergeschichte separat existiert habe, folgert er allein aus den Verheißungstexten (a.a.O., 99) – eine These, die angesichts der bewussten kompositorischen Funktion von Gen 17 im Endtext der Genesis nicht haltbar ist.

463 Zur Geschichte der Toledotformel vgl. Tengström, Toledotformel; Weimar, Toledot-Formel. Zu Weimar, Toledot-Formel, sowie ders., Aufbau, vgl. die grundlegende Kritik bei Blum, Vätergeschichte, 434, Anm. 6.

464 Diejenigen Kommentatoren vor und nach Wellhausen, die besonders an der Endgestalt der Genesis interessiert waren, haben das immer deutlich gesehen: Franz Delitzsch gliedert seinen Genesis-Kommentar nach den zehn Toledot-Abschnitten; Jacob, Genesis, 19, nennt die Toledot das »Leitmotiv der Genesis«.

465 In der Bedeutung des Sabbatgebots liegt kein Widerspruch zwischen priesterlicher und deuteronomistischer Theologie; auch die Bezeichnung der Bewahrung des Sabbat durch die Israeliten als ewige ברית, Ex 31,16, vereint deuteronomistische (ברית als Gebot) und »priesterliche« Theologie (ברית auf den Schöpfungssegen bezogen).

466 Der ursprüngliche Sinn dieser Formel dürfte, ausgehend von Num 3,1 und Rut 4,24, den einzigen Belegen außerhalb der Genesis, die Einleitung eines (wirklichen oder fiktiven) Zitats aus dem Geschlechtsregister gewesen sein.

siebenten Tages bis zur Erwählung Israels im Exodus und am Sinai, nicht zuletzt mit der sukzessiven Offenbarung des Sabbatgebots,[467] zu überbrücken. Dazu wird der überlieferte Stoff von der Paradiesgeschichte (Gen 2,4: Toledot von Himmel und Erde) bis zur Josefsgeschichte (Gen 37,2: Toledot Jakobs) unter zehn Toledot eingeordnet.[468] Ziel der durch die Toledot-Überschriften strukturierten Geschichte ist die Ankunft der Kinder Israels in Ägypten, wo die Erfüllung der Mehrungszusage konstatiert werden kann (Gen 47,27; Ex 1,7).[469] Dabei wird das mehrschichtige Bedeutungsspektrum von תולדות (Hervorbringung, Zeugung, Geschlechtsregister, Geschichte, Geschichte der Nachkommen) voll ausgeschöpft. Mit Ausnahme von Gen 2,4 und Gen 37,2 folgt immer in engem Zusammenhang mit der Überschrift die Erwähnung der Zeugung bzw. Geburt eines oder mehrerer Nachkommen. In einigen Fällen bilden die Zeugungen bereits den Hauptinhalt des ganzen Abschnitts: »Das entscheidende Ereignis in dem Leben der Geschlechter von Adam bis Noah und wiederum von Sem bis Terach ist die Zeugung des einen Sohnes, der die toledot fortführt.«[470]

Durch die jeweilige Datierung der Zeugung des Nachkommens wird gleichzeitig das chronologische System von der Schöpfung bis zu Abram gebildet. Die Zeugung Abrams durch den 70-jährigen Terach ist die letzte, die nach dem Schema datiert ist; doch auch das Alter Abra(ha)ms bei der Zeugung Ismaels und Isaaks wird indirekt mitgeteilt. Wie nicht oft genug betont werden kann, wird in der Abra(ha)mgeschichte dieses Schema verlassen. Von Ismael und Isaak an ist die Geburt selbst Gegenstand der Verheißung. Bei Ismael und Isaak wird außer dem indirekt erschließbaren Zeugungsalter das Alter des Vaters bei der *Geburt* des Sohnes angegeben, dasselbe gilt sonst nur noch bei Esau und Jakob. Während die heilsgeschichtliche Funktion etwa von Kenan, Metuschelach, Arpachschad oder Schelach sich in der Zeugung des Sohnes erfüllt hat, welche mit dem Schöpfungssegen (ברא, ברך) die Gottebenbildlichkeit weitergibt (Gen 5,1–3), ist von Gen 17 an jeder Vater verpflichtet, durch die Beschneidung seiner Söhne dafür zu sorgen, im Gehorsam gegenüber dem Gebot (ברית) das Zeichen der besonderen Verpflichtung (ברית) Gottes gegenüber Abraham weiterzugeben.

Die Abra(ha)mgeschichte, mit ihrem endkompositionellen Schlüsselkapitel Gen 17, teilt die Toledot in der Genesis in zwei Teile:[471]

---

467   Ex 16; 20; 31; sowie Lev 16,31; 25.

468   Die mit (ו)אלה ת(ו)(ל)(ד)(ו)ת gebildeten Überschriften stehen Gen 2,4; 5,1 (nur hier: זה ספר תולדת); 6,9; 10,1; 11,10.27; 25,12.19; 36,1 (mit Wiederaufnahme 36,9) und 37,2.

469   Dass die Toledotüberschriften nur die Genesis, nicht aber die Exodus- und Wüstengeschichte gliedernd strukturieren, liegt logisch darin begründet, dass Ex–Dt nur die Dauer einer einzigen Generation umfassen. Daraus zu schließen, dass »die Mose-Exodus-Geschichte für ›P‹ zur Erzvätergeschichte – als grundlegender Stiftungsepoche Israels – gehört und keinen eigenen Großabschnitt der Vorgeschichte Israels bildet« (K. Schmid, Erzväter, 265), ist absurd und scheitert, wie Schmid ebd. (Anm. 551) selbst zustehen muss, selbst für Vertreter der Urkundenhypothese bereits an dem Vorbehalt der göttlichen Namensoffenbarung an Mose Ex 6,2f.

470   Jacob, Genesis, 159.

Bis zu Abraham gibt es nach den Toledot von Himmel und Erde vier aufeinander aufbauende Toledot, die als Voraussetzung der Abra-(ha)mgeschichte notwendig sind: Diejenigen Adams, Noahs, der Söhne Noahs, und Sems. Alle Überschriften vermögen jeweils die gesamte nachstehende Geschichte zu überschreiben (in der schematischen Darstellung durch die Pfeile angedeutet). Dasselbe gilt auch noch für die Toledot Terachs, welche neben der zentralen Abra(ha)mgeschichte auch Abschnitte zur Geschichte der Nachkommen Nahors und Harans enthalten.

Durch die Abra(ha)mgeschichte selbst sind die Toledot Terachs aber gleichzeitig die Einleitung der zweiten Reihe von Toledot: Von Abraham ausgehend, gibt es vier Toledot, die sich, im Unterschied zu den vorangegange-

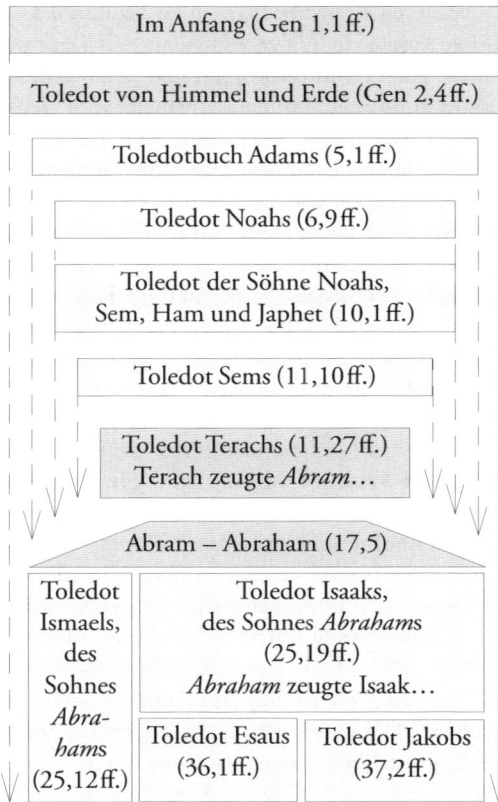

Abb. 4: Die Toledot-Struktur der Genesis

nen, verzweigen: Die Toledot Ismaels, Isaaks, Esaus und Jakobs.[472] Ismael, Isaak, Esau und Jakob[473] haben keinen gemeinsamen Nachkommen, sondern einen gemeinsamen Vorfahren: Abraham.[474]

---

471 Blenkinsopp, Pentateuch, 59, geht von einer bewussten Entsprechung von jeweils fünf Toledot in der Urgeschichte und in der Erzelterngeschichte aus (ähnlich Cross, Myth, 302; Schmid, Erzväter, 264f.) und bringt dies mit der Fünfteilung des Pentateuch in Zusammenhang. Eine Fünfteilung der Vätergeschichte durch die Toledotüberschriften vertritt auch Blum, Vätergeschichte, 435.

472 Wenn die Num 3,1 beginnenden Toledot von Aaron und Mose dazugerechnet werden, sind es fünf.

473 Dasselbe gilt natürlich für Aaron und Mose.

474 T. Andersen, Prominence, 250–252, setzt Abraham mit 38 Punkten hinter Jakob (49 P.) und Isaak (39 P.) zwar lediglich auf den dritten Platz seiner genealogischen »Prominentenwertung« (es folgen Noah mit 36, Adam mit 33 und Joseph sowie Terach mit je 32 Punkten), weil es keine Geburtsgeschichte (5 P.) Abrahams und keine nach Abraham benannten Toledot (8 P.) gibt, was, wie gezeigt werden konnte, aber gerade in der Abram-Abraham-zentrierten Struktur der Genesis begründet ist. Dass aber niemand außer Abra(ha)m dreimal am Beginn (Gen 11,27; 25,12 und

Von Gen 17 als theologischem Schlüsselkapitel der Genesis aus gesehen, liegt die Bedeutung der Väter von Adam bis Terach in ihrem Anteil an der Zeugung *Abrams*. Ismael und Isaak, Esau und Jakob verdanken ihre Bedeutung dagegen der Abstammung von *Abraham*. Deshalb wird bei den Toledot Ismaels und Isaaks jeweils bereits in der Überschrift »Sohn Abrahams« hinzugefügt.[475] Und in den abschließenden Begräbnisnotizen für Abraham (Gen 25,9) und Isaak (Gen 35,29) wird durch die Beteiligung von Ismael und Isaak[476] bzw. Esau und Jakob deutlich, dass jeweils beide gemeinsam das Haus Abrahams bzw. Isaaks ausmachen.[477] Die Differenzierung zwischen der jeweils erstgenannten Linie, die auf den Erstgeborenen zurückgeht (Ismael, Esau) und der jeweils zweitgenannten Hauptlinie der Verheißung wird allein schon durch den Umfang der Überlieferung deutlich, weshalb man auch bei ersteren von »Ausscheidungstoledot«, bei letzteren von »Verheißungstoledot« gesprochen hat.[478] Der entscheidende Bezugspunkt für alle Bezugnahmen auf die Väterverheißungen bleibt ohne jeden Zweifel Abraham.

So erscheint es aus mehreren Gründen nicht verwunderlich, dass es keine Überschrift »Toledot Abra(ha)ms« gibt.[479] Zum ersten ist die von Gen 12–25 erzählte Geschichte tatsächlich die Geschichte der Nachkommen Terachs; wenn man Abra(ha)m-Toledot hätte einführen wollen, so hätte das dazu genötigt, mindestens auch Nahor- sowie evt. Haran-Toledot zu nennen.[480] Durch den Verzicht auf Abraham- und Nahortoledot gibt es keine einzigen Toledot, die an Abraham vorbei führen – alle führen in direkter Linie auf ihn hin oder kommen von ihm her.[481]

Zum zweiten ist die endkompositionelle Schlüsselstellung von Gen 17 zu bedenken: Die onomatologische Epochengliederung schafft nämlich ein zusätzliches Problem: In etwaigen »Toledot Abrams« hätte die Geburt Isaaks keinen Platz gehabt, in etwaige »Toledot Abrahams« passte die Geburt Ismaels nicht hinein. Folgerichtig kann auch nur bei Isaak stehen »Abraham zeugte den Isaak«

25,19) und viermal am Ende eines Toledotabschnittes (Gen 11,26; 25,7–10; 35,27; 50,13.24) prominent erwähnt wird, geht in die Wertung Andersens nicht ein.

Unter den Frauen liegt nach Andersen, a.a.O., übrigens Sara mit 25 Punkten in Führung vor Rahel (23 P.), Eva und Lea (je 18 P.) sowie Rebekka (15 P.).

475 Vgl. die Nennung Noahs in der Überschrift der Toledot Sems, Hams und Japhets Gen 10,1.

476 Allerdings werden die Söhne der Ketura beim Begräbnis nicht genannt; sie scheinen wegen Gen 25,6 nicht mehr zum Haus Abrahams gezählt zu werden. Die Hervorhebung Ismaels und Isaaks durch die Endkomposition entspricht ihrer gegenüber den Keturasöhnen wesentlich größeren Bedeutung bereits in den vorendkompositionellen Erzählungen.

477 Diese Eintracht unterscheidet sie von den Söhnen Noahs. Vgl. die Differenzierung am Ende der Toledot Noahs in Gen 9,18–27: Danach gibt es nur die Zelte Sems; in diesen darf auch sein jüngerer Bruder Japhet wohnen, während Kanaan beiden Knecht ist.

478 So Scharbert, Sinn, 46.

479 Keinesfalls könnte sie am Beginn der Abrahamgeschichte stehen, allenfalls am Beginn der Ismaelgeschichte, vgl. Westermann, BK I/2, 156f.; Blum, Vätergeschichte, 434.

480 Vgl. die schematische Darstellung des Stammbaums Terachs oben S. 361.

481 Größere Erklärungsprobleme bereitet das Fehlen von Abraham-Toledot allerdings, wenn eine selbständige »Priesterschrift« angenommen wird, vgl. Blum, Vätergeschichte, 439f.

(Gen 25,19; vgl. 1 Chr 1,34). Ismael und Isaak repräsentieren aber als Abrahams Kinder das Haus Abrahams, wie an ihrem Zusammenwirken beim Begräbnis Abrahams deutlich wird (Gen 25,9).

Doch es gibt neben diesen negativen Gründen auch einen dritten, positiven Grund: Die Abrahamgeschichte sprengt das sonstige Schema der Toledot, da ihre theologische Bedeutung weit über die Funktion einer bloßen Etappe zwischen Schöpfung und Exodus hinausreicht. Mit den an Abraham ergangenen Verheißungen kann an der Kontinuität der heilvollen Zuwendung Gottes zu seiner Schöpfung und zu seinem erwählten Volk selbst über die Exilserfahrung hinweg festgehalten werden (Lev 26,42). Nicht die Zeugung der Nachkommen selbst ist das Entscheidende der Abrahamgeschichte, sondern die feste Zusicherung von Land und Nachkommenschaft durch die *Verheißung*.

Mit Hinweis auf Neh 9,6 f.[482] ist diese kompositionelle Fokussierung der Genesis auf die an Abraham ergangenen Verheißungen von den Rabbinen sogar in die erste Toledot-Überschrift der Genesis hineingelesen worden. Rabbi Jehoschua ben Qarcho erklärt das »בהבראם«[483] in Gen 2,4a mit einer Buchstabenumstellung als »באברהם«[484], »um Abrahams willen«.[485] Danach kommt die Schöpfung nicht anders als in Abra(ha)m zu ihrem Ziel.

---

482 Neh 9,6–8 bestätigt, poetisch komprimiert, die skizzierte strukturelle Zweiteilung der kanonischen Genesis, mit dem ersten Ausgangspunkt in der Geschichte der Schöpfung von Himmel und Erde und dem zweiten in der ברית Gottes mit Abram–Abraham.

483 Das ה in בהבראם gehört in traditioneller masoretischer Schreibweise zu den kleingeschriebenen Buchstaben. Die geläufigste rabbinische Erklärung dazu findet sich b Men 29b: »Mit dem Buchstaben ה erschuf er sie«.

484 Auch das ה, das dem Abram-Namen hinzugefügt wird, hat vielfältige rabbinische Erklärungen hervorgerufen, darunter die folgende gematrische Lösung: Ohne das ה kam Abram auf einen Zahlenwert von 243, womit ihm zur 248 als der traditionellen Zahl der Körperteile 5 fehlten. Mit der Gotteserscheinung, der Anrede durch Gott und der Beschneidung (alles Gen 17 im Kontext der Verleihung des Abrahamnamens) gewinnt Abraham die Gewalt über die letzten fünf (=ה) seiner Glieder: Die beiden Augen, die beiden Ohren und das Zeugungsglied (b Ned 32b).

485 Ber R 12,9. (Der Wortlaut ist oben, S. 2, im Motto der Einleitung zitiert.) Rabbi Azarja untermauert diese Aussage ebd. mit einem Verweis auf die Reihenfolge in Neh 9,6 f.

IV. Ausblick

1. Die Position von Gen 17 in der Struktur der Genesis

Die Funktion von Gen 17 für die onomatologische Systematisierung steht paradigmatisch für die kompositionelle Funktion dieses Kapitels insgesamt: Gen 17 steht im Zentrum der Abrahamgeschichte und damit im Zentrum der Genesis. Die Geschichte der Menschheit von der Schöpfung bis zu Abram und Sarai ist endkompositionell allein durch die Namensgebungen von Gen 17 mit Abraham und Sara, Isaak, Jakob und damit der Vorgeschichte Israels verbunden. Abram ist der Zielpunkt der Toledot von Adam bis Terach; Abraham das erste Glied der Vätertrias Israels und Ausgangspunkt aller folgenden Toledot. Das Kapitel, in dem aus Abram Abraham wird, ist damit entscheidend für die Verhältnisbestimmung von Menschheit und Israel.

In architektonische Metaphorik übersetzt, bildet Gen 17 einen veritablen Schluss-Stein. Onomatologisch zerfiele der Pentateuch ohne Gen 17 in zwei unzusammenhängende Teile.

Gen 1–16 verfolgt die Geschichte der Vorfahren Abrams von Adam und Eva über die Sethiten, Noah und Sem bis zu Terach und bis zu Abram und Sarai – doch fehlen diese Namen

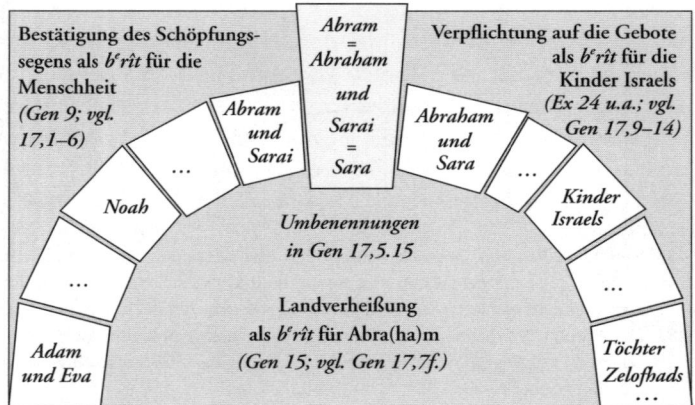

Abb. 5: Genesis 17 als kompositioneller »Schluss-Stein«

vollständig[486] in Gen 18–Dt 34. Die Gen 18–Dt 34 bestimmenden Namen, von

---

[486] אדם kommt natürlich vor, aber nicht als Eigenname. Von einigen Vorvätern Abrams, wie Henoch und Nahor, werden nach Gen 18 Namensvettern erwähnt. Lediglich Bileam scheint die Regel zu ignorieren: Vgl. aber zu שת in Num 24,17 und zu עבר Num 24,24 die Kommentare.

Abraham und Sara über Isaak und Rebekka, Jakob und seine Frauen bis zu den Heerscharen der Kinder Israels sind dagegen in Gen 1–16 nicht zu finden.[487] Zu einem Schluss-Stein wird Gen 17 vollends dadurch, dass die Namensgebungen für Abraham, Sara und Isaak mit dem zentralen theologischen Thema der Genesis, der ברית Gottes, fest verbunden sind.

Trotzdem ist Gen 17 keineswegs Dreh- und Angelpunkt des Pentateuch, was ebenfalls, bereits im ersten Vers, onomatologisch verdeutlicht wird. Denn die entscheidende Erkenntnis des Namens Gottes bleibt der Generation des Exodus vorbehalten. Und auch die Toledot-Struktur zielt über Abraham hinaus – auf die Gen 37 beginnende und sich im Exodus fortsetzende Geschichte der Nachkommen Jakobs/Israels, die zehnte in der Reihe der Toledot.

Mit Ortsangaben ist die Endkomposition in Gen 17 sparsam. So bleibt etwa der Ort des von Abrahams Nachkommen ausgehenden Königtums bewusst unbestimmt. Die einzige geographische Information des Kapitels besteht in der Bezeichnung des Abraham in Gen 12–15 mehrfach verheißenen Landes als »das ganze Land Kanaans«. Dessen Grenzen waren bereits in der Urgeschichte beschrieben worden, und die Israeliten werden dieses nach dem Tod Moses in Besitz nehmen. Das theologisch gewichtige Thema der Landverheißung als ברית wird somit durch Gen 17,8 in das geographische Schema des Pentateuch eingeordnet, das auf der Ebene der Endkomposition erstmals von der Völkertafel bis zum Schluss des Deuteronomiums reicht.

Im chronologischen System der Genesis besitzt Gen 17 ebenfalls eine zentrale Stellung. Dies ist schon äußerlich an der hohen Konzentration von chronologischen Angaben der Endkomposition in Gen 16,16; 17,1.23–27 zu erkennen. Die in Gen 17,17 für den dann 100jährigen Abraham angekündigte Geburt Isaaks, 400 Jahre nach der Flut, 1000 Jahre nach der Geburt Noahs, markiert, nach den zumeist »krummen« Zahlen von Gen 5 und 11, den Übergang zu »geraden« Zehnerperioden, mit denen die biblische Zeitrechnung von nun an fortgesetzt wird – bis hin zum Tod Moses vor dem Einzug ins gelobte Land,[488] ja bis hin zum Tempelbau durch Salomo (1 Kön 6,1).

Eigentliches Thema von Gen 17 ist aber weder Geographie noch Chronologie, sondern die beständige Gültigkeit der Verheißungen.

Inhaltlich und sprachlich sind die Verheißungen für Abraham, Ismael und Isaak nicht nur mit den vorendkompositionellen Verheißungen an die Erzeltern verknüpft, sondern ebenso mit den urgeschichtlichen Segenszusagen im Schöp-

---

487 Lediglich in Nebenlinien gibt es Überlappungen: Innerhalb der Abrahamgeschichte werden Abra(ha)ms Bruder Nahor und seine Frau Milka, Lot und Ismael sowohl vor als auch nach Gen 17 erwähnt. Darüber hinaus zeigen einige Völkernamen, die auf urgeschichtliche Nebenlinien wie diejenige Kanaans zurückgeführt werden, onomatologische, aber keine personale Kontinuität über Gen 17 hinweg.

488 Gen 21,5; 25,26; 47,9; Ex 12,40f.; Dt 1,3; vgl. noch Gen 25,20; Ex 7,7; Dt 31,2; 34,7. Diejenigen Jahreszahlen, die nicht der Weiterführung der Gesamtchronologie dienen, bleiben aber »krumm« (z. B. Gen 23,1; 25,17; 47,28; Ex 6,16.18.20; Num 33,39).

fungsbericht und nach der Flut. Dabei tritt die Anknüpfung an den Schöpfungssegen, mit der Verheißung von Fruchtbarkeit und Mehrung ein spezifisches Genesis-Thema, sprachlich vor allem in der Verheißung für Ismael Gen 17,20 hervor. Die Zusagen an Ismael können bereits mit Gen 25,12–18 als erfüllt gelten und weisen somit kompositionell nicht über die Genesis hinaus.

In den Zusagen für Isaak liegt dagegen die Betonung auf dem Aufrechterhalten (Gen 17,19.21) als ewige ברית (V. 19). Diese Verheißungen weisen weit über die Genesis, ja selbst über den Pentateuch hinaus. Sämtliche Erwähnungen Abrahams in den Büchern Ex–Dt beziehen sich auf diese Verheißungslinie: »Abraham«, der »Gott Abrahams«, die »ברית Abrahams« etc. begegnet in diesen Büchern niemals, ohne dass »Isaak« und »Jakob« im gleichen Atemzug erwähnt würden. Zu Recht kann man die Väterverheißungen als das alle fünf Bücher des Pentateuch verbindende Thema bezeichnen.[489] Während Ex–Dt den Weg von Ägypten bis an die Grenze des verheißenen Landes beschreiben, war bereits im Zuge der Voranstellung der Erzelterngeschichte vor den Exodus die Landverheißung als ברית mit der Person Abra(ha)ms verbunden worden (Gen 15). Durch das endkompositionelle ברית-Kapitel Gen 17 bekommt die Abraham-ברית nun einen festen Platz in der göttlichen Schöpfungsordnung.

Eine zusätzliche Verschränkung zwischen Genesis und Exodus–Deuteronomium stellt das als ברית qualifizierte Beschneidungsgebot her. Die für das Deuteronomium wie für Ex–Num kennzeichnende »Tora-Struktur«, also die erzählerische Einbettung des Gesetzes, wird damit auf die Genesis ausgedehnt. In genialer Verknüpfung der verschiedenen Konnotationen von ברית wird die Beschneidung im Haus Abrahams, vor der Geburt Isaaks, eingeführt. Während die nichtpriesterlichen Schichten von der theologischen Hochschätzung der ברית מילה nichts zu wissen scheinen, wird die Beschneidung als Zugehörigkeitszeichen bereits in der ersten Halacha des Buches Exodus, der endkompositionell redigierten Passa-Ordnung in Ex 12,43–48 vorausgesetzt. Nicht zuletzt begründet Gen 17 damit die Stellung der Genesis als Eröffnung der Tora.

2. Der Umfang der Gen-17-Schicht (Endkompositionsschicht) in der Abrahamgeschichte

Erhard Blum rechnet zu den verschiedenen priesterlichen Schichten (El-Schaddai-Texte, Toldot-Bearbeitung und Sondergut) Gen 11,27–31; 12,4b.5; [13,6;] 16,3.16; 17; 21,[2f.] 4f.; 23; 25,[1–4.] 7–10.[490] Ähnlich rechnet John Van Seters

---

489 Vgl. Clines, Theme.
490 Blum, Vätergeschichte, passim. Angesichts vieler nicht eindeutig entscheidbarer Fragen gibt er keinen tabellarischen Überblick über den Umfang des priesterlichen Materials und über das Wachstum der Vätergeschichte. Dass er dies auch in seinen »Studien zur Komposition des Penta-

zu den priesterlichen Texten als »larger episodic units« Gen 17 und 23, als »secondary genealogical and chronological additions« Gen 11,27–32; 12,4b–5; 13,6; 16,3b.15f.; 21,3–5; 25,7–10.[491]

Anders als für Van Seters und Blum ist m.E., mit den Quellenkritikern,[492] auch der Ausdruck »Land Kanaans«, also ein geographischer Begriff, redaktionskritisches Kriterium, weshalb auch 13,12a zu den »priesterlichen« Anteilen zu rechnen ist. Darüber hinaus konnte die Vermutung, es habe auch zahlreiche kleinere Einschübe im Rahmen derselben Komposition gegeben, durch den synoptischen Vergleich mit dem Genesis-Apokryphon für den Abschnitt Gen 13,1–15,4 erhärtet werden: Danach geht auch, über die genealogischen und chronologischen[493] sowie theologischen[494] Zusätze hinaus, die Formulierung von sekundären geographischen Zusätzen in 13,9–12.18; 14,2f.7f.10; 15,2, sowie sekundären den Text harmonisierend erläuternden Zusätzen in 13,6.14; 14,9.14–17; 15,3 auf dieselbe Kompositionsschicht zurück. Dass diese nicht isoliert dastehen, zeigt der Vergleich zu von derselben Schicht intensiv durchredigierten Kapiteln der Vorlage (z.B. Gen 10) oder des Sonderguts (z.B. Gen 36) außerhalb der Abrahamgeschichte.

Weiterhin gehen auf dieselbe Schicht Umstellungen (z.B. die von Gen 26 hinter 25,21–34, oder die der Angabe der 10-Jahres-Frist hinter Gen 15) sowie die schichtübergreifenden onomatologischen Systematisierungen (Abram–Abraham; Sarai–Sara) zurück.[495]

Es liegt angesichts der Komplexität der Redaktionstätigkeit der Endkomposition in der Natur der Sache, dass sich der Text der Vorlage der Gen-17-Schicht nur näherungsweise bestimmen lässt. So ist sicher, dass bereits die Vorlage die Geburt Isaaks erzählt haben muss. Mit welchen Worten sie das getan hat, ist aber ohne äußere Zeugen nicht mehr sicher zu rekonstruieren. Ebenso ist möglich, dass bereits die Vorlage eine El-Schaddai-Erscheinung, die Namensänderung oder gar die Beschneidung Abrahams enthalten hat, was durch Gen 17 ebenso verdrängt worden wäre wie der ursprüngliche Bericht vom Tod Abrahams durch Gen 25,7–10.

Die Gen-17-Schicht (=Endkompositionsschicht der Genesis) hat demnach durch die theologisch, onomatologisch, geographisch, genealogisch und chronologisch systematisierende Redaktion der Vorlage von Gen 11–25 die kanonische Abrahamgeschichte geschaffen, die im Masoretischen Text weitestgehend treu kon-

---

teuch« vermeidet, hat allerdings das verbreitete Missverständnis seiner P-Komposition als einer *neben* der D-Komposition bestehenden Größe gefördert. Nicht zuletzt um solche Missverständnisse auszuschließen, wird hier, trotz der Nähe des hier vertretenen Ansatzes zu demjenigen Blums, nicht von einer »F-Komposition«, sondern von der »Endkomposition des Pentateuch« gesprochen sowie von der »Endkompositionsschicht« oder von der »Gen-17-Schicht«.

491 Van Seters, Abraham, 313.
492 Vgl. die oben Anm.2 (S.166) genannten Abgrenzungen von Elliger und Nöldeke.
493 Blums Toldot-Bearbeitung, Van Seters' »additions«.
494 Blums El-Schaddai-Texte, vor allem Gen 17.
495 Zum Umfang allein dieser Systematisierung vgl. oben Anm.8 (S.167).

serviert worden ist. Zum Repertoire redaktioneller Techniken gehören im Zuge der Endkomposition partielle Streichungen, Textänderungen und Umstellungen, aber auch Einfügungen von durchredigiertem Sondergut (z.B. Gen 23; 25,12–18) sowie eigens geschaffene kompositorische Schlüsseltexte (Gen 17).

Die komplizierte Redaktionsgeschichte der Genesis konnte dank des Genesis-Apokryphons für einen Ausschnitt der Abrahamgeschichte bis ins Detail rekonstruiert werden. Generell gilt aber, dass bereits die vorletzte Textfassung, also die Vorlage der Endkomposition,[496] ohne äußere Bezeugung nicht besser rekonstruiert werden kann als der Text des Markusevangeliums allein aus dem Matthäusevangelium oder der Text der Samuelisbücher allein aus der Chronik. Bei jeder weiteren Vorstufenrekonstruktion potenziert sich der Grad an Hypothetik oder »the grade of relative probability«, den David M. Carr zu Recht bewusst macht.[497] Wenn auch der Wortlaut einzelner Passagen durch mehrere Redaktions- und Kompositionsvorgänge hindurch oft erstaunlich gut erhalten bleibt, ist die prozentuale Wahrscheinlichkeit von *Umfangsrekonstruktionen* einer Quelle dritter oder vierter Ordnung[498] extrem gering.

3. Literarkritik in Gen 17

Wie oben[499] bereits angedeutet, soll hier kein neuer Entwurf zur Literargeschichte von Gen 17 vorgelegt werden. Die Exegese hat gezeigt, dass es keine Spannungen gibt, die zu literarkritischen Operationen zwingen. Die verschiedenen Bedeutungsebenen der ברית Gottes werden in Gen 17 bewusst zueinander ins Verhältnis gesetzt. Keines der verschiedenen Elemente kompositioneller Systematisierung kann ohne Schaden für die Kohärenz des Kapitels herausgetrennt werden.

Dennoch soll hier auf das meistdiskutierte Problem, nämlich das literarische Verhältnis von Gen 17,9–14 zum übrigen Kapitel, in paradigmatischer Auseinandersetzung mit den vielbeachteten Thesen von Klaus Grünwaldt[500] noch einmal rekurriert werden.

Die stilistische Differenz sah bereits Hermann Gunkel und begründete sie formgeschichtlich: »Von 10 an fällt der Verfasser in den Stil des ›Gesetzes‹«, d.h.

---

496 Diese entspräche in der Genesis etwa dem Jehowisten, der D-Komposition oder dem late Yahwist.

497 Carr, Fractures, 339.

498 Eine solche wäre der klassische »Jahwist« oder »Elohist«, die nur durch je eine (oder mehrere) jehowistische, deuteronomistische und priesterliche Redaktion(en) gefiltert auf uns gekommen wären. Analoges gälte für eine »Vätergeschichte« Blums, aber auch für den vieldiskutierten Umfang der sogenannten »Priestergrundschrift«, vgl. oben S.286.
    Der Charme der alten Quellenscheidung (seit Astruc) und gleichzeitig die logische Voraussetzung der Rekonstruierbarkeit der Quellen bestand ja darin, dass alle alten Quellen *unmittelbar* Vorlagen des Pentateuchredaktors gewesen sein sollten.

499 Vgl. außer dem unmittelbar vorangehenden Absatz bereits Anm.2 (S.278).

500 Grünwaldt, Exil und Identität. Beschneidung, Passa und Sabbat in der Priesterschrift.

nach Gunkel in den für spätere Zeiten charakteristischen »Mischstil« mit der für den »ältesten Torastil« charakteristischen Kürze in V.10b, die sich »scharf von der Redseligkeit der folgenden Ausführungsbestimmungen« abhebe.[501] Die literarische Integrität von Gen 17 stellte Gunkel deshalb nicht in Frage. Anlass zur Literarkr_- tik ist daher bei Grünwaldt nicht der Stil, sondern die unterschiedliche Konnota- tion von ברית als Gebot oder Verheißung, weshalb die Beschneidungsordnung entweder als ältere Quelle oder als jüngere Ergänzung vom Kontext abgehoben wird.[502] Einig sind sich die meisten Forscher andererseits darin, dass entweder der Verfasser der Einfügung[503] oder der Verfasser der rahmenden Erzählung,[504] jeden- falls derjenige, der für die Integration des Beschneidungsgebotes in die Abraham- geschichte verantwortlich ist, die Stichwortverbindung zwischen der Verheißungs- ברית in V.1–8 und der Gebots-ברית in V.9–14 bewusst herbeigeführt hat.

Klaus Grünwaldt hat nun überzeugend nachgewiesen, dass der Trägerkreis für Gen 17,9–14 wie für Ex 31,13–17 nur »unter den Schriftgelehrten zu suchen« sein kann, und zwar »im Prozeß der Torakanonisierung«.[505] Zu Recht verweist er zur Stützung dieser relativen Spätdatierung auf Harmonisierungen mit Gen 14[506] und 34[507] sowie darauf, dass »Sprache und Vorstellungswelt des Beschneidungsgebotes« »sowohl dem deuteronomistischen als auch dem priesterschriftlichen Literaturbe- reich« entstammten, was dahingehend interpretiert wird, »daß der Verfasser aus dem Redaktorenkreis des Pentateuchs stammt«.[508]

Aufgrund der konventionellen Datierung von Pg als Quelle in die Exilszeit sieht sich Grünwaldt aber genötigt, Gen 17,1–8.15–22.26.24f. dieser Pg zuzu- schreiben, wogegen 17,9–14.23 und 21,4 sekundär seien. Dadurch verwickelt er sich in ausweglose Aporien: Grünwaldt interpretiert ganz richtig die Beschneidung Abrahams und Ismaels als »antwortendes Handeln nach der Verheißungsrede Got- tes«[509]. Diese sei ein religiöser Brauch[510], der hier im Zusammenhang mit dem Thema »Land« eingeführt werde, weshalb traditionsgeschichtlich »möglicherweise Jos 5,2f.8f. im Hintergrund« stehe. Doch beeilt Grünwaldt sich, hinzuzufügen:

---

501 Gunkel, Genesis, 270.

502 Vgl. Grünwaldt, Exil, 18–26, mit einer Diskussion der verschiedenen in der Forschungsge- schichte vertretenen Vorschläge.

503 Wenn diese sekundär ist. So Grünwaldt, Exil, 27–36.

504 Kutsch, Gott, 388, sieht V 10–14 als »ursprünglich selbständige Ordnung, die von dem Verfasser von P hier aufgenommen wurde und die also nicht *sein* Verständnis von ברית wiedergibt« [Her- vorhebung im Original].

505 Grünwaldt, Exil, 178 mit Anm. 44.

506 יליד ביח Gen 14,14; 17,12.13.23.27, vgl. Grünwaldt, Exil, 62.

507 Die mit Gen 34,15 identische Formulierung des eigentlichen Beschneidungsgebotes in Gen 17,10b (המול לכם כל זכר) beweist die literarische Abhängigkeit des letzteren von Gen 34 (Grünwaldt, Exil, 46; Westermann, BK I/2, 658).

508 Grünwaldt, Exil, 46. Seebass, Genesis II/1, 111, nennt die Argumente seines Schülers für die Spätdatierung der Beschneidungsordnung »bestechend«.

509 A.a.O., Exil, 39.

510 A.a.O., 41.

»Falls P^g diese Tradition gekannt hätte, so wäre aus ihr der Aspekt des Jahwegebotes getilgt worden. Nach P^g erteilt nicht Jahwe bzw. Gott ein Beschneidungsgebot, sondern Abraham vollzieht die Beschneidung aus freien Stücken, quasi selbstverständlich.«[511] Laut Grünwaldt steht die Beschneidung in »P^g« »im Kontext der großartigen Verheißungsrede Gottes«[512] – welche doch nichts anderes als die ברית Gottes zum Thema hat! –, während wenige Seiten später »die Verbindung von Beschneidung und ברית« gerade als das »hervortretendste Moment im [redaktionellen] Beschneidungsgebot« bezeichnet wird.[513] Warum muss man das auf mehrere Schichten verteilen? Den Gebotsaspekt erst tilgen, damit er nachher völlig neu eingetragen werden kann?

Der Zwang zur Literarkritik löst sich vollends auf, wenn Grünwaldt feststellt, dass »durch die Einfügung des Gebotes nach V.7f. der Vorrang der Verheißung gegenüber dem Gebot gewahrt« bleibt.[514] Grünwaldt selbst traut übrigens der Rede vom »ברית-Zeichen« in Gen 17,11 die bewusste Erzeugung einer »ebensolche[n] Spannung« gegenüber Gen 9,8–17 zu, »wie sie in den ברית-Begriff schon zwischen Gen 17,1–8 und V.9–14 gekommen ist.«[515] Wenn man von dem Axiom einer *per definitionem* eintönigen Priesterschrift ausgeht, muss man dieser auch die Erzeugung jedweder Spannung absprechen.[516] Wenn man davon ausgeht, »P« sei ursprünglich reine Erzählung gewesen,[517] muss man natürlich die »gesetzlichen« Passagen herausschneiden, wobei sich irgendwann »die Frage erhebt, ob die Quellen die Kriterien für die Quellenscheidung schufen, oder ob die Kriterien die Quellen ins Leben riefen«[518]. Wenn man sich allerdings darum bemüht, eine spannungsvolle Einheit als solche wahr- und ernstzunehmen, erübrigen sich angesichts der »kunstvollen Architektur des Schlüsseltextes Gen 17«[519] jedwede literarkritischen Operationen.[520]

---

511 A.a.O., 69.

512 A.a.O., 41.

513 A.a.O., 69.

514 Ebd.

515 A.a.O., 58f.

516 Vgl. zur Kritik an dieser zirkulären Argumentation Houtman, Pentateuch, 395.

517 W.H.Schmidt, Einführung, 99: »Auf diese Weise gewinnt man analog zu den älteren Quellenschriften eine (fortlaufende) Geschichtserzählung, nicht nur eine Gesetzessammlung mit historischem Rahmen.« Wer den »Abschied vom Jahwisten« konstatiert (Gertz u.a. [Hg.], Abschied, V–VII), sollte sich im Klaren sein, dass mit der Analogie des jahwistischen bzw. jehowistischen Erzählwerkes auch der entscheidende formgeschichtiche Beweggrund entschwindet, innerhalb des priesterlichen Materials der Erzählung den Primat vor der Gesetzgebung zuzuschreiben.

518 Houtman, Pentateuch, 394.

519 Köckert, Leben, 36. Vgl. auch Wenham, Genesis II, 17f.

520 So bereits McEvenue, Style, 145ff., auf dem Boden der Urkundenhypothese. Erst recht gilt dies, wenn man Gen 17 als redaktionell versteht, mit den Worten des Klassikers alttestamentlicher Methodenbücher als »redaktionelle Eigenformulierung«: »Manches Textstück wirkt deshalb uneinheitlich, weil man es isoliert betrachtet und die Blickvielfalt eines einheitlichen Redaktionstextes in das Ganze der redigierten Schrift nicht in Rechnung stellt.« (Steck, ^{14}Exegese, 89.)

4. Datierung der Endkomposition

Begriffsgeschichtliche Erwägungen können belegen, dass die Endkompositions-schicht relativ jung ist: Am Beispiel der Vokabel ברית konnte gezeigt werden, dass deren Verwendung in der Endkompositionsschicht die im deuteronomistischen Deuteronomium und in Gen 15 durchlaufene Begriffsgeschichte bereits voraus-setzt. Rein sprachgeschichtliche Erwägungen sind dagegen zur diachronen Diffe-renzierung innerhalb *eines* literarischen Werkes wie des Pentateuch immer problematisch.[521] Unbedingt festzuhalten ist vielmehr, dass sich nicht nur die Sprache der »P«-Schicht, sondern die Sprache des Pentateuch insgesamt deutlich vom späten Hebräisch etwa der Chronik absetzt. Die sprachlichen Argumente unterstützen damit die seit dem Frühjudentum angenommene Entstehung der Endkomposition des Pentateuch etwa zur Zeit Esras, also gegen Ende des fünften oder Anfang des vierten vorchristlichen Jahrhunderts.

Auch eine Datierung aus inhaltlichen Erwägungen ist für die Endkompositi-onsschicht des Pentateuch nicht einfacher als etwa für Gen 14 oder Gen 15. Die Frage, zu welchem Zeitpunkt der Geschichte Israels eine bestimmte theologische Aussage vorstellbar sei, ist leider nur sehr subjektiv zu beantworten, weshalb die Gen 17-Schicht sowohl als die älteste[522] als auch als die jüngste durchlaufende und den Pentateuch prägende Schicht[523] angesehen wurde und wird.

Am ehesten könnte derzeit vielleicht Übereinstimmung über die Datierung der Beschneidungsordnung von Gen 17 in das fortgeschrittene 5. Jh. v. Chr[524] kon-statiert werden. Da in dem hier vertretenen Modell die Endkompositionsschicht als diejenige Schicht verstanden wird, welche den Pentateuch als Tora konstituiert hat,[525] kann auch für die Datierung dieser Schicht auf den weitgehenden Konsens

---

521 Es sollte hier nur so viel gesagt werden, dass die Vertreter einer relativen Frühdatierung der »prie-sterlichen« Literatur aus sprachlichen Gründen, Avi Hurvitz und Meir Paran (vgl. die Einführung von Krapf, Priesterschrift, 296–301), den Kern von »P« in den gesetzlichen Partien sehen. Sie widersprechen deshalb mit ihren Arbeiten, ebenso wie Menahem Haran und Israel Knohl (vgl. Krapf, Priesterschrift, 285–295), der Annahme Noths und auch schon Wellhausens, dass das prie-sterliche Erzählmaterial älter sei als die gesetzlichen Texte. Die Entstehung der komplexen Größe »P« hat etwa im Levitikus-Kommentar von Jacob Milgrom überhaupt nichts mehr mit Noths »Priesterschrift als Erzählung« zu tun, wie Rendtorff, Kinds, zutreffend festgestellt hat.

522 So die Grundschrift- und die Urkundenhypothese vor Wellhausen, vgl. neuerdings Otto und K. Schmid.

523 So die neuere Urkundenhypothese seit Wellhausen sowie die Grundschrifthypothese à la Van Seters, die Fragmentenhypothese à la Rendtorff, die Ergänzungshypothese à la Blum und das hier vertretene Modell.

524 Vgl. Grünwaldt, Exil, 56. Ihm angeschlossen haben sich Seebass, Genesis II/1, 111, sowie Viewe-ger, Definition, 179f., Anm. 37.

525 Derzeit ist die Zuweisung umfangreicher Textbestandteile auf nachendkompositionelle, nachend-raktionelle o.ä. Bearbeitungen *en vogue*. Die Konsequenz wäre die Annahme mehrerer aufeinander folgender autoritativer Tora-Ausgaben, wenn man nicht mit Otto, Hexateuch, 244 erklären will, »*daß im 4. Jh. Ausgaben von Pentateuch und Hexateuch nebeneinander umliefen und miteinander konkurrierend aufeinander reagierten*« (Hervorhebung im Original). Vgl., ähnlich problematisch,

verwiesen werden, dass der Pentateuch in der Zeit um 400 veröffentlicht worden ist.[526] Die Entstehung der Gen-17-Schicht wäre demnach gegen Ende des 5. Jh. v. Chr. bzw. um 400 zu datieren.

Für die drei hier behandelten Kapitel ist die relative Chronologie Gen 15* vor Gen 14* vor Gen 17 klar aufgewiesen worden. Für eine absolute Chronologie ergäbe sich, ausgehend vom Ende des 5. Jahrhunderts als *terminus quo ante* für Gen 17 sowie dem Ende des 7. Jahrhunderts als *terminus post quem* für Gen 15*, ein Spielraum zwischen einer denkbaren *low chronology* mit Gen 15* und Gen 14* am Anfang und in der Mitte des 5. Jahrhunderts und Gen 17 um 400, und einer ebenfalls denkbaren *high chronology*, mit Gen 15* in der Zeit Jeremias, Gen 14* in der Zeit von Scheschbazzar und Serubbabel sowie Gen 17 in der Mitte des 5. Jahrhunderts.[527]

Am wahrscheinlichsten erscheint eine mittlere Chronologie: Dann wäre Gen 15* ein Zeugnis der ausgehenden Exils- oder frühen Nachexilszeit, also etwa der 2. Hälfte des 6. Jh.,[528] zeitgenössisch den großen theologischen Entwürfen des Deuteronomistischen Geschichtswerks, des Jeremia- und Ezechielbuches sowie Deuterojesajas. Gen 14* wäre ein Zeugnis der Konsolidierungsphase der persischen Provinz Juda am Anfang oder in der Mitte des 5. Jh.[529], zeitgenössisch den Historien Herodots von Halikarnassos sowie umfangreichen Fortschreibungen der biblischen Geschichts- und Prophetenbücher. Gen 17 – zeitgenössisch zu den jüngeren Elephantine-Papyri, den Werken Ktesias' und Xenophons – wäre ein Zeugnis des innerhalb eines gegen Ende des 5. Jh. v. Chr. unter Darius II. und Artaxerxes II. beruhigten achämenidischen Weltreichs sich in theologisch und literarisch

---

Blums Annahme »›deuteronomistischer‹ und priesterlicher Kreise, die vermutlich über längere Zeit *nebeneinander* […] die Überlieferung der Mose-Tora weiterführten und ausgestalteten« (Blum, Pentateuch, 378). Es bleibt, ob man diese Ausgaben nun nach-, neben-, über- oder untereinander anordnet, der merkwürdige Befund, dass ausgerechnet die als »nachendredaktionell« diskutierten Texte allen nebeneinander tradierten autoritativen Tora-Ausgaben, nämlich MT, SP und LXX, gemeinsam sind, deren *Nähe* im Bereich der Tora der Erklärung bedarf (angesichts der wesentlich größeren Differenzen zwischen MT und LXX im Bereich Jos; Ri; Sam; Jer; Ez). M. E. ist diese darin zu finden, dass die Kanonisierung der Endkomposition des Pentateuch als für Juda und Samaria gültige Moselehre um 400 v. Chr. einen fundamentalen Schnitt bedeutet hat, und der textkritische Vergleich von MT, Sam und LXX auf eben diese erstveröffentlichte Mosetora führt, während Relikte von Vorstufen der kanonisierten Fassung nur neben dem kanonischen Text tradiert und weiter redigiert werden konnten (Henochliteratur, Genesis-Apokryphon, Tempelrolle). Dagegen führen die verschiedenen kanonischen Fassungen von Jos, Ri etc. offenkundig auf eine Verzweigung der Textüberlieferung bereits vor deren – für diese Bücher späteren und weniger einschneidenden – Kanonisierung zurück.

526 Bei angenommener Spätdatierung der Mission Esras unter Artaxerxes II. ist sein Zug nach Jerusalem, welcher der Toraveröffentlichung nach Esr 7f.; Neh 8 vorausgeht, in das Jahr 398 v. Chr. zu datieren.

527 Zur Zeit Esras und Nehemias bei angenommener Frühdatierung Esras.

528 Weltgeschichte: Nabonid, Kyros II., Kambyses II., Darius I.; Provinz Juda: Scheschbazzar, Serubbabel.

529 Weltgeschichte: Xerxes, Artaxerxes I.; Provinz Juda: Nehemia; Samaria: Sanballat; Ammon: Tobia.

systematisierender »Schriftgelehrsamkeit« manifestierenden jüdischen Selbstver-
ständnisses, das in späterer jüdischer Literatur untrennbar mit der Person und dem
Werk Esras verbunden erscheint, des Sohnes des Pinchas, des Eleasar und des
Aaron, des Priesters und des begabten Schreibers der Tora des Mose, die JHWH, der
Gott Israels, gegeben hat (Esr 7,1–6).

5. Nachendkompositionelle Redaktionsgeschichte

Im Unterschied zur literarischen Vorgeschichte der Endkomposition lässt sich die
nachendkompositionelle Redaktionsgeschichte durchgängig empirisch nachzeichnen: Neben dem Masoretischen Text liegen mit dem samaritanischen Pentateuch,
der LXX und dem Jubiläenbuch mehrere vollständig überlieferte Zeugen für die
frühe Nachgeschichte der Endkomposition des Pentateuch vor, deren Wortlaut im
Einzelfall mit Hilfe der Methoden der Textkritik zu ermitteln, im Allgemeinen
aber durch den protomasoretischen Text hervorragend repräsentiert ist. Wie nicht
anders zu erwarten, knüpfen diese Redaktionen unmittelbar an die Arbeit der
Endkomposition an.

Septuaginta[530]

Die Septuaginta führt die im protomasoretischen Text lediglich bei Abraham und
Sara konsequente onomatologische Systematisierung weiter:[531] El Schaddai wird
nicht als Eigenname verstanden, sondern heißt als Relationsbegriff in der Genesis
»mein« bzw. »dein Gott«; aber Ex 6,3, in Wiederaufnahme von Ex 3,14, »der sei-
ende Gott« (θεòς ὤν). Auch die Tendenz, den Gottesnamen in der Genesis zu ver-
meiden, setzt sich in der LXX bzw. ihrer Vorlage fort: So fehlt κύριος, sonst
Entsprechung für יהוה, in Gen 12,17; 13,10.13f.; 14,22; 15,2.6f.; 16,5; 18,1.14.[532]
Die schichtspezifische Bezeichnung »Land Kanaans« wird beim Begräbnis Isaaks
(Gen 35,27) in Angleichung an 23,2.9; 49,30; 50,13 nachgetragen, ebenso beim
Blick Moses auf das gelobte Land Num 27,12 (in Angleichung an Dt 32,49).[533]
Das genealogische Schema wird in Gen 11 um ein Glied erweitert,[534] das chrono-

---

530 Vgl. den aufschlussreichen Aufsatz des Herausgebers der Göttinger Genesis-Septuaginta, John W.
Wevers, Character. (Dort 84–86 weitere Literatur).

531 Ein Beispiel außerhalb der Genesis: Dt 32,44 LXX wird aus Hosea bin Nun, gemäß Num 13,16,
Josua bin Nun.

532 Vgl. Wevers, Character, 105.

533 Da sowohl Gen 35,27 als auch Num 27,12 »priesterlichen« Schichten zugehören, belegt LXX,
dass »Land Kanaans« als schichtspezifischer Ausdruck ernstgenommen worden ist.

534 Durch den Gen 11,12f. zwischen Arpachschad und Schelach eingeschobenen Kainan, vgl.
Jub 8,1–5. Dadurch wird Abraham der 3x7 = 21. Generation zugeordnet, während Eleazar, der
Priester zur Zeit der Landnahme, der 4x7 = 28. Generation angehört.

logische System durch Änderungen in Gen 5; 11 und Ex 12,40 neu justiert.[535] Das Überschriftensystem der Toledot gibt nun auch dem Buch seinen Namen, indem Gen 2,4a, in Assimilation an Gen 5,1, übersetzt wird als Αὕτη ἡ βίβλος γενέσεως οὐρανοῦ καὶ γῆς.[536]

In einigen Details berühren sich LXX und Samaritanus, was auf gemeinsame Wurzeln verweist: Hier wie dort werden die Listen der Vorbewohner des Landes in Gen 15,20 f. und Kotexten systematisch aneinander angeglichen.[537] Hier wie dort werden die Orte der Gotteserscheinungen an Abraham und Jakob, Elone-Mamre[538] und Erez-Morija[539], sprachlich mit dem sichemitischen Elon-More[540] assoziiert.[541]

Die Septuaginta bleibt damit einer der wichtigsten Zeugen der frühen Nachgeschichte des kanonisierten Textes – und seines frühen kanonischen Ansehens. John Wevers bezeichnet die auf das 3. Jh. zurückgehende griechische Genesis sogar als »the earliest commentary extant for any biblical book«.[542]

Samaritanus

Auf die redaktionellen Tendenzen des Samaritanus[543] wurde bereits mehrfach eingegangen. Auch im Samaritanus wird an den Systematisierungen der Endkomposition weiter gearbeitet. So werden die chronologischen Daten von Gen 11 ergänzt und damit formal denjenigen von Gen 5 angeglichen. Einige Unstimmigkeiten im genealogischen und geographischen System werden geglättet: Gen 11,31 ziehen, wegen Gen 27,43; 28,10; 29,4 f., auch Nahor und Milka nach Charran; Gen 36,3 heißt die Tochter Ismaels und Frau Esaus, in Assimilation an Gen 28,9, Machalat.

In mancherlei Hinsicht wird die Offenheit des Pentateuch eingeschränkt: Die Grenzen des Landes von Gen 15 sind mit den Grenzen des Landes Kanaans identisch[544] und deshalb allein Israel vorbehalten. Ismael wird bereits Gen 17 deutlich aus dem Volk der ברית ausgeschlossen.[545] Der erwählte Ort ist jetzt eindeutig Sichem;[546] und die Chronologie weist nicht mehr auf den salomonischen Tempel, sondern auf den unmittelbar nach der Landnahme errichteten Altar auf dem Garizim.[547] Doch selbst die »ideologischen« Änderungen bezeugen indirekt die Wert-

---

535 Vgl. Rösel, Übersetzung, 136–144.
536 Gen 2,4 LXX. Vgl. Wellhausen, Prolegomena, 330.
537 Siehe oben S. 232 f.
538 Gen 13,18; 14,13; 18,1.
539 Gen 22,2.
540 Gen 12,6; Dt 11,30.
541 S. o. S. 343 f.
542 Wevers, Character, 107.
543 Vgl. grundsätzlich Tov, Text, 65–82, sowie Eshel–Eshel, Compilation.
544 Gen 10,19 SP; Dt 34,1–3 SP.
545 Gen 17,14 SP.
546 Die diesbezüglichen »sectarian additions« gehen nach Eshel–Eshel, Compilation, in das 2. vorchristliche Jahrhundert zurück.

schätzung der Vorlage[548]: Das im Anschluss an Ex 20,17 eingefügte zehnte Gebot der Samaritaner, einen Altar zu bauen, besteht so gut wie vollständig aus Deuteronomium-Zitaten.[549]

Jubiläenbuch

Beim Jubiläenbuch handelt es sich, anders als bei LXX und Samaritanus, um eine freie Neukomposition der Genesis.[550] Hier steht die Chronologie im Mittelpunkt des Interesses. Scheinbare Unstimmigkeiten des kanonischen Textes bekommen hier ihren Sinn: Da Abraham seine Enkel noch erlebt, kann er ihnen auch noch seine Lehre weitergeben. Durch die Verlagerung immer größerer Teile der Gesetzgebung in die Zeit der Genesis wird dagegen die endkompositionelle Differenzierung zwischen Noachiden, Abrahamiden und Israeliten wieder aufgehoben. Abraham darf wieder, wie Noah und wie Jakob, an jedem Altar, den er baut, Opfer darbringen. Abraham feiert das Wochenfest (Jub 15), das Laubhüttenfest (Jub 16) und das Passafest (Jub 18). Zudem werden viele chronologische Daten »korrigiert« oder ergänzt,[551] und geographische[552] sowie genealogische Informationen[553] in großem Maßstab nachgereicht. Die Komposition des Jubiläenbuches ist in vieler Hinsicht als Analogie für die Endkomposition der Genesis aufschlussreich:[554] Es gibt im Vergleich zur kanonischen Genesis Straffungen und Erweiterungen, Auslassungen, Textänderungen und Ergänzungen. Spannungen und Mehrfachüberlieferungen in der Vorlage werden weiter tradiert oder aufgelöst, aber neue Spannungen und Dopplungen kommen hinzu. Auch völlig neue Leitmotive tauchen auf, die sich durch das Buch ziehen: Die Zeitrechnung in Jubiläen und Jahrwochen etwa oder die himmlischen Tafeln charakterisieren unübersehbar nicht die

---

547 Jepsen, Priesterkodex, 253.
548 »Jewish harmonistic scrolls« des Pentateuch, die vom protomasoretischen Texttyp abhängig sind und im 2. Jh. v. Chr. die Samaritaner erreichten (Eshel–Eshel, Compilation, 240).
549 Vgl. Tigay, Conflation, 78–86.90–95. Auch hier knüpft die Textgeschichte an die Vorgehensweise der Endkomposition an: Die Vorlage des Dekalogs in Ex 20,2–17 selbst dürfte eine von der Endkomposition hergestellte Neufassung der Vorlage des Dekalogs aus dem Deuteronomiums sein, mit einer zentralen schichtspezifischen Änderung – der Erinnerung an die Schöpfungswoche (vgl. Hossfeld, Dekalog, 163–213; anders Johnstone, Decalogue).
550 Vgl. Halpern-Amaru, Rewriting, 25–54.
551 Vgl. VanderKam, Konzept, 89–96, mit einer tabellarischen Übersicht über die 27 in der Jubiläen-Weltära datierten Ereignisse von der Geburt bis zum Tod Abrahams.
552 Die Grenzen der Länder der Kinder Noahs in Jub 8 f.
553 Dass Sarai eine Tochter Terachs sei, wird nicht erst aus Anlass der Nachfrage Abimelechs mitgeteilt, sondern gleich bei der Notiz von der Heirat, Jub 12,9. Nicht zuletzt erfährt der Leser in Jub 11,14 den Namen von Abrams Mutter Edna und den seines Großvaters mütterlicherseits, Abram, wie überhaupt Namen und Abstammung der Frauen der Väter von Seth bis Terach in Jub 4; 8; 10 f. wichtig sind.
554 Da das Jubiläenbuch erst im Äthiopischen kanonisiert wurde, ist allerdings die Grenze zwischen Redaktions- und Textgeschichte weniger deutlich als beim Pentateuch.

Grundschrift (das wäre die Genesis), sondern die Endkompositionsschicht des Jubiläenbuches bzw. das dieser vorliegende Sondergut.

Die in der Endkomposition der Genesis marginalisierten deuteronomistischen Tendenzen werden im Jubiläenbuch massiv ausgebaut: So heben die zahlreichen Sonderüberlieferungen im Umkreis der Jugendgeschichte Abrahams in Jub 12f. diesen hoch über den Aberglauben und die Abgötterei seiner mesopotamischen Verwandtschaft hinaus. Auch lässt die kanonische Genesis Abraham nur in einer einzigen Situation zu einem seiner Söhne sprechen – seinem Sohn Isaak antwortet Abraham auf dem Weg zur Opferstätte ausweichend auf die Frage, wo denn das Schaf zur Opferung sei (Gen 22,7f.). Das ist kaum der Abraham, der seinen Söhnen und seinem Haus nach ihm gebieten wird, auf dass sie den Weg Jhwhs bewahren, um Gerechtigkeit und Recht zu tun (Gen 18,19). Dieser deuteronomistische Abraham findet sich nicht in der kanonischen Genesis, wo er lediglich seinen Knecht belehrt (Gen 24,3–8), wohl aber im Jubiläenbuch. Jub 19,15–22,30 sind eine Folge von mehreren großen Abschiedsreden Abrahams an seine Schwiegertochter Rebekka[555], an seine Söhne und Enkel[556], vor allem aber an Isaak[557] und Jakob[558], in denen er ihnen seinen Segen weitergibt und sie vor jeder Vermischung mit »Kanaan« warnt.

6. Das Abrahambild in der Genesis

Der Charakter des *biblischen* Abraham, wie ihn Gen 17 zeichnet, tritt im Vergleich etwa zum Jubiläenbuch um so deutlicher hervor: Er ist kein militanter Religionskämpfer, und erscheint auch nicht als der erste Monotheist. Er muss auch noch nicht die dem Mose offenbarte Tora halten. Er wandelt aber vor Jhwh, wie zuvor Henoch oder Noah mit Gott gewandelt sind.[559] Er fällt vor Gott nieder auf sein Angesicht, wie hernach die Israeliten, Mose und Aaron.[560] Er befolgt Gottes Gebot, wie vor ihm Noah und wie nach ihm Mose, Aaron und die Israeliten.[561] Ja er erweist sich letztlich als Gottes würdiges Ebenbild: Wie Abraham vor Gott wandeln soll, und dieser sein Gott sein will, so will Gott inmitten der Israeliten wandeln, er will ihr Gott und sie sollen sein Volk sein.[562] Wie Abraham die ברית Gottes bewahren soll, so verpflichtet sich Gott zum Halten seiner ברית,[563] und so hält und

---

555 Jub 19,17–25.
556 Jub 20,1 werden sie alle aufgezählt: Ismael und seine zwölf Kinder, Isaak und seine beiden Kinder, und die sechs Keturasöhne mit ihren Kindern.
557 Jub 21.
558 Jub 19,27–29; 22,10–30.
559 Vgl. Gen 24,40; 48,15 (sowie 17,1) mit Gen 5,22.24; 6,9.
560 Vgl. Gen 17,3.17 mit Lev 9,24; Num 20,6 u.ö.
561 Vgl. Gen 21,4 mit Gen 7,9.16; Ex 7,6.10.20; 12,28.50 u.ö.
562 Vgl. Gen 17,1–7 mit Lev 26,9–12.
563 Gen 6,18; 9,11; 17,7.19.21; Lev 26,9; vgl. Ez 16,60.62 (הקים).

bewahrt er sie auch.[564] Wie Abraham nach Gottes Wort handelt, so handelt Gott nach seinem eigenen Wort.[565] Selbst da, wo Abraham versagt, seine Frauen und seine Söhne preisgibt und mit ihnen die ganze Verheißung, bleibt Gott seiner Verheißung treu.

Der in Gen 17 kompositionell so herausragend plaziert Abraham bleibt dennoch in der kanonischen Genesis aus verschiedenen Perspektiven sichtbar, denn die Abrahamgeschichte besteht in ihrer kanonischen Fassung aus einer Folge relativ eigenständiger Abschnitte. Wenn irgendwo, dann ist es in der Abrahamgeschichte angemessen, die Genesis mit Hermann Gunkel[566] als »eine Sammlung von Sagen« zu bezeichnen.

In jeder einzelnen Erzählung begegnet ein anderes Abrahambild: Der auf Gottes Befehl in das Ungewisse ziehende Wanderer, der kleinmütig seine Frauen und Söhne Preisgebende, der Kriegsmann, der Prophet, der vorbildliche Gastgeber, der Fürbitter, der harte Verhandler, der Vertrauende, der Gerechte und der Toragehorsame, oder einer, der sich die Wahrheit selbst zurechtbiegt. Gemeinsam ist allen Abrahamerzählungen eines: Abraham ist der Erzvater Israels. Und er ist, wie das Volk Israel, in seiner ganzen Widersprüchlichkeit zutiefst menschlich.

Dass die Gestalt Abrahams in der persischen Ära zur wichtigsten Identifikationsfigur des entstehenden Judentums werden konnte, hat nicht zuletzt mit Gen 15 zu tun. Dort begegnet Abraham als der sich sorgende Vater; ihm gibt Gott als verlässlicher Partner seine unbedingte Zusage, weshalb die Nachkommenschaft Abrahams (bzw. Abraham selbst) als Freund Gottes (Jes 41,8) bezeichnet werden konnte. Und das in Gen 15 entfaltete 4-Epochen-Schema der Geschichte der Landverheißung ist die Voraussetzung dafür gewesen, die Abrahamgeschichte, gemeinsam mit der Isaak- und Jakobgeschichte, einem mit der Schilderung der Not der Israeliten in Ägypten beginnenden Werk (*Ex 1 ff.; vgl. Dt 1 ff.) voranzusetzen.

Durch Gen 15, die anderen Verheißungstexte in der Genesis und die Rückverweise in den Büchern Ex–Dt rückt Abraham in das Zentrum der Erwählungsgeschichte.

Hiervon ausgehend, wächst in exilisch-frühnachexilischer Zeit das Interesse an einer Historisierung Abrahams. In Gen 14 wird Abram in den Kontext der Weltgeschichte gestellt. Die zu seiner historischen Einordnung genannten altorientalischen Herrscher dienen dazu, das ehrwürdige Alter Abrahams und der mit seinem Namen verbundenen Ansprüche zu verbürgen. Diese Namen haben bis in die Moderne hinein die Exegeten beeindruckt. Die an altorientalische Kriegsberichte erinnernde historische Fiktion fordert allerdings den Preis einer beträchtlichen Distanz zum Milieu der übrigen Abraham-Erzählungen, denn es gehört zur Stilisierung als weltgeschichtlich handelnde Figur, dass auch Abram selbst aktiv in die

---

564 Vgl. Gen 17,9f. mit Dt 7,9.12 (שמר) und Gen 9,9.17; Ex 6,4; Dt 8,18 sowie Neh 9,8 (הקים).
565 Vgl. Gen 12,4; 17,23 mit 21,2.
566 Gunkel, Genesis, VII.

außenpolitischen Verwicklungen seiner Zeit eingreift. Dennoch teilt auch dieses Kapitel den ätiologischen Charakter der Erzelterngeschichte: Die Überlegenheit des Westjordanlandes über das Ostjordanland in politischer und in kultischer Hinsicht wird begründet, und durch die kaum verhüllte Anspielung auf Jerusalem werden diese Stadt, der dortige Kult und die dort amtierenden Priester privilegiert.

Während Gen 15 eines der theologisch spannendsten Kapitel der Genesis darstellt, aber auch eine Periodisierung der Vorgeschichte Israels vornimmt, liegt das Spezifikum von Gen 14 offensichtlich in der (prä-)historischen Geographie.

Die Endkomposition nimmt beides in konstruktiver Weise auf: Aus Gen 15 übernimmt sie die theologische Qualifikation der Landverheißung an Abra(ha)m als ברית, deren Wesen in der Beistandszusage Gottes durch die Zeiten hindurch für Abraham und seine überaus große Nachkommenschaft besteht. Die in Gen 15 erkennbare Periodisierung wird in eine übergreifende chronologische, genealogische und formale Systematisierung eingebunden. Die geographischen Informationen von Gen 14 werden, im Anschluss an vorhergehende Glossierungsschichten, in der Weise weiter »erklärt«, dass sie nunmehr einen festen Bestandteil des geographischen Systems des Pentateuch bilden, in dessen Zentrum das Land der Verheißung steht, und das durch die erste und die letzte Beschreibung der Grenzen des vormaligen Landes Kanaans und nachmaligen Landes Israels (Gen 10,19 und Dt 34,1–4) bestimmt wird. Die Identifizierung des »Landes Kanaans« mit dem Land, das den Erzvätern zugesagt war, erfolgt in den zahlreichen Verheißungstexten der Genesis ausdrücklich nur an einer einzigen Stelle: In Gen 17,8.

Während sowohl Gen 15 als auch Gen 14 in Abraham vor allem den Erzvater Israels sahen, wird ihm in Gen 17 mit der Beschneidung ein Zeichen des ewigen Bundes gewährt, das zwar auf Israel fokussiert ist, jedoch gemäß dem historischen Allgemeinwissen der Zeit (vgl. Jer 9,24 f.) auch anderen Völkern offenbleibt. Die Umbenennung Abrams in Abraham, die durch den gesamten Pentateuch hindurch konsequent verfolgt wird, wird damit begründet, dass Gott ihn »zum Vater eines Haufens von Völkern« gemacht habe. Dazu gehören seine eigenen Nachkommen, also neben Israel auch Ismael, die Ketura-Söhne und Esau-Edom; dazu gehören aber auch alle »in seinem Hause Geborenen«. Abraham kann nun zu Recht der »ökumenische« Erzvater[567] genannt werden. Für das Abrahambild des Buches Genesis ist damit bereits das entscheidende Wort gesprochen.

---

567 de Pury, choix, 113.

Schluss

Thesen

Die dieser Arbeit zugrundeliegende kompositionsgeschichtliche Herangehensweise versucht, nach der Funktion eines Textes sowohl in der Struktur der kanonisierten Endkomposition (synchron) als auch in deren Vorgeschichte (diachron) zu fragen, und dadurch dem Pentateuch als einem vollendeten, spannungsreichen Kunstwerk mit äußerst komplexer Entstehungsgeschichte gerecht zu werden.

Die Perikope vom Krieg der Könige und der Rettung Lots durch Abram, Gen 14, ist Zeugnis für den ersten und bis heute folgenreichsten Versuch, den Erzvater in die Weltgeschichte einzuordnen. Dieses Kapitel fällt durch die Fülle neu eingeführter Eigennamen sowie durch eine große Zahl erläuternder Glossen aus dem Rahmen der übrigen Erzählungen der Genesis.

Mit dem in Qumran entdeckten Genesis-Apokryphon existiert ein schriftlicher Zeuge, der nicht die kanonische Abra(ha)mgeschichte, sondern eine Vorstufe derselben fortschreibt. Da sich das Genesis-Apokryphon im Bereich von Gen 14 besonders eng an seine Vorlage anlehnt, kann mittels des synoptischen Vergleichs von Genesis und Genesis-Apokryphon die Redaktionsgeschichte von Gen 14 über mehrere Etappen hinweg empirisch verfolgt werden. Als Grundschicht kann eine in sich geschlossene Erzählung über die Vorgeschichte des Ostjordanlandes eruiert werden, die im Hinblick auf das Verhältnis von Ost- und Westjordanland in frühnachexilischer Zeit komponiert worden ist.

Zur historischen Einordnung dienen vier Großkönige des 2. vorchristlichen Jahrtausends, welche das Ostjordanland im Rahmen eines Straffeldzuges entvölkern. Im Fokus der Erzählung stehen allerdings Lot und Bera »durch Bosheit« – der König von Sodom – auf der einen und Abram und Melchisedek »mein König ist Gerechtigkeit« – der König von Schalem – auf der anderen Seite. Der König von Sodom und seine Verbündeten, aber auch Lot selbst erscheinen als hilflose, ja bedauernswerte Figuren, Melchisedek dagegen als würdiges Vorbild des Jerusalemer Hohenpriesters. Abram schließlich erweist sich selbst den berühmten Großkönigen als überlegen, setzt sich großzügig für seine Nachbarn wie für seinen Verwandten ein und verzichtet selbst auf jeglichen Anteil am Ostjordanland. Ihm genügt stattdessen die exklusive Beziehung zu Melchisedek, dem König von Schalem und Priester des Höchsten Gottes, Schöpfer von Himmel und Erde.

Diese Erzählung ist von Beginn an für die Einfügung vor Kapitel 15 geschrieben worden, welches die Vorgeschichte der israelitischen Landnahme zum Thema hat. Die Nachkommens- und Landverheißungen von Gen 15 werden dadurch im

Umfeld Jerusalems lokalisiert und erscheinen als Lohn für Abrams Großzügigkeit gegenüber Lot und den Sodomitern.

In mehreren Glossierungsschichten werden vorwiegend geographische und genealogische, der Harmonisierung mit dem Kontext dienende Informationen nachgetragen, die aber die Diktion der Grundschicht teilweise verdunkeln. Die jüngsten erkennbaren Modifikationen des kanonischen Textes lassen sich derselben systematisierenden Schicht zuordnen wie das Kapitel Gen 17.

Die meisterhaft gestaltete Szene vom »Bund zwischen den Stücken«, Gen 15,7–21, hat wesentlich zur Vermittlung der Erzelterntradition mit der im Exodus beginnenden theologischen Ursprungsgeschichte Israels beigetragen, in deren Folge die Verheißungen an Abraham, Isaak und Jakob zu einem Leitthema des ganzen Pentateuch geworden sind. Nach dem Scheitern der klassischen Literarkritik an der Verheißungserzählung von Gen 15 muss das Kapitel als strukturelle Einheit verstanden werden.

Das Thema der Szene V.7–21, das V.7f. angegeben wird, ist die Landverheißung an Abra(ha)m und die Infragestellung ihrer Erfüllung. Die rätselhafte Zeremonie (V.9–12.17), die klare Deutung (V.13–16) und die abschließende theologische Qualifikation (V.18–21) entfalten dieses Thema und müssen aufeinander bezogen werden.

In Zeremonie, Deutung und theologischer Qualifikation erfährt Abra(ha)m von insgesamt vier aufeinander folgenden, je verschieden charakterisierten Perioden (»Geschlechtern«), durch deren wechselhaftes Geschick hindurch sich Gott zur Landgabe feierlich verpflichtet. Die erstgenannte Periode ist die der Fremdlingschaft in Ägypten, angedeutet durch die zerteilte Kalbin, charakterisiert durch vierhundertjährige Knechtschaft, zur Landgabe in Beziehung gesetzt durch die »Keniter«. Die zweitgenannte Periode ist die des Auszugs und der Wüstenwanderung, angedeutet durch die zerteilte Ziege, charakterisiert durch großen Besitz, zur Landgabe in Beziehung gesetzt durch die »Keniziter«. Die drittgenannte Periode ist die Zeit der Väter selbst, angedeutet durch den zerteilten Widder, charakterisiert durch Abrahams friedlichen Tod, zur Landgabe in Beziehung gesetzt durch die »Kadmoniter«. Die viertgenannte Periode, die der Rückkehr in das Land, ist von allen anderen jeweils deutlich abgesetzt. Sie wird angedeutet durch den nicht zerteilten Vogel – Turteltaube und Kücken. Sie wird charakterisiert als »viertes Geschlecht«, das »hierher«, in das Land der Verheißung, zurückkehren wird. Sie bedeutet die Zusage der israelitischen Landnahme, explizit durch die Aufzählung der »Hethiter, Periziter, (Refaïm,) Amoriter, Kanaaniter, Girgaschiter und Jebusiter«.

Als Aussage des Kapitels erweist sich die Heils- und Unheilsperioden überdauernde Treue Gottes zu seinem Volk, die in der Zeit des babylonischen Exils grundsätzlich in Frage gestellt schien. Der Einzigartigkeit dieser ברית entspricht die einzigartige Schilderung Abra(ha)ms als Prophet, der mit Vision, Audition, Stern-

und Sonnenbeobachtung, Eingeweideschau, Vogelschau, Magie und Inkubation über ein erstaunliches Repertoire divinatorischer Techniken verfügt.

Eine Abhängigkeit des Kapitels von »priesterlichen« Schichten des Pentateuch ist nicht nachweisbar. Allerdings lassen sich einige Ergänzungen am Anfang und Ende des Kapitels als Folge der Einfügung von Gen 14 erklären. Die für Gen 15 kaum ursprüngliche durchgehende Verwendung des Abram-Namens geht auf die Gen-17-Schicht zurück.

Das Kapitel vom »Bund der Beschneidung«, Gen 17, erweist sich in verschiedener Hinsicht als Schluss-Stein in der Makrostruktur der kanonischen Genesis. Die sprachlich und sachlich klar hervortretende Gen 17-Schicht kann deshalb nicht als »Priestergrundschrift«, die es im Bereich der Erzelterngeschichte nie gegeben hat, verstanden werden, sondern allein als die um 400 v.Chr. verfasste Endkompositionsschicht, welche mittels schichtspezifisch geprägter Terminologie und Theologie die Genesis schichtübergreifend systematisiert.

Die ברית Gottes, das zentrale theologische Thema des Kapitels, bildet die theologische Klammer zwischen der im Pentateuch enthaltenen Gesetzgebung, der Geschichte Gottes mit seinem Volk und der Schöpfungsordnung. Die Verheißung von Fruchtbarkeit und Mehrung als ברית (V. 2–6) stellt über die (derselben Schicht angehörende) Noah-ברית (Gen 9) die theologische Verbindung zur Urgeschichte her. Die in die Zusage des Gottseins eingebettete Landverheißung als ברית (V. 7f.) stellt in Aufnahme des zentralen Anliegens von Gen 15 die theologische Verbindung zu den verschiedenen Perioden der Vorgeschichte Israels her. Die Qualifikation der Beschneidung als ברית (V. 9–14) stellt in Aufnahme des deuteronomistischen Verständnisses von ברית als Gebot die theologische Verbindung zu den durch die Bundesschlüsse am Sinai/Horeb und in Moab gerahmten Gesetzestexten her. Für den Beschnittenen ist die Beschneidung zugleich Zeichen der Verheißungs-ברית, die dem Haus dessen gilt, der nach Gen 17,4f. zum »Vater eines Gewimmels von Völkern« wird.

Dass Gen 17 Bestandteil der Endkompositionsschicht ist, welche die Genesis und den Pentateuch makrostrukturell prägt, findet seinen Ausdruck nicht allein in der ברית-Theologie von Gen 17, sondern auch in onomatologischer, geographischer, genealogischer, formaler und chronologischer Systematisierung der Genesis bzw. des Pentateuch.

Die Namensformen Abram, Abraham, Sarai und Sara werden, ausgehend von Gen 17,5.15, im gesamten Pentateuch systematisiert. Die Selbstvorstellung Gottes als El Schaddai in Gen 17,1 charakterisiert die Zeit der Erzeltern als eine offenbarungsgeschichtliche Vorstufe zur Mosezeit und der eigentlichen Geschichte Israels. Dies entspricht der schichtübergreifend festzustellenden Differenz zwischen der Vielzahl verwendeter Gottesbezeichnungen in der Erzelterngeschichte und der absoluten Dominanz des JHWH-Namens von Ex 3,15 an. Die vielen variierenden Bezeichnungen des verheißenen Landes werden in der einen Bezeichnung »das

Land Kanaans« zusammengefasst. Dieses wird für die Zeit der Erzeltern als »Land der Fremdlingschaft« qualifiziert (Gen 17,8).

Schöpfung, Flut, Erzeltern- und Exodusgeschichte werden durch ein durchgehendes genealogisches System miteinander verbunden. In Gen 17 wird *Abram* als der Zehnte nach Noah mit *Abraham* als dem Ersten der Erzväter identifiziert. Dieses genealogische System bestimmt durch die Toledotstruktur auch die formale Gliederung der Genesis. Der Differenzierung im System der Toledot zwischen der Hauptlinie der Heilsgeschichte und den Nebenlinien entspricht in Gen 17 die Differenzierung der Verheißungen für Ismael und Isaak.

Für das chronologische System der Genesis besitzt Gen 17 eine Schlüsselfunktion. Nach Gen 17,1.17.24 ist für die Zeit von der Zeugung bis zur Geburt in der Genesis grundsätzlich ein Jahr zu berechnen. Das im Masoretischen Text erhaltene chronologische System datiert die Geburt Abrams in das 300. Jahr nach der Flut. Die Beschneidung Abrahams (V. 23–27), zugleich ברית und Zeichen, erfolgt demzufolge im Jahr 399 nach der Flut. Die Zusammensetzung der 399 als Produkt aus 57 und 7 bekräftigt die in Gen 17 geschaffene theologische Verbindung von Noah-ברית und -Zeichen (am 57. Tag) mit Israel-ברית und -Zeichen (Heiligung des 7. Tages). Die in Gen 17 verheißene Geburt Isaaks im 100. Jahr Abrahams fällt damit in das 1000. Jahr nach der Geburt Noahs und das 400. Jahr nach der Flut.

Im Zusammenhang mit der Gen-17-Schicht erhalten Gen 14 und 15 ihre endkompositionelle Funktion. Gen 15 bleibt als Abram-ברית der Basistext der Landverheißungen an die Väter und wird durch die Abram-Abraham-ברית ausdrücklich bestätigt. Gen 14 dient zur geographisch-politischen Näherbestimmung des Landes der Verheißung und des Hauses Abrahams. Abraham, der in Gen 15 als der Vertrauen stiftende, prophetische Vater Israels und in Gen 14 als souverän in den Irrungen und Wirrungen der Weltgeschichte sich bewährender Retter geschildert wird, bekommt in Gen 17 seinen dauerhaften Platz an einem Schnittpunkt der Heilsgeschichte – als der ökumenische Erzvater Israels.

Theses (English)[*]

The approach underlying this study is that of composition history. Its attempt is to ask about the function of a text both within the structure of the canonized final composition (synchronic) and within its previous literary history (diachronic approach). So I hope to do justice to the Pentateuch as a finished work of art, which is full of tensions and derives from an extremely complex compositional process.

The account of the war of the kings and the rescue of Lot by Abram, Gen 14, shows the first and most effective attempt to place this ancestor in the realm of world history. The quantity of newly introduced proper nouns in this chapter is remarkable and unparalleled in the context of all other narratives in the book of Genesis.

The Genesis Apocryphon discovered at Qumran does not rewrite the canonical Genesis but a foregoing version; therefore the history of redaction of Gen 14 can be reconstructed backwards in several steps. The common *Vorlage* appears as a narrated pre-history of the land beyond the Jordan, composed against the background of the complicated relations across the Jordan in early post-exilic times.

Four oriental kings who are depopulating the land during a punishment campaign delineate the historical setting. But the focus is on Lot and Bera »through wickedness« of Sodom on the one side, and on Abram and Melchizedek »my king is justice« of Salem on the other side. Both the king of Sodom with his allies and Lot himself appear as helpless, pitiful persons, while Melchizedek represents a dignified archetype for the Jerusalem High Priest. Finally Abram proves to be superior to the famous oriental kings, but renounces any claim on the land beyond the Jordan which he leaves for his relative Lot and the people of Sodom, so keeping his own exclusive relations to Melchizedek king of Salem and Priest of the Most High God.

This narrative has been written with a view to the addition of chapter 15, which deals with the Israelite settlement in the land in the days of Joshua and its problematization after the destruction of Jerusalem by Nebuchadnezzar. The promises of Gen 15 thus appear as a reward for Abram's generosity against Lot and the people of Sodom, and they are localized in the area around of Jerusalem.

---

[*] I am very grateful to Prof. John Barton for correcting this English version of my theses.

Harmonizing details are supplemented within several strata of glosses dealing mainly with geography and genealogy, but partially obscuring the intention of the *Vorlage*. The most recent modifications of the canonical text belong to the same compositional layer as does chapter 17.

The masterly narrative of the »covenant between the pieces«, Gen 15:7–21, contributed essentially to the correlation between the two main traditions of the roots of Israel – in the ancestors and in the exodus. In consequence the promises to Abraham, Isaac and Jacob became a leading theme for the whole Pentateuch. After the collapse of classical source criticism within the promise account of Gen 15 the chapter has to be understood as a structurally consistent unit. The theme of the scene V.7–21 consists in the land promise to Abra(ha)m and the questioning of its fulfilment (V.7f.). The enigmatic ceremony (V.9–12,17), the clear interpretation (V.13–16) and the final theological qualification (V.18–21) unfold this theme, and all these elements must be related to each other.

Abra(ha)m comes to know – by ceremony, interpretation and theological qualification – four consecutive periods, which are characterized differently. Through their changeful fortune God solemnly commits himself to make a gift of the land. During the first named period Abra(ha)m's descendants would be strangers in Egypt. This period is indicated by the divided heifer, characterized by 400 years of slavery, and connected with the donation of the land by the »Kenites«. The second named period is that of the exodus of Abra(ha)m's descendants and their wandering in the wilderness. It is indicated by the divided she-goat, characterized by great possessions, and connected with the donation of the land by the »Kenizzites«. The third named period is that of the patriarchs themselves. It is indicated by the divided ram, characterized by Abra(ha)m's death in peace, and connected with the donation of the land by the »Kadmonites«. The last period is that of the return of the descendants and is explicitly counted as the fourth »period«, since דור in the singular does not mean »generation«. Its distinctiveness is indicated by the undivided turtledove and pigeon and characterized by the final return »here«, into the land promised to Abra(ha)m. Its nature is the actual donation of the land to the Israelites, clarified by the well known enumeration of the Hittites, the Perizzites, (the Rephaim,) the Amorites, the Canaanites, the Girgashites and the Jebusites.

The subject of Gen 15 proves to be the overwhelmingly durable loyalty of God towards his people, which appeared to be questioned in the time of the Babylonian exile. The singularity of this covenant corresponds with the unique description of Abra(ha)m as prophet knowing vision, audition, observation of sun and stars, extispicy, augury, magic and incubation, all in all an impressive repertoire of divinatory techniques.

Gen 15 is not dependent on »priestly« strata of the Pentateuch. But some supplementary glosses in the beginning and at the end of the chapter can be explained as a consequence of the insertion of Gen 14. The final composer, who is the author of Gen 17, is responsible for the use of the name »Abram« instead of »Abraham« in Gen 15.

The account of the »covenant of circumcision«, Gen 17, proves to be in several aspects as a coping stone within the framework of the canonized book of Genesis. The layer of Gen 17, which is clearly marked off in both style and content, is therefore not to be understood as the skeleton of a formerly separate priestly source, which never existed in the case of the traditions about the patriarchs. Rather it appears as the very last compositional layer, composed at about 400 BC, determining with its layer-specific terminology and theology the systematics of the whole book of Genesis in its final form.

God's covenant (ברית) is the central theological theme of the chapter. It binds together the creation order, God's history with his people and the legislation contained in the Pentateuch. The promise of being fruitful and multiplying formulated as ברית (V. 2–6), together with the narrative of the Noachic covenant (Gen 9), which belongs to the same layer, connects the accounts of creation, flood and the ancestors in respect to the unfolding of God's promises. The promise of land is embedded in the promise of God's being God for Abraham and his descendants and is formulated as ברית (V. 7 f.). So it serves in sequence of the central theological theme of Gen 15 as a connection to later periods of Israel's prehistory. The designation of the circumcision as ברית (V. 9–14) establishes the connection with the legislative texts framed by the covenant ceremonies on Mount Sinai/Horeb and in Moab, going back to the deuteronomistic concept of ברית as commandment. Yet for the circumcized, the circumcision is a sign of the validity of God's promises to the house of Abraham who is designated to become a »father of a multitude of nations« (Gen 17:4 f.).

Not only the specific ברית-theology in Gen 17 confirms that it is an integral part of the final compositional layer, but also the systematization in matters of onomatology, geography, genealogy, structure and chronology in the book of Genesis and in indeed the whole Pentateuch.

The name variants Abram, Abraham, Sarai und Sara are systematically standardized in the whole Pentateuch in accordance with Gen 17:5,15. God's self-predication as »El Shaddai« (Gen 17:1) characterizes in view of revelation history the ancestor's period as a preliminary stage compared with the time of Moses and the actual history of Israel. This corresponds with the non-layer-specific difference between the plurality of deity-designations in Gen 12–50 on the one hand and the absolutely dominant use of the tetragammaton from Ex 3:15 onwards on the other. The numerous varied designations of the promised land are subsumed in the one designation as the »land of Canaan«, in which the ancestors sojourned as strangers (Gen 17:8).

Creation, flood, the narratives dealing with the ancestors and with the exodus are connected by a persistent genealogical system. Abram, the tenth after Noah, is identified in Gen 17 with Abraham as the first of the three fathers of Israel. This genealogical system affects the formal arrangement of the book of Genesis too, by the *toledot* structure. Like the differentiation between the mainline of salvific history and the side lines within the system of *toledot*, chapter 17 differentiates between the promises for Ishmael and Isaac.

Gen 17 possesses a key function in the chronological system of Genesis. According to Gen 17:1,17,24 in Genesis one year should always be calculated between procreation and birth. So the chronological system well preserved in the Masoretic text dates Abram's birth in the year 300 after the flood. Abraham's circumcision (V. 23–27), which is called both a covenant and a sign of the covenant, is dated in the year 399 after the flood. The number 399 as product of 57 and 7 confirms the connection between God's covenant and sign towards the children of Noah (on the 57th day of the year) and towards the children of Israel (sanctification of the 7th day) which is constituted by the introduction of covenant and sign for Abraham and his descendants in Gen 17. Hence Isaac's birth promised in Gen 17 for the 100-year-old Abraham is placed in the 1000th year after the birth of Noah and the 400th year after the flood.

Together with the Gen-17-layer both Gen 14 and Gen 15 receive their function within the framework of the final composition: Gen 15 as the covenant with Abram remains the basic text for the promise of land to the fathers, and is explicitly confirmed by the covenant with Abram-Abraham. Gen 14 serves the closer definition of the boundaries of the promised land and of the house of Abraham. While Abraham is described in Gen 15 as a prophetic father of Israel, who provides confidence, and in Gen 14 as a rescuer who proves himself in the troubles of world's history, he receives his lasting place at an intersection of salvific history in Gen 17 – as Israel's ecumenical ancestor.

Anhang

I. Literaturverzeichnis

Vorbemerkung zu Zitierweise und verwendeten Abkürzungen

Im Text wird mit Autorenname und Kurztitel zitiert; im Verzeichnis der Sekundär-
literatur steht deswegen nach dem Namen des Autors in Klammern jeweils der verwendete Kurztitel. Mehrere Werke desselben Autors werden alphabetisch nach den
Kurztiteln geordnet. Nach dem selben Schema wird innerhalb des Literaturver-
zeichnisses auf Sammelwerke verwiesen.

Abkürzungen richten sich grundsätzlich nach IATG². Weitere Abkürzungen
werden im Verzeichnis der Quellen und Hilfsmittel aufgelöst.

1. Quellen, Übersetzungen, Textsammlungen und Hilfsmittel

1 Hen: äthiopischer Henoch, s. u. Uhlig, Henochbuch

2 Hen: slawischer Henoch, s. u. Böttrich, Henochbuch

Accordance® Scholar's Collection 4, Bible Software for the Macintosh™, Altamonte Springs
2003.

Aischylos, Die Perser. Schöninghs Griechische Klassiker 11a, Paderborn 1910.
Dt. Übersetzung: Ebener, Dietrich [Hg.], Aischylos. Werke in einem Band, Bibliothek
der Antike, Berlin–Weimar 1976.

Altjüdisches Schrifttum außerhalb der Bibel. Übersetzt und erläutert von Paul Rießler,
Augsburg 1928.

AOT²: Greßmann, Hugo [Hg.], Altorientalische Texte zum Alten Testament, Berlin ²1926.

AP: Aramaic Papyri, s. u. Cowley, Papyri.

ApcAbr: Abraham-Apokalypse, s. u. Philonenko-Sayar–Philonenko, Apokalypse.

BHK: Biblia Hebraica, ed. R. Kittel, Stuttgart ¹³1962.

BHS: Biblia Hebraica Stuttgartensia, ed. K. Elliger et W. Rudolph, Stuttgart ⁴1990.

Bible Works™ 4. The Premier Biblical Exegesis and Research Program, Big Fork 1999.

CAL: Comprehensive Aramaic Lexicon at the Hebrew Union College – Jewish Institute of
Religion, Cincinnati 2002 ff.

Heinrich Clementz, Des Flavius Josephus jüdische Altertümer übersetzt und mit Einleitung
und Anmerkungen versehen, Wiesbaden ¹⁴2002.

Codex L: The Leningrad Codex. A Facsimile Edition, Leiden u. a. 1998.

DJD: Discoveries in the Judean Desert, Oxford 1955ff.

EA: Knudtzon, Jorgen Alexander, Die El-Amarna-Tafeln, 2 Bde., Leipzig 1915.

Elberfelder: Die Bibel. Aus dem Grundtext übersetzt. Elberfelder Bibel, revidierte Fassung, Wuppertal u.a. 1992.

EÜ: Die Bibel. Altes und Neues Testament. Einheitsübersetzung, Freiburg i.Br. u.a. 1980.

Fürst, Julius (Hg.), Der Midrasch Bereschit Rabba, das ist die haggadische Auslegung der Genesis, Leipzig 1881.

GA: Genesis-Apokryphon, Textausgaben s.u. im Literaturverzeichnis: Avigad–Yadin, Apocryphon; Beyer, Texte; Fitzmyer, Apocryphon; Greenfield–Qimron, Col. XII; Jongeling–Labuschagne–van der Woude, Texts; Maier, Texte; Morgenstern–Qimron–Sivan, Columns.

Gesenius–Buhl[17]: Wilhelm Gesenius–Frants Buhl, Hebräische und Aramäisches Handwörterbuch über das Alte Testament, Berlin u.a. 1962 [=[17]1915].

Gesenius[18]: Wilhelm Gesenius, Hebräische und Aramäisches Handwörterbuch über das Alte Testament, 18. Auflage, begonnen von Rudolf Meyer, hg. von Herbert Donner, Berlin u.a. 1987ff.

Ges.-K.: Wilhelm Gesenius, Hebräische Grammatik. Völlig umgearb. von E. Kautzsch, Leipzig [28]1909.

Goldschmidt, Lazarus, Der babylonische Talmud, Berlin 1929ff.

Herodot, Historien. Griechisch-deutsch, hg. von Josef Feix, 2 Bde. 1. Band Bücher I–V; 2. Band Bücher VI–IX, Düsseldorf–Zürich [6]2000; 2001.

IATG[2]: Schwertner, Siegfried M., Internationales Abkürzungsverzeichnis für Theologie und Grenzgebiete. Zeitschriften, Serien, Quellenwerke mit bibliographischen Angaben, Berlin–New York [2]1992.

Jastrow, Marcus, Dictionary of the Targumim, the Talmud Babli and Yerushalmi, and the Midrashic Literature, 2 Bde., Nachdruck Jerusalem o.J.

Josephus: B. Flavii Iosephi opera, ed. et apparatu critico instruxit Benedictus Niese, Berlin 1885–1895.

Jub: Jubiläenbuch, s.u. Berger, Jubiläen.

Judaic Classics Deluxe Edition, Chicago 1995 [enthält u.a. den babylonischen Talmud, MekhY, Midrasch Rabba, Mischna, Ozar Midraschim, PRE, Seder Olam, SOR, Tanchuma Warschau].

JSHRZ: Jüdische Schriften in Hellenistisch-römischer Zeit, Gütersloh 1973ff.

KA: Weißbach, Franz Heinrich [Hg.], Die Keilinschriften der Achämeniden, Leipzig 1911.

KAI: Donner, Herbert–Röllig, Wolfgang, Kanaanäische und Aramäische Inschriften. Mit einem Beitrag von O. Rössler, Bd. I Texte; Bd. II Kommentar; Bd. III Glossare und Indizes. Tafeln, Wiesbaden, [5]2002; 1964; 1964.

KAR: Ebeling, Erich, Keilschrifttexte aus Assur religiösen Inhalts, 2 Bde., Wissenschaftliche Veröffentlichung der deutschen Orient-Gesellschaft 28 u. 34, Leipzig 1919 u. 1923.

Kautzsch, Emil u.a., Die Apokryphen und Pseudepigraphen des Alten Testaments. Erster Band: Die Apokryphen des Alten Testaments; Zweiter Band: Die Pseudepigraphen des Alten Testaments, Tübingen 1900.

KBL^3: Ludwig Koehler und Walter Baumgartner, Hebräisches und aramäisches Lexikon zum Alten Testament, Leiden u.a. ^{3}1967–1996.

Levy, Jacob, Wörterbuch über die Talmudim und Midraschim, 4 Bde., Berlin–Wien ^{2}1924.

LibAnt: Dietzfelbinger, Christian, Pseudo-Philo. Antiquitates biblicae (Liber Antiquitatum Biblicarum), JSHRZ II/2, Gütersloh 1975.

Lisowski, Gerhard, Konkordanz zum hebräischen Alten Testament, Stuttgart ^{2}1958.

Luther '84: Die Bibel nach der Übersetzung Martin Luthers. Mit Apokryphen. Bibeltext in der revidierten Fassung von 1984, Stuttgart 1999.

Meyer, Rudolf (Grammatik I–IV) Hebräische Grammatik. Mit einem bibliographischen Nachwort von Udo Rüterswörden, Berlin–New York 1992.

Midrasch Bereschit Rabba, hg. von Jehuda Theodor und Chanoch Albek, 3 Bde., Jerusalem ^{2}1965.

Midrasch Rabba, 2 Bde., Wilna o.J.

Miqra'ot gᵉdolot, Jerusalem 1982/1983 [enthält den masoretischen Textus Receptus, TO, TPsJon, TFrag, sowie die Kommentare von Raschi, Raschbam, Ibn Esra, Ramban u.a.].

MT: Masoretischer Text, zitiert, wenn nicht anders angegeben, nach BHS.

Nestle–Aland, Novum Testamentum Graece, Stuttgart ^{27}1993.

Rahlfs, Alfred [Hg.], Septuaginta. Id est Vetus Testamentum Graece iuxta LXX interpretes, 2 Bde., Stuttgart 1935.

Rahlfs, Alfred [Hg.], Septuaginta Societatis Scientiarum Gottingensis auctoritate I. Genesis, Stuttgart 1926.

RTAT: Walter Beyerlin, Religionsgeschichtliches Textbuch zum Alten Testament, GAT 1, Göttingen 1975.

SAA: State Archives of Assyria, published by the neo-Assyrian text corpus project of the Academy of Finland, Ed. in chief Simo Parpola, Helsinki 1987ff.

SP [Samaritanus]: Der hebräische Pentateuch der Samaritaner hg. von August Freiherr von Gall, Gießen 1918.

Syr [Peschitta]: Syriac Bible, United Bible Societies 1979.

TAVO: Tübinger Atlas des Vorderen Orients, Wiesbaden 1977ff.

TFrag [Fragmententargum]: Moses Ginsburger, Das Fragmententhargum (Thargum jeruschalmi zum Pentateuch), Berlin 1899.

TNeof [Targum Neofiti]: Alejandro Díez Macho, Neophyti 1: Targum Palestinense Ms de la Biblioteca Vaticana, Génesis, Madrid 1968.

TO [Targum Onkelos]: Alexander Sperber, The Bible in Aramaic. Based on old manuscripts and printed texts, I. The Pentateuch, according to Targum Onkelos, Leiden 1959.

TPsJ [Targum Pseudojonathan]: Moses Ginsburger, Pseudo-Jonathan, Thargum Jonathan ben Usiel zum Pentateuch, Berlin 1903.

TUAT: Texte aus der Umwelt des Alten Testaments, hg. v. O. Kaiser, Gütersloh 1982ff.

Vg [Vulgata]: Weber, Robertus u.a. [Hg.], Biblia Sacra iuxta vulgatam versionem, 2 Bde., Stuttgart 1969.

Wevers, John William [Hg.], Septuaginta. Vetus Testamentum Graecum Auctoritate Academiae Scientiarum Gottingensis vol. I. Genesis, Göttingen 1974.

2. Sekundärliteratur

Abela, A. (Themes) The Themes of the Abraham Narrative: Thematic Coherence Within The Abraham Literary Unit Of Genesis 11,27–25,18, Malta 1989.

Achenbach, Reinhard (Priester) Levitische Priester und Leviten im Deuteronomium. Überlegungen zur sog. »Levitisierung« des Priestertums, Zeitschrift für Altorientalische und biblische Rechtsgeschichte 5 (1999) 285–309.

Albani, Matthias u.a. [Hg.] (Jubilees) Studies in the Book of Jubilees, TSAJ 65, Tübingen 1997.

Albertz, Rainer (Exilszeit) Die Exilszeit. 6. Jahrhundert v. Chr., Biblische Enzyklopädie 7, Stuttgart u.a. 2001.

Albertz, Rainer (Religionsgeschichte I–II) Religionsgeschichte Israels in alttestamentlicher Zeit. Teil 1 (I): Von den Anfängen bis zum Ende der Königszeit. Teil 2 (II): Vom Exil bis zu den Makkabäern, GAT 8/1–2, Göttingen ²1997.

Alexander, Philip S. (Retelling) Retelling the Old Testament, in: Carson [Hg.], Scripture, 99–121.

Alt, Albrecht (Gott) Der Gott der Väter [1929], in: Ders., KS I, 1–78.

Alt, Albrecht (KS I) Kleine Schriften I, München 1968.

Altmann, Alexander [Hg.] (Motifs) Biblical Motifs: Origins and Transformations, Studies and texts (Philip W. Lown Institute of Advanced Judaic Studies, Brandeis University) 3, Cambridge Mass. 1966.

Anbar, M. (Conflation) Genesis 15: A Conflation of two Deuteronomic Narratives, JBL 101 (1982) 39–55.

Andersen, Francis I. (Enigma) Genesis 14: An Enigma, in: Wright u.a. [Hg.], Pomegranates, 509–524.

Andersen, T. David (Prominence) Genealogical Prominence and the Structure of Genesis, in: Bergen [Hg.], Hebrew, 242–266.

André, G. (Art. כשׁף) Art. כָּשַׁף, ThWAT IV (1984) 375–381.

Andrei, Osvalda (Years) The 430 years of Ex. 12:40, from Demetrius to Julius Africanus. A study in Jewish and Christian chronography, Henoch 18 (1996) 9–67.

Arndt, Timotheus (Abraham) Abraham aus dem ur kasdim: Midrasch-Motive, Mitteilungen und Beiträge (Theologische Fakultät Leipzig – Forschungsstelle Judentum) 18/19 (2001) 51–74.

Astour, Michael C. (Symbolism) Political and cosmic symbolism in Genesis 14 and in its Babylonian sources, in: Altmann [Hg.], Motifs, 65–112.

Auffret, Pierre (justice) La justice pour Abram. Etude structurelle de Gen 15, ZAW 114 (2002) 342–354.

Avigad, Nahman–Yadin, Yigael (Apocryphon) A Genesis Apocryphon. A Scroll from the Wilderness of Judaea / מגלה חיצונית לבראשית ממגילות מדבר יהודה, Jerusalem 1956.

Bail, Ulrike (Lektüre) Psalm 110. Eine intertextuelle Lektüre aus alttestamentlicher Perspektive, in: Sänger [Hg.], Heiligkeit, 94–121.

Baltzer, Klaus (Jerusalem) Jerusalem in den Erzväter-Geschichten der Genesis? Traditionsgeschichtliche Erwägungen zu Gen 14 und 22, in: Blum u.a. [Hg.], Nachgeschichte, 3–12.

Balz, Horst (Art. Melchisedek) Art. Melchisedek III. Neues Testament, TRE 22 (1992) 420–423.

Bardtke, Hans (Handschriftenfunde) Die Handschriftenfunde am Toten Meer. Die Sekte von Qumrān, Berlin 1953.

Becker, Jürgen (Esra) Esra/Nehemia, Die Neue Echter Bibel, Lfg. 25, Würzburg 1990.

Behm, Johannes (Art. διαθήκη), Art. διαθήκη B–D, ThWNT II (1935) 127–137.

Behrens, Achim (Vorverständnis) Gen 15,6 und das Vorverständnis des Paulus, ZAW 109 (1997) 327–341.

Berg, Werner (Sündenfall) Der Sündenfall Abrahams und Saras nach Gen 16,1–6, Biblische Notizen 19 (1982) 7–14.

Bergen, Robert D. [Hg.] (Hebrew) Biblical Hebrew and Discourse Linguistics, Winona Lake 1994.

Berger, Klaus (Jubiläen) Das Buch der Jubiläen, JSHRZ II/3, Gütersloh 1981.

Bernhardt, Karl-Heinz (Art. Melchisedek) Art. Melchisedek I. Altes Testament, TRE 22 (1992) 414–417.

Bernstein, Moshe J. (Noah) Noah and the Flood at Qumran, in: Parry–Ulrich [Hg.], Innovations, 199–231.

Bétoudji, Denis Mianbé (El) El, le Dieu Suprême et le Dieu des Patriarches (Genesis 14, 18–20), Religionswissenschaftliche Texte und Studien 1, Hildesheim u.a. 1986.

Beyer, Klaus (I–II) Die aramäischen Texte vom Toten Meer samt den Inschriften aus Palästina, dem Testament Levis aus der Kairoer Genisa, der Fastenrolle und den alten talmudischen Zitaten, Göttingen 1984 (I); Ergänzungsband Göttingen 1994 (II).

Biberger, Bernd (Väter) Unsere Väter und wir. Unterteilung von Geschichtsdarstellungen in Generationen und das Verhältnis der Generationen im Alten Testament, BBB 145, Berlin–Wien 2003.

Black, Matthew–Fohrer, Georg [Hg.] (In Memoriam) In Memoriam Paul Kahle, BZAW 103, Berlin 1968.

Blenkinsopp, Joseph (Pentateuch) The Pentateuch. An Introduction to the First Five Books of the Bible, New York u.a. 1992.

Blum, Erhard (Endgestalt) Gibt es die Endgestalt des Pentateuch? In: Emerton [Hg.], Leuven 1989, 46–57.

Blum, Erhard u.a. [Hg.] (Nachgeschichte) Die Hebräische Bibel und ihre zweifache Nachgeschichte. Festschrift für Rolf Rendtorff zum 65. Geburtstag, Neukirchen-Vluyn 1990.

Blum, Erhard (Pentateuch) Studien zur Komposition des Pentateuch, BZAW 189, Berlin–New York 1990.

Blum, Erhard (Vätergeschichte) Die Komposition der Vätergeschichte, WMANT 57, Neukirchen-Vluyn 1984.

Blum, Erhard (Verbindung) Die literarische Verbindung von Erzvätern und Exodus. Ein Gespräch mit neueren Endredaktionshypothesen, in: Gertz u.a. [Hg.], Abschied, 119–156.

Bodendorfer, Gerhard–Millard, Matthias [Hg.] (Midrasch) Bibel und Midrasch. Zur Bedeutung der rabbinischen Exegese für die Bibelwissenschaft, FAT 22, Tübingen 1998.

Böhler, Dieter (Konzeptionen) Die heilige Stadt in Esdras α und Esra–Nehemia. Zwei Konzeptionen der Wiederherstellung Israels, OBO 158, Freiburg (Schweiz)– Göttingen 1997.

Böttrich, Christfried (Gottesprädikationen) Gottesprädikationen im Jubiläenbuch, in: Albani u.a. [Hg.], Jubilees, 221–241.

Böttrich, Christfried (Henochbuch) Das slavische Henochbuch, JSHRZ V/7, Gütersloh 1995.

Bonwetsch, Nathanael (Geheimnisse) Die Bücher der Geheimnisse Henochs. Das sogenannte slavische Henochbuch, Leipzig 1922.

Bultmann, Christoph (ger) Der Fremde im antiken Juda. Eine Untersuchung zum sozialen Typenbegriff ›ger‹ und seinem Bedeutungswandel in der alttestamentlichen Gesetzgebung, Göttingen 1992.

Cancik-Kirschbaum, Eva (Prophetismus) Prophetismus und Divination – Ein Blick auf die keilschriftlichen Quellen, in: Köckert–Nissinen [Hg.], Propheten, 33–53.

Caquot, André (alliance) L'alliance avec Abraham (Genèse 15), Semitica 12 (1962) 51–66.

Caquot, André (dîmes) Le livre des Jubilés, Melkisedeq et les dîmes, in: Vermes, Geza– Neusner, Jacob [Hg.], Essays in Honour of Yigael Yadin, JJS 33 (1983) 257–264.

Carr, David M. (Fractures) Reading the Fractures of Genesis. Historical and Literary Approaches, Louisville 1996.

Carson, D. A. [Hg.] (Scripture) It is Written. Scripture Citing Scripture. Essays in honour of Barnabas Lindars, Cambridge u.a. 1988.

Cassuto, Umberto (Genesis I–II) A commentary on the book of Genesis [aus dem Hebräischen übersetzt von Israel Abrahams] I: From Adam to Noah. Genesis I–VI 8 [1944]; II: From Noah to Abraham. Genesis VI 9–XI 32, with an appendix: A fragment of part III [1949], Jerusalem 1961; 1964.

Cassuto, Umberto (Hypothesis) The Documentary Hypothesis and the Composition of the Pentateuch. Eight Lectures [aus dem Hebräischen übersetzt von Israel Abrahams], Jerusalem 1961.

Cassuto, Umberto (Questione) La Questione della Genesi, Florenz 1934.

Chazan, Robert u.a. [Hg.] (Baruch) Ki Baruch Hu, Festschrift Baruch A. Levine, Winona Lake 1999.

Clements, Ronald E. (Abraham) Abraham and David, Genesis 15 and its Meaning for Israelite Tradition, SBT 5, London 1967.

Clines, D.J.A., The Theme of the Pentateuch, JSOT.S 10, Sheffield [1978] ^{2}1997.

Cornelius, Friedrich (Genesis XIV) Genesis XIV, ZAW 72 (1960) 1–7.

Cowley, A. (Papyri) Aramaic Papyri of the Fifth Century B.C., Oxford 1923.

Cross, Frank Moore (Myth) Canaanite Myth and Hebrew Epic. Essays in the History of the Religion of Israel [1973], London u.a. ⁹1997.

Crüsemann, Frank (Tora) Die Tora. Theologie und Sozialgeschichte des alttestamentlichen Gesetzes, München 1992.

Davies, Philip R. [Hg.], The world of Genesis. Persons, Places, Perspectives, JSOT.S 257, Sheffield 1998.

Delcor, M. (Melchizedek) Melchizedek From Genesis to the Qumran Texts and the Epistle to the Hebrews, Journal for the Study of Judaism 2 (1971) 115–135.

Delitzsch, Franz (Genesis) Commentar zur Genesis. Dritte, durchaus umgearbeitete Auflage, Leipzig 1860.

Denis, Albert-Marie u.a. (Introduction I–II) Introduction à la littérature religieuse judéo-hellénistique (pseudépigraphes de l'Ancien Testament), 2 Bde., Turnhout 2000.

Diebner, Bernd Jørg (Abraham) ... dass Abraham nur einmal »im Lande« war und ansonsten zumeist in Idumäa lebte, DBAT 29 (1998) 73–91.

Diebner, Bernd Jørg (Mitte) Gen 17 als Mitte eines Päsach-Zyklus der Torah, Communio Viatorum 40,2 (1998) 101–125.

Diem, Werner (Problem) Das Problem von śīn im Althebräischen und die kanaanäische Lauverschienung, ZDMG 124 (1974) 221–252.

Dietrich, Walter (Typologie) Die David-Abraham-Typologie im Alten Testament, in: Graupner, Axel u.a. [Hg.], Verbindungslinien, 41–55.

Dillmann, August (Genesis) Die Genesis, Kurzgefasstes exegetisches Handbuch zum Alten Testament, 11. Lfg., Leipzig ⁵1886.

Donner, Herbert (Aufsätze) Aufsätze zum Alten Testament aus vier Jahrzehnten, BZAW 224, Berlin–New York 1994.

Donner, Herbert (Geschichte I–II) Geschichte des Volkes Israel und seiner Nachbarn in Grundzügen. Teil 1: Von den Anfängen bis zur Staatenbildungszeit. Teil 2: Von der Königszeit bis zu Alexander dem Großen. Mit einem Ausblick auf die Geschichte des Judentums bis Bar Kochba, Grundrisse zum Alten Testament [=ATD Erg.] 4/1–2, Göttingen ²1995.

Donner, Herbert (Prophet) Der verläßliche Prophet. Betrachtungen zu I Makk 14,41ff. und zu Ps 110, ZAW 224 (1994) 213–223.

Donner, Herbert (Redaktor) Der Redaktor. Überlegungen zum vorkritischen Umgang mit der Heiligen Schrift [1980], in: Ders., Aufsätze, 259–285.

Doré, Joseph (évocation) L'évocation de Melchisédech et le problème de l'origine du Psaume 110, Transeuphratène 15 (1998) 19–53.

Doré, Joseph u.a. [Hg.] (Tôrah) De la Tôrah au Messie, Mélanges Henri Cazelles, Paris 1981.

Doré, Joseph (unité) La rencontre Abraham-Melchisédech et le problème de l'unité littéraire de Genèse 14, in: Ders. u.a. [Hg.], Tôrah, 75–95.

Duhm, Bernhard (Jesaja) Das Buch Jesaja, Handkommentar zum Alten Testament III/1, Göttingen 1892.

Eißfeldt, Otto (El) El und Jahwe [1956], in: Ders., KS III, 386–397.

Eißfeldt, Otto (KS III) Kleine Schriften III, Tübingen 1966.

Elgavish, David (Encounter) The Encounter of Abram and Melchisedek King of Salem. A Covenant Establishing Ceremony, in: Wénin [Hg.], Studies, 495–508.

Elliger, Karl (Art. Astaroth) Art. Astaroth, BHH I, 142.

Elliger, Karl (Sinn) Sinn und Ursprung des priesterlichen Geschichtserzählung [1952], in: Ders., KS, 174–198.

Elliger, Karl (KS) Kleine Schriften zum Alten Testament, Theologische Bücherei 32, München 1966.

Emerton, John A. (Clues) Some false clues in the study of Genesis XIV, VT 21 (1971) 24–47.

Emerton, John A. [Hg.] (Leuven 1989) Congress Volume Leuven 1989, VT.S 43, Leiden u.a. 1991.

Emerton, John A. (Problems) Some problems in Genesis xiv, in: Ders. [Hg.], Studies, 73–102.

Emerton, John A. (Riddle) The riddle of Genesis XIV, VT 21 (1971) 403–439.

Emerton, John A. (Site) The site of Salem, the city of Melchizedek (Genesis xiv 18), in: Ders. [Hg.], Studies, 45–71.

Emerton, John A. [Hg.] (Studies) Studies in the Pentateuch, VT.S 41, Leiden u.a. 1990.

Engel, Helmut (Judit) Das Buch Judit, in: Zenger u.a. [Hg.], Einleitung, 256–266.

Eshel, Esther–Eshel, Hanan (Compilation) Dating the Samaritan Pentateuch's Compilation in Light of the Qumran Biblical Scrolls, in: Paul u.a. [Hg.], Emanuel, 215–240.

Eynde, Sabine van den (Interpreting) Interpreting »can these bones come back to life?« in Ezekiel 37:3: The technique of hiding knowledge, Old Testament Essays 14 (2001) 153–165.

Fischer, Irmtraud (Erzeltern) Die Erzeltern Israels. Feministisch-theologische Studien zu Genesis 12–36, BZAW 222, Berlin–New York 1994.

Fishbane, Michael (Exegesis) Inner-Biblical Exegesis, in: Sæbø [Hg.], Bible I/1, 33–48.

Fitzmyer, Joseph A. (Apocryphon) The Genesis Apocryphon of Qumran Cave I. A Commentary. Rom ²1971.

Fitzmyer, Joseph A. (Interpretation) The Interpretation of Gen 15:6: Abraham's Faith and Righteousness in a Qumran Text, in: Paul u.a. [Hg.], Emanuel, 257–268.

Fitzmyer, Joseph A. (Melchizedek) Melchizedek in the MT, LXX, and the NT, Biblica 81 (2000) 63–69.

Frankel, David (Murmuring) : The murmuring stories of the priestly school: a retrieval of ancient sacerdotal lore, VT.S 89, Leiden u.a. 2002.

Frevel, Christian (Blick) Mit Blick auf das Land die Schöpfung erinnern. Zum Ende der Priestergrundschrift, Herders Biblische Studien 23, Freiburg i.Br. u.a. 2000.

Frey, Jörg (Weltbild) Zum Weltbild im Jubiläenbuch, in: Albani u.a. [Hg.], Jubilees, 261–292.

Fritz, Volkmar (Entstehung) Die Entstehung Israels im 12. und 11. Jahrhundert v. Chr., Biblische Enzyklopädie 2, Stuttgart u.a. 1996.

Fritz, Volkmar (Grenzen) Die Grenzen des Landes Israel, in: Galil–Weinfeld [Hg.], Geography, 14–34.

Frumkin, Amos–Elitzur, Yoel (Rise) The Rise and Fall of the Dead Sea, Biblical archaeology review Nov/Dec 2001, 42–50.

Galil, Gershon–Weinfeld, Moshe [Hg.] (Geography) Studies in Historical Geography and Biblical Historiography. Presented to Zecharia Kallai. Leiden u.a. 2000.

Gamberoni, J. (Art. קום) Art. קום, ThWAT VI (1989) 1252–1274.

Gaston, Lloyd (Abraham) Abraham and the Righteousness of God, HBT 2 (1980) 39–68.

Gerstenberger, Erhard S. (Leviticus) Das 3. Buch Mose. Leviticus, ATD 6, Göttingen 1993.

Gertz, Jan Christian (Abraham) Abraham, Mose und der Exodus. Beobachtungen zur Redaktionsgeschichte von Gen 15, in: Ders. u.a. [Hg.], Abschied, 63–81.

Gertz, Jan Christian (Tradition) Tradition und Redaktion. Untersuchungen zur Endredaktion des Pentateuch. FRLANT 186, 2000.

Gertz, Jan Christian u.a. [Hg.] (Abschied) Abschied vom Jahwisten. Die Komposition des Hexateuch in der jüngsten Diskussion, BZAW 315, Berlin–New York 2002.

Gese, Hartmut (Komposition) Die Komposition der Abrahamserzählung, in: Ders., Studien, 29–51.

Gese, Hartmut (Studien) Alttestamentliche Studien, Tübingen 1991.

Görg, Manfred (Art. Arpachschad) Art. Arpachschad, NBL I (1991) 175f.

Görg, Manfred (Art. Aschtarot) Art. Aschtarot, NBL I (1991) 188.

Görg, Manfred (Art. Gilead) Art. Gilead, NBL I (1991) 844.

Görg, Manfred (Art. Kedor-Laomer) Art. Kedor-Laomer, NBL II (1995) 458f.

Görg, Manfred [Hg.] (Väter) Die Väter Israels. Beiträge zur Theologie der Patriarchenüberlieferungen im Alten Testament, Festschrift J. Scharbert, Stuttgart 1989.

Goldingay, John (Offspring) »You are Abraham's Offspring, My Friend«: Abraham in Isaiah 41, in: Hess u.a. [Hg.], Oath, 29–54.

Goldman, Yohanan (Prophétie) Prophétie et royauté au retour de l'exil. Les origines littéraires de la forme massorétique du livre de Jérémie, OBO 118, Freiburg (Schweiz)–Göttingen 1992.

Gosse, Bernard (figure) Abraham comme figure de substitution à la royauté davidique, et sa dimension internationale à l'époque postexilique, Theoforum 33 (2002) 163–186.

Gosse, Bernard (livre) Le quatrième livre du Psautier. Psaumes 90–106 comme réponse à l'échec de la royauté davidique, Biblische Zeitschrift 46 (2002) 239–252.

Graupner, Axel u.a. [Hg.] (Verbindungslinien) Verbindungslinien, Festschrift für W.H. Schmidt zum 65. Geburtstag, Neukirchen-Vluyn 2000.

Graupner, Axel (Elohist) Der Elohist. Gegenwart und Wirksamkeit des transzendenten Gottes in der Geschichte, WMANT 97, Neukirchen-Vluyn 2002.

Greenfield, Jonas C.–Qimron, Elisha (Col. XII) The Genesis Apocryphon Col. XII, Abr-Nahrain Supplement 3 (1992) 70–77.

Grüneberg, Keith N. (Abraham) Abraham, Blessing and the Nations. A Philological and Exegetical Study of Genesis 12:3 in its Narrative Context, BZAW 332, Berlin–New York 2003.

Grünwaldt, Klaus (Exil) Exil und Identität. Beschneidung, Passa und Sabbat in der Priesterschrift, BBB 85, Frankfurt a.M. 1992.

Gunkel, Hermann (Genesis) Genesis, Göttinger Handkommentar zum Alten Testament, I. Abt. Die historischen Bücher, Bd.1, 3. Auflage Göttingen 1910.

Ha, John (Genesis 15) Genesis 15. A Theological Compendium of Pentateuchal History, BZAW 181, Berlin–New York 1989.

Hagelia, Hallvard, Numbering the Stars. A Phraseological Analysis of Genesis 15, Coniectanea Biblica, OTS. 39, Stockholm 1994.

Halpern-Amaru, Betsy (Rewriting) Rewriting the Bible. Land and Covenant in Postbiblical Jewish Literature, Valley Forge 1994.

Handy, Lowell K. (Memories) Biblical Bronze Age Memories: The Abraham Cycle as Usable Past, Biblical Research 42 (1997) 43–57.

Hardmeier, Christof (Erzählen) Erzählen – Erzählung – Erzählgemeinschaft. Zur Rezeption von Abrahamserzählungen in der Exilsprophetie, WuD 16 (1981) 27–47.

Hasel, Gerhard F. (Meaning) The Meaning of the Animal Rite in Genesis 15, JSOT 19 (1981) 61–78.

Heckl, Raik (Vermächtnis) Moses Vermächtnis. Kohärenz, literarische Intention und Funktion von Dtn 1–3, Arbeiten zur Bibel und ihrer Geschichte 9, Leipzig 2004.

Hepner, Gershon (Sacrifices) The Sacrifices in the Covenant Between the Pieces Allude to the Laws of Leviticus and the Covenant of the Flesh, Biblische Notizen 112 (2002) 38–73.

Herrmann, Siegfried (Art. Elam) Art. Elam und Israel, TRE 9 (1982) 491–493.

Hess, Richard S. u.a. [Hg.] (Oath) He Swore an Oath. Biblical Themes from Genesis 12–50, ²Grand Rapids 1994.

Hieke, Thomas (Genealogien) Die Genealogien der Genesis, Herders Biblische Studien 39, Freiburg i.Br. u.a. 2003.

Hilber, John W. (Psalm cx) Psalm cx in the light of Assyrian prophecies, VT 53 (2003) 353–366.

Hirsch, Samson Raphael (Siddur) Siddur. Israels Gebete übersetzt und erläutert [1894], Neuausgabe Zürich–Basel 1992.

Hjärpe, Jan (Art. Abraham) Art. Abraham IV, TRE 1 (1977) 385–387.

Hoftijzer, J. (Verheißungen) Die Verheißungen an die drei Erzväter, Leiden 1956.

Hossfeld, Frank-Lothar (Dekalog) Der Dekalog. Seine späten Fassungen, die originale Komposition und seine Vorstufen, OBO 45, Freiburg (Schweiz)– Göttingen 1982.

Houtman, Cees (Pentateuch) Der Pentateuch. Die Geschichte seiner Erforschung neben einer Auswertung, Contributions to Biblical Exegesis & Theology 9, Kampen 1994.

Hughes, Jeremy (Secrets) Secrets of the Times. Myth and History in Biblical Chronology, JSOT.S 66, Sheffield 1990.

Hutter, Manfred (Religionen) Religionen in der Umwelt des Alten Testaments I. Babylonier, Syrer, Perser, Studienbücher Theologie 4,1, Stuttgart u.a. 1996.

Jacob, Benno (Genesis) Das Buch Genesis, Nachdruck der Orig.-Ausg. Berlin 1934, Stuttgart, 2000.

Janowski, Bernd u. a. [Hg.] (Beziehungen) Religionsgeschichtliche Beziehungen zwischen Kleinasien, Nordsyrien und dem Alten Testament, OBO 129, Freiburg (Schweiz) – Göttingen 1993.

Jay, Nancy (Sacrifice) Sacrifice, descent and the patriarchs, VT 38 (1988) 52–70.

Jepsen, Alfred (Priesterkodex) Zur Chronologie des Priesterkodex, ZAW 47 (1929) 251–255.

Jeremias, Alfred (Licht) Das Alte Testament im Lichte des Alten Orients, Leipzig ³1916.

Johnstone, William (Analogy) Chronicles and Exodus. An Analogy and its Application, JSOT.S 275, Sheffield 1998.

Johnstone, William (Chronicles) Reactivating the Chronicles Analogy in Pentateuchal Studies, with Special Reference to the Sinai Pericope in Exodus, in: Ders., Analogy, 142–167.

Johnstone, William (Decalogue) The Decalogue and the Redaction of the Sinai Pericope, in: Ders., Analogy, 168–197.

Johnstone, William (Passover) The Two Theological Versions of the Passover Pericope in Exodus, in: Ders., Analogy, 198–216.

Johnstone, William (Reminiscences) The Use of the Reminiscences in Deuteronomy in Recovering the Two Main Literary Phases in the Production of the Pentateuch, in: Gertz u. a. [Hg.], Abschied, 247–273.

Jongeling, Bastiaan – Labuschagne, C. J. – van der Woude, A. S. (Texts) Aramaic Texts from Qumran. With Translations and Annotations, Semitic Study Series [New Series] IV, Leiden 1976.

Jursa, Michael (Tempelzehnt) Der Tempelzehnt in Babylonien. Vom siebenten bis zum dritten Jahrhundert v. Chr. AOAT 254, Münster 1998.

Kaiser, Otto (Grundriß I–III) Grundriß der Einleitung in die kanonischen und deutero-kanonischen Schriften des Alten Testaments. Band 1: Die erzählenden Werke; Band 2: Die prophetischen Werke; Band 3: Die poetischen und weisheitlichen Werke, Gütersloh 1992; 1994; 1994.

Kaiser, Otto (Untersuchung) Traditionsgeschichtliche Untersuchung von Genesis 15, ZAW 70 (1958) 107–126.

Kallai, Zecharia (Boundaries) The Patriarchal Boundaries, Canaan and the Land of Israel: Patterns and Application in Biblical Historiography, Israel Exploration Journal 47 (1997) 69–82.

Kallai, Zecharia (Campaign) The Campaign of Chedorlaomer and Biblical Historiography, in: Ders., Historiography, 218–242.

Kallai, Zecharia (Historiography) Biblical Historiography and Historical Geography. Collection of Studies, BEAT 44, Frankfurt a. M. 1998.

Kaminsky, Joel (Humor) Humor and the Theology of Hope: Isaac as a Humorous Figure, Interpretation 10 (2000) 363–375.

Kedar-Kopfstein, B. (Art. פרה) Art. פָּרָה, ThWAT VI (1989) 740–752.

Kegler, Jürgen – Augustin, Matthias (Synopse) Synopse zum chronistischen Geschichtswerk, BEAT 1, Frankfurt a. M. 1984.

Keel, Othmar–Küchler, Max (Orte) Orte und Landschaften der Bibel. Ein Handbuch und Studien-Reiseführer zum Heiligen Land. Band 2: Der Süden, Zürich u.a. 1982.

Kellermann, Diether (Priesterschrift) Die Priesterschrift von Numeri 1,1 bis 10,10 literar-kritisch und traditionsgeschichtlich untersucht, BZAW 120, Berlin 1970.

Kilian, Rudolf (Abrahamsüberlieferungen) Die vorpriesterlichen Abrahamsüberlieferungen. Literarkritisch und traditionsgeschichtlich untersucht, BBB 24, Bonn 1966.

Kitchen, Kenneth A. (World) Genesis 12–50 in the Near Eastern World, in: Hess u.a. [Hg.], Oath, 67–92.

Klein, Wassilios (Art. Priestertum) Art. Priester/Priestertum I/1. Religionsgeschichtlich, TRE 27 (1997) 379–382.

Knauf, Ernst Axel (Archaeology) Towards an Archaeology of the Hexateuch, in: Gertz u.a. [Hg.], Abschied, 275–294.

Knauf, Ernst Axel (El) El Šaddai, BN 16 (1981) 20–26.

Knauf, Ernst Axel (Ismael) Ismael. Untersuchungen zur Geschichte Palästinas und Nordarabiens im 1. Jahrtausend v.Chr., Wiesbaden 1985.

Knauf, Ernst Axel (Umfang) Der Umfang des verheißenen Landes nach dem Ersten Testament, Bibel und Kirche 55 (2000) 152–155.

Koch, Heidemarie (Dareios) Es kündet Dareios der König … Vom Leben im persischen Großreich, Kulturgeschichte der antiken Welt 55, Mainz ²1996.

Koch, Klaus–Rösel, Martin (Polyglottensynopse) Polyglottensynopse zum Buch Daniel, Neukirchen-Vluyn 2000.

Koch, Klaus (Sabbatstruktur) Sabbatstruktur der Geschichte. Die sogenannte Zehn-Wochen-Apokalypse (I Hen 93,1–10; 91,11–17) und das Ringen um die alttesta-mentlichen Chronologien im späten Israelitentum, ZAW 95 (1983) 403–430.

Koch, Klaus (Šaddaj) Šaddaj. Zum Verhältnis zwischen israelitischer Monolatrie und nord-west-semitischem Polytheismus, VT 26 (1976) 299–332.

Köckert, Matthias (Land) Das Land in der priesterlichen Komposition des Pentateuch, in: Vieweger–Waschke [Hg.], Gott, 147–162.

Köckert, Matthias (Leben) Leben in Gottes Gegenwart. Zum Verständnis des Gesetzes in der priesterschriftlichen Literatur, JBTh 4 (1989) 29–61.

Köckert, Matthias (Vätergott) Vätergott und Väterverheißungen. Eine Auseinandersetzung mit Albrecht Alt und seinen Erben, FRLANT 142, Göttingen 1988.

Köckert, Matthias–Nissinen, Martti [Hg.] (Propheten) Propheten in Mari, Assyrien und Israel, FRLANT 201, Göttingen 2003.

König, Eduard (Genesis) Die Genesis eingeleitet, übersetzt und erklärt, Gütersloh 1919.

Kottsieper, Ingo (Zusätze) Zusätze zu Esther und Daniel, in: Das Alte Testament Deutsch, Apokryphen, 5, 109–328.

Krapf, Thomas M. (Priesterschrift) Die Priesterschrift und die vorexilische Zeit. Yehezkel Kaufmanns vernachlässigter Beitrag zur Geschichte der biblischen Religion, OBO 119, Freiburg (Schweiz)–Göttingen 1992.

Kratz, Reinhard Gregor (Komposition) Die Komposition der erzählenden Bücher des Alten Testaments. Grundwissen der Bibelkritik, UTB.W 2157, Göttingen 2000.

Kreuzer, Siegfried (Art. Zahl) Art. Zahl NBL III (2001) 1155–1169.

Kreuzer, Siegfried (Einordnung) »Der den Gottlosen rechtfertigt« (Röm 4,5). Die früh-jüdische Einordnung von Gen 15 als Hintergrund für das Abrahambild und die Recht-fertigungslehre des Paulus, Theologische Beiträge 33 (2002) 208–219.

Kreuzer, Siegfried (Priorität) Zur Priorität und Auslegungsgeschichte von Exodus 12,40 MT. Die chronologische Interpretation des Ägyptenaufenthaltes in der judäischen, samaritanischen und alexandrinischen Exegese, ZAW 103 (1991) 252–258.

Kreuzer, Siegfried (430 Jahre) 430 Jahre, 400 Jahre oder 4 Generationen. Zu den Zeit-angaben über den Ägyptenaufenthalt der »Israeliten«, ZAW 98 (1986) 199–210.

Kuiper, G. J. (Study) A Study on the Relationship Between A Genesis Apocryphon and the Pentateuchal Targumim in Gen 14,1–12, in: Black–Fohrer [Hg.], In Memoriam, 149–161.

Kutsch, Ernst (Gott) »Ich will euer Gott sein«. berît in der Priesterschrift, ZThK 71 (1974) 361–388.

Kutsch, Ernst (Verheißung) Verheißung und Gesetz. Untersuchungen zum sogenannten »Bund« im Alten Testament, BZAW 131, Berlin–New York 1973.

Larsson, Gerhard (Comparison) The Chronology of the Pentateuch: A Comparison of the MT and LXX, JBL 102 (1983) 401–409.

Larsson, Gerhard (Hypothesis) The Documentary Hypothesis and the Chronological Structure of the Old Testamemnt, ZAW 97 (1985) 316–333.

Lebram, Jürgen (Art. Esther) Art. Esther (Buch). TRE 10 (1982) 391–395.

Levin, Christoph (Jahwist) Der Jahwist, FRLANT 157, Göttingen 1993.

Lipton, Diana (Revisions) Revisions of the Night. Politics and Promises in the Patriarchal Dreams of Genesis, JSOT.S 288, Sheffield 1999.

Loader, J.A. (Tale) A Tale of Two Cities. Sodom and Gomorrah in the Old Testament, early Jewish and early Christian Traditions, Contributions to Biblical Exegesis & Theology 1, Kampen 1990.

Lohfink, Norbert (Art. ירשׁ) Art. יָרַשׁ, ThWAT III (1982) 953–985.

Lohfink, Norbert (Geltungsbereich) Dtn 12,1 und Gen 15,18: Das dem Samen Abrahams geschenkte Land als der Geltungsbereich der deuteronomischen Gesetze, in: Görg [Hg.], Väter, 183–210.

Lohfink, Norbert (Landverheißung) Die Landverheißung als Eid. Eine Studie zu Genesis 15, Stuttgarter Bibelstudien 28, Stuttgart 1967.

Lohfink, Norbert (Priesterschrift) Die Priesterschrift und die Geschichte, VT.S 29 (1978) 189–225.

Loretz, Oswald (Fragment) Gen 1,2 als Fragment aus einem amurritisch-kanaanäischen Schöpfungsmythos in neuer ägyptozentrischer Deutung, UF 33 (2001) 387–401.

Loretz, Oswald (Habiru) Habiru – Hebräer. Eine sozio-linguistische Studie über die Herkunft des Gentiliziums ʿibrî vom Appellativum ḫabiru, BZAW 160, Berlin–New York 1984.

Loretz, Oswald (Leberschau) Opfer- und Leberschau in Israel, in: Janowski u. a. [Hg.], Beziehungen, 509–529.

Lutzky, Harriet (Shadday) Shadday as a Goddess Epithet, VT 48 (1998) 15–36.

Lux, Rüdiger (Erfahrung) Geschichte als Erfahrung, Erinnerung und Erzählung in der priesterschriftlichen Rezeption der Josefsnovelle, in: Ders. [Hg.], Geschichte, 147–180.

Lux, Rüdiger (Genealogie) Die Genealogie als Strukturprinzip des Pluralismus im Alten Testament, in: Mehlhausen (Hg.), Pluralismus, 242–258.

Lux, Rüdiger [Hg.] (Geschichte) Erzählte Geschichte. Beiträge zur narrativen Kultur im alten Israel, BThSt 40, Neukirchen-Vluyn 2000.

Lux, Rüdiger (Väterverheißungen) Die Väterverheißungen. Literarische, soziologische und religionsgeschichtliche Untersuchungen zu den Verheißungen von Nachkommenschaft und Landbesitz an die Erzväter in Israel, Diss. Leipzig 1976.

Maass, Fritz [Hg.] (Wort) Das ferne und das nahe Wort. Festschrift Leonhard Rost, BZAW 105, Berlin 1967.

Maier, Johann (Texte I–III) Qumran-Essener. Die Texte vom Toten Meer. Band I: Die Texte der Höhlen 1–3 und 5–11, Band II: Die Texte der Höhle 4, Band III: Einführung, Zeitrechnung, Register und Bibliographie, München–Basel 1995, 1995, 1996.

Mann, Thomas (Geschichten Jaakobs) Joseph und seine Brüder. Der erste Roman: Die Geschichten Jaakobs, Fischer Taschenbuch 9435, Frankfurt a. M. 1991.

Margalith, Othniel (Riddle) The Riddle of Genesis 14 and Melchizedek, ZAW 112 (2000) 501–508.

Martin-Achard, Robert (Actualité) Actualité d'Abraham, Neuchâtel 1969.

Martinez, Florentino Garcia (Studies) Qumran and Apocalyptic. Studies on the Aramaic Texts form Qumran., Leiden u. a. 1992.

McConville, J. Gordon (Horizons) Abraham [so nur die Überschrift; im Kolumnentitel sowie im Text steht regelmäßig: Abram, Anm. B. Z.] and Melchizedek: Horizons in Genesis 14, in: Hess u. a. [Hg.], Oath, 93–118.

McEvenue, Sean E. (Style) The Narrative Style of the Priestly Writer, AnBib 50, Rom 1971.

McKenzie, Steven–Römer, Thomas [Hg.] Rethinking the Foundations. Historiography in the Ancient World and in the Bible. Essays in Honour of John Van Seters, BZAW 294, Berlin–New York 2000.

Mehlhausen, Joachim [Hg.] Pluralismus und Identität. Veröffentlichungen der Wissenschaftlichen Gesellschaft für Theologie 8, Gütersloh 1995.

Meinhold, Arndt (Art. Ruth) Art. Ruth (Buch), TRE 29 (1998) 508–511.

Meinhold, Arndt (Gattung I–II) Die Gattung der Josephsgeschichte und des Estherbuches: Diasporanovelle. Teil I: ZAW 87 (1975) 306–324; Teil II: ZAW 88 (1976) 72–93.

Meinhold, Arndt (Greisenalter) Bewertung und Beginn des Greisenalters, in: Ders., Sicht, 99–116.

Meinhold, Arndt (Maleachi) Maleachi, BK XIV/8, 2000ff.

Meinhold, Arndt (Mose) Mose und Elia am Gottesberg und am Ende des Prophetenkanons, leqach 2 (2002) 22–38.

Meinhold, Arndt (Sicht) Zur weisheitlichen Sicht des Menschen. Gesammelte Aufsätze, herausgegeben von Thomas Neumann und Johannes Thon, Arbeiten zur Bibel und ihrer Geschichte 6, Leipzig 2002.

Meinhold, Arndt (Unvergleichbarkeit) Vergleichbar-/Unvergleichbarkeit des Wiederaufbaus der Tempel von Jerusalem und Elephantine in persischer Zeit, Orientwissenschaftliche Hefte 6 (2003) 35–59.

Meinhold, Johannes (1. Mose 14) 1. Mose 14. Eine historisch-kritische Untersuchung, BZAW 22, Gießen 1911.

Meyer, Jan-Waalke (Eingeweideschau) Die Eingeweideschau im vor- und nachexilischen Israel, in Nordsyrien und Anatolien, in: Janowski u. a. [Hg.], Beziehungen, 531–546.

Milgrom, Jacob (Leviticus) Leviticus A New Translation with Introduction and Commentary. A: Leviticus 1–16; 3: Leviticus 23–27, AnBib 3A–B, Doubleday 1991; 2001.

Millard, Matthias (Eröffnung) Die Genesis als Eröffnung der Tora. Kompositions- und auslegungsgeschichtliche Annäherungen an das erste Buch Mose, WMANT 90, Neukirchen-Vluyn 2001.

Mittmann, Siegfried–Schmitt, Götz [Hg.] (Bibelatlas) Tübinger Bibelatlas, Stuttgart 2001.

Moberly, R. W. L. (Righteousness), Abraham's righteousness (Genesis XV 6), in: Emerton [Hg.], Studies, 103–130.

Mölle, Herbert (Genesis 15) Genesis 15. Eine Erzählung von den Anfängen Israels, fzb 62, Würzburg 1988.

Moor, Johannes C. de [Hg.] (Debate) Synchronic or Diachronic? A Debate on Method in Old Testament Exegesis, Oudtestamentische studiën 34, Leiden 1995.

Morgenstern, Matthew (Clue) A New Clue to the Original Length of the Genesis Apocryphon, JJS 47 (1996) 345–347.

Morgenstern, Matthew–Qimron, Elisha–Sivan, Daniel (Columns) The Hitherto Unpublished Columns of the Genesis Apocryphon, Abr-Nahrain 33 (1995) 30–52.

Mosis, Rudolf (Aufsätze) Gesammelte Aufsätze zum Alten Testament, fzb 93, Würzburg 1999.

Mosis, Rudolf (»Glauben«) »Glauben« und »Gerechtigkeit« – zu Gen 15,6, in: Görg [Hg.], Väter, 225–257.

Mosis, Rudolf (Qumran) Gen 15,6 in Qumran und in der Septuaginta, in: Ders., Aufsätze, 95–118.

Müller, Mogens (Abraham-Gestalt) Die Abraham-Gestalt im Jubiläenbuch. Versuch einer Interpretation, Scandinavian journal of the Old Testament 10/2 (1996) 238–257.

Mulder, M. J. (Art. סדם) Art. סְדֹם, ThWAT V (1986) 756–769.

Mulzer, Martin (Art. Ellasar) Art. Ellasar, NBL I (1991) 525f.

Mulzer, Martin (Art. Tidal) Art. Tidal, NBL III (2001) 849.

Muraoka, Takamitsu (Notes) Further Notes on the Aramaic of the Genesis Apocryphon, RdQ 61 (1993) 39–48.

Murtonen, Aimo Edvard (Chronology) On the Chronology of the Old Testament, StTh 8 (1954) 133–137.

Mutius, Hans-Georg von (Bedeutung) Die Bedeutung von ויחלק in Genesis 14,15 im Licht der komparativen Semitistik und der aramäischen Qumranschrift Genesis Apokryphon XXII,8ff., Biblische Notizen 90 (1997) 8–12.

Naumann, Thomas (Ismael) Ismael. Theologische und erzählanalytische Studien zu einem biblischen Konzept der Selbstwahrnehmnung Israels im Kreis der Völker aus der Nachkommenschaft Abrahams, Habilitation Bern 1996.

Nicole, Jacques–Nicole, Marie-Claire (Sara) Sara, sœur et femme d'Abraham, ZAW 112 (2000) 5–23.

Niehr, Herbert (Art. שׁדּי) Art. שַׁדַּי I., ThWAT VII (1993) 1078–1083.

Niehr, Herbert (Gott) Der höchste Gott. Alttestamentlicher JHWH-Glaube im Kontext syrisch-kanaanäischer Religion des 1. Jahrtausends v. Chr., BZAW 190, Berlin–New York 1990.

Niehr, Herbert (Religionen) Religionen in Israels Umwelt. Einführung in die nordwestsemitischen Religionen Syrien-Palästinas, NEB Erg. 5, Würzburg 1998.

Nocquet, Dany (Abraham) Abraham ou le »Père adopté«. Où se cache l'historicité d'Abraham? Foi et Vie 96/4 (1997) 35–53.

Noegel, Scott B. (Crux) A Crux and a Taunt: Night-time then Sunset in Genesis, in: Davies [Hg.], World, 128–135.

Nöldeke, Theodor (Grundschrift) Die s.g. Grundschrift des Pentateuchs, in: Ders., Untersuchungen, 1–144.

Nöldeke, Theodor (Ungeschichtlichkeit) Die Ungeschichtlichkeit der Erzählung Gen. XIV, in: Ders., Untersuchungen, 156–172.

Nöldeke, Theodor (Untersuchungen) Untersuchungen zur Kritik des Alten Testaments, Kiel 1869.

Noort, Edward (»Land«) »Land« in the Deuteronomistic Tradition. Genesis 15: The Historical and Theological Necessity of a Diachronic Approach, in: de Moor [Hg.], Debate, 129–144.

North, R. (Art. עשׁר) Art. עָשֵׁר, ThWAT VI (1989) 431–438.

Noth, Martin (Numeri) Das vierte Buch Mose. Numeri, ATD 7, Göttingen 1966.

Noth, Martin (Überlieferungsgeschichte) Überlieferungsgeschichte des Pentateuch, Stuttgart 1948.

Oeming, Manfred (Beleg) Ist Gen 15,6 ein Beleg für die Anrechnung des Glaubens zur Gerechtigkeit? ZAW 95 (1983) 182–197.

Oeming, Manfred (Israel) Das wahre Israel. Die »genealogische Vorhalle« 1 Chronik 1–9, BWANT 128, Stuttgart u. a. 1990.

Orlov, Andrei A. (Brother) »Noah's Younger Brother«: The Anti-Noachic Polemics in 2 Enoch, Henoch 22 (2000) 207–222.

Osswald, Eva (Beobachtungen) Beobachtungen zur Erzählung von Abrahams Aufenthalt in Ägypten im »Genesis-Apokryphon«, ZAW 72 (1960) 7–25.

Otto, Eckart (Hexateuch) Das Deuteronomium in Pentateuch und Hexateuch. Studien zur Literaturgeschichte von Pentateuch und Hexateuch im Lichte des Deuteronomiumsrahmens, FAT 30, Tübingen 2000.

Pagolu, Augustine (Religion) The Religion of the Patriarchs, JSOT.S 277, Sheffield 1998.

Parrot, André (Abraham) Abraham et son temps, CAB 14, Neuchâtel 1962.

Parry, Donald W.–Ulrich, Eugen C. [Hg.] (Innovations) The Provo International
    Conference on the Dead Sea Scrolls: Technological Innovations, New Texts, and
    Reformulated Issues, Studies on the Texts of the Desert of Judah 30; Leiden 1999.

Paul, Shalom M. u.a. [Hg.] (Emanuel) Emanuel. Studies in Hebrew Bible, Septuagint and
    Dead Sea Scrolls in Honor of Emanuel Tov, VT.S 94, Leiden–Boston 2003.

Perlitt, Lothar (Bundestheologie) Bundestheologie im Alten Testament, WMANT 36,
    Neukirchen-Vluyn 1969.

Perlitt, Lothar (Deuteronomium) Deuteronomium, BK V, Neukirchen-Vluyn 1990ff.

Philonenko-Sayar, Belkis–Philonenko, Marc (Apokalypse) Die Apokalypse Abrahams,
    JSHRZ V/5, Gütersloh 1982.

Pola, Thomas (Priesterschrift) Die ursprüngliche Priesterschrift. Beobachtungen zur
    Literarkritik und Traditionsgeschichte von P^g, WMANT 70, Neukirchen-Vluyn 1995.

Pongratz-Leisten, Beate (Herrschaftswissen) Herrschaftswissen in Mesopotamien. Formen
    der Kommunikation zwischen Gott und König im 2. und 1. Jahrtausend v.Chr., State
    Archives of Assyria Studies 10, Helsinki 1999

Preuß, Horst Dietrich (Theologie I–II): Theologie des Alten Testaments. Bd. 1: JHWHs
    erwählendes und verpflichtendes Handeln, Stuttgart u. a. 1991. Bd. 2: Israels Weg mit
    JHWH, Stuttgart u. a. 1992.

Pury, Albert de (Ancestor) Abraham: The Priestly Writer's »Ecumenical« Ancestor, in:
    McKenzie–Römer [Hg.], Foundations, 163–181.

Pury, Albert de (choix) Le choix de l'ancêtre, Theologische Zeitschrift 57/2 (2001)
    105–114.

Pury, Albert de (Gottesname) Gottesname, Gottesbezeichnung und Gottesbegriff.
    'Elohim als Indiz zur Entstehungsgeschichte des Pentateuch, in: Gertz u.a. [Hg.],
    Abschied, 25–47.

Pury, Albert de [Hg.] (Pentateuque) Le Pentateuque en question. Les origines et la
    composition des cinq premiers livres de la Bible à la lumière des recherches récentes,
    Le Monde de la Bible 19, 2., korr. Aufl. 1989.

Pury, Albert de–Römer, Thomas (Problème) Le Pentateque en question: Position du
    problème et brève histoire de la recherche, in: de Pury [Hg.], Pentateuque, 9–80.

Rad, Gerhard von (1. Mose) Das erste Buch Mose, ATD 2–4, Göttingen 1949.

Radday, Jehuda T. (Zwielicht) Avraham im Zwielicht oder Ssaraj im Serail, in: Ders.,
    Auf den Spuren der Parascha. Ein Stück Tora, Bd. 6, Berlin 1997, 26–46.

Rendtorff, Rolf (Creation) Creation as a Topic of Old Testament Theology, in:
    Ulrich u.a. [Hg.], Priests, 204–212.

Rendtorff, Rolf (histoire) L'histoire biblique des origines (Gen 1–11) dans le contexte de
    la rédaction »sacerdotale« du Pentateuque, in: de Pury [Hg.], Pentateuque, 83–94.

Rendtorff, Rolf (Kinds) Two Kinds of P? Some Reflections on the Occasion of the Publi-
    shing of Jacob Milgrom's Commentary on Leviticus 1–16, JSOT 60 (1993) 75–81.

Rendtorff, Rolf (Problem) Das überlieferungsgeschichtliche Problem des Pentateuch, BZAW
    147, Berlin–New York 1977.

Reventlow, Henning Graf (Art. Priestertum) Art. Priester/Priestertum I/2. Altes Testament
    TRE 27 (1997) 383–391.

Röllig, W. (Art. Haran) Art. Haran, NBL II (1995) 44f.

Römer, Thomas (Dogma) Genesis 15 und Genesis 17. Bemerkungen und Anfragen zu einem Dogma der »neueren« und »neuesten« Pentateuchkritik, in: DBAT 26 (1989) 32–47.

Römer, Thomas Chr. (Ende) Das Buch Numeri und das Ende des Jahwisten. Anfragen zur »Quellenscheidung« im vierten Buch des Pentateuch, in: Gertz u.a. [Hg.], Abschied, 215–231.

Römer, Thomas (fin) La fin de l'historiographie deutéronomiste et le retour de l'Hexateuque? ThZ 57(2001) 269–280.

Römer, Thomas (tensions) Genèse 15 et les tensions dans la communauté juive postexilique dans le cycle d'Abraham, Transeuphratène 7 (1994) 107–121.

Römer, Thomas (Väter) Israels Väter. Untersuchungen zur Väterthematik im Deuteronomium und in der deuteronomistischen Tradition, OBO 99, Freiburg (Schweiz)–Göttingen 1990.

Rösel, Martin (Übersetzung) Übersetzung als Vollendung der Auslegung. Studien zur Genesis-Septuaginta, BZAW 223, Berlin–New York 1994.

Rofé, Alexander (Betrothal) An Inquiry into the Betrothal of Rebekkah, in: Blum u.a. [Hg.], Nachgeschichte, 27–40.

Rose, Martin (Jahwist) Deuteronomist und Jahwist. Untersuchungen zu den Berührungspunkten beider Literaturwerke, Zürich 1981.

Rothstein, Wilhelm (Zusätze) Die Zusätze zu Daniel, in: Kautzsch I, 172–193.

Rottzoll, Dirk U. (Verständige) »Der Verständige wird es verstehen …« Zu den redaktionsgeschichtlichen Ansätzen bei Abraham ibn Esra und ihrer Interpretationsgeschichte, in: Bodendorfer–Millard [Hg.], Midrasch, 75–95.

Rowley, H.H. (Zadok) Zadok and Nehushtan, JBL 58 (1939) 113–141.

Ruppert, Lothar (Genesis I–II) Genesis. Ein kritischer und theologischer Kommentar. 1. Teilband: Gen 1,1–11,26; 2. Teilband: Gen 11,27–25,18, fzb 70; 98, Würzburg 1992; 2002.

Ruppert, Lothar (Überlegungen) Überlegungen zur Überlieferungs-, Kompositions- und Redaktionsgeschichte von Genesis 15, in: Graupner, Axel u.a. [Hg.], Verbindungslinien, 295–309.

Sæbø, Magne [Hg.] (Bible I/1) Hebrew Bible / Old Testament. The History of its Interpretation. Vol I: From the Beginnings to the Middle Ages (Until 1300), Part 1: Antiquity, Göttingen 1996.

Sänger, Dieter [Hg.] (Heiligkeit) Heiligkeit und Herrschaft. Intertextuelle Studien zu Heiligkeitsvorstellungen und zu Psalm 110, BThSt 55, Neukirchen-Vluyn 2003.

Salm, Eva (Art. Schinab) Art. Schinab, NBL III (2001) 479.

Sandmel, Samuel (Place) Philo's place in Judaism. A study of Conceptions of Abraham in Jewish Literature, New York 1971.

Sarna, David E.Y. (Analysis) A computer analysis of chronologies in Genesis, Proceedings of the 1967 22nd national conference of the Association for Computing Machinery, New York 1967.

Scharbert, J. (Sinn) Der Sinn der Toledot-Formel in der Priesterschrift, in: Stoebe u.a. [Hg.], Wort, 45–56.

Schatz, Werner (Genesis 14) Genesis 14. Eine Untersuchung, EHS.T 2, 1972.

Schmid, Herbert (Volk) Die Gestalt Abrahams und das Volk des Landes, Judaica 36 (1980) 73–87.

Schmid, Konrad (Buchgestalten) Buchgestalten des Jeremiabuches. Untersuchungen zur Redaktions- und Rezeptionsgeschichte von Jer 30–33 im Kontext des Buches, WMANT 72, Neukirchen-Vluyn 1996.

Schmid, Konrad (Erzväter) Erzväter und Exodus. Untersuchungen zur doppelten Begründung der Ursprünge Israels innerhalb der Geschichtsbücher des Alten Testaments, WMANT 81, Neukirchen-Vluyn 1999.

Schmid, Konrad (Josephsgeschichte) Die Josephsgeschichte im Pentateuch, in: Gertz u.a. [Hg.], Abschied, 83–118

Schmidt, Ludwig (Kundschaftererzählung) Die Kundschaftererzählung in Num 13–14 und Dt 1,19–46. Eine Kritik neuerer Pentateuchkritik, ZAW 114 (2002) 40–58.

Schmidt, Werner H. (Einführung) Einführung in das Alte Testament, Berlin–New York [5]1995.

Schmitt, Götz (Sinai) Begleittext zur Karte Sinai, in: Mittmann–Schmitt [Hg.], Bibelatlas, ohne Seitenzahl.

Schmitt, Hans-Christoph (Geschichtswerk) Das spätdeuteronomistische Geschichtswerk Genesis I – 2 Regum XXV und seine theologische Intention, in: Ders., Pentateuch, 277–294.

Schmitt, Hans-Christoph (Identität) Die Suche nach der Identität des Jahweglaubens im nachexilischen Israel. Bemerkungen zur theologischen Intention der Endredaktion des Pentateuch, in: Ders., Pentateuch, 255–276.

Schmitt, Hans-Christoph (Josephsgeschichte) Die Josephsgeschichte und das Deuteronomistische Geschichtswerk. Genesis 38 und 48–50, in: Ders., Pentateuch, 295–308.

Schmitt, Hans-Christoph (Pentateuch) Theologie und Pentateuch. Gesammelte Schriften, hg. von Ulrike Schorn und Matthias Büttner, BZAW 310, Berlin–New York 2001.

Schmitt, Hans-Christoph (Redaktion) Redaktion des Pentateuch im Geiste der Prophetie. Beobachtungen zur Bedeutung der »Glaubens«-Thematik innerhalb der Theologie des Pentateuch, in: Ders., Pentateuch, 220–237.

Schmitt, Hans-Christoph (Versuchung) Die Erzählung von der Versuchung Abrahams in Gen 22,1–19* und das Problem einer Theologie der elohistischen Pentateuchtexte, in: Ders., Pentateuch, 108–130.

Schottroff, W. (Art. חשב) Art. חשב ḥšb denken THAT I (1978) 641–646.

Scott, James M. (Division) The Division of the Earth in Jubilees 8:11–9:15 and Early Christian Chronography, in: Albani u.a. [Hg.], Jubilees, 295–323.

Seebass, Horst (Art. Elohist) Art. Elohist, TRE 9 (1982) 520–524.

Seebass, Horst (Art. Jahwist) Art. Jahwist, TRE 16 (1987) 441–451.

Seebass, Horst (Genesis I; II/1–2; III) Genesis I: Urgeschichte (1,1–11,26); Genesis II/1: Vätergeschichte 1 (11,27–22,24); Genesis II/2: Vätergeschichte 2 (23,1–36,43); Genesis III: Josefsgeschichte (37,1–50,26); Neukirchen-Vluyn 1996; 1997; 1999; 2000.

Selms, A. van (Genesis I–II) De Prediking van het Oude Testament, Genesis deel I;
    Genesis deel II, Nijkerk 1967.

Seters, John Van (Abraham) Abraham in History and Tradition,
    New Haven–London 1975.

Seters, John Van (Pentateuch) The Pentateuch. A Social-Science Commentary,
    Sheffield 1999.

Seters, John Van (Prologue) Prologue to History. The Yahwist as Historian in Genesis,
    Louisville 1992.

Seters, John Van (Redaction) The Deuteronomistic Redaction of the Pentateuch. The
    Case Against It, in: Vervenne–Lust (Hgg.) FS Brekelmans, 301–319.

Seters, John Van (So-Called) The So-Called Deuteronomistic Redaction of the Pentateuch,
    in: Emerton [Hg.], Leuven 1989, 48–77.

Siker, Jeffrey S. (Abraham) Abraham in Graeco-Roman Paganism, Journal for the Study of
    Judaism 18 (1987) 188–208.

Ska, Jean-Louis (Introduction) Introduction à la lecture du Pentateuque. Clés pour l'inter-
    prétation des cinq premiers livres de la Bible (Le livre et le rouleau 5), Brüssel 2001.

Ska, Jean-Louis (remarques) Quelques remarques sur Pᵍ et la dernière rédaction du
    Pentateuque, in: de Pury [Hg.], Pentateuque, 95–125.

Ska, Jean-Louis (structure) La structure du Pentateuque dans sa forme canonique,
    ZAW 113 (2001) 331–352.

Skinner, John (Genesis) A critical and exegetical Commentary on Genesis, ICC 1,
    Edinburgh 1910.

Soggin, Jan Alberto (Genesis) Das Buch Genesis, Darmstadt 1997.

Soggin, Jan Alberto (Kings) Abraham and the Eastern Kings – On Genesis 14, in: Zevit u.a.
    [Hg.], Riddles, 283–291.

Speiser, Ephraim A. (Genesis) Genesis, AnBib 1, Garden City 1964.

Steck, Odil Hannes (Exegese) Exegese des Alten Testaments. Leitfaden der Methodik. Ein
    Arbeitsbuch für Proseminare, Seminare und Vorlesungen, Neukirchen-Vluyn ¹⁴1999.

Steiner, R.C. (Heading) The Heading of the Book of the Words of Noah on a Fragment of
    the Genesis Apocryphon: New Light on a »Lost« Work, DSD 2 (1995) 66–71.

Steins, Georg (Art. שדי) Art. שָׁדַי II.–III., ThWAT VII (1993) 1083–1104.

Steins, Georg (Bindung) Die »Bindung Isaaks« im Kanon (Gen 22). Grundlagen und
    Programm einer kanonisch-intertextuellen Lektüre, Herders Biblische Studien 20, Frei-
    burg i.Br. u.a. 1999.

Stemberger, Günter (Einleitung) Einleitung in Talmud und Midrasch, München ⁸1992.

Stern, Menahem (Authors I–III) Greek and Latin Authors on Jews and Judaism. Edited
    with Introductions, Translations and Commentary, 3 Bde.,
    Jerusalem 1974; 1980; 1984.

Stoebe, Hans Joachim (Gegenwart) Erlebte Gegenwart – Verheissene Zukunft. Gedanken
    zu II Samuelis 7 und Genesis 15, ThZ 53 (1997) 131–141.

Stoebe, Hans Joachim, u.a. [Hg.] (Wort) Wort – Gebot – Glaube. Beiträge zur Theologie
    des Alten Testaments. Festschrift W. Eichroth, AThANT 59, Zürich 1970, 45–56.

Streck, Michael P. (Art. Ur) Art. Ur, NBL III (2001) 975.

Talmon, Shemaryahu (Generationen) »400 Jahre« oder »vier Generationen« (Gen 15,13–15): Geschichtliche Zeitangaben oder literarische Motive? In: Blum u.a. [Hg.], Nachgeschichte, 13–25.

Tengström, Sven (Toledotformel) Die Toledotformel und die literarische Struktur der priesterlichen Erweiterungsschicht im Pentateuch, Coniectanea biblica. Old Testament ser. 17, Uppsala 1982.

Teugels, Lieve (Midrash) Midrash in the Bible or midrash on the Bible? Critical remarks about the uncritical use of a term. In: Bodendorfer–Millard [Hg.], Midrasch, 43–63.

Thiele, Edwin R. (Numbers) The Mysterious Numbers of the Hebrew Kings, Chicago 1951.

Thompson, Thomas L. (Historicity) The Historicity of the Patriarchal Narratives. The Quest for the Historical Abraham, BZAW 133, Berlin–New York 1974.

Tigay, Jeffrey H. (Conflation) Conflation as a Redactional Technique, in: Tigay [Hg.], Models, 53–95.

Tigay, Jeffrey H. [Hg.] (Models) Empirical Models for Biblical Criticism, Philadelphia 1985.

Tilly, Michael (Psalm 110) Psalm 110 zwischen Hebräischer Bibel und Neuem Testament, in: Sänger [Hg.], Heiligkeit, 146–170.

Tov, Emanuel (Literary History) Literary History of the Book of Jeremiah in the Light of Its Textual History, in: Tigay [Hg.], Models, 211–236.

Tov, Emanuel (Text) Der Text der Hebräischen Bibel. Handbuch der Textkritik, Stuttgart–Berlin–Köln 1997.

Tsevat, M. (Art. חלק II) Art. חָלַק II. ThWAT II, 1015–1020.

Uchelen, Nico Adriaan van (Abraham) Abraham de Hebreeër. Een literair- en historisch-kritische studie naar aanleiding van Genesis 14:13, Assen 1964.

Uhlig, Siegbert (Henochbuch) Das äthiopische Henochbuch, JSHRZ V/6, Gütersloh 1984.

Ulrich, Eugene u.a. (Priests) Priests, Prophets and Scribes. Essays on the Formation and Heritage of Second Temple Judaism in Honour of Joseph Blenkinsopp, JSOT.S 149, Sheffield 1992.

Utzschneider, Helmut – Nitsche, Stefan Ark (Arbeitsbuch) Arbeitsbuch literaturwissenschaftliche Bibelauslegung. Eine Methodenlehre zur Exegese des Alten Testaments, Gütersloh 2001.

Utzschneider, Helmut (Heiligtum) Das Heiligtum und das Gesetz. Studien zur Bedeutung der sinaitischen Heiligtumstexte (Ex 25–40; Lev 8–9), OBO 77, Freiburg (Schweiz)–Göttingen 1988.

VanderKam, James C. (Affinities) The Textual Affinities of the Biblical Citations in the Genesis Apocryphon, JBL 97/1 (1978) 45–55.

VanderKam, James C. (Konzept) Das chronologische Konzept des Jubiläenbuches, ZAW 107 (1995) 80–100.

VanderKam, James C. (Origins) The Origins and Purposes of the Book of Jubilees, in: Albani u.a. [Hg.], Jubilees, 3–24.

Vania Proverbio, Delio (note) Gen. XV 19–21 = Jub. XIV,18: note miscellanee, Henoch 14 (1992) 261–272.

Vaux, Roland de (Patriarchen) Die hebräischen Patriarchen und die modernen Entdeckungen, Leipzig 1960.

Veenhof, Klaas R. (Geschichte) Geschichte des Alten Orients bis zur Zeit Alexanders des Großen, GAT 11, Göttingen 2001.

Veijola, Timo (Opfer) Das Opfer des Abraham – Paradigma des Glaubens aus dem nachexilischen Zeitalter, ZThK 85 (1988) 129–164.

Vermes, Geza (Scripture) Scripture and Tradition in Judaism. Haggadic Studies, StPB 4, Leiden 1961.

Vervenne, Marc– Lust, J. [Hg.] (FS Brekelmans) Deuteronomy and Deuteronomic Literatur, FS C. H. W. Brekelmans, BEThL 133, Leuven 1997.

Vieweger, Dieter (Definition) – Vom »Fremdling« zum »Proselyt«. Zur sakralrechtlichen Definition des רג im späten 5. Jahrhundert v. Chr., in: Ders.–Waschke [Hg.], Gott, 271–284.

Vieweger, Dieter – Ernst-Joachim Waschke [Hg.] (Gott) Von Gott reden. Beiträge zur Theologie und Exegese des Alten Testaments. Festschrift Siegfried Wagner, Neukirchen-Vluyn 1995.

Wacholder, Ben Zion (Stay) How Long Did Abram Stay in Egypt? A study in Hellenistic, Qumran and Rabbinic Chronography, HUCA 35 (1964) 43–56.

Walter, Nikolaus (Fragmente) Fragmente Jüdisch-hellenistischer Historiker, JSHRZ I/2, Gütersloh 1976.

Warning, Wilfried (Genesis 15) Terminologische Verknüpfungen und Genesis 15, Henoch 23 (2001) 3–9.

Warning, Wilfried (Genesis 17) Terminological patterns and Genesis 17, HUCA 70–71 (1999–2000) 93–107.

Waschke, Ernst-Joachim (Art. Land) Art. Land Israel, ⁴RGG 5 (2002) 53–55.

Waschke, Ernst-Joachim (Dynastiezusage) Alttestamentliche Überlieferungen im Schnittpunkt der Dynastiezusage und die Dynastiezusage im Spiegel alttestamentlicher Überlieferungen, in: Ders, Studien, 105–125.

Waschke, Ernst-Joachim (Menschenbild) Untersuchungen zum Menschenbild der Urgeschichte. Ein Beitrag zur alttestamentlichen Theologie, Theologische Arbeiten 43, Berlin 1984.

Waschke, Ernst-Joachim (Mythos) Mythos als Strukturelement und Denkkategorie biblischer Urgeschichte, in: Ders., Studien, 189–205.

Waschke, Ernst-Joachim (Studien) Der Gesalbte. Studien zur alttestamentlichen Theologie, BZAW 306, Berlin–New York 2001.

Waschke, Ernst-Joachim (Vorstellungen) Wurzeln und Ausprägung messianischer Vorstellungen im Alten Testament. Eine traditionsgeschichtliche Untersuchung, in: Ders, Studien, 3–104.

Weimar, Peter (Aufbau) Aufbau und Struktur der priesterlichen Jakobsgeschichte, ZAW 86 (1974) 174–203.

Weimar, Peter (Genesis 15) Genesis 15. Ein redaktionskritischer Versuch, in: Görg [Hg.], Väter, 361–411.

Weimar, Peter (Genesis 17) Gen 17 und die priesterschriftliche Abrahamgeschichte, ZAW 100 (1988) 20–60.

Weimar, Peter (Toledot-Formel) Die Toledot-Formel in der priesterlichen Geschichtsdarstellung, BZ 18 (1974) 65–93.

Weinfeld, Moshe (Art. ברית) Art. בְּרִית, ThWAT I (1973), 781–808.

Wellhausen, Julius (Composition) Die Composition des Hexateuchs und der historischen Bücher des Alten Testaments, Berlin ³1899.

Wellhausen, Julius (Prolegomena) Prolegomena zur Geschichte Israels, Berlin ⁶1905.

Wenham, Gordon (Face) The Face at the Bottom of the Well: Hidden Agendas of the Pentateuchal Commentator, in: Hess u. a. [Hg.], Oath, 185–209.

Wenham, Gordon J. (Genesis I–II) Genesis 1–15; Genesis 16–50, World Biblical Commentary 1–2, Waco u. a. 1987; 1994.

Wénin, André [Hg.] Studies in the book of Genesis: literature, redaction and history, Colloquium Biblicum Lovaniense 48 (1999) Leuven 2001.

Westermann, Claus (BK I/1–3) I/1 Genesis 1–11; I/2 Genesis 12–36; I/3 Genesis 37–50, Biblischer Kommentar Altes Testament, Neukirchen-Vluyn 1974; 1981; 1982.

Westermann, Claus (EdF) Genesis 12–50, EdF 48, Darmstadt 1975.

Wevers, John W. (Character) The Interpretative Character and Significance of the Septuagint Version, in: Sæbø [Hg.], Bible, 84–107.

Whybray, R. Norman (Introduction) Introduction to the Pentateuch, Grand Rapids 1995.

Whybray, R. Norman (Making) The Making of the Pentateuch. A Methodological Study, JSOT.S 53, Sheffield 1987.

Williamson, Paul R. (Abraham) Abraham, Israel and the Nations. The Patriarchal Promise and its Covenantal Development in Genesis, JSOT.S 315, Sheffield 2000.

Willi-Plein, Ina (Vorverständnis) Zu A. Behrens, Gen 15,6 und das Vorverständnis des Paulus, ZAW 109 (1997) 327–341, in: ZAW 112 (2000) 396–397.

Willi, Thomas (Art. Melchisedek) Art. Melchisedek II. Judentum, TRE 22 (1992) 417–420.

Willmes, Bernd (Wissenschaft) Von der Exegese als Wissenschaft zur kanonisch-intertextuellen Lektüre? Kritische Anmerkungen zur kanonisch-intertextuellen Lektüre von Gen 22,1–19, Fuldaer Hochschulschriften 41, Frankfurt a. M. 2002.

Witte, Markus (Urgeschichte) Die biblische Urgeschichte. Redaktions- und theologiegeschichtliche Beobachtungen zu Gen 1,1–11,26, BZAW 265, Berlin–New York 1998.

Wolff, Hans Walter (Micha) Dodekapropheton 4. Micha, BK XIV/4, Neukirchen-Vluyn 1982.

Worschech, Udo (Land) Das Land jenseits des Jordan. Biblische Archäologie in Jordanien, Wuppertal u. a. 1991.

Wright, Addison George (Genre) Literary genre midrash, CBQ 28 (1966) 105–138.417–457.

Wright, D. P. u. a. [Hg.] (Pomegranates) Pomegranates and Golden Bells. Studies in Biblical, Jewish, and Near Eastern Ritual, Laws and Literature in Honor of Jacob Milgrom, Winona Lake 1995.

Würthwein, Ernst (Könige I–II) Die Bücher der Könige. (I:) 1.Könige 1–16, ATD 11,1; (II:) 1.Kön. 17–2.Kön. 25, ATD 11,1, Göttingen ²1985; 1984.

Zakovitch, Yair (Assimlation) Assimilation in Biblical Narratives. In: Tigay [Hg.], Models, 175–209.

Zakovitch, Yair (Exodus) The Exodus from Ur of the Chaldeans: A Chapter in Literary Archaeology, in: Chazan u. a. [Hg.], Baruch, 429–439.

Zakovitch, Yair (Pattern) The Pattern of the Numerical Sequence Three-Four in the Bible, Diss. Jerusalem 1977 [hebr., mit engl. Zusammenfassung].

Zenger, Erich (Art. Judith) Art. Judith/Judithbuch, TRE 17 (1988) 404–408.

Zenger, Erich u. a. [Hg.] (⁴Einleitung) Einleitung in das Alte Testament, Stuttgart u. a. ⁴2001.

Zevit, Ziony u. a. [Hg.] (Riddles) Solving Riddles and Untying Knots. Biblical, Epigraphic and Semitic Studies in Honor of Jonas C. Greenfield, Winona Lake 1995.

Zimmer, Frank (Elohist) Der Elohist als weisheitlich-prophetische Redaktionsschicht. Eine literarische und theologiegeschichtliche Untersuchung der sogenannten elohistischen Texte im Pentateuch, EHS.Th 656, Frankfurt (Main) 1999.

Zimmerli, Walter (Ezechiel) Ezechiel, 2 Bde., BK XIII/1–2, Neukirchen-Vluyn ²1979.

Zimmerli, Walter (Melchisedek) Abraham und Melchisedek, in: Maass [Hg.], Wort, 255–264.

Zimmerli, Walter (Aufsätze) Gottes Offenbarung, Gesammelte Aufsätze zum Alten Testament, Theologische Bücherei 19, München 1963.

Zimmerli, Walter (Sinaibund) Sinaibund und Abrahambund. Ein Beitrag zum Verständnis der Priesterschrift [1960], in: Ders., Aufsätze, 205–216.

Zobel, Hans-Jürgen (Art. ישראל) Art. יִשְׂרָאֵל, ThWAT III (1982) 986–1012.

Zobel, Hans-Jürgen (Art. עליון) Art. עֶלְיוֹן, ThWAT VI (1989) 131–151.

Zwickel, Wolfgang (Ortslagen) Eisenzeitliche Ortslagen im Ostjordanland, BTAVO B 81, Wiesbaden 1990.

II. Stellenregister

Hebräische Bibel (Masoretischer Text)

Samaritanus

Septuaginta

Peschitta

Vulgata

Neues Testament

Qumran

Pseudepigraphen

Targumim

Rabbinische Literatur

Andere antike Quellen

III. Register hebräischer und aramäischer Wörter und Wendungen in Auswahl

Abgeleitete Nomina sind in der Regel unter ihrer Wurzel eingeordnet, um stammverwandte (z.B. גור, גר und מגורים) oder homonyme Worte (z.B. חשך und חשכה) leichter kenntlich zu machen. Für Eigennamen sind insbesondere diejenigen Stellen registriert, wo die Namen als solche thematisiert werden. Zu Personen, Ereignissen und Themen der biblischen Geschichte sowie zu einzelnen Belegen vgl. oben das ausführliche Bibelstellenregister.

1. Hebräisch

2. Aramäisch